SECCIÓN DE OBRAS DE HISTORIA

FIDEICOMISO HISTORIA DE LAS AMÉRICAS
Serie Ensayos

Coordinada por
ALICIA HERNÁNDEZ CHÁVEZ

Otro siglo perdido

VÍCTOR L. URQUIDI

OTRO SIGLO PERDIDO

Las políticas de desarrollo en América Latina (1930-2005)

EL COLEGIO DE MÉXICO
FIDEICOMISO HISTORIA DE LAS AMÉRICAS
FONDO DE CULTURA ECONÓMICA

Primera edición, 2005

Urquidi, Víctor L.
Otro siglo perdido. Las políticas de desarrollo en América Latina (1930-2005) / Víctor L. Urquidi. — México : FCE, COLMEX, FHA, 2005.
568 p. ; 21 × 14 cm —(Colec. Historia)
ISBN 968-16-7636-X

1. Economía — América Latina — 1930-2000 I. Ser II. t.

LC HC125.U77 Dewey 338.98 U879p

Comentarios y sugerencias: editorial@fondodeculturaeconomica.com
www.fondodeculturaeconomica.com
Tel. (55)5227-4672 Fax (55)5227-4694

Portada: Carlos Pellicer López, "Variación núm. 25",
óleo en lino sobre masonite, 80×60 cm, siglo XX,
Colección Banco Nacional de México
Diseño: Laura Esponda

ISBN 968-16-7636-X

Impreso en México • *Printed in Mexico*

PRESENTACIÓN

El Fideicomiso Historia de las Américas nace de la idea y la convicción de que la mayor comprensión de nuestra historia nos permitirá pensarnos como una comunidad plural de americanos y mexicanos, al mismo tiempo unidos y diferenciados. La obsesión por definir y caracterizar las identidades nacionales nos ha hecho olvidar que la realidad es más vasta, que supera nuestras fronteras, en cuanto ésta se inserta en procesos que engloban al mundo americano, primero, y a Occidente, después.

Recuperar la originalidad del mundo americano y su contribución a la historia universal es el objetivo que con optimismo intelectual trataremos de desarrollar a través de esta serie de "Ensayos", que en esta ocasión presenta una trilogía de textos sobre historia económica: *Mecanismos y elementos del sistema económico colonial americano, siglos* XVI-XVIII, de Romano Ruggiero; *El otro Occidente. América Latina desde la invasión europea hasta la globalización,* de Marcello Carmagnani, y la obra que el lector tiene en sus manos, de Víctor L. Urquidi. La finalidad de esta serie es promover las investigaciones en historia económica y social y fue patrocinada por el Fideicomiso Historia Económica de Banamex, fundado en 1989, gracias al interés de don Antonio Ortiz Mena, entonces director general del Banco Nacional de México. Expresamos nuestro reconocimiento a Banamex y a don Antonio Ortiz Mena.

La continuidad de la serie ha sido posible gracias al apoyo incondicional de la actual directora del Fondo de Cultura Económica, Consuelo Sáizar, y a su personal, al que debemos el excelente cuidado de nuestras publicaciones.

Alicia Hernández Chávez
Presidenta del Fideicomiso Historia de las Américas

ÍNDICE

PRÓLOGO

No te atengas al tiempo que vendrá, porque el que has malgastado prematuramente ya habrá pasado cuando lo quieras usar.

SHAKESPEARE, *Richard III,* act IV, Sc. iv

EN 1941, APENAS INICIADO en el trabajo profesional como economista, me interesó profundamente la evolución económica y social de América Latina, hoy denominada *desarrollo*. Durante mis estudios de licenciatura en la Escuela de Economía y Ciencia Política de Londres (LSE) de 1937 a 1940, poco se sabía de América Latina. En la terminología de épocas posteriores, no se identificaba como "región"; tampoco se hablaba de "desarrollo". A México se le consideraba parte de América del Norte, a veces integrante de Centroamérica, y era conocido más bien por su Revolución con mayúscula. Algo se conocía de Argentina, Chile y Brasil. Me di cuenta, por lo demás, con datos de la Sociedad de las Naciones, de que el comercio de América Latina no constituía una proporción significativa —como tampoco ahora— del comercio mundial. En cambio, ya que estudiábamos la crisis económica mundial de los años treinta, comprobé que en la región latinoamericana los estragos causados por la Gran Depresión en el comercio de sus principales países habían sido importantes. Me tocó estar en Londres cuando se expropió la industria petrolera mexicana en 1938, y ello hizo que me diera cuenta de los "factores estructurales" y políticos de la economía y me impulsó también a leer sobre la reforma agraria. En otra, más lejana juventud, había yo vivido con mis padres en tres países latinoamericanos: Colombia, El Salvador y Uruguay, donde cumplí buena parte de mi educación primaria. Para ir a Sudamérica se viajaba por ferrocarril o por barco a Nueva York, en este caso con la consabida y agradable escala en La Habana. A El Salvador se iba por tren y automóvil. A inicios de 1932, de vuelta en México, asistí a la escuela secundaria pública, terminé el bachillerato en parte en España y, finalmente, mediante examen ingresé a la Universidad de Londres en 1936.

Cuando regresé de Inglaterra a México en septiembre de 1940 con grado de licenciado en economía y comercio, obtuve empleo en el Banco de México, conseguí también iniciarme en la traducción de obras de economía para el Fondo de Cultura Económica y me asocié a los seminarios de El Colegio de México organizados por Daniel Cosío Villegas. Uno de ellos fue sobre América Latina y pude adentrarme en la lectura de cuanto salía de los medios académicos de los Estados Unidos, Inglaterra y algunos países sudamericanos acerca de nuestra región, que no era mucho. Fueron determinantes también la lectura de Colin Clark (1940) sobre los cambios estructurales que el desarrollo entrañaba y después la de muchos otros autores.

¿Cómo veía el futuro de la región latinoamericana? Los años de la segunda Guerra Mundial estaban ya teniendo efectos profundos en las economías de los países latinoamericanos. En 1942, la Tesorería de los Estados Unidos, por medio de la Unión Panamericana, convocó en Washington a una Conferencia Interamericana sobre Cooperación Financiera y Control de los Bienes del Enemigo; tuve la suerte de que el director general del Banco de México, Eduardo Villaseñor, me invitara a formar parte de la delegación, lo que me permitió conocer a banqueros y representantes de los ministerios de Hacienda de todos los países de la región. En 1944, a invitación del secretario de Hacienda, licenciado Eduardo Suárez, participé en la Conferencia Monetaria y Financiera de las Naciones Unidas (Bretton Woods) como secretario técnico de la delegación, pues había yo colaborado con Daniel Cosío Villegas en el análisis de los proyectos monetarios y financieros para la posguerra. De los 44 países que asistieron, 19 fueron latinoamericanos (la excepción fue

Argentina, que no fue invitada). Allí tuve oportunidad de tratar a muchos de los delegados y de establecer amistades duraderas. A resultas de Bretton Woods, el Banco de México decidió convocar en 1946 a una primera Reunión de Técnicos de Banca Central del Continente Americano (incluidos Canadá y los Estados Unidos), cuya organización corrió a mi cargo. Participó Raúl Prebisch como invitado especial. En ésta conocimos la problemática latinoamericana de la posguerra y la del periodo que se avecinaba (Banco de México, 1946). Más allá de los asuntos monetarios y financieros, interesaba examinar el contexto internacional en que pudieran desenvolverse el comercio, las inversiones y sobre todo las políticas de industrialización ya perfiladas y en algunos casos puestas en práctica. Se creó en el banco, además, un pequeño grupo de estudios sobre la posguerra, con la participación de José Medina Echavarría.

Previa recomendación de la Asamblea General en 1947, el Consejo Económico y Social de Naciones Unidas aprobó, el 25 de febrero de 1948, una resolución por medio de la cual se creó la Comisión Económica para América Latina (CEPAL). Como lo ha relatado en forma tan elocuente Hernán Santa Cruz,[1] entonces representante de Chile ante las Naciones Unidas, quien fue el principal impulsor de la creación de este nuevo organismo, a imagen y semejanza de la Comisión Económica para Europa que encabezó Gunnar Myrdal, la propuesta tropezó con obstáculos, en lo principal porque existía ya un comité de la Unión Panamericana, próximo a convertirse, en Bogotá en 1948, en Consejo Interamericano Económico y Social de la Organización de Estados Americanos. Aprobada la creación de la CEPAL, se decidió establecerla en Santiago de Chile, donde se llevó a cabo su primer periodo de sesiones, ya nombrado secretario ejecutivo Gustavo Martínez Cabañas. El segundo periodo se convocó en La Habana en mayo de 1949, y en él Raúl Prebisch, entonces consultor de la Secretaría de la CEPAL, presentó su célebre informe

[1] Santa Cruz, tomo I, libro primero, capítulo sexto, sección IV, 1984, pp. 143-163.

que contribuyó a dar vida autónoma al organismo con su propia visión personal de la problemática del desarrollo latinoamericano y sus relaciones económicas internacionales (Prebisch, 1949). En 1943 estuvo en México unas semanas, su primera visita, a raíz de su dimisión del Banco Central de la República Argentina. Fue invitado por el director general del Banco de México, a instancias de Daniel Cosío Villegas, a compartir con funcionarios mexicanos de los sectores monetario y financiero sus experiencias como banquero central. Yo era el único que había leído por interés profesional los excelentes informes anuales de dicho Banco Central, publicados de 1935 en adelante. Participó Prebisch, además, en un seminario sobre América Latina en El Colegio de México, en que presentó un trabajo sobre el patrón oro y la vulnerabilidad económica de América Latina (Prebisch, 1944a). En 1944, volvió por un periodo de tres o cuatro meses a impartir un curso en el Banco de México (Prebisch, 1944b) y unas conferencias en El Colegio de México (Prebisch, 1944c). Me correspondió tratarlo con frecuencia, lo que me permitió conocer con mayor profundidad algunos de los temas latinoamericanos de mayor interés, que más adelante él expondría en la CEPAL.

En 1947 di una vuelta al mundo en dirección oriente, por encargo de la Secretaría de Hacienda, para estudiar la posibilidad de que México vendiera sus excedentes de plata y entablara negociaciones con algunos países para no desmonetizarla y adquirir a cambio productos industriales o materias primas. Escrito y presentado el informe respectivo, en octubre de ese año ingresé al personal técnico del Banco Mundial en Washington, por casi dos años, como encargado de una oficina sobre estudios de la economía de Brasil, Venezuela y otros países en lo que se llamó la "ribera oriental" de América Latina. Coincidieron conmigo en Washington varios economistas de la región latinoamericana contratados por el Fondo Monetario Internacional (FMI), con quienes el contacto frecuente, tanto profesional como social, fortalecía el interés en los problemas del momento y en las perspectivas. Entre ellos estaban Felipe Pazos (Cuba), Javier Márquez y Juan F.

Noyola (México), Jorge Ahumada y Julio del Canto (Chile), Jorge Sol Castellanos (El Salvador), Jorge Montealegre (Nicaragua) y unos pocos más. Teníamos contacto asimismo con norteamericanos interesados en la región, por ejemplo, Edward Bernstein y Robert Triffin (FMI), John de Beers (Tesorería), David Grove (Reserva Federal), Henry Wallich (Reserva Federal de Nueva York) y otros. Era el momento del nuevo acceso de algunos países latinoamericanos al crédito a largo plazo obtenible del Banco Mundial y a los recursos a corto plazo del FMI. Me tocó participar en las negociaciones que el Banco Mundial inició con una empresa canadiense para ampliar sus instalaciones en la región Río-Sao Paulo de generación hidroeléctrica, servicios de agua potable, servicios telefónicos y tranvías. Después pasé a una sección de estudios generales que me motivó escasamente y determinó mi regreso a México a mediados de 1949.

Se me nombró a un cargo de asesor en la Secretaría de Hacienda para colaborar en temas de financiamiento del desarrollo y de política fiscal. Se pusieron en marcha varios proyectos importantes, entre ellos las proyecciones de los ingresos tributarios y la clasificación económica de los gastos públicos conforme a la metodología de las cuentas nacionales. En 1950 me integré junto con Raúl Ortiz Mena, de Nacional Financiera, a una Comisión Mixta del Gobierno de México y el Banco Mundial para el estudio del desarrollo económico de México y su financiamiento interno y externo (Ortiz Mena *et al.,* 1953). Terminada la versión final de este informe hacia octubre de 1951, acepté un cargo que me ofreció Raúl Prebisch como director de estudios de la Oficina Regional de la CEPAL en México, recién abierta a mediados de ese año. Entré de lleno en los estudios y gestiones preliminares para la integración económica del Istmo Centroamericano que habían sido solicitados por los gobiernos de las repúblicas de Centroamérica en el cuarto periodo de sesiones de la CEPAL de mayo de 1951, para lo cual se creó un Comité de Cooperación Económica del Istmo Centroamericano en 1952. A esas tareas dediqué casi siete años, que culminaron en junio de 1958 con la firma del primer Tratado de Libre Comercio e Integración Económica de Centroamérica en Tegucigalpa y condujeron después al Mercado Común Centroamericano acordado en Managua en 1960. A principios de 1959 me reintegré a tareas de política de desarrollo en México. Como asesor del secretario de Hacienda, éstas sirvieron, entre otras cosas, para preparar la documentación relativa a la participación de México en la Alianza para el Progreso en 1963-1964.

Fue una etapa de esperanza. Publiqué el ensayo "Trayectoria del mercado común latinoamericano" (1960) y me aventuré a escribir un libro más general que denominé *Viabilidad económica de América Latina* (1962). En este último, no obstante cierto optimismo, hice hincapié en la problemática demográfica y social y en las dificultades institucionales y estructurales para llevar a cabo políticas de desarrollo congruentes, tema que la CEPAL y el Instituto Latinoamericano y del Caribe para la Planificación Económica y Social (ILPES) abordaron apenas en 1969. De allí pasé a discurrir, en numerosas conferencias y artículos, acerca de temas específicos del desarrollo latinoamericano, entre ellos los demográficos, los educativos, los de política científica y tecnológica, la cooperación en ciencias sociales, y la relación de América Latina con el resto del mundo cambiante y con los temas globales que se empezó a plantear en 1972.

En 1964 me incorporé a la vida académica mexicana, y después de casi 20 años de desempeñar el cargo de presidente de El Colegio de México, a partir de 1966, pensé dedicarme en 1986 a la temática de la ciencia y la tecnología —poco apreciada como elemento esencial del desarrollo en los países latinoamericanos—. No obstante, me obsesionaron de inmediato los problemas del servicio de la deuda externa como limitante del desarrollo y el poco éxito de las políticas de ajuste puestas en práctica, lo que requería examinar de nuevo a fondo los problemas fundamentales. Había yo estado un poco ausente de estos temas y ni siquiera estaba al corriente de la voluminosa bibliografía proveniente de la CEPAL y otros organismos. Al hacer el examen de las condiciones en que se había creado en tan poco tiempo la enorme deuda externa en los años setenta y ochenta, a partir del aumento pronunciado de los precios del petróleo en 1973, pensé que era necesario repasar la experiencia de desarrollo desde los años treinta y meditar sobre las perspectivas a mediano y largo plazos.

No tenía padrinos ni apoyos para llevar a cabo una investigación completa. En el propio Colegio de México había poco interés en la región latinoamericana. En septiembre de 1983 había yo dado un primer seminario breve en Toledo en la residencia universitaria de la Fundación José Ortega y Gasset. Mi segunda oportunidad de concentrarme un poco surgió de una invitación a dar un breve curso de verano en la Universidad de Washington, en Seattle, en 1986, bajo los auspicios del Instituto Henry M. Jackson de Estudios Internacionales. Nunca había impartido un curso en una universidad norteamericana y necesitaba ir a un compromiso de enseñanza en posgrado con la debida preparación. Kay Hubbard, de la Oficina de Estudios Extranjeros de la universidad, y Kenneth B. Pyle, director del instituto, me brindaron la oportunidad necesaria. En abril de 1987, el Instituto de Estudios Latinoamericanos (ILAS) y la Escuela de Graduados en Economía Empresarial de la Universidad de Texas me invitaron a dar parte de un curso de posgrado sobre economía latinoamericana que tenía a su cargo el profesor William P. Glade, a quien le estoy muy agradecido, lo mismo que a Richard A. Adams, director del ILAS. Ese mismo año, el programa MEXUS a cargo de Arturo Gómez Pompa de la Universidad de California en Riverside me invitó a impartir una serie de conferencias sobre América Latina o sobre México en esa dependencia, así como en los campus de Berkeley y Davis y, con la cooperación de Clark Reynolds, del Instituto de Investigación sobre Alimentos de la Universidad Stanford, en esta última. Fue lógico que de allí pasara a impartir una serie de conferencias sobre la economía latinoamericana en El Colegio de México, en el Centro de Estudios Internacionales, para estudiantes de las licenciaturas en estudios internacionales y en administración pública. Lo inicié mediante un curso público en el primer semestre de 1988, que ha constituido la base del presente libro, y lo repetí, más concreto, en 1989 sólo para estudiantes de El Colegio de México. En el ínterin gocé de la oportunidad de pasar un mes en el Centro de Estudios y de Conferencias de Bellagio, Lago Como, Italia, de la Fundación Rockefeller, donde la concentración me permitió hacer y repasar lecturas indispensables y redactar un primer borrador de gran parte de este libro. Es un texto que a la postre tuve que dejar latente durante varios años, debido a mi dedicación urgente a temas de economía ambiental en México. Concluida esta etapa, he podido al fin —no de manera continua, incluidos tres meses en St. Restitut, Drôme, Francia, en el año 2000 gracias a Gerardo Bueno— retomar el presente texto, revisarlo y actualizarlo.

Una de las razones que me impulsaron, y me impulsan aún, a insistir en este tipo de obras, es que se carecía de un análisis moderno de la región latinoamericana desde el punto de vista de la economía del desarrollo. En los Estados Unidos y Gran Bretaña dejaron de publicarse libros generales sobre la economía latinoamericana; los autores se concentraron en periodos cortos, en temas específicos y en la problemática de la deuda o del ajuste, o en determinados países. En Francia había apenas un par de libros que valieran la pena. Para los estudiantes de licenciatura y para el lector común hacía falta una obra general, tanto en español como en inglés. Mi primera redacción de esta obra fue en inglés, con vistas a conseguir un editor interesado, en lo cual fracasé repetidamente. Y en español quizá hubiera quedado aún en archivos si no hubiera sido por el Programa del Fideicomiso Historia de las Américas de El Colegio de México y el Fondo de Cultura Económica, dirigido por Alicia Hernández Chávez, quien me animó a concluir el proyecto. No es un libro para economistas de altos vuelos, que se interesan sólo en las etapas de posgrado, con grandes refinamientos técnicos de análisis. Tampoco es una historia económica, sino un análisis de las políticas de desarrollo. Es un libro que puede ilustrar al estudiante, a la sociedad civil, al sector empresarial y al mismo sector político y de gobierno, así como a la opinión pública, acerca de la problemática fundamental del desarrollo de los países de la región latinoamericana. Espero sea una aportación a la comprensión de la evolución económica y social de estos países y de la región.

Mis agradecimientos van muy lejos en cuanto a la deuda intelectual. En primer lugar, a quienes durante años, dedicados a la CEPAL, pusieron al descubierto los hechos y efectuaron análisis de gran importancia. Los documentos de la CEPAL, sin embargo, distan muchísimo de servir como libros de texto y de información general por ser farragosos y por carecer, en las etapas más recientes, de ideas novedosas y más críticas. Algunos escritos de otras épocas han sido de valor inestimable, como los ensayos de Carlos Díaz-Alejandro, William P. Glade, Albert O. Hirschman, John Sheehan, Raúl Prebisch, Celso Furtado, Osvaldo Sunkel, Aldo Ferrer, Aníbal Pinto, Fernando Henrique Cardoso, Felipe Pazos, José Antonio Mayobre y Tulio Halperin Donghi. En su tiempo fueron textos importantes y útiles los de Jean-Marie Martin y Denis Lambert, de la Universidad de Lyon. Más recientemente, merece mención especial el libro de Victor Bulmer-Thomas (1989), de la Universidad de Londres, y el estudio de Rosemary Thorp (1998), de la Universidad de Oxford, patrocinado por el Banco Interamericano de Desarrollo (BID). A todos ellos expreso reconocimiento, así como a los valiosos informes de la propia CEPAL, el Banco Mundial y el BID, y a las muchas monografías sobre temas particulares y sobre determinados países. Los recientes cálculos revisados del producto interno bruto (PIB), total y por habitante de 184 países y territorios, en dólares de poder adquisitivo constante hechos para la Organización para la Cooperación y el Desarrollo Económicos (OCDE) por Angus Maddison (2001, 2003) me han permitido hacer nuevas comparaciones internacionales de los niveles generales de ingreso y de productividad de los países de la región latinoamericana, con conclusiones asombrosas.

En el propio Colegio de México tuve entre 1988 y 1990

la colaboración invaluable de Francisco Giner de los Ríos y Díez-Canedo, y me estimuló la respuesta entusiasta de los estudiantes del Centro de Estudios Internacionales a los temas de seminario que les planteamos. Agradezco, por último, a El Colegio de México y a mis sucesores en la presidencia el haberme permitido, en mi calidad de profesor-investigador emérito, dedicar mi tiempo a éstas y a otras tareas de interés.

La responsabilidad de este texto y la originalidad que puedan tener mis interpretaciones son, por supuesto, mías. Estoy consciente de que cada economista de un país de la región latinoamericana tiende a ver los problemas de la región desde sus conocimientos locales y con el prisma y el prejuicio de sus propias mentalidad y cultura. Así por ejemplo, Prebisch fue un latinoamericano argentino, Herrera fue chileno, Pazos cubano, Mayobre venezolano, Lleras Restrepo colombiano, Furtado es brasileño y a mí me tocó ser mexicano. No se ha encontrado todavía un latinoamericano de cepa que se asemeje a los actuales europeos de la Unión Europea, por ejemplo, a Jacques Delors.

Debo advertir que en 1982 se inició mi pérdida de optimismo acerca del desarrollo latinoamericano, sobre todo por las consecuencias del brutal endeudamiento externo ocurrido entre el corto periodo de 1973 a esa fecha. En 1982, en una conferencia sustentada en la Universidad de Miami, bajo los auspicios del Instituto de Estudios Latinoamericanos, expresé algunas de mis dudas y reservas (Urquidi, 1983a). Ni de la publicación de la misma en un folleto en inglés ni del texto en español en *El Trimestre Económico* (Urquidi, 1983b) surgió absolutamente el menor comentario de nadie, mucho menos de mis amigos de la CEPAL. O estaba yo totalmente equivocado o tocaba yo un renglón de crítica que nadie quería escuchar, como suele suceder. Nada más peligroso que rehusarse a ver nuevas y complejas perspectivas; nada más negativo que creer que toda época pasada fue óptima y encerrarse en los abundantes mitos latinoamericanos. Nada peor que aislarse de las nuevas corrientes de la economía y la sociedad mundiales y dejarse llevar por la inercia de los acontecimientos actuales, sin prepararse para el futuro real y no para el de buenas intenciones y caras ilusiones de origen histórico. La región latinoamericana, hoy fraccionada y con grandes asimetrías internas, no puede a mi juicio tratarse como un gran conjunto, sino en forma de análisis subregionales y con atención en las características especiales de determinados países.

Más aún, mi propuesta como título de *Otro siglo perdido* ha surgido del propio análisis que he hecho al verificar con los más recientes datos (Maddison, 2001, 2003) que la región latinoamericana y la mayoría de sus países integrantes se quedaron rezagados a partir de 1950 en el desarrollo mundial, respecto a otras regiones, como el sudeste de Asia (salvo África, lo que no es consuelo). En la región latinoamericana se han sentido en forma acusada el lastre colonial y el del siglo XIX, y ha contribuido asimismo la falta de políticas de desarrollo congruentes y de visión del futuro en el XX.[2]

Por último, agradezco a mis ayudantes, sucesivamente proporcionados por el Sistema Nacional de Investigadores, Nora Esquivel, Mario Santaella, Pablo de Tarso Hernández, Mauricio Ugalde, Javier Becerril y Darcí Flores, así como los asistentes asignados por El Colegio de México y el Fideicomiso Historia de las Américas: Dulce C. Mendoza y Érika Sandoval, las tareas de apoyo estadístico y bibliográfico que contribuyeron a dar precisión a los textos y a evitar posibles errores. Y en la etapa final de revisión dejo testimonio de la muy eficaz colaboración de Alfonso Mercado García.

VÍCTOR L. URQUIDI

El Colegio de México
Marzo de 2004

[2] En 1996 Leopoldo Zea usó la expresión, entre interrogantes, *¿centuria perdida?*, como subtítulo, pero en un sentido más amplio referido al mundo en su conjunto en sus transiciones del siglo XIX al XX y sin alusión alguna a los temas del desarrollo (Zea, 1996, capítulo 1).

I. INTRODUCCIÓN Y CONSIDERACIÓN GENERAL

1. El resurgimiento de las economías de la región latinoamericana en la posguerra. 2. El endeudamiento externo a partir de los años setenta. 3. El desenlace: los reajustes incompletos o imposibles. 4. ¿Cómo definir la economía de la región latinoamericana? 5. Integración económica y desarrollo de la región latinoamericana. 6. Las relaciones externas de las economías de la región latinoamericana.

1. El resurgimiento de las economías de la región latinoamericana en la posguerra

CONCLUIDA LA DEPRESIÓN PROFUNDA del comercio internacional a mediados de los años treinta y transcurrido el periodo de la segunda Guerra Mundial, la mayoría de los países latinoamericanos pudo resurgir, al principio con lentitud, a una etapa sin precedente de crecimiento sostenido. Durante los años cincuenta y sesenta y aun una parte de los setenta, o sea casi 30 años, la región latinoamericana experimentó constante expansión económica, expresada en aspectos importantes de modernización e industrialización, con incorporación de nuevas tecnologías, mejoramiento de la agricultura comercial, y ampliación extensa de la infraestructura y de las comunicaciones internas. Al mismo tiempo, el volumen de comercio exterior se incrementó con rapidez y se perfiló una nueva estructura de participación en la economía mundial y de interacción con ella. El desarrollo se concibió casi sin excepción como un proceso que debía comprender el cambio social y el mejoramiento del bienestar humano. Se alcanzaron metas cada vez más elevadas de avance social, sobre todo en materia de educación, vivienda, salud y consolidación urbana. Aunque en bastante menor medida y no en todos lados, mejoraron asimismo las condiciones de la vida rural, ayudadas por la mayor intercomunicación.

El año de 1973 fue significativo por ser el último de un largo periodo de prosperidad iniciado en 1950 y por haberse producido ese año la gran convulsión del mercado internacional del petróleo como resultado de acciones emprendidas por la Organización de Países Exportadores de Petróleo (OPEP). Se cuenta con cifras que permiten considerar los niveles del PIB *per capita* alcanzados por los países de la región latinoamericana en 1950 y 1973 en comparación con los de otras áreas geográficas,[1] y calcular las tasas medias de incremento de dichos niveles entre 1950 y 1973.

La mayor parte de los países de la región latinoamericana y del Caribe, bajo esta metodología estadística, habían alcanzado en 1973 la categoría de naciones en etapa de "desarrollo intermedio". Así, un grupo de 10 países de la región, comprendidos en los niveles más altos, registraba un producto *per capita* entre 4 000 y 11 000 dólares: en orden descendente, fueron Venezuela, Trinidad y Tabago, Argentina, Chile, Uruguay, México, Costa Rica, Panamá, Jamaica y Perú (véase el cuadro I.1 al final de este capítulo).

[1] Maddison (2001). En esta magna obra, *The World Economy: A Millennial Perspective*, el autor revisa toda la información disponible sobre producción, población y comercio exterior, por regiones y países, con el objetivo de establecer, en forma comparada, las tasas de crecimiento y desarrollo en varios periodos históricos a partir de principios del siglo XIX hasta 1999, con algunas estimaciones para periodos anteriores. Su compilación de cifras de PIB a precios constantes de 1990 se expresa en "dólares internacionales", calculados con las paridades del poder de compra de las monedas nacionales en relación con el dólar. La simple conversión a dólares, a los tipos de cambio de cada año, de las cifras nacionales de PIB es errónea porque los tipos de cambio corrientes pueden estar subvaluados o sobrevaluados. El dólar mismo ha perdido poder de compra, de manera que a la conversión con paridades de poder de compra se suma el poner las cifras en dólares en poder adquisitivo constante. (Maddison, 2001, apéndice A, pp. 171 y 172.) Este cálculo es el aceptado hoy día para poder comparar entre países, en términos reales, los niveles del PIB y, en consecuencia, con base en los datos de población depurados, los niveles por habitante. Maddison corrige también, en los casos pertinentes, las cifras de territorios que han tenido "un efecto frontera" a lo largo de los años a causa de cambios producidos por conflictos bélicos, desintegraciones o reagrupaciones políticas, tratados y soluciones de disputas limítrofes, etc. En el caso de la región latinoamericana, los datos a partir de 1930 no son objeto de ningún ajuste territorial.

Sin embargo, estos países integrantes del grupo con los indicadores más altos en la región latinoamericana no llegaban con mucho a los niveles de los países de economía altamente desarrollada, aun cuando Venezuela se acercaba. Aun así, Venezuela si bien excedía el nivel *per capita* de España, que entonces era relativamente bajo, alcanzaba un coeficiente de 0.93 respecto a Japón, pero reportaba apenas 0.64 en relación con el de los Estados Unidos y 0.81 con el de Francia (véase el cuadro I.1.) Se entiende que se comparan promedios nacionales, sin atención a la distribución interna del PIB ni a la distribución por niveles internos de ingreso.

El resto del grupo mayor de la región latinoamericana se situaba en niveles *per capita* inferiores al de los países desarrollados con PIB *per capita* mediano y bajo. Por ejemplo, Argentina, con un producto *per capita* de 7 962 dólares en 1973, estaba apenas al 0.48 del de los Estados Unidos, al 0.61 del de Francia y al 0.70 del de Japón, aun cuando equivalía al 1.04 del de España. México, con *per capita* de 4 845 dólares, estaba apenas al 0.29 del de los Estados Unidos, al 0.37 del de Francia y al 0.42 del de Japón. Es más, México alcanzaba un coeficiente *per capita* de 0.63 del de España y Grecia, 0.71 del de Irlanda y 0.69 de Portugal, que eran entonces países rezagados en Europa occidental; el de México, por otra parte, fue inferior al de Rusia, Hungría y Polonia y rebasaba apenas el de Turquía (véase el cuadro I.1).

Los países de nivel medio *per capita* en la región latinoamericana en 1973, entre 2 000 y 4 000 dólares internacionales por habitante, fueron, en orden descendente, Perú, Brasil, Colombia, Ecuador, Guatemala, Nicaragua, Bolivia, El Salvador, Cuba, Paraguay y República Dominicana; sin embargo, estas 11 economías no llegaban en su mayoría ni al nivel de España. Por ejemplo, el PIB *per capita* de Brasil era el 0.69 del de Hungría, el 0.55 del de Portugal y el 0.51 del de España, con diferencias mucho mayores con los Estados Unidos, el 0.23; Francia, el 0.30 y Japón el 0.34. Brasil sólo superaba en este grupo al de Turquía, con un coeficiente de 1.12 (véase el cuadro I.1).

En África, el único país con nivel *per capita* comparable con el grupo mayor de la región latinoamericana fue Sudáfrica, de alrededor de 4 175 dólares internacionales, cercano al de México.

En el grupo de la región latinoamericana los dos países situados al nivel más bajo —Honduras y Haití— estaban en cifras más o menos comparables con las de países como Nigeria y Egipto (véase el cuadro I.1). El PIB por habitante de Honduras alcanzaba apenas el 0.10 del de los Estados Unidos, el 0.23 del de Portugal o el 0.31 del de Polonia. Era entonces superior, sin embargo, al de China y al de la India, con coeficientes de 1.96 y 1.92.

La comparación de cifras de 1950 y 1973 indica además que las economías de la región latinoamericana se estaban ya rezagando en relación con países de otras regiones, en parte porque su población aumentaba con mayor rapidez. Sólo Argentina, Trinidad y Tabago y Venezuela acusaron indicadores de incremento medio del PIB *per capita* más elevados que, por ejemplo, los de España, Portugal e Irlanda. Entre 1950 y 1973, el PIB *per capita* en 22 países de la región latinoamericana (excluyendo 21 territorios isleños pequeños y Puerto Rico)[2] registró una tasa media anual que sólo en seis casos excedió de 3%: Jamaica (5.06%), Trinidad y Tabago (3.81%), Brasil (3.73%), Panamá (3.52%), Costa Rica (3.49%) y México (3.17%) (véase el cuadro I.2 al final de este capítulo). Adviértase la similitud de estos casos, siendo el dato mayor de Jamaica explicable por venir de un nivel muy bajo en 1950.

En otros seis países, el PIB *per capita* aumentó entre 2 y 3% anual: República Dominicana (2.95%), Nicaragua (2.61%),

[2] Maddison (2001), cuadro A2-9, p. 196. Por alguna razón de explicación sólo geográfica, este autor incluye el PIB de Puerto Rico en la región latinoamericana. En las comparaciones aquí presentadas se ha excluido esta isla, cuya economía es parte de la de los Estados Unidos. Sin embargo, cabe señalar que el PIB *per capita* de Puerto Rico en 1973, en dólares internacionales, fue de 7 302 (comparable con el de Argentina y Portugal) y que la tasa media de incremento del PIB *per capita* en el periodo 1950-1973 fue de 5.47%, o sea superior a las cifras de los países de la región latinoamericana.

Ecuador (2.50%), Perú (2.45%), Colombia (2.13%) y Argentina (2.05%).

Entre los 10 países restantes, los crecimientos por habitante, durante 23 años, 1950-1973, registraron una tasa media de apenas 1 a 2% en cinco casos: El Salvador (1.99%), Guatemala (1.89%), Venezuela (1.55%), Chile (1.26%) y Paraguay (1.10%); tasa de 0 a 1% en cuatro casos: Honduras (0.98%), Bolivia (0.90%), Cuba (0.40%), Uruguay (0.28%), y tasa media anual negativa en un país: Haití (- 0.16%).

En cambio, en Asia y algunos países de Europa, las tasas de incremento del PIB *per capita* fueron mayores que las de la región latinoamericana en general. Por ejemplo, entre 1950 y 1973, la economía de la isla de Taiwán elevó su producto *per capita* a razón de 6.7% como media anual; Corea del Sur, a 5.8%; Hong Kong a 5.2%; Singapur a 4.4% y aun China a 2.9%, Filipinas a 2.7%, e Indonesia a 2.6%. Un conjunto de 16 países del Asia "emergente" registró crecimiento anual medio del PIB *per capita* de 3.8%, tasa alcanzada por sólo un país con alto nivel de ingreso *per capita* de la región latinoamericana y del Caribe: Jamaica, como puede apreciarse en el cuadro I.2. No son, las de Asia, economías ni sociedades semejantes en rigor a las de la región latinoamericana, pero tuvieron indudablemente un fuerte impulso, que las latinoamericanas en general no alcanzaron.

Si se hace una comparación con los países de Europa oriental en el mismo periodo de 1950-1973, cuando formaban parte del sistema económico y político de la Unión Soviética, se encuentra que en su conjunto la tasa de incremento medio anual del PIB por habitante de estos países fue de 3.79%, siendo la de la ex Unión Soviética de 3.36%, por debajo del promedio de los 16 países del Asia "emergente".[3]

Entre los de Europa occidental (16 países), las tasas de

[3] Maddison (2001), p. 186. Es pertinente considerar que el sistema de cuentas nacionales usado en los países del grupo soviético se basaba en el cálculo del producto material bruto, que omite varios conceptos en la actividad de servicios. Maddison calcula cifras convertidas de la metodología del producto material (MPS) al sistema de cuentas nacionales (SNA) de las Naciones Unidas.

incremento del PIB *per capita* de cuatro de ellos —Grecia, España, Portugal, Alemania— fueron superiores a 5%; de cuatro países —Italia, Austria, Finlandia, Francia— fueron entre 4 y 5% anual; de seis países —Bélgica, Países Bajos, Noruega, Suiza, Dinamarca, Suecia e Irlanda— fueron entre 3 y 4%, y sólo de un país —el Reino Unido— fueron inferiores a 3% (2.42%) (Maddison, 2001, p. 186). O sea, la mayoría excedió su tasa media de crecimiento entre 1950 y 1973 a la de los países de la región latinoamericana.

De lo anterior se verifica que durante el periodo citado de 23 años, 1950-1973, la región latinoamericana se rezagó en crecimiento del PIB *per capita* tanto respecto a los países de Asia, como a los de Europa oriental y Europa occidental. Desde el punto de vista histórico y por sus consecuencias en otros órdenes, el político y el social, es un hecho que debe tenerse siempre presente. A partir de 1973, sin embargo, se registran grandes aumentos del PIB *per capita* en algunos países de la región latinoamericana por la producción y los precios del petróleo (en algunos casos, otras materias primas), mientras que en otros, afectados por el alza del precio del petróleo y otros factores, el producto *per capita* se estancó, descendió o se elevó en proporción apenas mínima (véase el capítulo VII.) El año de 1973 vino a ser, en retrospectiva, un importante parteaguas.

En las economías de la región latinoamericana, durante la posguerra y después, había prevalecido fuerte desigualdad de ingresos, y, con escasas excepciones, ésta no se había reducido en más de 40 años (este tema se trata en el capítulo XI). Muchos de los problemas del desarrollo se habían agudizado y se descubría que sus orígenes eran más profundos que los supuestos al inicio del periodo. El cambio estructural atribuible a la industrialización y a la creación de sectores modernos en la propia industria, así como en la actividad agropecuaria y los servicios comerciales, financieros, de transporte y aun en la administración pública no redujo en proporción significativa los coeficientes de miseria. Tampoco generó un desplazamiento pronunciado hacia actividades económicas de alta productividad. En consecuencia, dicho cambio no contribuyó lo suficiente para colocar a América Latina en una trayectoria nueva que condujera al crecimiento y al desarrollo sostenido a largo plazo.

Considerada sector por sector, la economía de los países de la región latinoamericana se construyó sobre un delgado estrato de empresas modernas y productivas, mientras la gran mayoría permaneció en estado ineficiente y de baja productividad, de pautas tradicionales. Ello explica en gran medida que a principios del decenio de los ochenta, aparte de nuevos problemas surgidos en los años setenta, una proporción elevada de la población latinoamericana, en particular en las ocupaciones rurales, se encontrara aun a un nivel de ingresos inferior a la llamada *línea básica de pobreza*. Ésta se ha definido, a nivel familiar, como un monto de ingresos apenas suficiente para permitir hacer frente a la alimentación y otros gastos cotidianos en bienes y servicios, sin capacidad para mejorar las condiciones de vida ni de efectuar ahorros familiares. Dentro de este gran margen de pobreza social existe todavía otro, el de la pobreza extrema, la de familias caracterizadas por no disponer de ingreso suficiente aun para la alimentación básica, sobre todo en las áreas rurales (véase el capítulo XI).

A poco de iniciarse el decenio de los años sesenta, la perspectiva en la región latinoamericana parecía ser muy favorable. Se formulaban planes generales para el desarrollo futuro, estimulados a partir de 1964 por el apoyo que brindaría la Alianza para el Progreso como expresión de la política de cooperación regional de los Estados Unidos. Acababa de establecerse el BID en 1961 y se disponía de otras fuentes de capital externo en forma de créditos a mediano y a largo plazos, del Banco Mundial y otras instituciones; también se preveía mayor volumen de inversión extranjera directa. Se sentía en la región, sobre todo en los países mayores, el empuje del proceso de desarrollo.

Además, había surgido la visión de un sistema económico integrado, como en Europa occidental, que pudiera conducir en su primera etapa a una amplia zona de libre comercio, y al final a un mercado común latinoamericano que contribuiría a acelerar la industrialización como motor del cambio económico y social. Argentina, Brasil, Colombia, Chile, México —con otros cinco países menores: Bolivia, Ecuador, Paraguay, Perú y Uruguay— habían firmado en 1960 el Tratado de Montevideo por el que se creaba la Asociación Latinoamericana de Libre Comercio (ALALC). Venezuela se adhirió con posterioridad. Las naciones del Istmo Centroamericano, por su parte, culminando una etapa iniciada en 1951, habían organizado en 1958 y 1960 su propio sistema de libre comercio y mercado común, y las integrantes del Pacto Andino (Acuerdo de Cartagena) iniciaban un proceso de integración comercial e industrial. Entre los territorios ya independientes del Caribe y zonas contiguas que habían sido colonias británicas se puso también en marcha un proceso de creación de una zona de libre cambio denominada Carifta (Asociación del Libre Comercio del Caribe), creada en 1973, que evolucionó hacia un mercado común, Caricom (Mercado Común del Caribe), en 1991 (Maddison, 1986, parte II; Urquidi y Vega Cánovas, 1991, p. 51).

No obstante, para finales de los años ochenta, poco quedaba de aquellos planes y programas de desarrollo y de integración económica regional o subregional, y la perspectiva había dejado de ser favorable.[4] Los años setenta habían resultado ser un periodo de fuertes desequilibrios internos y externos, no previsibles, que rebasaron los márgenes acostumbrados de fluctuación y descompensación. Fue cada vez más difícil administrar estos desequilibrios debido a la debilidad de los sistemas tributarios, a la falta de congruencia en las políticas económicas, financieras y monetarias, al volumen excesivo de endeudamiento externo y del monto correspondiente de servicio anual, y a la pérdida de confianza externa

[4] En 1962 publiqué el libro *Viabilidad económica de América Latina*, México, Fondo de Cultura Económica (1962, 1964), pero ya en los años ochenta, después de la crisis del endeudamiento externo excesivo, tuve que excluir de mi vocabulario económico el término *viabilidad*.

en las capacidades de los propios países de la región latinoamericana. A ello se añadió la pérdida paralela de confianza por parte de los sectores empresariales internos.

En la economía mundial en 1973 se habían elevado considerablemente los precios del petróleo crudo y de los cereales, siendo muchas de las economías de la región latinoamericana deficitarias en ambos. Los distintos países de la región resultaron afectados de diversa manera según fueran exportadores netos o importadores netos de petróleo y granos. Las fluctuaciones monetarias y financieras fueron de tal magnitud que los organismos financieros internacionales, entre ellos el FMI y el Banco Mundial, quedaron rebasados, careciendo de respuesta oportuna a la compleja serie de nuevos fenómenos.

2. El endeudamiento externo a partir de los años setenta

A partir de 1973, se generaron excedentes enormes de divisas en los grandes países petroleros del Oriente Medio y Asia Occidental, así como en algunos países de Asia sudoriental y África. En la región latinoamericana destacaron Venezuela, México, Ecuador y Trinidad y Tabago. Por otro lado, el creciente déficit comercial de los Estados Unidos había colocado ya desde 1971 en manos de la banca comercial de la mayor parte de los países desarrollados, incluidos Japón y los de Europa occidental, gigantescas sumas de dinero, llamadas *eurodólares*. A eso se sumó en 1973 un enorme volumen de fondos financieros —los llamados *petrodólares*— que fue reciclado con prontitud a los países prestatarios sedientos de capital a cualquier precio para sus programas de desarrollo o para cubrir su déficit comercial. En general, los países de la región latinoamericana no tuvieron éxito en sus intentos de absorber los efectos de las súbitas fluctuaciones de origen externo, y no pudieron evitar caer en grandes déficit fiscales y en excesos de expansión monetaria. Se incrementó con extraordinaria rapidez la deuda pública externa de los países de la región. En 1960, ésta era de poca monta en su conjunto: 5.9 miles de millones de dólares. No significaba una severa carga para la economía de los países, ya que representaba en promedio 5.4% del producto nacional bruto (PNB), con excepción de Bolivia, donde la relación era de 22.5%. Tampoco existía problema grave alguno para cubrir el servicio de la deuda pública, que no pasaba de 600 millones de dólares al año. Destacaba Brasil con una deuda pública externa de 2.2 miles de millones de dólares. Ninguno de los demás llegaba a 1 000 millones de dólares (Argentina, 987 millones de dólares; México, 827 millones de dólares y Chile 456 millones de dólares) (véase el cuadro VI.2 al final del capítulo VI).

En 1970, la deuda pública externa total de los países en vías de desarrollo fue de 45 miles de millones de dólares, y dentro de ese total la deuda pública acumulada de los países de la región latinoamericana alcanzó 15.8 miles de millones de dólares, o sea, 2.7 veces su monto en 1960. Para 1973, año del alza de los precios internacionales del petróleo crudo, que fue el principal parteaguas, la deuda pública había ascendido en sólo tres años a 27.5 mil millones de dólares, o sea en 70.7%, para alcanzar un total de 1.7 veces el de 1970. En 1973 la relación entre el pago del servicio de la deuda pública externa y el total de las exportaciones de bienes y servicios había subido de 13.5 en 1970 a 14.2% en 1973, mientras que la relación de los intereses respecto a las exportaciones de bienes y servicios había aumentado de 4.2 a 4.7% en estos tres años. A partir de 1973, la deuda externa creció a niveles enormes y sin precedentes respecto al tamaño de la economía y la captación de divisas vía la exportación de los países (véase el cuadro VI.2).

De 1973 a 1980, la progresión continuó acelerada. La deuda pública externa de los países de la región se elevó a 130.4 miles de millones de dólares (cuadro VI.2), que representó 4.7 veces el monto de 1973 y 8.3 veces el de 1970. La deuda externa total (pública y privada) de la región creció de 32.5 miles de millones de dólares en 1970 a 242.7 miles de millones en 1980 (véase el cuadro VI.3 al final del capítulo VI); es decir, llegó a representar 7.5 veces la cifra de 10 años atrás. Algunos países rebasaron con mucho este indicador promedio: Venezuela, 20.6 veces; Ecuador, 16.5 veces; Honduras y Panamá, 13 veces; y Brasil, 12.5 veces. Varios lo excedieron aunque en menor grado: Nicaragua, 10.8 veces; Guyana, 10.1 veces; Costa Rica, 9.6 veces; Paraguay, 8.5 veces; México y Trinidad y Tabago, 8.2; y Haití, 8.1 veces. El Salvador, Guatemala y República Dominicana multiplicaron su deuda externa "apenas" entre 5 y 7.5 veces en esos 10 años (véanse el cuadro VI.4 y la sección "a" de la gráfica VI.2 al final del capítulo VI). En el caso de Ecuador y Venezuela, países exportadores de petróleo, los intereses sobre la deuda representaron en 1980 alrededor de 15% de las exportaciones de bienes y servicios, y el servicio de la deuda entre 27 y 34%. En el caso de México, los intereses alcanzaron 25% de las exportaciones de bienes y servicios, y el pago del servicio de la deuda 44%. Puede uno preguntarse cuál fue la estrategia de las autoridades hacendarias de los países de la región.

La estrategia consistió, por desgracia, en seguirse endeudando en los años ochenta y continuar haciéndolo entre 1990 y 2000, no obstante los rigurosos ajustes impuestos por el FMI y el llamado Consenso de Washington. En 1990 la deuda total de la región se elevó a 444 miles de millones de dólares, en gran parte por efecto del endeudamiento de Argentina, Brasil, Chile, Ecuador, México, Perú y Venezuela (cuadro VI.3). Para fines de 2000 se moderaron algunos incrementos de deuda, pero entre 1990 y 2000 destacó con mucho el aumento de la deuda externa de Argentina, seguido por Brasil, Colombia, Chile, El Salvador y Uruguay (véase la sección "c" de la gráfica VI.2). El total regional ascendió a 752 miles de millones de dólares, o sea, 1.7 veces el nivel de 1990 (cuadros VI.3 y VI.4). En 2000, los intereses en relación con la exportación de bienes y servicios (sin considerar las exportaciones brutas de maquila de México) fueron de 11% en conjunto; y en algunos países, bastante más, por ejemplo, Argentina, 30.1%; Brasil, 24.6%, y Perú y Uruguay, 14.3% (véase el cuadro VI.3).

La deuda externa total de la región latinoamericana se multiplicó 23 veces en las tres décadas transcurridas de 1970 a 2000. Destaca el crecimiento de la deuda de Honduras que en 2000 representó 50 veces el monto de 1970; Brasil, 42 veces; Ecuador, 38 veces; Nicaragua, 34 veces; Panamá, 31 veces; Paraguay, 28 veces; Guatemala, Haití, Trinidad y Tabago y Venezuela, 27 veces, así como Argentina, 25 veces. En algunos países la deuda externa se multiplicó "apenas" en el promedio de la región durante estos 30 años: Uruguay, 23 veces y El Salvador y México, 22 veces (véanse el cuadro VI.4 y la grafica VI.2). En términos más específicos, en referencia a la deuda pública externa de la región en el conjunto de los 27 años transcurridos entre 1973 y 2000, se multiplicó 14.3 veces. Sobresalió el caso de Honduras, 37.3 veces, seguido de Ecuador, 33.7 veces; Argentina, 31.1 veces; Guatemala, 27.4 veces; El Salvador, 26 veces; Haití, 25.3 veces; Venezuela, 18.2 veces; Uruguay y Nicaragua, 16 veces; México, 14.6 veces. Si esto no representó un lastre para el desarrollo, por lo menos amenazó convertirse en soga al cuello para muchos de los países, grandes y pequeños, que seguirá pesando en el siglo XXI (véanse el cuadro VI.2 en el capítulo VI y el texto del capítulo XII).

La mayor parte del nuevo endeudamiento se creó a plazos relativamente cortos y al final aun muy breves, siendo obtenido de bancos comerciales en todo el mundo, a tasas de interés elevadas y en condiciones con frecuencia desfavorables. Ni los prestamistas ni los deudores atendieron con suficiente acuciosidad el uso que se daría a los préstamos, ni previeron de manera adecuada la perspectiva y las condiciones generales en que tendría que darse la amortización de los mismos, ni siquiera el servicio de intereses que debía cubrirse.

Muchos de los gobiernos latinoamericanos, incluso los países de la región dotados de grandes recursos exportables y aquellos cuya exportación de manufacturas empezaba a dinamizarse, llegaron a la necesidad extrema, en 1981-1982, de negociar nuevos créditos con el fin de pagar intereses sobre los precedentes, además de contribuir a amortizarlos; se dieron casos en que se obtuvieron miles de millones de dólares, a cualquier precio, pagaderos al día siguiente. La ruta hacia una virtual bancarrota no se vislumbró en las altas esferas del poder, o bien quedó oculta en la euforia de esos tiempos, y se reconoció demasiado tarde y con poco tino. Los organismos financieros internacionales, a los que se atribuye mucho poder, no fueron capaces de influir, mucho menos de intervenir. En tales circunstancias, el decenio de los años ochenta se inició con una crisis de endeudamiento externo de naturaleza y dimensión jamás conocidas que constituyó otro parteaguas en la evolución económica y social general, con efectos negativos inmediatos y otros más lejanos.

La crisis de los años ochenta fue distinta de la de los años treinta, cuando el comercio de exportación había disminuido fuertemente en todo el mundo. En 1930 la deuda externa acumulada de los países latinoamericanos en el decenio anterior, o en algunos casos desde el siglo XIX, había sido un compromiso con individuos tenedores de instrumentos de la misma (en su mayor parte bonos), habitantes de los países más desarrollados, con los que ni siquiera se tenía contacto directo; no fue una deuda contraída con bancos. En sus orígenes, en el siglo XIX, algunas de esas deudas carecieron de características públicas definidas, aun de legitimidad, o tuvieron objetivos dudosos, y con frecuencia las casas emisoras en Londres y otros centros descontaban como comisión de 10 a 40% del valor nominal de la deuda.

Gran parte de la deuda histórica se había formado en la segunda mitad del siglo XIX y principios del XX, habiéndose añadido en este último periodo emisiones hechas por algunos países. En buena medida, aprovechando circunstancias económicas y políticas de la segunda Guerra Mundial, desde comienzos de los años cuarenta empezó a renegociarse una parte de la deuda insoluta y a restructurarse, a veces con capitalización de intereses adeudados. En los años treinta, los países de origen de los tenedores de la deuda que habían invertido en documentos financieros latinoamericanos estaban enfrascados en problemas internos derivados de la caída de las bolsas, y en los relativos a los ajustes de las deudas europeas y otras, así como en diversas crisis de las monedas. Se consideró entonces que las moratorias latinoamericanas no amenazaban la estabilidad del sistema financiero internacional, por más descontentos que hubiesen estado los tenedores de los bonos. En los ochenta, en cambio el sistema financiero internacional entró en estado de pánico.

En la posguerra de 1946, al haberse creado nuevas y novedosas instituciones financieras internacionales, se pudieron negociar de modo más general reajustes definitivos de algunas de las deudas externas del siglo XIX y posteriores. Los Estados Unidos habían establecido un requisito fundamental: el de estar al corriente en el servicio de la deuda externa para poder hacer uso de los recursos crediticios a largo plazo que pudiera proveer el Banco Internacional de Reconstrucción y Fomento (hoy Banco Mundial) creado en la Conferencia de Bretton Woods de 1944, que inició actividades precisamente en 1946. Este requisito se aplicó incluso a Gran Bretaña. Por igual fue preciso cumplir con los lineamientos de política monetaria previstos en el Convenio del FMI, el organismo paralelo creado en la misma fecha, especialmente en el sentido de llegar a establecer la plena convertibilidad de las monedas. Para entonces, pasados los primeros ajustes de reconversión de economías de guerra a situaciones de supuesta normalidad, empezaron a registrarse signos moderados de recuperación y nueva prosperidad en algunos países de la región latinoamericana, en paralelo con los avances en Europa occidental, apoyados en el Plan Marshall que aprobó el Congreso de los Estados Unidos en 1948 y que la administración estadunidense puso en marcha con rapidez.

Respecto al endeudamiento externo que caracterizó a los países de la región latinoamericana a fines de los años setenta y comienzos de los ochenta, fue paradójico (a diferencia de lo que había ocurrido en los años treinta) que los países industriales desarrollados continuaran experimentando crecimiento económico sin sufrir ningún descalabro grave de producción o en el sector financiero, si bien en algunos casos su dinámica fue menos intensa pues les había afectado en forma negativa el aumento pronunciado de los precios del petróleo crudo a partir de 1973 (véase la gráfica VIII.1 al final del capítulo VII). El valor del comercio mundial continuó aumentando, aun cuando estaba influido en buena medida precisamente por las exportaciones petroleras, y se generó una nueva composición mundial del intercambio, con mayor participación de manufacturas y, en cuanto a territorios, con mayor comercio recíproco entre los países industrializados. En la región latinoamericana, había pocas manufacturas para exportar, salvo en unos cuantos países, y en varios las monedas estaban sobrevaluadas. Por añadidura, los precios de los productos básicos de los que mucho dependían los ingresos en divisas de la mayor parte de los países, dejaron de ser favorables, salvo recuperaciones de poco alcance y duración en algunos de ellos. Entre 1970 y 1985, los precios de exportación del cobre, el estaño, el trigo, el azúcar, el cacao y el algodón descendieron; el del café no mejoró, y el del petróleo crudo se derrumbó (al final de ese periodo, en particular de 1986 a 1989) (Thorp, 1998, Apéndice Estadístico, cuadro VI.4 y gráfica VI.1).

Por otra parte, entre 1970 y 1990, la relación de precios del intercambio (precios medios de la exportación entre precios medios de las importaciones) declinó 33%, aun si se excluye del cálculo el petróleo crudo, que también experimentó descenso. Influyó asimismo la elevación en promedio de los precios de muchas de las manufacturas y los productos intermedios importados, así como los de maquinarias sencillas y otras de mediana complejidad. Además, los costos del financiamiento bancario de equipo y otros renglones de comercio, así como de los seguros y otros servicios, también aumentaron. Los países más afectados por el descenso de la relación de precios del intercambio fueron: Chile (–52%), Guatemala (–50%), Brasil (–40%), Argentina (–37%), El Salvador (–36%) y República Dominicana (–22%). En cambio, para algunos, debido a que eran predominante o parcialmente exportadores netos de petróleo crudo, la relación de precios del intercambio se elevó, por ejemplo: Venezuela (361%), México (102%), Ecuador (91%) y Colombia (22%). En el primero, el petróleo crudo pesó enormemente en el cálculo del índice; en los demás, había otras exportaciones de importancia (Thorp, 1998, p. 279). Los incrementos de la relación de precios del intercambio de estos países no beneficiaron a los demás países de la región, por ser éstos importadores de petróleo y de granos, así como exportadores de productos básicos cuyos precios se debilitaron. Por ello, una cifra promedio para el conjunto de la región latinoamericana carecería de sentido analítico.

Durante el periodo 1973-2000, la economía mundial creció a una tasa media anual de 3.10%.[5] En los Estados Unidos, el PIB aumentó a 3.04% anual, en Europa occidental de 12 países a 2.10% y en Japón a 2.87%, lo que ejerció influencia moderadamente positiva en el conjunto de los países exportadores, entre ellos los países en vías de desarrollo. Sin embargo, el efecto fue menor en los países que habían registrado fuertes incrementos de su endeudamiento externo, como los de la región latinoamericana. Más aún, a partir del descenso de los precios del petróleo crudo durante 1981-1982, así como del de otros productos básicos, la mayor parte de la nueva deuda externa vigente de los países latinoamericanos quedó amenazada de suspensión de pagos o moratoria. Los principales deudores no tenían capacidad o posibilidad de incrementar sus exportaciones para cubrir sus obligaciones financieras inmediatas. Durante el mismo periodo 1973-2000, la tasa media de crecimiento anual del PIB del conjunto de la región latinoamericana y del Caribe fue de 2.96% (Maddison, 2003, cuadro 4b, p. 140), muy cercana a la de la economía mundial (cálculo realizado con datos de Maddison, 2003, cuadro 7b,

[5] Maddison (2003), cuadro 7b, p. 233. Las exportaciones mundiales totales habían alcanzado un incremento medio anual de 5.07% en el periodo 1973-1998 (Maddison 2001, cuadro 3-2a, p. 127). En el periodo 1998-2000, con cifras provisionales, se estimó que las exportaciones crecieron en promedio a 10.4% anual.

p. 233). Sin embargo, la cifra del conjunto no se presta para un buen análisis, por lo que se deben tener en cuenta las cifras de los principales países, a saber: en Argentina, la tasa media de aumento anual en el periodo fue de 1.75%, en Brasil de 3.34%, en Colombia de 3.46%, en Chile de 4.10%, en México de 3.59% y en Venezuela de 1.68%.

Entre 1990 y 2000 hubo estancamiento o retroceso en varios países, con las siguientes tasas de crecimiento anual del PIB: 0.57% en Jamaica, –0.05% en Ecuador, –0.83% en Haití y –1.44% en Cuba. La tasa media de crecimiento del PIB de los seis principales países de la región latinoamericana fue como se expresa a continuación: Argentina, 4.19%; Brasil, 2.75%; Colombia 2.43%; Chile, 5.90%; México, 3.44%; y Venezuela de 2.12%.

Sin embargo, las tasas de incremento medio anual por habitante permiten percibir mejor esa evolución: entre 1973 y 2000, Argentina, 0.26%, Brasil, 1.34%, Colombia, 1.40%, Chile, 2.47%, México, 1.49% y Venezuela, –0.86%. Como es evidente, varios de los países importantes del conjunto de la región latinoamericana entraron en periodos de estancamiento. Entre 1990 y 2000, periodo de lento crecimiento, Argentina registró una tasa media de 2.87%, Brasil de 1.22%, y México, de 1.67%. Sólo destaca Chile, con 4.39% (véase el cuadro I.2).

Cabe señalar, además, que en el periodo de 1990 a 2000 se redujeron en diversos países las tasas de crecimiento del PIB *per capita*. Tales son los casos de Venezuela que tuvo una tasa de crecimiento anual de 0.12%, Honduras con una tasa anual de 0.45%, Colombia con 0.52%, México con 1.67% y Nicaragua con 0.69%. Otros países tuvieron un retroceso, como Haití, que tuvo una tasa de crecimiento anual de –2.48%, Ecuador –2.27%, Cuba –1.98%, Paraguay –0.86% y Jamaica –0.17%. Fue un decenio de estancamiento.

Otra forma de comprobar el rezago de la región latinoamericana a partir de 1973 es que el total de sus exportaciones de bienes expresadas en volumen, si bien aumentó, se tradujo, por el debilitamiento de los precios de las exportaciones, en ingresos en divisas de aumento moderado. El valor total de las exportaciones latinoamericanas de bienes en 1980 alcanzó apenas 92 090 millones de dólares, o sea, 2.4% de la exportación total mundial.[6] En 2000 las exportaciones totales de bienes registraron 360 000 millones de dólares, que ya para entonces incluyeron el valor bruto de las exportaciones de maquila mexicana que representaron 54.6% de ese total. El gran total de la región latinoamericana representó a su vez 11.6% del comercio mundial. En el caso de México las exportaciones representaron 46.4% del total de la región, incluida la maquila, que conviene considerar aparte y que sobrepasa al resto de las exportaciones de manufacturas. En 2000 México exportó 166 460 millones de dólares; Brasil, 55 090 millones; Venezuela, 33 040 millones; Argentina, 26 410 millones; Chile, 19 240 millones; Colombia, 13 620 millones; Perú, 7 030 millones; Panamá, 5 839 millones; Costa Rica, 5 810 millones y República Dominicana, 5 740 millones (véase el cuadro VI.1).

En otras regiones de países en vías de desarrollo, en especial en Asia, se compensaron los quebrantos de los precios de las exportaciones de productos básicos mediante crecientes exportaciones de manufacturas, dinámica que no prevaleció en la región latinoamericana. Varios países del sudeste de Asia pudieron reducir la carga de sus pagos de servicio de la deuda externa a partir de 1973, mientras que en la región latinoamericana este resultado no pudo lograrse en general, pese a aumentos de las exportaciones de manufacturas, por ejemplo, en Brasil y en México. Como ya se dijo, en 1973 el coeficiente que expresa la carga del servicio de la deuda pública externa respecto a las exportaciones totales de bienes y servicios fue de 14.2%, y en 1990 fue todavía de 21.2%. El coeficiente de los intereses de la deuda pública subió de 4.7 a 10.5% en este lapso (cuadro VI.2). Se observa una tendencia similar en el coeficiente de los intereses de la deuda externa total, el cual aumentó de 7.7% en 1970 a 11.9% en

[6] La cifra de exportaciones de la región latinoamericana se tomó de CEPAL (1983) y la de las exportaciones mundiales se obtuvo de Naciones Unidas (1993), p. S-3.

1990. Para fines de 2000, este coeficiente se había reducido de manera significativa en algunos países pero se mantenía elevado en otros; por ejemplo, el promedio en la región latinoamericana fue de 11%. Argentina registró 30.1%, Brasil 24.6% y Perú y Uruguay 14.3% (véanse los capítulos VII y IX). En México, el coeficiente se redujo porque se registró un aumento fuerte de las exportaciones brutas de la maquila.

3. El desenlace: los reajustes incompletos o imposibles

En cuanto a incrementar las exportaciones de manufacturas específicas durante los años ochenta y noventa, las condiciones generales del comercio no fueron favorables a los países en vías de desarrollo; antes bien, los países industriales impidieron, con la aplicación de barreras no arancelarias, la entrada de productos de la industria textil y otros, o mantuvieron diversos artilugios para no dejar ingresar productos que competían con sus propias producciones. En el caso de los países de la región latinoamericana, no era fácil lanzarse a abrir nuevos mercados. Varios de ellos no tenían capacidad para exportar manufacturas en gran escala ni contaban por lo regular con una eficaz gestión empresarial; no era siempre cuestión exclusiva de precios relativos poco remuneradores. La competencia ejercida por los "tigres de Asia", resultante de una estrategia político-económica a largo plazo, se volvió más dura en perjuicio de muchas manufacturas de la región latinoamericana. En ésta no se encontraron hacia fines de los años ochenta, ni siquiera para 2000, soluciones de efectos significativos a plazos mediano y largo.

Tampoco se podía esperar que se reanudaran en los años ochenta grandes movimientos netos de capitales financieros del exterior hacia la región latinoamericana. Más bien ocurrió lo contrario —fuertes fugas de capital—, con importantes saldos negativos de un monto medio anual de 17.8 mil millones de dólares entre 1981 y 1985 y 23.8 miles de millones de dólares entre 1986 y 1990. Entre 1991 y 2000, la transferencia neta de recursos volvió a ser positiva: de 17.1 miles de millones de dólares como media anual. En resumen, sumando las transferencias medias negativas con las positivas, resulta un monto negativo entre 1981 y 2000 de 1.9 miles de millones de dólares anuales. O sea que en 20 años de crisis, la región latinoamericana hizo una transferencia neta media anual de 1.9 miles de millones al extranjero que en realidad significó un apoyo a los países acreedores a costa del ahorro interno de la región latinoamericana.[7]

En las condiciones económicas prevalecientes, la inversión extranjera directa dejó de aumentar, salvo en dos o tres países de la región. Por su parte, los organismos financieros internacionales carecían de liquidez. Tanto el Banco Mundial como el BID recibían por amortizaciones e intereses más de lo que podían desembolsar al amparo de nuevas o recientes operaciones de préstamo. Los bancos comerciales, mientras no llegaran a acuerdos como los que al fin pudieron negociarse con México, Brasil y Costa Rica en 1989, que correspondieron a la iniciativa Brady impulsada por los Estados Unidos, con base en importantes negociaciones y propuestas promovidas por algunos países deudores, no estaban tampoco en condiciones de mantener un flujo voluminoso de créditos adicionales, si bien empezaron a ceder para lograr acuerdos. La cooperación financiera intergubernamental, lo mismo multilateral que bilateral, empezó a frenarse. En la medida en que los gobiernos de los países donantes o prestamistas no contaban ya con el apoyo de sus legislaturas para seguir intentando alcanzar las metas acordadas en años anteriores, se redujeron los flujos.

La industria en los países de la región, acostumbrada a la protección arancelaria y a la aplicación a su favor de barreras no arancelarias y subsidios de diversas clases, no estaba en condiciones de crear capacidad competitiva interna y

[7] CEPAL (2003a), cuadros 10 y 11, pp. 756 y 757. Los datos son anuales; para el presente propósito se agruparon en los periodos indicados. La transferencia neta de recursos incluye el pago neto por utilidades e intereses y, por contra, el ingreso neto de capitales.

externa a corto plazo. Se había desatendido su mejoramiento tecnológico y se carecía de suficiente acceso al financiamiento bancario y a las modalidades de administración moderna de las empresas. Casi ningún país emprendió políticas de ciencia y tecnología específicamente orientadas a generar innovación en el sector industrial. Solía decirse con insistencia —y muchas instituciones lo aconsejaban— que la "tablita de salvación" estaba en el avance tecnológico, para incorporar a las empresas con rapidez a los procesos productivos modernos. No se reconoció que aun en los principales países en vías de desarrollo las tecnologías importadas, derivadas de innovaciones no siempre patentables sino guardadas celosamente como "propiedad" de las compañías trasnacionales, eran mucho más costosas y estaban menos disponibles de lo que se suponía, o que su uso obligaba a convenios de exclusividad, a su vez onerosos, con las empresas dueñas de esas tecnologías.

En la región latinoamericana en su conjunto, la innovación tecnológica se basaba precisamente en esas importaciones onerosas, por la falta crónica de políticas nacionales de desarrollo científico e innovación tecnológica de base amplia y de visión a futuro. Tampoco se había contribuido, salvo pequeñas excepciones, a generar innovación tecnológica propia que fuera utilizable en otras partes del mundo. Ningún país latinoamericano había logrado hasta el año 2000 superar el coeficiente de 0.7% del PIB en sus gastos en investigación y desarrollo experimental (IDE), o sea todavía de tres a cuatro veces menos que el promedio en los países miembros de la OCDE. La base científica y educativa para la ciencia y la tecnología en los países latinoamericanos siguió siendo débil en general. No estaban a la vista tendencias que aseguraran un grado de autonomía tecnológica suficiente en América Latina para garantizar su inserción generalizada en la producción industrial y de servicios a nivel global (Sagasti, 1983; Halty, 1986; BID, 1988).

La agricultura, con algunas excepciones de viejo arraigo y pese a haberse modernizado en algunos aspectos por medio de semillas mejoradas y el uso de equipos mecánicos, permaneció atada a la tradición, a instituciones disfuncionales, a una carencia general de innovación y capacitación, y a otras condiciones desfavorables (como el poco acceso al crédito). Contribuyeron además los sistemas ineficaces de comercialización de otras épocas y los conflictos e ineficiencias en los regímenes de tenencia de la tierra. Los pequeños propietarios agrícolas en su mayoría y aun los campesinos ligados a mínimas parcelas de baja productividad no fueron apoyados adecuadamente; no se protegieron sus ingresos ni se les hizo "pagar el costo de la industrialización", como connotados economistas lo afirmaban. No se pudo evitar la emigración a las ciudades, a veces en gran escala, donde las condiciones de trabajo y bienestar no siempre eran mucho mejores que en el campo, sobre todo para las personas con bajo nivel educativo y escasa calificación técnica, pero donde se vislumbraban mejoras en la calidad del empleo.

Por estas razones y otras de la experiencia en materia de desarrollo económico y social, el problema del endeudamiento externo, que resultó excesivo en la región latinoamericana a partir de 1973, no fue uno que pudiera resolverse directamente entre deudores y acreedores. Intervenía gran cantidad de otros factores. Importaba tener en cuenta el contexto general en que se llegó a generar mucho endeudamiento a partir del incremento de las cotizaciones internacionales del petróleo iniciado en 1973 y que culminó en 1979.

Se ha aducido en los medios internacionales que los países latinoamericanos llegaron a esta grave situación a resultas de sus estrategias de desarrollo marcadamente deficientes, de la falta de control sobre los gastos públicos, de la tendencia de los gobiernos y sus dirigentes a emprender proyectos supuestamente faraónicos, del excesivo monto de los gastos militares, de la corrupción y, en general, de la mala administración y los errores en materia de política económica, así como del abandono de los sectores de población ya marginados.

Puede aceptarse que haya tenido acierto esta crítica —y en algunos casos, pleno acierto—, que por lo demás podía aplicarse por igual a países en otras regiones del mundo, incluso a los de alta industrialización. Las políticas económicas inadecuadas se presentaban lo mismo en países que funcionaban con base en el sector empresarial privado, que en los que habían establecido sistemas de planificación central con organización política socialista. Sin embargo, dejando a un lado los juicios morales y los políticos, es indispensable profundizar en las condiciones internas y los factores de origen internacional que dieron lugar a estas situaciones. Deben analizarse tanto las deficiencias y los fracasos en los procesos de desarrollo como los logros obtenidos, en especial con objeto de determinar de qué manera se llevó a cabo el complejo proceso del desarrollo durante largos periodos previos, por qué este proceso se debilitó o fracasó como consecuencia de graves problemas internos de carácter estructural u otro y de factores externos imprevisibles, y cómo podría ese proceso de desarrollo haberse mejorado y consolidarse. Hoy habría que definir más ampliamente las estrategias de desarrollo, con inclusión de los aspectos sociales, ambientales y de equidad, como proceso de desarrollo sustentable y equitativo en los términos de las recomendaciones de la Cumbre de Rio de 1992 y de las sucesivas conferencias ambientales.

Se ha perdido mucho con los fracasos, mas no todo. En el terreno económico, quedan muchos logros positivos: la creación de nueva industria, el incremento de la capacidad de generación de energía, la modernización de algunos sectores de la agricultura, la expansión al menos cuantitativa, si no siempre el mejoramiento cualitativo, de los sistemas educativos y de salud, la construcción de una importante infraestructura de transporte, un volumen de empleo formal mucho mayor, inclusive empleo más numeroso de mujeres, algunos avances científico-tecnológicos, y la elevación de la calidad de la gestión empresarial y de la calidad de la fuerza de trabajo. Volver a los procesos anteriores no será posible, ya que el mundo externo ha continuado cambiando. En el terreno social, se han alcanzado mayores niveles educativos, mayor acceso a servicios de salud, atención comunitaria a la niñez y a la familia en general, y conciencia clara de la capacidad de las organizaciones no gubernamentales, en sus distintas modalidades, para contribuir a la producción y al bienestar. Sin embargo, queda mucho por hacer.

Aun cuando a toda esta experiencia hay que asignarle el valor que merezca, sería ilusorio suponer que estas tendencias pudieran simplemente extrapolarse al futuro a plazo mediano, sin mediar más consideración. En el transcurso de los 70 años transcurridos —casi tres generaciones— hasta la actualidad, quedaron sin resolver o se trataron de manera insuficiente y a veces errónea innumerables problemas del desarrollo. Mucha de la nueva industria creada antes de 1980 acabó rápidamente por no ser competitiva sino incosteable, aun obsoleta, convertida en chatarra física y económica, según los criterios que hoy imperan en los escenarios internacionales. Esto afectó sobre todo a la pequeña y mediana empresa, que en general recibió muy limitado apoyo de los gobiernos y fue objeto de mínima aplicación de innovaciones tecnológicas. La mayor parte de las industrias en los países de la región latinoamericana, superprotegidas como estaban con aranceles excesivos, otras barreras y aun subsidios, no podía competir libremente en los mercados internacionales ampliados de los años noventa, en los que prevalecían además feroces campañas de desalojo de los mercados tradicionales.

4. ¿Cómo definir la economía de la región latinoamericana?

Antes de examinar y analizar la evolución de las economías latinoamericanas en el periodo a que se refiere este estudio, sobre todo entre 1950 y 2000, conviene dejar bien sentado que el concepto de *economía latinoamericana* ha cambiado en forma acentuada desde los años treinta. En realidad, nunca existió una *economía latinoamericana* como tal. La suma de las economías de los 20 países que constituían la "América Latina" de los años treinta y cuarenta ha sido siempre un agregado de partes heterogéneas, con algunas similitudes, pero con características también distintivas según el régimen político imperante, las relaciones específicas con el exterior, la composición demográfica y étnica, el espectro de recursos naturales disponibles, los avances institucionales y de estructura industrial y comercial, y la historia nacional de cada uno. La suma agregada de los países de la región latinoamericana carece hoy día de significado analítico. La adición del Caribe ex británico y neerlandés abre, además, otras vertientes.

¿Qué significa, por ejemplo, que se proclame en los documentos de la CEPAL o el BID que se estima que el PIB de América Latina en tal año creció 3%?, ¿o que el PIB *per capita* aumentó 0.5%? La economía argentina o la chilena están muy lejos de la de Honduras o Nicaragua. La de Panamá es marcadamente distinta. La de Venezuela es *sui generis*. La de México está ya en gran medida integrada a la de los Estados Unidos, etc. Sólo la desagregación por grupos de países, y aun país por país, permite identificar avances o retrocesos, que además sólo se comprenden si se desagregan los grandes sectores de la economía, conociendo la distribución del ingreso familiar y otros pormenores. La sola conversión de cifras de distintos poderes de compra a un denominador común presenta muy considerables dificultades técnico-estadísticas.

Aun en países organizados políticamente como confederación, como los Estados Unidos de América y Canadá, suelen ponerse de relieve las diferencias regionales, aunque estén unidas por la política federal en los aspectos macroeconómicos y en todo el territorio rija una sola moneda y un solo sistema de estadísticas nacionales. En todo caso, son mercados inmensos y relativamente homogéneos, regidos por instituciones aceptadas en un régimen de trayectoria histórica democrática. En los países que constituyen la Unión Europea, más que una cifra de conjunto para toda la Unión, se dan datos por países, no obstante que existe ya bastante convergencia en algunas de las variables económicas principales y que los tipos de cambio de 11 de los países miembros están atados a la nueva moneda común denominada *euro*. Además, cuentan con un Banco Central Europeo.

En la región latinoamericana, la suma de 20 economías disímbolas, en territorios con Estados independientes y soberanos, es casi un absurdo, solamente fundado en los sueños de Simón Bolívar y sus seguidores y en la historia de la Unión Panamericana, creada por los Estados Unidos a fines del siglo XIX para tener bajo su influencia a las 20 repúblicas iniciales. Hoy, por lo demás, ya no son 20 sino 34 unidades territoriales soberanas, al añadirse 14 economías de la zona del Caribe ex británico y neerlandés, de las que dos entidades están sobre la costa atlántica norte de Sudamérica.[8] Esas 14 unidades dan a la CEPAL la C que la convirtió desde 1984 en Comisión Económica para América Latina y el Caribe (CEPALC). La realidad estructural de este conjunto de 34 territorios comprende condiciones disímiles que, entre otras cosas, es preciso desmitificar.[9]

Hoy, referirse exclusivamente a las cifras agregadas de la región y a los fenómenos del conjunto carece de sentido económico y aun político, como lo han demostrado las muchas crisis graves, entre ellas la de la deuda externa a principios y mediados de los años ochenta. Numerosos estudios recientes lo reconocen. Las diferencias entre sí de los 20 países "latinoamericanos", más las que tienen con los 14 de la zona del Caribe y en la costa norte de Sudamérica, venían ya perfilándose desde los años cuarenta y cincuenta.[10] Por otra

[8] Francia no ha concedido independencia a sus islas caribeñas, ni al territorio de la Guayana francesa en la costa del Atlántico, que son todos departamentos de ese país.

[9] En lo que sigue, que abarca periodos anteriores y posteriores a 1984, se mantendrá la denominación CEPAL, sin la C, por ser más conocida y más eufónica.

[10] Por algo, el eminente historiador y político peruano Luis Alberto Sánchez, con extraordinaria premonición, publicó en 1945 su ensayo "¿Existe América Latina?" En una conferencia a la que asistí en Canadá en 1960, el doctor Sánchez estaba presente. Por mi parte, en mi exposición insistí ya desde entonces en la diversidad de las economías de la región latinoamericana (Urquidi, 1960). El fraccionamiento del

parte, desde 1959 no son comparables ni la estadística ni la política económica y social, ni el régimen de Estado de Cuba con el resto de la región latinoamericana, por lo que sus datos deben manejarse en forma separada.[11] En las estadísticas de la CEPAL y en las que muchos autores tratan de construir, además de que se "suman o relacionan peras con manzanas", es frecuente encontrar agregados como "América Latina excepto (tal o cual país)", o "excepto los productores de petróleo" (o "excepto Cuba").[12]

Es hora de estudiar los datos de otra manera, distinguiendo niveles de desarrollo, por ejemplo. los países semiindustrializados, los que inician actividades industriales y de servicios ligadas en gran parte a sus recursos naturales (incluidos los servicios turísticos), y los que no alcanzan más allá de ser economías productoras de bienes básicos, o cualquier otra clasificación o individualización que tenga sentido analítico. Es más, es importante señalar las discrepancias entre las economías de los países de la región latinoamericana, que se han intensificado en los últimos años, destacando seis países por sobre todos los demás: Argentina, Brasil, Colombia, Chile, México y Venezuela (que ya ocurría en 1960) que representaron 84.05% del PIB del conjunto de tal región en 2000. Aun así quedan varios cabos sueltos, por ejemplo, Trinidad y Ta-

concepto de América Latina se encuentra también en Furtado (1993) "Nueva lectura de los textos de la CEPAL" y ¿"A dónde va América Latina"?, en *Los vientos del cambio,* una colección de ensayos, pp. 26-31 y 240-248, respectivamente.

[11] En algunas publicaciones se llega, además, al absurdo de incluir datos de la economía moderna de Puerto Rico. Por ejemplo, Bulmer-Thomas (1994) incluye cifras de esta isla como si fuera en la actualidad un país independiente cuya economía se asemeje a las de otros países de la región, en lugar de ser un estado asociado de los Estados Unidos con una economía plenamente integrada a la estadunidense. Igual se aprecia esta inclusión en los datos de Maddison (2001) referidos en la nota 1. El estudio de Thorp (1998) dedica dos páginas a la industrialización de Puerto Rico, que por cierto son de interés como régimen precursor del de la maquila en México y otros países en la región establecido a partir de los años sesenta (véase el capítulo IV).

[12] La CEPAL, en sus compilaciones, a veces incluye a Cuba; en otras no. Cuando se inició el auge petrolero de los años ochenta, la CEPAL inventó dos categorías de países en la región: los exportadores de petróleo y los importadores, no obstante otras características importantes comunes de unos y otros.

bago, Jamaica, las islas Bahamas y Aruba, con muy elevado producto por habitante (véase el cuadro I.1.) Colombia no es ya tan perteneciente como antes al "Grupo de los Seis". Los "países andinos" no son propiamente una sola región económica, por más que los atraviesen porciones de la Cordillera de los Andes.

Por ello, considero más propio y de mayor interés hacer referencia a la *región latinoamericana,* acentuando según convenga la evolución o los aspectos de determinados grupos de países de la región que ostenten situaciones afines o los de países individuales. Es un hecho que cada país de los ahora 34 que la CEPAL reconoce como miembros de ese organismo tiene características especiales, a veces similares a las de un país vecino, pero no siempre, o que se asemejan a los otros más distantes. Cada país además ha establecido relaciones distintas con el mercado exterior, sea con los Estados Unidos y Canadá, con las naciones de la Unión Europea o con países de Asia y aun África. Esto es ya un signo de la globalización.

5. Integración económica y desarrollo de la región latinoamericana

En los años cincuenta empezó a considerarse la posibilidad de una integración económica de la región latinoamericana, con apoyo de la CEPAL.

Por las razones que anteceden, carece de verdadero sentido una integración del conjunto latinoamericano, excepto entre grupos subregionales con características y objetivos similares. La integración regional y subregional ha progresado muy poco. Algunos países tratan de alentarla, pero la problemática principal se debe seguir comparando, de preferencia sus relaciones económicas con el mundo externo y con determinados países del mundo exterior en concreto. Lo que haya habido en común, sobre todo entre países vecinos, como ha ocurrido en Centroamérica o los que constituyeron en 1986 el Mercosur de Sudamérica, tiene valor. Las integraciones subregionales están sujetas también a influencias externas disímbolas del mercado mundial, a menos que surja una voluntad política de autonomía y se construya una capacidad económica y de concertación en la región latinoamericana, o en la subregión centroamericana o en el Mercosur, como la que a lo largo de más de 50 años ha sustentado la integración de la Unión Europea. Hoy día, la creación del Mercosur está mostrando el camino de una integración subregional más asentada en la realidad, pero no es una subregión homogénea todavía.

Varios analistas se enfocan en el Grupo de los Seis,[13] ya mencionado, por considerarlo "representativo" de los demás. Esto puede no ser ya verdad, si bien sirve para indicar ciertas tendencias. Los seis países mencionados, en todo caso, son los que más se han industrializado y urbanizado durante los últimos 50 años. Representaron, en 1980, 83.21% del PIB agregado de la región latinoamericana (con las reservas ya expresadas). No obstante, la experiencia de 1990 en adelante no trasluce augurios respecto al futuro, porque la industrialización, en su mejor época, se hizo bajo regímenes ultraproteccionistas, no sólo con aranceles muy elevados a las importaciones sino reforzados por una abundancia de barreras no arancelarias, es decir, medidas administrativas con frecuencia de alto contenido discrecional, creadas *ad hoc* para proteger determinados intereses, y de manipulaciones cambiarias y monetarias, subsidios financieros y otros, etc. A estos procesos vino a llamárseles *políticas de sustitución de importaciones,* término creado por la CEPAL para evitar mencionar el vocablo *proteccionismo.*

Las siglas ISI, en inglés, por *Import Substitution Industrialization,* se volvieron muy gratas a los autores que han atacado las políticas industriales de la región latinoamericana con el argumento de que el proteccionismo "distorsiona" los

[13] Por ejemplo, Maddison, desde hace varios años. Véase Maddison (1985, y más recientemente, 2001), Hoffman (2000) y Thorp (1998). A veces los autores, para algunos fines, aumentan los seis a siete y ocho como "representativos" de América Latina.

dictados del mercado (olvidando que todos los países hoy industrializados han practicado el proteccionismo y todavía lo practican). Los excesos del proteccionismo latinoamericano no deben confundirse con la sana idea del aliento a la nueva industria, idea que existió en las viejas teorías sobre comercio internacional y sobre el fomento de las industrias incipientes (el llamado *infant-industry argument*). La crítica a los excesos del ultraproteccionismo sigue siendo válida, pero ningún país puede abandonar a corto plazo y sin compensación su estructura industrial a los vaivenes del mercado internacional, como se hizo en muchos a partir de los años ochenta. Lo que ha faltado es definir políticas industriales que aseguren la competitividad externa e interna y que reciban los apoyos necesarios. Con ello se habría evitado el error de no impulsar a tiempo la exportación de manufacturas como alternativa a la excesiva dependencia en la exportación de unos cuantos productos básicos. Estos temas se desarrollarán en capítulos posteriores, como también el extraño abandono en que se ha tenido, en la mayor parte de la región latinoamericana, a las actividades agropecuarias.

Cabe recalcar que en el análisis de la evolución económica de la región latinoamericana en el último medio siglo, se ha vuelto cada más difícil mantener el concepto de "la economía latinoamericana" como tal. Ha sido preciso reconocer las diferencias en los recursos naturales, en la calidad de los recursos humanos, en la distribución sectorial y geográfica de la mano de obra, en capacidades institucionales y empresariales, en la productividad, en los grados de urbanización, en los niveles de desarrollo y de productividad subregionales y en muchas otras modalidades que definen a una nación. La mayor parte de los países de la región se ha quedado rezagada respecto a los seis países citados que más han adelantado. Aun en los sistemas de integración regional y subregional —que en general, con excepción del Mercosur, han fracasado—, se reconoció la desigualdad entre los países integrantes sin que se pudiera resolver, lo que ha sido una causa importante precisamente de esos fracasos.

Como síntesis de la evolución económica reciente de la región latinoamericana, es enteramente demostrable que de 1990 a 2000 se perfiló, con pocas excepciones, por la interacción de causas internas con las externas, un largo periodo de estancamiento: el efecto de los repetidos descensos del PIB fue igual o aun mayor que el de los escasos periodos de recuperación. Deducido el incremento demográfico, el PIB por habitante resultó casi estancado o se redujo, o en el mejor de los casos alcanzó aumentos mínimos, en la mayoría de los países.

6. LAS RELACIONES EXTERNAS DE LAS ECONOMÍAS DE LA REGIÓN LATINOAMERICANA

Cabe concluir esta introducción con breve referencia a las relaciones de las economías de la región latinoamericana con las de otras áreas.

En general, la división tradicional de áreas de mercado sigue prevaleciendo. México, los países centroamericanos, Venezuela y las islas caribeñas (salvo Cuba) siguen teniendo como destino principal de sus exportaciones a los Estados Unidos. Brasil, Argentina, Chile y el resto de las naciones sudamericanas tienen con Europa entre un tercio y la mitad de sus mercados. Japón y, en menor grado Corea del Sur, como destino, representan, a diferencia de otras épocas, una proporción no insignificante para Brasil, Perú y, en menor escala, para México. La exportación intralatinoamericana, salvo en el caso del Mercosur, ha significado una pequeña proporción del comercio total de la región latinoamericana; nunca ha superado 25%.[14]

El caso particular de América del Norte, representado por México en sus relaciones con Canadá y los Estados Unidos, no constituye una plena integración económica mutua para la constitución de un mercado común o con objetivos a lar-

[14] Véanse los anuarios estadísticos de la CEPAL citados en la bibliografía.

go plazo comunes. Este "merconorte", establecido mediante un convenio trilateral que entró en vigor en 1994, el llamado Tratado de Libre Comercio de América del Norte (TLCAN), es una zona de libre comercio, con reducción progresiva a lo largo de 15 años de los niveles arancelarios sobre el intercambio de bienes y eliminación sustantiva de barreras no arancelarias; el tratado incluye cláusulas de estímulo a la inversión directa y compromisos limitados en materia de liberalización de servicios. En sendos convenios anexos a él se adquirieron compromisos de colaboración en asuntos laborales y se establecieron condiciones y obligaciones en cuanto a la cooperación en materia ambiental, en el marco de un objetivo de desarrollo sustentable. No se pretendió que fuera un mercado común con arancel externo uniforme.

México, con la firma del TLCAN, y con su ingreso el mismo año como miembro de la OCDE, se desligó de hecho de sus relaciones y compromisos con el resto de la región latinoamericana —que nunca fueron muy importantes, aun bajo los tratados de Montevideo sobre integración regional—. Sin embargo, entre 1995 y 2000 firmó numerosos convenios bilaterales, por ejemplo, con Chile, y otros más bien simbólicos como los referentes a Bolivia, Costa Rica, Nicaragua y Uruguay. Además se firmó un tratado trilateral con Colombia y Venezuela, de poco alcance, y uno de tipo incipiente con Brasil en 2001.

Los países centroamericanos y algunos del Caribe tuvieron más acercamiento con el mercado de los Estados Unidos a raíz de la propuesta unilateral de este país hecha en 1983, llamada Iniciativa de las Naciones del Caribe, que ofreció reducciones arancelarias significativas a muchos productos y que ha tenido nuevas modalidades con posterioridad.

Centroamérica había emprendido su propia integración subregional desde 1958 y 1960 mediante un tratado multilateral para crear un mercado común, y se registró algún éxito inicial en los volúmenes de comercio recíproco. Sin embargo, después de la crisis del conflicto armado entre Honduras y El Salvador en 1969, el proceso de integración quedó en suspenso. La ALALC, creada en 1960, se convirtió en 1980 en la Asociación Latinoamericana de Integración (ALADI), con mucho menor empuje hacia la integración regional.

El Pacto Andino de 1969, que nunca estableció claramente sus relaciones con el resto de la región latinoamericana, no volvió a resurgir conforme a sus objetivos iniciales. Tampoco mantuvo su vigor el mercado común de los países del Caribe británico (véase el capítulo IV).

La única creación sólida nueva de un proceso de integración intralatinoamericana en los años ochenta fue la que se manifestó en el Programa de Integración y Cooperación Económica de 1986, suscrito entre Brasil y Argentina, ampliado con Paraguay y Uruguay en el Tratado de Asunción en marzo de 1991 (Mercosur, 2004d) y al que Bolivia y Chile se han adherido en forma subsidiaria mediante la firma de acuerdos en 1995 y 1996, respectivamente (Mercosur, 2004a y 2004b). En 1994 se formalizó mediante un protocolo adicional a dicho tratado (Protocolo de Ouro Preto; véase Mercosur, 2004c). Hoy día se le conoce como Mercosur (Mercado Común del Sur). Sin embargo, el movimiento comercial dentro del Mercosur representaba 25% del intercambio en 2000 (CEPAL, 2003a, cuadros 291 y 292, pp. 519 y 521), siendo por tanto de alcance reducido.[15]

En 1986, el gobierno de los Estados Unidos lanzó la iniciativa de creación de una zona continental de libre comercio, la ALCA (Asociación de Libre Comercio de las Américas), a la que se dio algún impulso adicional a partir de 1990 y cuyos alcances han sido motivo de deliberación en varias conferencias, sin mayor resultado hasta ahora.

Se ha demostrado en la práctica que no existen aun las condiciones políticas y económicas suficientes, salvo en el caso del Mercosur, para la creación de mecanismos de integración económica y mercados comunes en la región latinoamericana. El TLCAN ha tenido resultados comerciales y en volúmenes de inversión extranjera directa de gran magnitud;

[15] Los inicios se relatan en Stein (1991).

CUADRO I.1. *Producto interno bruto* per capita *de los países de la regió[n]*
otros europeos y de Asia y Áfric[a]
(Niveles del PIB *per capita en dólares internacionales de 1990[)]*

Países	1950					1973					
		Coeficientes					*Coeficientes*				
	PIB *per capita*	Estados Unidos = 1	Japón =1	Francia =1	España =1	PIB *per capita*	Estados Unidos =1	Japón =1	Francia =1	España =1	PIB *per capita*
Región latino-americana											
Grupo mayor											
Venezuela	7 462	0.78	3.88	1.42	3.41	10 625	0.64	0.93	0.81	1.39	8 313
Trinidad y Tabago	3 674	0.38	1.91	0.70	1.68	8 685	0.52	0.76	0.66	1.13	9 271
Argentina	4 987	0.52	2.60	0.95	2.28	7 962	0.48	0.70	0.61	1.04	6 436
Chile	3 821	0.40	1.99	0.72	1.75	5 093	0.31	0.45	0.39	0.66	6 402
Uruguay	4 659	0.49	2.43	0.88	2.13	4 974	0.30	0.44	0.38	0.65	6 474
México	2 365	0.25	1.23	0.45	1.08	4 845	0.29	0.42	0.37	0.63	6 119
Costa Rica	1 963	0.21	1.02	0.37	0.90	4 319	0.26	0.38	0.33	0.56	4 747
Panamá	1 916	0.20	1.00	0.36	0.88	4 250	0.25	0.37	0.32	0.55	4 476
Jamaica	1 327	0.14	0.69	0.25	0.61	4 130	0.25	0.36	0.31	0.54	3 609
Grupo medio											
Perú	2 263	0.24	1.18	0.43	1.03	3 952	0.24	0.35	0.30	0.52	2 955
Brasil	1 672	0.17	0.87	0.32	0.76	3 882	0.23	0.34	0.30	0.51	4 923
Colombia	2 153	0.23	1.12	0.41	0.98	3 499	0.21	0.31	0.27	0.46	4 840
Ecuador	1 863	0.19	0.97	0.35	0.85	3 290	0.20	0.29	0.25	0.43	3 903
Guatemala	2 085	0.22	1.09	0.40	0.95	3 204	0.19	0.28	0.24	0.42	3 009
Nicaragua	1 616	0.17	0.84	0.31	0.74	2 921	0.18	0.26	0.22	0.38	1 454
Bolivia	1 919	0.20	1.00	0.36	0.88	2 357	0.14	0.21	0.18	0.31	2 197
El Salvador	1 489	0.16	0.78	0.28	0.68	2 342	0.14	0.20	0.18	0.31	2 119
Cuba	2 046	0.21	1.07	0.39	0.93	2 245	0.13	0.20	0.17	0.29	2 948
Paraguay	1 584	0.17	0.82	0.30	0.72	2 038	0.12	0.18	0.16	0.27	3 287
República Dominicana	1 027	0.11	0.53	0.19	0.47	2 005	0.12	0.18	0.15	0.26	2 474
Grupo inferior											
Honduras	1 313	0.14	0.68	0.25	0.60	1 642	0.10	0.14	0.13	0.21	1 871
Haití	1 051	0.11	0.55	0.20	0.48	1 013	0.06	0.09	0.08	0.13	1 041
Países desarrollados											
Suiza	9 064	0.95	4.72	1.72	4.14	18 204	1.09	1.59	1.39	2.38	21 482
Estados Unidos	9 561	1.00	4.98	1.81	4.37	16 689	1.00	1.46	1.27	2.18	23 201
Canadá	7 291	0.76	3.80	1.38	3.33	13 838	0.83	1.21	1.06	1.81	18 872
Francia	5 271	0.55	2.74	1.00	2.41	13 114	0.79	1.15	1.00	1.71	18 093

atinoamericana por grupos y otros países seleccionados desarrollados,
n 1950, 1973, 1990 y 2000
coeficientes respecto a países desarrollados seleccionados)

1990				2000								
Coeficientes					*Coeficientes*							
Estados Unidos=1	Japón =1	Francia =1	España =1	PIB *per capita*	Estados Unidos =1	Japón =1	Francia =1	España =1	Estados Unidos en 1973=1	Japón en 1973=1	Francia en 1973=1	España en 1973=1
0.36	0.44	0.46	0.69	8415	0.30	0.40	0.40	0.55	0.50	0.64	0.74	1.10
0.40	0.49	0.51	0.77	13598	0.48	0.65	0.65	0.89	0.81	1.04	1.19	1.77
0.28	0.34	0.36	0.53	8544	0.30	0.41	0.41	0.56	0.51	0.65	0.75	1.12
0.28	0.34	0.35	0.53	9841	0.35	0.47	0.47	0.64	0.59	0.75	0.86	1.28
0.28	0.34	0.36	0.54	7859	0.28	0.37	0.38	0.51	0.47	0.60	0.69	1.03
0.26	0.33	0.34	0.51	7218	0.26	0.34	0.35	0.47	0.43	0.55	0.63	0.94
0.20	0.25	0.26	0.39	6174	0.22	0.29	0.30	0.40	0.37	0.47	0.54	0.81
0.19	0.24	0.25	0.37	5782	0.21	0.27	0.28	0.38	0.35	0.44	0.51	0.75
0.16	0.19	0.20	0.30	3548	0.13	0.17	0.17	0.23	0.21	0.27	0.31	0.46
0.13	0.16	0.16	0.25	3686	0.13	0.17	0.18	0.24	0.22	0.28	0.32	0.48
0.21	0.26	0.27	0.41	5556	0.20	0.26	0.27	0.36	0.33	0.42	0.49	0.73
0.21	0.26	0.27	0.40	5096	0.18	0.24	0.24	0.33	0.31	0.39	0.45	0.67
0.17	0.21	0.22	0.32	3101	0.11	0.15	0.15	0.20	0.19	0.24	0.27	0.40
0.13	0.16	0.17	0.25	3396	0.12	0.16	0.16	0.22	0.20	0.26	0.30	0.44
0.06	0.08	0.08	0.12	1558	0.06	0.07	0.07	0.10	0.09	0.12	0.14	0.20
0.09	0.12	0.12	0.18	2575	0.09	0.12	0.12	0.17	0.15	0.20	0.23	0.34
0.09	0.11	0.12	0.18	2716	0.10	0.13	0.13	0.18	0.16	0.21	0.24	0.35
0.13	0.16	0.16	0.24	2414	0.09	0.11	0.12	0.16	0.14	0.18	0.21	0.32
0.14	0.17	0.18	0.27	3014	0.11	0.14	0.14	0.20	0.18	0.23	0.26	0.39
0.11	0.13	0.14	0.21	3663	0.13	0.17	0.18	0.24	0.22	0.28	0.32	0.48
0.08	0.10	0.10	0.16	1957	0.07	0.09	0.09	0.13	0.12	0.15	0.17	0.26
0.04	0.06	0.06	0.09	810	0.03	0.04	0.04	0.05	0.05	0.06	0.07	0.11
0.93	1.14	1.19	1.78	22025	0.78	1.05	1.05	1.44	1.32	1.68	1.93	2.87
1.00	1.23	1.28	1.92	28129	1.00	1.34	1.35	1.84	1.69	2.14	2.46	3.67
0.81	1.00	1.04	1.57	22198	0.79	1.05	1.06	1.45	1.33	1.69	1.94	2.90
0.78	0.96	1.00	1.50	20888	0.74	0.99	1.00	1.37	1.25	1.59	1.83	2.73

CUADRO I.1. *Producto interno bruto* per capita *de los países de la región*

	1950						1973				
		Coeficientes					Coeficientes				
Países	PIB *per capita*	Estados Unidos = 1	Japón =1	Francia =1	España =1	PIB *per capita*	Estados Unidos =1	Japón =1	Francia =1	España =1	PIB *per capita*
Región latinoamericana Grupo mayor											
Reino Unido	6939	0.73	3.61	1.32	3.17	12025	0.72	1.05	0.92	1.57	16430
Alemania	3881	0.41	2.02	0.74	1.77	11966	0.72	1.05	0.91	1.56	15929
Japón	1921	0.20	1.00	0.36	0.88	11434	0.69	1.00	0.87	1.49	18789
Noruega	5463	0.57	2.84	1.04	2.50	11247	0.67	0.98	0.86	1.47	18466
Otros países europeos											
Irlanda	3453	0.36	1.80	0.66	1.58	6867	0.41	0.60	0.52	0.90	11818
España	2189	0.23	1.14	0.42	1.00	7661	0.46	0.67	0.58	1.00	12055
Grecia	1915	0.20	1.00	0.36	0.87	7655	0.46	0.67	0.58	1.00	9988
Portugal	2086	0.22	1.09	0.40	0.95	7063	0.42	0.62	0.54	0.92	10826
Rusia	n.d.	n.d.	n.d.	n.d.	n.d.	6582	0.39	0.58	0.50	0.86	7773
Hungría	2480	0.26	1.29	0.47	1.13	5596	0.34	0.49	0.43	0.73	6459
Polonia	2447	0.26	1.27	0.46	1.12	5340	0.32	0.47	0.41	0.70	5113
Turquía	1623	0.17	0.84	0.31	0.74	3477	0.21	0.30	0.27	0.45	5445
Asia											
Corea del Sur	770	0.08	0.40	0.15	0.35	2841	0.17	0.25	0.22	0.37	8704
Malasia	1559	0.16	0.81	0.30	0.71	2560	0.15	0.22	0.20	0.33	5132
Filipinas	1070	0.11	0.56	0.20	0.49	1964	0.12	0.17	0.15	0.26	2224
India	619	0.06	0.32	0.12	0.28	853	0.05	0.07	0.07	0.11	1309
China	439	0.05	0.23	0.08	0.20	839	0.05	0.07	0.06	0.11	1858
África											
Sudáfrica	2535	0.27	1.32	0.48	1.16	4175	0.25	0.37	0.32	0.54	3966
Nigeria	753	0.08	0.39	0.14	0.34	1382	0.08	0.12	0.11	0.18	1161
Egipto	910	0.10	0.47	0.17	0.42	1294	0.08	0.11	0.10	0.17	2522

* Dólares de poder adquisitivo constante. Véase Maddison (2001), p.130.
n. d.: No disponible.
FUENTE: Coeficientes estimados con los datos de Maddison (2003).

atinoamericana por grupos... (conclusión)

1990				2000								
Coeficientes					Coeficientes							
Estados Unidos=1	Japón =1	Francia =1	España =1	PIB *per capita*	Estados Unidos =1	Japón =1	Francia =1	España =1	Estados Unidos en 1973=1	Japón en 1973=1	Francia en 1973=1	España en 1973=1
0.71	0.87	0.91	1.36	19817	0.70	0.94	0.95	1.30	1.19	1.51	1.73	2.59
0.69	0.85	0.88	1.32	18596	0.66	0.88	0.89	1.22	1.11	1.42	1.63	2.43
0.81	1.00	1.04	1.56	21069	0.75	1.00	1.01	1.38	1.26	1.61	1.84	2.75
0.80	0.98	1.02	1.53	24364	0.87	1.16	1.17	1.60	1.46	1.86	2.13	3.18
0.51	0.63	0.65	0.98	22015	0.78	1.04	1.05	1.44	1.32	1.68	1.93	2.87
0.52	0.64	0.67	1.00	15269	0.54	0.72	0.73	1.00	0.91	1.16	1.34	1.99
0.43	0.53	0.55	0.83	12044	0.43	0.57	0.58	0.79	0.72	0.92	1.05	1.57
0.47	0.58	0.60	0.90	14022	0.50	0.67	0.67	0.92	0.84	1.07	1.23	1.83
0.34	0.41	0.43	0.64	5157	0.18	0.24	0.25	0.34	0.31	0.39	0.45	0.67
0.28	0.34	0.36	0.54	7138	0.25	0.34	0.34	0.47	0.43	0.54	0.62	0.93
0.22	0.27	0.28	0.42	7215	0.26	0.34	0.35	0.47	0.43	0.55	0.63	0.94
0.23	0.29	0.30	0.45	6597	0.23	0.31	0.32	0.43	0.40	0.50	0.58	0.86
0.38	0.46	0.48	0.72	14343	0.51	0.68	0.69	0.94	0.86	1.09	1.25	1.87
0.22	0.27	0.28	0.43	7872	0.28	0.37	0.38	0.52	0.47	0.60	0.69	1.03
0.10	0.12	0.12	0.18	2385	0.08	0.11	0.11	0.16	0.14	0.18	0.21	0.31
0.06	0.07	0.07	0.11	1910	0.07	0.09	0.09	0.13	0.11	0.15	0.17	0.25
0.08	0.10	0.10	0.15	3425	0.12	0.16	0.16	0.22	0.21	0.26	0.30	0.45
0.17	0.21	0.22	0.33	4139	0.15	0.20	0.20	0.27	0.25	0.32	0.36	0.54
0.05	0.06	0.06	0.10	1156	0.04	0.05	0.06	0.08	0.07	0.09	0.10	0.15
0.11	0.13	0.14	0.21	2920	0.10	0.14	0.14	0.19	0.17	0.22	0.26	0.38

CUADRO I.2. *Crecimiento promedio anual del* PIB per capita *de los países de la región latinoamericana por grupos y otros países seleccionados desarrollados, otros europeos y de Asia y África, en varios periodos de 1950 a 2000*

(Tasas medias anuales de crecimiento en porcentajes, a partir de valores en millones de dólares internacionales a precios de 1990)

Países	*1950-1973*	*1973-1990*	*1990-2000*	*1950-2000*	*1973-2000*
Venezuela	1.55	–1.43	0.12	0.24	-0.86
Trinidad y Tabago	3.81	0.38	3.90	2.65	1.67
Argentina	2.05	–1.24	2.87	1.08	0.26
Chile	1.26	1.35	4.39	1.91	2.47
Uruguay	0.28	1.56	1.96	1.05	1.71
México	3.17	1.38	1.67	2.26	1.49
Costa Rica	3.49	0.56	2.66	2.32	1.33
Panamá	3.52	0.31	2.59	2.23	1.15
Jamaica	5.06	-0.79	–0.17	1.99	-0.56
Grupo medio					
Perú	2.45	–1.70	2.24	0.98	–0.26
Brasil	3.73	1.41	1.22	2.43	1.34
Colombia	2.13	1.93	0.52	1.74	1.40
Ecuador	2.50	1.01	–2.27	1.02	–0.22
Guatemala	1.89	–0.37	1.22	0.98	0.22
Nicaragua	2.61	–4.02	0.69	–0.07	–2.30
Bolivia	0.90	–0.41	1.60	0.59	0.33
El Salvador	1.99	–0.59	2.51	1.21	0.55
Cuba	0.40	1.62	–1.98	0.33	0.27
Paraguay	1.10	2.85	–0.86	1.29	1.46
República Dominicana	2.95	1.24	4.00	2.58	2.26
Grupo inferior					
Honduras	0.98	0.77	0.45	0.80	0.65
Haití	–0.16	0.16	–2.48	–0.52	–0.82
Países desarrollados					
Suiza	3.08	0.98	0.25	1.79	0.71
Estados Unidos	2.45	1.96	1.94	2.18	1.95
Canadá	2.83	1.84	1.64	2.25	1.77
Francia	4.04	1.91	1.45	2.79	1.74
Reino Unido	2.42	1.85	1.89	2.12	1.87
Alemania	5.02	1.70	1.56	3.18	1.65
Japón	8.06	2.96	1.15	4.91	2.29
Noruega	3.19	2.96	2.81	3.04	2.90
Otros países europeos					
Irlanda	3.03	3.25	6.42	3.77	4.41
España	5.60	2.70	2.39	3.96	2.59
Grecia	6.21	1.58	1.89	3.75	1.69
Portugal	5.45	2.54	2.62	3.88	2.57
Rusia	n.d	0.98	–4.02	n.d	–0.90
Hungría	3.60	0.85	1.00	2.14	0.91

CUADRO I.2. *Crecimiento promedio anual... (conclusión)*

Países	*1950-1973*	*1973-1990*	*1990-2000*	*1950-2000*	*1973-2000*
Otros países europeos					
Polonia	3.45	–0.26	3.50	2.19	1.12
Turquía	3.37	2.67	1.94	2.84	2.40
Asia					
Corea del Sur	5.84	6.81	5.12	6.02	6.18
Malasia	2.18	4.18	4.37	3.29	4.25
Filipinas	2.68	0.73	0.70	1.62	0.72
India	1.40	2.55	3.85	2.28	3.03
China	2.86	4.79	6.31	4.19	5.35
África					
Sudáfrica	2.19	–0.30	0.43	0.99	–0.03
Nigeria	2.68	–1.02	–0.04	0.86	–0.66
Egipto	1.54	4.00	1.48	2.36	3.06
El mundo	2.92	1.37	1.55	2.12	1.44

FUENTE: Tasas estimadas con los datos de Maddison (2003).

sin embargo, está todavía sujeto a una evaluación objetiva y cabal de sus beneficios y sus efectos negativos. Ha sido el primer caso de un convenio de libre comercio entre un país de desarrollo intermedio (México) y dos economías de alcance global industrial y con elevado nivel de industrialización.

Una integración de amplitud continental (la llamada ALCA) de las dos grandes economías de América del Norte, con la variedad de economías de distintos niveles de Centroamérica, el Caribe y Sudamérica, parece ser mucho menos viable, si no imposible.

Por otro lado, algunos países de la región latinoamericana conservan su relación comercial y económica tradicional con países de Europa y de Asia, como Brasil, y en años recientes Chile y Perú, y los del Caribe con Gran Bretaña en particular. Sin embargo, el conjunto de las exportaciones de la región latinoamericana —de los 34 territorios soberanos— no excedió de 5.5% del comercio mundial en 2000.

Las anteriores son varias de las dimensiones que merecen tenerse en cuenta en el análisis de las experiencias económicas, buenas o desfavorables, de la región latinoamericana durante la segunda mitad del siglo XX.

II. LA CRISIS DE LOS AÑOS TREINTA

1. Efectos de la Gran Depresión. 2. Recuperación y búsqueda de autonomía en el desarrollo.

LA MAYORÍA DE LOS AUTORES concuerda con que la Gran Depresión de los años treinta, a partir de la caída de la Bolsa de Nueva York, fue una de las más severas de los tiempos modernos y desde luego una de las de mayor duración y difusión. No se pretende resumir o analizar aquí las causas y la naturaleza de esa crisis mundial que provocó en poco tiempo el desplome del comercio así como el de los precios de los bienes objeto de comercio internacional hasta alcanzar niveles muy bajos.[1] Es obvio que la crisis influyó profundamente en la región latinoamericana. Éste será el tema del presente capítulo.

El descenso del comercio mundial afectó de inmediato las exportaciones de la región latinoamericana al reducir el volumen y los precios de éstas, que eran en su mayoría materias primas y alimentos. La disminución brusca de la actividad económica en los países industriales avanzados, el desempleo masivo, la pérdida de confianza financiera, así como la lentitud de la recuperación, tuvieron asimismo efectos dilatados en la región; conforme un país tras otro pasaba apuros

[1] Se han publicado pocas explicaciones acerca del impacto global de la Gran Depresión sobre la región latinoamericana, aunque existen muchos estudios acerca de países individuales. Para el conjunto de la región, véanse Furtado (1969, capítulo 5), Díaz-Alejandro (1984), reproducido en Velasco (1988, capítulo 10) y Harris (1945b). Sobre países específicos, consúltese: Argentina, Díaz-Alejandro (1970); Brasil, Furtado (1963); Chile, Ellsworth (1945a, 1945b); Colombia, Ocampo (1988); Colombia y Perú, Thorp y Londoño (1988), y México, Cárdenas (1987). La colección de ensayos en Thorp (1988) es muy útil. Para algunas explicaciones y análisis generales de gran utilidad, el lector puede beneficiarse de los siguientes: Robbins (1934), Galbraith (1961, 1969), Sociedad de las Naciones (1939), Kindleberger (1986), Maddison (1985), Bulmer-Thomas (1994) y Thorp (1998, capítulo 4).

para hacer frente a los problemas generados por la falta de divisas y la escasez de ingresos fiscales, se iniciaba el proceso de formular nuevas políticas económicas encaminadas a lograr la recuperación. Estas políticas, en los hechos, no sólo resultaron ser métodos para lograr el mejoramiento general, sino que también los países intentaron protegerse contra recesiones internacionales futuras mediante la construcción de economías nacionales que pudieran ser menos dependientes del comercio exterior. El objetivo fue lograr una medida adecuada de autonomía, implantando además a corto plazo mecanismos compensatorios y de protección arancelaria y, en algunos casos, de control de cambios.

1. Efectos de la Gran Depresión

Después del ajuste económico y financiero inicial en 1919 al concluir la primera Guerra Mundial y luego de haberse efectuado una transición a un crecimiento económico supuestamente "normal", los países industriales avanzados gozaron de varios años de prosperidad. Entre los aspectos más difíciles de las secuelas económicas de la guerra destacaban la suspensión de los pagos de deuda entre los países aliados, el problema de las indemnizaciones (llamadas "reparaciones") que se exigían a Alemania, las vicisitudes del patrón oro y los varios intentos de implantar políticas monetarias independientes. La recuperación económica de los países europeos y de los Estados Unidos se vio reflejada en la región latinoamericana en los años veinte, en esencia por un incremento del comercio de minerales y la reanudación de las inversiones internacionales. Algunos productos básicos de exportación, en particular los minerales no ferrosos, disfrutaron de mercados en ascenso y precios más elevados. La producción de petróleo empezó a aumentar con rapidez en Venezuela. Numerosos países de la región latinoamericana, no obstante su alta dependencia de uno, dos o cuando mucho tres productos básicos de exportación, acumularon divisas y pudieron fortalecer sus monedas, establecer bancos centrales para lograr mejor regulación monetaria y mejorar sus políticas fiscales.

Todo ese proceso llegó a un final abrupto en 1930. Las quiebras bancarias en Austria y los Estados Unidos en 1926-1929 y las operaciones especulativas en ese periodo en la Bolsa de Nueva York, que se intensificarían a lo largo de 1929, hasta el crítico colapso de octubre, tuvieron el efecto de ampliar y reproducir los descensos de la producción industrial y el comercio exterior que ya se habían iniciado. De 1929 a 1930, excepto en Francia y Suecia, la producción manufacturera se redujo en forma precipitada, sobre todo en Alemania, Austria, Canadá y los Estados Unidos, y en menor grado en Italia, Japón y el Reino Unido. Se redujeron asimismo el volumen del empleo y las importaciones, y en los Estados Unidos descendió en particular la producción de automóviles. En los Estados Unidos, con una baja de la producción industrial de 29%, el ingreso nacional se redujo alrededor de 50%, y en otros países en proporción cercana. Según otros cálculos, el PIB de un conjunto de países avanzados sufrió una disminución de 17% entre 1929 y 1932, y sus importaciones de productos básicos bajaron aun más, a 27% (Maddison, 2001 y 2003). El valor total del comercio mundial cayó 65% entre el primer trimestre de 1929 y el mismo trimestre de 1933, y fue aun mayor el derrumbe del comercio exterior de los Estados Unidos; los precios internos en los países avanzados bajaron 38% en igual periodo.

En 1932, las cotizaciones internacionales de los productos básicos se situaron en promedio 64% por debajo de sus niveles de 1928 (Thorp, 1998, cuadro 4.1) Las exportaciones de muchos países se derrumbaron, por ejemplo, las de China, entre 75 y 80%; las de Australia, Nueva Zelanda, Egipto, Países Bajos, Nigeria, Polonia, Canadá, España y muchos otros, entre 50 y 70%. En la región latinoamericana destacaron los casos de Argentina (63%), Chile (53%), México (51%), Brasil (57%) y Colombia (52%). Las pérdidas de cada país en materia de exportaciones variaron en gran parte en función del grado de dependencia de uno o pocos productos básicos exportables como fuente importante de divisas. Por ejemplo, Bolivia, dependiente del estaño, Cuba del azúcar, Perú de los minerales y El Salvador del café, redujeron sus exportaciones entre 70 y 75% en el trienio 1929-1932. A su vez, Argentina con trigo, carne congelada, oleaginosas y lana, Guatemala con café, México con algodón, minerales y petróleo, Brasil con café, República Dominicana con azúcar, Ecuador con cacao, Colombia con café, Costa Rica con café y cacao, Perú con petróleo y cobre, registraron disminución de exportaciones de entre 50 y 70%; y Venezuela, que ya exportaba petróleo crudo, vio bajar sus exportaciones en cerca de 45%. Hubo en todos los casos restricciones a la importación por parte de países compradores por aumentos de las cuotas arancelarias, y desviaciones derivadas de medidas más amplias de política comercial, como el sistema de preferencia imperial de Gran Bretaña. En cuanto a precios de determinados productos, en 1932 llegaron a niveles sumamente bajos los del cacao (3.71 centavos de dólar la libra), el café (10.5 centavos), el azúcar (2.83 centavos), el maíz (18.8 centavos el bushel), el trigo (49 centavos el bushel), el algodón (5.72 centavos la libra), la lana (55 centavos), el cuero vacuno (5.5 centavos), el caucho (3.25 centavos), el cobre (18.8 centavos), el plomo (2.88 centavos), el zinc (3.12 centavos) y el estaño (22.69 centavos) —todos ellos de importancia primordial para países de la región latinoamericana (Urquidi, 1962).

Otro factor de vulnerabilidad fue la dependencia de los países respecto a uno o dos mercados principales para sus productos de exportación. En 1929, 48.3% de las exportaciones de seis países principales de la región se destinaba a los Estados Unidos y 24.7% a tres países de Europa (Alemania, Francia y el Reino Unido). La importancia relativa de dichos mercados variaba según los países. Por ejemplo, 32.2% de las exportaciones de Argentina iba al Reino Unido, 10% a Alemania y apenas 9.8% a los Estados Unidos. En el caso de Brasil, 42.2% a los Estados Unidos y 26.4% a los tres países de Europa citados; respecto a Chile, 25.4% a los Estados Unidos y 28% a los tres países de Europa, principalmente al Reino

Unido; Colombia, 75.2% a los Estados Unidos y apenas 7.3% a los países europeos mencionados; México, 60.7% a los Estados Unidos y 21.8% a los mismos tres países europeos (Maddison, 1985, cuadro 3). No existía casi ningún comercio intralatinoamericano. Los países de la región se habían desarrollado en su mayor parte como proveedores de productos básicos al mundo externo, en el marco del orden económico internacional del siglo XIX. Hubo pocos cambios, a excepción de alguna industrialización y exportación de manufacturas de Argentina (con antecedentes en el siglo XIX) y Brasil durante los años veinte del siglo XX. La economía de México padeció una etapa de extrema agitación política y desorden económico durante el periodo de la Revolución de 1910-1921, de la que apenas empezaba a recuperarse entre 1921 y 1929; las exportaciones de petróleo declinaron progresivamente durante los años veinte pero se sostuvieron en forma moderada las de productos mineros.

Gran parte del patrón de desarrollo en virtud del cual las economías latinoamericanas habían logrado insertarse en las principales corrientes del comercio mundial en el último cuarto del siglo XIX se había producido como resultado de la inversión extranjera directa en la extracción de recursos naturales para la exportación. Predominaron el capital privado británico y el estadunidense. Hubo asimismo emisiones de bonos por parte de numerosos países latinoamericanos para la expansión de infraestructura y de servicios públicos, así como para cubrir necesidades financieras urgentes.

La crisis económica mundial de 1929-1932 se puso de manifiesto, como nunca antes, en el mundo rápidamente cambiante que había surgido de la Gran Guerra en Europa. El tipo "colonial" de desarrollo que había caracterizado a las economías latinoamericanas ya no permitiría a los gobiernos y a las sociedades dejar de satisfacer el surgimiento de nuevas demandas sociales. Estas demandas casi no se habían manifestado con anterioridad, dados los rígidos elementos estructurales de la propiedad y la continuidad de gobiernos heredados desde la época colonial, con frecuencia fortalecidos; la excepción fue México, que empezó a atenderlos a partir de 1917. Apenas había movimiento obrero de importancia en Argentina, Chile y Uruguay, donde también se formaba ya una clase media moderna. Los regímenes políticos tampoco mostraban señales de modernización, con muy pocas excepciones, y eran escasas las oportunidades de canalización partidista de los reclamos sociales.

En cierto sentido, desde el siglo XIX —y aun antes— las economías de América Latina fueron economías "impulsadas por las exportaciones" en la medida en que éstas representaban una aportación porcentual de importancia en la formación del PIB y del volumen de empleo formal. La expresión "impulsadas por las exportaciones" *(export-led)* proviene de los escritos recientes de economistas de los Estados Unidos y el Reino Unido y denota una tendencia a insistir en que las exportaciones "originan" el desarrollo, cuando en realidad el comercio resulta de la inversión productiva y de la introducción de nuevas tecnologías, sin que exista siempre una distinción entre comercio exterior y comercio interior. Prevalece en la actualidad una especie de ideología internacional que centra la atención sólo en el incremento de las exportaciones independientemente de lo que pase en la economía interna que las genera; por ello tiende a desestimarse, en los análisis hechos en el exterior —incluso en algunos de los organismos internacionales—, la importancia de la economía rural, de la pequeña industria y de los servicios de baja productividad que no estén vinculados con los mercados externos o lo estén en muy reducida proporción y que forman el mercado interno.

En 1929, se estimaba que las exportaciones de los países principales representaban 21.3% del PIB de los principales seis países de la región en su conjunto.[2] Por lo que respecta

[2] El coeficiente de las exportaciones respecto al PIB, empleado con mucha frecuencia por los analistas, se compone de un numerador que representa datos brutos que incluyen el valor de los insumos correspondientes de origen tanto interno como externo, y un denominador que representa solamente valor agregado, conforme a la metodología del cálculo de las cuentas nacionales. Luego es un indica-

a algunos países, y sólo como ilustración, tales porcentajes fueron como sigue en 1929: Argentina, 26.7%; Brasil, 12.6%; Chile, 30.0% y México, 12.4% (Maddison, 1985, cuadro 6). Por ello, fue bastante grande la repercusión inicial del descenso de las exportaciones inducido por la recesión internacional. En todo caso, por muy imprecisas que puedan ser las estimaciones del PIB para los países de América Latina durante ese periodo, no resulta difícil imaginar las consecuencias de la caída de las exportaciones sobre el volumen de producción, el empleo, los ingresos de unidades familiares y las recaudaciones fiscales.

Por otra parte, en la mayoría de los países latinoamericanos el sector manufacturero urbano era bastante pequeño —esto es, la agricultura y la minería daban cuenta del grueso del PIB por origen— y en la mayoría de los países la proporción de la población rural era del orden de 80 a 90%, y la que correspondía a empleo u ocupación en actividades rurales también se situaba por arriba de 80%. Por ello, los efectos desfavorables en el desempleo abierto no fueron tan acentuados como en los países industrializados. Disminuyeron los ingresos de los agricultores y de los campesinos, pero conservaron su trabajo, aunque se volvieron más pobres. En principio, no tenían ningún otro lugar a donde ir. Los trabajadores en las minas se quedaron sin empleo, pero regresaron a trabajar en el campo. El empleo en los sectores manufactureros de América Latina —una proporción muy pequeña de la

dor de calidad dudosa, sobre todo si se emplea para distintas fechas o periodos, y aun para hacer comparaciones entre países, pues el contenido de importaciones en las exportaciones puede variar y en algunos casos puede ser muy elevado. Este supuesto análisis estadístico es uno de los muchos casos en que se comparan "peras con manzanas", como se insiste en esta obra. En el caso reciente de México, las exportaciones brutas de la maquila, sobre todo de 1995 en adelante, han tenido un contenido de insumos importados de más de 90%, lo que hasta cierto punto hace incomparables las cifras totales con las de años anteriores, lo cual deforma las cifras del conjunto de la región latinoamericana. El valor registrado de esas exportaciones, que incluyen el valor de sus insumos importados a la zona de la frontera norte bajo un régimen arancelario libre, no se filtra, por lo demás, a la economía local y nacional, sino por intermedio de los bajos salarios pagados, que son la razón de ser de las operaciones de maquila.

fuerza laboral total— no descendió mucho o siquiera en proporción apreciable, hasta donde lo permite la información disponible, principalmente debido a que la poca industria de bienes de consumo e intermedios no estaba orientada a los mercados exteriores. No había ningún seguro contra el desempleo; los obreros que se quedaron sin trabajo sobrevivieron en lo que entonces pudieran haber sido los principios de la economía "informal" artesanal y callejera, hoy en día abultada en exceso. En México, los migrantes que se habían desplazado a territorio de los Estados Unidos durante el periodo revolucionario de 1910-1921 y que habían encontrado empleo también en los años veinte, que fue periodo de auge económico en los Estados Unidos, regresaban cada mes hasta por decenas de millares a las pequeñas ciudades y a los pueblos, a sus familias y a ocupaciones seculares.[3]

Lo anterior no quiere decir que no hubiera *ningún* desempleo en América Latina como resultado de la recesión económica mundial. Fue evidente, por ejemplo, en las plantas frigoríficas en Argentina, en las empresas salitreras y en la producción de cobre en Chile, en la industria petrolera mexicana, en la minería en varios países, y en industrias manufactureras de bienes de consumo como las de productos textiles y alimentarios. Incluso se registraron reducciones de salarios en los sectores de gobierno, y de empleo al eliminarse partidas presupuestales. Los ingresos fiscales, que dependían en medida importante de las recaudaciones aduaneras sobre las importaciones, se redujeron, afectando entre otras cosas el servicio directo de las deudas externas en los casos en que éstos estaban "atados" en forma prioritaria a esos tributos. En todo caso, la pérdida de empleo en el sector público en algunos países como consecuencia de los esfuerzos que se hicieron para equilibrar los presupuestos fue lo suficientemente grande para que,

[3] Se estima que el número de migrantes mexicanos que regresaron fue de unos 312 000 entre 1930 y 1933 (Carrera de Velasco, 1974, apéndice VIII, pp. 173-174). Fue común en el México de los días de la depresión hablar de "la vuelta al quelite" (el nombre científico del quelite es *chenopodium spp*), literalmente el regreso, en las zonas rurales, a alimentarse de una planta nativa con un valor nutritivo considerable.

a la luz de los acontecimientos en los Estados Unidos y en Europa occidental, los gobiernos se preocuparan por tomar medidas orientadas a reactivar las economías nacionales.

Sin embargo, no había nada que pudiera hacerse en la región latinoamericana respecto de los mercados mundiales para exportaciones de productos básicos, ya que ningún país ejercía influencia sustancial sobre la oferta global (con excepción, hasta cierto punto, de Brasil en lo que se refería al café, por medio de los programas llamados de valorización). El nitrato chileno había ya antes recibido en los mercados un golpe fuerte propinado por el surgimiento de los fertilizantes químicos en Europa (Ellsworth, 1945b). Las nuevas inversiones extranjeras en la industria petrolera se habían desplazado de México a Venezuela. Los excedentes mundiales de azúcar y de café fueron de proporciones inmensas, con efectos desastrosos en las economías de Cuba y de Brasil, respectivamente. Por lo que hace a los minerales no ferrosos, apenas ligeramente beneficiados o procesados, sólo podían venderse a los países industrializados, los cuales se encargaban de refinarlos y ponerlos en el mercado; pero éste se había abatido en fuerte proporción. Igual ocurrió con los metales preciosos. En 1931, el Congreso de los Estados Unidos, por medio de la Ley Smoot-Hawley, elevó los aranceles a las importaciones, que entre otros productos afectaron las exportaciones latinoamericanas de cobre y otros minerales, así como de productos agropecuarios. El parlamento de Gran Bretaña, el mismo año, aprobó una ley para controlar las Importaciones Anormales [sic] que tuvo efectos semejantes, y en 1932 estableció el Sistema de Preferencias Imperiales de la Comunidad Británica por medio del Pacto de Ottawa. Apenas en 1934, bajo la influencia de Cordell Hull, secretario de Estado del gobierno del presidente Roosevelt, inició una política contraria con la Ley de Acuerdos de Comercio Recíproco, que sólo benefició a unos cuantos países en sus primeras etapas.[4]

[4] En 1933, los Estados Unidos habían participado de mala gana en la Conferencia Económica Mundial convocada por la Sociedad de Naciones en Londres, y acabó determinando su fracaso.

Resulta útil examinar brevemente el impacto de la depresión mundial en algunos países latinoamericanos, ya que las condiciones en cada país variaron y la capacidad de reacción de los gobiernos fue asimismo diversa.[5]

Argentina. De muchas maneras, Argentina fue el prototipo. Su economía era la más "desarrollada" en América Latina, había conocido periodos de crecimiento económico rápido, incluido su sector manufacturero, y fue un país privilegiado en el sentido de contar con gran riqueza de recursos agropecuarios, algunos de los cuales tenían acceso favorable a la zona de la libra esterlina. Su economía era comparable con la de Australia en materia agrícola. Buenos Aires era la principal metrópoli en América Latina, en el estilo europeo, y sus habitantes pensaban de ella como comparable con París o Londres. La pérdida de este país de 63% de sus exportaciones entre 1929 y 1932 fue de mayor significación internamente que acontecimientos similares en otros países de la región y coincidió con perturbaciones políticas. Era una situación en muchos aspectos comparable con la que prevalecía en Australia y Canadá, salvo que Argentina no formaba parte de la Mancomunidad Británica (Commonwealth) ni de sus mecanismos protectores —si bien en lo económico y financiero no se encontraba distante de esa posición.

En todo caso y también como resultado de otros factores, Argentina experimentó una conmoción política considerable en 1930, que condujo al establecimiento de gobiernos militares autoritarios (Shafer, 1978, capítulo 30, p. 525 y capítulo 35). La recesión fortaleció asimismo la posición de la "oligarquía" rural local, esto es, los intereses de los terratenientes y los agricultores quienes eran precisamente los productores y exportadores de carne, trigo, lana y oleaginosas, junto con los frigoríficos de capital británico de carne de res ligados al mercado europeo. No existía todavía un banco central, sino sólo una "caja de conversión" creada en 1931 por medio de la cual la libra esterlina se convertía en pesos, y viceversa, bajo

[5] Sobre estas breves reseñas, véase nuevamente a Maddison (1985) y a Díaz-Alejandro (1988), así como otras fuentes citadas en la nota 1.

un régimen cambiario bastante ortodoxo similar al del patrón de cambio-oro (González del Solar, 1983 y Díaz-Alejandro, 1984). El medio circulante se redujo conforme se obtenían menos divisas provenientes de las exportaciones, se contrajo el crédito bancario y los ingresos públicos disminuyeron; descendieron los ingresos privados y el volumen de producción, en la forma clásica. Sin embargo, desde muy temprano, ya en 1930 los responsables de la política económica vieron la necesidad de adoptar medidas para contrarrestar el impacto interno de la recesión del comercio exterior. Se propusieron también proteger sus mercados en el exterior, y en 1932 se firmó un acuerdo (que resultó polémico) con el gobierno de Gran Bretaña, el llamado Tratado Roca-Runciman, según el cual Argentina obtendría trato preferencial para sus exportaciones de trigo y carne de res en el mercado del Reino Unido como si fuera en efecto un país de la Mancomunidad Británica, a cambio de algunas concesiones arancelarias y financieras por parte de Argentina. Asimismo, Argentina decidió mantenerse al día en sus pagos por servicio de la deuda externa. La Caja de Conversión amplió sus actividades con compras de papel comercial e instrumentos de deuda de la Tesorería para estimular la demanda interna (Díaz-Alejandro, en Velasco, 1988, p. 195 y González del Solar, 1983).

Brasil. La imagen de Brasil durante los años treinta fue la de una tierra productora de café. En efecto, el café, cultivado en su mayor parte en la región de Sao Paulo y más hacia el sur hasta el Paraná, en 1929 representaba 71% (CEPAL, 1951, capítulo VII, cuadro 10A) del total de sus exportaciones, seguido por el algodón y el azúcar, productos tradicionales de épocas pasadas. El gobierno de Brasil, impulsado por los intereses cafetaleros, optó por llevar a cabo una política económica de compensación o valorización mediante el almacenamiento y la destrucción de existencias de café, asunto en que el gobierno estatal de Sao Paulo había obtenido alguna experiencia muy temprana en 1906.[6] Así, se mantuvo

[6] Según Furtado (1993, p. 56): "Preso en el engranaje que él mismo había creado, el gobierno brasileño continuó comprando café y por ese medio se vio llevado

el ingreso de las fincas cafetaleras y a través de sus efectos indirectos la demanda interna no descendió tanto como habría ocurrido de otra manera. En otras palabras, Brasil no padeció al principio una recesión económica de tan graves consecuencias. Se decidió entonces empezar a destruir las existencias de café, en una cantidad que sumó tres millones de sacos en 1931, nueve millones en 1932 y 14 millones en 1933, un equivalente acumulado del orden de 18% del PIB de 1929. A nivel mundial esto no tenía precedente; fue un intento de impedir que el precio internacional del café, que cayó a un nivel de 0.10 dólares por libra en 1932, orillara al país a la bancarrota total. Ello tuvo un costo: aumentó el déficit presupuestario y contribuyó a debilitar la moneda ya depreciada. Luego de un periodo de ajuste, acarreó un beneficio: una protección "natural" en contra de las importaciones, lo que a su vez favoreció, con el mantenimiento de la demanda interna, un crecimiento adelantado del volumen de producción de manufacturas. Brasil impuso controles cambiarios como medida de refuerzo. A algunas partes de la economía, predominantemente rural, no les fue tan bien, en particular a las regiones productoras de cacao y de azúcar en el Nordeste, donde por varios decenios se venían acrecentando problemas de origen estructural.

Chile. Este país había ya perdido terreno en su participación en el mercado mundial del nitrato producido a base de salitre que se recolectaba en la zona desértica del Norte. Añadido a su remplazo por los abonos químicos alemanes, la depresión virtualmente acabó con las exportaciones de dicho producto. Por otra parte, el cobre, que había ascendido para dar cuenta de 37% de las exportaciones en forma de cobre electrolítico en 1929, descendió también en forma pronunciada y se vio todavía más afectado por el arancel Hawley-Smoot de los Estados Unidos de 1930 aplicado unilateralmente a las importaciones de cobre. Las autoridades chilenas optaron por llevar a cabo una política de gasto compensato-

a destruir, en el curso de un decenio, el equivalente a tres veces el consumo mundial del producto".

rio para reponer la pérdida de demanda interna, lo que debilitaba cada vez más la moneda y rápidamente condujo a la depreciación y, con el tiempo, a la imposición de controles cambiarios. Chile no disponía a corto plazo de casi ningún otro producto de exportación.

Cuba. Entre 1929 y 1933, las exportaciones cubanas descendieron a una tasa anual de 25.4% (CEPAL, 1997, cuadro II.I, p. 31). No había banco central en Cuba, ni tampoco existía alguna autoridad regulatoria efectiva, lo que significó que las fluctuaciones del precio del azúcar —que daba cuenta de 68% de las exportaciones (CEPAL, 1997)— tuvieran efectos inmediatos en los ingresos fiscales y en la demanda interna, así como en la balanza de pagos mediante cambios en el medio circulante. Cuba tenía una "economía azucarera abierta", estrechamente vinculada con la de los Estados Unidos, con una capacidad industrial limitada y con una oferta fácilmente disponible de importaciones de todo tipo de bienes de consumo y otros. En forma paradójica, hubo estabilidad cambiaria a lo largo de la primera etapa de la recesión mundial debido a que Cuba era virtualmente una economía de la zona del dólar. La tenencia de moneda local era reducida y el gobierno no tenía facultades para imprimir papel moneda que cubriera su propio gasto público. El impacto de la recesión, a través de la caída abrupta del precio del azúcar a 0.28 dólares por libra en 1932, fue muy severo y se vio reflejado no sólo en ingresos más bajos para el sector agrícola y para la mano de obra, sino también en la desaparición de ganancias y en el surgimiento de un malestar general. El azúcar no se exportaba como producto refinado, sino como azúcar blanca, en costales; la refinación se hacía en Nueva York, como la del azúcar del Caribe Británico se hacía en Gran Bretaña.[7]

[7] En periodos posteriores, después de la Revolución en 1959, la economía cubana no puede tratarse fácilmente sobre bases comparativas con otros países de la región latinoamericana, en virtud del marco socialista de planificación centralizada que se adoptó y por la falta de datos. Durante la depresión de los años treinta, la economía cubana era una economía típicamente pequeña que dependía casi de un solo producto básico de exportación, el azúcar, y en forma secundaria del tabaco.

México. Un problema estructural se había ya manifestado en los años veinte, a saber: el descenso de las exportaciones de petróleo crudo después del punto máximo alcanzado en 1921. Las grandes empresas extranjeras fueron reorientando sus inversiones hacia Venezuela por temor a que se promulgara en México una legislación nacionalista basada en la reciente Constitución de 1917, la cual aseguraba a la nación el título de los recursos de hidrocarburos y preveía su expropiación por causa de utilidad pública. Además, las empresas extranjeras veían por delante el incentivo de extraer petróleo crudo a costo más bajo en Maracaibo y disfrutar de concesiones generosas de la dictadura venezolana. Aunque los ingresos provenientes de las exportaciones mexicanas de minerales y de productos agrícolas crecieron durante el mismo periodo, hubo presión constante sobre la moneda. Los mexicanos eran ya muy propensos a transferir su capital al exterior desde el periodo revolucionario de 1910. En los años veinte surgió un régimen cambiario *de facto* de tipo dual: México se atenía en teoría al mecanismo de ajuste del patrón oro, e incluso ponía monedas de oro en circulación, lo cual requería seguir las reglas, esto es, inducir una deflación cuando la balanza externa se tornara negativa. Tales reglas no se cumplían. Circulaban también monedas de alto contenido o ley de plata, que a su vez funcionaban como circulante en lugar de billetes, en los que por la experiencia de la Revolución no se tenía ninguna confianza. Las monedas se acuñaban por acuerdo de las autoridades hacendarias. Irremisiblemente, tendían de inmediato a sufrir un "descuento" sobre el oro. El descuento del peso plata respecto al oro (o sea, depreciación del peso) superaba un factor de 1.39 para 1925 y llegó a 3.64 en 1929 (Cárdenas, 1987, cuadro A2.3). Así, México tuvo de hecho lo que hoy día se llamaría un "tipo de cambio flotante", el de las monedas de plata, siendo el oro la "moneda internacional". Se había fundado en 1925 el Banco de México como banco de emisión (banco central), con facultades regulatorias bastante débiles y en parte como banco comercial. Además, México —entonces como a partir de los años ochenta del siglo XX— se encontraba en proceso de renegociar su deuda externa contraída en el siglo XIX y en determinado momento hizo traspasos de amortización, debido a las fuertes presiones externas.

La Gran Depresión tuvo como efecto cambiar la situación de manera radical. En 1930 México abandonó formalmente el patrón oro, un reconocimiento de la realidad, y la depreciación de la moneda siguió su curso en virtud de la fuerte caída de los precios y el volumen de las exportaciones. Al igual que en una economía más abierta, los ingresos descendieron rápidamente, incluidas las recaudaciones fiscales. Se elevaron en proporción considerable los aranceles que se aplicaban a las importaciones y se tomaron medidas para hacer frente al déficit fiscal, incluyéndose en ellas una reducción de los sueldos de los empleados del gobierno. Se puso en práctica una política compensatoria leve al incrementar la acuñación de monedas de plata con el fin de elevar el medio circulante y, supuestamente con ello, la demanda interna. En vista de las crecientes críticas y polémicas, el entonces titular de la Secretaría de Hacienda y Crédito Público declaró que el gobierno estaba comprometido a "hacer cesar la deflación sin caer en la inflación" (véase Pani, 1941, p. 159, y Pani, 1945, p. 423-511). Sin embargo, estas medidas tuvieron escaso efecto y no fue mucho lo que inmediatamente resultó en la economía nacional. La base industrial era bastante estrecha, la industria petrolera iba en descenso y los inversionistas potenciales privados nacionales seguían inhibidos por las nuevas políticas que surgían de la Revolución mexicana y de la Constitución de 1917 en materia agraria, laboral y de régimen general de propiedad. La proximidad a los Estados Unidos sin duda significó asimismo que la depresión en este país tuviera efectos desalentadores sobre la capacidad de recuperación de México.

Es necesario subrayar la disminución vertiginosa de la actividad económica en todo el mundo. Se contrajo el comercio mundial, descendió el volumen de la producción industrial y el desempleo creció a niveles nunca antes registrados. Los acontecimientos en Europa occidental y en las regiones en vía de desarrollo de Europa (el Mediterráneo y la zona de los Balcanes) fueron de índole parecida a lo ocurrido en América Latina, salvo que el intercambio comercial de los primeros se encontraba más diversificado, las estructuras industriales podían responder a políticas orientadas a reforzar la demanda interna (por ejemplo, como consecuencia del gasto público deficitario) y las estructuras institucionales estaban más elaboradas. Sin embargo, el fervor proteccionista cundió por todas partes. El arancel Smoot-Hawley promulgado en los Estados Unidos en 1930, el sistema de "preferencia imperial" adoptado por la Mancomunidad Británica en Ottawa en 1932 y la reacción proteccionista de gran número de países europeos contribuyeron a estrechar las perspectivas para las exportaciones de los países de América Latina e incidieron fuertemente al abatir los precios de las exportaciones.

Las políticas compensatorias que se aplicaron en muchos países de América Latina fueron fundamentalmente improvisaciones apoyadas en cimientos institucionales y estructurales débiles. No había nada que pudiera frenar las depreciaciones sucesivas de las monedas y la adopción de restricciones cambiarias y arancelarias. En algunos casos, las monedas estaban sobrevaluadas desde antes de 1929, de manera que las devaluaciones tuvieron efectos más radicales. Ninguna ayuda financiera externa a corto plazo estaba disponible para los países de América Latina y no había posibilidad alguna de recurrir a algún financiamiento a largo plazo. De hecho, eran frecuentes las suspensiones de pagos de deuda externa, con graves consecuencias en la bolsa de Nueva York y en otros centros financieros.

La única esperanza era que la economía de los Estados Unidos encontrara de algún modo el sendero para comenzar a recuperarse y, hasta cierto punto, que las economías europeas hicieran lo mismo. Esto iba a ser propiciado principalmente por el *New Deal* en los Estados Unidos y, en cierta medida, por la expansión deliberada de compras de materias primas básicas por parte de la dictadura nazi de Alemania a partir de 1936. Las ideas del economista británico John Maynard Keynes sobre el recurso al déficit presupuestario como medio para impulsar la demanda interna no habían plasmado todavía —y menos en Gran Bretaña, cuyos gobierno y círculos financieros se atuvieron a la doctrina clásica del patrón oro.

2. Recuperación y búsqueda de autonomía en el desarrollo

Los primeros intentos orientados a reactivar la actividad económica nacional en la región latinoamericana por medio de obras públicas u otras formas de gasto gubernamental estuvieron severamente limitados por restricciones de carácter monetario y financiero. La mayoría de los países se atenía al mecanismo de ajuste del patrón oro, que para entonces determinaba tipos de cambio muy poco realistas por intermedio del contenido de su unidad monetaria en gramos de oro. Se tenía que cumplir hasta cierto punto con las reglas, sobre todo para no permitir ningún aumento del gasto público deficitario y para restringir la expansión del crédito bancario. En la región latinoamericana había formas de evadir dichas restricciones y un país principal, Brasil, utilizó el mecanismo de la valorización para efectuar compras por parte del gobierno de las existencias de café, que luego serían arrojadas al mar o eran incineradas como combustible en las locomotoras; con ello se tuvo algún éxito en mantener los ingresos de una parte importante del sector agrícola —y por ende también se logró sostener la demanda interna en general—, si bien la adopción de dicho mecanismo condujo a aumentar el desequilibrio fiscal del país y aceleró la devaluación *de facto* de la moneda. En Argentina, el Banco Central estableció instrumentaciones contracíclicas destinadas a estimular la demanda interna en 1935 y 1936. En México, se decidió con el mismo propósito, en 1932, aumentar la emisión de monedas de plata.

En aquel entonces, algunos países de América Latina, por ejemplo, México, habían ya tropezado con graves dificultades con comités extranjeros representantes de los titulares de bonos de la deuda externa que habían sido emitidos por gobiernos sucesivos, en su mayor parte en el siglo XIX. Las negociaciones para reanudar los pagos suspendidos de la deuda externa eran arduas e infructuosas. La recesión de 1929-1932 y el ejemplo de los países deudores europeos y de otros pusieron fin a cualquier posibilidad de atender el servicio de la deuda. Se estimó que la deuda externa total del conjunto de los países latinoamericanos ascendía en 1933 al equivalente de unos 3 700 millones de dólares (Marichal, 1989, cuadro 8, pp. 212-213), la mayor parte en forma de bonos y otros valores colocados entre individuos en los países acreedores. En lo que se refiere al incumplimiento general de pagos de deuda, Argentina, a diferencia de otros países, optó por seguir una política explícita de mantenerse completamente al día en los pagos de servicio de la deuda externa, en consideración a los vínculos especiales de aquel país con los mercados financieros del Reino Unido, la amenaza de discriminación comercial por parte de la Comunidad Británica, y otros factores. Honduras, República Dominicana y Haití no entraron en suspensión de pagos (Díaz-Alejandro, en Velasco, 1988, p. 188). El valor de mercado de la deuda externa de otros países en la región registró una baja muy pronunciada en las bolsas de valores, como también ocurrió con la deuda de muchos países en otras partes del mundo. Se dio el caso de que la deuda externa podía ser comprada por unos cuantos centavos por cada dólar nominal, pero casi ningún país en América Latina disponía de suficientes divisas con qué hacerlo, y no había "paquetes de rescate" a la vista, ni existía ningún mecanismo internacional de apoyo. Fueron asuntos políticos y no sólo financieros. En los hechos, el comercio se encontraba en un nivel tan deprimido que resultaba impensable la reanudación del servicio de pagos de la deuda. No fue sino hasta mediados del decenio de los cuarenta cuando se empezaron a renegociar las deudas que habían caído en estado de moratoria virtual.

En la región latinoamericana, a medida que se tomaba mayor conciencia acerca del alcance de la depresión económica internacional, así también los responsables de las políticas económicas empezaron a diseñar medidas orientadas a lograr por lo menos alguna recuperación y hallar la forma de empezar a contrarrestar de manera permanente los efectos de la crisis del comercio exterior. Lo natural era pensar en proteger el mercado interno y alentar la oferta interna de bienes de consumo y de otros productos industriales y, por consiguiente, restringir las importaciones que se juzgaran no indispensables. Los países, como Argentina, Brasil y México, que tenían alguna industria local, rápidamente la pusieron a trabajar. Otros, como Chile, Colombia, Venezuela, Bolivia o los países de Centroamérica, simplemente redujeron las importaciones en general. Sin emplear el término que los economistas habrían de adoptar posteriormente, los países principales empezaron a implantar políticas de sustitución de importaciones.[8] Se ha sostenido que una sustitución de importaciones "natural" ya estaba presente, de medida modesta en Brasil y Argentina antes de 1929. Asimismo, el argumento a favor de proporcionar protección a las "industrias incipientes" era aceptado de manera bastante general, al menos entre los pensadores, sobre la industrialización y el comercio exterior y podía encontrarse en los escritos de economistas británicos, estadounidenses y europeos. Economistas latinoamericanos con posibilidades de influir en la formulación de la política económica conocían dicha literatura y, en términos

[8] La industrialización por sustitución de importaciones (ISI) consistía fundamentalmente en la aplicación de barreras arancelarias y no arancelarias a las importaciones, así como otras medidas aplicadas en forma discrecional, incluidos los controles cambiarios, para reducir el coeficiente de las importaciones respecto a la disponibilidad agregada (volumen de producción interno más importaciones) de los productos en cuestión. No se trataba simplemente de una *reducción* del valor absoluto de las importaciones de determinados productos, ni tampoco del valor *total* de las importaciones. Véase la mención de esta política de sustitución en el capítulo I, sección 5, y en el capítulo IV, sección 4.

generales, las ideas proteccionistas de Hamilton en los Estados Unidos en 1791 y las de List en la Alemania no unificada del siglo XIX eran apreciadas por aquellos latinoamericanos interesados en el asunto.

Alguna influencia provino asimismo de conferencias internacionales. Numerosos ministros de Hacienda y otros funcionarios de América Latina asistieron a la Conferencia Económica Mundial celebrada en Londres en 1933. Es probable que algunos de ellos y sus asesores hayan conocido a John Maynard Keynes o bien hayan leído sus escritos y fueran influidos por su análisis lúcido sobre cómo hacer frente a la depresión. Hay evidencia de esto por lo menos en Brasil, Argentina y México.[9] Por otra parte, la Sociedad de las Naciones publicaba en esos años un estudio económico anual, así como estadísticas, en los que se centraba la atención en la depresión económica mundial, y llevó a cabo numerosas reuniones para discutir estos asuntos (Sociedad de las Naciones, 1939). Eran miembros de la Sociedad en 1923 los siguientes países latinoamericanos: Brasil, Colombia, Costa Rica, Cuba, Chile, El Salvador, Haití, Honduras, México, Panamá, Paraguay, Uruguay y Venezuela.

El parteaguas fue la elección de Franklin D. Roosevelt a la presidencia de los Estados Unidos en 1932 y la adopción inmediata del programa del *New Deal* (política ya iniciada, en cuanto a gastos en infraestructura y algunos otros aspectos por el presidente saliente, Herbert Hoover) (Kindleberger, 1986, capítulo 15). En aquella época, la política económica del gobierno de Roosevelt fue la única política congruente e integrada enunciada por gobierno alguno acerca de una forma de promover la recuperación económica. Los países europeos se encontraban en un estado de indefinición, con cambios frecuentes de gobierno y apego a viejas fórmulas, y las principales monedas, la libra esterlina y el franco eran inesta-

[9] Véase Prebisch (1988), González del Solar (1983) y Eduardo Suárez (1946 y 1977). Se encontrará un relato sobre los orígenes de esa conferencia y su énfasis en la estabilidad de la relación del dólar con la libra esterlina y con el oro en Kindleberger (1986), así como en Condliffe (1950).

bles. Los Estados Unidos dieron además otro gran paso para fortalecer la demanda mundial cuando en 1934 elevaron el precio al que la Tesorería de ese país compraba oro para sus reservas. El 1° de febrero de 1934, la cotización de referencia internacional subió de 20.67 dólares a 35 dólares la onza (Kindleberger, 1986, p. 224). Se dio un espaldarazo a los exportadores de oro, pero se señaló asimismo la capacidad del gobierno de los Estados Unidos para reactivar la economía de acuerdo con lo que postulaba Keynes, esto es, por medio de gastos públicos deficitarios, para elevar la demanda interna y los ingresos. En la medida en que la incertidumbre política aumentaba en Europa, en particular a raíz del surgimiento del nazismo, los Estados Unidos se beneficiaron también de la fuga de capitales europeos al mercado financiero norteamericano y de su inversión en la industria.

Algunos efectos inmediatos también se hicieron presentes en unos pocos países de América Latina. Por ejemplo, afluyó capital europeo de refugiados a Argentina, Brasil y México. El valor de cualesquier reservas de oro que aún quedaran fue ajustado de inmediato al nuevo precio de 35 dólares la onza y aumentaron las exportaciones de oro de algunos países, asociadas a metales no ferrosos. En junio de 1934, la Ley de la Plata *(Silver Act),* aprobada por el Congreso de los Estados Unidos, que fijó el precio de compra en 1.29 dólares la onza troy (Kindleberger, 1986, p. 233), benefició las exportaciones de plata mexicana y peruana, que representaban una proporción significativa del total de las exportaciones de metales. Ello provocó asimismo en México la desmonetización de las piezas de plata en circulación debido al elevado contenido de plata de éstas, ya que dicho contenido valía más que el valor nominal de las monedas. Con esto se ayudó a establecer el prestigio y la seguridad del papel moneda y se dio realce al poder de los bancos centrales.

Las compras de ciertas materias primas por la ampliación de la escala de actividades del Estado alemán, que formó parte de su programa de rearme, proporcionaron una salida de mercado para algunas exportaciones provenientes de países de la región latinoamericana, como petróleo, minerales, algodón y otros, pero éstas en su mayor parte estuvieron sujetas a acuerdos de intercambio compensado o fueron pagadas en moneda no convertible. Algunos países latinoamericanos con excedentes comerciales normales con Europa, como Argentina y Brasil, se veían en la necesidad de transferirlos a los Estados Unidos para pagar sus excedentes de importaciones procedentes de este último país. Tal era el patrón regional triangular del comercio exterior de América Latina (Sociedad de Naciones, 1936).

La mayoría de los países de la región latinoamericana tocó fondo entre 1932 y 1933. Sin embargo, la recuperación del comercio mundial procedió a un paso en general lento, por las razones señaladas con anterioridad respecto a las políticas comerciales adoptadas por los principales países industrializados y porque la recuperación interna en estos últimos fue de hecho bastante moderada. En 1937, el PIB de este grupo de países se situaba apenas 7% por arriba del nivel de 1929, lo que significaba que habían registrado un promedio de crecimiento negativo a través de varios años (Maddison, 1985, parte I, pp. 13-32, y cuadro 1). Sus importaciones totales descendieron 3% en aquellos ocho años y el nivel mundial de precios se situó 20% por abajo del de 1929. La relación de precios del intercambio, o sea el coeficiente del valor unitario de las exportaciones respecto al valor unitario de las importaciones, como expresión de precios relativos, se volcó a favor de los países desarrollados en una proporción del orden de 4% durante dicho periodo (al principio éstos se habían beneficiado tanto como en 14% por el año 1932).

El PIB de América Latina, medido por el de sus seis mayores países, se situó entre 1937 y 1938 apenas 10% por encima del nivel alcanzado en 1929. Las exportaciones habían subido en 2% para 1937 y las importaciones habían caído en 23%; pero la recesión internacional de 1938 tuvo nuevamente efectos negativos en la región latinoamericana, y este año las exportaciones fueron en realidad inferiores al nivel de

1929 en 19%, mientras que las importaciones —que ya reflejaban crecimiento y nuevas inversiones— se habían recuperado de su punto bajo en 1932, de 36% del nivel de 1929 a 79% en 1938 (Maddison, 1985, cuadro 2).

Las estimaciones de la evolución del PIB muestran que hubo alguna recuperación entre 1932 y 1937. Sin embargo, la tasa media anual del incremento del PIB a lo largo del periodo 1929-1938 fue apenas de 2.2% para el conjunto de los seis países principales de América Latina. Hasta 1938 inclusive, únicamente Brasil y Colombia habían logrado una tasa media de crecimiento de entre 3.5 y 4.5% por año, en comparación con la de otros países, donde dicha tasa varió de 1.0 a 1.7% anual. En Cuba, el PIB descendió, en promedio, a una tasa de 0.2% (Maddison, 1985, cuadro 5).

Entonces, ¿en qué consistió la recuperación en América Latina? Por un lado, las exportaciones y el mejoramiento de la relación de precios del intercambio (en algunos países) contribuyeron con 12% al incremento del PIB a lo largo del periodo de nueve años hasta 1938. De mayor importancia, factores internos, entre ellos en buena parte los resultados de las políticas de sustitución de importaciones que comenzaron a aplicarse para fomentar la expansión industrial, contribuyeron, según se estima, 40% al crecimiento del PIB. En Argentina, la contribución de tales factores internos fue del orden de 27%, en Brasil 37% y en México 32%.[10]

Debe señalarse, como habría sido de esperar, que la recuperación fue importante en las tres mayores economías de América Latina: Argentina, Brasil y México, las que han sido denominadas las de los "países reactivos" (Díaz-Alejandro, en Velasco, 1988, capítulo 10) en tanto que las otras eran "pasivas", esto es, más sujetas al influjo del comercio exterior y a otras condiciones y carentes de alguna capacidad para llevar a cabo políticas autónomas. En breve, los tres países citados pudieron emplear instrumentos y mecanismos que, combinados, produjeron un viraje en las condiciones comerciales

[10] Maddison (1985, cuadro 7). El autor advierte respecto a las cifras "anómalas" para Cuba durante ese periodo, que afectan el total.

y las encauzaron, dicho sea de un modo un tanto precario, por un sendero de crecimiento. Fue el principio de la expansión industrial y de las políticas económicas de orientación hacia adentro, ya que no se podía tener mucha fe en el mercado internacional. La recuperación en algunos países de la región latinoamericana se adelantó incluso a la de los Estados Unidos.

Vale la pena mencionar una serie de rasgos interesantes en la historia de este periodo a fin de obtener una comprensión más completa del patrón peculiar de recuperación de la región latinoamericana. Hubo depreciación y devaluación sustanciales de las monedas, se introdujeron controles cambiarios e incluso se establecieron tipos de cambio múltiples, con cotizaciones diferentes para las exportaciones y para las importaciones, y lo mismo entre los productos básicos (Maddison, 1985, cuadro A-27, y Díaz-Alejandro en Velasco, 1988, capítulo 10). Se aumentaron los gastos públicos, por ejemplo en Argentina, Brasil, Colombia y México, y se pusieron en marcha programas de obras públicas. Se dio impulso al sector agrícola mediante el otorgamiento de precios de garantía y se alentaron algunas exportaciones por medio de una mejor organización, por ejemplo en México. La agricultura quedó también incluida en las políticas de sustitución de importaciones, así como por lo que toca a ciertos servicios. Las políticas salariales, en general, favorecieron la expansión por medio del mantenimiento de salarios reales bajos, situación a la que contribuyeron la sobreoferta tradicional de mano de obra y el desempleo existente.

En definitiva, aumentó el volumen de producción de manufacturas. Ejemplos destacados de lo anterior se registraron en los siguientes ramos: materiales de construcción, textiles, alimentos procesados, vidrio y productos químicos (Díaz-Alejandro, en Velasco, 1988, p. 203). Muchas de las industrias en expansión se basaban en el uso relativamente intenso de la mano de obra y contribuyeron al crecimiento del empleo. Algunas nuevas industrias fueron creadas por empresarios recientemente llegados de Europa, por ejemplo en Brasil y México.

Todo esto se logró, a pesar de los déficit presupuestarios, con una inflación apenas moderada (en la medida en que los datos así lo indican). México empezó a experimentar alguna inflación en 1937 y Brasil entre 1936 y 1938 (Maddison, 1985, cuadro A-27). Pareció darse por sentado que la inflación podía mantenerse bajo control, por lo que no representó una cuestión importante de política económica a los ojos de la opinión pública. En México se convirtió en problema, no tanto en virtud de los aumentos efectivos de los precios, sino, más bien, porque dicha inflación se derivaba del gasto deficitario financiado por sobregiros del banco central al gobierno, los cuales posiblemente eran violatorios de la reglamentación bancaria vigente. Con excepción de Chile, cuyos precios aumentaron en mayor proporción, no hubo señales de graves desórdenes en materia fiscal, financiera o monetaria. En algunos países, los bancos centrales que se fundaron durante los años veinte controlaron la emisión indiscriminada de papel moneda; en otros, no se contaba con banco central y por lo tanto no se disponía de medios para financiar grandes gastos deficitarios; y en otros más, se encontraron formas para obviar las limitaciones establecidas por la ley (Triffin, 1945; Urquidi, 1983a, b).

En todo caso, la inflación moderada permitió que se diera un cambio en los precios relativos internos, lo que tendió a alentar el desarrollo industrial y, en algunos casos, hizo surgir la agricultura moderna y estimuló nuevas inversiones de capital nacional. Las políticas expansionistas, bajo la protección de la depreciación cambiaria, de barreras arancelarias y no arancelarias a las importaciones, en condiciones en que la economía mundial se mantenía relativamente deprimida, significaron que no se pensara en regresar al pasado. La industrialización había recibido un nuevo impulso. No obstante, la recuperación, a finales de los años treinta, para el conjunto de la región había sido lenta.

Las políticas de desarrollo no eran tratadas o definidas como tales. La literatura sobre el tema no había llegado a los escritorios en el sector público o en las legislaturas, ni caído en manos de los formuladores de políticas. Sin embargo, las lecciones del *New Deal* de los Estados Unidos estaban a la vista. El pensamiento keynesiano había empezado a penetrar, en América Latina, al menos de un modo elemental para mostrar la forma de inducir la expansión por medio del gasto deficitario, aun cuando las condiciones en los países industrializados eran bastante distintas de las que prevalecían en los países en vía de desarrollo de la región latinoamericana. La intención en América Latina era recurrir al gasto deficitario para fomentar el desarrollo, por muy imprecisamente que éste estuviera definido, en términos de obras de infraestructura y programas sociales; en cambio, en las naciones industriales avanzadas de Europa y en los Estados Unidos el propósito a grandes rasgos era expandir y reforzar la demanda interna —inversión y consumo— para lograr la recuperación vía la industria, los servicios privados y el empleo. Ciertamente estuvo presente en estos últimos países alguna medida de recuperación y crecimiento patrocinada por los gobiernos, pero en general la inversión se dejó a decisiones privadas y el financiamiento se dejó al sistema bancario. Éste no iba a ser el caso en países de América Latina, donde ya había habido algún desarrollo institucional, auspiciado por los gobiernos, en los campos financiero y bancario, y donde los gobiernos electos y los no electos privilegiaban las ideas de corte "dirigista", o sea, un papel positivo para un gran sector estatal en la economía, por ejemplo, en Argentina, Brasil, Chile y México. La larga tradición ibérica de centralizar el proceso de toma de decisiones y la presencia de gobiernos autoritarios se hizo sentir en las políticas macroeconómicas y en la actividad regulatoria.

Otro factor que influyó en la formulación de las políticas económicas en muchos países de América Latina fue la conciencia de que los países industriales se estaban acercando cada vez más al estallido de un conflicto bélico. Ya de por sí se había visto en forma muy crítica la expansión japonesa de principios de los años treinta en Manchuria y China, y de igual manera por lo que se refiere a la incursión italiana en

Etiopía. En muchos países de la región se vio a la guerra civil española (1936-1939) como un preludio de una nueva guerra europea o posiblemente una de alcance geográfico mayor. El rearme alemán de los nazis era claro y no se podía malinterpretar, si bien no hubo quien pudiera haberse imaginado el pacto de "no agresión" entre la URSS y Alemania (ni tampoco en última instancia se creyó que fuera duradero). A las democracias de Europa occidental se les veía débiles, pero hubo quienes pensaban que terminarían por reaccionar a la agresión de los países del Eje. Y se creía que los Estados Unidos, país con el que la mayoría de los países latinoamericanos (con excepción de Argentina) mantenía relaciones muy estrechas, al final proclamaría su postura a favor de la defensa de la democracia. Todas estas interpretaciones de acontecimientos recientes e inmediatos propiciaron que los gobiernos de América Latina se volvieran crecientemente cautelosos en cuanto a involucrarse de manera profunda y deliberadamente en la economía mundial. Los acontecimientos posteriores a 1939 vinieron a demostrar que en este aspecto tenían la razón.

Mientras tanto, algo nuevo, sin precedentes, había estimulado la atención de los encargados de formular la política económica: la industrialización deliberada.

III. LA SEGUNDA GUERRA MUNDIAL Y SUS REPERCUSIONES ECONÓMICAS

1. Deformaciones comerciales y situaciones de escasez. 2. Industrialización inesperada. 3. Inflación y finanzas públicas. 4. Nuevas estrategias de desarrollo vagamente definidas. 5. Premoniciones y ajustes de la posguerra.

1. Deformaciones comerciales y situaciones de escasez

AUNQUE EN MUCHOS ASPECTOS se presentaron escenarios y planes para lograr nuevos avances como los que surgieron de las medidas de recuperación a mediados y fines de los años treinta, al menos en los principales países de la región latinoamericana, los cambios inducidos por la segunda Guerra Mundial tuvieron el efecto de originar nuevas deformaciones comerciales y situaciones de escasez. La industrialización había empezado en forma moderada en los años veinte y fue impulsada por la depresión, la depreciación de las monedas y el proteccionismo de los años treinta, así como por las políticas "reactivas" (véase, por ejemplo, el ensayo de Díaz-Alejandro, 1988). En particular, se había cobrado conciencia de que era muy poco probable que se volviera al "orden antiguo" al concluir el conflicto armado en 1945. La región, considerada país por país, tendría que enfrentarse a la desarticulación del comercio y las finanzas mundiales, mientras los países desarrollados —los Estados Unidos y Europa occidental— tendrían que reajustarse a las nuevas condiciones de la posguerra y de reconversión industrial. La ruptura con el pasado aun no había conducido a ningún nuevo patrón congruente. El término *desarrollo* no estaba en uso; la consigna era lograr la *recuperación*. En la posguerra, entre 1945 y 1947, se tendría muy poco en cuenta la perspectiva de los países en desarrollo, entre ellos los de la región latinoamericana.

De hecho, en el mejor de los casos la recuperación hasta 1939 no había sido muy rápida, incluso en las grandes naciones industrializadas. Era aún muy considerable el desempleo y apenas se empezaba a experimentar una nueva política, sobre todo en los Estados Unidos, con la implantación de medidas de tipo keynesiano de fomento por medio del gasto deficitario.

Aunque la guerra civil española, además de otros conflictos en que hubo agresiones internacionales, debió haber apuntado fuertemente hacia la probabilidad de una segunda guerra europea, las grandes democracias del viejo continente eran regímenes débiles y carecían de preparación, aun para un esfuerzo bélico defensivo. Tipificaban esta situación los episodios del primer ministro Neville Chamberlain, de Gran Bretaña, en 1938, al tratar de apaciguar a Hitler, sin respaldo de preparativos de defensa de suficiente importancia. Así, con excepción de las compras ávidas de Alemania de algunas materias primas, los mercados para los productos de exportación de origen latinoamericano distaban mucho de ser boyantes. Resulta interesante destacar, como una señal de los tiempos, que México, tras haber nacionalizado su industria petrolera a principios de 1938 y como consecuencia de haber perdido sus mercados externos, se vio en la necesidad de tratar de vender pequeñas cantidades de petróleo a las potencias de Europa occidental para sus reservas estratégicas, pero fracasó ante el rechazo de aquellas naciones por razones de orden político, con el Reino Unido desempeñando un papel por demás ambiguo, al compás del cual Francia, por ejemplo, se ajustaba. Incluso se intentó, *in extremis,* vender petróleo crudo a Alemania, igualmente sin ningún éxito (Meyer, 1988, y Villaseñor, 1974).

El bache económico de 1939 fue compensado gradualmente ante el estallido inminente de la segunda Guerra Mundial. Tan pronto como el régimen nazi de Alemania invadió Polonia el 1° de septiembre y el Reino Unido hizo pública su declaración de guerra dos días después, todo empezó a moverse a la vez. Los ejércitos fueron movilizados, las preocupaciones en torno a los suministros e inventarios de ultramar pasaron a concretarse en acciones y regulaciones sobre el comercio y el transporte marítimo, y se aceleró la conversión de la producción civil en armamentos y provisiones militares. Los precios se elevaron de inmediato y el espectro de la inflación empezó a aparecer en escena.

Por lo que respecta a la región latinoamericana, que no estaba directamente involucrada en las hostilidades europeas, el primer impacto ocasionó trastornos en el comercio. Sin duda habrían de cumplirse los pedidos de exportación, pero se sabía que la marina británica estaba bloqueando los puertos alemanes y otros; por otra parte, los submarinos alemanes podían hundir embarcaciones de países aliados que aprovisionaban a Gran Bretaña y Francia con alimentos y materias primas, entre ellas minerales estratégicos y combustibles, provenientes de países de la región latinoamericana. Para mediados de 1940, con la invasión alemana a los Países Bajos, Bélgica y Francia, dicha posibilidad se volvió más definida. También resultó evidente que con el cierre de ciertos mercados y la incertidumbre respecto a su remplazo, a distintos países de la región les iría de manera diferente según hubiera sido el destino tradicional de sus exportaciones. Para México la perspectiva era menos grave, porque la mayor parte de los productos que enviaba a los Estados Unidos, su principal mercado, se transportaba por ferrocarril.

Por otra parte, se trastornó el patrón de importaciones. Argentina, Brasil y Chile no podían ya ser abastecidos ampliamente desde Europa con maquinaria, herramientas y equipo industriales, productos químicos, cemento, etc. Los países que habían dependido del comercio con Europa se dirigieron a los Estados Unidos para adquirir lo necesario. Otros países trataron de intensificar sus compras en este último país. Por otra parte, en cuanto a las exportaciones los productos latinoamericanos de exportación que las potencias aliadas juzgaban como "estratégicos" tuvieron una demanda mucho mayor y tendieron a obtener precios más elevados; de esta manera se contrarrestaron las tendencias depresivas de apenas unos cuantos años atrás. Los precios en general subieron conforme las manufacturas se volvieron también escasas, a pesar de la falta de dinamismo de la actividad económica en los Estados Unidos. Los costos de transporte y los riesgos correspondientes aumentaron de manera desproporcionada. Para algunos países, mejoró la relación de precios del intercambio. No siempre fue un consuelo si ello significaba a la vez una oferta real restringida, pero el fenómeno generaba mayores ingresos netos de divisas y el comienzo de una acumulación de reservas en dólares estadunidenses. La debilidad de las balanzas de pagos empezó en general a atenuarse. México pudo durante 1941 fomentar de manera deliberada las importaciones esenciales para afrontar una posible escasez; para ello propició medidas de revaluación de su moneda frente al dólar, a iniciativa del banco central. Sin embargo, no todos los gobiernos fueron tan igual de previsores o simplemente no lograron, debido a las dificultades de transportación, asegurarse los suministros necesarios. Con frecuencia la escasez de bienes importados se exacerbaba por la incapacidad de remplazarlos de fuentes locales, en tanto que las exportaciones, si es que no se consideraban estratégicas, tendían a presentar un exceso de oferta a nivel local.

Las cifras del comercio internacional de los países de la región latinoamericana en su conjunto a fines de los años treinta muestran descensos de las exportaciones, así como de las importaciones, y los primeros años de los cuarenta registran una franca recuperación, especialmente las exportaciones con altas tasas de crecimiento. Las exportaciones totales de los principales 20 países de la región descendieron de 2 352 millones de dólares en 1937 a 1 708 millones de dólares en 1940 (decremento a una tasa anual de 10.1% en promedio) y luego tendieron a recuperarse y subieron en los años posteriores hasta llegar a 3 258 millones de dólares en 1945 (tasa de crecimiento promedio anual de 13.8%). Las importaciones totales, debido a la escasez de oferta, se redujeron de 1653 millones de dólares en 1937 a 1331 millones de dólares en 1940 (descenso promedio anual a una tasa de 7.0%) y se incrementaron posteriormente para lograr un monto de 1862 millones en 1945 (aumento a una tasa promedio anual de 6.9%) (véanse los datos del cuadro III.1 y las cifras anuales y por país de la CEPAL, 1949, en sus apéndices D y E). El desempeño de las exportaciones fue como sigue: el total de exportaciones de Argentina, el mayor exportador de la época, pasó de 758 millones de dólares a 428 millones en el trienio 1937-1940 (un descenso a una tasa anual de 17.3%) y a 739 millones en 1945 (un crecimiento a partir de 1940, a una tasa anual promedio de 11.5%). Las exportaciones de Brasil, fuertemente dependientes del café, habían sido de 348 millones de dólares en 1937 y habían caído en 8.9% anual en el primer lapso de tres años, pero luego subieron en 20% anual en promedio durante 1940-1945, llegando a 655 millones en 1945 y situándose mucho más cerca de Argentina como exportador. Las exportaciones de Cuba, muy concentradas en el azúcar, cayeron a una tasa anual de 11.9% durante 1937-1940 y subieron en 26.3% promedio anual durante 1940-1945, de tal forma que este país llegó a colocarse como el tercer principal exportador de la región, desplazando a Chile, México y Venezuela. Las exportaciones de Venezuela, dependientes ya del petróleo (con mercados muy receptivos), lograron crecer en los dos lapsos considerados, aunque modestamente en el primero, a una tasa promedio anual de 2.5% y en el segundo a una tasa anual de 5.1%. Chile contaba casi únicamente con exportaciones de cobre y vio disminuir sus exportaciones totales de 193 millones de dólares en 1937 a 140 millones en 1940 (decremento a una tasa promedio anual de 10%) y después registró aumentos, logrando un total de 205 millones de dólares (tasa anual de crecimiento de 7.9%). México, con una lista más diversificada de productos de exportación, obtuvo 211 millones de dólares en 1937, monto que descendió a 138 millones de dólares en 1940 y posteriormente ascendió a 252 millones de dólares en 1950. México dependía muy poco del transporte marítimo, por lo que veía poco riesgo por acciones de submarinos alemanes en el Golfo de México;[1] no obstante, los servicios ferroviarios se encontraban en estado de deterioro, lo que dio lugar a que el gobierno de los Estados Unidos otorgara un pequeño préstamo para la rehabilitación de una parte del sistema para ayudar a despachar suministros de productos minerales.

Las importaciones de América Latina siguieron tendencias similares a las de las exportaciones aunque con algunas diferencias por países principales y, como ya se observó, dichas tendencias se registraron a menor ritmo. Por ejemplo, las importaciones de Argentina se redujeron de 482 millones de dólares a 321 millones durante el periodo 1937-1940 (un cambio anual de –12.7%) y volvieron a descender hasta llegar a 227 millones de dólares en el periodo 1940-1945 (un cambio anual de –6.7%), de manera que este país pasó de ser el mayor importador de la región a ser el tercero más importante, mientras que Brasil y México, después de haber contraído sus importaciones en el primer periodo (aquél con un cambio anual de –9.2% y el último con otro de –10.1%), las aumentaron a mayor ritmo en el segundo periodo (aquél a una tasa promedio anual de 10.6% y el último a una tasa de 17.5% promedio anual). Como resultado, Brasil pasó a ser el mayor importador de la región latinoamericana y México el segundo. Cuba también vio reducir sus importaciones en el primer periodo y registró grandes incrementos en el segundo, conservando su cuarta posición de importador en la región. Otros países incrementaron sus importaciones en los dos periodos, como Bolivia, Costa Rica, Chile, Honduras, Nicaragua, Panamá y Venezuela (véase el cuadro III.1).

Cuando los Estados Unidos entraron de lleno en la segunda Guerra Mundial tras el ataque a Pearl Harbor en noviembre de 1941, la obtención de importaciones fue más difícil y las exportaciones quedaron sometidas a mayor control y ex-

[1] Fue ironía histórica que, en mayo de 1942, la causa formal inmediata de la declaración de guerra de México a las potencias del Eje fue el hundimiento de dos buques-tanque por submarinos alemanes en el Golfo de México.

puestas a mayores riesgos. La organización de la economía de los Estados Unidos para fines bélicos condujo con rapidez a la imposición de controles sobre el comercio y los precios (véanse las medidas y controles de guerra de los Estados Unidos y los aliados en Condliffe, 1942 y 1950). La fijación de precios tope por los Estados Unidos afectó las exportaciones de América Latina, pero los contratos pactados con los países aliados garantizaron compras de las mismas. Por otra parte, los administradores de la economía de guerra de los Estados Unidos decidieron que muchas de las importaciones que se estaban efectuando eran prescindibles, de manera que quedaron sujetas a precios tope más bien bajos (por ejemplo, el café en grano), mientras que la mayor parte de las exportaciones (a la región latinoamericana y a otros destinos) quedaron sujetas a control de exportaciones y a demoras en los embarques. En cambio, esos mismos productos eran indispensables para los países mayores de América Latina para sus actividades industriales normales de producción de manufacturas, por ejemplo, maquinaria y refacciones, productos intermedios tales como el acero, sustancias químicas y combustibles, y aun productos alimenticios y farmacéuticos. Fueron pocos los países que pudieron "extraer" de los Estados Unidos suficientes importaciones de productos industriales que les hacían falta, mientras sus suministros procedentes de Europa se reducían constantemente.[2]

No cabía duda de que semejante viraje en la escasez relativa iba a tener varias consecuencias. Una de ellas fue que estimuló la operación a niveles adecuados de la capacidad industrial no utilizada y disponible en varios de los países de la región latinoamericana, sin importar cuál fuera el costo. En segundo lugar, fue un incentivo para inversiones nuevas, de igual manera con poca consideración en cuanto a los costos. Tercero, atrajo fondos de inversión del exterior. Y cuarto,

[2] En 1942, México nombró un embajador especial y adicional a Washington, con el propósito único de ayudar a agilizar la autorización de permisos de exportación para maquinaria, refacciones y otros productos que se necesitaban urgentemente (Beteta, 1964).

propició que se abriera cierto intercambio comercial entre los países de la propia región, con el resultado de que se remplazaron importaciones previamente suministradas por los Estados Unidos o Europa —pero también a cualquier costo—. México, por ejemplo, comenzó a exportar textiles y una variedad de productos de pequeñas industrias con destino a Centroamérica y Haití. Creció el comercio de manufacturas entre Argentina y Brasil.

Mientras tanto, el auge de las exportaciones acarreó incrementos que mucha falta hacían a las reservas en divisas. Se generaron rápidamente excedentes comerciales (en términos de valor) que al mismo tiempo produjeron expansión rápida del medio circulante. No eran muy efectivas o simplemente no existían los instrumentos de que pudieran disponer los bancos centrales (no todos los países los tenían, notablemente Brasil) para contrarrestar el crecimiento primario del medio circulante y "esterilizar" parcialmente las acumulaciones de divisas con el fin de restringir la expansión del crédito bancario. En numerosos casos aumentaron los ingresos tributarios, pero también se elevaron los gastos ordinarios del sector público. Las políticas monetarias y fiscales no pudieron lidiar con los efectos combinados de mayores exportaciones, tasas más altas de inversión y un crecimiento considerable de la demanda consumidora concentrada en el abasto nacional de artículos de primera necesidad. Se registraron tasas de inflación en grados diferentes, según fueran las condiciones locales. La "inflación importada", aunada a las fuerzas inflacionarias internas derivadas del incremento del gasto público, determinó alzas anormales de los precios de mayoreo y menudeo (Maddison, 1985). A ello también contribuyeron la especulación y el acaparamiento. No se contaba con índices adecuados del costo de la vida; no obstante, se ha estimado que la inflación fue elevada en países como Argentina, Brasil, Chile y México (Maddison, 1985). En muchos casos, esto condujo a demandas de aumento de los salarios, así que se estableció muy pronto el marco para la espiral salarios-precios, que no fue contrarrestada de manera adecuada por medio de políticas monetarias y fiscales restrictivas. Las pocas importaciones no pudieron satisfacer la demanda; antes bien, las importaciones se estaban encareciendo.

Es debatible sostener, como un autor lo ha hecho, que hubo "prosperidad generalizada" en América Latina durante los años cuarenta (Díaz-Alejandro en Velasco, 1988, capítulo 11, pp. 212-213) En cierto sentido, sí la hubo, al menos al principio de esos años, durante el periodo de la segunda Guerra Mundial. Pero hubo asimismo inflación, los salarios se mantuvieron a la zaga de los precios, empeoró la distribución del ingreso, se retrasó el desarrollo de las infraestructuras, se deterioró el estado del acervo de capital industrial fijo y subieron considerablemente los costos reales. Se incrementó un poco el comercio entre los países de la región, pero no de manera permanente. Y no se podía descartar la amenaza de ajustes de la posguerra. Los gobiernos no siempre fueron lo suficientemente previsores y, como se expondrá más adelante, el regreso a la realidad de la posguerra constituyó, para muchos países, un reajuste considerable y difícil. Por otra parte, ningún país de la región, incluso Brasil, que envió una fuerza expedicionaria para unirse a los aliados en Italia, y México, que envió un escuadrón de aviones de combate a Filipinas, experimentó ninguna movilización militar de importancia. Y bien pudiera pensarse en cuál habría sido el curso de los acontecimientos si el esfuerzo de guerra de los países aliados no hubiese tenido por resultado un incremento tan grande en la demanda de productos básicos estratégicos que algunos países de la región latinoamericana pudieron suministrar con abundancia.

Como ya se señaló, resulta siempre necesario descender de los grandes totales y de las cifras agregadas a las posiciones de los países individuales. Es útil comparar brevemente dos casos extremos, el de Argentina y el de México. Hubo varios contrastes. En 1937, el 56% de las exportaciones totales de México se destinaron a los Estados Unidos, además de contar con facilidades de transporte terrestre. Este porcentaje subió en 1946, cuando fue de 71.3%; en cambio, los principales mercados de Argentina habían sido los europeos. En 1937 el Reino Unido captó 29% de sus exportaciones totales y el resto de los países europeos 45%, para representar casi tres cuartas partes de la demanda externa de productos argentinos. Estos porcentajes continuaron todavía altos, aunque ya no como antes, de tal forma que en 1946 la participación del Reino Unido en las exportaciones argentinas fue de 22% y la del resto de países europeos fue de 40%; es decir, los mercados europeos absorbieron casi dos tercios de las exportaciones totales de Argentina (véase el cuadro III.2 al final del capítulo). Así, México siguió recibiendo dólares estadounidenses por sus exportaciones, mientras que Argentina empezó a acumular saldos en libras esterlinas que no eran convertibles a otras monedas, lo que le dificultó pagar sus importaciones provenientes de los Estados Unidos. Además, los Estados Unidos no aceptaban la carne argentina debido a la fiebre aftosa. Las exportaciones mexicanas fueron principalmente minerales estratégicos ligeramente procesados, mientras que las de Argentina fueron trigo, oleaginosas, carne congelada y lana en bruto, productos importantes para el Reino Unido, pero sujetos a racionamiento, mientras que los Estados Unidos no necesitaban de ellos. México había logrado una recuperación económica no insignificante respecto a la depresión de los años treinta; en cambio, Argentina apenas había tenido éxito en lograr una recuperación incompleta (Díaz-Alejandro, en Velasco, 1988, capítulo 11). México había entrado en un periodo de estabilidad política de gran importancia, debido a las condiciones de los tiempos de guerra que exigían la "unidad nacional" y por la cercanía con los Estados Unidos; Argentina estaba sumida en una inestabilidad heredada de los años treinta y padeció un nuevo golpe militar en 1943 que trastornó de manera importante los patrones económicos y sociales.[3] No menos importante fue el hecho de que mientras que la política exterior de México consistía en dar apoyo a la causa de los Aliados (si bien había

[3] Sobre la subida al poder del movimiento peronista, véase Shafer (1978, capítulo 35, pp. 635 y 636-640).

en el país simpatizantes de los nazis, los fascistas y los falangistas) y se convirtió en un aliado al declarar la guerra al Eje en 1942, Argentina había resuelto permanecer neutral, si bien en los hechos tendió a tomar partido, de manera oculta, por el Eje (a pesar de la existencia en su sociedad de una mezcla de simpatías y tradiciones probritánicas). Al final, asimismo, México fue invitado, ya desde el año de 1942, a participar en los planes políticos, económicos y financieros para el mundo de la posguerra y en lo que atañe a la producción y suministros de alimentos y a la creación de las Naciones Unidas, mientras que Argentina fue marginada de aquellos proyectos quedando en el aislamiento hasta 1945.

A Brasil se le puede contrastar, tal vez no de manera del todo justa, con Guatemala, al menos en lo que se refiere a la influencia del café, un producto pilar de sus respectivas economías que estaba sujeto a la imposición en los Estados Unidos de precios tope y controles del transporte. Guatemala poseía un acceso más fácil al mercado de los Estados Unidos; por otra parte, sus necesidades de importaciones eran relativamente sencillas y los controles de tiempos de guerra provocaron, en el peor de los casos, escasez de bienes de consumo de importación. En cambio, Brasil tendió a generar excedentes de café (CEPAL, 1949, p. 136), como en los tiempos de la depresión, pero pudo obtener provecho de las restricciones a las importaciones para estimular bastante sus industrias incipientes y el flujo de nuevas inversiones, incluso la producción de armamento. Guatemala no tenía una posición estratégica, si bien radicaban en el país muchos propietarios alemanes de fincas cafetaleras; Brasil tenía una posición eminentemente estratégica en el Atlántico y ofreció bases aéreas a Estados Unidos para el tránsito a África. Guatemala, por otra parte, se encontraba en la etapa final de una dictadura implacable y experimentó una primera transición de vida política bajo un régimen democrático, mientras que Brasil aún no había salido del régimen autoritario de Vargas iniciado en 1930, con su trasfondo fascista, pero estaba mostrando tendencias pro democráticas mucho más difundidas y firmemente fundamentadas (Shafer, 1978, capítulos 37 y 38). Brasil se encontraba en los umbrales de una industrialización rápida, mientras que Guatemala estaba destinada a seguir siendo una economía rural, basada en el café, el banano y otros productos agrícolas.

Cuba y Costa Rica ofrecen otro tipo de contraste. La economía cubana, casi totalmente dependiente de las exportaciones de azúcar y secundariamente de las de tabaco labrado, con fuertes inversiones de los Estados Unidos en el azúcar, había alcanzado lo que muchos habían denominado un estatus "semicolonial". Tenía además un sistema político frágil y corrupto, y no podía formular políticas que favorecieran la industrialización o que promovieran algún cambio en la economía del tipo azúcar-tabaco. Costa Rica, un país que tenía baja densidad de población, ya tenía funcionando por un largo periodo una democracia bastante efectiva desde las bases, y podía enorgullecerse de sus logros educativos y en la agricultura. Su economía era débil y dependía de pocas exportaciones —café y banano— pero también se encontraba bastante aislada y, por lo mismo, estaba menos sujeta a influencias modernizadoras repentinas o a torrentes de importaciones de bienes de consumo.

Si por un lado hubo contrastes, como los anteriores ejemplos lo muestran, también se registraron similitudes en la región, algunas de las cuales vinieron a ser más evidentes en los años cuarenta. Hubo asimismo casos muy particulares, como el de Panamá, con una economía dominada por el tránsito por el Canal y fuerte influencia de los Estados Unidos, o el de Venezuela, país ya petrolero por excelencia, con graves atrasos en las demás actividades económicas. Colombia dependía exclusivamente del café, pero su régimen político de alternancia democrática era ejemplar.

El papel dirigente de los gobiernos aumentó durante los años cuarenta en casi todos los países de la región latinoamericana. Esto fue obligado en parte por las condiciones de tiempos de guerra y por la inflación que surgió en forma aparejada. De hecho, la adopción de regulaciones propias de una economía bélica en los Estados Unidos casi en forma inevitable exigió que se tomaran medidas similares en las economías de la región latinoamericana. En julio de 1942 se efectuó una Conferencia Interamericana sobre Sistemas de Control Económico y Financiero en Washington, en la Unión Panamericana, convocada en realidad por la Tesorería de los Estados Unidos, para asegurar la adopción de medidas, en toda la región, destinadas a controlar los activos del enemigo, esto es, los de Alemania, Italia y Japón, financieros y bancarios, así como industriales, agrícolas, de seguros y otros y para vigilar las transacciones financieras.[4] Asistieron representantes de los bancos centrales y de las autoridades hacendarias. El Banco Central de la República Argentina participó pero nunca llegó a aplicar las recomendaciones de dicha conferencia, y es dudoso que en los demás países se cumplieran con todo rigor. En México se aprovechó la coyuntura para establecer disposiciones generales sobre regulación de la inversión extranjera directa en general, fijándose la política de exigir (aunque sin carácter retroactivo) 51% de capital nacional.

Aun cuando en numerosos países de la región las condiciones de tiempo de guerra ofrecieron excelentes oportunidades a los sectores empresariales nacionales en la promoción y el establecimiento de industrias nuevas, los principales y grandes proyectos industriales fueron promovidos por los gobiernos como empresas paraestatales (véase el capítulo IV). En varios países se crearon nuevas instituciones financieras para canalizar el ahorro local y orientar los recursos externos hacia el desarrollo industrial y agrícola. Asimismo, intereses empresariales de los Estados Unidos habían empezado a ofrecer nuevos tipos de inversión extranjera directa en el sector de manufacturas, con la utilización de nuevas tecnologías que habían sido desarrolladas durante la guerra, por ejemplo, la manufactura de productos con base en sustancias químicas plásticas.

[4] La Conferencia se realizó entre el 30 de junio y el 10 de julio de 1942 (Unión Panamericana, 1942).

Conforme la industrialización avanzaba, hubo en la mayor parte de los países creciente preocupación acerca de estrategias o esfuerzos de planificación a largo plazo, sobre todo en vista del nuevo poder del Estado para influir en el desarrollo, la mayor cantidad de recursos a su disposición, y las incertidumbres en cuanto al periodo de la posguerra. Se empezó a relacionar el desarrollo económico con el desarrollo social. Varias economías de la región fueron vistas por autores de los Estados Unidos como tierras de oportunidad —ya no "repúblicas bananeras" sino países dotados de posibilidades de industria moderna—, pero al mismo tiempo, a medida que se conocía mejor la realidad latinoamericana, como zonas de desasosiego social, desigualdad y pobreza (véanse, por ejemplo, Ness, 1945; Wythe, 1947; Harris, 1945b; Mosk, 1950).

En la medida en que empezó a anunciarse la ejecución de ciertos planes de organización internacional y cooperación económica y financiera para el periodo de la posguerra, varios países de la región empezaron a considerar llegar a acuerdos para saldar las suspensiones de pagos de su deuda externa que venían arrastrando desde los años treinta, a fin de calificar para tener acceso a las nuevas instituciones internacionales que se estaban proyectando, en particular el FMI y el Banco Mundial.

El impacto de las economías de tiempos de guerra y las perturbaciones del intercambio comercial y financiero se hicieron sentir asimismo en acciones de los gobiernos relativas a la implantación de políticas macroeconómicas explícitas. Para ello era preciso establecer sistemas de cuentas nacionales, mejorar la reglamentación de los sistemas monetarios y bancarios, y considerar políticas sectoriales amplias, por ejemplo en materia energética, de transporte, expansión agrícola e industrial —barruntos de políticas de cooperación monetaria y económica que se definirían y practicarían en años posteriores.[5] Sin embargo, debe reconocerse que hubo,

[5] El Sistema de la Reserva Federal de los Estados Unidos y el Departamento de Comercio enviaron misiones a países de América Latina para examinar con las ins-

al igual que en los años treinta, muchísima improvisación. Los países estaban aún tratando de concebir políticas económicas generales que fueran medianamente congruentes y, de cualquier manera, no podían asegurarse contra los efectos de las perturbaciones externas.

2. Industrialización inesperada

No es posible exponer en estas páginas un relato completo del alcance de la industrialización en América Latina durante los años cuarenta. Por consiguiente, se darán algunos datos indicativos para mostrar sus características y se pondrán de relieve algunas de las tendencias principales.

En términos de estructura económica, desde los años treinta, seguidos por el decenio más dinámico de los cuarenta, el volumen de producción industrial alcanzó una participación creciente del PIB. En Argentina, el país más industrializado, la participación del volumen de producción de manufacturas subió de 22.6% en 1940 a 23.8% en 1950. Otros países tuvieron similares expansiones relativas en esos 10 años: el sector manufacturero de Brasil subió de 15.2 a 20.8% del PIB; el de Chile pasó de 19.7 a 23.3%; el de México, de 16.6 a 18.6%; el de Ecuador, de 16.9 a 17.1%; y el de Colombia de 9.4 a 13.1% (Thorp, 1998, cuadro VI.1). En la estructura de empleo se dieron virajes similares. Esto no quiere decir que se desatendió la agricultura. De hecho, países como Colombia y Brasil permanecieron aún fundamentalmente agrícolas y la agricultura de Argentina siguió siendo una base sustancial de su economía, como lo fue también en Centroamérica, Cuba y la República Dominicana. Lo que resulta in-

tituciones financieras, monetarias y de divisas, las posibilidades de aumentar los volúmenes de comercio y ayudar en la creación de bancos centrales o en las reformas de éstos. (Triffin, 1945). En 1946 se llevó a cabo en México, a invitación del Banco de México, una primera conferencia, a nivel técnico, de los bancos centrales y autoridades equivalentes de América Latina con la Junta de la Reserva Federal de los Estados Unidos, el Banco de Canadá y representantes del recién creado FMI (Banco de México, 1946).

teresante es la velocidad de los virajes, indicativos de un nuevo patrón de desarrollo.

Los principales factores que alentaron dicha transformación han sido ya mencionados. Sin embargo, cabe destacar que pese a la falta general de conciencia de los vastos cambios tecnológicos que ya se estaban dando durante ese periodo, se había hecho sentir un fuerte impulso hacia la industrialización, lo que un observador denominó "industrialización deliberada" (consúltese Whyte, 1947; Harris, 1945b). Acaso sea más correcto denominar ese proceso como uno de "industrialización inesperada", toda vez que en su mayor parte no fue planeada, ni coordinada y fue de hecho improvisada. Incluso los grandes proyectos industriales promovidos por los gobiernos parecen haber surgido de circunstancias especiales. Chile los inició a raíz del terremoto del 24 de enero de 1939, con apoyo en la recién creada Corporación de Fomento de la Producción (Corfo). México pudo comprar equipo industrial de segunda mano en los Estados Unidos para establecer a mediados de los años cuarenta una planta siderúrgica en Coahuila, Altos Hornos de México, con capacidad para producir laminados. La única planta integral anterior, la Fundidora de Monterrey, creada a principios de siglo, tenía un solo horno para fabricar lingotes de hierro y contaba con hornos de acería con capacidad apenas superior a las 100 000 toneladas anuales para producir solamente varilla para la construcción y perfiles; además, se habían instalado en la ciudad de México pequeñas plantas de proceso eléctrico que utilizaban chatarra. En Brasil se puso en marcha la gran siderúrgica integral de Volta Redonda, financiada con crédito de los Estados Unidos, como industria de significación estratégica. El hecho, en todo caso, es que una industrialización destinada a sustituir importaciones (ISI) había entrado en una etapa nueva, más claramente definida.

Un indicador grueso de la ISI es la disminución del coeficiente resultante de dividir el valor de las importaciones de mercancías entre el PIB.[6] Para finales de los años cuarenta,

[6] Este coeficiente tiene el mismo inconveniente que el de dividir las exportaciones totales entre el PIB para indicar la importancia de aquéllas como "motor" del

de acuerdo con algunas fuentes, en el conjunto de seis países principales, las importaciones representaban menos de 15% del PIB, inferior a 17% registrado en 1929 (Maddison, 1985, cuadros A-1 y A-6). El cambio en los coeficientes por países fue como sigue: Argentina, de 18 a 12%; México, de 14 a 11%; Brasil, de 11 a 9%; Chile, de 31 a 13%; y Colombia, de 18 a 14%. Dichos cambios se refieren a todas las importaciones; pero puede suponerse que reflejaron lo que ocurrió con las importaciones de manufacturas, que constituían el principal componente en casi todos los casos. De particular interés es el cambio en el coeficiente de Chile, el cual está relacionado con la creación de la Corfo, ya citada, para ser menos vulnerables las fluctuaciones de las exportaciones de cobre.

Se ha querido sostener que la ISI en América Latina procedió por etapas, a saber: que la primera etapa se caracterizó por productos terminados, en su mayor parte a través de operaciones de ensamble. Por ejemplo, que una vez que se decidió y se impusieron restricciones a las importaciones para con ello comenzar a manufacturar receptores de radio, o refrigeradores, el primer paso consistió en alentar el ensamble local en plantas industriales de sencillo armado de partes —y posteriormente encontrar maneras para que los componentes se produjeran gradualmente dentro del país—. Sin embargo, no hay razón para suponer que dicho proceso ocurrió en todas las ramas de la industria, ni en todos los países, ni que se siguió ese orden particular. La industria textil y la alimentaria —instaladas desde el siglo XIX y aun antes— no se desarrollaron en tal forma y estuvieron más integradas desde sus inicios como manufacturas parcial o mayormente basadas en recursos y otros insumos de origen local. No había habido plantas siderúrgicas integradas, pero se conocían las forjas y los talleres de laminados. La idea del ensamble empezó esencialmente con la industria automotriz en los años

desarrollo, pues las importaciones son cifras de producción bruta, que incluyen múltiples insumos, y el PIB es un cálculo de valor agregado —otro caso de comparar "peras con manzanas".

veinte y así permaneció durante por lo menos hasta los setenta —llegaba todo el material importado y se armaba—. La industria de nuevos bienes de consumo duraderos de la posguerra empezó también primordialmente mediante el ensamble, pues no había oferta local en gran escala de componentes y partes esenciales, y pronto se integró verticalmente en cierta proporción. La industria de productos químicos difícilmente podría llamarse una operación de "ensamble", aunque los productos farmacéuticos eran notablemente importaciones a granel de componentes que luego eran encapsulados, prensados o de otra manera preparados para su consumo de acuerdo con los requerimientos de las dosis médicas.[7]

Durante la segunda Guerra Mundial, varios gobiernos de la región latinoamericana vieron el influjo de divisas y la "prosperidad" general como una oportunidad para inducir un cambio cualitativo de cierta importancia, a saber, organizar y llevar a cabo un nuevo tipo de grandes proyectos industriales. En parte fue asimismo una respuesta a la escasez de los tiempos de guerra. Entre dichos proyectos, además del desarrollo de la producción de acero en Argentina, Brasil y México, en estos tres países y en Chile se establecieron plantas de celulosa y papel, productos químicos, fertilizantes, insecticidas, cemento, motores fraccionarios de hasta un caballo de fuerza (también bombas), equipos agrícolas, fibras artificiales, vidrio, y otras por el estilo. Se construyeron asimismo refinerías de petróleo para atender la demanda de combustibles diversos. En casi todos estos casos hubo participación de los bancos de desarrollo nacionales o su equivalente, y en algunos casos hubo apoyo externo del Eximbank

[7] Celso Furtado (1971, pp. 125-130) ha afirmado que hubo una industrialización "inducida por exportaciones" antes de los años treinta (esto es, en cierta forma, una industrialización espontánea), antes de que se adoptara a partir de los años cuarenta como política deliberada la sustitución de importaciones respecto a la economía en su conjunto y a industrias específicas, pero hay poca evidencia de que semejante etapa previa ocurriese de modo general en la región de América Latina, esto es, fuera de Brasil y tal vez, en menor medida, en Argentina y México (véase Ferrer, 1983, y Robles, 1982).

de los Estados Unidos o de capital privado de este país. Pareció no haber ningún desacuerdo entre los Estados Unidos y los países de la región latinoamericana preocupados por esta evolución, pese a la perspectiva de que estos últimos optaran por la aplicación de políticas proteccionistas, lo cual ya era evidente a mediados de los años cuarenta y ciertamente después del periodo 1947-1948, que se caracterizó por ser un periodo de ajuste a los desequilibrios de la balanza de pagos. Durante la segunda Guerra Mundial, los Estados Unidos vieron con interés, y apoyaron, algunos proyectos industriales en la región latinoamericana.

Estos pasos orientados a la industrialización en los años cuarenta no estuvieron libres de polémica, ni dentro de América Latina ni en otras partes. Los partidarios del "libre comercio" se manifestaron en contra de la industrialización como tal, sobre todo en razón de que ésta derivaba de la iniciativa de los gobiernos en tiempos de incertidumbre y conducía a la creación de empresas paraestatales: Volta Redonda (acero) en Brasil, Altos Hornos (acero) en México, y así sucesivamente. En la región latinoamericana los que favorecían el desarrollo por medio de la industrialización consideraron que no había alternativa efectiva. También se manifestó el apremio para comenzar a crear fuentes de empleo urbano donde fuere posible, o bien aprovechar en nuevas industrias los recursos naturales. Se veía la industrialización como un seguro contra la escasez y también como un proceso que tenía efecto multiplicador hacia otras ramas industriales, ya fuera hacia los productos intermedios y las materias primas o hacia el mercado directo de consumo, y en beneficio del comercio interior al mayoreo y al menudeo, el transporte, etcétera.

No obstante, hubo también quienes siendo partidarios de la industrialización externaron su preocupación por la inconveniencia de que se incurriera en un proteccionismo excesivo y en pérdidas de bienestar para el consumidor, así como en demasiada dependencia de la inversión extranjera directa. Asimismo previnieron sobre el riesgo de un sesgo inflacionario intrínseco en los esquemas de la ISI (Furtado, 1971, capítulo 12).[8] En la medida en que más y más productos intermedios fueren promovidos por la ISI, los costos se elevarían debido a la producción en pequeña escala superprotegida y con repercusiones en todo el sistema. La política suponía transferencias de ingreso implícitas a favor de la industria de manufacturas ante los suministros inelásticos del sector agrícola y de otros sectores. Hubo una falta de efectos positivos de externalidades procedentes de la infraestructura (transporte, etc.), que era deficiente y casi no experimentó mejoras en esos años. Gran parte de la mano de obra disponible carecía de calificación y habría que capacitarla, además, conforme la economía creciera acompañada de rigidez fiscal, los déficit presupuestarios acusarían tendencia a elevarse. La inflación podía difundirse fácilmente y volverse endémica (a fines del siglo XIX hubo ejemplos en algunos países de la región). También ocurría escasez de capacidad empresarial; por consiguiente, la gestión empresarial no estaría actualizada y, por lo mismo, no sería eficiente.

Resulta interesante señalar que en esta etapa temprana de la ISI, era poco lo que se había reflexionado, si acaso algo, acerca de las exportaciones a otros países de América Latina sobre base permanente. El comercio intrarregional latinoamericano se limitaba a unos cuantos productos alimenticios y a transacciones fronterizas. La idea de una integración económica, a finales de los años cuarenta, aún no había surgido en forma estructurada, ya fuera en la CEPAL o en otros sitios. Debe señalarse, por otra parte, que conforme la ISI avanzó, los países más pequeños de América Latina participaron muy poco en el proceso. En Centroamérica (véase más adelante la última sección del capítulo IV) no fue sino apenas a

[8] En 1945, el presente autor, en una sesión del Segundo Congreso Mexicano de Ciencias Sociales (que se realizó del 12 al 31 de octubre de dicho año), entró en polémica en México con los industriales de nuevo cuño, superproteccionistas —los mismísimos "sustituidores de importaciones" que querían proteccionismo a ultranza—; véase Urquidi (1946, pp. 475-511). Sobre este tema véanse también Mosk (1950), Lavin (1954) y Thorp (1998).

mediados de los años cincuenta cuando empezó a cobrar forma el concepto de una "ISI subregional".

3. Inflación y finanzas públicas

Muchos países de América Latina habían tenido una larga historia de inflación y de depreciación cambiaria, entre ellos Brasil, Argentina y Chile. México, durante la Revolución y particularmente en 1916, había experimentado una hiperinflación. Por lo general, las causas inmediatas de la inflación fueron de origen interno, a saber, los déficit presupuestarios ilimitados, financiados a través de la emisión de papel moneda. El sistema autorregulatorio del régimen cambiario del patrón oro no pudo corregir los desequilibrios. La salida fácil fue siempre echar a andar la emisión de billetes bancarios a más no poder (que de hecho se tenían que mandar a imprimir en Europa o en los Estados Unidos). Durante la Revolución mexicana casi todos los gobernadores estatales y la mayor parte de los principales generales revolucionarios imprimían sin normas de seguridad, en imprentas locales, sus propios billetes bancarios. En un momento determinado en 1915, las fuerzas "constitucionalistas" sacaron una serie de billetes bancarios, llamados "infalsificables" respaldados por reservas de oro (Cárdenas, 2003); pero los "infalsificables" padecieron la suerte de todos los otros papeles moneda y acabaron por no tener ningún valor. Finalmente, se logró en México, con la ayuda del experto norteamericano Edwin Kemmerer, la estabilización con base en regresar a la acuñación de monedas de oro y de plata (Cárdenas, 2003). Sin embargo, no se modificaron las causas básicas y al cabo de poco tiempo la inflación resurgió.

Podrá sostenerse, al menos teóricamente, que conforme se registrara un aumento del medio circulante en los tiempos de prosperidad del comercio exterior —sobre todo si las exportaciones crecieran relativamente respecto a las importaciones y los bancos y el crédito tendieran a ejercer presión sobre el nivel de los precios— los gastos en importaciones podían tener un efecto antiinflacionario, y que, por último, la pérdida de reservas de divisas obligaría a la adopción de políticas para reducir las tasas de inflación. Sin embargo, la tendencia histórica de los precios internos fue siempre al alza. Esto hace suponer que otras causas, principalmente de naturaleza estructural, también contribuían a la inflación, aunque no debe minimizarse la importancia de los déficit presupuestarios. Podría asimismo argumentarse que los déficit por sí solos no explicaban suficientemente las rachas inflacionarias, sino que influían también los aumentos y la calidad de los gastos apoyados por los déficit, sobre todo las grandes partidas destinadas a gastos militares y la utilización ineficiente y dispendiosa de los fondos presupuestarios en general. Tampoco los sistemas tributarios, muy dependientes de los impuestos a la importación y de determinados gravámenes a las exportaciones, fueron suficientemente sensibles a las necesidades fiscales; de hecho, los ingresos públicos se reducían de forma directa cada vez que se registraba un descenso del comercio exterior. No fue sino hasta bien entrados los años veinte cuando se empezaron a aplicar impuestos sobre la renta y todavía más tarde en muchos países.

Durante los años cuarenta, después de los ajustes iniciales a las condiciones económicas internacionales de tiempos de guerra, el excedente comercial de muchos países tuvo un impacto favorable sobre los presupuestos públicos. En cierta medida, unos cuantos de los países principales lograron reducir sus déficit e incluso, por periodos de breve duración, llegaron a generar excedentes. Asimismo, se realizaron emisiones de bonos para reducir el exceso de liquidez, así como para reforzar las regulaciones de los bancos centrales a fin de impedir que los sistemas bancarios comerciales incurriesen en una expansión excesiva del crédito. Ninguna de estas medidas podía lograr un éxito completo, principalmente debido a las imperfecciones de la legislación vigente y de las instituciones. No existía en la práctica ningún mercado de dinero que ofreciera eficacia como la contemplada en un sistema bancario central clásico; tampoco había ninguna bolsa de valores efectiva en ningún país, con excepción de Argentina. Las transacciones de dinero en efectivo, contante y sonante, prevalecían aún en muchos países por encima de los pagos por medio de cheques y otros instrumentos y las compensaciones interbancarias. Se tenía todavía en muchos países mayor confianza en la acuñación de monedas, sobre todo monedas de metales preciosos, que en el papel moneda.

Los datos sobre la inflación, según fuera representada por un índice adecuado del costo de la vida, son escasos. Se carecía, obviamente, de refinamientos estadísticos y aun de recursos para elaborar índices precisos. Sin embargo, se puede tener alguna idea de las altas tasas de inflación durante la década de los años cuarenta en varios países, al menos de los seis principales en la región. En el tiempo transcurrido del siglo XX, solamente Colombia y México habían tenido una elevada inflación, el primero en la década de 1900 a 1910 y el segundo de 1910 a 1920. Para Argentina, Brasil, Chile y Venezuela, la inflación registrada en los cuarenta era sin precedentes en el siglo. La inflación promedio anual durante los años cuarenta fue de 36% en Argentina, de 18% en Chile, de 13% en Brasil y Colombia, de 11% en México y de 8% en Venezuela (Thorp, 1998, cuadro V.1 del apéndice estadístico).

Puede asimismo ilustrarse la situación de las finanzas públicas al concluir la década con unos cuantos casos principales en que los datos están disponibles en forma útil. Por ejemplo, ya en 1950, se tiene información de que algunos países afrontaban la presión de un elevado déficit entre la recaudación de impuestos y el gasto público. El gasto público fluctuaba entre 13 y 23% del PIB en varios países de la región. En México, Colombia y Perú, el gasto público era alrededor de 13% del PIB; en Brasil y Chile, de 17%, y en Argentina, de 22.5% (Thorp, 1998, cuadro 6.2, p. 170). El mayor déficit respecto a la recaudación de impuestos se registró en México, seguido muy de cerca por Argentina (un déficit de poco más de 5% del PIB en ambos casos). Brasil, Chile y Colombia observaron una relación deficitaria menor.

Perú tuvo un pequeño superávit. El déficit público (sin considerar otros ingresos públicos más que los impuestos) como porcentaje de la recaudación tributaria fue de 68% en México y de 32% en Argentina en el año de referencia. Esta relación deficitaria fue de 11.7% en Colombia, de 9.4% en Brasil y de 1.8% en Chile (estimaciones realizadas con los datos de Thorp, 1998, cuadro 6.2, p. 170).

Como en todo tiempo de prosperidad, surgió una oportunidad para introducir reformas en los sistemas monetario, bancario y tributario y en los procedimientos presupuestarios. Sin embargo, en los años cuarenta fue poco lo logrado en general. En materia de banca central, sistemas bancarios, estadísticas bancarias y regulación del sistema, se pudo disponer de algún interés y asistencia de expertos de los Estados Unidos y otros sitios. El inicio de operaciones por el FMI en 1947 condujo necesariamente a que los gobiernos otorgaran atención inmediata a las políticas monetarias y a las reformas que se requerían. Incluso durante los años de prosperidad del tiempo de guerra, se habían realizado algunas mejoras en países como México, Brasil y Argentina. Posteriormente, en Guatemala, Honduras, Nicaragua, El Salvador, Costa Rica, Panamá, República Dominicana, Paraguay y Venezuela se planteó una nueva legislación en estas materias. El efecto de la segunda Guerra Mundial sobre las finanzas públicas fue a fin de cuentas positivo y ello proporcionó una oportunidad para llevar a cabo alguna modernización en los sistemas tributario y presupuestario, así como en los ámbitos bancario y monetario.

Con la llegada de los ajustes de la posguerra, de nueva cuenta se suscitaron desequilibrios. Como se acaba de mencionar arriba, la inflación registró en algunos países tasas anuales de dos dígitos, al tiempo que se mantenían fijos los valores externos de las monedas como resultado de la acumulación de reservas de divisas. La sobrevaluación resultante y la demanda reprimida de importaciones condujeron durante 1946, tan pronto como se tuvo acceso a suministros provenientes de la economía civil en los Estados Unidos y de unos cuantos países europeos, a un debilitamiento de las posiciones básicas de las balanzas de pagos. Algunos formuladores de políticas económicas pueden haber pensado que el aumento del flujo de importaciones, al aliviar la escasez, pudiera haber tenido un efecto antiinflacionario. Pero como habría de aprenderse una y otra vez en decenios posteriores, una sobrevaluación, en combinación con una demanda potencial de importaciones, en una situación inflacionaria, sólo agrava el desequilibrio externo (déficit de la balanza de pagos en cuenta corriente), sin producir una baja o menor tasa de incremento de los precios internos. Los gobiernos y los bancos centrales quedan entonces expuestos a grandes pérdidas potenciales de reservas en divisas que acaban por propiciar devaluaciones, después de la introducción, entre tanto, de medidas provisionales como la elevación de las tarifas arancelarias a las importaciones y la aplicación de barreras no arancelarias a éstas, o el control de cambios (generalmente poco eficaz). Esto fue lo que en la transición de 1946 y 1947 ocurrió efectivamente en los principales países de la región latinoamericana y en varios de los de dimensión económica menor. La fuga de capitales que suele acompañar a estos acontecimientos se dio también hacia el final del decenio.

Sin embargo, cambió además el "ciclo" externo. Una recesión de posguerra se produjo en los países altamente industrializados, principalmente en los Estados Unidos, durante 1947-1948, misma que pudiera haberse difundido considerablemente en todos los países europeos y el resto del mundo de no haber sido por la implantación del Plan Marshall en 1948. Éste fue uno de los principales instrumentos para restructurar el crecimiento económico en Europa occidental. La iniciativa fue tomada por el secretario de Estado de los Estados Unidos en un discurso en la Universidad de Harvard en 1947, a lo que los países europeos respondieron con entusiasmo. A principios de 1948 se aprobaron las leyes pertinentes en el Congreso norteamericano y se creó un aparato burocrático de importancia en Washington, encargado de suministrar los productos alimenticios, los insumos y la maquinaria necesaria a los países beneficiarios, con financiamiento gratuito por 13 000 millones de dólares durante cuatro años. Los "fondos de contraparte" originados en monedas nacionales europeas por la venta de tales productos se podían reinvertir en Europa en forma de capital de trabajo para poner en marcha las fábricas. Los Estados Unidos se beneficiaron por la compra por su gobierno de los productos originarios de esos países. Se permitieron asimismo compras en otros países, por ejemplo en la región latinoamericana, financiados por los Estados Unidos *(off-shore purchases)* (véanse Condliffe, 1950, capítulo 16, y Galbraith, 1994).[9] Se creó así una demanda externa de productos de origen latinoamericano que no previó Prebisch en su célebre informe de 1949 a la CEPAL y que dio inicio a la noción del "pesimismo respecto a las exportaciones" que era un puntal del planteamiento de Prebisch en dicho informe (Prebisch, 1949).

La mayor parte de los países de América Latina habían tenido actitudes encontradas en torno a su ingreso al FMI. El acuerdo básico se remontaba al año de 1944, en la Conferencia de Bretton Woods (Conferencia Monetaria y Financiera de las Naciones Unidas), con la representación de 19 países latinoamericanos (todos, menos Argentina que no fue invitada), de un total de 44 países participantes (que incluyó a la Unión Soviética y a Liberia). El propósito principal subyacente del FMI consistió en restablecer un sistema internacional mediante acuerdo sobre los valores de las monedas o paridades, vinculados al oro, pero con reglas acordadas sobre la aceptación de políticas de corto plazo para mantener la estabilidad de las monedas, y sobre los cambios en las paridades vigentes en los casos de desequilibrios considerados "fundamentales". El origen de las propuestas para crear el FMI y el Banco Mundial se encuentra en un Acuerdo de Estabilización Monetaria entre las tesorerías de los Estados Unidos, Gran Bretaña y Francia entre 1936 y 1937 y en consultas durante la guerra y sobre la perspectiva de posguerra. No obstante, a

[9] John Kenneth Galbraith calculó que los 13 000 millones de dólares equivaldrían a 65 000 millones de dólares a precios de 1969.

instancia sobre todo de los Estados Unidos, fueron invitados a la conferencia de Bretton Woods los países de la región latinoamericana y, seguramente por iniciativa de Gran Bretaña, varios países de la Mancomunidad británica, en especial Australia, Canadá, Nueva Zelanda, Sudáfrica y la India (que no era aún independiente). También asistieron representaciones de la China nacionalista y de la Unión Soviética, así como de la Francia libre y de otros gobiernos en el exilio de varios países europeos: Bélgica, Checoslovaquia, Grecia, Luxemburgo, Noruega, Países Bajos, Polonia y Yugoslavia. Entre otras omisiones, estaban las de España y Portugal. Dinamarca mandó un observador.

Numerosos países temían que se presentara en la posguerra lo que entonces se denominaba una escasez de dólares y algunos, como la India, estuvieron muy preocupados por sus saldos inconvertibles en libras esterlinas. Este último problema no se abordó, ya que sería objeto de negociaciones bilaterales entre Gran Bretaña y los Estados Unidos. Las disposiciones del FMI inicialmente dieron a los países la opción de ingresar bajo el artículo VIII, que garantizaba en general la libertad cambiaria de monedas, esto es, la ausencia de restricciones a las transacciones de divisas en cuenta corriente y el mantenimiento implícito de restricciones en la cuenta de capital mientras se negociaba su disminución o supresión. O ingresar conforme al artículo XIV, que permitía restricciones transitorias a cualquier tipo de transacciones cambiarias, bajo la supervisión del FMI y con el compromiso de entrar en planes y programas para eliminarlas. México, Cuba y las repúblicas de Centroamérica ingresaron bajo el artículo VIII. La mayor parte de los demás países de la región latinoamericana se salvaguardaron bajo el artículo XIV.[10]

Lo anterior muestra que al menos algunos de los encar-

[10] Venezuela ingresó el 30 de diciembre de 1946 (véase http://www.monografias.com/trabajos/fmi/fmi.shtml) y Argentina, que no había asistido a Bretton Woods, no se adhirió a los acuerdos del FMI-Banco Mundial sino hasta 1956 (Argentina se incorporó como miembro al FMI el 20 de septiembre de 1956: http://www.imf.org/external/country/ARG/).

gados de las políticas económicas y financieras en América Latina tenían dudas acerca de la capacidad de su país para resistir tanto la demanda reprimida de importaciones como el efecto que una posible recesión internacional tuviera en las exportaciones. No era posible prever en julio de 1944 cómo se presentaría la coyuntura económica internacional al concluir la segunda Guerra Mundial. Los convenios se firmaron cuando apenas llevaba unas semanas el desembarque aliado en las costas de Normandía, y el descalabro de los ejércitos nazis en territorio de la Unión Soviética no estaba aún a la vista. Mucho menos fue posible prever en 1944 el Plan Marshall, anunciado a fines de 1947 por los Estados Unidos. Tal como se temió en la Conferencia de Chapultepec de 1945 (véase la siguiente sección 4), la recesión de 1947-1948 llegó a afectar a todos los países de la región latinoamericana, en la medida en que descendieron los precios de las exportaciones y se estrecharon los mercados. En cambio, la satisfacción de la demanda de importaciones reprimidas durante la guerra y otras nuevas se dio a ritmo muy elevado, hasta que fue necesario imponer restricciones arancelarias y cambiarias. Se aplicaron tarifas arancelarias más elevadas y se reforzó el régimen de licencias de importación, o donde no había existido, como en México, se estableció improvisadamente. También las monedas fueron reajustadas, esto es, las principales monedas nacionales latinoamericanas fueron devaluadas. El FMI reconoció rápidamente que estaban gestándose "desequilibrios fundamentales" y se negociaron nuevas paridades. Algunos países con problemas de menor importancia y con una tradición de regímenes cambiarios fijos y abiertos, por ejemplo: Cuba y Panamá, que carecían de una moneda nacional independiente, o varios países de Centroamérica y del Caribe con menos presión sobre su balanza de pagos y regímenes cambiarios, no devaluaron sus monedas ni tampoco adoptaron restricciones a las importaciones en forma significativa. Venezuela, por otra parte, estaba beneficiándose de reservas elevadas de divisas procedentes de exportaciones de petróleo crudo (que se refinaba en el exterior) y mantenía un tipo de cambio especialmente sobrevaluado para las transacciones petroleras como una forma de "impuesto a la industria petrolera". El grueso de las economías principales de América Latina experimentó dificultades considerables para restablecer, con todas las medidas que se tomaron, su equilibrio externo.

Los años cuarenta terminaron con una desaceleración del crecimiento del PIB y de las exportaciones en la mayor parte de los países de la región latinoamericana. Para la mayor parte de los países 1949 fue un año difícil mientras se recuperaban de la recesión de 1947-1948 y se ajustaban a los nuevos precios relativos. Hubo asimismo incertidumbre considerable a nivel internacional, en particular en virtud de que Europa apenas empezaba su recuperación de la posguerra. El crecimiento del PIB de los Estados Unidos en 1949 fue de 4.5%, el de Europa occidental de 8.0%, el de América Latina de aproximadamente 4.0%, con variaciones entre los países, como Argentina, – 0.1%; Brasil, 6.2%; Chile, 2.1%; Colombia, 3.6%; México, 7.7%; Perú, 6.0%; y Venezuela, 4.2% (estimaciones a partir de datos de Maddison, 1995, cuadros C-16a, C-16d y E-2, pp. 183, 189 y 211).

El total de las exportaciones de la región en 1950 fue de 25 235 millones de dólares, equivalentes a 8.5% de las exportaciones mundiales, por debajo de la participación de otras regiones, como Asia (14.1%) y África (9.9%) (Maddison, 2001, cuadro F-3, p. 362), y los precios externos aún permanecían débiles. No se habían recuperado las relaciones de precios del intercambio, que durante la segunda Guerra Mundial tuvieron un ascenso transitorio.

4. Nuevas estrategias de desarrollo vagamente definidas

En diciembre de 1947, la Asamblea General de Naciones Unidas creó la CEPAL, en parte tomando como modelo la Comisión Económica para Europa y la Comisión Económica para Asia y el Lejano Oriente que se habían establecido poco antes. La CEPAL, a invitación de Chile, localizó su sede en la ciudad de Santiago y allí efectuó, en 1948, su Primer Periodo de Sesiones. En la Asamblea General de Naciones Unidas había habido fuerte oposición por parte de los principales países industrializados, sobre todo los Estados Unidos, en vista de que se preveía reorganizar la Unión Panamericana para convertirla, durante la Asamblea General convocada en Bogotá, Colombia, en abril de 1948, en Organización de Estados Americanos (OEA), incluido en su estatuto un Consejo Interamericano Económico y Social (CIES). Por otra parte, varios países de América Latina, encabezados por Chile, tenían poca fe en los organismos panamericanos o, según la nueva terminología, en los "interamericanos", y preferían una comisión exclusivamente latinoamericana dentro de la esfera de las Naciones Unidas, con su propio secretariado independiente (véase Santa Cruz, 1984).[11] Durante sus primeros dos años, la CEPAL adquirió un pequeño plantel de personal experto y desempeñó actividades de carácter más bien rutinario de recopilación de datos y contacto con los gobiernos. Bajo la dirección de Gustavo Martínez Cabañas, economista mexicano, publicó un primer informe sobre el estado de la economía latinoamericana en 1947 que tuvo muy poca trascendencia (CEPAL, 1949). Sin embargo, en el Segundo Periodo de Sesiones, efectuado en La Habana en mayo de 1949, se presentó un documento importante redactado por un consultor, Raúl Prebisch, de Argentina (ex gerente del Banco Central), quien expuso sus propios puntos de vista sobre las cuestiones económicas a las que América Latina se enfrentaba (Prebisch, 1949).[12] Dicho documen-

[11] Hernán Santa Cruz, delegado chileno a la Asamblea de las Naciones Unidas, apoyado por el cubano Eugenio Castillo, desempeñó un papel fundamental en la creación de la CEPAL.

[12] Aunque aparece listado como un documento oficial de las Naciones Unidas *(El desarrollo económico de la América Latina y sus principales problemas),* se indica claramente que Raúl Prebisch fue el autor de dicho documento y posteriormente así fue identificado (los documentos oficiales de Naciones Unidas no llevaban autoría personal, sino que se consideraban escritos y presentados por el secretario general o, según el caso, las secretarías especializadas, como la de la CEPAL). Este

to fue muy bien recibido por la gran mayoría de las delegaciones latinoamericanas y constituyó la base de lo que más tarde vendría a conocerse como la "tesis de Prebisch", y su variante, la propuesta Prebisch-Singer.[13] Prebisch asumió la Secretaría Ejecutiva de la CEPAL en el tercer periodo de sesiones en Montevideo en 1950, cuando Martínez Cabañas pasó a un puesto destacado en la Administración de Asistencia Técnica de las Naciones Unidas (TAA) en Nueva York.

Muchos de los trabajos que se elaboraron después del documento de Prebisch habrían de conformar la base de la visión de la CEPAL para el desarrollo de la región latinoamericana, con fuerte influencia en algunos gobiernos y en general en el pensamiento económico y en las políticas de desarrollo en la región, y posteriormente en otras regiones (Hodara, 1987; Dosman y Pollock, 1993). En lo fundamental, el documento de Prebisch partió de un examen de la experiencia en el pasado con el comercio entre el "centro", esto es, los países industrializados, y la "periferia", es decir, los países de menor desarrollo, entre los cuales destacaban los de la región latinoamericana. Tales relaciones económicas daban lugar a fluctuaciones frecuentes de los mercados internacionales que perjudicaban el crecimiento y el desarrollo, y entrañaban un deterioro a largo plazo de la relación de precios del intercambio, o sea de la razón entre los precios medios de las exportaciones y los precios medios de las importaciones.[14] El intercambio comercial estaba sesgado en contra de los países "periféricos".

Prebisch adoptó el supuesto de que América Latina no podía depender de manera exclusiva de la expansión de los mercados de productos básicos y de precios adecuados (es

documento se difundió en numerosas publicaciones, reconociendo la autoría de Prebisch, y ha sido reproducido profusamente, en publicaciones oficiales de la CEPAL y otras.

[13] Para Hans Singer, funcionario de la sede central de Naciones Unidas, Nueva York, contribuyó con los cálculos del deterioro histórico de la relación de precios del intercambio (véase Singer, 1950).

[14] En la teoría económica inglesa, los *terms of trade* o, en forma más refinada, los *barter terms of trade,* para tener en cuenta los poderes de compra respectivos.

decir, rentables y justos) para los mismos, como la experiencia de los años treinta lo había mostrado ya, y concluyó que la solución a plazos medio y largo tendría que hallarse por la vía de la industrialización, incluso si ésta significara violar o adaptar las reglas del libre comercio y la libre asignación internacional de recursos que prescribían las teorías clásicas y neoclásicas de las ventajas comparadas, es decir, relativas.[15] Se apuntó la necesidad de contar con montos modestos de "ahorro externo", pero no se propugnó una transferencia masiva de recursos por medio de inversiones extranjeras en la región latinoamericana, ni tampoco algo parecido al Plan Marshall que ya había empezado a aplicarse un año antes. Para apoyar las nuevas políticas industriales, las cuales en los hechos ya habían comenzado en los años treinta y habían sido desarrolladas durante las condiciones enrarecidas que prevalecieron a principios y a mediados de los años cuarenta, Prebisch previó la necesidad de la intervención estatal en la orientación de los recursos para el desarrollo, en particular por medio de la inversión pública. Puesto que el término *planificación* traía a colación la idea de la "planificación socialista", más adelante la Secretaría de la CEPAL recurrió al término *programación del desarrollo* y elaboró una metodología para aplicarla.

En realidad las ideas de Prebisch fueron bastante elementales: una reformulación de las mismas ideas sobre un proteccionismo arancelario moderado para proteger a las industrias nuevas o incipientes. Estas ideas se encontraban en Hamilton, List y otros europeos, y durante los años treinta hasta en autores argentinos. El mérito de Prebisch fue saberlas transmitir hábilmente a los delegados de la CEPAL, que esperaban algo nuevo, y sólo tenía a la mano una serie de ideas coyunturales presentadas en la Conferencia de Cha-

[15] En las malas traducciones de los escritos de los autores británicos, y en general entre los economistas actuales y hasta entre los empresarios y políticos, se ha dado en llamarlas "ventajas comparativas", a veces sin precisión teórica rigurosa y pensando más bien en "ventajas absolutas" de costos o precios (no leyeron a Ricardo, ni a Mill, ni a Marshall).

pultepec en 1945, que tenían en su contra la posición de los Estados Unidos.

Algunos gobiernos de América Latina habían estado abogando a favor de un Plan Marshall para América Latina con el fin de apoyar el desarrollo, aliviar los efectos de los ajustes de posguerra y contrarrestar ciertas tendencias en el comercio y en la política comercial que se consideraban desfavorables para la región. En la Conferencia Interamericana Económica y Financiera especial auspiciada por la Unión Panamericana (conocida como la Conferencia de Chapultepec), en la que tuvo lugar un fuerte enfrentamiento entre la posición de los Estados Unidos y la de los países de América Latina, la delegación norteamericana, encabezada por William Clayton, secretario adjunto de Comercio y antiguamente empresario de Anderson y Clayton, compañía de Texas dedicada al comercio de fibra de algodón, afirmó claramente que no habría ningún regreso a los contratos especiales de largo plazo para la venta de productos básicos y que el mercado iba a encargarse de estos productos, incluidos el café y el azúcar; asimismo, manifestó la consagración de los Estados Unidos a una política de libre comercio y de movimiento libre de fondos privados de inversión, sin aportación de su parte, de fondos públicos, ya que esta nación tendría que dedicarse en la posguerra a la reconstrucción de Europa y esperaba que los países de América Latina siguieran estas recomendaciones. Las propuestas finales que sometieron a última hora muchas de las delegaciones latinoamericanas a la Conferencia de Chapultepec resultaron en algunas recomendaciones para la regulación de los mercados, los precios y los flujos financieros, las cuales, sin embargo, al ser turnadas a los consejos y los comités en la Unión Panamericana no condujeron a nada.[16] La única alternativa fue abogar en las conferencias de San Francisco por la inclusión en la Carta de las Naciones

[16] Véase Urquidi (1946), en que se hizo un análisis de los aspectos económicos de la conferencia y de sus resultados, con base en los documentos y en las impresiones que recogió el autor como secretario técnico de una de las comisiones. Se encontrará un resumen en Urquidi (1962).

Unidas de disposiciones sobre el desarrollo económico y social... y esperar.

En la Asamblea General que habría de celebrarse en Bogotá, Colombia, en abril de 1948, por la que se creó la OEA, el delegado de los Estados Unidos, el mismísimo general Marshall, afirmó sin ambages que no habría Plan Marshall para América Latina y que esta región debería orientar sus esfuerzos hacia la captación de inversiones extranjeras directas. Durante la conferencia de Bogotá se produjeron acontecimientos, entre ellos el asesinato de un líder político colombiano y el saqueo y la perturbación callejera subsiguiente, que dieron lugar a que rápidamente se optara por declarar clausurada la reunión, una vez firmada el acta de creación de la OEA. En la nueva estructura, como ya se mencionó, quedó inserto el CIES para ocuparse de las cuestiones en esta área, que numerosos países (pero no los Estados Unidos) consideraron de menor significación que la CEPAL, recién creada a fines de 1947.

Al principio, la CEPAL y el CIES fueron vistos por gobiernos diferentes como "rivales", con los Estados Unidos favoreciendo al segundo, y con varios países ya fueran partidarios de la CEPAL o bien cuando menos tolerantes de ella. La autonomía relativa de la CEPAL, el hecho de formar parte del sistema de las Naciones Unidas y de reportar al Consejo Económico y Social de las Naciones Unidas, y de contar con un secretariado independiente (a diferencia del de la OEA) condujo a una lucha por la supervivencia. Bajo su mandato de las Naciones Unidas, la CEPAL, como comisión integrada por los gobiernos, también incluyó a los Estados Unidos, pero además a Francia, el Reino Unido y los Países Bajos, por el hecho de tener territorios coloniales o intereses en la región latinoamericana. Esto también fue objetado por los Estados Unidos, si bien existía el antecedente de incluir a otros países que no pertenecieran en rigor a la región correspondiente en las comisiones económicas regionales creadas por las Naciones Unidas con anterioridad, la de Europa y la de Asia y el Lejano Oriente (ECAFE).

Después del Tercer Periodo de Sesiones de la CEPAL en 1950, en Montevideo, donde se adoptó un "Decálogo" para el desarrollo de América Latina, claramente inspirado en las ideas de Raúl Prebisch y sus colaboradores y donde él mismo fue designado secretario ejecutivo,[17] los asuntos llegaron a un punto crítico, precisamente en el Cuarto Periodo de Sesiones, en 1951, en la ciudad de México. Vencía ese año el mandato inicial de tres años de la CEPAL y podía renovarse, y los Estados Unidos, con el apoyo ambiguo de México y de otros países, trataron de que se diera por concluido con el argumento de que no había ninguna necesidad de duplicar los trabajos encomendados al CIES. La intervención del delegado brasileño, con apoyo del francés, en gran parte sacó a la CEPAL del apuro al conseguir la aprobación específica del presidente Getúlio Vargas para ratificar el mandato, lo que se obtuvo por mayoría de votos.[18] En esta conferencia el propio Prebisch pronunció un discurso vehemente sobre las condiciones para el desarrollo y las políticas económicas en América Latina. De ahí en adelante, la CEPAL se constituyó en la fuente indiscutible de análisis, ideas y recomendaciones para políticas de desarrollo en la región latinoamericana y en los foros del sistema de las Naciones Unidas.

La llamada "tesis" o visión de la CEPAL pudiera calificarse como simplista y muchos han cuestionado su apuntalamiento teórico (Pollock, Kerner y Love, 2001; Grunwald, 1964; Hodara, 1987).[19] La verdad es que no se habían hecho a ese nivel otras formulaciones de política económica de naturaleza general que merecieran apoyo amplio. Brasil había surgido del periodo de la posguerra sin ideas claras sobre el desarrollo, y el segundo gobierno de Getúlio Vargas permanecía

[17] Término que el doctor Prebisch, por considerarlo en el ámbito latinoamericano de poca jerarquía, transformó en "director principal a cargo de la Secretaría Ejecutiva".

[18] Los pormenores de este incidente pueden leerse en Furtado (1985) y en Santa Cruz (1984).

[19] En la entrevista que realizan Pollock, Kerner y Love es posible encontrar los temas principales que preocupan a estos autores en relación con esta tesis y con la CEPAL.

aún con un compromiso dirigista y nacionalista, carente de doctrina sobre el desarrollo que fuera congruente. Argentina había asumido, bajo el peronismo en 1946, ideas grandiosas acerca de la planificación económica y proponía la formación, con aportaciones de los propios países de América Latina, de un enorme fondo de capital para el desarrollo. Chile se encontraba lidiando con problemas en su industria del cobre y con inestabilidad política interna e inflación. No aconteció nada de particular después de la Conferencia de Bogotá de 1948, y el CIES demostró ser ineficaz y no representar, por su secretariado influido por los Estados Unidos, ideas realmente latinoamericanas. Sólo las cinco repúblicas de Centroamérica parecían saber algo de lo que pudieran querer y habían solicitado de la CEPAL, en 1951, su colaboración en la realización de los estudios necesarios y la formulación de recomendaciones que pudieran conducir a la organización de un Mercado Común Centroamericano como instrumento en el proceso de desarrollo (ver más adelante la última sección del capítulo IV).

La "doctrina de la CEPAL" fue invocada por algunos gobiernos como base para una estrategia de desarrollo, y el secretariado de la CEPAL pudo aportar el trabajo de investigación para países específicos y los conocimientos técnicos en materia de metodología de la "programación", así como el marco general de ideas. Para 1952 dicha tendencia empezó a consolidarse, y el nombre y el prestigio de la CEPAL ascendieron en la región conforme algunos gobiernos empezaron a adoptar políticas de desarrollo más explícitas y congruentes. Una componente principal de estas políticas fue la industrialización por sustitución de importaciones, la ISI. La CEPAL advirtió oportunamente con claridad que se podría incurrir en un proteccionismo excesivo e hizo hincapié asimismo en el desarrollo de la agricultura y la infraestructura. Sin embargo, lo que destacó fue la ISI, que también fue el blanco principal para los que se oponían, fuera de América Latina y aun en la región misma en círculos conservadores o "ultraliberales", a semejante patrón de industrialización (véase más adelante el capítulo IV, sección 5).

5. Premoniciones y ajustes de la posguerra

Resulta demasiado fácil suponer que de repente los gobiernos de América Latina, el secretariado de la CEPAL y numerosos economistas y otros hubieran decidido que el sendero del desarrollo podría predeterminarse mediante las políticas que provenían de la llamada doctrina "cepalina". Las Naciones Unidas, entre ellas la CEPAL, se veían más bien como un foro poseedor de un secretariado competente; se reconocía el valor de sus estudios y sus análisis, pero en el fondo los gobiernos miembros de la CEPAL, siendo los poderes ejecutivos de países soberanos, decidían sus políticas económicas y otras a su buen entender, teniendo en cuenta los factores pertinentes, entre ellos los estudios de la propia CEPAL. Por otro lado, la influencia de los Estados Unidos, del FMI y del Banco Mundial era importante en casi todos los países. Además, es importante recordar el contexto internacional general de aquellos tiempos.

Se ha mencionado ya la recesión de 1947-1948 y la postura política de los Estados Unidos de acordar baja prioridad a las exigencias de América Latina. También fue éste el periodo preciso de enfrentamiento de las superpotencias y del comienzo de la Guerra Fría. Los acontecimientos en el Lejano Oriente no auguraban nada estable, a raíz del triunfo de la revolución socialista en China en 1949 y la coyuntura de mayor tensión en Corea. Si la región latinoamericana se había sentido vulnerable a los acontecimientos externos, como durante la segunda Guerra Mundial y la recesión económica internacional subsiguiente, con el recuerdo de los años treinta muy presente aún en la mente de los formuladores de políticas y de los dirigentes políticos y empresariales, no se podía cifrar mucha esperanza en los acontecimientos en Europa. Parecía haber peligro de un retorno al rompimiento de hostilidades; las superpotencias se disponían a mostrar su poderío, y los Estados Unidos, al haber surgido de la segunda Guerra Mundial como un país fuerte económica y políticamente, revelaba con claridad que se proponía imponer su propio criterio sobre lo que debiera ser la economía mundial, secundado en considerable medida por algunas potencias de Europa occidental. En la Carta del Atlántico suscrita en 1941 por el presidente Franklin D. Roosevelt, de los Estados Unidos, y Winston Churchill, primer ministro de Gran Bretaña, se preconizaba ya un mundo de posguerra de libre comercio, libre movimiento de capitales y estabilidad monetaria.

La descolonización se sometió a la consideración de las Naciones Unidas y podría esperarse que ello condujera a algunos conflictos o, en el peor de los casos, a alguna tutela de las potencias metropolitanas que favoreciera a los ex territorios coloniales por medio de ventajas comerciales y asistencia financiera preferencial. De hecho, se encargó a las Naciones Unidas ejercer en muchos casos una tutela que duró años. El Banco Mundial apenas comenzaba sus operaciones. Otorgó algunos préstamos para la reconstrucción europea y uno similar a Australia. Inició asimismo un programa de crédito a largo plazo para proyectos en América Latina. Manifestó, por cierto, una fuerte disposición a apoyar proyectos de desarrollo presentados por empresas privadas, y no los que elaboraban los gobiernos. En los primeros dos préstamos otorgados a Brasil y México, para el desarrollo de la electricidad, aprobados en 1948, intervenían como prestatarios empresas extranjeras; en el caso de México, conjuntamente con una entidad paraestatal. De cualquier manera, no había congruencia, porque el primer empréstito a Chile para desarrollo eléctrico fue a una empresa del Estado, como en El Salvador. Colombia presentó documentación para financiar una empresa siderúrgica paraestatal, pero el Banco Mundial se rehusó a darle entrada. El FMI, por su parte, empezaba apenas a hacer frente a los problemas de los desequilibrios de la balanza de pagos de los países menos desarrollados, en los que, por lo demás, prevalecían regímenes de control de cambios, como ocurría también en Europa.

Las propuestas latinoamericanas para la creación del BID, que se remontaban a los años cuarenta e incluso con anterioridad a dicha década, habían sido desatendidas por los estudiosos o descartadas en círculos estadunidenses. Los latinoamericanos consideraban que se había hecho una contribución importante al esfuerzo de guerra, al suministrar materiales estratégicos, al controlar los activos del enemigo y al participar con bases militares, y en dos casos aportando fuerzas armadas. Se pensaba que los formuladores de políticas de los Estados Unidos hacían mal en dedicar toda su atención a Europa y en dejar a su suerte a la región latinoamericana. La conferencia de Bogotá de la OEA había sido un fracaso en los ámbitos económico y financiero, con un aplazamiento prácticamente *sine die* de las cuestiones básicas.

Hacia finales del decenio de los cuarenta, el secretariado de la CEPAL comenzó a llevar a cabo estudios por países para ilustrar las dificultades económicas y estructurales que afligían a la región de América Latina, así como la necesidad de orientaciones fundamentales para su desarrollo. Como se indicó en la sección anterior, 1949 no había sido un buen año, ni a nivel internacional, ni tampoco en la región, y en 1950 el desempeño de las economías de la región latinoamericana no fue nada satisfactorio. La tasa de crecimiento demográfico había registrado un alza durante el decenio de los años cuarenta, debido a que empezó a disminuir la mortalidad en tanto que en algunos países se elevaba a la vez la natalidad. La población se elevó a una tasa anual promedio de 2.4% en dicho decenio (el promedio mundial fue de 1.0%), y destacaron México y Venezuela con tasas promedio de 2.9% (estimaciones a partir de las cifras de Maddison, 1995, cuadros A-3d y C-16d, pp. 112, 113, 188 y 189). De 1948 a 1950 la tasa promedio anual disminuyó levemente a 2.6%, continuando elevada en el ámbito mundial. Por ello, pese a que el PIB de la región se incrementó en 4% promedio anual, el PIB *per capita* aumentó solamente a una tasa anual de 1.4% en ese bienio, por debajo del crecimiento registrado en Asia (2.6%) y aún más inferior a la expansión lograda por Europa occidental (7.0%) (tasas estimadas con los datos de Maddison, 1995, cuadros E1 y E3, pp. 210 y 212). Las exportaciones se

CUADRO III.1. *Exportaciones e importaciones totales de los pri*
(millon

	Exportaciones				
	Valor anual			Crecimiento % medio anual	
Países	*1937*	*1940*	*1945*	*1937-1940*	*1940-194*
América Latina (suma)	2 352.1	1 708.1	3 257.6	–10.1	13.8
Argentina	758.0	428.3	739.3	–17.3	11.5
Bolivia	36.3	49.4	80.3	10.8	10.2
Brasil	347.8	263.2	655.4	–8.9	20.0
Colombia	86.3	71.9	140.6	–5.9	14.4
Costa Rica	10.8	7.0	11.5	–13.5	10.4
Cuba	186.1	127.3	409.9	–11.9	26.3
Chile	192.6	140.3	205.1	–10.0	7.9
Ecuador	13.9	10.4	27.9	–9.2	21.8
El Salvador	14.8	10.4	21.0	–11.1	15.1
Guatemala	17.6	11.9	30.4	–12.2	20.6
Haití	9.0	5.4	17.1	–15.7	25.9
Honduras	7.1	8.8	13.7	7.4	9.3
México	211.3	137.5	251.5	–13.3	12.8
Nicaragua	6.2	3.7	6.8	–15.8	12.9
Panamá	4.0	4.0	4.5	0.0	2.4
Paraguay	8.4	6.0	22.0	–10.6	29.7
Perú	92.1	64.8	105.2	–11.1	10.2
República Dominicana	17.8	17.9	43.4	0.2	19.4
Uruguay	78.2	66.4	122.0	–5.3	12.9
Venezuela	253.8	273.5	350.0	2.5	5.1

FUENTE: CEPAL (1949), apéndices D y E.

pales 20 países latinoamericanos en 1937, 1940 y 1945
e dólares)

Importaciones					Saldo		
Valor anual			Crecimiento % medio anual		Valor anual		
1937	1940	1945	1937-1940	1940-1945	1937	1940	1945
53.0	1 330.6	1 861.7	–7.0	6.9	699.1	377.5	1 395.9
82.4	320.7	226.6	–12.7	–6.7	275.6	107.6	512.7
15.8	20.4	37.4	8.9	12.9	20.5	29.0	42.9
34.8	250.7	415.4	–9.2	10.6	13.0	12.5	240.0
94.4	84.6	99.8	–3.6	3.4	–8.1	–12.7	40.8
11.9	16.8	21.5	12.2	5.1	–1.1	–9.8	–10.0
29.6	103.9	208.6	–7.1	15.0	56.5	23.4	201.3
88.5	104.4	144.3	5.7	6.7	104.1	35.9	60.8
11.3	10.8	23.6	–1.5	16.9	2.6	–0.4	4.3
10.4	8.1	12.3	–8.0	8.7	4.4	2.3	8.7
20.7	15.6	20.5	–9.0	5.6	–3.1	–3.7	9.9
9.2	7.9	16.0	–5.0	15.2	–0.2	–2.5	1.1
9.3	10.1	14.9	2.8	8.1	–2.2	–1.3	–1.2
70.5	123.9	277.7	–10.1	17.5	40.8	13.6	–26.2
5.6	7.1	10.2	8.2	7.5	0.6	–3.4	–3.4
21.8	22.7	38.3	1.4	11.0	–17.8	–18.7	–33.8
8.9	7.9	13.5	–3.9	11.3	–0.5	–1.9	8.5
59.4	51.9	79.2	–4.4	8.8	32.7	12.9	26.0
11.7	10.5	18.5	–3.5	12.0	6.1	7.4	24.9
65.3	54.9	72.4	–5.6	5.7	12.9	11.5	49.6
91.5	97.7	111.0	2.2	2.6	162.3	175.8	239.0

Cuadro III.2. *Distribución de las exportaciones e import*

País	*Continente europeo*		*Reino Unido*	
	1937	*1946*	*1937*	*1946*
Exportaciones				
Argentina	45.3	39.6	29.1	22.1
Bolivia	29.9	0.4	59.9	36.3
Brasil	42.2	29.2	9.0	8.8
Chile	36.9	24.1	24.4	12.4
Colombia	22.7	2.5	0.4	0.4
Cuba	6.4	8.8	10.8	13.4
Ecuador	44.3	6.5	2.7	0.3
El Salvador	30.7	4.3	1.1	0.3
Guatemala	32.6	6.1	0.6	0.0
Haití	52.3	11.6	16.2	7.3
Honduras	5.9	0.9	1.9	0.3
México	22.8	3.0	12.0	0.6
Nicaragua	34.4	1.2	0.8	2.9
Panamá	7.2	11.1	1.2	0.1
Paraguay	46.4	6.9	13.9	21.2
Perú	27.8	13.3	22.8	8.4
República Dominicana	38.9	13.3	12.3	42.5
Uruguay	35.4	33.5	24.1	22.5
Venezuela	77.6	4.6	6.2	3.3
Importaciones				
Argentina	41.7	21.9	20.7	13.2
Bolivia	25.0	3.2	8.2	3.6
Brasil	41.4	14.3	12.1	7.9
Chile	35.7	6.3	10.9	5.7
Colombia	27.4	4.6	18.8	4.7
Cuba	13.2	5.9	4.9	1.4
Ecuador	38.7	2.2	10.1	6.9
El Salvador	42.0	4.9	11.0	2.8
Guatemala	40.8	2.8	8.3	2.0
Haití	17.6	1.4	17.8	0.7
Honduras	12.5	1.4	3.0	1.0
México	27.5	4.6	4.9	2.6
Nicaragua	22.3	0.4	8.5	1.4
Panamá	14.0	4.0	6.0	1.7
Paraguay	23.4	3.1	9.0	7.2
Perú	32.7	8.0	10.3	6.5
República Dominicana	10.0	4.4	5.9	1.4
Uruguay	30.9	11.2	16.8	8.7
Venezuela	33.7	5.9	9.7	5.5

Fuente: cepal (1949), cuadros 80 y 83, pp. 210 y 214.

iones de América Latina, por destino, en 1937 y 1946 (%)

Estados Unidos		América Latina		Otras regiones	
1937	1946	1937	1946	1937	1946
12.8	15.0	8.3	14.0	4.5	9.3
7.3	58.6	2.9	4.5	0.0	0.2
36.3	42.2	7.0	13.1	5.5	6.7
28.2	36.6	4.5	22.0	6.0	4.9
56.6	85.8	0.9	4.9	19.4	6.4
80.7	67.4	0.8	6.6	1.3	3.8
33.2	42.3	15.8	37.3	4.0	13.6
60.7	71.4	2.7	14.9	4.8	9.1
63.9	86.5	0.9	2.2	2.0	5.2
27.9	62.0	0.0	15.6	3.6	3.5
86.5	63.7	3.9	18.6	1.8	16.5
56.2	71.3	7.4	15.8	1.6	9.3
55.4	78.2	4.6	13.9	4.8	3.8
90.9	76.0	0.3	4.6	0.4	8.2
10.1	7.4	28.0	64.3	1.6	0.2
22.2	25.4	14.8	41.1	12.4	11.8
32.1	18.0	0.9	2.2	15.8	24.0
14.1	29.8	12.8	8.7	13.6	5.5
13.7	29.9	0.8	1.6	1.7	60.6
16.1	28.5	9.1	23.6	12.4	12.8
29.0	37.0	31.0	55.6	6.8	0.6
23.0	52.8	15.5	11.1	8.0	13.9
29.1	40.2	16.4	41.9	7.9	5.9
48.2	73.2	2.5	14.7	3.1	2.8
68.6	76.3	2.9	11.2	10.4	5.2
39.6	58.0	5.8	26.5	5.8	6.4
40.4	70.7	5.7	18.6	0.9	3.0
45.3	67.7	4.4	21.3	1.2	6.2
51.0	86.0	0.9	4.8	12.7	7.1
62.0	77.4	4.4	15.8	18.1	4.4
62.1	83.6	1.9	7.7	3.6	1.5
54.2	76.9	7.1	18.3	7.9	3.0
52.0	71.6	3.6	4.3	24.4	18.4
7.6	21.0	44.2	67.6	15.8	1.1
35.4	56.2	11.1	24.8	10.5	4.5
52.3	77.1	1.5	6.5	30.3	10.6
13.6	32.7	22.1	39.9	16.6	7.5
55.2	70.3	1.0	14.5	0.4	3.8

mantuvieron en alrededor de 25 000 millones, con mucha incertidumbre respecto a los precios. Los países más pequeños se encontraban en estado de estancamiento.

Al considerar el conjunto del decenio 1940-1950 y comparándolo con los años treinta, hubo un mejoramiento, pero, a nivel *per capita,* el incremento del PIB fue aproximadamente de sólo 2.4% promedio anual (estimaciones a partir de las cifras de Maddison, 1995, cuadro E3, p. 212). Asimismo, los años treinta habían sido un periodo de desempeño anormalmente deficiente. Los años cuarenta dieron algunas esperanzas, pero no suficientes, y las limitaciones externas, a fin de cuentas, después del auge de corta duración durante la guerra (que también presentó limitaciones), fueron importantes y tendieron a inducir un pesimismo realista. No se previó, por cierto, que el Plan Marshall, al estimular a las economías europeas tendría efectos favorables en las exportaciones de productos básicos de varios países de la región latinoamericana. Además, dicho plan autorizaba compras directas de productos de la región latinoamericana.

IV. LA EDAD DE ORO DEL DESARROLLO: LA INDUSTRIALIZACIÓN ACELERADA

1. Posicionamiento para el mundo de la posguerra. 2. Trayectorias de crecimiento y cambios estructurales. 3. Desempeño del comercio exterior. Mercados nuevos, productos nuevos, mejor relación de precios del intercambio. 4. Industrialización acelerada impulsada por las políticas de sustitución de importaciones. 5. La ISI *y el mercado interno. 6. Iniciativas de integración económica regional y subregional: una primera etapa.*

1. Posicionamiento para el mundo de la posguerra

Tan pronto se cobró conciencia de que el interés de los Estados Unidos en América Latina cedía claramente a una preocupación por la reconstrucción europea y a los efectos de la guerra fría, los países de la región latinoamericana se vieron en la necesidad de rediseñar o, mejor aún, reformular sus objetivos. La Conferencia de la OEA en Bogotá en abril de 1948 fue un instrumento insuficiente de cooperación en asuntos económicos y financieros, pero, principalmente, en ella había sido redefinida la estructura política de esa organización y los Estados Unidos habían reiterado, como lo afirmaron tres años antes en la Conferencia de Chapultepec, que no iba a haber un "Plan Marshall para América Latina" ni nada que se le asemejara en concepto o en tamaño. Las economías de América Latina iban a ser dejadas a que se las arreglaran con sus propios recursos en asuntos de comercio, inversiones y financiamiento externo, dentro de normas impuestas por los Estados Unidos. Se consideraría "normal" el financiamiento que pudiera provenir de fuentes privadas o del Banco Mundial, el Eximbank en los Estados Unidos u otros que llegaran a establecerse, como fue el BID creado en 1960, y de organismos similares en otros países. El FMI sería el organismo indicado para atender desequilibrios a corto plazo.

Así, las expectativas de América Latina requirieron una redefinición bastante inmediata, complicada además por la recesión de la economía de los Estados Unidos en 1949 y la debilidad resultante en los mercados externos de los productos básicos. Bastante fue lo que se logró en los años cuarenta, hasta la recesión de 1946-1948. Sin embargo, la industrialización, si bien es cierto que había recibido impulso, distaba mucho de ser, como algunos autores la calificaron, una "edad de oro de la industrialización por sustitución de importaciones". Dicha "edad de oro" —en general y no sólo de la ISI— vendría a presentarse más adelante, en realidad durante los años cincuenta y los sesenta. Se había producido un viraje en la política de desarrollo hacia la aplicación deliberada de la ISI, pero tal proceso no había llegado a consolidarse, ya que estaba expuesto al "retorno a la normalidad", a un posible alud de importaciones provenientes de los Estados Unidos y, en la medida en que prosiguiera la recuperación de Europa bajo el Plan Marshall, también a importaciones provenientes de Europa occidental. La mayor parte de los responsables de las políticas económicas y los economistas en la región latinoamericana ciertamente no compartían el punto de vista de que "eran pocas las zonas con un futuro tan prometedor".

La CEPAL había empezado ya a aclarar los datos contradictorios y, como se mostró en el capítulo III, a delinear una perspectiva de una política amplia de desarrollo que exigía consideración cuidadosa. En particular, el *Estudio Económico de América Latina 1949,* de la CEPAL (1951),[1] fue mucho más analítico y puso de relieve las dificultades económicas a mediano y a largo plazos de algunos países principales que habían padecido los efectos de la depresión de los años treinta y cuyas economías no habían prosperado. El "Decálogo" de Montevideo de 1950 (ver el capítulo III) fue una de-

[1] Su autoría se centra en Raúl Prebisch, con la colaboración de varios economistas en Buenos Aires, Rio de Janeiro, Santiago de Chile y México.

claración que tenía por finalidad establecer que los gobiernos aceptaran la responsabilidad de fomentar el desarrollo económico. Las recomendaciones de la CEPAL no pasaban de ser eso, recomendaciones, pero muchos gobiernos encontraron en ellas una coincidencia con sus propios puntos de vista y otros se inspiraron en ellas para definir una mejor formulación de sus políticas de desarrollo.

El inicio de los años cincuenta era aún incierto, salvo que surgiera un cambio repentino en una de las variables clave en la perspectiva de desarrollo de América Latina: los precios de las exportaciones. A pesar de la tirantez política en Corea del Sur y entre ésta y Corea del Norte, no se había previsto el estallido de la guerra de Corea en junio de 1950, ni se pensaba en los efectos que el conflicto pudiera tener en la demanda internacional de varios productos básicos. No hubo ninguna carrera loca para conseguir materias primas; pero por un lado los Estados Unidos intensificaron sus compras de minerales, algodón y otras materias primas y, por otro, varios países decidieron incrementar su demanda en caso de que llegara a suscitarse una grave escasez de bienes. Europa occidental ya estaba ejerciendo, bajo el Plan Marshall, su derecho a hacer compras *off-shore,* o sea fuera del territorio de los Estados Unidos, en este caso en países de la región latinoamericana, y por otra parte varios de éstos se encontraron ante la necesidad de aumentar su potencial de exportaciones y de elevar su capacidad para pagar mayor volumen de importaciones, según fuere el caso. La escasez de bienes se hizo patente durante 1950-1951 y se dispararon los precios de muchos productos básicos. Por ejemplo, el precio del maíz aumentó en 85.6%, el del algodón subió en 77.4%, el del banano se incrementó en 26.3%, el del cobre en 23.2% y el del café en 10.9% (CEPAL, 1953, cuadro 126, p. 145).

La guerra de Corea incluso dio lugar al espectro de una inflación rediviva, como la que se había registrado durante la segunda Guerra Mundial. México, por ejemplo, llegó a promulgar una ley general que facultaba al gobierno para intervenir en los mercados internos, controlar las existencias de bienes, restringir las importaciones y las exportaciones, y modificar cualquier disposición que se juzgare necesario, controlar los precios, etc., y para prevenir la escasez, la especulación y otros abusos, así como los trastornos de los precios que podrían suscitarse por el desarrollo de la guerra de Corea. Para muchos países de América Latina, el periodo 1950-1951 se caracterizó por otro auge de corta duración. Para otros, que tenían necesidades de importaciones de productos básicos escasos, dicho tramo significó algún efecto inflacionario pero no acompañado por auge. Nuevamente, la exposición a las fluctuaciones en los mercados internacionales y las políticas comerciales restrictivas habrían de reforzar ideas más básicas en torno a la protección económica y en particular arancelaria y, como parte de ella, una intensificación del proceso de sustitución de importaciones. En muchos países, se fortaleció la idea de seguir adelante con la industrialización sin preocuparse mucho por el costo final.

El breve periodo de prosperidad de la guerra de Corea y su fin acabó por inducir otro reajuste, por lo que el año de 1952 y sobre todo 1953 fueron nuevamente recesivos, en virtud además del cambio de administración en el gobierno federal de los Estados Unidos. Esto significó que los precios tuvieron que bajar, que la perspectiva del mercado para productos básicos dejó de ser favorable y que no se pudo seguir registrando aumento apreciable del comercio de exportación de la región latinoamericana. Las exportaciones en 1953 fueron de 7620 millones de dólares en comparación con 6800 millones de dólares en 1950 (FMI, 1960, pp. 24-25), implicando una disminución de la participación en las exportaciones mundiales de 11.9% a 10.1%. El valor (y en algunos casos el costo real) de las importaciones aumentó; asimismo, nuevos bienes de consumo duraderos estuvieron saliendo al mercado en cantidades enormes para los cuales había una comprensible demanda en los países latinoamericanos (por ejemplo, aparatos de televisión y mejores equipos de radio y de tocadiscos, aparatos domésticos, automóviles y camiones de carga). En muchos países se pensó que el torrente de tales importaciones agotaría lo que quedaba de las reservas de divisas o bien absorbería las ganancias fortuitas provisionales de reservas que se habían generado a raíz de la guerra de Corea. Nada estaba ocurriendo en el ámbito financiero internacional para señalar una entrada neta significativa de fondos a largo plazo procedentes del Banco Mundial, el Eximbank u otras agencias públicas, ni tampoco, por cierto, de fuentes privadas. El Banco Mundial apenas empezaba a considerar y evaluar el proceso de desarrollo a nivel general y el papel del capital externo en la inversión pública y privada,[2] al considerar al mismo tiempo las propuestas individuales que se le sometían para el otorgamiento de préstamos para proyectos.

Ante todo, el pesimismo en relación con las exportaciones de productos básicos era fuerte entre círculos financieros influyentes de varios países de América Latina y en la CEPAL. Esa noción derivaba de la experiencia histórica, de la debilidad reciente de los mercados principales de productos básicos y, en algunos casos (como los del café y el azúcar), de las dificultades observadas en cuanto a evitar la creación de grandes excedentes. Prevalecía la necesidad, además, de hacer más presente el interés de los países en vía de desarrollo por conseguir la aceptación de esquemas de estabilización de productos básicos. La Conferencia de las Naciones Unidas sobre Comercio y Empleo efectuada en La Habana en 1948 tan sólo había arrojado como resultado la creación del Acuerdo General sobre Aranceles Aduaneros y Comercio (GATT), que en América Latina se consideraba ampliamente como una organización que mantenía un fuerte sesgo a favor del libre comercio, conforme a intereses de los países desarrollados, política que no se juzgaba conveniente a los intereses de los países en vía de industrialización en la región. De hecho, sólo se adhirieron al GATT 14 países de la región latinoamericana: Argentina, Barbados, Brasil, Cuba, Chile, Guyana,

[2] El Banco Mundial abrió brecha con el caso de México mediante la constitución de una comisión mixta de economistas del propio banco y del gobierno mexicano, que elaboró un informe durante 1950-1951. Véase R. Ortiz Mena *et al.* (1953). El Banco Mundial publicó la versión en inglés.

Haití, Jamaica, Nicaragua, Perú, República Dominicana, Trinidad y Tabago, Uruguay y Colombia como miembro provisional (Malpica, 1979, pp. 20-21).

La "tesis de la CEPAL" dio por descontado el pesimismo en relación con las exportaciones, y de hecho la mayor parte de los países de América Latina continuó siendo altamente dependiente de las exportaciones de dos, o cuando mucho tres o cuatro productos básicos que eran vendidos con muy poco procesamiento industrial: café en grano, azúcar cruda, minerales en concentrados, algodón en rama, etc. No sólo se trataba de una cuestión de suponer bajas elasticidades-ingreso de la demanda de estos productos en los mercados mundiales, y en algunos casos, un aumento en la sustitución de productos naturales por productos "sintéticos", sino que, asimismo, los latinoamericanos no veían ninguna razón, a principios de los años cincuenta, para esperar una recuperación económica espectacular en Europa, no obstante el Plan Marshall.

Los acontecimientos habrían de refutar dichos supuestos en el decenio siguiente, y de esta manera la región latinoamericana pudo seguir adelante para incorporarse a la supuesta "edad de oro", propulsada también por la ISI y por otros esfuerzos de su propia iniciativa, lo que produjo una triplicación del PIB entre 1950 y 1973, y con ello un aumento de 80% del PIB *per capita*. La población creció durante el periodo de 1950-1973 a una tasa media anual de 2.6% (Maddison, 2003, cuadros 7a, 7b y 7c, pp. 232-234).

2. Trayectorias de crecimiento y cambios estructurales

De 1950 a 1973, si se considera el periodo en su conjunto, comparadas todas las regiones que componían el mundo en vía de desarrollo, la región latinoamericana no fue, sin embargo, la que registró el ritmo más rápido de crecimiento económico sino que fue superada por los países del sureste de Asia, que acusaron un incremento de 6.0%, como se explicó en el capitulo I. De cualquier manera, los seis países latinoamericanos mayores promediaron una tasa de crecimiento del PIB de 5.2% anual (estimación hecha con datos de Maddison, 2003), con variaciones entre ellos, mientras que la región latinoamericana en su conjunto, incluida Cuba, promedió una tasa de 5.38% (Maddison, 2003). Costa Rica, Jamaica, Brasil y México fueron los países que registraron el crecimiento más elevado, con una tasa anual por arriba de 6%, mientras que Chile y Argentina registraron crecimientos más bajos, el último de ellos una tasa apenas superior a 3%.

El desempeño de las exportaciones también fue notable. Para el conjunto de la región, creció a una tasa promedio de 6.8% anual entre 1950 y 1973 (estimación hecha con datos de la CEPAL). En algunos países, en promedio, las exportaciones crecieron a una tasa anual superior, como México, que tuvo un crecimiento de sus exportaciones a una tasa de 9.9% promedio anual; Chile, 7.4% y Brasil, 7.2% (estimaciones hechas con base en datos del FMI, 1960 y CEPAL, 1983). Las diferencias en la expansión de las exportaciones sólo pueden explicarse en términos de los productos básicos en cada caso. Por otra parte, en algunos países, pocos, fue importante una reorientación moderada hacia exportaciones de manufacturas, según el grado de industrialización del que se partía. Las políticas en materia cambiaria y otros factores ejercían influencia en ellas, así como las relaciones comerciales de carácter bilateral. Las exportaciones totales de bienes y servicios subieron de 6550 millones de dólares en 1950 a 17738 millones de dólares en 1970 y a 30008 millones de dólares en 1973, a precios corrientes, y dentro de dichos totales, las exportaciones de bienes manufacturados aumentaron su participación en el total de exportaciones, de apenas 3% en 1950 a 9.9% en 1970 y a 14.4% en 1973 (CEPAL, 1954, cuadro 3, p. 12, y CEPAL, 1983, cuadros 231 y 269, pp. 440 y 518).

La participación de las manufacturas en las exportaciones totales era todavía baja. Aun en 1970, 70% del valor de las exportaciones fue de productos básicos (CEPAL, 1983, cuadros 231 y 269, pp. 440 y 516); el petróleo, el café y el cobre, por sí solos, daban cuenta de 50%. De manera que las dificultades de los mercados con algunos de estos productos, incluida la competencia proveniente de otras regiones en desarrollo en el mundo, influyeron en las cifras totales e incluso determinaron una disminución de la participación de las exportaciones de América Latina en el comercio mundial a 7.4% en 1960 y 5.1% en 1970 (estimación hecha con datos del Banco Mundial, 1976, cuadro 8, p. 449). Por otro lado, fueron menos inestables los precios de los productos básicos y algunos cuantos países empezaron a penetrar los mercados extranjeros con mayor valor agregado a sus productos naturales y con diversas categorías de manufacturas.

Ocurrieron también cambios estructurales de amplio alcance en las economías de la región latinoamericana que pusieron de relieve un aspecto económico y de empleo que era importante y que a la vez representaba una transición normal a la luz de lo ocurrido en Europa y los Estados Unidos. La creciente participación en el PIB y el empleo generado por el sector industrial en los principales países latinoamericanos se asoció con el proceso de sustitución de importaciones que ocurría en su mayor parte en las zonas urbanas, en donde más falta hacía la creación de fuentes de trabajo regular y formal, es decir, empleo asegurado concretado en nóminas salariales. Sin embargo, aumentó también el volumen de la producción agrícola —en algunos países en forma muy sustancial— lo que propició la permanencia de más trabajadores en el campo, aunque descendió su participación relativa en el total del volumen de la producción y el empleo. Por otro lado, la participación de los servicios en el PIB se elevó a una tasa porcentual desmesuradamente incrementada. Este sector abarca muchos diferentes tipos de servicios, desde el transporte, la banca y las aseguradoras, hasta el comercio y los servicios al por menor y al mayoreo, los servicios domésticos, el turismo, los servicios financieros e incluso una estimación de la actividad de la economía informal. Los servicios personales domésticos y los tipos de comercio informal y minorista fueron el refugio de la migración rural-urbana en las ciudades grandes, y puede juzgarse que reflejaban una baja productividad por trabajador.

En determinados países, como Brasil y México, el desplazamiento de la mano de obra hacia la producción y el empleo industrial fue claramente mayor que en otros. En su mayor parte, los países más pequeños permanecieron predominantemente rurales, pero en muchos casos se elevó la productividad del trabajo en algunos sectores modernos de la agricultura. Las actividades artesanales y de servicios contribuyeron a incrementar los ingresos familiares del trabajo rural. No obstante, la modernización no tuvo carácter generalizado y perduraron grandes focos y zonas de miseria. En la mayoría de los países, la población designada como rural siguió creciendo a una tasa de 1 a 2% anual, incluso al tiempo que el aumento demográfico nacional presentaba ya ligero desaceleramiento.

Examinar dichos cambios estructurales de amplio alcance por grandes sectores —agricultura, industria y servicios— no resulta satisfactorio. Es necesario analizar los cambios en cada país en términos más específicos, teniendo en cuenta no sólo los subsectores modernos sino asimismo los tradicionales dentro de cada sector amplio, el grado de orientación de la producción para su exportación o para los mercados internos, o bien para ambos, el número de las ramas industriales principales y su importancia relativa, y el tamaño de las empresas dentro de cada una de las ramas, etc. Más adelante se ilustran estos fenómenos en casos particulares.

3. Desempeño del comercio exterior. Mercados nuevos, productos nuevos, mejor relación de precios del intercambio

Si el desempeño del total del comercio exterior latinoamericano fue apenas moderadamente bueno en el periodo 1950-1970, la dependencia respecto a unos cuantos productos básicos continuó en la mayor parte de los países. Por ello resulta importante examinar algunos detalles de este fenómeno general, con el fin de detectar cambios significativos en el destino de las exportaciones y en la composición de los productos básicos, y del pequeño pero creciente volumen de exportación de manufacturas. La relación de precios del intercambio no varió de manera uniforme en todos los países, sino que tuvo diverso sentido en algunos de ellos.

Las importaciones evolucionaron asimismo de manera diferente durante los dos decenios de expansión. Aunque el coeficiente entre las importaciones y el PIB descendió, como indicativo burdo de la sustitución de importaciones, las importaciones totales en realidad aumentaron, sobre todo las de bienes de capital y de bienes intermedios. La aplicación de barreras arancelarias y no arancelarias tendió a imponer restricciones más elevadas a los bienes de consumo (con excepción de los alimentos básicos), por lo que la producción y el consumo nacional de éstos crecieron enormemente. Los bienes de capital fueron obviamente necesarios con urgencia para procurar una industrialización rápida y para el desarrollo de infraestructura, por ello, en las primeras etapas no fueron objeto de la sustitución de importaciones sino en casos aislados. Se privilegió su importación porque incorporaban innovaciones tecnológicas que los países latinoamericanos no eran capaces de generar.

Supuestamente resultaba bastante fácil la producción de bienes de consumo a nivel interno, con las importaciones anteriores de bienes terminados siendo sustituidas por las de componentes y partes y por varios materiales intermedios. En la medida en que se empezó a producir en escala mayor el acero, los productos químicos y otros productos básicos industriales, se daba alguna sustitución de las importaciones de las mismas. Sin embargo, la ampliación de los complejos industriales, acompañada con la introducción de nuevas tecnologías, con frecuencia requería aumentos reales en las importaciones de productos intermedios; en especial, la producción de algunas de ellas requería disponer de instalaciones a gran escala, las cuales no se podían organizar fácilmente. Las tecnologías extranjeras empezaban a cambiar con rapidez, mientras que en los países latinoamericanos se desatendía la innovación tecnológica y se carecía de políticas de desarrollo científico y tecnológico.

Entre 1950 y 1970, la participación relativa de bienes de consumo, para el conjunto de la región latinoamericana, disminuyó de 23 a 15.2% en el total de las importaciones, en tanto que la correspondiente a los bienes de capital aumentó de 28.6 a 34%, y la correspondiente a los bienes intermedios se situó en 48.4% y posteriormente en 50.8% (estimaciones realizadas con datos de CEPAL, 1964, cuadro 52, pp.125-133 y CEPAL 1983, cuadro 271, pp. 524-531).

Los países donde dichas tendencias fueron más pronunciadas, con tendencias agudas al alza en el total de las importaciones, fueron México (cuyas importaciones se sextuplicaron de 1950 a 1970) y Chile (cuyas importaciones casi se quintuplicaron en el periodo). (Datos del FMI, 1960, y la CEPAL, 1983.)

4. Industrialización acelerada impulsada por las políticas de sustitución de importaciones

La política de la ISI que gradualmente cobró forma y había sido fomentada desde los años cuarenta llegó a convertirse en casi la regla general a partir de los años cincuenta. Los gobiernos se habían comprometido a impulsar la industrialización, pero, a diferencia de algunos países del sureste de Asia, en general no miraron más allá de la etapa de la sustitución de importaciones y en consecuencia no validaron el crecimiento de sectores orientados a las exportaciones que pudieran complementar o incluso llegar a constituir una componente principal de la demanda agregada, lo que después algunos llamarían "sustitución de exportaciones", es decir, de productos básicos por manufacturas, productos intermedios y acabados.

Resulta útil revisar algunos de los argumentos principales que se esgrimieron a favor de la adopción de las políticas de

ISI.[3] Se han mencionado ya las condiciones de escasez surgidas durante la segunda Guerra Mundial (véase el capítulo III). En esta etapa nueva, tuvo quizá mayor relieve la tendencia a incurrir en desajustes de balanza de pagos —de naturaleza "fundamental", en la terminología de esos tiempos— debido a lo cual los gobiernos estaban obsesionados por la necesidad de ahorrar divisas así como de mantener la estabilidad monetaria. La expansión del mercado interno, una vez empezada, también sirvió para impulsar aún más el proceso de sustitución de importaciones. Por último, la ISI se convirtió en doctrina oficial que guió la formulación de las políticas de desarrollo (Hirschman, 1971, pp. 89-90). De una sustitución de importaciones "natural", la mayoría de los países latinoamericanos pasó a impulsar una ISI "deliberada". Hasta cierto punto la secuencia parece haber sido, aunque se haya exagerado, la de comenzar con bienes terminados y vincularse hacia atrás con "etapas más elevadas" de producción interna de bienes intermedios y maquinaria, con alguna que otra excepción (Hirschman, 1971, pp. 91-92).

Tal vez dicho punto de vista, aunque matizado por muchos autores, sea demasiado simplista. Las "grandes" decisiones que se tomaron en los años cuarenta —el levantamiento de plantas siderúrgicas con gran capacidad instalada, la fabricación de papel y celulosa y la de productos químicos, vidrio, motores de potencia fraccionaria— de hecho prefiguraron o se anticiparon a los desarrollos posteriores a nivel de bienes terminados. Esto indica que no hubo un plan integral preconcebido, sino que, antes bien, la idea de la ISI engendró desarrollos industriales tanto racionales como fortuitos a la luz de necesidades vagamente percibidas en el mercado interno. Cuando mucho, las proyecciones burdas del potencial del mercado interno (y, sólo de manera excepcional, las de los mercados de exportaciones) fueron hechas en los organismos de financiamiento del desarrollo de los gobiernos, o bien fueron estimadas sin demasiada precisión por grupos

[3] Un análisis admirable de la génesis y la evolución de la ISI en América Latina puede encontrarse en Hirschman (1969, 1971), Macario (1964) y Thorp (1998).

privados, y los proyectos fueron instrumentados con prontitud. En términos de la aplicación de la política de ISI, una aberración frecuente fue el que los funcionarios de los gobiernos publicaran listas de importaciones con el fin de alentar a los empresarios a comenzar a producirlas, como si el hecho de ser productos importados fuere justificación suficiente para hacer una inversión para remplazarlos sin mayor consideración. Los elementos de costo parecían ser de importancia secundaria, una vez tomadas las decisiones de invertir, o bien se esperaban subsidios y medidas superproteccionistas. Por otra parte, hubo casos de planificación integral de sectores y de fijación de metas. En todos los casos, los gobiernos ofrecieron la protección necesaria, la arancelaria y la no arancelaria, así como incentivos fiscales y financieros, y el mejoramiento de infraestructuras de transporte y otros servicios. También se incrementó la disponibilidad de créditos del exterior, tales como préstamos a mediano plazo otorgados por proveedores.

Las empresas transnacionales extranjeras no tardaron en aprovechar la protección que ofrecía el mercado interno. Durante este periodo se registró una expansión considerable de la inversión extranjera directa en el sector de manufacturas. Algunas fábricas habían existido desde tiempo atrás, incluidas plantas de ensamblaje de vehículos automotores, por ejemplo en Argentina y México. Ahora la inversión extranjera directa (IED) se extendió a lo largo de toda una gama de ramas industriales, desde cereales, sopas y verduras enlatadas, alimentos para bebés, bienes duraderos ordinarios de uso doméstico, equipo industrial y refacciones, herramientas, máquinas pequeñas, cables de conducción eléctricos, tuberías, acero laminado, materiales de construcción, muebles, etcétera.

Los gobiernos hicieron asimismo inversiones en proyectos grandes de fuerte prestigio, aun de dimensión "faraónica", y contrajeron la enfermedad del "desarrollismo", lo que tal vez fue instigado y secundado por los proveedores de equipo de los países industrializados. En estas condiciones se crearon grandes empresas paraestatales mal concebidas que sólo podían operar al amparo de subsidios fuertes y de superproteccionismo.

Además del impacto de las políticas expansionistas en general, intervinieron otros factores, por ejemplo, la falsa ilusión de que la inflación crearía incentivos y de que "un poco de inflación" era bueno para el desarrollo. Entre funcionarios de muchos países cundió esta idea simplista y en el fondo falsa: la de que la tendencia inflacionaria podía generar mediante mayor producción una mayor oferta de bienes, que reduciría la tasa de inflación. Estuvieron también presentes factores de orden ideológico, como convicciones fuertes respecto a los méritos de la planificación estatal y la conveniencia de establecer empresas estatales grandes para evitar la absorción de algún sector importante por parte de las transnacionales extranjeras. La disponibilidad de capacidad empresarial, de origen local e importada, fue significativa en algunos países, como Brasil y Argentina, y en cierta medida en Chile y Colombia, pero de mucha menor significación en el resto de la región latinoamericana.

Los analistas del periodo hablan de una "etapa fácil" de la ISI, la cual propició una "atmósfera de exuberancia y de auge durante la cual la demanda es fácilmente sobrestimada" (Hirschman, 1971, p. 99). La aplicación de muy bajas tasas arancelarias para importaciones de maquinaria y el otorgamiento de tipos de cambio preferenciales también "contribuyeron a que se hicieran pedidos cuantiosos" de maquinaria, lo que pronto condujo a un exceso de capacidad instalada (Hirschman, 1971, p. 99). En México, una disposición aduanera simple —la llamada Regla 14— concedió exención arancelaria a la importación de plantas industriales enteras, llave en mano, con inclusión de toda la materia prima inicial que fuere necesaria así como partes y refacciones para dar mantenimiento también requerido; además, las empresas establecidas podían gozar de exenciones del impuesto sobre la renta y otras tasas impositivas por periodos de 10 años o más.

Gran parte de lo anterior, según Hirschman, es explicable bajo el concepto de "inicios rezagados" *(late starters)* en la industrialización, que en América Latina tuvo que ampliarse en efecto a la idea de "rezagados recién llegados" *(late latecomers)*. De manera que la industrialización "muy rezagada o ultratardía" *(late late industrialization)*, en la terminología de Hirschman, que caracterizó a América Latina en particular en los años cincuenta, careció del "impulso inspirador, si bien un tanto súbito, de los países industrializados [meramente] tardíos tales como Alemania, Rusia y Japón"..., aunque la experiencia de Brasil "se aproximó" a un proceso de "arranque repentino" *(a sudden spurt process)* a que aludía Gerschenkron.[4]

En todo caso, en numerosos países de la región latinoamericana, las primeras fases fueron espectaculares y con frecuencia entrañaron la implantación de tecnologías importadas totalmente nuevas, o mejoramientos muy apreciables a las ya existentes. Sin embargo, varios problemas empezaron a manifestarse, entre ellos, los siguientes:[5]

i) Estructura de costos elevados

Se estaba creando una estructura de costos elevados, que terminaba en un proceso de piramidación de costos. Incluso con base en el argumento tradicional, desde Hamilton y List, de la industria incipiente, se daba por descontado que los costos unitarios de las nuevas industrias serían inicialmente altos pero que los costos marginales decrecerían en la medida en que se lograra una utilización plena de la capacidad después de haber pasado por la etapa *incipiente* y *la curva de aprendizaje*. Esto era común bajo la ISI en casi cualquier planta individual tomada por sí sola. Pero con el crecimiento cada vez más amplio de la compleja red de la base indus-

[4] Hirschman (1971), pp. 94-95, en referencia a la interpretación anterior de industrialización tardía de Gerschenkron (1962), pp. 343-344.

[5] Muchos autores han escrito sobre estos temas, entre ellos Hirschman (1971), Fajnzylber (1983) y Macario (1964), quien analizó los niveles extremos de protección arancelaria y no arancelaria, y otros.

trial, los costos elevados en una planta (a menudo con fuertes características de cuasimonopolio) elevarían los costos industriales en otra planta o varias otras plantas y, así sucesivamente, subía el piso de los costos. Los vínculos hacia delante y hacia atrás, en la terminología de Hirschman, tenderían a generar un volumen de producción con costos más altos, no siempre contrarrestados por economías de escala. En los casos de las empresas nacionales, sus compras de equipo extranjero y su contratación de servicios de ingeniería por lo regular los pagaban a precios por arriba del mercado, o bien resultaban en costos más altos en el punto de desembarque de lo que hubiera sido el caso en un país industrialmente desarrollado. Por añadidura, debido a las incertidumbres generales en las economías de la región latinoamericana, incluso con respecto a las tasas vigentes de protección, los empresarios pudieron haber percibido que el factor riesgo les obligaba a operar con índices de rendimientos financieros elevados. La tributación local y el tratamiento de las reservas de depreciación pueden haber sido considerados conducentes a costos más altos en fábrica.

En general, la ISI no prosperó bajo condiciones de competitividad interna: antes bien con frecuencia se crearon situaciones cuasimonopólicas, o condiciones de mercado bajo las cuales las bien conocidas artimañas de colusión podían fácilmente suscitarse entre los productores. En algunos países de América Latina (por ejemplo, en Colombia), fueron bien documentadas las prácticas de precios elevados de transferencia de las transnacionales con sus filiales —esto es, precios de contabilidad superiores a los precios de mercado en el interior de las empresas para las importaciones de componentes, costos excesivamente elevados asignados a los servicios tecnológicos y otros proveídos por la compañía matriz del extranjero.[6] Desde entonces, es bien conocido el hecho

[6] Los estudios pioneros se deben a Cooper (1970) y Vaitsos (1973, 1977) los que posteriormente se reprodujeron en otros países. En Colombia y México condujeron a reglamentaciones en materia de acuerdos de licencias de tecnología y de marcas registradas.

de que el comercio internacional "intrafirma" no responde directamente a los mercados, sino que es "comercio administrado".

ii) Falta de orientación al mercado externo

La mayor parte de las plantas establecidas con arreglo a la ISI no se orientaron hacia la exportación, ni siquiera para una segunda etapa, post-ISI. La política industrial fue concebida con la idea de que las plantas debieran aprovechar el mercado local ya formado e intensificarlo, al amparo de una protección generalmente alta y, en algunos casos, extrema. Poco fue lo que se pensó en cuanto a posibles exportaciones de manufacturas, incluso a países vecinos. Aun Brasil, que se convirtió en el principal exportador de manufacturas en la región latinoamericana, no empezó a exportar en forma significativa sino a partir de los años setenta. Para 1980 el 57.3% de las exportaciones de Brasil estaba constituido por manufacturas; las exportaciones de manufacturas habían crecido a 12% anual entre 1968 y 1974 y todavía a 7% entre 1975 y 1980 (Malan y Bonelli, en Teitel, 1992, cuadro 3.3). Los países de la región latinoamericana no siguieron el patrón industrial implantado en aquel tiempo o poco después en Corea y en Asia sudoriental. Corea en realidad había empezado con la sustitución de importaciones, pero pronto cambió de orientación, por medio de proyectos tecnológicamente respaldados propios, para dar atención prioritaria a los mercados internacionales (Faynzilber, 1983). En los principales países de América Latina sucedió lo contrario. El contraste no debe hacerse de un modo demasiado simplista —y ciertamente no con el propósito de "probar" cuál de las políticas fuera la correcta—, pues existían también fuertes discrepancias en muchas otras *condiciones* adicionales favorables a la industrialización en cada una de las zonas mencionadas de Asia, entre otras la estrategia geopolítica de construir en Corea del Sur poder económico para enfrentarse a China y a zonas de influencia de la economía soviética como Corea del Norte. En algunos países, como Colombia y México, un factor desfavorable a la exportación fue que las nuevas plantas manufactureras fueron en su mayoría establecidas a una distancia considerable de los puertos o de las fronteras, ya que su ubicación se decidió fundamentalmente en función del objetivo de abastecer los mercados urbanos cercanos en el interior del país.

No se comprendió, por lo demás, que era necesario que la exportación de productos industriales se viera como una actividad bien organizada y constante, y no como una oportunidad ocasional para deshacerse de algún excedente acumulado o para aprovechar algún excedente transitorio de capacidad de producción. Muchos funcionarios públicos, empresarios, burócratas y economistas adoptaron la postura, bajo la ISI, de que la exportación de bienes manufacturados casi no constituía una actividad "natural". Las posibilidades de exportación de manufacturas tampoco fueron atendidas debidamente por la CEPAL. En otras palabras, no tuvo ninguna resonancia la idea de una ventaja comparativa en las exportaciones de manufacturas, derivada de la disponibilidad de recursos, la mano de obra barata, o inclusive alguna innovación o algún gran adelanto tecnológico propio. La labor que había que acometer era incrementar el volumen de producción para el mercado interno, a cualquier costo, con el fin de evitar o remplazar las importaciones, y elevar la participación del volumen de producción interna en la demanda interna total. También se descuidaron las consideraciones relativas al control de calidad y la gestión empresarial, y esto a su vez afectó las oportunidades para las exportaciones.

iii) Monedas sobrevaluadas

Debe asimismo señalarse que si bien podía suponerse que las políticas proteccionistas habían sido diseñadas con la idea de proporcionar los mercados internos cautivos que se consideraban necesarios, dichas políticas no siempre fueron congruentes con otras que pudieran haber ayudado a promover las exportaciones. Al respecto destaca la política cambiaria, en que la tendencia a sobrevaluar las monedas nacionales en términos de las monedas internacionales, principalmente el dólar estadunidense, significó, por el más sencillo de los cálculos, que los costos en cruceiros, pesos, escudos o soles se traducían en precios externos no competitivos en los mercados mundiales de manufacturas industriales. No fue sino hasta mediados de los años sesenta cuando Brasil empezó a aplicar una política cambiaria de "fijación reptante del tipo de cambio", es decir, de gradual incremento (en la terminología de la época, *a crawling peg)* o de "microdevaluaciones programadas", la cual desempeñó un papel importante en el fomento de las exportaciones de productos manufacturados.

iv) Escasa negociación comercial

En la región latinoamericana, el punto de vista general fue que, de cualquier manera, los países industrialmente avanzados mantenían aranceles elevados o discriminatorios en contra de productos manufacturados que tenían su origen en los países en vía de desarrollo. En parte es verdad y las barreras empezaron a desempeñar un papel creciente. Sin embargo, Corea y los países de Asia oriental, así como Japón, aprendieron a superar las barreras externas a sus exportaciones, en provecho propio.[7] Asimismo, los países latinoamericanos pudieron haber enfocado mejor sus esfuerzos en la conducción de sus negociaciones dentro del GATT para obtener concesiones arancelarias, pero eran pocos los países de la región que fueran miembros del GATT que se interesaron activamente en los años cincuenta y sesenta. Únicamente Brasil, Colombia y Argentina figuraban entre los que tenían capacidad para exportar ciertas manufacturas, mientras que

[7] A principios de los años sesenta, según Macario (1964), los aranceles de Europa occidental y de los Estados Unidos como tales no eran, en promedio, excesivamente altos.

México se había excluido de esa vertiente desde el principio.

v) El efecto neto en el empleo

Otro problema subyacente en la ISI en América Latina fue el supuesto efecto de *desplazamiento del empleo* que se le atribuye. Algunos estudios han demostrado que, en efecto, el desarrollo industrial moderno en la región latinoamericana, conforme se adoptaran tecnologías que economizaran mano de obra y se introdujeran métodos modernos de gestión empresarial, tendería, *relativamente,* a utilizar menos mano de obra de lo que pudiera haberse esperado, esto es, "desplazó" por medio de nueva maquinaria —y hoy con equipo computarizado— mayor volumen de mano de obra. Podría sostenerse que esto hubiera ocurrido con o sin la ISI como tal y que dicho efecto más bien se derivó de patrones de adopción moderna de máquinas y equipo que en la lógica empresarial economizan mano de obra, y de métodos nuevos de producción, y no tanto de la estructura particular de las plantas establecidas bajo la ISI. Hubo asimismo evidencia de posibilidades de industrias de gran densidad de mano de obra que pudieron operar con eficiencia —entre otras cosas, por medio de una desmecanización parcial de algunos aspectos industriales, y otros relativos a los procesos de almacenamiento y de distribución. De hecho muchas plantas establecidas bajo la ISI, incluidas las de las empresas transnacionales, pronto encontraban que en ciertas áreas y circunstancias una mecanización plena —inclusive, hoy día, una automatización o computarización plena— no resultaba eficaz, a corto plazo, en función de un análisis de costos, dadas las alternativas, a saber, el bajo costo de la mano de obra local y su supuesta eficiencia.

La depresión de los años treinta y algunas recesiones posteriores habían ocasionado desempleo abierto en las ciudades, lo que propició el regreso a una situación de subempleo y miseria para los trabajadores en las granjas y en las unidades de producción agrícola. Las poblaciones rurales no permanecieron mucho tiempo en sus zonas de origen. En numerosas partes, en los altiplanos andinos o las zonas montañosas en México, o en la región nordeste de Brasil, las tierras empobrecidas, la precipitación pluvial insuficiente y las condiciones inequitativas de la tenencia de la tierra impulsaron a la población en edad de trabajar hacia alguna esperanza de empleo e ingresos, y con frecuencia oportunidades de educación, en los centros urbanos de tamaño mediano y en las zonas metropolitanas. Con la puesta en marcha de los programas de recuperación, fue evidente que se tendría que fortalecer la poca demanda directa del mercado laboral por medio de obras públicas y mediante el fomento de la producción manufacturera. La segunda Guerra Mundial dio impulso importante al empleo industrial y se levantaron plantas que los gobiernos y los empresarios eran renuentes a ver clausuradas por los ajustes de la posguerra. La necesidad de proteger el empleo se hizo imperativa en muchos países de América Latina. Durante los años cuarenta las tasas generales de mortalidad bajaron en la mayoría de los países. Las tasas de natalidad, salvo en Argentina y Uruguay, acusaron tendencia al alza. La "explosión demográfica", concretamente a plazo medio, de la fuerza de trabajo potencial empezó a asomarse en el horizonte, con sus consecuencias futuras en la sobreoferta de trabajo poco calificado para el que no había suficiente demanda. Esto no fue visualizado fácilmente al principio, pero vino a pasar a primer plano a finales de los años cincuenta y principios de los sesenta.

vi) Los bienes de capital

Un grave dilema se suscitó en torno a la política a seguir en relación con los bienes de capital. Los gobiernos tendían a facilitar su importación por cualquier medio posible, con la ayuda de aranceles bajos o exención arancelaria, la ausencia de controles sobre la importación, el otorgamiento de tipos de cambio diferenciales favorables, incentivos tributarios, financiamientos a mediano y a largo plazos a tasas preferentes, garantías a los créditos otorgados por proveedores extranjeros, etc. Pero dicha política, en lo que se refiere, por una parte, a favorecer la instalación rápida de plantas para producir bienes de consumo y ciertos tipos de bienes intermedios, tendió también a retrasar la fabricación local de equipo industrial y maquinaria modernos. Había existido una tradición manufacturera de ciertos tipos de maquinaria, entre ellos los tornos y las fresadoras, en dos o tres países de América Latina, por ejemplo, en Argentina. Tales líneas de producción eran desde luego de mayor riesgo y requerían de gran precisión y de financiamiento a más largo plazo. La política de importaciones abiertas y "libres" de bienes de capital desalentó ese tipo de desarrollo industrial. Éste es un problema que ha venido a ser obsesivo en la formulación actual de las políticas industriales y los esquemas regionales de integración, sobre todo ahora que se ha manifestado con bastante claridad el rezago grave que existe en el desarrollo de industrias de bienes de capital. Mucho más tarde —dado que el "mercado" de bienes de capital en la región latinoamericana había crecido muy considerablemente— se promovió desde Brasil, con el BID, un programa llamado "Latinequip" para fomentar el intercambio de bienes de capital entre países latinoamericanos y su producción, en el que participaron además Argentina y México; sin embargo, nunca alcanzó resultados y a la postre no tuvo apoyo del BID.[8]

En general, no pudo en última instancia resolverse el dilema de si lo conveniente era subvencionar las importaciones de maquinaria o bien fomentar su producción interna (incluso bajo la estrategia de la ISI), sobre todo en virtud de que la industrialización avanzaba a un ritmo bastante acele-

[8] La idea motriz la tuvo el empresario brasileño Helio Jaguaribe de Mattos. El desarrollo de dicha idea contó con la colaboración del Banco Nacional de Desarrollo (Brasil), el Banco de la Provincia de Buenos Aires (Argentina) y Nacional Financiera (México). Aparece un resumen del proyecto Latinequip, en Stern (1991) y en Urquidi y Vega Cánovas (1991), pp. 343-346.

rado y de que el alcance pleno de sus consecuencias a largo plazo no se estudió de manera adecuada. Tampoco hubo adecuada colaboración de fuera. Gran parte del dilema tenía que ver con la cuestión relativa a la elección de tecnología, que en la región latinoamericana tendió a tratarse de manera bastante superficial y en términos globales y hasta teóricos, antes que en referencia a ramas industriales específicas y a la luz de los desarrollos que se estaban produciendo en todo el mundo. La experiencia de Corea del Sur no fue atendida. Hubo prisa por adquirir lo último en maquinaria con el más reciente avance en tecnología. Hubo poca preocupación por las repercusiones finales de esta o aquella tecnología, en términos de la competencia en el mercado interno, y mucho menos en referencia a los costos y a los mercados de exportación, los cuales fueron desatendidos. Se dio asimismo escasa atención en cuanto a apoyar y ampliar la investigación y el desarrollo experimental (IDE) a nivel nacional; por consiguiente, los criterios de elección tecnológica permanecerían en un nivel abstracto antes que relacionarse con desarrollos reales.

No fue sino hasta finales de los años sesenta cuando en la región latinoamericana las políticas en materia de ciencia y tecnología empezaron a tomar forma en algunos países; más tarde habrían de ampliarse, pero después de la gran crisis de la deuda externa en los años ochenta y sucesivos, quedarían estancados.[9] Bien pudiera hacerse la pregunta: ¿de qué forma podría haberse estimulado racionalmente la industrialización si no se prestaba la debida atención a los problemas básicos de índole tecnológica? Esto último es lo que de hecho se omitió durante el crecimiento rápido en la llamada Edad de Oro.

[9] Un informe de las Naciones Unidas, redactado por el Comité Asesor sobre la Aplicación de la Ciencia y la Tecnología al Desarrollo, con la colaboración de un funcionario de la CEPAL, cayó en el más absoluto vacío en la propia CEPAL, con sede en Santiago de Chile, por la actitud negativa de la División de Desarrollo de aquélla (como constó vivamente al presente autor). Véase *Plan de acción regional para la aplicación de la ciencia y tecnología al desarrollo de América Latina,* 1973.

vii) La escala de producción

Un argumento que también se ha aducido en la evaluación de la ISI es la cuestión de la escala de producción. Una opinión muy generalizada fue que en una rama industrial determinada no sería rentable una planta cuya escala fuera inferior a una determinada dimensión. Muchos de los mercados internos protegidos no podían sustentar la planta de escala costeable mínima y menos una inferior a un supuesto tamaño óptimo. Puede que esto haya disuadido la instalación de plantas bajo la estrategia de la ISI en los países más pequeños, e incluso en algunos de los países medianos y mayores, cuando el mercado interno protegido había sido considerado la única o la principal salida para los productos de la planta. Si se hubiese considerado el potencial para exportaciones, podrían haber prevalecido criterios distintos.[10] No obstante, a menudo se construyeron plantas por debajo de la escala óptima con base en el argumento de que las intervinculaciones con otras ramas o con subsectores de la industria habrían de compensar el efecto de una mayor escala sobre los costos unitarios o marginales. En algunos casos se sostenía que había una necesidad "social" —en ocasiones hasta una necesidad "militar"— de construir la planta en cuestión; en otros, que era la manera única de ponerle algún valor agregado a los recursos locales, que de otra manera serían exportados sin mucho procesamiento (en provecho de las naciones importadoras industrialmente avanzadas). Asimismo se llegaba a afirmar que otros factores distintos de la escala, determinados por aspectos de indivisibilidad de la maquinaria, operarían a favor de mantener costos más bajos o al menos más competitivos. Los ingenieros encargados de planear las plantas petroquímicas —por ejemplo, en México— subestimaban

[10] Los esquemas de integración regional y subregional —zonas de asociación de libre comercio o mercados comunes— fueron vistos en parte como instrumento para permitir que la limitación de escala fuera superada. Véase la sección 6 más adelante. En Centroamérica se diseñó un régimen para industrias de integración que tenía en cuenta la escala óptima; sin embargo, no prosperó.

tanto el mercado interno como la construcción y el tiempo inicial implícitos en lograr que la planta llegara a ser completamente operativa, con el resultado de que no acertaban a considerar el potencial del mercado, ni tampoco una escala inicial suficientemente más grande y aun menos la posibilidad de efectuar exportaciones. Con el tiempo las adiciones posteriores a la capacidad instalada resultaban ser bastante menos económicas que la inversión inicial que pudo haberse hecho para comenzar operaciones con una escala óptima de volumen de producción.

viii) La industrialización incompleta o trunca[11]

En el fondo, la ISI dejó huecos tanto grandes como pequeños en las estructuras industriales en América Latina. Algunos de los vacíos, salvo que hubiera intenciones de cubrirlos incluso a costos muy altos por medio de fabricación local, tuvieron que ser colmados a base de importaciones conforme a las exigencias de la demanda de dichas estructuras. Con frecuencia la planta nacional no podía abastecer el total de la demanda del mercado de un producto, ni cumplir con las especificaciones, la calidad exigida o las fechas de entrega. Pero las importaciones de productos intermedios y de consumo final estaban sujetas a restricciones no arancelarias y/o al pago de derechos elevados de importación. Por consiguiente, cuando fuera necesario, las autoridades las permitían con exenciones de impuestos o subvenciones y dicho proceso estaba sujeto a decisiones arbitrarias de instancias burocráticas, en las que a menudo fue notoria la influencia de los grupos de intereses. Lo cierto es que la trama enmarañada de la ISI y las restricciones a las importaciones con frecuencia dieron como resultado precios mucho más altos, y ganancias elevadas para los intermediarios o para las autoridades que controlaban las importaciones.

[11] Fajnzylber (1983).

Los vacíos —en particular en la producción de bienes intermedios y de maquinaria y equipo— a veces no pudieron cubrirse debido a la falta de recursos financieros, a la carencia de habilidades técnicas de ingeniería, o, lo más probable, a causa de las limitaciones y la estrechez de miras por parte de los planificadores industriales. Fue una situación en la que los intereses comerciales no tenían competitividad con respecto al mundo exterior y se buscaban privilegios especiales y situaciones cuasimonopólicas generadoras de utilidades, con frecuencia en asociación con empresas transnacionales o bajo acuerdos de concesión de licencias de uso de procesos técnicos. Ello ocasionaba que se dejaran pasar oportunidades, pero asimismo se producía una asignación desfavorable y muy grande, quizá dispendiosa, de recursos. El papel de los gobiernos en los países de América Latina fue el de planificadores, el de árbitros de la asignación de los recursos y el de controladores. Nada de lo anterior se hizo con eficiencia, esto es, el costo social resultó elevado. Asimismo, los altos funcionarios encargados de las políticas industriales no comprendían de manera suficiente los cambios que se daban en el mundo exterior en los ámbitos de la tecnología, la gestión empresarial, la mercadotecnia y las orientaciones de los flujos y las zonas de intercambio comercial. La "industrialización ultra tardía" se eternizaba y como siempre, tardía o rezagada, nunca llegaba "a tiempo" o nunca iba adelantada con respecto a otras modalidades.

ix) Ventajas e interrogantes

Lo anteriormente expuesto es en su mayor parte el lado negativo de la ISI. También hay un lado positivo, sobre todo si se ve el proceso con perspectiva histórica. Hubo una compensación de ventajas y desventajas.

La primera interrogante que hay que plantear es ésta: ¿hubiese ocurrido cualquier industrialización de alguna significación sin la aplicación de las políticas de la ISI? Como se ha explicado, en los años treinta e incluso antes se había dado alguna sustitución de importaciones "natural", bajo condiciones competitivas más abiertas, y ciertamente fue inducida después por la escasez de bienes durante la segunda Guerra Mundial. Se expresaron muchas posiciones, entre ellas la idea de que la región latinoamericana no debiera permanecer como "acarreador de minerales y comprador de baratijas", sino que debería poner a trabajar sus habilidades y aptitudes para producir manufacturas a partir de sus propios recursos naturales y lograr su inserción en el mundo de los bienes de consumo modernos aunque fuera por medio del ensamble y el procesamiento locales antes que recurrir a importaciones directas. Pesaban fuertemente las consideraciones relativas a la balanza de pagos: resultaba necesario ahorrar divisas y ser menos dependientes de las fluctuaciones y la incertidumbre del mundo exterior. Las exportaciones tradicionales de productos básicos se enfrentaban a mercados débiles y a veces discriminatorios, y los precios eran inestables.

La industrialización se identificaba asimismo con la modernización, al igual que en la mayor parte de los demás países. De hecho, el ejemplo de los mismos Estados Unidos era importante. Aunque en la mente de muchos latinoamericanos Alemania retenía un aura de eficiencia industrial, sobre todo en lo referente a maquinaria, productos químicos y farmacéuticos, se percibía claramente la estrella ascendente de los Estados Unidos como potencia industrial. Los desarrollos en el periodo inmediatamente posterior a la segunda Guerra Mundial realzaron enormemente dicha perspectiva. La modernización significaba no sólo manufacturas actualizadas y nuevos productos, sino también servicios modernos, desde los relativos a la banca y el transporte hasta el comercio mayorista y minorista, más la cobertura de seguros, los centros vacacionales para los trabajadores y la eficiencia en el trabajo de oficinas y en la prestación de servicios de atención médica. Otra cosa era qué tanto podían hacer los países latinoamericanos, o incluso los principales entre ellos, en materia de modernizar racionalmente sus sistemas sociales a nivel nacional y en cada una de las regiones internas. No podía frenarse la tendencia a la industrialización, ni siquiera era viable oponerse a ella. No había otra "alternativa" real, ni se disponía de ideas sobre "otras estrategias de desarrollo", con excepción de la aplicada en la Unión Soviética, la cual las sociedades latinoamericanas de aquel entonces no estaban dispuestas a aceptar o asimilar, ni en posibilidad alguna de aplicar. Se adoptaba como capitalismo libre tipo el de los Estados Unidos (ya no tan libre), lo que a falta de capacidad empresarial nacional significaba caer en manos de las grandes empresas transnacionales, o se impulsaba la industrialización tipo ISI. De hecho, la responsabilidad estatal de la economía y en general del desarrollo económico y social, aunado a una fuerte centralización y a enfoques y legislación de carácter autoritario, llegaron a prevalecer en muchos países.

Se pensaba asimismo que la nueva tecnología que venía incorporada en las importaciones llegaría de algún modo a difundirse a las economías locales. Esto no estaba destinado a suceder en gran escala. Los acuerdos de concesión de licencias para uso de tecnología extranjera y procesos técnicos, como después se supo (Vaitsos, 1973, 1977), en ocasiones impedían de manera explícita la transferencia de esa tecnología. En muchos casos, el alcance de la IDE en las sedes de las transnacionales significó que las decisiones en ese ámbito se tomaban con poca consideración de las necesidades de los países latinoamericanos que estaban en proceso de industrialización. Tampoco hubo inversión suficiente a nivel local; no obstante, en algunos países, en forma destacada Argentina, se produjo considerable innovación tecnológica en los laboratorios de empresas nacionales que elevó la productividad y generó nuevas técnicas e incluso innovaciones tecnológicas importantes (Katz, 1987). Con todo, no en forma abundante o demasiado frecuente, fue posible el desarrollo de algunos resultados tecnológicos indirectos. Las plantas establecidas bajo la ISI, en casi todos los sentidos, se convirtieron en "prisioneros tecnológicos" de las compañías extranjeras con las que tenían vínculos o bien de los proveedores de equipo proveniente de los Estados Unidos y Europa (y, posteriormente, Japón).

x) La aportación empresarial

Se ha sostenido que la industrialización acelerada, aun si en su mayor parte fuese improvisada, condujo en muchos países latinoamericanos a la creación de grupos modernos de empresarios y administradores de empresas. A menudo las dos funciones se conjugaban en una misma persona o en las mismas personas. Surgió la organización de grupos empresariales bien conocidos —por ejemplo, en São Paulo, Buenos Aires, Santiago de Chile, Monterrey y Medellín— con capacidad para emprender proyectos nuevos y grandes, ya sea por sí solos o con el apoyo de instituciones financieras gubernamentales o bien en asociación con capital extranjero. En México, los empresarios industriales "nuevos" fueron contrastados con los empresarios tradicionales (Mosk, 1950). La necesidad de contratar administradores de empresas ayudó a desarrollar escuelas para su formación y la de ingenieros comerciales, tanto en las universidades públicas como en instituciones privadas. Evolucionaron actitudes comerciales actualizadas, más preocupadas con las condiciones de trabajo y más dispuestas a instituir mejores políticas salariales, mantener buenas relaciones laborales, apoyar el otorgamiento de prestaciones y brindar oportunidades educativas y de esparcimiento para la fuerza de trabajo. Asimismo, se desarrollaron habilidades intermedias en respuesta a la demanda, tanto en empresas industriales como en escuelas especializadas.

xi) Las instituciones financieras

La relación de la industrialización acelerada con el desarrollo de instituciones financieras también es ilustrativa de los procesos mutuamente reforzadores a partir de los cuales se obtuvieron dividendos sociales. Los bancos de desarrollo de los gobiernos federales o centrales que inicialmente, como en Chile, México, Brasil y Venezuela, así como en otros países como Guatemala y Perú, habían estado preocupados principalmente con la creación de empresas estatales y con la obtención de créditos del exterior para ponerlas en marcha, pronto dirigieron sus esfuerzos de manera creciente a proporcionar apoyo financiero a mediano y largo plazos a proyectos del sector privado, junto con la asesoría de expertos. En muchos de los países, el sistema bancario privado empezó a transformarse con el establecimiento de bancos especializados que podían emitir valores negociables tanto para captar ahorro como para proporcionar financiamiento a las empresas nuevas y para la expansión de las ya existentes.

Con la proliferación de la industria, también se desarrolló una amplia gama de servicios, sobre todo en las ciudades grandes —no solamente los bastantes obvios de mantenimiento y reparación, sino también los servicios industriales especializados, de seguros y fianzas, y de transporte y almacenamiento particularmente modernos.

5. La isi y el mercado interno

Un punto debatible fue si acaso la isi podía jugar un papel decisivo en la ampliación permanente del mercado interno a largo plazo. Gran parte del mercado para la isi lo formaban los propios centros urbanos, donde para empezar los niveles medios de ingresos familiares eran más elevados y donde el empleo aumentaba con rapidez tanto en virtud del desarrollo industrial como por la ampliación del sector de servicios, incluidos los gubernamentales centrales y locales. Parte de la nueva producción de manufacturas de tipo isi consistió en maquinaria e implementos agrícolas, herramientas, fertilizantes químicos, insecticidas, herbicidas, servicios, etc., en los países donde surgió demanda generada por la modernización de la agricultura. Sin embargo, las estrategias globales de desarrollo en la región latinoamericana de aquel entonces no hicieron suficiente hincapié en la productividad y la expansión del sector agrícola, ni tampoco en mejorar los ingresos relativos de los trabajadores del campo ni los de otros habitantes rurales. En este sentido, la ISI careció del apoyo de un mercado amplio, y esto siguió siendo un problema principal en la mayoría de los países. Se afirma asimismo que en muchos países "la relación interna de precios del intercambio", esto es, los precios relativos de los productos agrícolas frente a los de los bienes industriales, se movió en sentido favorable a estos últimos, o sea, los agricultores y los campesinos llevaron gran parte de la carga del costoso proceso de industrialización. Es, sin embargo, una forma simplista de expresarlo. Las interrelaciones fueron mucho más complejas, como se ha esbozado en líneas arriba.

Fue necesario que los resultados de una industrialización acelerada basada en su mayor parte en políticas de sustitución de importaciones, fueran evaluados cuidadosamente, pero no se hizo esa evaluación. Esto interesa sobre todo a la luz de la moda actual de muchos autores y grupos de poder de condenar a la ISI contrastándola con patrones de crecimiento industrial de tipo de "libre mercado", competitivos y orientados hacia las exportaciones, como si, por ejemplo, en los Estados Unidos o en los países europeos y Japón no hubiera habido programas oficiales de apoyo, subvención o protección arancelaria a las industrias grandes, medianas y pequeñas. Es indispensable colocar a la ISI en su contexto histórico, y no debiera juzgarse en términos de una forma ideal de desarrollo que nunca podría haber ocurrido. Habría sido necesario que los costos más flagrantes de la ISI —y son muchos— hubieran sido identificados de manera adecuada y reconocidos políticamente, a fin de aplicar medidas correctivas y efectivas en el marco internacional más reciente y abarcando problemas tanto específicos como genéricos en los varios países latinoamericanos, con vistas al futuro. En otras palabras, la ISI fue, en gran medida, una política económica con especificidad a una época determinada.

Fue prematuro hace algunos años hablar del "agotamiento" de la ISI, y aun puede considerarse un tanto inaplicable, ya que incluso en una estrategia de industrialización inducida por las exportaciones debía recordarse que la competitividad funciona en ambos sentidos y que las industrias de manufacturas que se vuelven lo suficientemente competitivas para el mercado de exportaciones pueden al mismo tiempo desempeñar un papel en la sustitución de importaciones sin la necesidad de contar con un nivel artificialmente alto de protección arancelaria y no arancelaria. Hirschman escribía ya en 1968 acerca del "supuesto agotamiento de la sustitución de importaciones" (Hirschman, 1971, pp. 100-114) y se expresaba a favor de "los requerimientos de un proceso de industrialización que le 'ganara' la partida al agotamiento". Dicho autor examinó una serie de consideraciones de orden económico, técnico y sociopolítico, con mucho énfasis en los "vínculos hacia atrás". Destacó asimismo aquellos casos en los que una decisión política clara por un gobierno, como en Brasil con la industria automotriz (y también más tarde en México), forzaría la marcha de los vínculos hacia atrás, es decir, hacia la producción competitiva de productos intermedios y partes de ensamble como insumos. Pero las fuerzas del mercado podían también estimular los vínculos hacia atrás, río arriba, en ciertas circunstancias y conducir a etapas nuevas de crecimiento para los "recién llegados rezagados" (los *late, latecomers)* (Hirschman, 1971, p. 123). El análisis que se expone en las páginas anteriores apoya este punto de vista previsor del futuro sostenido por el profesor Hirschman.

Por último, los logros físicos del periodo de la ISI, hasta los años setenta, fueron de cualquier manera extraordinarios. El volumen de la producción industrial en la mayoría de los países latinoamericanos se incrementó a un ritmo más rápido que el PIB global. Mientras que el PIB de la región latinoamericana creció a una tasa anual media de 5.4% entre

1960 y 1965, la industria manufacturera aumentó en 6.3% promedio anual. En el quinquenio 1965-1970, el PIB de la región se incrementó a una tasa anual de 6.0%, mientras que el PIB manufacturero creció en 7.6% promedio anual. En el primer quinquenio de los sesentas la industria manufacturera creció de manera sobresaliente en Nicaragua, Panamá, El Salvador, México y Costa Rica, en ese orden. En el segundo quinquenio, el mayor crecimiento manufacturero ocurrió en República Dominicana, Brasil, Panamá, Costa Rica y México (CEPAL, 1983, cuadros 44 y 64, pp. 121 y 141). También el empleo creció a una tasa anual promedio de 2.4% en la región latinoamericana de 1960 a 1970, de 3.0% en Venezuela, de 2.9% en Colombia, de 2.7% en Brasil y México, de 1.6% en Chile y de 1.4% en Argentina (estimaciones hechas con datos de CEPAL, 1983, cuadro 351, p. 682). Dichas tasas de crecimiento tienen su paralelo en la expansión del empleo, que fue especialmente rápida en la industria manufacturera (y también en el sector de servicios). Así podía esperarse a partir de un examen de la evolución de otros países a lo largo de la historia. Sin embargo, lo que hace que fuera extraordinaria la experiencia de los principales países de la región latinoamericana es que los cambios sustanciales en la estructura del volumen de producción y del empleo se dieron en un lapso breve de 20 años y que dicha transformación cobró impulso por estar siempre presente una expansión económica general. El panorama interno general fue también "dinámico".

La variedad de los cambios industriales fue radical, lo mismo entre las industrias que dentro de las ramas industriales, en la medida en que los sectores tradicionales fueron remplazados por fábricas nuevas, con tecnologías nuevas, y en que los productos nuevos remplazaron a los más viejos, menos eficientes. La producción de acero pasó de la fabricación primitiva, tradicional, de alambrón y varillas para la construcción, ya fuera en instalaciones de poca capitalización y equipo, más que nada talleres y forjas, o en plantas con hornos eléctricos de capacidad limitada que utilizaban chatarra diversa, a tecnologías modernas (en aquel entonces) de producción con altos hornos y hornos de aceración, para producir en gran escala lingotes, alambrón, varilla y perfiles, además de plantas de laminación de acero, aleaciones especiales, y procesos de reducción directa de mineral de hierro con gas natural.

Antes de 1950 predominaron las operaciones de ensamblaje de automóviles en los pocos países que contaban con plantas de construcción de vehículos automotores, con una gran gama de modelos y marcas, pero con volumen pequeño para la mayoría de ellas. Así fue todavía en los primeros años de la posguerra, para después pasar al establecimiento de plantas modernas de ensamble en gran escala de unos cuantos modelos básicos de automóviles y camiones con fuertes vínculos hacia atrás en cuanto a la fabricación de monoblock, pistones y diversas otras partes, bujías, sistemas de suspensión y de frenos, llantas y varios otros elementos. Las carrocerías, sin embargo, se siguieron importando, ya que la escala de producción resultaba insuficiente para instalar grandes prensas de estampado; sólo se hacían, casi artesanalmente, carrocerías corrientes para camiones y autobuses. El ensamble que involucraba inicialmente casi 100% de componentes importados cedió en los años cincuenta y sesenta a una producción interna en valor de 50 a 70%, directamente o por medio de subcontratación.

Los países añadieron a la producción de arados y herramientas de mano el ensamble de tractores y otros equipos móviles para tierras calificadas como rugosas, y para tierras planas, la de segadoras y trilladoras.

La construcción de edificios y viviendas pasó del uso de palas y zapapicos a la instalación de niveladoras y grúas, así como elevadores para materiales, y de la mezcla manual del concreto a mezcladoras mecanizadas móviles. La industria cerámica para acabados, pisos y recubrimientos y la de instalaciones sanitarias y de cocina florecieron en todas partes. Se pasó de tubería de hierro galvanizado a tubería de cobre.

Los astilleros produjeron buques cargueros y buques-tanque, para remplazar buques de vapor primitivos, y se fabricaron en gran escala barcos para la pesca.

Por lo que respecta a productos químicos, fue muy dinámica la producción de insecticidas y ácidos, herbicidas y plaguicidas modernos, fertilizantes químicos a partir de gas natural y azufre, productos petroquímicos, fibras artificiales, plásticos, y una amplia selección de productos farmacéuticos.

En cuanto a bienes de consumo duraderos, ocurrió un cambio obviamente espectacular que abarcó la producción de equipos de refrigeración, aparatos modernos de radio y televisión, calefactores y varios productos electrónicos complejos. Esto no excluye el argumento a favor de la utilización de equipo más ligero, menos desplazador de mano de obra, bajo ciertas circunstancias. En materia de equipo de uso doméstico, las planchas tradicionales de hierro fueron remplazadas por planchas de acero eléctricas, las hieleras por refrigeradores y congeladores eléctricos o a base de gas, los implementos tradicionales de molienda de alimentos por trituradoras, licuadoras y batidoras, las parrillas de carbón por estufas capaces de quemar queroseno y, mejor aun, gas propano, llegando a las eléctricas y a los hornos de rayos infrarrojos; las tablas y lavaderos de concreto corrugado para lavar fueron remplazados por máquinas lavadoras multifásicas; asimismo se empezó a producir en gran escala equipo de metal para oficinas, instalaciones escolares, bodegas, mesas, sillas, sillones y sofás sencillos de madera, y camas de metal, por muebles domésticos elaborados en gran escala con uso de maderas prensadas y de plásticos; el papel kraft barato de envoltura —y el uso de hojas de periódicos—, se remplazaron en parte por envolturas y bolsas de plástico; la leche y otras sustancias líquidas embotelladas en recipientes de vidrio, por productos en envases de cartón y elementos plásticos. Surgieron los pañuelos desechables. En lo que concierne a prendas de vestir y calzado, el zapatero de barrio cedió a la fabricación industrial de calzado en toda su variedad, y la ropa hecha a mano fue sustituida por prendas tanto corrientes como elegantes de elaboración industrial para venta en tiendas departamentales y en boutiques. Y así por el estilo. Subsistieron, desde luego, los productos artesanales, en sus diversas formas, en su mayoría de origen rural, así como las sastrerías y las costurerías, las elaboraciones caseras de quesos y otros alimentos, de los que, como en Europa, se disfruta hasta estos días.

En cambio, durante los años cincuenta y sesenta, hubo grandes retrasos en la producción nacional de bienes intermedios de importancia para las manufacturas modernas, sobre todo en productos químicos básicos, aleaciones especiales de acero, cables e instalación eléctrica, láminas de aluminio, componentes microelectrónicos, refacciones y muchísimos otros, así como en equipo y herramientas mecánicas y otras de uso industrial. En muchos casos se carecía de acceso a las nuevas tecnologías, o la escala de producción moderna tenía que ser muy elevada, o las empresas transnacionales controlaban los procesos. La falta de innovación y adelanto tecnológico en los países latinoamericanos afectó también las posibilidades de producir bienes intermedios e hizo inevitable su importación masiva.

6. Iniciativas de integración económica regional y subregional: una primera etapa

Los años setenta vendrían a sacar a la superficie y hacer más claramente perceptibles muchos de los desequilibrios y obstáculos básicos que la insistencia en la ISI no resolvió. Algunas de estas cuestiones serán abordadas en los siguientes dos capítulos; sin embargo, en este punto resulta útil considerar las primeras iniciativas de integración económica regional. Entre otras cosas, la integración regional se derivaba de la idea de que con mercados subregionales más amplios, o un mercado común latinoamericano de alcance regional, se proporcionaría una base más sólida para la sustitución de importaciones y que, al ayudar a desarrollar el comercio intrarregional latinoamericano, se establecerían a la vez salidas regulares para nuevas exportaciones, sobre todo las de bienes manufacturados, que de otra manera acaso no pudieran tener acceso a los mercados internacionales fuera de la región.

i) El istmo centroamericano

La idea de un comercio bilateral bajo arreglos preferenciales resultaba natural para países vecinos con alguna complementariedad de producción. Argentina y Chile, pese a la barrera geográfica de los Andes que los separaba, habían pensado que esto era posible —aunque poco fue lo que se hizo al respecto—. Argentina y Brasil, en cambio, sostenían ya cierto volumen de intercambio comercial basado en complementariedad de producción. Fue asimismo el caso de las repúblicas de Centroamérica, las cuales por un periodo breve en la primera mitad del siglo XIX se habían mantenido unidas en una federación no muy bien definida ni eficaz llamada Provincias Unidas de Centroamérica.[12] Posteriormente, en los años veinte del siglo XX, surgieron movimientos "unionistas" en varios de los países en esta "subregión", pero no se logró gran cosa. No obstante, El Salvador, el más pequeño en extensión territorial, negoció un acuerdo bilateral de libre comercio con Honduras en 1918; la economía de estos dos países era más o menos complementaria. En los años cuarenta, El Salvador nuevamente tomó la iniciativa de negociar convenios bilaterales con sus otros dos vecinos geográficos, Guatemala y Nicaragua. En 1951 los cinco países crearon una Organización de los Estados Centroamericanos (ODECA) con la finalidad de promover una cooperación más estrecha entre ellos, pero se temió que su Consejo Económico no fuera eficaz y que pudiera tender a politizarse en exceso. En 1951, los mismos cinco países, por conducto de sus ministros de Economía, presentaron una propuesta a la CEPAL, en el IV Periodo de Sesiones en México, para la creación de un

[12] No faltó quien las llamó "las provincias desunidas" del istmo centroamericano, mal llamadas "repúblicas".

Comité de Cooperación Económica del Istmo Centroamericano, el cual se constituiría en el ámbito de la CEPAL, con secretariado de este organismo de Naciones Unidas como cuerpo técnico.[13] En la resolución que se adoptó se expresó el interés de la región por "desarrollar la producción agrícola e industrial y los sistemas de transporte de sus respectivos países, en forma que promueva la integración de sus economías y la formación de mercados más amplios, mediante el intercambio de sus productos, la coordinación de sus planes de fomento y la creación de empresas en que todos o algunos de tales países tengan interés". Para ello, la Secretaría de la CEPAL iniciaría los estudios necesarios y se formaría un Comité de la CEPAL, integrado por los ministros del ramo de Economía, que actuaría como organismo coordinador (Urquidi, 1960).

La idea surgía no solamente de la experiencia histórica y de una visión del libertador hondureño Morazán, parecida (aunque escasamente exitosa) a la bolivariana en Venezuela y Colombia, sino también de la teoría moderna sobre el comercio internacional y de un concepto un tanto impreciso de los beneficios potenciales del comercio intrarregional, así como de los adelantos ya iniciados en Europa occidental para crear, con base en el Benelux, un mercado común ampliado a varios países, que se concretó finalmente en el Tratado de Roma de 1957 y que dio lugar a la Comunidad Económica Europea.

A lo largo de varios años, con la colaboración técnica y la orientación del secretariado de la CEPAL, desde su oficina en México, y con apoyo amplio del sistema de asistencia técnica de las Naciones Unidas en la provisión de expertos, el Comité de Ministros pudo crear un clima favorable para la integración así como organizar una serie de mecanismos conducentes a lograrla, en asuntos de comercio y aranceles, cooperación industrial, transporte y comunicaciones, administración pública, investigación científica y tecnológica,

[13] CEPAL, Resolución IV, 1951. Se usó el término *istmo* —de uso tradicional en esa subregión— para dar cabida a una posible incorporación posterior de Panamá.

electricidad, vivienda, estadística, y política agrícola. En 1958 se firmó un primer tratado de Libre Comercio e Integración del Istmo Centroamericano (Tratado Multilateral de Libre Comercio e Integración Económica Centroamericana) que preveía el comercio sin restricciones de una lista positiva de bienes, no muy amplia, y la negociación continua para ampliar la lista y gradualmente cumplir las condiciones que serían requeridas por el GATT (organismo en el que solamente Nicaragua, entre los países centroamericanos, estaba inscrito), en su artículo 24, referente a que el convenio debería abarcar "lo esencial de los intercambios comerciales de los productos originarios de los territorios constitutivos de [la] zona de libre comercio" (Malpica, 1979, p. 224). En 1960 se tomó un paso más decisivo y de mayor alcance —establecer el libre comercio de todos los bienes—, excepto una lista negativa que se reduciría en negociaciones sucesivas. Se adoptaría además un arancel externo común, cuya parte técnica y de nomenclatura aduanera se había elaborado previamente en la CEPAL. Este nuevo Tratado General de Integración Centroamericana se firmó en Managua en 1960 y entró en vigor en 1962, sin el apoyo de Costa Rica, junto con un Acuerdo de Régimen de Industrias de Integración para el libre comercio de productos de cierto tipo de industrias en la región, que tenía el propósito de evitar temporalmente una duplicación innecesaria de las inversiones, dada la escasa dimensión de los mercados de cada país y aun del mercado centroamericano en su conjunto. Sin embargo, bajo presiones de los Estados Unidos, se abandonó más adelante este acuerdo, no obstante que durante su régimen se establecieron dos industrias nuevas en la zona.[14] La Asamblea de Costa Rica no ratificó el Tratado General.

A pesar de las reservas que surgieron dentro y fuera de Centroamérica, sobre todo en los Estados Unidos, el Mercado

[14] Una explicación útil y breve de la integración económica centroamericana hasta 1960 puede encontrarse en Urquidi (1960). Para una historia completa, incluido el periodo de instrumentación del tratado de 1960 y del Régimen de Industrias de Integración, hasta los años setenta, véase Rosenthal (1991).

Común Centroamericano (MCCA) logró adelantos importantes y desempeñó un papel decisivo en cuanto a inducir nueva inversión industrial y a incrementar enormemente el comercio intrarregional de esa subregión, al tiempo que el comercio exterior general de los cinco países aumentó en proporción considerable. Esto ocurrió no obstante los pronósticos de aquellos que consideraban estos esquemas como un mero mecanismo de desviación de las corrientes comerciales. En 1960, el total de las exportaciones de Centroamérica (sin incluir Panamá) fue de 444 millones de dólares, el grueso del cual estuvo constituido por café, algodón, azúcar, plátano, cacao, madera y productos ganaderos; el comercio intracentroamericano fue casi insignificante: unos 31 millones de dólares. Para 1970, el comercio intrazonal había ascendido a 287 millones de dólares, compuesto en su mayor parte de productos manufacturados —fabricados por empresas tanto nacionales como transnacionales— mientras que el total de exportaciones de los cinco países había ascendido a 1 106 millones de dólares (CEPAL, 1983, cuadros 272 y 273, pp. 532-535 y 540-543). Así, la política del mercado común había logrado muchos de sus objetivos, incluyéndose en ellos el de proporcionar una base más amplia para el desarrollo industrial y una mejor infraestructura de transporte, energía eléctrica y telecomunicaciones. En 1960, con una parte sustancial de los fondos iniciales proporcionados por la Agencia de los Estados Unidos para el Desarrollo Internacional (USAID) y por el BID, se creó el Banco Centroamericano de Integración Económica (BCIE), con sede en Tegucigalpa, Honduras. Más adelante se crearon una Cámara de Compensación de Pagos y un Consejo Monetario Centroamericano.

Por múltiples causas, el MCCA empezó a desarrollar tensiones internas considerables. Honduras, el vínculo más débil, nunca había manifestado mucho entusiasmo y hacía ver con insistencia que el saldo comercial era favorable a los otros cuatro países. A Costa Rica, al tener que enfrentarse a problemas generales de balanza de pagos, le resultó difícil mantener su mercado abierto a productos provenientes de los otros cuatro países y tuvo que aplicar restricciones cambiarias. Pero lo que en el fondo impidió que el MCCA siguiera prosperando fue la creciente tensión e inestabilidad política en la región. Aun en la etapa preparatoria hubo intervenciones armadas de Nicaragua en Costa Rica y de Honduras en Guatemala y más de un golpe de Estado. El conflicto armado entre El Salvador y Honduras en 1968 vino a representar la primera fractura grave. Después de eso —aunque siguieron funcionando los mecanismos formales de integración, sobre todo en lo que concierne a la Secretaría de Integración Económica Centroamericana (SIECA), un secretariado permanente del Tratado General de Integración Centroamericana especialmente designado, con sede en Guatemala, y respaldado tanto por los servicios de la CEPAL como por fondos suministrados por la USAID— el ímpetu disminuyó, y en los años setenta el volumen del comercio intrarregional acusó un descenso y se soslayaron los objetivos a largo plazo (Rosenthal, 1991). Para mediados de los años setenta, la participación del comercio recíproco en el comercio total del MCCA disminuyó, pasando de 26.0% en 1970 a 21.7% en 1976 y el MCCA podía considerarse como virtualmente extinto. Tampoco, desde entonces, se ha hecho mucho para reactivarlo, dada la situación política y los conflictos internos prevalecientes en partes de la región. El BCIE desarrolló una cartera de préstamos moderada de 300 millones de dólares en el quinquenio 1968-1973, equivalente a 11% de la inversión bruta en Centroamérica (www.bcic.org/bcie/publicaciones/cartera/impdirecto.pdf).

ii) Sudamérica y México

En una dimensión latinoamericana más amplia, la idea de la integración económica fue aceptada en forma bastante más cautelosa. La idea bolivariana tradicional de una unidad latinoamericana —que no comprendía a Brasil, México o Centroamérica— sólo formaba parte de una retórica basada en la historia temprana del siglo XIX. Argentina y Brasil habían considerado algunas preferencias comerciales recíprocas durante el periodo 1985-1986 (Díaz-Alejandro, 1970) sin llegar a ningún resultado práctico de consecuencia. Las disputas fronterizas entre Ecuador y Colombia, Venezuela y Guyana, Colombia y Nicaragua y de Bolivia con Perú y Chile por la pérdida en 1879 de 400 km de litoral siguieron vigentes. Cuando la CEPAL fue creada en 1948, no estuvo ausente la idea de la integración y fue debatida brevemente en la conferencia de la CEPAL de La Habana en 1949. En 1953, después de que los países centroamericanos ya habían emprendido su propio esquema subregional, la CEPAL publicó un estudio sobre el comercio intralatinoamericano y posteriormente encargó la redacción de un informe por consultores externos, del cual surgieron recomendaciones preliminares orientadas al establecimiento de una asociación de libre comercio entre los principales países que mantenían relaciones comerciales en América del Sur que fue un antecedente de la ALALC. La CEPAL también sostuvo en sus propios estudios que la ISI podría ser más amplia y eficiente por medio de la creación de una política de mercado común de alcance regional (CEPAL, 1959).

En la práctica, los gobiernos sudamericanos se colocaron en posiciones más estrechas y parecían estar más dispuestos a pensar en una asociación de comercio de sólo cuatro países —Argentina, Brasil, Chile y Uruguay— en lo principal con el propósito de "multilateralizar" algunos acuerdos bilaterales bastante restrictivos entre ellos mismos. A México se le había visto tradicionalmente como demasiado alejado. Venezuela estaba más allá de cualquier posibilidad práctica de integración, debido a su moneda altamente sobrevaluada basada en su economía petrolera. Perú, Bolivia, Ecuador y Colombia apenas figuraban en el panorama de los países del Cono Sur de América Latina. Sin embargo, cada vez que el asunto venía a debatirse en los periodos de sesiones bienales de la CEPAL, se formulaba mayormente la idea de una asociación amplia de libre comercio. El secretariado del GATT, mientras tanto, también había sido consultado, a fin de que los países miembros latinoamericanos del GATT pudieran invocar en el artículo XXIV, inciso 8 la *cláusula de excepción* sobre el tratamiento de nación más favorecida en materia de aranceles, la cual rigió para la creación de la Comunidad Económica Europea. Por último, se adoptaron formalmente las recomendaciones de grupos independientes de estudio convocados por la CEPAL y con el marcado interés de México por participar, se procedió a elaborar el proyecto de tratado, el cual fue aprobado en 1960 en Montevideo. Este tratado estableció la Asociación Latinoamericana de Libre Comercio (ALALC), con la adhesión de 11 países: las 10 repúblicas independientes de América del Sur más México.[15] Cuba, Haití, República Dominicana y Panamá no participaron, como tampoco Centroamérica.

Antes de 1960 el comercio intralatinoamericano de los 11 países de la ALALC era pequeño, no más de 9% de las exportaciones, el equivalente a 582 millones de dólares, dividido entre manufacturas y productos básicos (CEPAL, 1983, cuadro 272, pp. 532-533). Después de 1960, impulsado por las rondas sucesivas de negociación para crear un trato arancelario preferencial (que no incluyó gran parte de las restricciones no arancelarias ni las regulaciones relativas a los controles cambiarios), se produjo un incremento del comercio intrarregional entre los países miembros de la ALALC, que para 1970 se estimaba había crecido a 1 264 millones de dólares, o 1% de las exportaciones regionales (incluida Centroamérica). El proceso fue difícil y no se cumplieron las metas que se habían fijado para alcanzar una asociación de libre comercio plenamente desarrollada; además, el secretariado en Montevideo estuvo lejos de ser ágil y oportuno en sus funciones. Los gobiernos no apoyaron con toda solidez la idea, sobre todo los de Argentina y Brasil. De una larga lista de bienes se logró penosamente negociar preferencias arancelarias apenas limitadas y nominales. Hasta cierto punto, con la participación de las partes interesadas de grupos empresariales,

[15] Una explicación breve puede encontrarse en Urquidi (1962). El desarrollo posterior de la ALALC ha sido analizado en muchos estudios (Urquidi y Vega Cánovas, 1991).

se adoptaron Acuerdos de Complementación Industrial (ACI) de alcance limitado para acelerar el proceso en determinados campos (Almeida, 1991, p. 184). Para facilitar las transferencias de pagos, se adoptó un mecanismo de cámara de compensación, cuya administración se encomendó al Banco Central de Reserva de Perú.

A finales de los años sesenta, el panorama no parecía ser demasiado prometedor y comenzaron a parecer de carácter irreconciliable las divergencias entre los gobiernos sobre cuestiones básicas de política comercial, así como las diferencias en sus puntos de vista acerca de los beneficios industriales, las ventajas recíprocas, etcétera.

De hecho, en 1969 un grupo de países de América del Sur, los llamados países andinos (Chile, Perú, Bolivia, Ecuador, Colombia y Venezuela), en donde varios gobiernos de filiación demócrata-cristiana estaban en el poder, decidieron crear un mecanismo más integrado entre ellos mismos, consagrado a lograr no sólo una reducción recíproca gradual de los derechos de importación, sino también una integración industrial de importancia. El Acuerdo de Cartagena o Pacto Andino tuvo por objeto, por un lado, acelerar el proceso de integración, incluyéndose en ello la asignación de industrias atendiendo al mercado común que se proponía alcanzar con el fin de beneficiarse de las ventajas de localización y de escala, y, por otro, intentaba mostrar una voluntad política entre países con objetivos democráticos y metas de desarrollo similares. Estos países fueron de nivel mediano de PIB por habitante, aunque Bolivia se ubicaba en el extremo bajo de la escala y Venezuela en el alto. Bolivia y Ecuador habrían de recibir tratamiento especial como países menos desarrollados; Venezuela no participó en la primera etapa.

Los mandatarios de dichos países habían llegado a la conclusión de que en buena parte era ilusoria la integración latinoamericana que se procuraba alcanzar por medio de la ALALC y que ésta no estaba funcionando para el beneficio de los países medianos y los más pequeños de la región; por lo tanto, era muy posible que fracasara, mientras que otra oportunidad histórica —la pertenencia a la Cordillera de los Andes— estaba a la mano. El Pacto Andino incluyó la creación de una Corporación Andina de Fomento, la obligación de asumir compromisos relativos al tratamiento de la inversión extranjera directa y la concesión de licencias de tecnología, e incluso acuerdos cooperativos colaterales en materia de educación. Sin embargo, el tratado no preveía formalmente la creación de un mercado común, con libre movimiento de bienes y factores, aunque sí comprendía los mecanismos para el establecimiento gradual de un arancel externo común. No se enunciaron con claridad sus relaciones con la ALALC, ni las incidencias de la membresía individual de cada uno de los países andinos en la ALALC con los varios compromisos que éste establecía. La ALALC no llegó a autorizar formalmente un trato preferencial "intraandino" dentro del trato preferencial del tratado de Montevideo. El Pacto Andino dispuso la creación de un órgano ejecutivo o Junta en Lima, con rotación en el cargo de presidente, y un secretariado técnico (Salgado en Urquidi y Vega Cánovas, 1991).

Mientras que los procesos de integración bajo el Pacto Andino cobraron algún ímpetu, sucedió lo contrario con la ALALC. En 1967 se realizó un esfuerzo, mediante una reunión a nivel ministerial (ministros de Relaciones Exteriores), en Asunción, Paraguay, a la que se dio mucha publicidad, para revitalizar a la ALALC acordando un calendario nuevo, más realista, para lograr una liberalización sustancial del comercio recíproco. La ALALC se encontraba en peligro de convertirse en un sistema arancelario preferencial más o menos estancado, por lo que no cabía duda de que iba a provocar alguna reacción en los círculos del GATT y de los países externos que se sintieran discriminados. También se estaban acumulando excepciones al tratamiento de la ALALC. Se pensó que podían incluirse algunos productos básicos principales de América Latina, como el trigo y el petróleo, que a menudo se importaban de mercados fuera de la región mientras que los excedentes individuales de exportaciones en gran parte también se vendían a mercados fuera de la región. Todo esto fracasó, y la conferencia a nivel ministerial anunciaba la desaparición de la ALALC. No había suficiente interés por parte de los países miembros, sobre todo Argentina y Brasil, y las naciones andinas habían decidido ya seguir adelante por su cuenta a la par de seguir siendo países participantes del tratado de Montevideo, pero sólo con cumplimiento nominal. Más tarde habrían de generalizarse, aun dentro del Pacto Andino, las expresiones *incumplimiento* e *incumplir*. México, por cierto, pese a su entusiasmo inicial y colaboración constructiva, empezó a quedarse aislado —de la ALALC y del Pacto Andino— y tampoco desarrolló vínculos con el MCCA. Como ya antes se señaló, los tres países latinoamericanos tradicionales del Caribe, los centroamericanos y Panamá no eran miembros de ningún esquema de "integración latinoamericana", por lo que este término no resultaba ser en todo caso una descripción exacta.[16]

La secretaría de la CEPAL siguió colaborando estrechamente con los esquemas de integración. Desde la oficina sede en Santiago de Chile se daba apoyo al proyecto más amplio de integración de la ALALC en Montevideo, por medio de trabajos de investigación y estudios analíticos; también convocando grupos de expertos y de personalidades para discutir los temas y recomendar medios de avance. La Oficina Regional en México se ocupaba principalmente en apoyar a los países miembros del MCCA para resolver sus problemas y progresar en programas de desarrollo más amplios, de mutuo beneficio. Cuando se lanzó la Alianza para el Progreso en los años sesenta, a iniciativa de los Estados Unidos, parecía natural reunir al personal del más alto nivel en ambos mecanismos, ya que la integración económica también fue uno de los objetivos en la Carta de Punta del Este (Scheman, 1988b, p.13), y se sometieron propuestas específicas en 1963 (Mayobre, Herrera, Sanz de Santamaría y Prebisch, 1965). La

[16] La adición posterior de países de la Mancomunidad Británica de Naciones y la de otros países a la CEPAL de "América Latina" para convertir a ésta en la CEPALC, con la C de Caribe, hicieron que el término fuera aun más impreciso.

declaración de la Carta de Punta del Este daba cuenta de que la Alianza se establecía "sobre el principio básico de que hombres libres que trabajan en instituciones de democracia representativa pueden satisfacer de la mejor manera aspiraciones de hombre..." También se establecía lo siguiente: "Ningún sistema puede garantizar un verdadero progreso a menos que afirme la dignidad del individuo, la cual es la base de nuestra civilización. Por lo tanto, los países firmantes... han aceptado... mejorar y fortalecer las instituciones democráticas a través de la aplicación del principio de autodeterminación de los pueblos" (Lerdan, 1988, p. 180). Nada de esto fructificó.

iii) El Caribe

Se pidió asimismo a la Secretaría de la CEPAL que apoyara a los países caribeños de la Mancomunidad Británica en la elaboración de una propuesta de asociación de libre comercio que tuvo su apoyo inicial en Jamaica y Trinidad y Tabago, naciones que se habían incorporado a la CEPAL como miembros plenos. Ello condujo a la creación de la Carifta (Asociación de Libre Comercio del Caribe), integrada por aquellos dos países más Anguila, Antigua, Barbados, Dominica, Granada, Guyana, Montserrat, Saint Kitts y Nevis, Santa Lucía y San Vicente. Estos países tenían, al igual que los de Centroamérica, mucho en común, así como algunas diferencias notables entre ellos en lo que respecta a la dotación de recursos. Al igual que entre todos los miembros de esquemas de integración en América Latina, el transporte constituía un problema difícil de resolver, aun cuando en este último caso se pensaba que sería más fácil debido al uso fundamental de la vía marítima. La Carifta comenzó operaciones en 1965 y gradualmente fue evolucionando hacia un esquema de mercado común, el Caricom (Mercado Común del Caribe). Para 1970, sin embargo, el comercio intrarregional entre los miembros de la Carifta-Caricom no llegó a ser muy sustancial, puesto que las exportaciones intrarregionales representaban un poco más de 10% de sus exportaciones totales (Scheman, 1988b, cuadro 1.26, p. 50).

iv) El conjunto disfuncional

Las tensiones venían aumentando dentro de todos los esquemas subregionales y regionales de integración, incluso en el Pacto Andino y en Centroamérica, y no se llevaba a cabo suficiente esfuerzo concertado por parte de los gobiernos, ni tampoco se procuraba una participación significativa de grupos empresariales. La prosperidad externa de la región latinoamericana también desvió la atención prestada a la integración hacia otros temas. Los esfuerzos de integración fueron vistos como engorrosos, sobre todo en una coyuntura en que los mercados mundiales para productos básicos eran favorables. De un modo paradójico, el éxito y el dinamismo aparente de la industrialización por medio de la sustitución de importaciones también complicó las cosas. Pudiera haberse pensado, como los primeros estudios de la CEPAL lo habían prefigurado, que la "regionalización" de la sustitución de importaciones sería vista como una ventaja para los varios programas y políticas nacionales. En cambio, puesto que no se usó ningún mecanismo para asignar industrias principales a localizaciones preferenciales por países o por regiones (salvo en Centroamérica y en el Pacto Andino, de alcance limitado) había suspicacia mutua y renuencia a otorgar concesiones recíprocas. Los arreglos especiales que fueron acordados en la ALALC en Montevideo para lograr cierta medida de complementariedad industrial fueron negociados en realidad, en gran parte, por subsidiarias de las empresas transnacionales, que parecían ver las ventajas a largo plazo o que al menos se sentían menos inseguras. En todo caso, tales arreglos de complementariedad solían estar limitados a algunos cuantos países, en los que Brasil y Argentina casi siempre estuvieron presentes. En una evaluación de los diferentes procesos y planes de integración, Rómulo Almeida, eminente economista brasileño y uno de los fundadores de la ALALC, llegó a la conclusión de que se necesitaba una nueva estrategia y en particular, la coordinación, aunque fuera informal, de las distintas organizaciones implicadas en los problemas de América Latina (Almeida, 1991, pp. 188-191).

La siguiente etapa en la integración latinoamericana tuvo aun menos éxito, como se verá en el capítulo IX.

V. PROBLEMAS ESTRUCTURALES NO RESUELTOS EN LA ECONOMÍA "REAL", 1950-1970

1. Los problemas estructurales. 2. La agricultura y su organización. 3. Una agricultura que no satisfacía la demanda. 4. Utilización de energía y alternativas. 5. Transporte: del ferrocarril al autotransporte y al transporte aéreo; ocaso del transporte fluvial y del de cabotaje.

LA RAPIDEZ DE LA INDUSTRIALIZACIÓN bajo las políticas de sustitución de importaciones y los resultados bastante visibles en términos físicos y de empleo —si bien no en cuanto al costo de oportunidad y el costo social final— condujeron a los países de la región latinoamericana a un abandono relativo de aspectos importantes de la política de desarrollo. Durante el periodo 1950-1970, las principales cuestiones desatendidas fueron la política agrícola, el desarrollo de los recursos energéticos, y hasta cierto punto el capital de infraestructura social, en particular el transporte. Puede designárseles, por razones diferentes, como "problemas estructurales", esto es, problemas económicos relacionados con la inversión, la productividad, la rentabilidad y el empleo cuya solución no era tratable, o solamente parcialmente y en ocasiones de manera un tanto aberrante, por la vía del mercado. Son también "problemas político-estructurales" los relativos a la institucionalidad pública y el financiamiento, que se abordan en el capítulo VI.

En la actualidad está de moda afirmar que durante esos dos decenios se dejó de adoptar en la región latinoamericana la asignación de recursos inducida por fuerzas del mercado como marco general de la política de desarrollo, practicándose en su lugar la intervención del Estado, el dirigismo y la estatización como solución. Esta idea es presentada de manera constante como si el paradigma del mercado libre, supuestamente la vía del capitalismo desenfrenado, fuera el desiderátum de un proceso exitoso de desarrollo, como si aun los países ya industrializados de Europa occidental y América del Norte o Japón se hubieran guiado siempre por esos principios. Cierto es que durante gran parte de su historia, los países latinoamericanos organizaron sus sociedades teniendo en la cúspide al Estado autoritario y que, ante altas y bajos de su desarrollo, el Estado buscó establecer políticas intervencionistas con objeto de corregir, promover, reglamentar y proteger ciertos intereses, fueran de grupos privados ligados al crecimiento económico, o de grupos sociales que reclamaban participación mayor en dicha expansión. En muchos países el Estado se propuso atender, además, las demandas de carácter social general, como la educación, la salud y la vivienda. Pocas veces se tuvo pleno éxito, sobre todo para hacer frente a las fluctuaciones originadas en la economía mundial, así como para corregir injusticias locales y construir medios institucionales de defensa social. En algunos países menores, el Estado se desentendió por completo del desarrollo durante largos periodos.

En relación con los años 1950-1970, cuando se manifestaron aspectos importantes de la "edad de oro del desarrollo", como se explicó en el capítulo IV, cuando se registraron tasas de incremento del PIB por habitante en algunos casos extraordinarias, resulta indispensable, ante los éxitos relativos en muchos sectores, examinar y ahondar en problemas fundamentales de carácter estructural que quedaron sin solución, o en que el avance fue insuficiente o aun mínimo. En esos dos decenios no se abandonó el sistema de precios ni de funcionamiento de los mercados (salvo en el caso de Cuba a partir de 1960, cuando su economía entró a la égida del sistema soviético de planificación y distribución social). Sería más correcto decir que lo que ocurrió en la región latinoamericana fue que los encargados de las políticas económicas en los diversos gobiernos o en la mayoría de ellos, ante la experiencia de los años treinta y cuarenta, se ocuparon del desarrollo en condiciones poco favorables y con frecuentes improvisaciones. Es más, generaron o dieron pie a señales de mercado de carácter artificial o equivocado a los sectores de inversión privada. A mayor abundamiento, las implantaron en importantes áreas del sector público con el propósito de compensar la falta de inversión privada o de lograr objetivos que esta última no podía o no quería abordar. Para colmo de males, los gobiernos y la sociedad en general no prestaron suficiente atención a las áreas en donde sólo con la aplicación de decisiones políticas firmes y consensuadas podía lograrse un cambio, esto es, aquellas áreas en donde era necesario hacer que las estructuras rígidas se volvieran flexibles y respondieran a las necesidades del desarrollo. Como se verá en el capítulo VI, una parte de la cooperación financiera internacional que se solicitó y que fue otorgada en los años sesenta consideró algunos de dichos propósitos, pero no fue plenamente exitosa, dado que esa cooperación no podía ayudar a resolver grandes problemas si al mismo tiempo los gobiernos y las sociedades no eran capaces de construir los fundamentos con una asignación adecuada de recursos locales, basada en el nivel del ahorro interno y en sistemas fiscales y financieros modernos y eficaces, teniendo al ahorro externo sólo como complementario sin ser decisivo, y dando plena seguridad jurídica a las inversiones de capital privado nacional y extranjero.

1. Los problemas estructurales

Los problemas estructurales son, por su propia naturaleza, la sustancia del desarrollo (Little, 1982, capítulos 1 y 2, Myrdal, 1971, capítulos 1 y 6; Furtado, 1966, capítulos I y III, y Sunkel, 1967), y en otras zonas del mundo y en otros tiempos han sido abordados por varios medios y políticas, no siempre con resultados positivos o adecuados. Con frecuencia, fueron insuficientes los recursos reales y financieros, los sistemas educativos y de capacitación, la cultura de la gestión empresarial y el conjunto de condiciones políticas y administrativas de las sociedades. El desarrollo no se da por arte de magia, sino con base en inversiones reales de carácter productivo y de incorporación de nuevas tecnologías, con apoyo en ahorros propios y otros obtenidos fuera del ámbito nacional y con una visión coordinada de conjunto. Por otra parte, la economía "real" a la que aquí se hace referencia es la tarea básica de inversión y de producción, distribución y consumo de bienes y servicios, con el énfasis en el volumen de producción de mercancías y servicios, y su distribución a la población urbana y rural y la que depende de ésta —en contraste con la economía "financiera", que se ocupa del dinero creado institucionalmente, el crédito, los flujos de ingresos y de gastos tanto públicos como privados, el ahorro también público y privado, y los saldos internacionales, positivos y negativos, los cuales a menudo se consideran, erróneamente, de mayor importancia que el ahorro y la evolución institucional nacional—. Aunque la distinción no puede ser demasiado fina, toda vez que las transacciones financieras —a menos que sean exclusivamente especulativas— se relacionan con transformaciones subyacentes "reales", resulta útil, para los propósitos del presente capítulo, separar lo concerniente a algunos aspectos importantes de la economía "real" y examinar su pertinencia al desarrollo de la región latinoamericana.

Otra razón para preferir este vector de análisis es que las propias fuerzas del mercado no siempre han sido factores determinantes, ni tampoco han dado como resultado un crecimiento y un desarrollo constante y sostenible. Por ejemplo, no todos los mejoramientos en la agricultura resultaron de meras señales del mercado, sino de la investigación científica y de cambios radicales en la legislación, de la creación de servicios públicos de extensión agrícola, de avances enormes en la naturaleza, la calidad y la velocidad del transporte y de la disponibilidad de crédito bancario. El descubrimiento de yacimientos de petróleo y de gas se derivó de adelantos en materia de conocimientos geológicos y del desarrollo de mejores técnicas de perforación, y con respecto a algunas partes del mundo incluso de consideraciones de índole "geopolítica" y de seguridad. La difusión de la electricidad con frecuencia tuvo que ser inducida por medio del otorgamiento de subsidios. La transición a nuevas fuentes de energía resultó de avances tecnológicos que originaron una demanda de determinados combustibles o llevaron al fin a la energía solar y otras no convencionales. El avance de las vías férreas en el interior de la región latinoamericana —aparte la empinada orografía y los anchos caudales hídricos— dependió de las perspectivas del comercio exterior e interior, la urbanización, la relocalización de las operaciones mineras, y de muchos encadenamientos con otros sectores, así como de la actitud de regímenes políticos locales, y con frecuencia tuvo que subvencionarse y aun abandonarse a favor del transporte por carretera. El transporte marítimo de cabotaje y el fluvial iniciaron, en cambio, su ocaso. La industrialización rápida, como en el periodo 1950-1970, obedeció a incentivos de mercado —a veces artificiales—, pero también a descubrimientos científicos y a avances tecnológicos, y a su transferencia para aplicación inmediata en procesos manufactureros nuevos y de mayor rendimiento físico. Y así por el estilo.

En los años cincuenta y sesenta no se desconocía nada de esto, al menos para los estudiosos y los funcionarios de organismos internacionales. De hecho algunos países desde los años veinte y treinta habían ya llevado a cabo reformas o formulado políticas —no siempre bien integradas en una visión, esquema o estrategia congruente de carácter nacional— en materia, por ejemplo, de producción agropecuaria moderna, la explotación de recursos energéticos y el transporte, donde se situaban problemas de origen estructural. Sin embargo, en lo que se refiere a la formulación real de políticas de desarrollo a partir de los años cincuenta y como una reacción a la era de la posguerra y sus perspectivas, el grueso del énfasis, al menos en los países con mayor peso económico en la región latinoamericana, fue colocado en la industrialización como tal (como se expuso en el capítulo IV).

El presente capítulo se ocupará de los principales aspectos involucrados en las políticas en materia agropecuaria, de energéticos y de transporte, y las consecuencias de ellas no con el fin de abarcar todo lo estructural, sino para poner de relieve elementos estratégicos de una política de desarrollo que no alcanzó a ser propiamente integral. Los aspectos sociales, demográficos y de urbanización serán abordados en el capítulo XI.

Ha parecido asimismo conveniente tratar en forma separada, en el capítulo VI, los otros "problemas estructurales" en que intervienen importantes aspectos "financieros", si bien también, en sus orígenes, revelan elementos estructurales fuertes de carácter social y político.

2. La agricultura y su organización

Resulta básico considerar la organización de la agricultura, algunos de sus antecedentes históricos, el problema preponderante de la tenencia de la tierra, las influencias modernizadoras y su difusión, y las políticas económicas que afectan el volumen de la producción agrícola y los ingresos, así como el elemento componente tradicional constituido por las exportaciones de productos básicos. En etapas más recientes, las fuentes de energéticos y las modalidades de transporte han tenido gran influencia en lo que atañe a los cambios en los patrones del volumen de la producción agrícola. El hecho de contar con instalaciones inadecuadas de transporte y almacenamiento también ha restringido las oportunidades del desarrollo agropecuario.

En primer término, debe señalarse que aunque el volumen de producción del agro en varios países de la región latinoamericana empezó a registrar rezago en los años cincuenta y los sesenta, su tasa de crecimiento no fue en modo alguno despreciable, incluso para la región como un todo. La producción agrícola, incluidas la producción ganadera, la de tierras de pastoreo, la silvicultura y la pesca, y las estimaciones —como se acostumbra presentar en los cálculos de las cuentas nacionales— para la agricultura de subsistencia se duplicaron durante este periodo de 20 años (Urquidi, 1962, cuadro 8, p. 164 y CEPAL, 1983, cuadro 103, p. 196). Esto da para la región en su conjunto una tasa media anual de 3.5%, que por lo menos se mantuvo por encima de la tasa de crecimiento demográfico de 2.8% durante el periodo (Maddison, 2003, cuadro 7a, p. 232) y aun la mejoró en algunos años. La tasa de expansión fue similar a través de cada una de las dos décadas, con ligera aceleración en los años sesenta.

Es verdad que la producción agrícola fue rebasada por la producción de manufacturas, la cual alcanzó la tasa de crecimiento más elevada de cualquier sector a lo largo de los dos decenios, a saber, 294% o sea una tasa media anual de 5.5% (asimismo con una aceleración en los años sesenta, a una tasa media anual de 6.9%). En sentido comparado, al observar la evolución de la industria, los resultados obtenidos de la agricultura ciertamente pueden ser considerados "decepcionantes", como muchos autores e informes de organismos internacionales lo han subrayado. No obstante, en un periodo de cambios rápidos, caracterizado con desplazamientos importantes de la mano de obra fuera de la actividad económica primaria, a causa de su incorporación a la actividad económica secundaria y terciaria, atraída por empleo regular en los centros urbanos, no es de extrañar que la agricultura se haya rezagado en términos relativos. Asimismo, a través del periodo, no fue muy alentadora ni estable la demanda mundial de determinados productos agropecuarios latinoamericanos destinados a la exportación. Desde luego que la producción agrícola tiene que verse a largo plazo y con la óptica de que la intención primordial e histórica es la de satisfacer las necesidades alimentarias internas, a lo que se añaden los requerimientos surgidos en la industria nacional de ciertas materias primas, como las fibras o las maderas. La agricultura no sólo ha sido proveedora de maíz, trigo, mandioca, carne, lana, oleaginosas y algodón, y de productos tropicales de exportación como el azúcar, el cacao y el café, para consumidores en todo el mundo. Éste fue el patrón que rigió en siglos pasados. La agricultura ha evolucionado para abarcar adicionalmente legumbres, frutas, fibras y otras materias primas, alimentos para el ganado, tabaco, maderas, flores y una gran diversidad de otros productos. Ante los incrementos demográficos y los cambios en las sociedades en desarrollo, la agricultura necesita además cumplir varias funciones, no sólo la producción de alimentos y materias primas, sino también la conservación de los recursos naturales, el dar seguridad a la población rural y valorar el campo y sus habitantes como elementos básicos de sociedades en transformación.

Por ello, llama la atención que la actividad agropecuaria en la región latinoamericana no haya podido satisfacer adecuadamente la demanda local de alimentos, su función básica, y que buen número de países latinoamericanos se hayan convertido en importadores netos de alimentos básicos tanto en su estado natural, como ha sido el caso de los granos, como en diferentes procesos de transformación industrial, como ocurre con los productos lácteos y cárnicos, y así como con las múltiples elaboraciones de productos más especializados. Esto es paradójico en un territorio vasto que cuenta con todo tipo de zonas climáticas y de suelos propicios para la producción de alimentos, y aun grandes extensiones de tierras ociosas.

Al igual que en muchos otros sectores del desarrollo económico de la región latinoamericana, no basta examinar los datos a nivel agregado, pues los resultados de los diferentes países individuales han variado a través del tiempo y a la luz de circunstancias especiales. Ha habido cambios ocurridos en la demanda, rigideces sostenidas en la oferta y políticas públicas no suficientemente bien diseñadas ni evaluadas. El desempeño menos favorable durante la mayor parte de los años cincuenta y sesenta parece haber sido el registrado en Chile, seguido de cerca por el de Argentina (Furtado, 1979, cuadro 27, p. 172). La producción agrícola chilena creció apenas a una tasa anual de 2% entre 1950 y 1965 y a una tasa de 3.5% en la segunda mitad de los años sesenta (CEPAL, 1964 y 1983); mientras tanto, la población de Chile había aumentado durante los dos decenios a una tasa anual de 2.2% (Maddison, 2003). Sin embargo, esta comparación sencilla requiere matizarse en términos de las variaciones en productos específicos, los cambios en la distribución rural-urbana de la población, los niveles nutricionales prevalecientes, y las exportaciones al exterior *versus* el abastecimiento de los mercados internos, aunque queda la inferencia clara de que no se estaba realizando el potencial agrícola de Chile. Argentina, donde el crecimiento demográfico no fue superior a 1.7% anual, había descansado, por varios decenios, en un patrón orientado a los mercados de exportación, sobre todo para el trigo, la carne de res, la lana y las oleaginosas. Dichos productos se vieron afectados en forma desfavorable por el descenso de los mercados mundiales y la caída de los precios durante los años treinta, por la dependencia de Argentina con respecto al mercado europeo, cada vez menos asequible, y por las restricciones proteccionistas en el mercado de los Estados Unidos (por ejemplo, el alegato de que Argentina se encontraba en una zona de fiebre aftosa). Se presentaron además factores internos que afectaron la productividad. No obstante, la producción agrícola creció a una tasa media anual de 2.2% de 1950 a 1965 (Furtado, 1979, cuadro 27, p. 172) y a una tasa anual de 1.1% de ese año a 1970 (CEPAL, 1983, cuadro 122, p. 234).

La tasa más alta de crecimiento agrícola fue la de México: 6.4% anual hasta 1965, con una disminución de 2.3% para finales de los años sesenta. Ésta constituyó una de las tasas líderes de expansión de la producción agrícola en el mundo durante ese periodo, paralela a las registradas en Grecia e Israel, países que se tenían como "modelos". México pudo aumentar los rendimientos por hectárea en granos, así como ampliar su producción de azúcar y de café, oleaginosas y algodón. A ello contribuyeron tanto los mercados de exportación como la expansión industrial interna. En el caso del trigo, destacó el efecto de la Revolución Verde, que permitió a México no solamente ser autosuficiente, sino además dio lugar a excedentes para la exportación. El maíz siempre había sido un alimento básico para el consumo humano interno y ganó crecientes usos industriales; la instrumentación de programas conjuntos de acción logró la producción de una oferta interna amplia. El café se benefició de rendimientos mejorados y del Convenio Internacional sobre el Café que ayudó a sostener los precios mundiales. La rapidez de la urbanización en México y el empleo industrial requirieron de un mayor volumen de producción agropecuaria. Con todo y que se rezagaron los precios nacionales de garantía para algunos productos del agro, los ingresos rurales crecieron en virtud del aumento de la superficie cosechada, de los mayores rendimientos en las zonas más favorables y de una mejor organización del mercado.

Venezuela registró también un crecimiento rápido en su producción agrícola, de manera continua hasta finales de los años sesenta, aunque comenzando a partir de niveles bajos. El adelanto se consiguió en granos, azúcar y producción ganadera; por lo que respecta a los primeros dos productos, su crecimiento fue propiciado por el otorgamiento de considerables subsidios. Por otra parte, el caso de Brasil resulta ser un tanto atípico. La producción agrícola, incluido el café, aumentó a un buen ritmo, de 4.2 y 3.2% anual respectivamente, en los primeros 15 años del periodo y en los últimos cinco —una tasa superior al crecimiento demográfico de 3.0%. Pero la producción de Brasil experimentó una considerable relocalización dentro del país, en la medida en que la horticultura remplazó al café en la zona de Sao Paulo, y éste se extendió más al sur hacia Paraná, a la par que las tierras sureñas se convertían en extensiones dedicadas al trigo y en haciendas ganaderas. La expansión de la superficie de cultivo contó mucho más que un aumento de los rendimientos, cuyos niveles, por lo demás, se situaron entre los más bajos en América del Sur. En la región nordeste permanecieron grandes focos de miseria, relacionados con malas cosechas, sequías y la utilización de métodos atrasados, así como con el sistema de tenencia. No obstante, Brasil adquirió la reputación de ser un país con una "frontera agrícola" ilimitada.

Algunos de los países de Centroamérica —entre ellos las dos "repúblicas bananeras" típicas, Honduras y Costa Rica—, lograron poco progreso. Todos los países centroamericanos dependieron de importaciones de trigo (para el que se carecía de zonas de cultivo propicias) y poco fue lo que se hizo para mejorar la producción del maíz. La mayor parte de ellos optaron por dedicar sus tierras a cultivos industriales de mayor rendimiento, como el algodón y el azúcar, o a producir y exportar café en grano en la forma tradicional. El algodón estuvo bien controlado con insecticidas, y el café, en algunas de las zonas, se convirtió en un cultivo científico, casi de horticultura, de altos rendimientos. La producción de banano, controlada por las empresas transnacionales, estuvo amenazada por plagas.

La diversificación de la agricultura fue una nueva componente en la formulación de la política agrícola y fue practicada con cierto éxito en los países más pequeños y en zonas limitadas de los países más grandes. En ocasiones la fuerza de la demanda de los mercados externos, como en el caso del tomate, las legumbres y ciertas frutas tropicales en México, fue un factor positivo. En los países principales surgieron nuevos cultivos a raíz de que la preservación, el congelamiento y ciertos nuevos procesos de algunos productos posibilitaron enviar embarques a mercados extranjeros lejanos.

Lo anterior daría la impresión de que, a pesar del énfasis en la industrialización, el sector agrícola observó un modesto desempeño positivo. ¿Hubo o no un abandono relativo? La respuesta parece depender de cuál país es el que se tenga en cuenta, de cuáles cultivos se trate y de qué arreglos de comercialización fueron posibles. Se reconoce de manera general que la producción agropecuaria de Argentina fue desatendida técnicamente durante un lapso prolongado, y que este país avanzó sin mayor esfuerzo de investigación, por un tiempo, apoyándose excesivamente en su tradición de ser proveedor de trigo y de carne de res, pero no dio suficiente importancia a la competencia que ejercían otros productores en la región o fuera de ésta. También, la adopción de medidas monetarias no siempre favoreció las inversiones a largo plazo ni las respuestas rápidas a cambios en la demanda. La producción y venta estuvieron asimismo sujetas a condiciones climáticas variables. En Chile, la tenencia de la tierra y la política económica general contribuyeron a la crisis crónica del sector agrícola. Venezuela padeció de una moneda sobrevaluada y de la atracción de la industria petrolera como pieza estratégica en el desarrollo. Por otra parte, en México, independientemente de la política de reforma agraria, la aplicación de insumos modernos en tierras de regadío en unidades de producción de propiedad privada y la introducción de variedades de semillas mejoradas, por ejemplo en el trigo, permitieron rendimientos en los granos superiores a los de, por ejemplo, los Estados Unidos; sin embargo, se desatendió la agricultura tradicional. En algunos países, la agricultura de plantaciones —el banano en Ecuador y en Centroamérica; el azúcar en Cuba, Nicaragua, Perú y en la región nordeste de Brasil— impidió que se hiciera un simple cambio de unos cultivos a favor de otros y mantuvo grandes excedentes en los mercados mundiales que ya estaban sobreabastecidos. El azúcar estuvo sujeto a un sistema de cuotas en el mercado de los Estados Unidos, manejado para proteger los intereses de los agricultores de ese país cuyos costos eran más elevados; la comercialización del banano, producto altamente perecedero, estuvo controlada por un número reducido de compradores e intermediarios. El café, protegido por los convenios de estabilización de precios y por las periódicas heladas de invierno en Brasil, tuvo sus altibajos, con más bajos que altos; pero la superficie de cultivo fue ampliada considerablemente, sobre todo en Brasil, Colombia y México. Entre estos países destaca Brasil, que después de dos años de disminuciones en las cosechas de café, alcanzó en 1965/1966 la mayor cosecha mundial de la historia, con más de cinco millones de toneladas (FAO, 1966b, p. 250, párrafo 1). Entre junio de 1962 y marzo de 1965, Brasil introdujo nuevas variedades con mayores rendimientos, estimándose en cerca de 691 millones de árboles de café (que representaron casi la quinta parte del total en el país) y se liberaron 780 000 hectáreas para la replantación, bajo un esquema financiero Gerca (Grupo Ejecutivo de Racionalización de la Caficultura) (FAO, 1966a, p. 113, párrafo 304). El café brasileño no fue café de sombra sino café robusto a pleno sol. El café de calidad, proveniente de Colombia, Centroamérica y México, encontró un mercado más receptivo y produjo una afluencia grande de divisas. La gestión administrativa de las exportaciones de café fue notablemente eficiente en Colombia.

Las diferencias en los rendimientos por hectárea, incluso si se toman promedios nacionales, fueron en algunos casos bastante señaladas. Por ejemplo, durante la mayor parte del periodo, Venezuela presentó el rendimiento más bajo en el trigo (0.5 toneladas métricas por hectárea), mientras que en México el rendimiento medio (donde el trigo se cultivó principalmente en superficies de riego) fue cinco veces mayor, 2.5 toneladas métricas. En una posición intermedia, Argentina presentó un rendimiento en promedio de alrededor de 1.5 toneladas métricas. Por lo que respecta al maíz, en el que Argentina fue uno de los principales productores para su utilización como forraje y México para su consumo humano directo, la variación de los rendimientos en promedio fue de 0.9 toneladas métricas por hectárea en Colombia a 2.8 en Chile, con Argentina ocupando una posición intermedia al registrar un rendimiento de más de dos toneladas métricas, y México situándose por el lado bajo con 1.3 toneladas métricas de promedio nacional. En México se cultivó el maíz incluso en laderas empinadas, como producción de subsistencia, pero asimismo en tierras fértiles de temporal. El rendimiento en el arroz fluctuó de 1.5 toneladas por hectárea en Brasil, en donde era un cultivo alimentario básico, a 4.8 toneladas en Argentina, en donde la mayor parte de la cosecha se destinó a la exportación; Perú también presentó rendimientos tradicionalmente altos. Y un cultivo comercial típico para fines industriales, el algodón, registró un promedio bajo de 0.16 toneladas por hectárea en Brasil, consumidor grande para la industria textil, y un rendimiento extraordinariamente alto de

0.68 toneladas (y más alto todavía hacia finales de los años sesenta) de una fibra de bastante buena calidad en México. Los rendimientos también fueron altos en Perú, un país exportador de fibra larga de algodón en rama, y en algunas partes de Centroamérica, sobre todo Guatemala y El Salvador, después en Honduras y Nicaragua, en pleno auge de precios. (Consúltense más datos de rendimientos y precios de los cultivos en los años sesenta en los países de la región en FAO, 1971, por ejemplo.)

Al hacer un análisis de la producción agrícola y del marco de organización en América Latina durante los dos decenios, se concuerda en que el problema básico en la mayoría de los países (salvo en Argentina) fue el progreso limitado obtenido en la agricultura "moderna" con respecto a la agricultura "campesina". Ésta es una simplificación, debido a que pueden identificarse varias características de la explotación agrícola que fundamentalmente tienen que ver con el régimen de tenencia de la tierra y con el tamaño de los predios. No es posible, según la opinión de expertos (Domike y Barraclough, 1972),[1] suponer, sin más, que las fincas o unidades de explotación grandes son eficientes y que las parcelas pequeñas no lo son. Esto varía entre países y cultivos y de acuerdo con las condiciones específicas de la tenencia de la tierra. En términos generales lo mismo puede decirse acerca de México, donde en los años veinte y todavía más en los treinta se inició la aplicación de una política y un movimiento de reforma agraria de gran envergadura, experimentándose una etapa intensa de distribución de la tierra a partir de 1935 con la fractura del sistema latifundista de producción agropecuaria y la ampliación del sector ejidal de propiedad de la nación, cuyas tierras fueron dadas a los campesinos sólo en usufructo (Reyes Osorio, Stavenhagen y Eckstein, 1974).

[1] Arthur L. Domike y Solon Barraclough (1972) se basan en encuestas llevadas a cabo en siete países bajo un proyecto de investigación de tres años patrocinado por el Comité Interamericano sobre el Desarrollo Agrícola (CIDA), creado por la FAO, la CEPAL, la OEA, el BID y el Instituto Interamericano de Ciencias Agrícolas (IICA). Tam-

El tema de la tenencia de la tierra se convirtió en un punto clave en la Alianza para el Progreso a principios de los años sesenta. Únicamente en México se había llevado a cabo una reforma agraria, basada en un decreto proclamado en 1913 y posteriormente fundamentada en disposiciones constitucionales aprobadas en 1917. En Bolivia fue propiciada por la promulgación de nueva legislación, revolucionaria y adoptada en 1952, y en Cuba como consecuencia del establecimiento del régimen de Fidel Castro después de 1959. Durante largo tiempo se había sostenido —de manera casi universal en países con instituciones derivadas históricamente de las establecidas en la península ibérica— que la concentración de la tierra y la legislación que prevalecía, en particular en ciertos países latinoamericanos, eran socialmente injustas, pues ello tendía a dividir a la sociedad entre un grupo pequeño de grandes terratenientes, por un lado, y una masa grande de campesinos pobres y sin tierra —población que en muchos países se encontraba asentada en zonas lejanas, incluyéndose en ella a las comunidades indígenas—, por el otro. La reforma agraria fue uno de los objetivos primordiales de la Revolución mexicana, al igual que lo fue años después en la Bolivia revolucionaria. En Cuba, además, la mayor parte de las grandes fincas productoras de caña de azúcar eran propiedad de empresas extranjeras. Entre los casos notorios de países con una distribución de tierras cultivables marcadamente desigual destacaban Guatemala, El Salvador, Perú, Chile y la región nordeste de Brasil. A principios de los años sesenta, las siguientes fueron representaciones estadísticas típicas: en Argentina, 0.8% de la tenencia (clasificada como grande, esto es, unidades de producción agrícola que empleaban 12 o más personas) poseía 36.9% del total de la tierra cultivable; en Brasil, 4.7% poseía 59.5%; en Chile, 6.9% concentraba 81.3% de toda la tierra cultivable; en Colombia, 1.3% poseía 49.5%; en Ecuador, apenas 0.4% tenía la propiedad de 45.1%; en Guatemala, únicamente 0.1% po-

bién la división conjunta CEPAL/FAO, en Santiago, Chile, realizó valiosa investigación y análisis. CEPAL/FAO (1963 y 1966).

seía 40.8%; y en Perú, 1.1% controlaba 82.4% (Domike y Barraclough, 1972). En algunos de dichos países, la tenencia de una tajada sustancial de las tierras cultivables restantes estaba en manos de propietarios que empleaban de cuatro a 12 personas (clasificadas como unidades de producción agrícola de tamaño mediano). El otro extremo lo conformaba el alto porcentaje de campesinos-agricultores, tanto como casi 90% en Ecuador, Guatemala y Perú, quienes poseían una pequeña fracción del total de la superficie cultivable, con una posición ligeramente menos extrema en Brasil, Chile y Colombia.

En México, por lo que respecta a la tenencia, prevaleció una situación diferente, ya que el movimiento y los programas de reforma agraria habían establecido límites máximos de 100 hectáreas en tierras de regadío y de 300 hectáreas en tierras de temporal para propiedades agrícolas individuales (es decir, privadas), con regímenes especiales para el área de la pequeña propiedad ganadera dedicada exclusivamente a mantener y engordar un número determinado de cabezas de ganado, sin incluir cultivos comerciales. Por consiguiente, durante los años treinta, después de un periodo en que se alentó en la región noroeste de México una forma mixta de producción agropecuaria, al estilo de los Estados Unidos, se llevó a cabo una redistribución de tierra de gran alcance. Aunque se avanzó en ella en forma dispareja mediante la gestión de varios gobiernos, dio como resultado para los años sesenta la eliminación casi total de las grandes propiedades agropecuarias privadas (latifundios). Prevaleció la existencia, una al lado de la otra, de pequeñas unidades privadas y de parcelas ejidales en régimen de usufructo, en su mayoría de menos de cinco hectáreas. El resto fueron áreas menos bien definidas de tierras comunales (a las que sólo los pueblos tenían derecho) y tierras con pastizales y bosques asignadas al régimen ejidal. El artículo 27 de la Constitución mexicana de 1917, aun cuando con frecuencia fue modificado en años posteriores, mantuvo el principio de que toda la tierra "corresponde originariamente a la nación", y que el Estado decide qué tipo de derechos otorgar para el uso de la tierra, sobre todo a favor de los núcleos originales de población agrupados alrededor de las cabeceras municipales y zonas aledañas; además, toda la superficie forestal correspondía a la nación y sólo podía ser explotada bajo concesión otorgada por el Estado. No obstante, para 1960 México no había logrado el propósito original de proporcionar dotaciones de tierra a todas aquellas personas que tuvieran derecho a ella ni tampoco el de garantizar una distribución más o menos equitativa de la tierra. Los datos para 1960 muestran lo siguiente: La experiencia mexicana ha sido tema de mucha controversia, con afirmaciones exageradas a favor de la eficiencia de la tenencia campesina y con opiniones igualmente excesivas acerca de la supuesta ineficiencia del régimen de tenencia de tierra del ejido, bajo el cual no había concesión de títulos de propiedad a los ejidatarios, sino sólo el derecho de usufructo en ciertas condiciones. No puede decirse que el número enorme de unidades agropecuarias pequeñas, incluso de tamaño mínimo, fuera muy productivo, las cuales alcanzaban en muchos casos la extensión de una pequeña ración de hectárea con siembra, en el extremo hasta de un surco, debido a subdivisiones entre familiares. Por otra parte, lo que en términos mexicanos se consideraba "pequeña propiedad agrícola" —esto es, propiedades de 20 a 30 hectáreas de extensión hasta de 100 hectáreas en tierras de regadío—, podían ser altamente productivas si se encontraban en suelo de buena calidad y en terreno plano, con disponibilidad de agua o buena precipitación, o bien podían resultar improductivas o de bajo rendimiento según el clima y otros rasgos. Lo que resulta excepcional acerca de la reforma agraria mexicana es que aun cuando las grandes propiedades territoriales no fueron legalmente posibles, no hubo ninguna disposición que impidiera que diferentes miembros de una familia fueran dueños de "pequeñas" unidades contiguas o cercanas, cada una dentro del límite legal, las que sumadas se administraban como una sola unidad grande de producción agrícola, ni hubo nada que impidiera que un individuo fuera dueño de tierras en unidades privadas diferentes en zonas distintas dentro de una región o de una entidad federativa, o en diversas entidades federativas. Otro rasgo extraordinario es que la ley no permitía que las propiedades ganaderas, para las cuales hay coeficientes especialmente diseñados —índices de agostadero— para determinar la superficie de pastizales y fuentes de agua necesarias por cabeza de ganado, produjeran cultivos agrícolas (salvo forrajes para consumo propio), y el objetivo de la ley era obviar la posibilidad de que aquéllas se convirtieran en grandes propiedades de cultivo disfrazadas de ranchos ganaderos.

Por último, una parte de los ejidos fue operada como ejidos "colectivos", en ocasiones con éxito, dependiendo de las condiciones locales, aunque muy politizados y subsidiados. Sin embargo, puede llegarse a la conclusión de que la creación de los ejidos fue un medio para reivindicar los reclamos de tierra de los campesinos, antes que un sistema claramente definido para fomentar el progreso agrícola y que, como dijera un secretario de Agricultura mexicano, sirvieron para producir votos, no alimentos. Uno de los problemas que México afrontó fue que en algunas zonas los ejidatarios arrendaban ilegalmente sus tierras a "empresarios" vecinos, sobre todo en operaciones de cultivos comerciales valiosos. El crecimiento demográfico, además, llevó en muchas regiones a exceso de presión y división sobre tierras de rendimientos mediocres, a empobrecimiento de los suelos y finalmente a fuertes corrientes de emigración.[2]

Comoquiera que sea, la cuestión de la tenencia de la tierra está presente en todo lo relativo al tema de la organización y las perspectivas de la agricultura. Según los que han estudiado en forma objetiva las condiciones de la tenencia de la tierra en la región latinoamericana, "el meollo del pro-

[2] En 1992 se modificó nuevamente el artículo 27 de la Constitución para reconocer como válido el arrendamiento y la venta de las parcelas ejidales, y la coparticipación campesina ejidal con propietarios privados, aun comerciales, en la producción y venta de los productos (publicado en el *Diario Oficial de la Federación*, 6 de enero de 1992).

blema estriba en un desequilibrio social profundo y no meramente en una asignación inadecuada de los recursos" (Domike y Barraclough, 1972). Así, se sostuvo que el tamaño óptimo de la unidad de producción agrícola venía siendo de importancia secundaria. Históricamente —se argumentó— los grandes terratenientes de los latifundios controlaban no sólo la producción agrícola sino también las instituciones políticas, sociales y económicas, y los campesinos habían tenido muy pocas posibilidades de cambiar su propia función económica y estatus social o de participar en los sistemas de gobierno (Domike y Barraclough, 1972). Dicho orden agrario, que prevalecía en la mayoría de los países latinoamericanos, ya se veía en los años cincuenta y sesenta como uno que habría de convertirse en un problema más grande debido al crecimiento demográfico, a la velocidad de los cambios técnicos que conducía a oportunidades para introducir desplazamientos entre cultivos, y a los cambios profundos en los valores y las expectativas sociales. Ocurría que las tasas más altas de crecimiento demográfico se registraban en aquellas zonas de la región donde había mayor rigidez en la tenencia de la tierra. El número de campesinos sin tierra estaba creciendo con gran rapidez. A nivel agregado, los predios minúsculos, los minifundios, se estaban incrementando en relación con el número total de unidades de producción agrícola.

En los años sesenta, la agricultura se encontraba organizada en varios "sistemas de tenencia de la tierra", a saber: el latifundio, el minifundio, la combinación de ambos bajo ciertas circunstancias y las unidades de producción agrícola comercial de tamaño mediano y las de tamaño pequeño; en ciertos casos, había plantaciones de empresas extranjeras. En muchos lugares se practicaba la aparcería. Se encontraba que existía la utilización de técnicas tradicionales y modernas en cualquiera de estos tipos de propiedad agrícola y podían identificarse problemas especiales en todos ellos relacionados con la productividad y la eficiencia. Bajo el primero y el tercero de dichos patrones, los habitantes rurales —los campesinos— eran trabajadores obligados a prestar servicios laborales en las grandes haciendas, aparceros con pocos o ningún derecho o bien trabajadores asalariados con remuneraciones inferiores al salario mínimo. Las consecuencias para los ingresos y el bienestar, la educación, la salud y otras condiciones de vida y bienestar fueron señaladamente desfavorables e injustas para el campesino. La tienda de raya no era desconocida, y el ejercicio de derechos legales era casi nulo (Domike y Barraclough, 1972).

Pero el minifundio tradicional, donde existiera, no constituía una forma esperanzadora de organización para el desarrollo agrícola, ya que era fundamentalmente una agricultura de subsistencia, a menudo explotado por intermediarios y sujeto a resistencias al cambio; las técnicas modernas difícilmente podrían tener éxito en dichas condiciones. En aquel entonces, la clave para entender el problema de la tenencia de la tierra parecía ser la necesidad de centrar la atención en la eficiencia al utilizar los recursos y su sustentabilidad, cualesquiera que fueran las modalidades específicas del tamaño de la propiedad agrícola (Domike y Barraclough, 1972). En particular, permanecían desperdiciados o subutilizados, por razones diferentes, los recursos potenciales tanto en propiedades agrícolas de tamaño muy grande como en propiedades de dimensión muy pequeña. Sin embargo, los resultados obtenidos de encuestas indicaban que los rendimientos promedios por hectárea eran más altos en los minifundios, aunque los ingresos por agricultor eran más bajos, esto es, era mucho más baja la productividad del trabajo en las unidades agrícolas de tamaño más pequeño. Las estancias, fundos, haciendas y ranchos grandes tendían a no cultivar plenamente, por varias razones, el grueso de su superficie de labor, lo que significa que la productividad de la tierra podía haber sido aumentada enormemente si los dueños de esas propiedades hubieran tenido interés o si se hubieran creado incentivos de carácter social.

Salvo un análisis completo de los problemas de la tenencia de la tierra en el periodo de 1950-1970, que no se pretende hacer aquí, basta destacar que la organización agrícola eficiente, de la cual en términos generales se ha carecido en la región latinoamericana, se encuentra inextricablemente ligada al problema de la tenencia. Sin embargo, no hay nada que garantice que una reforma agraria de tipo radical, como la que fue intentada unos cuantos años más tarde en Perú y Chile, proporcionara la respuesta. En todo caso, resulta necesario tener presente las estructuras de la tenencia de la tierra cuando se juzgue el desempeño agrícola de la región como parte de su panorama de desarrollo. Durante los años sesenta, el supuesto abandono relativo de la agricultura, ante el fuerte énfasis en la política de industrialización, contenía en ello más de un grano de verdad.

3. Una agricultura que no satisfacía la demanda

Una de las consecuencias de este descuido de la agricultura —y del aumento demográfico paralelo— fue que muchos de los países latinoamericanos se convirtieron en países deficitarios en alimentos, o bien aumentaron sus déficit de alimentos, y que países con excedentes de alimentos para fines de exportación encontraron que el nivel de estos últimos se reducía cada vez más. Además, la mayoría de los datos recopilados han indicado la existencia de desnutrición entre grandes sectores de la propia población rural y entre un número creciente de la población con bajos ingresos en las zonas urbanas.

En general, los gobiernos intentaron remediar estas situaciones. En los 20 años bajo consideración, se estimuló la introducción de mejoras agrícolas en el sector "moderno", esto es, donde no había problemas graves relativos a la tenencia de la tierra y prevalecían unidades agrícolas pequeñas y de tamaño mediano, había acceso a tierras de regadío, a fertilizantes y otros insumos, a tractores y otra maquinaria, a instalaciones de almacenamiento, a mejores medios de transporte y, desde luego, al crédito bancario. Con frecuencia, este tipo de programas incluyó el suministro de semillas mejoradas de mayor rendimiento (derivadas de la investigación agropecuaria en unos cuantos países), servicios de divulgación y oportunidades más amplias para la obtención de créditos agrícolas. Los cultivos comerciales solían encontrar fuentes receptivas de financiamiento, dentro de los países o en el exterior, con la cada vez mayor participación de los bancos locales. Los programas nuevos recibieron préstamos a plazos medio y largo otorgados por organismos financieros internacionales, como el Banco Mundial y el BID, y con fondos de la Agencia Internacional de Desarrollo (AID) de los Estados Unidos. En la medida en que este tipo de producción agrícola fue creciendo, algunos de los programas industriales de sustitución de importaciones incluyeron fábricas para la producción de maquinaria agrícola, refacciones y herramientas. En muchos casos, con cooperación interamericana, se impulsó la investigación y en México, Costa Rica, Colombia, Perú y Brasil se establecieron institutos que alcanzarían renombre.

No obstante, en términos generales, no fueron abordadas en forma adecuada las áreas difíciles de la agricultura; en parte, porque sin cambios en el sistema de la tenencia de la tierra, no era mucho lo que podía lograrse. La Alianza para el Progreso, a principios de los años sesenta, subrayó la reforma agraria como condición para la participación plena de países prestamistas y donantes en el desarrollo latinoamericano, pero fue muy poco lo que resultó de esta presión "externa". (Declaración de los presidentes de América: Reunión de jefes de estado americanos. Punta del Este, del 12 al 14 de abril de 1917, http://nuevamayoria.com/ES/BIBLIOTECA/documentos/uruguay.pdf.) El pequeño agricultor, y el campesino no fueron incluidos en los esquemas principales de desarrollo agrícola. Por lo general, además, se careció de una red de transporte local —caminos permanentes entre las unidades agrícolas y los mercados, instalaciones de almacenamiento y el suministro de servicios para proporcionar insumos modernos a precios razonables.

Fue paradójico que numerosos gobiernos, al tratar de

instrumentar programas de precios de garantía para los agricultores, en realidad operaron estos sistemas en contra de los amplios intereses de los productores del sector agrícola y a favor de proporcionar alimentos baratos, casi siempre subsidiados, al consumidor urbano. Se ha argumentado que en muchos países el desarrollo industrial urbano y de manera implícita la ISI fueron logrados a expensas del agricultor y del campesino.[3] Si los abonos químicos, los plaguicidas, los tractores y las herramientas producidos bajo la ISI resultaban ser más caros que los productos importados, ¿cómo podría beneficiarse al agricultor? Si se deseaba crear un mercado interno enorme, en parte elevando los ingresos entre los habitantes rurales, ¿cómo podría beneficiarse al agricultor que necesitaba bienes de consumo —alimentos elaborados, ropa y calzado, artículos para el hogar— que les eran vendidos a precios con un margen considerable de ganancia con respecto a bienes importados equivalentes? Se suponía que la compensación de ventajas y desventajas iba a generar un nivel más elevado de empleo global, con encadenamientos y con mayores oportunidades para la migración a las ciudades. Sin embargo, resultaba difícil argumentar y medir dichas consideraciones de bienestar aparente.

La mayoría de la población asentada en el campo se ubicaba en zonas donde las condiciones físicas determinaban en gran parte una escasa productividad agropecuaria, debido a la localización de los predios, a la precipitación pluvial irregular, a los ciclos irregulares de sequías o inundaciones, o a la falta de capacidad para introducir insumos modernos o incluso para organizar a las unidades agrícolas en forma adecuada para una producción eficiente. Donde la pobreza rural ya existía, estaba condicionada por patrones de tenencia de la tierra y perduraba hasta volverse endémica. También la propiciaban cambios en los cultivos y la aplicación de determinadas políticas desfavorables a ese sector, en las que no se medían las consecuencias en él. La desigualdad y

[3] En el caso de México, por ejemplo, eso ha sido argumentado por Reynolds (1973) y Solís (1986, p. 204).

la pobreza en la región latinoamericana seguían estrechamente relacionadas con una baja productividad en tierras de cultivo de mala calidad o con zonas donde los programas de mejoramiento no habían llegado a los necesitados. En muchos países, las condiciones políticas, el caciquismo y la corrupción no favorecían lograr las transformaciones necesarias.

La falta de organización de la producción agrícola subsistía como un problema mayúsculo, bajo varios conjuntos de condiciones diferentes, incluso en países que experimentaron reformas agrarias más profundas como en México, porque tenía que ver además con enormes comunidades y de hecho con proporciones de la población económicamente activa que en algunos casos excedían de 40 y 50%, o en países que, ya semiindustrializados en la región latinoamericana, continuaban siendo de 20 a 25%, poblaciones por lo regular con bajo nivel de escolaridad. No se trataba de una cuestión de organizar "cooperativas", como muchos observadores bien intencionados del exterior sugerían a menudo, sino más bien de decidir, primeramente, una estrategia de desarrollo donde la componente agrícola pudiera ser tratada como parte integral del conjunto, y no como algo que pudiera solucionar sus propios problemas o bien que no tenía remedio. Prestar atención a los ingresos del sector agrícola y a los de sus unidades de producción debía significar que era necesario reforzar la capacidad de generación de ingresos de los mercados internos compuestos por grandes segmentos de población rural, y esto sólo podía lograrse mediante una integración estrecha de la producción agropecuaria con el resto de la economía, especialmente con el sector industrial y con los mercados de exportación que correspondieran. Algunas experiencias por el estilo mostraron cierto potencial, pero no se llegaron a generalizar para principios de los años setenta.

Uno de los aspectos débiles de las políticas de desarrollo agrícola fue la falta de un financiamiento adecuado para los agricultores. En algunos países, el sistema bancario respondió, sobre todo en referencia a unidades agrícolas, medianas y grandes, de orientación comercial. La mayor parte de las operaciones crediticias agrícolas se realizó sobre una base más bien de corto plazo, para financiar cultivos comerciales. Más limitadas fueron las operaciones crediticias contraídas a mediano y largo plazos para efectuar mejoras en la unidad agrícola y para la compra de maquinaria, para instalaciones de almacenamiento, etc. Durante los años sesenta se pudo tener acceso a algunos recursos financieros externos, disponibles por medio de bancos especializados y de fondos y fideicomisos constituidos especialmente en algunos de los países de la región. Numerosas naciones contaban con bancos agrícolas oficiales, en ocasiones dedicados a otorgar créditos a pequeños agricultores y a organizaciones campesinas. Es dudoso que éstos hayan producido réditos seguros, y, por el contrario, se incurría en grandes pérdidas en semejantes operaciones crediticias, como ocurrió en México y en países de Centroamérica. Con la ayuda de organismos internacionales, se pusieron a prueba programas especiales, como el del "crédito supervisado" patrocinado por la FAO y por otras organizaciones, programas que involucraban determinados tipos de proyectos cuidadosamente elaborados, con responsabilidades específicas para los prestatarios y los beneficiarios y debidamente vigilados. Se experimentó con gran variedad de programas especiales. Excepcionalmente, en países como Costa Rica, Colombia, partes de Brasil y México, el otorgamiento de crédito agrícola creó suficiente apalancamiento para inducir a los agricultores a llevar a cabo inversiones permanentes. En el caso de los cultivos de exportación, fue asimismo frecuente, como con el café, que grandes instituciones organizadas por el Estado o por el sector privado (como en Colombia) participaran en la compra y la exportación de la cosecha, y proporcionaran asesoramiento técnico a los cultivadores. También se crearon bancos especializados para cultivos específicos y para subregiones bien definidas, como en el nordeste brasileño.

Si el crédito agrícola constituía un problema perenne en la región latinoamericana, por lo mismo tenía que estar relacionado con los otros factores desfavorables para el desarrollo agrícola, entre ellos las estructuras de la tenencia de la tierra, la inestabilidad política, los cambios en los mercados internacionales, la inflación y otros problemas. El enorme potencial no utilizado en los recursos agrícolas se vinculaba directamente, entre otras cosas, con la poca disponibilidad de crédito agrícola adecuadamente organizado (lo que a su vez dependía de una mejor producción agropecuaria propiamente dicha), con la posible reasignación de recursos hacia este sector, con una distribución del ingreso más equitativa e incluso con influencias culturales que afectaran las actitudes de la población rural hacia el sistema financiero, así como la eficiencia en las operaciones bancarias. Con estos elementos, se habrían obtenido avances generales. Se requería que la sociedad otorgara prioridad suficiente a la agricultura y al componente rural, todavía grande, de producción y de consumo —lo cual no ocurrió.

En las cifras generales sobre el conjunto de la región latinoamericana se calculan asimismo el desarrollo pecuario, la silvicultura y la producción pesquera. Muchos países, entre ellos Argentina, Uruguay y la región sur de Brasil, y grandes extensiones de tierra en Venezuela, México y Colombia están dotados de pastizales u otras condiciones en las que la ganadería puede prosperar como parte de un sistema de explotación agropecuaria extensiva en grandes propiedades. Brasil amplió la ganadería a la zona amazónica, con graves consecuencias ambientales y ecológicas. México hizo algo parecido en el sudeste, en la zona del Golfo de México. Unos cuantos países (como Costa Rica) poseían pequeñas unidades agrícolas, productoras de ganado para carne y de vacas lecheras, a menudo conjuntamente con agricultura mixta. Sin embargo, en la mayoría del resto del sector rural, el ganado en situación de cría por medios extensivos o de números pequeños a nivel de predio o ranchito se encontraba, como en México, igual de desnutrido que los seres humanos allí asentados, y por consiguiente, la ganadería no siempre era de alto rendimiento, fuera en carne o en leche.

En el norte semidesértico, México exportaba a los Estados Unidos ganado para engorda en las praderas de Texas y reimportaba el ganado para abastecer a la ciudad de México.

Existía una notoria escasez de unidades agrícolas de explotación mixta en la región latinoamericana, en parte debido a las relaciones con la tenencia de la tierra que involucraban la aparcería y la agricultura de arrendatarios. Asimismo, no hubo suficiente investigación y aplicación de programas (como en Costa Rica) para mejorar las razas bovinas criollas por medio de cruzas entre ejemplares genéticamente más resistentes a los elementos y las enfermedades, ni para incrementar científicamente la alimentación, el uso pleno de los animales, y reducir las pérdidas y los costos relativos a la comercialización. En Centroamérica el comercio de ganado se hacía enviándolo a pie a través de los montes, con carencia de agua y alimentos. A diferencia de Australia, en la mayoría de los países ganaderos latinoamericanos se siguió empleando el alambre de púas, que causaba gran daño a los cueros. Eran endémicas la garrapata y otras enfermedades del ganado. Nuevamente, se trataba de un potencial enorme no utilizado en beneficio de los agricultores y los consumidores. Al igual que en los cultivos, se hallaban visibles uno al lado del otro, rendimientos altos y bajos. La cría de cerdos fue desarrollada considerablemente en varios países en el periodo 1950-1970, como también ocurrió en el caso de granjas avícolas modernas.

La silvicultura fue otra paradoja en América Latina. Según la FAO, durante los años sesenta podía señalarse a los países de la región latinoamericana, sobre todo Brasil, por su posesión de las reservas forestales más grandes del mundo; esto significaba no únicamente la cuenca del Amazonas, sino bosques en Perú, Chile, Argentina, partes de la zona norte de los Andes, las Guayanas, Centroamérica y México. Pero al mismo tiempo se seguía registrando una pérdida constante de superficie boscosa. En la región, los árboles parecían haber sido destinados por la naturaleza a ser derribados —al igual que una explotación minera a cielo abierto—

a base de una devastación extensiva y con muy poca labor de reforestación. Brasil hizo plantaciones masivas de eucalipto, que muchos han cuestionado. Unos cuantos países, tales como Chile, industrializaron su producción forestal y en escala más pequeña lo hicieron también México y Centroamérica. Sin embargo, el cuadro de conjunto ha sido uno de explotación y de destrucción irracionales, con severo daño ecológico a largo plazo. La población rural casi no obtuvo beneficio alguno de los bosques y sus productos derivados, ya que no participaba en su comercialización; en cambio, en muchos países, al igual que en otras regiones en vía de desarrollo, los campesinos talaban el bosque en pos de tierra para sembrar maíz para fines de subsistencia, y luego incursionaban más adelante para derribar más árboles y abrir zonas pequeñas de cultivo de subsistencia. En Brasil, los incendios forestales causaban grandes estragos, a veces promovidos con objeto de abrir tierras a la ganadería extensiva. Hubo siempre un desfase entre la demanda de maderas y la producción sustentable a largo plazo de las superficies forestales, con pocas excepciones. La deforestación deterioraba a su vez la calidad de los suelos.

Las industrias pesqueras, nuevamente, eran indicativas de otra fuente potencial de ingresos, empleo y divisas. Pero la experiencia, en el mejor de los casos, fue irregular. Chile acusó una densidad más elevada de captura y exportaciones de productos pesqueros que la mayoría de los otros países. Perú, durante algunos años, se benefició con una muy numerosa flota para la captura de anchoveta destinada a la manufactura y exportación de harina de pescado como alimento para granjas avícolas. Representó un auge significativo de exportaciones durante los años cincuenta y sesenta, hasta que la sobreexplotación y la pérdida de bancos de pesca, observada a partir de 1968, casi pusieron fin a esta actividad y generó desempleo (http://www.eurosur.org/medio_ambiente/bif83.htm). Venezuela desarrolló el aprovechamiento de pesquerías de sardinas para la exportación. El atún fue otro producto de exportación. La captura de camarón y otras especies prevaleció en algunos países de Centroamérica y en partes de México, Centroamérica, el Caribe, Ecuador y Brasil, acompañada de mucho desperdicio de otras especies. La inversión en flotas pesqueras y en puertos fue inadecuada y tardía, y la organización de la industria pesquera —por ejemplo, en México— era bastante deficiente en cuanto a proporcionar una fuente de ingresos para la población (en gran parte de origen rural) asentada en los puertos y las zonas costeras, como tampoco generó un producto alimenticio de precio razonable y de alto valor nutritivo para las grandes ciudades, al alcance de los sectores de población con bajos ingresos. La refrigeración y los procesos de congelamiento contribuyeron al auge de la actividad de exportación de ciertas especies, en especial del camarón.

En los años sesenta aparecieron en la escena nuevos cultivos, en parte en respuesta a la demanda externa, tales como la soya (notablemente en Brasil), el sorgo, las oleaginosas y una variedad de hortalizas de alta calidad y con precios atractivos. También fue sobresaliente la producción estacional de frutas en Chile y Argentina para el mercado externo. Las frutas tropicales fueron cultivadas y organizadas cada vez más para su venta en los mercados de exportación. Sin embargo, el hecho fundamental fue que algunos de los cultivos de alimentos básicos continuaron constituyendo la fuente principal de los exiguos ingresos percibidos por la población de agricultores y de campesinos: el maíz en México y Centroamérica, bajo condiciones en gran medida desfavorables; el arroz, el frijol y la mandioca en varias de las subregiones, y animales mal nutridos en otros sitios. Incluso la agricultura tradicionalmente rica de la pampa argentina sufrió periodos de retroceso. La región latinoamericana, incluidos los países del Caribe, durante el periodo 1950-1970, pese a presentar algunos avances admirables, pasó rápidamente a una situación en la que los déficit alimentarios, los cuales requerían importaciones de alimentos caracterizados como básicos, se convertirían en nuevo problema de pagos al mundo exterior que habría que abordar en forma creciente.

4. Utilización de energía y alternativas

La región latinoamericana tuvo la suerte de gozar de manera generalizada de la presencia de grandes fuentes de energía. Tanto el combustible de origen fósil como las fuentes hidráulicas estaban concentrados o localizados en unos cuantos países o subregiones. En el siglo XIX algunas caídas de agua fueron domeñadas para la generación de electricidad, por lo regular en relación con fábricas de textiles. El carbón se extraía de minas o, con mayor frecuencia, se importaba y los hogares dependían fuertemente de la leña o del carbón de leña. Los yacimientos de hidrocarburos se volvieron importantes en los primeros años del siglo XX, en particular en zonas costeras del Golfo de México. La demanda de combustibles durante la primera Guerra Mundial se alimentó de la producción de petróleo crudo incluso durante la Revolución mexicana. La producción en México, en manos de empresas extranjeras, alcanzó su nivel máximo en 1921 y disminuyó continuamente hasta su mínimo en 1938, con graves consecuencias para la economía interna y para el fisco. En Venezuela habían surgido nuevos yacimientos, de carácter más confiable en su explotación, según la opinión de las compañías internacionales, en su mayor parte angloholandesas y estadunidenses. Con la Constitución mexicana de 1917, en la que se declaraba que todas las fuentes de recursos naturales del subsuelo y las aguas correspondían a la nación, resultaba claro lo que podía esperarse en el futuro para aquellas compañías que habían obtenido concesiones de los regímenes de gobierno anteriores al periodo revolucionario, cuando se otorgaban derechos de propiedad sobre el subsuelo (lo que no había sido el caso con respecto a las concesiones para la minería de metales no ferrosos y preciosos); habría que enfrentarse a un cambio de régimen.

Venezuela representaba evidentemente una mejor opción para las empresas petroleras. La legislación promulgada en 1925 por México apuntó a la terminación de las concesiones petroleras en la forma en que hasta entonces habían sido obtenidas, y el nacionalismo creciente fue un indicador fuerte de la pretensión por parte del gobierno de controlar la producción y la distribución del petróleo en beneficio del interés nacional. La legislación laboral apuntaba asimismo a posibilidades de conflictos, y para mediados de los años treinta, sobre todo bajo el gobierno del presidente Cárdenas, difícilmente pudiera haberse esperado que los intereses petroleros extranjeros conservaran el control de sus inversiones. Fue precisamente en torno a los conflictos laborales graves y el rechazo de las empresas petroleras a acatar las decisiones de los tribunales acerca de las demandas salariales que se expidió el decreto expropiatorio, en marzo de 1938, de los activos de las compañías petroleras extranjeras, que fueron asumidos por el Estado. El decreto no admitía, además, que las empresas expropiadas tuvieran derechos de reclamo sobre los recursos del subsuelo. Cuando esto ocurrió, la producción de petróleo crudo había disminuido a un nivel muy bajo y México, con apoyo en una gestión administrativa paraestatal, tuvo dificultades para vender en el exterior la poca producción que aún podía producir (apenas unos 100 000 barriles diarios). La industria petrolera había sido desarrollada en su origen para mercados de exportación, bajo métodos de inversión propios del siglo XIX, virtualmente en enclaves extranjeros.[4] Para 1938 no se había construido ni una sola refinería de petróleo que estuviera orientada al mercado interno, el cual, a decir verdad, era aún de tamaño modesto. Fueron muy pocos los técnicos mexicanos que habían sido empleados, aunque sí se contrataron los servicios de geólogos. La producción de electricidad también se encontraba en manos de empresas extranjeras y casi no se producía el carbón.[5]

[4] Para una explicación completa de la industria petrolera de México desde sus orígenes hasta finales de los años sesenta, véase Meyer (1988). Para periodos posteriores, Wionczek y Meyer (1982).

[5] La historia de la electricidad en esa época ha sido narrada en Wionczek y De Alba (1983) y Garza (1987).

Prevalecían en la mayoría de los países latinoamericanos situaciones parecidas, desde el punto de vista de la propiedad y el desarrollo de los recursos energéticos. Venezuela muy pronto se convirtió en un productor principal de petróleo crudo con salidas de productos refinados por intermedio de islas del Caribe hacia los Estados Unidos y Europa. Dicho país dominaría las exportaciones latinoamericanas de petróleo por varios decenios y se convertiría en el arquetipo de una "economía petrolera". Colombia, Ecuador y Perú comenzaron alguna explotación petrolera; Argentina, principalmente por medio de una empresa estatal, inició la explotación de petróleo. La existencia de recursos presumiblemente disponibles, tanto de petróleo como de gas natural en las regiones del Chaco de Bolivia y Paraguay, tuvo mucho que ver con la guerra desastrosa entre estos dos países entre 1932 y 1935 (Shafer, 1978, p. 800). Chile había emprendido sus propias exploraciones en busca de petróleo, si bien tenía grandes depósitos de carbón, como asimismo los había en Perú y Colombia. Brasil se estaba convirtiendo en un importador neto de hidrocarburos. La producción de electricidad en los países más avanzados de América del Sur, y prácticamente por todas partes, fue desarrollada por empresas británicas y estadunidenses, con aportaciones de capital de origen belga, español y canadiense.

El petróleo adquirió repentinamente más importancia en la medida en que la segunda Guerra Mundial se fue intensificando. Resultó asimismo necesario que las naciones aliadas lo mantuvieran fuera del alcance de las potencias del Eje. Durante la guerra, México pudo llegar a un arreglo en torno a su controversia con los intereses petroleros estadunidenses y británicos con base en una propuesta bilateral de los Estados Unidos y México sobre la cantidad que se pagaría como compensación por los activos superficiales solamente, monto que habría de amortizarse a través de varios años. La empresa paraestatal PEMEX había empezado a incrementar su producción a partir de yacimientos altamente productivos puestos en explotación desde época anterior, y a reorientar la industria para satisfacer las necesidades internas de combustible para el transporte de vehículos automotores, la generación de electricidad, la utilización directa para fines industriales, e incluso para cubrir las necesidades de los inicios de la mecanización de la agricultura. Los Estados Unidos otorgaron un préstamo relacionado con la construcción de una refinería en la ciudad de México. Se tendieron oleoductos y un primer gasoducto hacia la capital. De ello se hicieron cargo ingenieros y personal técnico mexicanos. Se vislumbraban los primeros destellos del surgimiento de una industria petroquímica. Sin embargo, el desarrollo de la industria petrolera nacionalizada de México avanzó con lentitud y careció de recursos. Las empresas petroleras extranjeras no se habían dado por vencidas y aún seguían tratando de encontrar alguna forma de participar en el futuro desarrollo del petróleo mexicano (Meyer, 1988, y Ortiz Mena, Urquidi, Waterson y Haralz, 1953). Fracasaron los esfuerzos que se realizaron para obtener préstamos extranjeros y no fue sino hasta finales de los años sesenta y principios de los setenta cuando México pudo tener algún acceso a préstamos de proveedores y a financiamientos relacionados (de Europa), principalmente para operaciones de refinación petrolera, para oleoductos y otras formas de transporte y para productos petroquímicos. México siguió adelante con un objetivo limitado consistente en satisfacer las proyecciones de demanda local de una variedad de productos, incluida la de gas natural —mucho del cual se quemaba *in situ* por ser asociado a la producción de crudo— para ayudar a producir fertilizantes químicos. La aplicación de una política de fijación de precios subsidiados de energía para fines de uso industrial y para el transporte, y también para evitar una situación de descontrol frente a las demandas salariales de un sindicato fuerte de trabajadores petroleros, dio como resultado desde entonces una insuficiencia de inversiones en grandes proyectos de expansión y perforación petrolera. Para principios de los años setenta, México, con una demanda interna de productos de petróleo que venía registrando una tasa de crecimiento superior a 7% anual, estaba por tropezar con un problema de déficit de petróleo. Esto ocurrió precisamente en 1973, a razón de importaciones de 70 000 barriles al día en promedio, justamente el año en que la OPEP indujo la primera alza pronunciada del precio mundial del petróleo crudo.

Venezuela se convirtió en 1970 en el mayor productor y exportador de petróleo de América Latina y, a nivel mundial, en el cuarto exportador de petróleo crudo y, por consiguiente, ejercía bastante influencia. En 1960, Venezuela ayudó a organizar la OPEP y a principios de los años setenta desempeñó un papel decisivo, junto con Libia y los países del Golfo Pérsico, conjuntamente con los intereses de las principales empresas transnacionales petroleras, al hacer subir el precio básico del petróleo crudo de menos de dos dólares por barril a un nivel cercano a 14 dólares para mediados de 1973. Ésta habría de constituir la primera conmoción petrolera para el mundo industrializado. (Las repercusiones de las conmociones petroleras para América Latina serán examinadas en el capítulo VI, sección 2.) En aquel entonces la producción petrolera de Venezuela se encontraba casi totalmente en manos de empresas extranjeras, pero, poco a poco, por medio de una tributación agresiva, el Estado había obtenido una participación creciente del excedente de ingresos de las compañías. Con frecuencia se afirmaba que las lecciones de la nacionalización petrolera mexicana de 1938 fueron bien aprendidas por otros. Los líderes políticos venezolanos no cejaron en su actitud reivindicatoria y al fin, el Congreso venezolano nacionalizó la industria petrolera en agosto de 1975 (Betancourt, 1979, pp. 109 y 177-189).

El florecimiento de la industrialización y la urbanización en Brasil durante los años cincuenta y sesenta estuvo basado en gran proporción en petróleo crudo importado. Una corporación estatal, Petrobras (creada en 1953), no pudo encontrar yacimientos grandes y de alta productividad. Se empezó a considerar la exploración de yacimientos marítimos en la plataforma continental; sin embargo, se disponía de carbón para su uso como combustible para generar electricidad y para proporcionar transporte por vía férrea. El desarrollo de la energía hidroeléctrica empezó a figurar en los planes del gobierno y en los de los organismos financieros extranjeros, en especial el Banco Mundial, al igual que en otros países latinoamericanos, a principios de los años cincuenta.[6] Los esfuerzos de exploración de Argentina en busca de petróleo tuvieron algún éxito, pero no lo bastante para hacer al país autosuficiente durante el periodo 1950-1970, y se suscitó controversia política en torno a cómo proveer las necesidades futuras de petróleo. Chile comenzó obras de perforación en la región sur del país, y también amplió su producción de carbón. Perú y Colombia (que también poseían grandes reservas de carbón) se convirtieron en países productores de petróleo, con excedentes ocasionales para fines de exportación, en concesiones otorgadas a compañías extranjeras, como también sucedió en Ecuador y en Trinidad y Tobago. Compañías internacionales, así como Brasil y Argentina, se mantuvieron muy atentas respecto a las posibilidades de explotar la riqueza petrolera y de gas natural de Bolivia y se formularon propuestas para emprender proyectos de coinversión. Únicamente Centroamérica y el Caribe parecían carecer de alguna oportunidad de producción de petróleo, aunque se realizaron algunos trabajos de carácter exploratorio en Guatemala, sin obtener ningún resultado (hasta 1970). La subregión centroamericana tuvo que depender completamente de importaciones para cubrir sus necesidades de combustible y, mediante su empleo, una parte de su consumo de electricidad. Se realizó el desarrollo limitado de energía hidroeléctrica en Guatemala, El Salvador y Costa Rica, con el apoyo financiero del Banco Mundial y otras fuentes. En muchos países de la región latinoamericana, la leña, el carbón vegetal y el queroseno importado siguieron cubriendo las necesidades de combustible en el hogar.

Durante los años cincuenta y sesenta, el petróleo y el

[6] Según el Banco Mundial, Brasil poseía el mayor potencial hidroeléctrico de la región latinoamericana, seguido por Colombia y Argentina (Banco Mundial, 1980a y Street, 1983).

gas natural como fuentes principales de energía fueron vistos en la región latinoamericana, por un lado, como factor estratégico en el desarrollo y, por otro, como un campo de interacción de orden político, en el que con frecuencia chocaban los intereses nacionalistas y los extranjeros. En la medida en que los gobiernos de los países latinoamericanos se abstuvieran de invitar o tolerar a las compañías petroleras extranjeras, pero no lograsen obtener préstamos del exterior para fines de exploración y perforación petroleras, y para desarrollos relacionados, o bien no destinaran para ese fin suficientes recursos económicos internos o divisas, casi nada podían hacer en lo que se refiere a planificar sus necesidades de energía a largo plazo. Hasta cierto punto, las fuentes de energía hidroeléctrica ofrecieron saltos mayúsculos en lo que hace a suministros de electricidad, pero no todos los países tenían dichas fuentes o no podían introducir la explotación de dichas fuentes a zonas tanto industriales como otras de carácter urbano, que registraban crecientes consumos de energía. No parecía que hubiera otras alternativas de alguna importancia sino hasta finales de los años cincuenta, cuando fue patente la posibilidad de aprovechar la generación de electricidad de origen nuclear. Ello vino a plantear decisiones difíciles —independientemente de los aspectos puramente técnicos— en términos de consideraciones económicas, políticas y ambientales. Con el tiempo, en 1972, Argentina fue el primer país en América Latina que construyó y puso en marcha una central nucleoeléctrica (Atucha, con una capacidad de 319 megawatts, véase http://www.magicasruinas.com.ar/revdesto038.htm). Tiempo después, México y Brasil iniciaron proyectos nucleares, con tecnología distinta, también extranjera, pero no llegaron a terminar y poner en marcha sus centrales antes del decenio de los años ochenta.

Nunca se consideraron con suficiente objetividad otras alternativas de energía en América Latina, con excepción de desarrollos marginales como la capacidad geotérmica que se construyó en México y un potencial pequeño en El Salvador.

Brasil habría de desarrollar en gran escala, después de la primera crisis petrolera de 1973, pero especialmente luego de la segunda conmoción de 1979-1980, el suministro masivo de etanol extraído de ingenios azucareros y de la yuca y que, mezclado con gasolina, daría "gasohol", un combustible relativamente barato para vehículos automotores. Resulta difícil evaluar la significación de dicha política, tanto para el consumo de combustible como para la agricultura, pero con ello Brasil ahorró una cantidad considerable de importaciones de productos del petróleo por varios años.

En materia de energía, la región latinoamericana, al igual que otras, no pudo formular decisiones políticas estables sobre cuáles serían las fuentes en las que habría que basarse para un desarrollo energético a largo plazo y mucho menos considerar, en las primeras etapas, las consecuencias ambientales. El desarrollo de energía era fundamentalmente —en particular tras la nacionalización de las compañías petroleras en Venezuela en 1975— un asunto en que la toma de decisiones incumbía al sector público, a la luz de proyecciones de la demanda, acontecimientos probables en el mercado internacional del petróleo, y la disponibilidad de recursos financieros internos y externos. En materia de energía, las fuerzas del mercado estuvieron en gran parte ausentes de la estrategia de América Latina. La obtención amplia de préstamos del exterior en los años setenta permitió a Brasil dar algunos pasos importantes en los campos de la energía hidroeléctrica y la nuclear, al amparo de una visión gubernamental amplia del futuro, y México revirtió con rapidez su tendencia a registrar un déficit petrolero crónico, pues impulsó a partir de 1974, a base del descubrimiento de nuevos yacimientos profundos en el sudeste del país, un crecimiento vertiginoso de la producción y de exportaciones petroleras a los mercados mundiales, por medio de la empresa paraestatal, Pemex, que gozaba del monopolio oficial (véase capítulo VII, sección 3). A finales de los años sesenta y principios de los setenta, la energía todavía era "barata"; había contribuido, según se afirmaba, al crecimiento industrial rápido y a la difusión del vehículo automotor como medio de transporte. La verdadera y gran conmoción petrolera estaba aún por llegar.

5. Transporte: del ferrocarril al autotransporte y al transporte aéreo; ocaso del transporte fluvial y del de cabotaje

No se ha escrito mucho sobre los problemas de transporte en su conjunto de la región latinoamericana, aunque existen importantes monografías y estudios por país, incluso uno sobre Centroamérica (CEPAL, 1955, sección sobre Centroamérica, transporte). Desde mediados del siglo XIX, la construcción de vías férreas ayudó a abrir nuevas regiones para el acarreo de minerales y productos agrícolas hacia los puertos y para abastecer a las ciudades principales. Vinieron asimismo a remplazar a las recuas de mulas (Furtado, 1962, pp. 84-85),[7] aunque éstas (y las de llamas) siguieron subsistiendo en regiones montañosas escarpadas en varios países. El transporte de carga por vía marítima se encontraba en manos de líneas navieras europeas y posteriormente estadunidenses y había cierto volumen de cabotaje. Las primeras vías férreas fueron construidas por intereses británicos, así como por medio de la emisión de bonos latinoamericanos y subsidios. En los años treinta del siglo XX la mayor parte de las líneas férreas y los servicios —que difícilmente podrían ser descritas como redes ferroviarias— se encontraban en condiciones de deterioro. La falta de eficiencia y la obsolescencia —y en México los ires y venires de las fuerzas armadas durante la Revolución— habían contribuido a que los ferrocarriles se encontraran en la necesidad de someterse a una rehabilitación importante. Se había avanzado muy poco en materia de

[7] Refiriéndose a la economía minera de Brasil en el siglo XVIII, Celso Furtado (1962, pp. 84-85) hizo ver la importancia decisiva de la recua de mulas como una "auténtica infraestructura de todo el sistema" y de la "cría de mulares en gran escala" en la región riograndeña, integrada al conjunto de la economía brasileña.

construcción de vías férreas nuevas y no se había adquirido ningún equipo nuevo, ya fuera que se tratara de Argentina, Brasil, Centroamérica, Chile, México, Colombia o Perú. Los "sistemas" fueron desarrollados bajo normas técnicas distintas y, por consiguiente, se generalizó una carencia de uniformidad en la anchura de las vías. Durante la depresión de los años treinta, con el descenso del comercio exterior, los ferrocarriles tropezaron generalmente con dificultades financieras: no se podían aplicar tarifas más altas, y se redujo fuertemente la rentabilidad.

En el transcurso de los años veinte, en la región latinoamericana se pasó gradualmente al uso de vehículos automotores como principal medio de transporte por carretera, tan pronto empezaron a estar disponibles camiones y automóviles y se pudieron construir caminos a través de terreno montañoso. Al principio los nuevos caminos construidos conectaron entre sí a las ciudades principales de los países y a las zonas aledañas y poblados de importancia, o bien las primeras fueron conectadas directamente con los puertos principales. Los caminos construidos con maquinaria elemental fueron pavimentados con macadam; la anchura de dichos caminos fue apenas lo suficiente para dar cabida al paso de dos vehículos que viajaran en doble sentido.[8] El trazo fundamental de dichos caminos se apegó mucho a las curvas y perfiles naturales del terreno, subiendo y bajando pendientes empinadas, con cañadas y barrancas profundas a los lados. En Colombia, el transporte por vía fluvial al Atlántico fue conectado con las vías férreas y posteriormente habría de enlazarse con una carretera primitiva hacia la capital. En México, los primeros caminos pavimentados que se construyeron tuvieron poca relación con el transporte de carga; más bien su trazo obedecía al objetivo de conectar entre sí a ciudades vecinas con

[8] En Belice y Jamaica, los pocos caminos (por cierto, de escaso mantenimiento, entre distintas poblaciones, como en las áreas rurales de Inglaterra) constan de un solo carril, con trozos ocasionales ampliados para dar paso a los vehículos que vengan en sentido contrario. En Costa Rica apenas podían pasar dos vehículos casi rozando. En todas partes prevalecían caminos de tierra o, en el mejor de los casos, de terracería. El asfalto casi no había llegado a Centroamérica.

medios de transporte más rápidos y modernos, sobre todo alrededor de la ciudad de México. En los años treinta se descubrieron las virtudes del turismo extranjero y se dio impulso en México a la construcción de carreteras que conectaran la frontera de los Estados Unidos con destinos en la costa del Pacífico. A nivel interamericano, se concibió la identificación de una carretera panamericana, de los Estados Unidos hasta la Patagonia, cuya construcción en Centroamérica y en México avanzó bastante. Pero nunca fue terminada la construcción del eslabón faltante en la península del Darién, Panamá. No obstante, dicho tramo no representaba obstáculo mientras se pudiera embarcar un vehículo en transportación marítima por espacio de varias horas a un puerto colombiano, y ya en los años cincuenta era posible desde allí recorrer por carretera hasta Buenos Aires y puntos más distantes.

La extensión y el desarrollo de carreteras tuvieron muchas ventajas. Podían ser diseñadas y construidas por los gobiernos, sin hacer tratos especiales con compañías extranjeras. Los Estados Unidos promovieron activamente dicha actividad. La experiencia ingenieril mexicana fue aprovechada en Colombia y Bolivia. Además, la canalización de recursos a las carreteras creaba una demanda local de materiales de construcción y de personal calificado y tenía efectos en el crecimiento de la industria del cemento, en la explotación de bancos de materiales, en la capacitación de ingenieros y en la industria automotriz en cierne. En la medida en que en algunos países principales se empezaron a ensamblar automóviles Modelo T y Modelo A, camiones rudimentarios, autobuses desvencijados, comenzaron a vislumbrarse las perspectivas para el surgimiento de industrias de primeros procesos y de industrias de elaboración secundaria: llantas, ejes y ruedas, asientos, pintura, por un lado; refacciones, talleres de reparación y servicio, agencias automotrices, empresas de transporte interurbano y urbano, monopolios de empresas camioneras, por el otro. No se ha dilucidado qué tanto el desarrollo de las carreteras y la pavimentación de las calles y los caminos en las ciudades estimularon la industria de ensamblaje de vehículos automotores, ni tampoco en qué medida los intereses de esta última hubieron de converger en las ventajas de las carreteras respecto a la rehabilitación de los ferrocarriles. Pero para los años cincuenta, cuando las vías férreas ya empezaban a mostrar severo deterioro y sus redes llegaban en varios países casi a una situación de paralización, la construcción de carreteras acusó un crecimiento vertiginoso en casi todos lados.

Además de las carreteras troncales, que recorrían un trazo más o menos paralelo al de los ferrocarriles, se empezaron a construir redes de carreteras secundarias y, con el tiempo, caminos vecinales y otros que conectaban entre sí las unidades de producción agrícola y los mercados. Conforme fueron progresando la potencia y la estabilidad de los vehículos automotores, también se introdujeron cambios en las especificaciones de las carreteras, y para los años sesenta se habían construido autopistas de cuatro y seis carriles, trazados en línea recta o con curvaturas leves, con pendientes de ascenso más fácil y con puentes y viaductos tendidos por arriba de las cañadas y los ríos. Los ferrocarriles comenzaron a suprimir el servicio de pasajeros ante el surgimiento de servicios de autobuses de todo tipo, incluidos vehículos grandes, de semilujo, con aire acondicionado, para el movimiento interurbano de pasajeros a través de largas distancias. Camiones grandes y combinaciones de autotransporte de remolque, incluidos los vehículos refrigerados y especializados, empezaron a encargarse de movilizar la carga de productos industriales y gran parte de lo que los ferrocarriles solían transportar, incluso productos básicos y ganado. Productos petroleros y químicos empezaron a ser transportados en flotillas especiales, además de por medio de oleoductos y gasoductos. También el acero pasó a movilizarse por autotransporte a puntos de entrega excepcionalmente distantes, al igual que el cemento.

Conforme las ciudades fueron creciendo, el volumen de vehículos de transporte urbano se expandió a un ritmo mucho más rápido: vehículos de pasajeros, autobuses, taxis, camionetas comerciales repartidoras, camiones de carga para materiales de construcción, vehículos de servicio oficial, etc. Se construyeron carreteras de paso preferente y de peaje para agilizar, en promedio, el movimiento de vehículos. Sólo Buenos Aires contaba con un sistema de ferrocarril subterráneo y una red de trenes suburbanos. No fue sino hasta poco antes de los Juegos Olímpicos de 1968 cuando en México se empezó la construcción del primer sistema de ferrocarril subterráneo o metro. También Rio y Sao Paulo y más tarde Caracas y Santiago construyeron metros.

Si acaso pudiere haberse pronosticado que algún transporte en el mundo iba a desarrollarse no sólo de manera extremadamente rápida sino también bastante caótica, a la región latinoamericana le tocó el privilegio de mostrar cómo ello podía suceder. Ya en los años sesenta, la superabundancia dispendiosa de tráfico vehicular, público y privado, era común en todas las ciudades capitales, y en la mayoría de otras localidades con grandes concentraciones de población o de industria y comercio. En las ciudades más grandes se empezaba ya a identificar al autotransporte como el principal causante de la contaminación atmosférica. Y la demanda de automóviles y camiones rebasó la oferta, por lo que para finales de los años sesenta las operaciones de ensamble de algunas cuantas empresas internacionales empezaron a ser transformadas (como en Brasil y luego en México) en una producción parcialmente integrada de vehículos automóviles, no sólo para el mercado interno sino también para ventas al exterior. En Brasil, por lo menos, hubo asimismo resultados indirectos que beneficiaron el desarrollo de la industria de producción de equipo de transporte militar.

De un modo un tanto paradójico, el transporte aéreo observó menor desarrollo en América Latina de lo que pudiera haberse esperado. Es cierto que, para principios de los años cincuenta, el viaje de 18 días en buque de pasajeros de Nueva York a Buenos Aires podía hacerse por medio de los servicios de un avión de propulsión a hélice en alrededor de 45 horas, con escalas (frente a los nueve días que tardaba el viaje en la época de los DC-3 pioneros). Sin embargo, el transporte aéreo no tenía mucha demanda, o bien todavía pesaban bastante sus limitaciones desde el punto de vista de equipo, aeropuertos, servicios de navegación aérea y otros; el costo-beneficio, al menos en lo que respecta a recorridos de muy larga distancia, no era favorable.

El transporte aéreo de carga casi no existía. El transporte por vía marítima se encargaba de mover la mayor parte de los envíos de carga pesada (en México, también, el transporte por ferrocarril y por camiones de carga servía al comercio con los Estados Unidos). Sin embargo, el transporte aéreo fue muy útil e incluso antecedió a movimientos por autobuses y por camiones en la región de Centroamérica y se desarrolló entre las islas del Caribe y las zonas aledañas de la parte continental de América Latina y los Estados Unidos. Dentro de determinados países, entre los cuales destacan Colombia y partes de Perú, de Ecuador y de México, se desarrolló el traslado interno por transporte aéreo de una cierta cantidad de volúmenes de carga, así como de tráfico de pasajeros. Argentina y Chile, hasta los años sesenta, todavía encontraron un uso para sus trenes de largos recorridos.

Debe también señalarse la importancia del transporte por vías fluviales en partes de la cuenca del Amazonas, así como en Colombia y Venezuela, y en el sistema de vías navegables del Paraná. Sin embargo, nada comparable al que prevalece en Europa, con uso de lanchones vía canales. La vía lacustre a través del lago Titicaca siguió dando servicio. Se había ampliado asimismo el transporte marítimo propio para mover carga hacia el mundo externo y, con deficiencias, también en la navegación de cabotaje, sobre todo por empresas navieras de Argentina y Brasil (sin contar los buques de carga omnipresentes que navegaban con bandera panameña). El canal de Panamá continuó desempeñando sus valiosos servicios, con tendencia a la saturación de su capacidad.

En resumidas cuentas, el desarrollo del transporte en la región latinoamericana hasta los años setenta no fue extraordinario. En parte, debido a que estaba vinculado con el rezago relativo en la producción de alimentos, los descensos en ciertos minerales, la reorientación de las actividades agrícolas hacia nuevas áreas, y la incertidumbre en cuanto a las mejores estrategias que convendría seguir ante los distintos modos de transporte disponibles. En parte, asimismo, debido a que el desarrollo industrial, el indicador más señalado de cambios y de demanda cuantitativa de transporte, ocurría en gran parte dentro de los límites de las ciudades grandes, frecuentemente las ciudades capitales, con sus propios sistemas de distribución. En tercer lugar, los países que habían tenido experiencia con los ferrocarriles, buena o mala, no abandonaron estos medios de transporte, pero al mismo tiempo fue muy poco lo que hicieron para mejorarlos. Hubo tendencia a no ajustar en proporción suficiente las tarifas de flete ferroviario, lo que condujo a un aumento de subsidios y al deterioro, y aun al abandono de líneas y ramales. La velocidad media de los trenes era muy baja. Se tendió también a no elevar el precio real de la gasolina y otros combustibles, ni aplicar algún impuesto sobre la construcción o el uso de las carreteras, a fin de que los costos del transporte de carga por carretera no resultaran poco competitivos. Se aplicaron impuestos a la gasolina para ayudar a financiar el mantenimiento y la ampliación de los sistemas de carreteras.

El transporte carretero ganó la batalla, pero no se establecieron con claridad sus beneficios directos e indirectos. Para los pocos países productores de petróleo, la disponibilidad de combustibles subsidiados, también extensivos a la generación de energía eléctrica e incluso para usos industriales, se convirtió en un instrumento de política económica orientada a favorecer la industrialización y en ocasiones la mecanización de la agricultura. La multiplicación de la demanda de energía, a precios relativos bajos, se convirtió en un sustituto de una política de inversiones racionales tanto en el sector de recursos energéticos como en el sector de las industrias de transporte. En las ciudades capitales y otras de gran dimensión, a falta de sistemas municipales bien organizados para la transportación de sus habitantes, se desarrollaron redes de autobuses inadecuados, complementados por servicios de unidades de escasa capacidad y seguridad, aunque en algunos casos de mayor velocidad, pero caóticos, como los "liebres" de Santiago de Chile y las "combis" y "microbuses" de la ciudad de México.

Para los años ochenta, habían empezado a presentarse algunos cambios cualitativos en el transporte: el uso cada vez mayor del transporte multimodal, servicio que incluyó el envío de contenedores sobre las plataformas de los ferrocarriles o sobre camiones; el desarrollo de camiones de remolque o semirremolque con capacidades de 20 a 40 toneladas (los cuales requerían carreteras mejor diseñadas y con mejores superficies); el transporte aéreo con aviones de gran capacidad; y en las ciudades grandes, la introducción de trenes eléctricos subterráneos. Sin embargo, el transporte en su conjunto siguió requiriendo de volúmenes elevados de inversión y continuó enfrentado a la tendencia política de proporcionar transporte subsidiado, lo que, en realidad y en forma indirecta, requería asimismo sumas reales cada vez mayores.

El sector transporte, entre los servicios en las cuentas nacionales, en todo caso fue uno de los rubros más dinámicos de crecimiento. Un estudio hecho por Víctor Islas (1990) muestra que en el periodo 1960-1980, entre los países que mostraron mayor desarrollo en infraestructura en carreteras destacan Costa Rica, El Salvador, Uruguay, Brasil, México y Chile. En 1960, de los seis países principales de la región, Chile y México tenían la mayor relación de carreteras por superficie, con 0.073 y 0.070 km/km^2, respectivamente; en tanto que Brasil, Venezuela, Colombia y Argentina tenían coeficientes menores, 0.058, 0.038, 0.026 y 0.021 km/km^2. En dicho año, El Salvador, Uruguay y Costa Rica tenían los coeficientes más altos de la región latinoamericana (0.428, 0.202 y 0.196 km/km^2), mientras que Paraguay tenía el menor coeficiente (0.006 km/km^2), siguiéndole Argentina. En 1980, Brasil, México y Chile registraron la mayor relación de carreteras por superficie de los seis países principales, con 0.164, 0.108 y 0.103 km/km^2, respectivamente; en cambio, Colombia, Venezuela y Argentina observaron la menor relación, con 0.066, 0.069 y 0.075 km/km^2. Los países con mayores coeficientes en la región fueron Costa Rica, El Salvador y Uruguay, en este orden. Bolivia y Perú tuvieron los coeficientes más bajos en 1980. En este año, los países que tenían la mayor red carretera, en términos de su longitud, eran Brasil, México y Argentina, con 1 399 400 km, 213 300 km y 208 100 km, respectivamente.

En lo concerniente a las vías férreas, entre los países de la región latinoamericana sobresalen El Salvador, Uruguay, República Dominicana, Argentina, México y Chile. El Salvador tenía 0.029 km/km^2 de vías férreas con respecto a la superficie del país en 1960 y 0.028 km/km^2 en 1980; República Dominicana tenía 0.016 y 0.012 km/km^2, en dichos años, Uruguay 0.016 km/km^2 en ambos años, Argentina 0.014 y 0.012 km/km^2, México 0.012 y 0.010 km/km^2 y Chile 0.011 y 0.008 km/km^2. En 1980, los países que tenían la mayor red ferroviaria, en términos de su longitud, eran Argentina, Brasil y México, con 34 080, 28 670 y 20 060 km, respectivamente (Islas, 1990, cuadro 2.26, p.104).

VI. EL FINANCIAMIENTO DEL DESARROLLO EN 1950-1970 COMO PROBLEMA ESTRUCTURAL

1. El ahorro interno y su movilización: el sesgo inflacionario. 2. La banca de desarrollo. 3. Las políticas públicas, la expansión del sector público y los déficit fiscales. 4. La cooperación internacional en el desarrollo.

LOS TEMAS ASOCIADOS A LA ECONOMÍA "real" que fueron examinados en el capítulo V tuvieron íntima relación con los problemas más mundanos y mejor conocidos, de orden *financiero y monetario,* que a lo largo de muchos años han aquejado a las economías de la región latinoamericana. El presente capítulo tiene la finalidad de centrar la atención en cómo se financió el desarrollo en la región durante los dos decenios de 1950 a 1970, y asimismo destacar algunos aspectos particulares del proceso de ahorro-inversión que apoyaron o desalentaron el desarrollo, entre ellos el sesgo inflacionario que casi siempre estuvo presente.

1. EL AHORRO INTERNO Y SU MOVILIZACIÓN: EL SESGO INFLACIONARIO

Una vez tomadas las decisiones orientadas a aumentar el coeficiente de inversión —la relación entre la inversión real y el PIB—, ya fueran aquéllas la suma de decisiones privadas tomadas por agricultores, empresarios industriales, de servicios comerciales, constructores de vivienda y de oficinas y fábricas y otros, para incrementar el capital fijo, o bien el resultado de decisiones colectivas tomadas por los gobiernos y los órganos legislativos orientadas al mismo objetivo, puede decirse que el sesgo inflacionario del desarrollo económico podría o no ser fuerte según fueran los factores que determinaran el volumen y las características del ahorro, tanto por parte de particulares y de empresas del sector privado como por parte de entidades del gobierno y empresas del sector público. Por lo general, en la región latinoamericana, dicho sesgo ha sido pronunciado, incluso más que en otras regiones en vía de desarrollo (Lewis, 1978). Podrían también incidir factores de orden puramente *monetario,* y muchos autores sostienen que éstos son los determinantes principales de la inflación. Sin embargo, cabe asimismo afirmar que los factores monetarios son menos causales de las inflaciones subyacentes y de largo plazo de lo que comúnmente se piensa. La aplicación de las políticas públicas fue durante la mayor parte del siglo xx en gran parte responsable del coeficiente total de inversión, tanto la pública como la privada, y de las deficiencias en los ingresos fiscales y de la manera particular en que los déficit del sector público fueron financiados. A continuación se presenta un examen de estos temas y experiencias.

El papel del Estado en el desarrollo económico y social, en la elaboración de políticas generales, junto con la fijación de una serie de objetivos, en un programa o "plan" de mediano a largo plazos, como ha sido común en los países de la región latinoamericana, afecta de diversas maneras la economía de un país. Desde luego, produce cambios en la estructura sectorial por medio de patrones de gasto, de tributación y del establecimiento de servicios públicos y la creación de empresas paraestatales. La naturaleza precisa de los programas o de los planes, y la de las políticas y los medios para lograr su cumplimiento, deriva muy a menudo de la identificación previa de las limitaciones estructurales al desarrollo o se encuentra estrechamente vinculada con éstas. De manera que las cuestiones "reales" no se pueden separar de las "financieras", y la experiencia enseña que un déficit del sector público, comoquiera que finalmente sea financiado, es un elemento clave que conforma el desenlace de todos los esfuerzos de inversión y que afecta la capacidad de ahorro de la sociedad.

La insuficiencia del ahorro nacional ha sido tomada tradicionalmente como la justificación principal para buscar fondos de capital en el exterior a fin de ayudar a instrumentar los coeficientes más elevados de inversión que van implícitos en un proceso de desarrollo que se haya pretendido impulsar con rumbo y decisión. Tal insuficiencia puede ser reconocida a nivel "macro" simplemente al tratar de cubrir con recursos de origen extranjero la brecha entre el nivel total de la inversión esperada y el monto total del ahorro interno probable. También puede ser juzgada en relación con los sectores y teniendo en cuenta las dificultades de transferir internamente los excedentes de ahorro de un sector a otro. Igualmente, puede propiciar —con mayor frecuencia en el nivel de un proyecto empresarial individual— la participación de socios extranjeros, la obtención de préstamos ofrecidos por bancos extranjeros o internacionales, o la captación de recursos en el *mercado de capitales* externo o en la bolsa de valores nacional o en las de otros centros financieros. Por consiguiente, los papeles desempeñados por la inversión extranjera directa y por la cooperación financiera internacional o simplemente las transferencias de capital por medio de bancos localizados en otros países (en particular como ocurrió, en montos crecientes, a lo largo de los años setenta) pueden también ser vistos como "respuestas" a las rigideces estructurales y a los planes adicionales de inversión de los gobiernos y de los empresarios. Durante el periodo 1950-1970 se dedicó mucha atención internacional a las posibilidades de incrementar la cooperación financiera en América Latina; se concentró esa atención en particular en las relaciones financieras y de inversión interamericanas. Más adelante, se hace un relato del alcance y las consecuencias de tales esfuerzos.

En un libro de texto que alcanzó bastante popularidad en los años treinta y cuarenta, y en América Latina en los cuarenta y cincuenta, su autor aludió a una *parábola* para explicar lo que quería decirse por ahorro e inversión en lo que ahora llamamos *términos reales.* Una comunidad de pescadores sale al mar diariamente y regresa con la pesca obtenida, mientras que las esposas y las hijas preparan los alimentos y se ocupan de los quehaceres domésticos. Un día deciden que algunos de ellos debieran dedicar su tiempo a la construcción de nuevas embarcaciones. Esto requiere que el resto de los pescadores tenga que pasar más horas en el mar para regresar con una pesca más abundante a fin de alimentar a los que están ocupados en la construcción de nuevas embarcaciones. Los pescadores están "ahorrando" para la comunidad, mientras que los constructores de embarcaciones están "invirtiendo" para ella. Tan pronto estén listas las nuevas embarcaciones para salir a pescar, aumenta la producción (los ingresos) y queda disponible un excedente de pesca (incremento del ahorro real). De no haberse llevado a cabo dicho proceso, la única manera de "ahorrar" para llevar a cabo la "inversión" (construir las nuevas embarcaciones) habría sido reducir el consumo por unidad familiar, de modo que hubiera quedado disponible suficiente alimento para quienes, en vez de estar en el mar pescando, se dedicaban a construir las nuevas embarcaciones. El sacrificio del consumo, luego de haber transcurrido algún tiempo, conduciría al mismo resultado: elevar los ingresos, los cuales servirían para "ahorrar" e "invertir". (Benham, 1946, pp. 140-142.)

Esta lección sencilla debería ayudar a explicar por qué el ahorro y la inversión en América Latina no son nada distintos de lo que la parábola describe. El problema es que, una vez que el proceso sencillo se amplía a la sociedad en su conjunto y se le ubica en el contexto de la historia, y sobre todo en el de las instituciones derivadas de más de 450 años de dominio de la Colonia española (con su paralelo portugués en Brasil), el sacrificio en el consumo ha sido extraído principalmente de los estratos más bajos en la sociedad, a saber: los pobres, los desamparados, en las zonas rurales y urbanas, aquellos que para empezar tenían muy poco consumo del cual pudiesen "ahorrar" una proporción. Ese sacrificio se ha extraído con frecuencia por medio de la inflación real —el aumento constante de los precios a mayor velocidad que los salarios o jornales— el impuesto más regresivo e injusto. A ello habría que añadir que en ningún momento en la historia de los últimos cinco siglos los habitantes de América Latina han estado imbuidos de las "virtudes" del calvinismo o del puritanismo, doctrinas que inculcan la importancia de ahorrar y hacer una vida con fuerte sentido de austeridad; o sea, ha estado ausente la "ética protestante", que los historiadores económicos, británicos y alemanes han descrito de manera muy clara (notablemente Tawney, 1948 y Weber, 2003).

Lo anterior no pretende evaluar los méritos de esta o aquella religión como base para la acumulación de capital, sino que más bien sirve para hacer resaltar un factor cultural que, aunado a la estructura social y a las instituciones particulares bajo las cuales la región latinoamericana emprendió su desarrollo inicial después de que los habitantes de la península ibérica hubieran logrado establecerse firmemente, ha tendido a debilitar o menospreciar un instrumento de progreso sólido: la decisión de "ahorrar" una parte de los ingresos. Desde luego que hubo "ahorros forzados", resultado de las imposiciones que caracterizaron a los sistemas económicos e institucionales que rigieron en tiempos de la Colonia, incluso la esclavitud y el peonaje. La mano de obra constituida por esclavos, el peonaje de campesinos acasillados, el trabajo cautivo en la explotación de las minas y los jornaleros agrícolas tratados como vasallos o patrimonio personal aportaron una parte de los ahorros de la sociedad, de la misma manera en que hoy día el nivel bajo de los precios de garantía para los agricultores sirve para transferir "ahorros" a los habitantes en zonas urbanas y a empresas comerciales.

En el terreno internacional, la presencia de una relación desfavorable de precios del intercambio —esto es, precios bajos para productos básicos de exportación en relación con los precios medios de las manufacturas importadas del mercado mundial— significa que se transfiere "ahorro" de los países en vía de desarrollo, entre ellos los de la región latinoamericana, a los países industrializados más ricos. La desigualdad en la distribución de los ingresos y de la riqueza acumulada (activos reales y financieros) que caracteriza a la región latinoamericana después de casi cinco siglos, y aun transcurridos unos cuantos decenios recientes de desarrollo rápido, no ha alentado el ahorro familiar de manera generalizada. Ante el apremio de cubrir necesidades básicas para la supervivencia y, con suerte, para el consumo cotidiano y con demandas crecientes de artículos de primera necesidad, el ahorro de los estratos de ingreso bajo, que constituyen la mayoría, ha sido escaso o nulo. Tampoco lo han alentado la inflación crónica, ni la inseguridad jurídica.

En la sociedad moderna, el ahorro empresarial, sobre todo en los países en vía de desarrollo, tiende a ser más importante en las cuentas nacionales que la aportación del ahorro personal (el correspondiente al ahorro familiar). El ahorro empresarial, sencillamente descrito, constituye el excedente de ingresos de las empresas o el de los que, trabajando por cuenta propia, actúan como empresarios, que se obtiene con respecto a los gastos de operación (producción), incluidas en éstos las reservas para la depreciación de equipo y la remuneración empresarial de los propietarios que se distribuya como participación en los beneficios o ganancias o bien se convierta en reinversión en la forma de incrementos al capital real. En un sistema financiero moderno, dicha reinversión puede darse a través de intermediarios, esto es, mediante el sistema de intermediación financiera, incluidas las instituciones bancarias y la bolsa de valores. Por otro lado, la distribución de las ganancias puede aumentar el ingreso familiar de un solo propietario particular o bien acumularse a múltiples tenedores de acciones o participantes en el capital social de una empresa, por medio de dividendos u otras modalidades de participación.

En los países de la región latinoamericana, tanto la tradición y las reglas de la sociedad como la distribución prevaleciente de la riqueza y del ingreso han dado como resultado que sólo un monto limitado del ahorro empresarial haya sido reinvertido directamente en la forma de nueva inversión en bienes de capital y, en cambio, que una proporción excesivamente grande haya pasado a acumularse como ingreso personal a los particulares ya poseedores de riqueza y de un nivel de ingresos elevado. Por consiguiente, una gran parte del ahorro potencial se ha transformado en un alto nivel de consumo, incluido el de carácter suntuario, aun de lujo absoluto, por lo que aquél no queda disponible directamente para destinarlo al financiamiento de inversión nueva (el desarrollo). Es más, se traduce en importaciones prescindibles y aun en actividades ilícitas. Por añadidura, una parte de dicho ahorro interno ha tendido históricamente y sigue tendiendo en la actualidad, por razones de seguridad, a ser exportado al exterior para su depósito en cuentas bancarias en el extranjero y en bolsas de valores consideradas más seguras (exportación y fuga de capitales).

En contraste con sociedades como la japonesa o con algunas de las europeas, en las que el ahorro familiar y personal destacan como un porcentaje significativo del ingreso nacional y, consecuentemente, el consumo privado tiene una menor participación,[1] en los países de América Latina los ahorros personales (correspondientes al ahorro familiar) representan apenas una fracción pequeña del ingreso nacional. En cambio, el ahorro empresarial, una parte del cual corresponde al excedente generado por empresas pequeñas con propietario único —agricultores, artesanos, comerciantes, profesionistas, etc.— está representado en proporción mayor por excedentes o remanentes contables, antes de la distribución de las ganancias o utilidades, de medianas y grandes empresas. Este ahorro constituye el grueso del ahorro bruto registrado en las cuentas nacionales e incluye el excedente de las empresas extranjeras que operan en el país que no necesariamente se reinvierte en su totalidad, sino que se exporta.

En cuanto a empresas del sector público o paraestatal,

[1] El consumo privado representó 57% del PIB en Japón y 54% en Alemania y Suecia en 1992, frente a 65% en Brasil, 74% en México y 81% en Argentina (Maddison, 1997 y 1995, cuadro 1-5).

algunas empresas públicas "ahorran", en tanto que otras "desahorran" (reciben subsidios para compensar sus pérdidas). Por su parte, en algunos pocos casos, excepcionales, los gobiernos centrales han registrado superávit de ingresos corrientes con respecto a gastos corrientes, lo que ha dejado un excedente modesto para ayudar a financiar la inversión pública. Sin embargo, la mayoría de los gobiernos, históricamente e incluso en el transcurso del siglo XX, ha incurrido en déficit, esto es, ha desahorrado, y además tomado prestado del sector ahorrador de la sociedad, o de los estratos de bajos ingresos por medio de la inflación, para cumplir con sus obligaciones, y ha obtenido préstamos del exterior.

Lo anterior parece necesario a fin de comprender la preponderancia de la inflación en la región latinoamericana.[2] Ha tenido su origen, en muy importante medida, directa o indirectamente, en los gastos del sector público, esto es, lo que el Estado dispone para sí de los recursos reales, en exceso de lo que recauda por concepto de ingresos fiscales, los que el propio Estado haya logrado transferir a sus arcas, por medio de impuestos u otros ingresos fiscales provenientes del sector empresarial y de las unidades familiares. Muchos periodos en la historia de América Latina se han caracterizado, aun en el periodo 1950-1970, que fue bastante próspero, por el manejo despilfarrador de las finanzas a cargo de los gobiernos centrales y provinciales o federativos, implicándose en ello un gasto enorme en exceso de los ingresos, el cual ha sido financiado recurriendo a créditos directos otorgados por los bancos centrales que equivalen a expansión monetaria primaria y van más allá de las normas restrictivas aceptables, con frecuencia aun las legales. No

[2] La inflación suele medirse por medio de un índice ponderado de los precios de los bienes y servicios de consumo (Índice de Precios al Consumidor, IPC) o más correctamente por un índice deflactor del PIB. Todos los índices padecen de defectos técnicos, en particular por los cambiantes coeficientes de ponderación de los distintos subconjuntos de productos. Son, en consecuencia, indicadores aproximados de la inflación.

siempre ha tenido importancia la colocación de emisiones de bonos con el fin de captar financiamiento proveniente de los excedentes de las empresas o del ahorro familiar, ni ello ha implicado tener acceso a recursos reales, no inflacionarios. Aunque se emplea comúnmente la expresión *impresión de billetes* por orden de los gobiernos, lo fundamental es la decisión política previa de incrementar en exceso el gasto público, lo cual genera la llamada *presión inflacionaria* por el lado monetario y real, ya que promueve una mayor demanda de recursos escasos y tiende a elevar los precios. Si el sector empresarial y la unidad familiar son también habilitados por expansión del crédito o por alzas nominales de los salarios para que puedan mantener su propia tasa de gasto, la competencia entre el sector público y el sector privado tiene un efecto más agudo en la escasez de recursos, en el alza de los precios y, por lo tanto, en otras consecuencias de tales procesos inflacionarios. En economías con coeficientes de ahorro elevados, el resultado de semejante competencia por la obtención de recursos reales puede no tener en forma inmediata impacto en el nivel general de los precios y, por consiguiente, en la demanda de importaciones. Asimismo, en países que presentan sectores agrícolas más flexibles, en virtud de que pueden incentivar una mayor producción a corto plazo, la respuesta al incremento de la demanda interna puede ser más eficaz. En la mayoría de los países de la región, rara vez han existido estos casos.

Una vez que se haya registrado un impulso inicial a la inversión, con o sin financiamiento adecuado, las presiones inflacionarias van creciendo por medio de la operación expansionista del sistema bancario y mediante el "efecto trinquete" *(ratchet effect)* de los aumentos salariales y de los ajustes de los precios de los servicios públicos que se extienden de sector a sector y que provocan nuevos aumentos de los precios (Sunkel, 1967). El funcionamiento de la expansión del crédito bancario es una de las explicaciones clásicas de las presiones inflacionarias que se expone en los libros de texto sobre el dinero y la banca.[3] Tan pronto aumenta el nivel de la captación bancaria total, es decir, de las obligaciones de los bancos representadas por depósitos hechos en ellos —por ejemplo, como resultado de un déficit presupuestario financiado a través de un crédito otorgado por el banco central o por la colocación de emisiones de bonos—, los bancos comerciales adquieren mayor capacidad para incrementar el volumen de préstamos otorgados a empresas y a otros prestatarios, los que entonces pueden gastar en inversión o en consumo, esto es, adjudicarse para sí recursos reales que de otra manera no tendrían a su disposición.

A menos que haya muy poca demanda en la economía o que el banco central tome medidas para contrarrestar la expansión del crédito bancario, lo más probable es que se suscite un reforzamiento de cualquier presión inflacionaria previa. En explicaciones clásicas, un superávit del comercio exterior que arroje divisas que el banco central va acumulando a medida que se va expandiendo la tenencia de activos líquidos en manos de instituciones bancarias y de individuos, habría de tener una consecuencia similar. Los superávit de comercio exterior que se generaron en los años cuarenta, durante la segunda Guerra Mundial, fueron de este tipo, por lo que los bancos centrales tuvieron que buscar la forma de contrarrestar los efectos de aquellos con la aplicación de medidas de restricción crediticia o tratando de impedir que los gobiernos incrementaran sus déficit (con poco éxito). En los casos en que la economía interna haya acabado por recibir lo que ahora se denomina *conmoción de origen externo,* tal como un descenso radical del precio de un producto básico de exportación, o una caída de la relación de precios del intercambio, o una suspensión de los flujos de financiamiento extranjero, o el cierre de un mercado importante de exportación, la posible expansión previa excesiva del crédito bancario contribuiría también a un debilitamiento

[3] Explicaciones aplicadas a América Latina en tiempos modernos. Véase, por ejemplo, Glade (1969), Triffin (1945), Díaz-Alejandro, Brothers y Solís (1992) y Prebisch (1944a, b y c).

de la posición de balanza de pagos y a una posible depreciación de la moneda nacional, aun cuando hubiera sido impulsada por un excedente de exportación. Las experiencias de los países de la región latinoamericana en esta área, desde el siglo XIX, han sido ricas en lecciones que habría que asimilar.[4]

Un aumento rápido de la inversión pública y privada, con sus efectos secundarios a través de la expansión del crédito bancario, también ha propiciado procesos inflacionarios en ciertas circunstancias, a consecuencia de la obtención excesiva de préstamos provenientes de fuentes externas de capital. Al haber sido más que cubierta la deficiencia en el ahorro por transferencias de capital inducidas de manera autónoma, como ocurrió hacia finales de los años setenta y al principio de los ochenta —un periodo durante el cual los principales países de la región latinoamericana recurrieron cada vez más a la obtención de créditos otorgados por la banca privada internacional—, tales flujos de ahorros externos fueron adiciones que, al convertirse en gastos de inversión, activaron las presiones inflacionarias subyacentes, esto es, las adjudicaciones de los recursos reales disponibles. Aun si las inversiones se hubieran traducido en importaciones y al cabo de poco tiempo —en cuanto se volvieran productivas— en un aumento de la producción interna y en algunos casos en exportaciones, no se podría evitar el sesgo inflacionario ni el efecto "trinquete", que consiste en ponerle un "nuevo piso" a la inflación.

Desde los años cincuenta, la inflación en la región latinoamericana se afirmó de un modo latente y fue hasta cierto punto reprimida o disimulada aplicando una política de control de precios para ciertos productos y subsidiando la provisión de servicios públicos, así como recurriendo al rezago de los ajustes salariales. La existencia de monedas virtual-

[4] Éstas fueron, por otra parte, las consideraciones que indujeron a Raúl Prebisch, al fundarse el Banco Central de la República Argentina, a su cargo, a desarrollar sus ideas para la política anticíclica (Prebisch, 1949; González del Solar, 1983).

mente sobrevaluadas produjo también señales equivocadas al inducir importaciones excesivas de bienes y servicios, al hacer que el endeudamiento contraído en monedas extranjeras pareciera "barato" y al inducir la fuga de capitales de aquellos residentes que percibieron riesgos y peligros mayores para la estabilidad interna y externa de las economías. En muchos casos, gran parte del gasto adicional en inversión real interna, correspondiente tanto al sector público como al privado, no estuvo basado en evaluaciones cautelosas de futuros acontecimientos internacionales e internos, o bien fue abiertamente dispendioso (y populista). Este fenómeno podía darse en cualquier sector, por ejemplo incluso en el caso de gastos realizados en el sector militar. Igualmente, podía sobrevenir en virtud de cualquier mala aplicación del gasto. De ello abundan los ejemplos: los proyectos de centrales nucleares y de muchos proyectos industriales grandes sin consideración de los costos ni de la recuperación de la inversión, la expansión rápida de la industria eléctrica y del sector transporte sin posibilidades reales de elevar las tarifas, los esquemas de diversificación de grupos corporativos privados, etcétera.

Cuando surgió la inflación asociada al desarrollo, sobre todo en los años sesenta, se tornó difícil frenarla. Los países latinoamericanos habían conocido una deflación pronunciada durante los años treinta y se había logrado una recuperación acompañada de muy poco aumento de los niveles de los precios (véase el capítulo II). La inflación en los tiempos de guerra en los años cuarenta tuvo una causa inmediata más específica: la insuficiencia de las importaciones que dieron como resultado los superávit en el comercio exterior sin compensación en reducciones de los déficit posibles y, en última instancia, con ajustes por medio de devaluaciones cambiarias. Pero después del periodo 1947-1948 perduró la aguda escasez de divisas y gran parte de las operaciones del FMI con los países latinoamericanos se refirió a tratar de simplificar los sistemas complejos de control cambiario y de tipos de cambio múltiples, que además, sin control de la expansión del crédito bancario y de los déficit del sector público, no podían abandonarse. Sin embargo, durante los años cincuenta la tasa de inflación fue en general moderada en casi todos los países. Al menos se logró alguna medida de concertación entre gobierno, sector empresarial y sector obrero, para permitir que cada una de las partes pudiera mantener su participación respectiva en el ingreso nacional, con algún grado de inflación pero sin que la tasa de inflación llegara a estar fuera de control (Hirschman, 1963, capítulo 3, pp. 159-223). Entre 1950 y 1960, la tasa media anual de inflación se estimó en 13% (19 países; Thorp, 1998, cuadro V.1 de su Apéndice Estadístico).

Hacia finales de los años cincuenta la expectativa de una mayor cooperación financiera internacional (véase sección 3 más adelante) empezó a fortalecerse y muchos gobiernos comenzaron a gastar más, y con mayor rapidez, en proyectos orientados a impulsar el desarrollo y otros menos específicos. Sin embargo, los déficit no permanecieron en niveles moderados. La expansión del comercio exterior y los mejores precios de las exportaciones alentaron un crecimiento general, como lo demuestran las tasas de expansión del PIB que se registraron, sobre todo en el sector manufacturero, durante los años sesenta. Las políticas de sustitución de importaciones, cabe recordar, conllevaban un sesgo inflacionario, precisamente en esta época cuando la ISI estaba en su apogeo (véanse en los cuadros I.2 y VI.5 el crecimiento del PIB *per capita* y la inflación).

2. La banca de desarrollo

En la mayoría de los países latinoamericanos, durante el periodo 1950-1970 se establecieron varios bancos de desarrollo general y de sector especializado, con el propósito de ayudar a organizar y financiar empresas paraestatales y programas especiales para ampliar la base industrial, mejorar la agricultura, promover el turismo, la pequeña industria, el comercio exterior, y muchas otras actividades y para inducir al sector empresarial a hacer lo mismo. Chile fue el primer país que visualizó la necesidad específica de contar con una organización de semejante naturaleza, propuesta que culminó con la creación en 1940 de un organismo estatal de desarrollo industrial, la Corfo, inmediatamente después del sismo desastroso de 1939. De hecho, México, años atrás, en 1934, había ya creado un organismo de desarrollo (Nacional Financiera), dos bancos oficiales de crédito agropecuario en 1926 y en 1935, y una institución oficial de crédito dedicada al comercio exterior en 1937. En Argentina, el Banco de la Nación desempeñaba funciones similares. En Venezuela se creó en 1946 una Corporación Venezolana de Fomento. Brasil estableció años después el Banco Nacional de Desarrollo y la Superintendencia de Desarrollo del Nordeste.

Durante los años cuarenta, al principio de los cincuenta y por supuesto para los años sesenta, casi no había ningún país en la región que careciera de organismo oficial dedicado a financiar el desarrollo o de varios bancos especializados, incluidos bancos regionales tales como el creado en el nordeste de Brasil y en Centroamérica, el Banco Centroamericano de Integración Económica (1967). Estas instituciones de crédito, se suponía, iban a operar con base en asignaciones presupuestarias iniciales y en emisiones de valores en los mercados locales de capital o de dinero. También eran intermediarios naturales para la negociación de créditos externos, obtenidos de organizaciones extranjeras de crédito de proveedores, de bancos oficiales tales como el Eximbank en los Estados Unidos, y de los organismos financieros internacionales, a saber, el Banco Mundial a partir de finales de los años cuarenta y el BID desde 1961. En la Región Andina y en el Caribe también se crearon bancos de desarrollo subregionales; sin embargo, el desempeño de la banca de desarrollo en términos de canalizar los ahorros internos hacia las prioridades de inversión, tanto las del sector público como las del sector privado, fue menos eficaz que el apoyo propiamente dicho de los mismos a la inversión real que de otra manera pudiera no haberse dado. No siempre se conjuntaron a las operaciones financieras los necesarios servicios técnicos, de investigación y de gestión eficaz. Esto es, pese a los muchos resultados favorables derivados de la intervención de los organismos financieros para el desarrollo, estos últimos también contribuyeron, o fueron inducidos en tal sentido por presiones gubernamentales, al sesgo inflacionario del desarrollo.[5]

3. Las políticas públicas, la expansión del sector público y los déficit fiscales

Durante los años cincuenta, como ya se indicó en el capítulo IV, la mayoría de los gobiernos de la región latinoamericana mostró interés por involucrarse en la creación de algún mecanismo nacional de planificación o, como la CEPAL prefirió llamarlo, de "programación", para tratar de cumplir con objetivos congruentes en cuanto al desarrollo. El mejoramiento de los niveles de vida habría de lograrse mediante la inversión para elevar la productividad, pero no una inversión cualquiera; antes bien, habría de ser inversión en infraestructura básica, para proporcionar electricidad, combustibles y transporte; en sectores de la agricultura propicios para incorporar métodos modernos de explotación agrícola dentro de un tiempo bastante corto; en industria básica grande que el sector privado pudiera no estar dispuesto a emprender o que careciera de la capacidad para hacerlo; y en capital social urbano. Fuera de los grandes proyectos, la industrialización general en gran medida se dejaría al sector privado con el apoyo fiscal y financiero del gobierno y de los organismos de desarrollo, los sistemas bancarios y, donde fuere necesario, al capital extranjero. La protección arancelaria y no arancelaria a las importaciones habría de garantizar la rentabilidad de la inversión privada en el sector industrial.

[5] Mucho se ha escrito sobre los organismos financieros para el desarrollo latinoamericano. Véanse, por ejemplo, Diamond (1964), Weintraub, Glade y Blair (1977), Ferrer (1983), Brothers y Solís (1967).

Los países latinoamericanos no adoptaron esquemas que semejaran en modo alguno la opción de una economía de planificación central de corte socialista (salvo el caso de Cuba). No obstante, los enemigos de la "planificación" tendieron siempre a asociar el proceso de planificación con la experiencia de los países del bloque soviético. En realidad, la planificación o programación latinoamericana fue bastante más flexible que la "planificación indicativa" francesa de los tiempos de Jean Monet y periodos subsiguientes en Francia, o la del ejemplo italiano con el Instituto del Mezzogiorno. En ningún momento la planificación latinoamericana del desarrollo intentó conscientemente limitar las formas de consumo típicas de sociedades desarrolladas, por ejemplo, mediante impuestos al consumo muy elevados a los bienes prescindibles y de lujo, promovidos en gran escala por la publicidad de empresas extranjeras; por el contrario, se permitió que evolucionaran libremente los gastos en publicidad, y los gobiernos además llevaron a cabo esfuerzos orientados a propiciar la filtración de dichos modelos de consumo a grupos de ingresos bajos.

Entonces ¿cuál fue la preocupación central en las políticas públicas en los países de la región latinoamericana? Fue impulsar la industrialización como una herramienta del desarrollo, al mismo tiempo que tratar de atender objetivos distributivos. En muchos países se pensaba que mediante la promoción del empleo industrial se lograría elevar el nivel de los salarios reales, en la medida en que una mayor proporción de la fuerza de trabajo se fuera incorporando en actividades con una "productividad media más alta". No obstante, esta política, que no carecía de fundamento analítico, fracasó, pues no tomaron en cuenta en forma suficiente las tendencias demográficas y el crecimiento de la fuerza de trabajo, sobre todo en una perspectiva dinámica a futuro. Asimismo, si poco se hacía para elevar el ingreso rural en general —y no únicamente en determinadas zonas limitadas— se podía suscitar una etapa en que el proceso pudiera llegar a agotarse por falta de expansión real de los mercados internos. Como pronto empezó a verse, el empleo industrial urbano atrajo una creciente migración de mano de obra del campo a la ciudad, lo que se sumó a los "factores de rechazo" ya evidentes en las regiones más pobres, poseedoras de tierras con muy baja productividad. Las ciudades grandes crecieron a tasas alarmantes, conforme fue aumentando el movimiento migratorio de mano de obra no calificada que llegaba en busca de empleo, vivienda y oportunidades educativas pero carecía de preparación e ingresos. Gran parte de dicha fuerza de trabajo nunca encontró ocupación en la industria, sino en la construcción como mano de obra no calificada. Pasó también a formar parte del llamado sector informal, principalmente servicios de baja productividad de naturaleza sencilla, como el empleo en tareas domésticas, servicios de provisión de alimentos y, en general el comercio ambulante. Dicho sector pudo absorber hombres adultos en edad de trabajar y también mujeres y jóvenes que así pudieron contribuir al ingreso familiar insuficiente. Pero no se suscitó una verdadera transformación de los mercados de trabajo. Los asentamientos irregulares y los tugurios de los años cincuenta y los años sesenta fueron el resultado urbano, ya que la vivienda de interés social difícilmente podría estar al alcance de estos segmentos de la fuerza de trabajo de bajo ingreso que no contaban con salarios regulares ni tampoco con ningún medio para garantizar incluso un préstamo subsidiado de largo plazo. Los programas de vivienda, salvo excepciones como la de Brasil, fueron de alcance muy limitado aun para la clase media baja.

En el proceso de la programación del desarrollo, en particular en aquellos países donde grupos importantes del sector privado no estaban convencidos de los beneficios de las políticas públicas o bien no estaban dispuestos a asumir los riesgos involucrados en realizar nuevas inversiones, el sector público se expandió grandemente, en términos de empleo, de valor agregado generado en empresas del sector público, y de control gradual de grandes sectores de la industria e incluso de muchas ramas de servicios.

Un profesor estadunidense que estudió los aspectos políticos y sociales del desarrollo, así como los aspectos económicos, se refirió en los siguientes términos al intervencionismo de los gobiernos:

> La tensión en los esfuerzos para el desarrollo tendió a comprimir la definición de la modernización en forma sensible como un *control* mejorado sobre el entorno físico y el social, con una atención debilitada respecto a la participación popular en el proceso de toma de decisiones. Tal concepto era igualmente aplicable en regímenes capitalistas o socialistas, democráticos o autoritarios, bajo diversas condiciones. En todo caso, la participación del gobierno en los asuntos económicos y sociales *creció y creció y creció* [Shafer, 1978, p. 601].[6]

El desarrollo, siguiendo largas tradiciones inspiradas en la historia, se veía como algo que correspondía a las altas esferas del gobierno decidir e instrumentar y algo que correspondía al Estado dirigir y en gran parte llevar a cabo, esto es, por medio de acciones gubernamentales plasmadas en la legislación, en el presupuesto, en los reglamentos y en la influencia de gran alcance de la burocracia. Como se ha visto, la regulación por el gobierno de la actividad económica se había intensificado durante la depresión de los años treinta, cuando incluso los países industrialmente avanzados tuvieron que recurrir a ella para restablecer el empleo y los ingresos, y no con mucho éxito, como en los Estados Unidos, cuya economía acusaba todavía en 1940 fuerte desempleo. En muchos países latinoamericanos, el "dirigismo" nunca había dejado de existir, ni tampoco había permanecido inactivo. Junto con el nacionalismo, revivió hacia finales de los años treinta. La economía de la segunda Guerra Mundial, por razones inherentes a la organización bélica, después del estado de impreparación en que se habían hallado Francia, Gran Bretaña y los Estados Unidos durante los años treinta, requi-

[6] Las cursivas son mías.

rió de una intervención aún más profunda y más detallada en las principales potencias y condujo a su equivalente en América Latina.

Así, la formulación de estrategias congruentes de desarrollo recayó en el patrón de conducta del Estado, con tendencia del gobierno a intervenir en la vida económica y, por consiguiente, impulsar la inversión y el consumo. La ausencia de sistemas políticos verdaderamente democráticos y participativos en muchos países latinoamericanos y, por lo tanto, la ausencia de la alternancia de partidos en el gobierno también dio continuidad a aquellas políticas y desalentó la presencia de evaluaciones críticas. Gran parte de los programas de cooperación internacional que fueron planteados e instrumentados en los años sesenta habrían de requerir la continuación del papel del Estado en el desarrollo. La crisis de los energéticos de los años setenta no modificó dichas tendencias, sino que, antes bien, las intensificó en muchos sentidos, ya que la escasez y el muy incrementado precio del petróleo crudo desarticularon muchas de las relaciones de precios consideradas normales aun en un sector tan importante. Por último, el endeudamiento externo rápido y poco responsable en esos años, y al final la crisis de la deuda externa que sacudió los mercados financieros en 1982, necesitaba también de intervenciones públicas, desde iniciar nuevas negociaciones para lograr alguna liquidez hasta implantar programas nacionales de ajuste de los desequilibrios internos y externos.

En esta materia, sin embargo, el legado de los años setenta a los ochenta obligó, comoquiera que fuere, a una reconsideración de la intervención del Estado, de la empresa estatal, y del papel del Estado en el desarrollo. No obstante, así como el intervencionismo económico no podía demostrar su eficacia a largo plazo, tampoco la eliminación de toda traba al libre funcionamiento de los mercados en pro de la libre empresa y una súbita supresión de las distorsiones podía ser eficaz a corto plazo. Según los críticos no dogmáticos, tampoco podía empujarse la apertura y la liberalización hasta sus límites sin crear grandes tensiones y desigualdades internas, como más adelante ocurrió en efecto.

El hecho fue que durante el periodo 1950-1970, la participación del Estado en la economía de los países latinoamericanos creció en forma constante. Es común medirla, con las reservas del caso, por medio de las cuentas nacionales, en tanto se hubieren incluido datos fehacientes para estimar el valor agregado atribuible al gobierno. Cabe insistir, como en el caso del cociente entre exportaciones totales y PIB, que resulta engañoso y metodológicamente falso referirse a la influencia del aumento del gasto público por medio de un simple cociente entre dicho gasto y el PIB, como muchos autores han querido demostrar, por ejemplo, cuando se afirma que el gasto del sector público se incrementó en determinada fecha a 30 o 40% del PIB. El gasto público es un concepto de gasto bruto que incluye en él el valor de todos los insumos que lo produjeron, como sueldos y salarios, compras de bienes y servicios para la administración, equipo militar e inversiones reales en instalaciones productivas. Hoy día, en algunos países de América Latina se distingue entre el gasto "programable", es decir el que obedece a programas y presupuestos de obra y actividad corriente, en algunos casos también los subsidios (que son transferencias a favor del sector productivo privado y el sector consumidor privado), y el gasto total que incluye, contabilizándolas en otro renglón, las operaciones puramente financieras, como los intereses y los pagos de amortización de empréstitos internos y externos. El PIB, como concepto que es de valor agregado, deducidos los insumos, no puede ser comparable con los egresos o gastos brutos de la entidad gobierno o sector público, aun si se contara solamente el gasto programable.

El coeficiente resultante de dividir el gasto público entre el PIB sería de nuevo el caso de "comparación de peras con manzanas". Sin embargo, cuando muchos analistas tratan de hacer juicio numérico sobre la intervención del Estado en la economía, sus cifras son precisamente esa comparación espuria. Se advierte en las compilaciones estadísticas internacionales y en los estudios de grupos privados (aun el BID y la CEPAL). Un informe importante (Balassa *et al.*, 1986), que circuló en los años ochenta en que se dedicó gran parte de la obra a examinar el problema del gasto público, hizo la misma comparación de datos. La comparación correcta, pero no siempre fácil de precisar, sería entre el saldo del gasto público y el PIB, que ha sido común en la presentación de análisis macroeconómicos en los años más recientes, es decir, valor agregado contra valor agregado. Por ejemplo, se estima que en el decenio de los cincuenta el déficit público sobre la base de la recaudación de impuestos fue comparativamente elevado en Argentina y México, significando 5.1% y 5.5% del PIB y en menor proporción en Brasil, Chile y Colombia. Perú registró un superávit de 0.1% del PIB (Thorp, 1998, cuadro 6.2). La participación del ejercicio deficitario de los presupuestos fue bastante pequeña en los años cincuenta, pero aumentó gradualmente durante los años sesenta a un nivel promedio de 6.3% (los seis países mayores) que osciló de 0.8 a 12.8% del PIB en Colombia y Chile, respectivamente.

Aun este coeficiente plantea problemas importantes de interpretación: primero, si el numerador incluye o no las operaciones financieras; segundo, si el saldo se debió significativamente a determinadas clases de gastos, por ejemplo, el costo de las fuerzas armadas, las inversiones reales directas, los subsidios y otras transferencias, y si el déficit, cuando lo hubo, obedeció a caídas súbitas de ciertos ingresos fiscales, por ejemplo, por descensos de los precios internacionales de los productos básicos exportados (azúcar, café, trigo, petróleo, cierre de mercados), derrumbe del gasto de los consumidores, etc. A veces se recalca demasiado el coeficiente de déficit sin prestar atención a las cifras absolutas y si el déficit fue o no financiado en forma conveniente (por medio del mercado de valores o por crédito abierto en el banco central). Los superávit, cuando existen, no atraen atención en cuanto a su significado, su monto o su destino.

Lo que en el periodo 1950-1970 se ponía cada vez más de manifiesto fue, sin embargo, que los déficit fiscales estaban ascendiendo, esto es, que en general la expansión de la participación del gobierno en el gasto bruto no se estaba logrando mediante la obtención de ingresos tributarios. En tal caso, el gasto deficitario se fue convirtiendo cada vez más en una salida fácil y de creciente riesgo para el futuro. Se aducía que resultaba difícil extraer impuestos de los grupos empresariales latinoamericanos y de los grupos de medianos y de altos ingresos a los que el Estado trataba de favorecer con incentivos para invertir. Se otorgaban exenciones al impuesto sobre la renta, subsidios directos, líneas de crédito a tasas preferentes de interés, altos niveles de protección y por el estilo —ejemplos de contradicciones políticas y económicas que no se resolvían.

Por una parte, los gobiernos centrales, de por sí ya propensos a incurrir en financiamientos deficitarios, sobre todo para programas de inversión, expandieron sus burocracias pero no llevaron a cabo reformas tributarias eficientes. Misiones de expertos de las Naciones Unidas y de otras fuentes comenzaron a visitar a los países latinoamericanos durante los años cincuenta y sesenta para ayudar a modernizar los sistemas tributarios, sobre todo en la dirección de mejorar las recaudaciones y de restructurar la rigidez de la tributación cedular del ingreso personal y del ingreso de las empresas para crear sistemas de acumulación de todas las fuentes de ingreso y fijar una tarifa común sobre el total del ingreso neto gravable. La mayor parte de las misiones sobre reforma tributaria no alcanzó sus objetivos; los obstáculos de carácter político a corto plazo fueron siempre muy fuertes. A pesar de un periodo de prosperidad, incluidos el crecimiento de las exportaciones y la expansión industrial, la carga impositiva global en la mayoría de los países latinoamericanos permaneció baja, oscilando de un nivel alto de 20.1% del PIB en Brasil a un nivel bajo de 7.1% en México (Thorp, 1998, cuadro 6.2).

En esto hay otro caso de "peras con manzanas", ya que la carga tributaria debería compararse con los ingresos netos generados por el sector empresarial, en su parte respectiva, y con los ingresos personales sumados de la población económicamente activa por sueldos, salarios, comisiones y remuneraciones similares al trabajo. Debe señalarse además que el papel de la tributación del ingreso personal y de los ingresos de las empresas es diferente según sea la estructura imperante de una economía y de acuerdo con la estructura particular de la economía comercial. En aquellos países donde existían grandes corporaciones extranjeras en posiciones casi monopólicas —como en los casos del petróleo en Venezuela y el cobre en Chile— el principal impulso de la política tributaria consistía en participar, a través de la aplicación de varios impuestos y no únicamente por la aplicación de un impuesto sobre la renta, en las ganancias o utilidades de las corporaciones.

En todo caso, los sistemas tributarios solían considerarse como ineficientes, inequitativos y, en general, con la característica de depender de una base impositiva bastante estrecha. En otras palabras, un número cuantioso de contribuyentes potenciales se hallaba fuera del sistema fiscal y/o los ingresos gravables que declaraban se encontraban muy por debajo de su nivel real, una práctica bastante generalizada. Muchos gobiernos dependían todavía fuertemente de ingresos por derechos de importación y por la aplicación de impuestos a las exportaciones, así como de impuestos diferenciales derivados de transacciones cambiarias, impuestos generales o específicos sobre producción y ventas, y otras transacciones, casos en los cuales no era fácil calcular sobre quiénes recaían los impuestos. Un trabajador o un jefe de familia hace compras gravadas por impuestos a veces ya incluidos en el precio de compra, mientras que una empresa los incluye en sus costos, asimilándolos a compras de insumos que son gastos deducibles. Los gravámenes sobre ventas y sobre actos de producción y comercio han sido comúnmente impuestos en cascada, que terminan recayendo en todo su peso sobre el último comprador o consumidor, según fueren las elasticidades-ingreso de la demanda específica. Apenas en los años ochenta comenzó a introducirse el Impuesto al Valor Agregado (IVA) que reduce la piramidación de impuestos al comercio pero que ha sido incomprendido y con frecuencia mal o ineficientemente aplicado.

Al comienzo de los años sesenta, en América Latina prevaleció la idea un tanto ingenua, sobre todo entre los economistas, de que el propósito del sistema tributario, en particular por medio del desarrollo de sistemas tributarios de ingresos que fueran más "eficientes", es decir, económicamente productivos y socialmente justos, habría de mejorar la distribución del ingreso.[7] No se tenía en cuenta ni la base impositiva débil ni el modo tradicional de operación de los sistemas tributarios, ni tampoco la necesidad apremiante de obtener ingresos. Las reformas tributarias, incluso los compromisos asumidos en virtud de la Alianza para el Progreso a principios de los años sesenta, fueron en general débiles y, en aquellos casos en que la inflación llegó a predominar, bastante ineficaces. Algunos países, como México, pudieron haber aprovechado una oportunidad para instituir una reforma tributaria integral, mas el entorno político y social no lo hacía posible (véase, entre otros, Ortiz Mena, 1998).

Conforme los gobiernos fueron controlando una participación cada vez mayor en lo que se refiere a la provisión de servicios públicos —el transporte, la electricidad, los servicios municipales— y en otros casos ejercían un dominio sobre la producción petrolera y la regulación de los precios de los combustibles y los productos alimenticios, e intervenían en muchas otras actividades, como en la regulación de los precios de los alimentos, la tendencia a subsidiar vendría a

[7] Se suscitó una pequeña polémica en una conferencia OEA/CEPAL celebrada en Santiago de Chile en 1962, en que la mayoría de los participantes opinaba que el objetivo de una reforma tributaria debería ser la redistribución del ingreso nacional, mientras una pequeña minoría, entre la cual este autor se encontraba, hacía ver que, en las condiciones de la región latinoamericana y a la luz de los programas de desarrollo que se estaban emprendiendo, el objetivo debería centrarse en primera instancia en aumentar la recaudación de ingresos para evitar los déficit del sector público o reducirlos, y que las políticas de redistribución de ingreso tendrían que promoverse con otros instrumentos —sin descuidar, desde luego, la corrección de las enormes inequidades con que operaban los sistemas tributarios siempre favorables a los sectores de la sociedad de ingresos elevados. (Véase Urquidi, 1964a.)

difundirse con celeridad. Como se indicó con anterioridad, en algunos casos ello obedeció a la creencia de que, por ejemplo, la oferta de productos energéticos a precios inferiores a sus costos marginales constituía un incentivo para las inversiones industriales y la expansión general de la industria. El agua para la agricultura proveniente de obras de regadío financiadas por el gobierno fue proporcionada prácticamente sin costo alguno a agricultores ya prósperos (por ejemplo, en México). Los servicios de agua potable para las ciudades grandes y medianas, ya no se diga las pequeñas, funcionaban con la obligación de aplicar tarifas muy reducidas, con fuertes subsidios de las autoridades fiscales centrales o locales, a veces aun regalándola, con lo cual se hacía imposible mejorar la infraestructura respectiva o emprender nuevos suministros. En otros casos, los subsidios al consumo obedecieron a la necesidad de asegurar abastecimientos "baratos" de productos alimenticios y transporte "barato" para los trabajadores asalariados de las ciudades grandes. En algunos países, otras modalidades "populistas" de subsidios también adquirieron mayor importancia cuantitativa. Gobiernos desarrollistas se dedicaron asimismo a otorgar subvenciones directas a dependencias del gobierno que tenían a su cargo la ejecución de proyectos generadores de ingresos. Con frecuencia se condonaba el pago de préstamos insolutos concedidos por bancos especializados del gobierno, por ejemplo, los agrícolas y los destinados a vivienda popular. Las tasas de interés aplicables a dichos préstamos en todo caso estaban subsidiadas. Elementos significativos de subsidio se encontraban disimulados en la aplicación de tipos de cambio especiales para ciertas transacciones, e igualmente en la exención de impuestos a la importación de bienes de capital por empresarios particulares. A los funcionarios y los empleados administrativos del gobierno y a muchos otros grupos privilegiados, entre ellos los empleados de las paraestatales, los obreros sindicalizados y los trabajadores beneficiarios del seguro social, se les remuneraba con frecuencia con salarios y emolumentos diversos libres de impuestos y sin obligación de declararlos al fisco. En todo caso, la acumulación de los ingresos personales para fines impositivos casi no existía y, si se incluía en la obligación fiscal, no se aplicaba o se hacía con importantes exenciones.

En general, la falta de informes financieros y fiscales, aun durante periodos de considerable expansión económica, debe verse como un problema estructural e institucional del desarrollo no debidamente atendido. Las consecuencias de esta desatención habrían de ser muy desfavorables en el resto del siglo XX.

De esta manera, los déficit fiscales adquirieron una naturaleza vasta y compleja. No solamente perduraba la insuficiencia de los ingresos con respecto a los gastos públicos corrientes, sino, asimismo, se daba la aplicación deliberada de políticas orientadas a favorecer a determinados grupos, a llevar a cabo cierto tipo de gastos o a propiciar cambios en la distribución del gasto y en las fuentes de ingresos fiscales, sin ninguna garantía de éxito.

El financiamiento de los déficit del sector público se convirtió gradualmente en un factor principal que contribuía a las presiones y a las tendencias inflacionarias. En primer lugar, figuraban los montos de los egresos como presión en que se traduciría la demanda ejercida por el sector público; en segundo lugar, la forma del financiamiento del déficit. En ocasiones, ministros de finanzas en América Latina, por lo demás bien intencionados, afirmaban que los déficit presupuestarios no eran "inflacionarios" cuando fueran financiados ya sea por préstamos obtenidos del extranjero (los cuales se suponía que serían empleados para fines productivos) o por la colocación de emisiones de bonos en el mercado nacional (véase, por ejemplo, Ortiz Mena, 1998). En el mejor de los casos, dicho razonamiento resultaba ser falaz, puesto que las presiones inflacionarias se suscitaban mayormente por la naturaleza y los montos de los gastos y no tanto por la forma del financiamiento de éstos. Pero los déficit financiados internamente por medio de emisiones de bonos, *incluso* cuando los recursos de tal manera captados no provenían de las bóvedas de los bancos centrales sino de la absorción de bonos, certificados o títulos por los mercados locales de capital y de dinero, contribuyeron también a las presiones inflacionarias en la medida en que los fondos se gastaron en proyectos de desarrollo, o ayudaron a financiar gastos en el sector militar, o ampliaron la capacidad de otorgar crédito del sistema bancario. A menudo fue asimismo necesario que los gobiernos ofrecieran emisiones de bonos a tasas de interés preferencialmente altas, o a tasas de interés libres de impuestos, o como en México, otorgando la garantía de la recompra de los títulos a su valor nominal, a fin de inducir a los tenedores de liquidez a desprenderse de ella y a no incurrir en la opción de comprar divisas en los bancos o, en su caso, en el mercado negro. Los mercados de capitales y de dinero no se encontraban bien desarrollados en los años sesenta incluso en los países principales de la región, y casi no existían en los países de tamaño más pequeño.

El resultado neto de todo ello es que los déficit de los sectores públicos fueron endémicos y crónicos y que, dada la incapacidad de contrarrestarlos, o la falta de medidas compensatorias y de instituciones financieras con capacidad de autofinanciamiento, dichos déficit estuvieron en el centro de la responsabilidad de las frecuentes tasas elevadas de inflación en varios países.

Con frecuencia se afirma que las políticas salariales, cuya adopción no fue acompañada por la realización de esfuerzos congruentes encaminados a elevar la productividad industrial y otros relativos a la mejor institucionalización de las relaciones entre los sectores empresariales y el obrero, fueron también responsables de las tendencias inflacionarias que condujeron en algunos casos a la espiral clásica de precios y salarios. Sin embargo, en términos generales, los niveles de los salarios reales en América Latina han sido bajos y su significación como elemento de costo no ha sido tan grande como se ha pensado —aunque en tiempos de una inflación muy elevada, los ajustes salariales han fijado el piso para aumentos adicionales de los precios y, por consiguiente, se les ha atribuido su parte de responsabilidad en lo difícil o imposible que resulta alcanzar el objetivo de moderar o lograr controlar la inflación—. La idea de que el salario obrero debiera ir acompañado de aumentos de la productividad casi no se cumplía y se manejaba de modo simplista, como si no tuviera que haber también mejoramientos de la gestión empresarial. No se medía la productividad total de los factores.

De manera paradójica, el tener acceso a la obtención de préstamos netos del exterior en muchos casos habría de debilitar los esfuerzos por introducir cierta apariencia de orden en las cuentas del sector público y en el enjambre de presuntos beneficios sociales y pérdidas derivados de las empresas del sector público. Contrarrestó asimismo los esfuerzos por restructurar los sistemas tributarios y por llevar a cabo reformas fiscales fundamentales. Para muchos gobiernos, resultaba más fácil obtener préstamos de organismos financieros internacionales y de otros acreedores del exterior que implantar esquemas financieros complicados a nivel local. Para otros también fue una mera cuestión consistente en no disponer de suficientes reservas de divisas o ingresos. Si bien la obtención de préstamos de organismos financieros internacionales estuvo sujeta a condiciones que a veces resultaban difíciles de satisfacer, hay poca evidencia de que a su debido tiempo no se hubieran podido superar dichas restricciones. La obtención de préstamos del exterior en todo caso no significó un monto cuantioso antes de 1950. Hoy día, resulta todavía difícil poder determinar una cifra precisa global para la deuda externa de la región latinoamericana, digamos, en el año de 1960. Según datos recopilados por el FMI y la CEPAL, la deuda pública externa (sin conocer los datos de la deuda privada) fue de 5.9 mil millones de dólares, con un servicio de pagos de 1.4 mil millones e intereses no superiores a 300 millones de dólares (cuadro VI.2). Para 1970, la deuda pública externa brincó a 15.8 mil millones de dólares; es decir, casi se triplicó, y en una proporción similar crecieron los intereses. En ese mismo año la deuda externa total de los países de la región fue de 32.5 mil millones de dólares (o sea, la deuda pública era casi la mitad) y el servicio de la deuda total era de 5.1 mil millones de dólares y los intereses totales representaban 1.4 mil millones de dólares (cuadro VI.3). Las exportaciones de bienes y servicios fueron de 10.1 mil millones de dólares en 1960 y de 18.1 mil millones de dólares en 1970 (cuadro VI.1), de modo que el coeficiente de los intereses respecto a las exportaciones totales era bajo, 7.7%, aunque el del servicio de la deuda ya era de cierta relevancia: 28.4%. No había empezado el delirio de endeudamiento externo masivo e irresponsable.

4. La cooperación internacional en el desarrollo

Hacia finales de los años cincuenta surgió entre los dirigentes de América Latina y de los Estados Unidos la idea de emprender un enorme esfuerzo cooperativo para el desarrollo de América Latina. En aquel entonces, en general no se tenía ninguna ilusión con respecto a las perspectivas de poder contar con la cooperación de los Estados Unidos, dada la poca disposición favorable del gobierno del presidente Eisenhower (1952-1960), lo que contribuyó al lanzamiento por el presidente Juscelino Kubitschek de Brasil, en 1959, de la "Operación Panamericana", una especie de Plan Marshall para América Latina basado en las necesidades de desarrollo según fueran expresadas por América Latina y financiado en parte por un flujo de fondos de desarrollo procedentes de fuentes internacionales y de los Estados Unidos.[8] El propio presidente Kubitschek había asumido el compromiso, con respecto a Brasil, bajo un sistema razonablemente democrático, de brindar al desarrollo un "impulso" apreciable, si no es que el "gran impulso". La propuesta de una "Operación Panamericana" fue relativamente desatendida en los Estados Unidos

[8] Recuérdese la experiencia durante la Asamblea de la OEA en Bogotá en 1948: el rechazo por el general Marshall de cualquier aportación de capital público por parte de los Estados Unidos y la propuesta de la Argentina peronista de un gran fondo de desarrollo, enteramente inviable.

(Urquidi, 1962, capítulo x), pero a raíz del triunfo de la Revolución cubana de Fidel Castro, en los Estados Unidos se optó por la creación de un Fondo Fiduciario de Progreso Social, que fue anunciada en una Conferencia Interamericana celebrada en Bogotá, Colombia, con una aportación que ascendería a unos 500 millones de dólares. Una propuesta anterior relativa a crear el BID había sido lanzada entre los años 1953 y 1954, con apoyo de la CEPAL y de los bancos centrales; sin embargo, en la Conferencia Interamericana de Ministros de Hacienda efectuada en Brasil en 1954, los representantes de los Estados Unidos y de Perú se opusieron, por lo que no fue sino hasta 1960 cuando se acordó establecer dicha institución como complemento de la labor del Banco Mundial.[9]

La elección de John F. Kennedy a la Presidencia de los Estados Unidos propició consultas entre dirigentes de varios países latinoamericanos, en Puerto Rico y los Estados Unidos. Posteriormente se conoció la importancia de la conexión con Puerto Rico, pues ésta se remontaba a las visitas que el entonces senador John F. Kennedy había realizado para reunirse con el gobernador Luis Muñoz Marín y sus grupos de "planificadores", con Rómulo Betancourt, a la sazón ex presidente de Venezuela en el exilio, y otros (Scheman, 1988). Las ideas de la CEPAL fueron ampliamente discutidas y un grupo de economistas latinoamericanos, principalmente de la CEPAL, en colaboración con asesores del presidente electo Kennedy, pudieron formular una "estrategia" para una renovada cooperación de los Estados Unidos en el desarrollo de América Latina. Esto fue anunciado en un discurso pronunciado por el presidente Kennedy en la OEA, en Washington, en abril de 1961. La estrategia recibió el nombre de "Alianza para el Progreso" y tuvo como idea central que los países

[9] Para un relato de las propuestas y las contrapuestas de este periodo, véase Urquidi (1964b), capítulo XI; también véase Shafer (1978). El proyecto específico para crear el BID ha sido descrito en Felipe Herrera (1963), entonces subsecretario de Hacienda de Chile, quien fue el principal promotor del proyecto, con pleno apoyo de su gobierno y del Banco Central de Chile (Tomassini, 1997).

latinoamericanos recibieran apoyo financiero y técnico de los Estados Unidos para llevar a cabo programas integrados de desarrollo con la condición de que se comprometieran a impulsar lo que ahora llamaríamos un desarrollo económico y social propositivo cuyos temas principales comprendían planificación, reforma agraria, reforma tributaria, y programas específicos orientados a lograr mejoramientos sustanciales en indicadores sociales tales como los de salud y educación.

La fundación oficial de la Alianza para el Progreso tuvo lugar con la Carta de Punta del Este, en Uruguay, suscrita en agosto de 1962, misma que los jefes de Estado latinoamericanos o sus representantes adoptaron.[10] Los Estados Unidos proponían que se generara un flujo de capital externo adicional del orden de 20 mil millones de dólares hacia América Latina durante un periodo de 10 años. Sin embargo, nunca se aclaró si dicho monto debía ser una entrada neta de recursos o el monto bruto de desembolsos e inversiones. Ni tampoco se aclaró cómo los países europeos, que casi no habían sido consultados, pero de los cuales se esperaba una aportación, habrían de organizar su parte en el financiamiento externo de la Alianza, ni siquiera si apoyaban, aun cuando fuera implícitamente, la Carta de Punta del Este o sus ideas subyacentes.[11] Se creó un Comité de los Nueve, adscrito a la OEA, cuya función consistiría en evaluar los planes nacionales

[10] Mucho se ha escrito sobre los orígenes, la formulación y la instrumentación de la Alianza para el Progreso. Véanse, por ejemplo, Lincoln Gordon (1963) y Sanz de Santamaría (1971). Una evaluación posterior se puede encontrar en Ronald Scheman (1988), que reúne varias ponencias presentadas en el coloquio del XXV Aniversario en Washington, con la concurrencia de muchos de los participantes originales en la formulación de la Alianza. Richard Goodwin, asesor del presidente Kennedy, explicó por qué se le dio el nombre de Alianza para el *Progreso,* y no para el *Desarrollo*. Parece que el presidente Kennedy, quien deseaba anunciar el nombre del programa en español, en su discurso en la OEA, no podía pronunciar claramente el término *Desarrollo,* por lo que se optó por el de *Progreso*. Por desgracia, este cambio de palabras no estuvo libre de costos en lo que hace a las relaciones públicas en América Latina, donde incluso ya se venía cuestionando el uso de “desarrollo” como concepto, y no se diga ya acerca de “progreso”, término anticuado e impreciso.

[11] Sobre estos puntos, consúltese, por ejemplo, Urquidi (1964b).

de desarrollo en los términos de la Carta, integrado en su mayor parte por economistas y personalidades latinoamericanos (había un solo norteamericano con experiencia en Puerto Rico), con servicios técnicos aportados por personal asesor de la secretaría de la OEA o contratado especialmente. Se enviaron misiones a la mayoría de los países de la región, lo que derivó en la publicación de algunos de los informes correspondientes.

La idea de movilizar recursos financieros extranjeros para el desarrollo de la región latinoamericana bajo un marco acordado y de relacionarlos con ciertos compromisos sobre reformas y procesos de modernización tuvo aceptación en aquel entonces y en torno a la cual había acuerdo entre la mayoría de los latinoamericanos que se ocupaban de los temas. La CEPAL de hecho había participado estrechamente, junto con el BID, en la elaboración de las propuestas y ambas instituciones habrían de cooperar en su instrumentación. Grupos de centro-izquierda, numerosos países de América Latina apoyaron a la Alianza. Los que manifestaron escepticismo y oposición fueron los intelectuales y periodistas izquierdistas de formación marxista o *marxizante* y los partidos políticos de izquierda, así como grupos de centro-derecha, intereses de grupos empresariales locales de tendencia conservadora y partidos políticos de derecha. Los últimos mencionados tendieron a prevalecer, sobre todo en aquellos países donde sus intereses coincidían con la estructura de la tenencia de la tierra imperante y de la propiedad industrial y financiera, y con gobiernos particulares, independientemente de que éstos fueran regímenes de elección democrática o regímenes autoritarios. En los países mayores, como Brasil y México, prevalecieron actitudes pragmáticas, a fin de sacar provecho por el lado financiero sin avanzar demasiado en la práctica en lo referente al compromiso de llevar a cabo reformas. Sin embargo, Brasil pudo lanzar sus programas dirigidos a impulsar el desarrollo subregional en el nordeste con el apoyo considerable de la Alianza, y concretamente con fondos facilitados por la USAID. La Alianza también sirvió para centrar la atención en temas de interés para los países de economías más pequeñas en la región, por ejemplo, los de Centroamérica, Bolivia, Ecuador.

La OEA, el BID y la CEPAL publicaron numerosos informes y estudios sobre cuestiones relativas a la tenencia de la tierra, estructuras tributarias, necesidades en materia de salud y de educación, y otros asuntos. Así, el trabajo de investigación iniciado algunos años atrás por el secretariado de la CEPAL fue enriquecido; además, muchos países lograron mejorar, auxiliados por evaluaciones del Comité de los Nueve de la OEA y por grupos especiales de expertos, sus metodologías y procedimientos de planificación. Todo esto fue de gran utilidad para la presentación y el análisis de información sobre condiciones sociales y económicas básicas que afectaban las perspectivas de desarrollo, lo cual los gobiernos y los organismos internacionales pudieron utilizar. Con ello, se generó una conciencia mayor y más amplia de los problemas de desarrollo de la región latinoamericana. La Alianza propició asimismo una nueva manera de abordar las relaciones entre los Estados Unidos y América Latina, con los intereses del comercio exterior y del empresariado siendo tratados en forma paralela a la necesidad reconocida de avanzar en el mejoramiento de las condiciones sociales. Fue, además, una aceptación, en gran medida, de ideas que habían llegado a ocupar un lugar destacado en la región latinoamericana, ideas que hacían hincapié en cómo reducir y aun eliminar factores de rigidez estructural, la que, por definición, no podía resolverse por medio del funcionamiento de una economía de libre mercado.

Las iniciativas lanzadas con el apoyo de la Alianza para el Progreso se marchitaron en el curso de pocos años. Parte de la dificultad estribaba en asegurar suficiente apoyo presupuestario y burocrático en los Estados Unidos, ante la presencia de otros problemas externos de preocupación para ese país en Europa, en el sudeste de Asia y en otras partes. Había asimismo cierta resistencia en los países latinoamericanos a la relación bastante privilegiada con los Estados Unidos que la Alianza conllevaba, y más aún con respecto a las reformas que ella requería, las cuales afectaban intereses muy arraigados. El asesinato del presidente Kennedy en noviembre de 1963 le dio la puntilla virtual, así como el cambio de estilo en la administración del presidente Lyndon B. Johnson, cuya atención se volcó principalmente a atender los acontecimientos en Vietnam y la política social interna de los Estados Unidos.

En conjunto, la entrada neta de capital externo hacia la región de América Latina durante el decenio se aproximó a alcanzar la meta (si se adopta la definición más limitada); el monto de las entradas netas de capital externo fue del orden de 2 200 millones de dólares (Scheman, 1988a, cuadro I.1, p. 11) en promedio anual, en gran parte procedente de organismos internacionales, incluido el BID ya establecido, y asimismo de programas de la USAID. También se pudo disponer de recursos procedentes de programas de Asistencia Oficial para el Desarrollo (AOD) de países europeos por intermedio de la OCDE.

En retrospectiva, los logros sociales fueron vistos como bastante inferiores a lo que podría haberse esperado. Algunas de las metas fueron idealistas, un tanto ingenuas; la instrumentación no alcanzó a ser plenamente eficiente. No todos los gobiernos latinoamericanos, por cierto, fueron del todo receptivos a los programas de la Alianza y mucho menos dispuestos a seguir las recomendaciones del Comité de los "Nueve Sabios", no tan sabios en opinión de muchos. En algunos países, tales programas y recomendaciones fueron considerados como una intervención franca y una intromisión en la soberanía.

Cabe asimismo hacer notar que los años sesenta fueron, como ya se explicó (véase el capítulo IV), por una parte, un periodo de expansión del comercio exterior y, por otra, un periodo de industrialización acelerada. Esto último tuvo poco que ver con la Alianza, salvo de manera muy indirecta, y fue más bien el resultado de la aplicación de políticas de sustitución de importaciones, de la adopción de medidas en materia cambiaria tales como la institución gradual de depreciaciones controladas, y de las decisiones de grandes empresas transnacionales de aumentar el monto de sus inversiones en numerosos países de América Latina al considerar que podrían obtener elevada redituabilidad en mercados altamente protegidos o cautivos. En cierta medida, influyó también un poco la ampliación del mercado intrarregional de América Latina propiciada por los diversos acuerdos de asociación de libre comercio, por ejemplo, la ALALC y el MCCA.

Sería difícil juzgar si la Alianza ayudó a la prosperidad de los años sesenta o si acaso ésta de todas maneras habría ocurrido, dadas las circunstancias externas de los Estados Unidos, Europa y Japón. Podría sostenerse que la Alianza tendió a crear un clima de más confianza en las relaciones entre los Estados Unidos y América Latina, lo que pudiera haber alentado la afluencia de la inversión extranjera directa. Alguna porción de esta inversión de cualquier manera habría concurrido a la región mas no a todos los países, así como una parte de la transferencia neta de capital por medio de préstamos también se habría obtenido con las operaciones normales del Banco Mundial y del BID, así como las del Eximbank. No obstante, la Alianza creó un clima "político" que fue útil para la región latinoamericana y que ayudó a inducir una mejor comprensión de los problemas de desarrollo de la región en el mundo exterior. Podría aducirse que esto haya sido de mayor importancia que el valor total del monto efectivamente recibido en dólares y centavos por concepto de préstamos y asistencia oficial, medido ya sea en términos absolutos o como proporción del PIB, o en función de alguna otra variable.

El papel de la Inversión Extranjera Directa (IED), como se afirmó con anterioridad, fue asimismo de importancia cada vez mayor, tanto cuantitativa como cualitativamente. Para los años cincuenta, la composición de la IED había empezado a cambiar. Hasta entonces se había concentrado principalmente en minerales no ferrosos, petróleo, producción de alimentos y otros de origen agropecuario, y en empresas de servicio público y en transportes, y de hecho había sufrido un descenso durante los años treinta y durante el periodo de la segunda Guerra Mundial. Además, los intereses petroleros extranjeros en México habían sido nacionalizados y Argentina había comprado, con sus saldos acumulados de libras esterlinas no convertibles, una red de ferrocarriles de propiedad británica. Ocurrieron otras repatriaciones y nacionalizaciones de empresas. La legislación en materia de inversiones extranjeras en varios países en la región se había vuelto fuertemente nacionalista, y, por consiguiente, ello resultaba desalentador para las transnacionales tradicionales, tanto las de Europa, que habían sido la mayoría, como las de los Estados Unidos, que habían ganado terreno. Con los programas de desarrollo surgieron nuevas oportunidades que dieron acceso a nuevos yacimientos de minerales y de petróleo. Pero, sobre todo, las políticas de industrialización de los años cincuenta, y más aún durante los años sesenta, atrajeron a la IED orientada a la industria manufacturera, dentro de los mercados protegidos (véase Díaz-Alejandro, 1988, capítulo V). Se estimó que la inversión estadunidense por sí sola, con base en la definición más estrecha del Departamento de Comercio de los Estados Unidos en comparación con la establecida en algunos de los países receptores, creció a una tasa media anual de casi 7% durante 1950-1960 y nuevamente, entre 1960 y 1967, a una tasa media anual de 4.6% (Díaz-Alejandro, 1988, p. 55). Por lo que toca al sector manufacturero propiamente dicho, las tasas medias de crecimiento anual fueron de 7.5 y 11.9% a lo largo de esos dos periodos, respectivamente. La IED también creció en el sector de actividades de servicios.

De nuevo, los montos efectivamente incorporados fueron menos impresionantes de lo que pudieran haber parecido a primera vista, con excepción de la industria petrolera, principalmente en Venezuela. Los países latinoamericanos, por lo general, no consideraron que los incrementos de los activos de propiedad de empresas transnacionales eran ingresos netos de fondos de capital en el sentido de lo que se esperaba para el gran proyecto del desarrollo económico vía industrialización, pues en la misma medida un resultado de dichas inversiones fue la ampliación de las áreas bajo control extranjero de los recursos, y gradualmente de los mercados nacionales, influidos por las grandes compañías de publicidad, también extranjeras. Fue frecuente comparar las inversiones de capital bruto realizadas por las empresas transnacionales con los envíos de utilidades de las filiales extranjeras a sus casas matrices, y las transferencias ocultas de fondos a otras filiales en otros países mediante manipulaciones en la contabilidad entre una filial extranjera determinada y su casa matriz (las operaciones "intrafirma").

En Venezuela y Chile era común distinguir la existencia de dos economías separadas, la economía de la industria petrolera y la economía de la industria cuprífera, respectivamente, frente al "resto" de la economía. Aquéllas constituían una especie de enclaves, con frecuencia sujetas a medidas tributarias especiales, en virtud de las cuales entregaban al país anfitrión, en divisas, lo correspondiente a las tasas impositivas así como lo establecido por otros convenios. Dichas industrias de enclave cubrían sueldos y salarios y adquirían determinados servicios locales y un mínimo indispensable de insumos, y eso era todo. Sin embargo, fue frecuente ampliar la distinción a un punto tal en donde no se tomaban en cuenta las interacciones de los dos "sectores", como si los asalariados que laboraban para las transnacionales (quienes, en todo caso, no significaban un porcentaje grande de la fuerza de trabajo) no gastasen sus remuneraciones dentro del país, generando con ello otros ingresos y un mayor nivel en la recaudación de impuestos. Como quiera que sea, por lo menos el petróleo y el cobre se veían como industrias ajenas a la vida económica del país de que se tratara, como también ocurrió en lo que atañe a otras industrias con características parecidas en la región (inclusive, como ya se había indicado, el caso de las operaciones de maquila en el norte de México a partir de 1964).

Posteriormente, conforme fue incrementándose la IED en la industria manufacturera, en asociación con capital nacional, incluso con empresas paraestatales, dejó de separarse la contabilidad de las operaciones de las empresas transnacionales que tuvieran efectos sobre la balanza de pagos, o bien dejó de juzgarse su contribución exclusivamente en función del "traspaso neto" de recursos en divisas al país anfitrión. No obstante, la rapidez con que aumentó la IED condujo en muchos países a la formulación de políticas menos abiertas, a una preocupación por la creación de situaciones oligopólicas en el mercado local, y, en particular, a que los gobiernos dudaran de los beneficios que se obtenían con la importación de tecnología, beneficios que se consideraban tanto positivos como negativos. El análisis de estas situaciones oligopólicas con importación de tecnología se abundará en el capítulo X.

Para finales de los años sesenta, se estimaba que la suma total de la IED en América Latina era un monto del orden de 2.3 mil millones de dólares (Thorp, 1998, cuadro 7.1), de los cuales probablemente dos tercios correspondían a capital procedente de los Estados Unidos, invertido por corporaciones transnacionales estadunidenses y, en cierta medida, a empresas más pequeñas estadunidenses que no calificaban como tales, esto es, que no operaban en por lo menos cinco países y no reunían otras condiciones (véase, por ejemplo, Vernon, 1973 y Díaz-Alejandro, 1988).

Lo que destaca de la experiencia con inversiones extranjeras directas (IED) es lo siguiente: en primer lugar, resulta difícil concebir el que no hubieran querido participar en el proceso de desarrollo vía la industrialización, a la luz de las oportunidades que venían ofreciéndose en la región latinoamericana favorables a sus propios intereses, incluso los mercados internos protegidos; en segundo lugar, la afluencia de las inversiones extranjeras directas se convirtió en el principal factor de transmisión de innovación tecnológica en la industria manufacturera, así como de métodos modernos de gestión empresarial. Tal vez pueda juzgarse que su contribución a la introducción de tecnología avanzada y a la organización industrial haya sido más importante que su significación financiera. En tercer lugar, las empresas transnacionales en muchos casos sentaron las bases para una nueva etapa de industrialización que podría ser orientada gradualmente hacia los mercados externos (si bien al principio esto casi no ocurrió) y, en cuarto lugar, ante la ausencia de políticas bien definidas por los países anfitriones relativas al alcance y la eventual integración de la IED a los propósitos generales de desarrollo nacional, se suscitaron con frecuencia conflictos de intereses entre las empresas transnacionales y los encargados de las políticas económicas de los gobiernos a nivel local, debido a que en ausencia de políticas nacionales respecto al tratamiento de las inversiones extranjeras, la realidad fue que cada caso se consideraba por separado; con el transcurso del tiempo, esta realidad se convirtió en un punto de discordia. En la actualidad, en las sociedades de la región latinoamericana siguen existiendo pros y contras con respecto a la IED, aspectos que no siempre son expuestos o discutidos plenamente y de un modo racional por ninguna de las partes.

Por último, durante el periodo 1950-1970 la cuestión del endeudamiento externo de los países de América Latina no ocupó un lugar muy prominente. Si bien, como ya se indicó, se estima que el total de la deuda externa vigente del conjunto de los países fue de cerca de 7 000 millones de dólares en 1960 y se elevó a 23 000 millones de dólares en 1970, en general se aceptaba que esto no constituía un problema grave. Ni los pagos por intereses ni los calendarios de amortizaciones representaban problemas de importancia. Asimismo, la mayor parte de la deuda exterior había sido contratada con el Banco Mundial, el BID, el Eximbank y otras fuentes oficiales, a tasas razonables de interés y bajo condiciones favorables respecto a periodos de gracia y modalidades de amortización; otra parte se adjudicaba a proveedores externos. Parte de la deuda estaba constituida por "préstamos concesionales", a tasas de interés nominalmente muy bajas y con planes de amortización a plazos largos y distantes. Para 1970, el Banco Mundial y el BID se dedicaban a otorgar préstamos para proyectos y programas que estuviesen directamente relacionados con el desarrollo, primordialmente en las áreas de generación y transmisión de energía eléctrica, la construcción de carreteras, obras de regadío, introducción de maquinaria agrícola, suministro de agua potable, obras portuarias, y, mediante la filial del Banco Mundial, la Corporación Financiera Internacional (CFI), en cierta medida, además con capital extranjero accionario, para estimular la instalación de nuevas industrias manufactureras.

Los préstamos concesionales o "blandos" obtenidos fueron canalizados para apoyar la educación y la investigación científica y tecnológica, la salud, el desarrollo rural y el mejoramiento de la explotación agrícola en pequeña escala, la construcción de caminos vecinales, y otros objetivos sociales de largo plazo, como la política de población. El crédito de proveedores complementó el flujo con la concesión de fondos para la adquisición de maquinaria para proyectos agrícolas e industriales.

CUADRO VI.1. (Primera parte) *Exportaciones e importaciones de bien*
1990 y 20

	1960				
Países	*Exportaciones de bienes y servicios f.o.b.*	*Importaciones de bienes y servicios f.o.b.*	*Exportaciones de bienes f.o.b.*	*Importaciones de bienes f.o.b.*	*Exportacion de bienes y servicios f.o.*
América Latina[a]	10 058.8	10 043.0	8 415.5	7 567.2	18 134.8
Suma	*9 969.7*	*9 930.9*	*8 350.7*	*7 490.8*	*17 883.6*
Argentina	1 270.9	1 436.0	1 079.2	1 106.0	2 104.0
Bolivia	57.3	87.5	54.2	68.2	204.6
Brasil	1 459.0	1 786.0	1 270.0	1 293.0	3 059.0
Colombia	574.0	634.4	480.2	496.4	977.0
Costa Rica	104.5	120.9	87.0	98.9	276.9
Chile	550.5	663.2	480.0	472.3	1 247.0
Ecuador	154.9	152.3	146.3	109.8	258.6
El Salvador	116.9	141.6	102.6	111.5	255.9
Guatemala	131.5	152.1	115.9	124.8	349.5
Guyana[b]	81.4	90.0	74.8	90.0	145.6
Haití	54.4	58.1	38.1	43.4	52.9
Honduras	70.6	76.6	63.1	64.1	196.5
Jamaica[c]	233.0	260.5	164.6	187.6	499.3
México[d]	1 319.5	1 521.2	779.5	1 131.0	2 745.0
Nicaragua	79.1	87.7	63.8	56.4	213.1
Panamá	97.0	142.9	39.0	108.7	315.0
Paraguay	43.6	55.3	37.3	44.7	89.3
Perú	494.1	426.4	444.4	326.6	1 224.0
República Dominicana	172.1	116.9	157.4	90.3	257.0
Trinidad y Tabago[c]	225.0	176.5	160.0	133.8	344.4
Uruguay	171.2	239.8	129.4	187.9	290.0
Venezuela	2 509.2	1 505.0	2 383.9	1 145.4	2 779.0

FUENTE: En general, salvo los casos especificados abajo, en las notas b y c, las cifras fuer dros 252-280, sección IV, pp. 430-487, y CEPAL (2003a), cuadros 290 y 292, sección V, p

[a] Este total reportado por la CEPAL, incluye en los años de 1960, 1970 y 1973, a los paíse de 1980, 1990 y 2000, el total solo incluye los 17 países de habla hispana enlistados, m Por estas diferencias la suma no coincide con este total.

[b] En este caso al no haber disponibilidad de datos de 1990, se incluyeron cifras tomaron del Banco Mundial (1997), vol. II, p. 256, y los de exportaciones e importacion bienes correspondientes a 2000 se tomaron del FMI (2003), parte 1, p. 336 (reproducid e importaciones de bienes y de bienes y servicios de 1970 se tomaron de CEPAL (1981

[c] Los datos de exportaciones del año 2000 fueron tomados del Banco Mundial (200 parte 1 (Jamaica, p. 343 y Trinidad y Tabago, p. 912).

[d] Los datos de las maquiladoras se excluyen en los años de 1960 a 1990.

servicios de la región de América Latina en 1960, 1970, 1973, 1980,
nillones de dólares)

1970			*1973*			
portaciones 'e bienes y vicios f.o.b.	*Exportaciones de bienes f.o.b.*	*Importaciones de bienes f.o.b.*	*Exportaciones de bienes y servicios f.o.b.*	*Importaciones de bienes y servicios f.o.b*	*Exportaciones de bienes f.o.b.*	*Importaciones de bienes f.o.b.*
18802.0	14484.2	13830.5	30510.9	30021.1	24646.0	22847.6
18518.7	*14311.8*	*13619.5*	*30164.5*	*29624.5*	*24418.1*	*22551.0*
1986.0	1773.0	1499.0	3699.2	2541.6	3266.4	1977.7
178.9	190.4	135.2	286.9	264.5	260.8	193.2
3295.0	2739.0	2507.0	6694.2	7779.8	6093.0	6153.8
1126.0	788.0	802.0	1541.4	1413.9	1262.5	982.3
341.1	231.0	286.8	416.2	494.5	344.8	412.1
1148.0	1113.0	867.0	1462.7	1646.3	1316.1	1329.2
359.3	234.9	249.6	627.1	509.0	584.7	397.5
251.9	236.1	194.7	397.9	439.3	358.4	339.8
336.7	297.1	266.6	531.9	520.7	442.0	391.4
150.3	129.0	119.9	156.2	206.8	135.7	159.4
69.6	39.1	47.8	76.0	95.1	49.6	66.5
244.3	178.2	203.4	293.6	302.0	266.6	243.4
590.0	341.4	449.0	591.4	754.6	392.1	570.4
3417.0	1348.0	2236.0	4604.0	5235.8	2141.1	3656.3
228.5	178.6	178.6	315.8	390.4	278.4	327.5
419.9	130.3	331.0	436.6	579.5	161.9	458.1
98.4	65.3	76.6	149.5	159.1	128.0	127.3
971.0	1034.0	699.0	1343.5	1484.2	1112.3	1096.8
364.2	214.0	278.0	513.7	563.9	442.0	421.9
385.0	225.3	276.2	567.1	503.3	333.3	371.5
319.6	224.1	203.1	409.7	366.5	327.6	248.6
2238.0	2602.0	1713.0	5049.9	3373.7	4720.8	2626.3

madas de la CEPAL (1983), cuadros 231-259, sección IV, pp. 440-497, CEPAL (1996b), cua-
4 y 522, y cuadro 9 del Anexo, p. 750.
el Caribe: Barbados, Jamaica, Guyana y Trinidad y Tabago, excluyendo Cuba. En los años
asil y Haití (es decir, los países de la lista, excluidos Guyana, Jamaica y Trinidad y Tabago).

992. Las cifras de dicho año, de exportaciones e importaciones de bienes y servicios, se
e bienes, de la CEPAL (1999), cuadro 273, p. 475. Además, las cifras de importaciones de
a CEPAL, 2004a, sección IV, cuadro 262, p. 357). Finalmente, en este caso, las exportaciones
uadro 249, p. 420.
ol. II (Jamaica, p. 276 y Trinidad y Tabago, p. 524), y los de importaciones, del FMI (2003),

CUADRO VI.1. (Segunda parte). *Exportaciones e importaciones de biene*
1990 y 200

Países	1980				
	Exportaciones de bienes y servicios f.o.b.	*Importaciones de bienes y servicios f.o.b.*	*Exportaciones de bienes f.o.b.*	*Importaciones de bienes f.o.b.*	*Exportacion de bienes y servicios f.o.*
América Latina[a]	105 025.0	117 703.1	88 584.5	90 902.9	150 608.2
Suma	*109 933.7*	*122 055.9*	*92 477.8*	*94 116.6*	*155 592.4*
Argentina	9 893.0	13 081.0	8 021.0	9 394.0	14 796.0
Bolivia	1 030.1	830.9	942.2	574.4	976.7
Brasil	21 857.0	27 788.0	20 132.0	22 955.0	34 661.0
Colombia	5 317.0	5 443.0	3 986.0	4 283.0	8 658.0
Costa Rica	1 197.8	1 657.7	1 000.9	1 375.2	1 974.0
Chile	5 968.0	7 023.0	4 705.0	5 469.0	10 214.0
Ecuador	2 887.0	2 924.0	2 520.0	2 242.0	3 253.0
El Salvador	1 215.5	1 170.5	1 075.3	897.0	879.9
Guatemala	1 730.6	1 958.7	1 519.8	1 472.6	1 567.5
Guyana[b]	411.0	538.0	388.9	386.4	493.0
Haití	305.7	481.0	215.8	319.0	318.0
Honduras	941.6	1 126.6	850.3	954.1	1 032.5
Jamaica[c]	1 358.8	1 385.9	962.7	1 038.2	2 202.5
México[d]	20 854.0	25 677.0	15 511.0	19 340.0	38 411.0
Nicaragua	494.8	905.6	450.4	802.9	392.2
Panamá	3 373.3	3 634.3	2 267.1	2 994.5	4 537.0
Paraguay	564.3	840.4	400.3	675.3	1 879.8
Perú	4 630.0	3 969.0	3 916.0	3 090.0	4 076.0
República Dominicana	1 271.3	1 918.7	961.9	1 519.7	2 005.1
Trinidad y Tabago[c]	3 138.9	2 428.9	2 541.7	1 789.1	2 288.7
Uruguay	1 526.0	2 143.7	1 058.5	1 668.2	2 158.5
Venezuela	19 968.0	15 130.0	19 051.0	10 877.0	18 818.0

FUENTE: En general, salvo los casos especificados abajo, en las notas b y c, las cifra (1996b), cuadros 252-280, sección IV, pp. 430-487, y CEPAL (2003a), cuadros 290 y 29

[a] Este total reportado por la CEPAL, incluye en los años de 1960, 1970 y 1973, a los paíse años de 1980, 1990 y 2000, el total sólo incluye los 17 países de habla hispana enlistado Tabago). Por estas diferencias la suma no coincide con este total.

[b] En este caso al no haber disponibilidad de datos de 1990, se incluyeron cifras d tomaron del Banco Mundial (1997), vol. II, p. 256, y los de exportaciones e importacione bienes correspondientes a 2000 se tomaron del FMI (2003), parte 1, p. 336 (reproducida e importaciones de bienes y de bienes y servicios de 1970 se tomaron de CEPAL (1981

[c] Los datos de exportaciones del año 2000 fueron tomados del Banco Mundial (2004 (2003), parte 1 (Jamaica, p. 343 y Trinidad y Tabago, p. 912).

[d] Los datos de las maquiladoras se excluyen en los años de 1960 a 1990.

servicios de la región de América Latina en 1960, 1970, 1973, 1980,
millones de dólares)

1990			*2000*			
nportaciones de bienes y rvicios f.o.b.	*Exportaciones de bienes f.o.b.*	*Importaciones de bienes f.o.b.*	*Exportaciones de bienes y servicios f.o.b.*	*Importaciones de bienes y servicios f.o.b.*	*Exportaciones de bienes f.o.b.*	*Importaciones de bienes f.o.b.*
26 121.1	121 965.7	94 812.6	407 395.0	420 493.0	358 475.0	354 011.0
30 548.4	*125 440.1*	*97 882.5*	*417 641.0*	*430 732.0*	*364 834.2*	*360 925.4*
6 437.0	12 354.0	3 726.0	31 092.0	32 822.0	26 410.0	23 852.0
1 083.0	830.8	775.6	1 470.0	2 078.0	1 246.0	1 585.0
27 176.0	31 408.0	20 661.0	64 469.0	72 774.0	55 086.0	55 816.0
6 845.0	7 079.0	5 108.0	15 668.0	14 399.0	13 620.0	11 090.0
2 337.8	1 354.2	1 796.7	7 748.0	7 295.0	5 813.0	6 025.0
9 207.0	8 310.0	7 037.0	22 971.0	21 702.0	19 246.0	17 091.0
2 373.0	2 714.0	1 711.0	5 987.0	5 012.0	5 137.0	3 743.0
1 462.4	580.2	1 180.0	3 662.0	5 636.0	2 963.0	4 703.0
1 811.7	1 211.4	1 428.0	3 860.0	5 568.0	3 082.0	4 742.0
684.0	381.7	442.7	713.0	848.0	505.2	585.4
581.0	265.8	442.6	503.0	1 336.0	331.0	1 074.0
1 123.8	886.9	907.0	2 464.0	3 318.0	2 001.0	2 670.0
2 323.1	1 157.5	1 679.6	4 571.0	4 970.0	1 563.0	3 004.0
41 214.0	26 838.0	31 271.0	180 167.0	190 494.0	166 455.0	174 458.0
682.0	332.4	569.7	956.0	1 991.0	728.0	1,648.0
4 168.5	3 316.3	3 804.5	7 820.0	8 099.0	5 839.0	6 981.0
2 093.3	1 382.3	1 635.8	2 926.0	3 335.0	2 335.0	2 904.0
4 151.0	3 231.0	2 892.0	8 614.0	9 723.0	7 028.0	7 351.0
2 233.2	734.5	1 792.8	8 964.0	10 852.0	5 737.0	9 479.0
1 420.2	1 935.2	947.6	4 963.0	4 419.0	4 290.0	3 322.0
1 659.4	1 692.9	1 266.9	3 659.0	4 193.0	2 384.0	3 311.0
9 482.0	17 444.0	6 807.0	34 394.0	19 868.0	33 035.0	15 491.0

ıeron tomadas de la CEPAL (1983), cuadros 231-259, sección IV, pp. 440-497, CEPAL
ección V, pp. 514 y 522, y cuadro 9 del Anexo, p. 750.

el Caribe: Barbados, Jamaica, Guyana y Trinidad y Tabago, excluyendo Cuba. En los
ıás Brasil y Haití (es decir, los países de la lista, excluidos Guyana, Jamaica y Trinidad y

992. Las cifras de dicho año, de exportaciones e importaciones de bienes y servicios, se
e bienes, de la CEPAL (1999), cuadro 273, p. 475. Además, las cifras de importaciones de
n CEPAL, 2004a, sección IV, cuadro 262, p. 357). Finalmente, en este caso, las exportaciones
ıadro 249, p. 420.

ol. II (Jamaica, p. 276 y Trinidad y Tabago, p. 524), y los de importaciones, del FMI

CUADRO VI.2. *Deuda pública externa en América Latina y el Carib*

	DEUD					
	En millones de dólares					
País	*1960*	*1970*	*1973*	*1980*	*1990*	*200*
Países en desarrollo	*n.d.*	*45 434*	*90 489*	*341 667*	*1 041 159*	*1 376 52*
América Latina y el Caribe[f]	*5 896.3*	*15 760*	*27 626*	*130 422*	*327 447*	*394 86*
Argentina	987.0	1 880	2 783	10 181	46 876	86 59
Bolivia	168.0	480	636	2 182	3 687	4 13
Brasil	2 202.0	3 314	7 531	41 382	87 756	93 37
Colombia	312.2	1 297	1 949	4 049	14 671	20 80
Costa Rica	44.2	134	249	1 700	3 063	3 26
Chile	455.6	2 066	2 813	4 705	10 425	5 25
Ecuador	71.0	195	336	3 301	9 865	11 33
El Salvador	23.6	88	107	499	1 913	2 77
Guatemala	26.4	106	116	563	2 478	3 18
Guyana	50.0	83	173	631	1 781	1 18
Haití	37.0	40	41	290	772	1 03
Honduras	10.8	91	134	1 167	3 487	4 98
Jamaica[g]	51.5	160	349	1 430	4 011	3 75
México	827.0	3 197	5 585	33 915	75 974	81 48
Nicaragua	21.9	147	334	1 671	8 313	5 49
Panamá	31.7	194	457	2 269	3 855	5 71
Paraguay	20.0	112	146	630	1 713	2 06
Perú	162.4	856	1 442	6 218	13 629	19 25
República Dominicana	5.7	212	314	1 219	3 419	3 31
Trinidad y Tabago	14.0	101	151	712	1 782	1 73
Uruguay	115.0	269	346	1 127	3 045	5 59
Venezuela	252.1	718	1 541	10 625	24 509	27 96

FUENTES: En lo que respecta a las cifras de 1960 y 1973, a excepción de los datos d
58, p. 457 (las cifras de 1960 concernientes a la deuda póblica externa también se publicaro
tomadas del Banco Mundial (1979a), cuadros 1-A, 7-A y 8-A. La fuente de los datos corres
cuadros regionales y por país.

[a] Se refiere a la deuda efectivamente girada de las entidades públicas y a la garantiz
año), de acuerdo con las definiciones del Banco Mundial, el BID y la CEPAL (1984). Excluye l

[b] Es el pago del servicio de la deuda pública a largo plazo (excluye servicio de la deud
Mundial, 2004, seción introductoria referente a las fuentes y definiciones.

[c] Son los pagos de intereses de la deuda pública externa en moneda extranjera en
2004, seción introductoria referente a las fuentes y definiciones.

[d] A falta de indicadores publicados sobre esta relación, se hicieron estimaciones propia
en desarrollo, las exportaciones de 1970 se tomaron de Naciones Unidas (1995a), p. 2.

[e] En los casos de Guyana, Jamaica y Trinidad y Tabago, a falta de cifras confiables d
respecto al PIB. Fuente: Naciones Unidas (1977), vol. II, pp. 5 y 6.

[f] Los totales no coinciden con las sumas por el redondeo de las cifras y porque s
de 1980 es la suma de los países enlistados.

[g] La cifra de la deuda pública externa de Jamaica en 1960 es una estimación de la CEPA

en años selectos del periodo comprendido entre 1960 y 2000[a]

PÚBLICA						SERVICIO DE LA DEUDA PÚBLICA[b]			
% del ingreso nacional bruto[d e]						*En millones de dólares*			
1960	*1970*	*1973*	*1980*	*1990*	*2000*	*1960*	*1970*	*1973*	*1980*
n.d.	6.8	n.d.	12.3	26.3	23.5	n.d.	4 962	11 743	53 137
5.4	9.9	11.7	18.4	31.1	20.7	1 400	2 449	4 324	27 131
5.1	6.2	8.4	13.3	34.7	31.3	254	464	664	1 987
22.5	38.2	40.5	78.4	79.7	50.7	16	23	46	290
8.0	7.9	10.4	18.2	19.5	16.0	554	388	945	8 131
4.3	18.5	13.2	12.2	38.4	25.5	82	141	209	529
6.7	13.8	16.1	36.8	56.1	22.2	5	28	43	206
8.1	24.3	31.6	17.7	36.5	7.2	78	244	156	1 374
4.6	11.8	9.2	28.8	107.9	78.0	11	22	47	559
2.6	7.8	6.0	14.3	40.5	21.5	3	9	21	42
1.9	5.7	4.2	7.2	33.1	16.7	2	26	20	45
33.6	33.6	57.3	112.5	647.6	178.8	n.d.	6	11	74
7.1	10.2	6.2	20.1	27.2	26.8	2	4	6	24
2.1	13.0	14.8	48.0	122.4	82.1	2	6	11	97
8.7	11.9	18.5	58.4	96.5	53.0	n.d.	15	38	206
3.3	9.2	9.2	18.0	29.9	14.4	210	692	1 076	7 890
5.0	20.5	35.0	82.8	407.1	229.4	3	23	*70*	*86*
4.9	18.8	28.0	66.9	76.3	50.4	2	30	87	466
3.5	19.1	13.6	13.6	31.8	26.6	3	11	16	79
3.2	12.0	15.0	31.6	53.4	37.3	52	144	399	1 506
0.6	14.4	13.6	19.0	50.6	17.7	n.d.	12	29	154
3.3	13.3	11.0	12.0	38.1	22.5	n.d.	16	17	226
4.4	11.4	11.1	11.6	34.0	28.3	10	63	94	198
3.2	5.6	9.9	15.2	52.0	23.3	111	82	308	2 956

algunos países de la región y de los países en desarrollo, la fuente es BID (1984), cuadro en CEPAL, 1983, cuadro V, p. 498). Las cifras de los países en desarrollo en 1973 fueron pondientes a los años 1970, 1980, 1990 y 2000 es Banco Mundial (2004), vol. II, varios

da por ellas, pagadera a no residentes en moneda extranjera a largo plazo (más de un deuda extranjera privada no garantizada, el uso de crédito del FMI y la deuda a corto plazo. extranjera privada no garantizada y los intereses de la deuda a corto plazo). Véase Banco

año especificado (excluye los intereses de la deuda a corto plazo). Véase Banco Mundial,

con datos del Banco Mundial (2004), el BID (1984) y la CEPAL (1983). En el caso de los países

ingreso nacional en los años 1960 y 1973, las estimaciones correspondientes se hicieron

excluye algunos países con deuda muy baja o con falta de datos en algunos años. El dato

(1983), cuadro V, p. 498.

CUADRO VI.2. *Deuda pública externa en Amé*

	SERVICIO DE LA DEUDA PÚBLICA[b]							
	En millones de dólares		*% de las exportaciones de bienes y servicios*[d]					
País	*1990*	*2000*	*1960*	*1970*	*1973*	*1980*	*1990*	*2000*
Países en desarrollo	*115 864*	*192 715*	*n.d.*	*8.4*	*10.4*	*8.0*	*14.4*	*9.8*
América Latina y el Caribe[f]	*31 977*	*82 459*	*13.9*	*13.5*	*14.2*	*25.8*	*21.2*	*20.2*
Argentina	4 809	16 595	20.0	22.1	17.9	20.1	32.5	53.4
Bolivia	275	265	27.9	11.2	16.0	28.2	28.2	18.0
Brasil	5 708	24 113	38.0	12.7	14.1	37.2	16.5	37.4
Colombia	3 115	3 484	14.3	14.4	13.6	9.9	36.0	22.2
Costa Rica	432	559	4.8	10.1	10.3	17.2	21.9	7.2
Chile	1 612	1 137	14.2	19.6	10.7	23.0	15.8	4.9
Ecuador	874	1 099	7.1	8.5	7.5	19.4	26.9	18.4
El Salvador	177	261	2.6	3.5	5.3	3.5	20.1	7.1
Guatemala	166	319	1.5	7.4	3.8	2.6	10.6	8.3
Guyana	142	50	n.d.	4.1	7.0	18.0	28.8	7.0
Haití	14	33	3.7	7.6	7.9	7.9	4.4	6.6
Honduras	307	164	2.8	3.1	3.7	10.3	29.7	6.7
Jamaica[g]	481	554	n.d.	3.0	6.4	15.2	21.8	12.1
México	7 840	24 428	15.9	25.2	23.4	37.8	20.4	13.6
Nicaragua	9	148	3.8	10.8	22.2	17.4	2.3	15.5
Panamá	141	753	2.1	9.5	19.9	13.8	3.1	9.6
Paraguay	303	211	6.9	12.3	10.7	14.0	16.1	7.2
Perú	178	2 072	10.5	11.8	29.7	32.5	4.4	24.1
República Dominicana	139	468	n.d.	4.7	5.6	12.1	6.9	5.2
Trinidad y Tabago	340	425	n.d.	4.6	3.0	7.2	14.9	8.6
Uruguay	711	1 041	5.8	21.7	22.9	13.0	32.9	28.5
Venezuela	4 169	4 125	4.4	3.0	6.1	14.8	22.2	12.0

rica Latina y el Caribe… (conclusión)

INTERESES DE LA DEUDA PÚBLICA[c]											
En millones de dólares						*% de las exportaciones de bienes y servicios*[d]					
1960	*1970*	*1973*	*1980*	*1990*	*2000*	*1960*	*1970*	*1973*	*1980*	*1990*	*2000*
n.d.	*2289*	*3559*	*30633*	*51523*	*101000*	*n.d.*	*3.9*	*3.2*	*4.6*	*6.4*	*5.1*
282	*767*	*1423*	*12926*	*15827*	*29866*	*2.8*	*4.2*	*4.7*	*12.3*	*10.5*	*7.3*
50	121	198	841	2064	7645	3.9	5.8	5.4	8.5	13.9	24.6
3	7	16	164	103	112	5.2	3.4	5.6	15.9	10.5	7.6
134	132	389	4253	1569	6887	9.2	4.3	5.8	19.5	4.5	10.7
14	47	78	279	1240	1414	2.4	4.8	5.1	5.2	14.3	9.0
1	7	13	130	169	189	1.0	2.5	3.1	10.9	8.6	2.4
14	78	37	483	1112	377	2.5	6.3	2.5	8.1	10.9	1.6
2	7	16	288	404	544	1.3	2.7	2.6	10.0	12.4	9.1
1	4	4	24	72	141	0.9	1.6	1.0	2.0	8.2	3.9
1	6	7	30	78	143	0.8	1.7	1.3	1.7	5.0	3.7
n.d.	3	6	31	73	26	n.d.	2.1	3.8	7.5	14.8	3.6
0	0	1	6	6	15	0.0	0.0	1.3	2.0	1.9	3.0
1	3	6	58	155	76	1.4	1.5	2.0	6.2	15.0	3.1
n.d.	9	18	115	200	194	n.d.	1.8	3.0	8.5	9.1	4.2
29	216	346	3880	5215	7763	2.2	7.9	7.5	18.6	13.6	4.3
1	7	19	42	5	78	1.3	3.3	6.0	8.5	1.3	8.2
1	7	24	252	91	366	1.0	2.2	5.5	7.5	2.0	4.7
1	3	6	35	77	100	2.3	3.4	4.0	6.2	4.1	3.4
7	43	94	547	66	1102	1.4	3.5	7.0	11.8	1.6	12.8
n.d.	4	9	92	56	211	n.d.	1.6	1.8	7.2	2.8	2.4
n.d.	6	8	50	151	127	n.d.	1.7	1.4	1.6	6.6	2.6
4	16	22	105	312	429	2.3	5.5	5.4	6.9	14.5	11.7
18	40	102	1219	2593	1869	0.7	1.4	2.0	6.1	13.8	5.4

CUADRO VI.3. *Deuda externa total en América Latina y el Caribe, por periodos, en 1970, 1980, 1990 y 2000*

	DEUDA EXTERNA TOTAL[a]								SERVICIO DE LA DEUDA[b]			
	En millones de dólares				*% del ingreso nacional bruto*				*En millones de dólares*			
País	*1970*	*1980*	*1990*	*2000*	*1970*	*1980*	*1990*	*2000*	*1970*	*1980*	*1990*	*2000*
Países en desarrollo	*70 171*	*553 642*	*1 351 898*	*2 304 964*	*10.5*	*20.0*	*34.1*	*39.4*	*8 163*	*71 509*	*127 728*	*338 893*
América Latina y el Caribe[c]	*32 528*	*242 669*	*444 227*	*751 918*	*20.5*	*34.2*	*42.2*	*39.3*	*5 147*	*45 991*	*43 942*	*180 124*
Argentina	*5 810*	*27 157*	*62 232*	*145 879*	*19.1*	*35.6*	*46.0*	*52.7*	*1 110*	*4 182*	*6 158*	*27 345*
Bolivia	*588*	*2 702*	*4 275*	*5 785*	*46.8*	*97.1*	*92.4*	*70.8*	*26*	*365*	*385*	*634*
Brasil	*5 735*	*71 527*	*119 964*	*238 793*	*13.7*	*31.5*	*26.7*	*40.9*	*752*	*14 757*	*8 172*	*64 795*
Colombia	*2 236*	*6 941*	*17 222*	*33 934*	*32.0*	*20.9*	*45.1*	*41.7*	*287*	*951*	*3 889*	*5 106*
Costa Rica	*287*	*2 744*	*3 756*	*4 456*	*29.6*	*59.5*	*68.8*	*30.3*	*59*	*354*	*501*	*648*
Chile	*2 977*	*12 081*	*19 226*	*37 048*	*35.0*	*45.5*	*67.3*	*50.6*	*359*	*2 706*	*2 772*	*6 177*
Ecuador	*364*	*5 997*	*12 107*	*13 717*	*22.1*	*52.3*	*132.4*	*94.4*	*43*	*1 008*	*1 084*	*1 894*
El Salvador	*183*	*911*	*2 149*	*4 020*	*16.2*	*26.1*	*45.5*	*31.2*	*36*	*96*	*208*	*374*
Guatemala	*159*	*1 180*	*3 080*	*4 265*	*8.5*	*15.1*	*41.1*	*22.3*	*37*	*145*	*214*	*408*
Guyana[d]	*83*	*835*	*1 969*	*1 431*	*33.5*	*148.7*	*715.8*	*216.9*	*6*	*93*	*295*	*71*
Haití[e]	*43*	*350*	*911*	*1 169*	*11.0*	*24.2*	*30.8*	*30.2*	*4*	*29*	*36*	*41*
Honduras	*111*	*1 473*	*3 718*	*5 570*	*15.8*	*60.6*	*130.5*	*91.8*	*10*	*207*	*389*	*390*
Jamaica	*982*	*1 913*	*4 748*	*4 706*	*73.1*	*78.1*	*114.2*	*66.4*	*234*	*280*	*662*	*698*
México	*6 969*	*57 378*	*104 442*	*150 313*	*20.0*	*30.5*	*41.1*	*26.6*	*1 301*	*10 962*	*11 313*	*58 809*
Nicaragua[f]	*203*	*2 193*	*10 745*	*6 853*	*28.3*	*108.6*	*526.2*	*187.5*	*36*	*115*	*16*	*286*
Panamá	*229*	*2 973*	*6 506*	*7 046*	*22.1*	*87.6*	*128.8*	*62.2*	*32*	*488*	*345*	*918*
Paraguay	*112*	*955*	*2 105*	*3 099*	*19.2*	*20.7*	*39.1*	*39.9*	*11*	*145*	*325*	*353*
Perú	*3 211*	*9 386*	*20 064*	*28 710*	*45.1*	*47.6*	*78.7*	*55.6*	*522*	*2 151*	*476*	*2 560*
República Dominicana	*360*	*2 002*	*4 372*	*4 541*	*24.4*	*31.2*	*64.7*	*24.3*	*45*	*379*	*232*	*520*
Trinidad y Tabago	101	829	2 511	2 696	13.3	14.0	53.7	35.0	20	230	449	523
Uruguay	363	1 660	4 415	8 196	15.4	17.0	49.3	41.4	97	299	987	1 313
Venezuela	1 422	29 356	33 171	38 152	11.1	42.1	70.4	31.8	120	6 038	4 991	6 094

	SERVICIO DE LA DEUDA[b]				INTERESES[g]							
	% de las exp. de bienes y servicios				*En millones de dólares*				*% de las exp. de bienes y servicios*			
	1970[h]	*1980*	*1990*	*2000*	*1970*	*1980*	*1990*	*2000*	*1970[h]*	*1980*	*1990*	*2000*
Países en desarrollo	*13.8*	*13.6*	*18.6*	*19.4*	*2 289*	*30 633*	*51 523*	*101 000*	*3.9*	*7.0*	*8.1*	*6.2*
América Latina y el Caribe[c]	*28.4*	*36.5*	*23.9*	*38.8*	1 400	24 339	21 925	55 249	7.7	19.3	11.9	11.0
Argentina	52.8	37.3	37.0	70.9	338	2 329	2 716	11 612	16.1	20.8	16.3	30.1
Bolivia	12.7	35.0	38.6	37.1	7	220	144	180	3.4	21.1	14.4	10.5

Brasil	24.6	63.3	22.2	93.5	221	7909	2260	17069	7.2	33.9	6.1	24.6
Colombia	28.0	16.0	40.9	27.9	62	688	1701	2204	6.3	11.6	17.9	12.1
Costa Rica	21.3	29.1	23.9	8.0	14	179	206	261	6.0	14.7	9.9	3.2
Chile	28.8	43.1	25.9	24.8	104	1193	1792	2236	8.3	19.0	16.7	9.0
Ecuador	16.6	33.9	32.5	25.7	10	473	474	822	3.9	15.9	14.2	11.2
El Salvador	14.1	7.5	15.3	6.7	9	61	84	221	3.5	4.7	6.2	4.0
Guatemala	10.6	7.9	12.6	8.8	7	67	111	212	2.0	3.7	6.6	4.6
Guyana[d]	0.4	22.8	20.7	9.9	3	35	120	30	0.2	8.6	9.9	4.2
Haití[e]	7.6	7.0	11.0	8.2	0	9	15	20	0.0	2.1	4.7	4.0
Honduras	5.1	21.4	35.3	13.0	4	120	178	131	2.0	12.4	16.1	4.4
Jamaica	46.9	19.0	26.9	15.3	63	159	260	255	12.6	10.3	10.6	5.6
México	47.4	44.4	20.7	30.5	283	6068	7301	14028	10.3	24.6	13.4	7.3
Nicaragua[f]	16.9	22.3	3.9	22.0	7	69	11	98	3.3	13.4	2.8	7.5
Panamá	10.2	6.2	6.2	9.8	7	256	224	455	2.2	3.3	4.0	4.8
Paraguay	11.7	21.0	12.4	10.9	3	66	90	148	3.9	9.5	3.4	4.6
Perú	42.6	44.5	10.8	25.6	162	964	247	1431	13.2	19.9	5.6	14.3
República Dominicana	15.8	25.3	10.4	4.8	13	179	86	263	4.4	12.0	3.9	2.4
Trinidad y Tabago	5.8	6.8	19.3	10.5	6	54	216	191	1.7	1.6	9.3	3.9
Uruguay	33.4	18.8	40.8	29.6	17	169	428	637	5.9	10.6	17.7	14.3
Venezuela	4.2	27.2	23.3	16.2	53	3066	3242	2675	1.9	13.8	15.1	7.1

FUENTE: Banco Mundial (2004), vol. II, varios cuadros, exceptuendo los casos especificados en las notas siguientes.

[a] Es la suma de la deuda de las entidades públicas y la garantizada por ellas a largo plazo (más de un año), la deuda privada no garantizada a largo plazo, el uso de créditos del FMI y la deuda a corto plazo (un año o menos). Véase Banco Mundial, 2004, seción introductoria referente a las fuentes y definiciones.

[b] Es el pago del servicio de la deuda total a largo plazo (pública y públicamente garantizada y privada no garantizada), el uso de crédito del FMI y los intereses de la deuda a corto plazo. Véase Banco Mundial, 2004, seción introductoria referente a las fuentes y definiciones. El dato del servicio de la deuda en América Latina y el Caribe es la suma de los países enlistados únicamente en 1970 y en los demás años es la cifra publicada por la CEPAL.

[c] Los totales no coinciden con las sumas por el redondeo de las cifras y porque se excluye algunos países con deuda muy baja o con falta de datos en algunos años. El dato de la deuda total en 1970 es la suma de los países enlistados y en los demás años es la cifra publicada por el Banco Mundial (2004). A partir de esta suma y a falta de información, el dato del servicio de la deuda como porcentaje de las exportaciones de bienes y servicios en 1970 es una estimación propia con datos de la misma fuente.

[d] En el caso de Guyana, a falta de la publicación de los porcentajes del servicio de la deuda y de los intereses con respecto a las exportaciones de bienes y servicios, se hicieron estimaciones propias con base en datos de exportaciones en 1970 de la CEPAL (1981), cuadro 249, p. 420. Al no haber disponibilidad de cifras de exportaciones de 1990, se hizo la estimación de los porcentajes mencionados correspondiente a 1992.

[e] Ante la falta de estimaciones publicadas por el Banco Mundial de los porcentajes del servicio de la deuda y de los intereses con respecto a las exportaciones de bienes y servicios en el caso de Haití en el año 2000, se hicieron estimaciones propias con base en datos de la CEPAL (2003a), cuadro 9 del Anexo, p. 750.

[f] En el caso de Nicaragua, los datos de 1970 y 1980 fueron tomados del Banco Mundial (2002a). A falta de la publicación del dato, se hizo una estimación propia de su deuda total como porcentaje del ingreso nacional bruto en 1990, con datos del ingreso tomados de la CEPAL (2003a), cuadro 148, pp. 222 y 223.

[g] Son los pagos de intereses en moneda extranjera, bienes o servicios en el año especificado. Véase Banco Mundial, 2004, seción introductoria referente a las fuentes y definiciones. El dato de 1970 correspondiente al total de la región latinoamericana fue tomado del Banco Mundial (2002a).

[h] A falta de estimaciones porcentuales publicadas por el Banco Mundial en este año, y con la excepción de Colombia, Paraguay, República Dominicana y Venezuela, se presentan estimaciones propias con datos de la misma fuente (Banco Mundial, 2004) sobre el servicio de la deuda y los intereses, y con cifras de la CEPAL (1983) sobre las exportaciones de bienes y servicios. En el caso del total de los países en desarrollo, las exportaciones se tomaron de Naciones Unidas (1995a), p. 2 y en el de Guyana, de la CEPAL (1981), cuadro 249, p. 420.

Cuadro vi.4. *Factores de incremento de la deuda extern*

País	Deuda externa total						Deuda pública extern		
	1970=1			*1980=1*		*1990=1*			*1960=1*
	1980	*1990*	*2000*	*1990*	*2000*	*2000*	*1970*	*1973*	*1980*
Países en desarrollo	*7.9*	*19.3*	*32.8*	*2.4*	*4.2*	*1.7*	*n.d.*	*n.d.*	*n.d.*
América Latina y el Caribe	*7.5*	*13.7*	*23.1*	*1.8*	*3.1*	*1.7*	*2.7*	*4.7*	*22.1*
Argentina	4.7	10.7	25.1	2.3	5.4	2.3	1.9	2.8	10.3
Bolivia	4.6	7.3	9.8	1.6	2.1	1.4	2.9	3.8	13.0
Brasil	12.5	20.9	41.6	1.7	3.3	2.0	1.5	3.4	18.8
Colombia	3.1	7.7	15.2	2.5	4.9	2.0	4.2	6.2	13.0
Costa Rica	9.6	13.1	15.5	1.4	1.6	1.2	3.0	5.6	38.5
Chile	4.1	6.5	12.4	1.6	3.1	1.9	4.5	6.2	10.3
Ecuador	16.5	33.3	37.7	2.0	2.3	1.1	2.7	4.7	46.5
El Salvador	5.0	11.7	22.0	2.4	4.4	1.9	3.7	4.5	21.1
Guatemala	7.4	19.4	26.8	2.6	3.6	1.4	4.0	4.4	21.3
Guyana	10.1	23.7	17.2	2.4	1.7	0.7	1.7	3.5	12.6
Haití	8.1	21.2	27.2	2.6	3.3	1.3	1.1	1.1	7.8
Honduras	13.3	33.5	50.2	2.5	3.8	1.5	8.4	12.4	108.1
Jamaica	1.9	4.8	4.8	2.5	2.5	1.0	3.1	6.8	27.8
México	8.2	15.0	21.6	1.8	2.6	1.4	3.9	6.8	41.0
Nicaragua	10.8	52.9	33.8	4.9	3.1	0.6	6.7	15.3	76.3
Panamá	13.0	28.4	30.8	2.2	2.4	1.1	6.1	14.4	71.6
Paraguay	8.5	18.8	27.7	2.2	3.2	1.5	5.6	7.3	31.5
Perú	2.9	6.2	8.9	2.1	3.1	1.4	5.3	8.9	38.3
República Dominicana	5.6	12.1	12.6	2.2	2.3	1.0	37.2	55.0	213.9
Trinidad y Tabago	8.2	24.9	26.7	3.0	3.3	1.1	7.2	10.8	50.9
Uruguay	4.6	12.2	22.6	2.7	4.9	1.9	2.3	3.0	9.8
Venezuela	20.6	23.3	26.8	1.1	1.3	1.2	2.8	6.1	42.1

Fuente: Cuadros vi.2 y vi.3.

en América Latina y el Caribe, por periodos, de 1970 a 2000

		Deuda pública externa									
		1970=1				1973=1			1980=1		1990=1
990	2000	1973	1980	1990	2000	1980	1990	2000	1990	2000	2000
n.d.	n.d.	2.0	7.5	22.9	30.3	3.8	11.5	15.2	3.0	4.0	1.3
5.5	67.0	1.8	8.3	20.8	25.1	4.7	11.9	14.3	2.5	3.0	1.2
47.5	87.7	1.5	5.4	24.9	46.1	3.7	16.8	31.1	4.6	8.5	1.8
21.9	24.6	1.3	4.5	7.7	8.6	3.4	5.8	6.5	1.7	1.9	1.1
39.9	42.4	2.3	12.5	26.5	28.2	5.5	11.7	12.4	2.1	2.3	1.1
47.0	66.6	1.5	3.1	11.3	16.0	2.1	7.5	10.7	3.6	5.1	1.4
69.3	73.8	1.9	12.7	22.9	24.4	6.8	12.3	13.1	1.8	1.9	1.1
22.9	11.5	1.4	2.3	5.0	2.5	1.7	3.7	1.9	2.2	1.1	0.5
38.9	159.7	1.7	16.9	50.6	58.1	9.8	29.4	33.7	3.0	3.4	1.1
31.1	117.5	1.2	5.7	21.7	31.5	4.7	17.9	26.0	3.8	5.6	1.4
93.9	120.5	1.1	5.3	23.4	30.0	4.9	21.4	27.4	4.4	5.7	1.3
35.6	23.6	2.1	7.6	21.5	14.2	3.6	10.3	6.8	2.8	1.9	0.7
20.9	28.1	1.0	7.3	19.3	26.0	7.1	18.8	25.3	2.7	3.6	1.3
22.9	461.2	1.5	12.8	38.3	54.7	8.7	26.1	37.3	3.0	4.3	1.4
77.9	72.9	2.2	8.9	25.1	23.5	4.1	11.5	10.8	2.8	2.6	0.9
91.9	98.5	1.7	10.6	23.8	25.5	6.1	13.6	14.6	2.2	2.4	1.1
79.6	250.8	2.3	11.4	56.6	37.4	5.0	24.9	16.4	5.0	3.3	0.7
21.6	180.2	2.4	11.7	19.9	29.4	5.0	8.4	12.5	1.7	2.5	1.5
35.7	103.5	1.3	5.6	15.3	18.5	4.3	11.7	14.2	2.7	3.3	1.2
33.9	118.6	1.7	7.3	15.9	22.5	4.3	9.5	13.4	2.2	3.1	1.4
99.8	580.9	1.5	5.8	16.1	15.6	3.9	10.9	10.6	2.8	2.7	1.0
27.3	123.9	1.5	7.0	17.6	17.2	4.7	11.8	11.5	2.5	2.4	1.0
26.5	48.7	1.3	4.2	11.3	20.8	3.3	8.8	16.2	2.7	5.0	1.8
97.2	110.9	2.1	14.8	34.1	39.0	6.9	15.9	18.2	2.3	2.6	1.1

CUADRO VI.5. *Precios implícitos del producto interno bruto en los países d*
les y su crecimien

	Índices anuales de los precios implícitos en el PIB								
	Año base 1970 = 100				*Año base 1990 = 100*			*Año base 1995 = 100*	
País	*1960*	*1970*	*1973*	*1980*	*1980*	*1990*	*2000*	*1990*	*2000*
Argentina	17.6	100.0	370.1	254 307.3	0.5	100.0	300.3	32.3	97.0
Bolivia	54.0	100.0	177.9	669.4	0.1	100.0	231.2	58.6	135.5
Brasil	3.1	100.0	165.9	2 954.7	4.9	100.0	73.4	207.9	152.6
Colombia	34.1	100.0	152.8	695.1	10.9	100.0	567.4	34.7	196.9
Costa Rica	78.9	100.0	125.1	366.5	10.1	100.0	443.4	41.2	182.7
Chile	6.6	100.0	1 146.5	850 287.3	15.0	100.0	213.5	54.2	115.7
Ecuador	61.3	100.0	116.7	357.0	4.4	100.0	3 486.7	21.1	735.7
El Salvador	95.6	100.0	111.5	252.4	23.6	100.0	200.8	59.2	118.9
Guatemala	93.7	100.0	111.5	238.8	25.0	100.0	291.5	49.7	144.9
Haití	72.0	100.0	125.4	278.0	50.5	100.0	506.3	34.7	175.7
Honduras	76.5	100.0	114.3	216.1	52.0	100.0	511.8	39.8	203.7
Jamaica	n.d.	100.0	129.7	439.4	21.6	100.0	962.5	17.6	169.4
México	70.8	100.0	126.9	508.0	0.8	100.0	528.9	43.3	229.0
Nicaragua	85.1	100.0	123.8	365.0	0.1	100.0	1 449.2	11.8	171.0
Panamá	85.5	100.0	114.4	203.8	82.1	100.0	121.8	87.8	106.9
Paraguay	75.6	100.0	139.2	322.4	11.7	100.0	342.2	42.9	146.8
Perú	40.5	100.0	131.9	1 526.5	7.8	100.0	22 733.3	0.6	136.4
República Dominicana	79.7	100.0	114.2	228.3	14.2	100.0	280.2	51.5	144.3
Trinidad y Tabago	61.5	100.0	143.1	580.3	55.7	100.0	168.8	72.8	122.9
Uruguay	2.8	100.0	431.5	11 504.3	1.8	100.0	3 320.5	7.3	242.4
Venezuela	87.5	100.0	124.4	326.3	14.3	100.0	2 966.0	19.7	584.3

* Estimaciones propias.

n.d. No disponible.

FUENTE: CEPAL, *Anuario Estadístico de América Latina y el Caribe,* varios años.

mérica Latina en 1960, 1970, 1973, 1980, 1990 y 2000: índices anua-
por periodos

Número de veces del crecimiento de los precios					*Tasas de inflación promedio anual (%)**				
960-970	*1970-1973*	*1973-1980*	*1980-1990*	*1990-2000*	*1960-1970*	*1970-1973*	*1973-1980*	*1980-1990*	*1990-2000*
4.7	2.7	686.1	199.0	2.0	19.0	14.0	92.2	272.1	11.6
0.9	0.8	2.8	999.0	1.3	6.4	5.9	14.2	141.3	8.7
1.3	0.7	16.8	19.4	-0.3	41.5	5.2	33.4	89.7	-3.0
1.9	0.5	3.5	8.2	4.7	11.4	4.3	16.4	51.5	19.0
0.3	0.3	1.9	8.9	3.4	2.4	2.3	11.3	43.2	16.1
4.2	10.5	740.6	5.7	1.1	31.2	27.6	93.7	198.8	7.9
0.6	0.2	2.1	21.7	33.9	5.0	1.6	11.8	55.2	42.6
0.0	0.1	1.3	3.2	1.0	0.5	1.1	8.5	26.7	7.2
0.1	0.1	1.1	3.0	1.9	0.7	1.1	7.9	25.3	11.3
0.4	0.3	1.2	1.0	4.1	3.3	2.3	8.3	18.6	17.6
0.3	0.1	0.9	0.9	4.1	2.7	1.3	6.6	15.3	17.7
0.0	0.3	2.4	3.6	8.6	n.d.	2.6	13.0	35.2	25.4
0.4	0.3	3.0	124.0	4.3	3.5	2.4	14.9	90.7	18.1
0.2	0.2	1.9	999.0	13.5	1.6	2.2	11.4	127.1	30.7
0.2	0.1	0.8	0.2	0.2	1.6	1.4	5.9	9.5	2.0
0.3	0.4	1.3	7.5	2.4	2.8	3.4	8.8	39.3	13.1
1.5	0.3	10.6	11.8	226.3	9.5	2.8	27.7	69.5	72.1
0.3	0.1	1.0	6.0	1.8	2.3	1.3	7.2	32.0	10.9
0.6	0.4	3.1	0.8	0.7	5.0	3.6	15.0	26.4	5.4
4.7	3.3	25.7	54.6	32.2	43.0	15.7	38.9	140.2	41.9
0.1	0.2	1.6	6.0	28.7	1.3	2.2	10.1	36.7	40.4

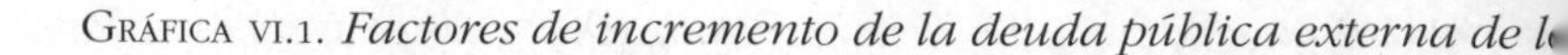

GRÁFICA VI.1. *Factores de incremento de la deuda pública externa de l*

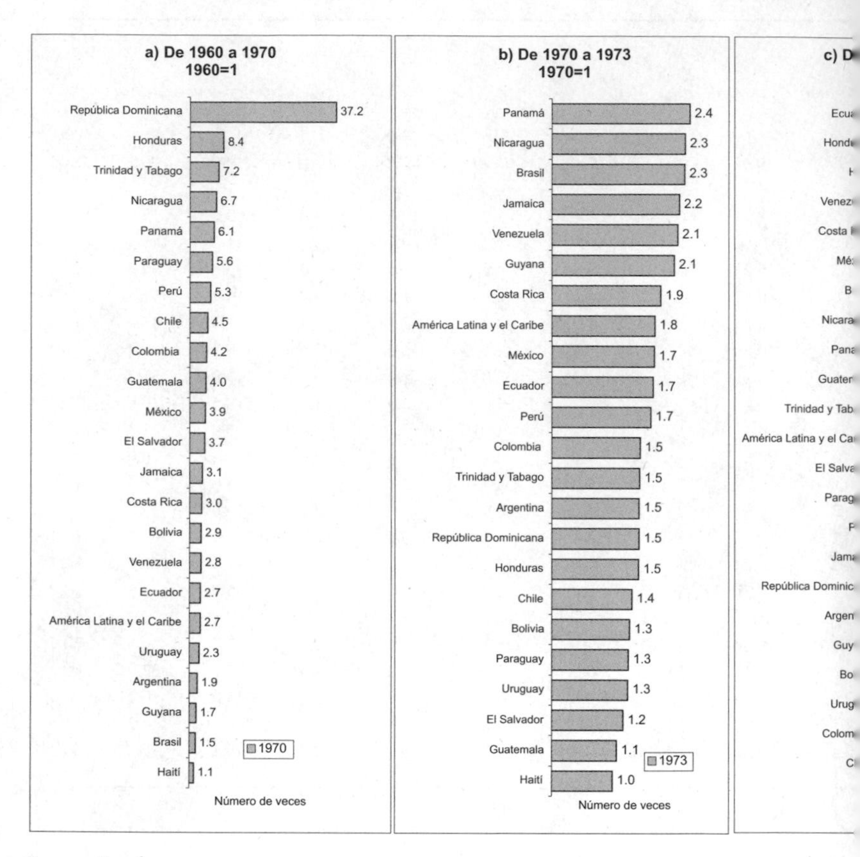

FUENTE: Cuadro VI.4.

países de la región latinoamericana, por periodos selectos, de 1960 a 2000

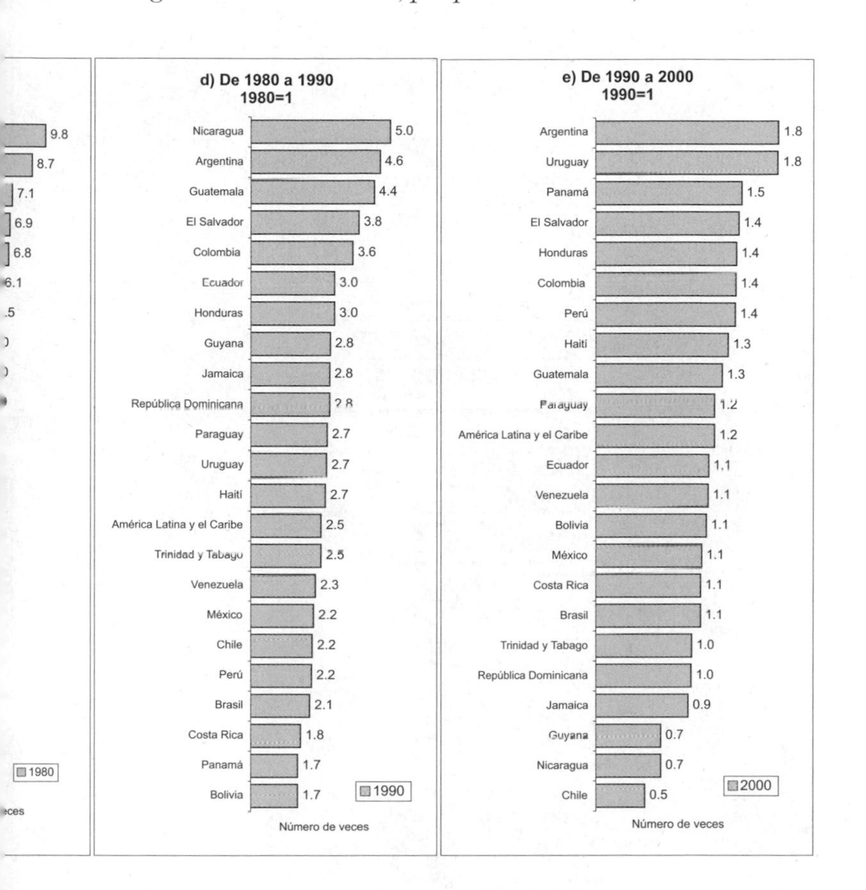

d) De 1980 a 1990
1980=1
Nicaragua 5.0
Argentina 4.6
Guatemala 4.4
El Salvador 3.8
Colombia 3.6
Ecuador 3.0
Honduras 3.0
Guyana 2.8
Jamaica 2.8
República Dominicana 2.8
Paraguay 2.7
Uruguay 2.7
Haití 2.7
América Latina y el Caribe 2.5
Trinidad y Tabago 2.5
Venezuela 2.3
México 2.2
Chile 2.2
Perú 2.2
Brasil 2.1
Costa Rica 1.8
Panamá 1.7
Bolivia 1.7
1990
Número de veces
e) De 1990 a 2000
1990=1
Argentina 1.8
Uruguay 1.8
Panamá 1.5
El Salvador 1.4
Honduras 1.4
Colombia 1.4
Perú 1.4
Haití 1.3
Guatemala 1.3
Paraguay 1.2
América Latina y el Caribe 1.2
Ecuador 1.1
Venezuela 1.1
Bolivia 1.1
México 1.1
Costa Rica 1.1
Brasil 1.1
Trinidad y Tabago 1.0
República Dominicana 1.0
Jamaica 0.9
Guyana 0.7
Nicaragua 0.7
Chile 0.5
2000
Número de veces

GRÁFICA VI.2. *Factores de incremento de la deuda externa total de l*

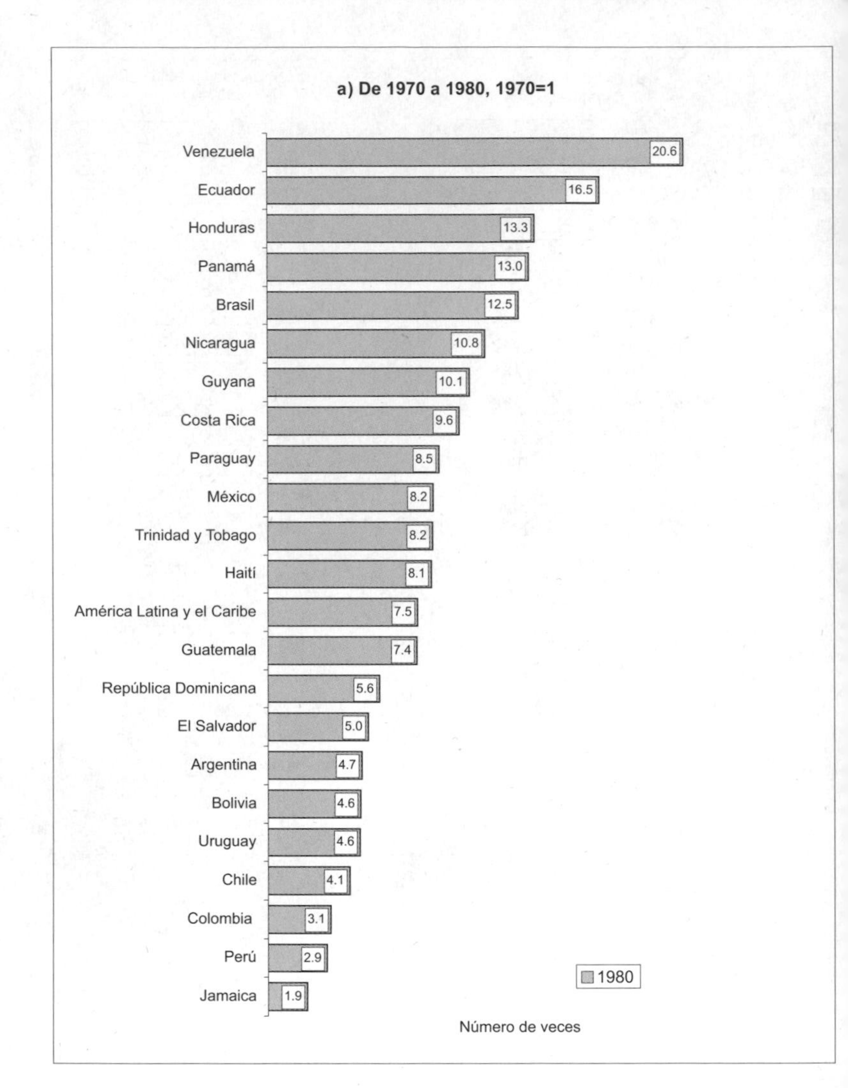

FUENTE: Cuadro VI.4.

aíses de la región latinoamericana, por décadas, de 1970 a 2000

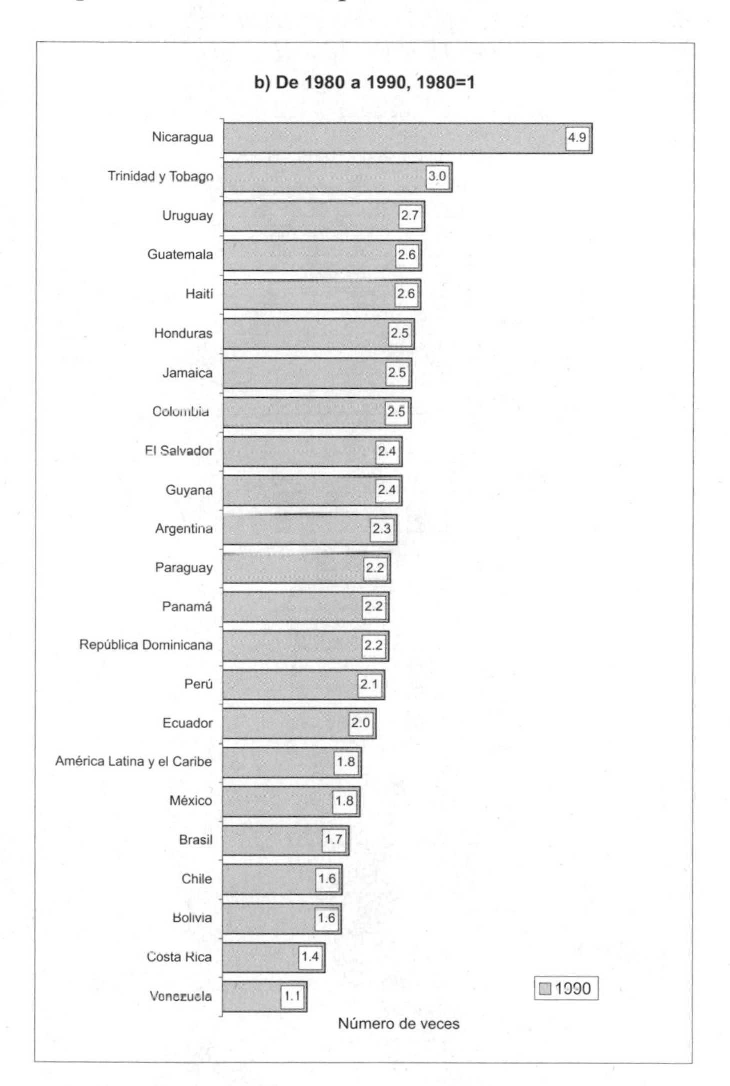

GRÁFICA VI.2. *Factores de incremento de la deuda externa total de los países de la región latinoamericana, por décadas, de 1970 a 2000 (conclusión)*

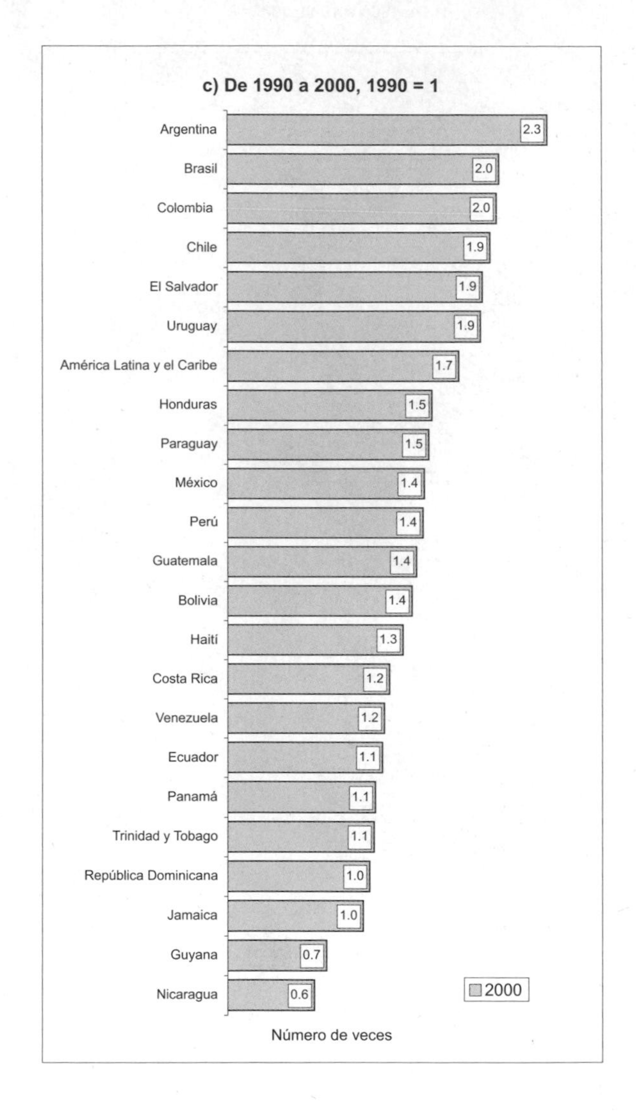

VII. UN DECENIO DE INESTABILIDAD EN EL SECTOR EXTERNO, 1970-1980

1. La gestación de la inestabilidad externa. 2. Inestabilidad monetaria internacional. 3. Las conmociones del mercado del petróleo y otros productos. 4 La crisis alimentaria. 5. Los efectos globales.

1. La gestación de la inestabilidad externa

Las cuestiones no resueltas del periodo 1950-1970, algunas de ellas de naturaleza profundamente estructural, otras el resultado de acontecimientos del momento y de la aplicación de políticas incongruentes y aun otras derivadas de los efectos de las fluctuaciones de la economía en la economía internacional, requerían, mínimamente, el que se asegurara un sendero de desarrollo sin obstáculos, con dependencia cuidadosa en el ahorro interno, un buen manejo del sector exportador y un acceso moderado a la cooperación financiera internacional y al capital extranjero.

La componente de "ahorro del exterior" era importante en cuanto a lograr que las transiciones internas fuesen más fáciles, sobre todo en virtud de que muchos de los cambios que se necesitaban eran intensivos en capital o bien encerraban largos periodos de gestación, tales como la reforma agraria. Aun una mejor organización de la explotación agrícola, incluso si no se consideraba en rigor intensiva en capital, lo era de manera indirecta y, transcurrido algún tiempo y formado el personal técnico y de investigación, podía haber dado por resultado una productividad más elevada. No haber logrado generar mercados internos muy amplios, basados no sólo en el desarrollo urbano sino asimismo en ingresos rurales más elevados, constituyó el principal error estratégico en la búsqueda del desarrollo en la mayoría de los países entre los años cincuenta y los sesenta.

El decenio de los años setenta demostró ser un periodo de inestabilidad. Muchos de los problemas importantes identificados pero no resueltos en los años de la "edad de oro" con respecto al desarrollo de los países de la región latinoamericana brotaron a la superficie y demandaron, incluso un tanto tardíamente, decisiones fundamentales de formulación de políticas. En algunos países, los acontecimientos de 1968 que afectaron la estabilidad política debieron haber servido de advertencia. La desigualdad y la falta de participación no podrían conformar un marco saludable para un progreso firme en el futuro. El esfuerzo realizado para mejorar las condiciones sociales y para ocuparse de algunas de las cuestiones de fondo durante los años sesenta, bajo políticas inducidas por la Alianza para el Progreso, delineadas en la Carta de Punta del Este, resultó ser débil y en gran parte ineficaz. Por el lado económico, hubo, en la frase acuñada por el historiador Robert Shafer, una "furia de desarrollo" (Shafer, 1978, p. 612), pero, como este autor señaló rápidamente, por debajo venían acumulándose presiones y en muchos casos eran patentes "las tensiones en el sistema".

Numerosos observadores objetivos del ámbito latinoamericano, dentro y fuera de la región, se percataron de "las tensiones". Por ejemplo, Celso Furtado opinaba, ya en 1966, que: "La experiencia en América Latina ha demostrado que el tipo de industrialización sustitutiva tiende a perder impulso, al agotarse la fase de las sustituciones fáciles, y provoca eventualmente el estancamiento" (Furtado, 1966, p. 48)[1] Dicha idea había empezado a ponerse de moda entre los economistas de la CEPAL y entre los ex economistas de este organismo y quizá era exagerada, ya que de hecho no cesaron las actividades de sustitución de importaciones, y el crecimiento de las exportaciones acusó resultados inesperados en algunos países, incluso en manufacturas.

[1] También citado en Hirschman (1969 y 1971).

No obstante, era una observación aguda que bien merecía considerarse.

Los excesos del proteccionismo para lograr la industrialización por medio de la ISI habían sido expuestos con toda claridad. Así, Prebisch sostuvo en 1963 lo siguiente:

> Se ha formado así en nuestros países una estructura industrial prácticamente aislada del mundo exterior. Ante el imperativo de sustituir importaciones se ha tratado de producir internamente todo aquello que —por no ser esencial para el mantenimiento de la actividad económica y el consumo de la población— podía dejarse de importar, al menos temporalmente. Las importaciones consideradas superfluas son las que primero se restringen o eliminan, con el consiguiente estímulo de la actividad sustitutiva y la inversión en ella de escasos recursos de capital. No hubo un criterio selectivo basado en consideraciones de economicidad, sino de factibilidad inmediata, cualquiera que fuere el costo de producción.
>
> Las prohibiciones y restricciones han tendido a transformarse en aranceles. Es un comienzo de un movimiento en el buen sentido. Pero esos aranceles han resultado sumamente exagerados, sin duda —en promedio— los más altos del mundo: no es infrecuente encontrar algunos de más de 500 por ciento.
>
> Como es bien sabido, esta proliferación de toda suerte de industrias en un mercado cerrado ha privado a los países latinoamericanos de las ventajas de la especialización y de las economías de escala y, al amparo de aranceles y restricciones exagerados, no se ha desenvuelto un tipo saludable de competencia interior, todo ello en menoscabo de la eficiencia productiva [Prebisch, 1963, capítulo I, p. 86].[2]

En 1970, en una retrospectiva amplia, Prebisch habría de escribir con insistencia sobre estos argumentos: el tema de una industrialización deliberada y de elevado costo no tuvo

[2] Hirschman (1969) cita parcialmente estas consideraciones de Prebisch; Macario (1964) llevó a cabo una encuesta detallada de los datos subyacentes.

mucho eco, y no era uno que iba a poder resolverse en términos puramente tecnocráticos, a espaldas de los fuertes intereses creados, ya que estaba enlazado con un Estado en continua expansión en las áreas del dirigismo y en su relación con el sector empresarial y con organizaciones de los sectores obreros. Cardoso y Faletto lo expresaron inmejorablemente de la siguiente manera:

> Predominan dos tipos de orientación, las que por su parte constituyen la expresión política del momento: una, implícita en la presión de las masas, se expresa en la orientación "hacia la participación" y da origen a una tendencia al "distributivismo" social y económico; la otra, coexistente con la anterior, manifiesta los intereses de los nuevos sectores dominantes, la continuidad de la expansión económica nacional, orientada ya hacia el mercado interno, como continuación del sistema de dominación. Sería ésta la tendencia al "nacionalismo" que además posibilitaría la "incorporación" de las masas al sistema de producción y, en grados variables, al sistema político. Se establece así una conexión que da sentido al "populismo desarrollista", en el que se expresan intereses contradictorios: consumo ampliado-inversiones aceleradas, participación estatal en el desarrollo-fortalecimiento del sector urbano-industrial privado. La necesidad de una ideología como la del "populismo desarrollista", donde coexisten articulándose metas contradictorias, expresa el intento de lograr un grado razonable de consenso y legitimar el nuevo sistema de poder, que se presenta a la nación apoyado sobre un programa de industrialización que propone beneficios para todos [Cardoso y Faletto, 1969, pp. 105-106].

Cardoso y Faletto concluyeron que el agotamiento relativo del proceso de sustitución fácil de importaciones y el fin del populismo como forma de sustentación del poder dentro de un cuadro de economía "liberal" destacan aquí sus nexos recíprocos. La polémica "estatismo o gran empresa" comienza entonces a superar las simples teorizaciones para transformarse en la encrucijada práctica del desarrollo; los esquemas de sustentación política del periodo anterior se deshacen rápidamente y ahora surgen en remplazo de la aparente polarización oligarquía-pueblo que encubría la alianza desarrollista, un nuevo tipo de enfrentamiento en el que algunos valores de clase sirven como catalizador de la conducta popular y, de igual modo, se atenúa el hincapié nacional en el comportamiento efectivo de los grupos empresariales, que se reorganizan y tratan de reorganizar el Estado para expresar en su conjunto ya no sólo sus intereses políticos vinculados con los intereses de los sectores populares, sino y más directamente sus particulares intereses económicos (Cardoso y Faletto, 1969, pp. 105-106 y 116).

Durante los años sesenta se profundizó la sustitución de importaciones, por lo menos en países como Brasil y México, mediante un esfuerzo deliberado orientado a integrar determinadas ramas industriales grandes, o a generar vínculos hacia atrás, es decir, hacia la cadena de insumos, por ejemplo: en la industria automotriz y en el sector de petroquímicos. A menudo esto se hacía en asociación con corporaciones transnacionales, y tal vez ello mostraba que había conciencia entre los planificadores de que se estaban desarrollando brechas peligrosas en la estructura industrial que llevarían a un repentino aumento de importaciones.

Al mismo tiempo, la Alianza para el Progreso empezaba a tambalearse, tanto en sus propósitos internos en varios países en la región como en el apoyo financiero externo que se había esperado. Para la segunda mitad de los años sesenta, había dejado virtualmente de ser un marco fuerte para la cooperación internacional en materia de desarrollo, o una fuerza motivadora. Los cambios en los gobiernos, con inclusión de la llegada al poder de regímenes militares en varios países latinoamericanos, también redujeron el compromiso interno. Como Shafer lo ha expresado en forma sucinta:

> Ocasionalmente, los latinoamericanos concedían que una gran parte del problema yacía en sus propias instituciones. Encon-

> traron que el llevar a cabo una reforma tributaria les resultaba políticamente difícil de aceptar, como a quién no. La reforma agraria era lenta, toda vez que era otro tema políticamente delicado. El mejoramiento de las burocracias latinoamericanas era una tarea para héroes. El control de la inflación exigía armarse de valor político más de lo que era posible. La inestabilidad política interfería con los esfuerzos de desarrollo y la administración de la alianza... Para los años setenta, la Alianza estaba muerta [Shafer, 1978, pp. 608-609].

Tal vez esto también fuera una exageración y quizá la lección principal que debió haberse aprendido de la Alianza, como de cualquier programa de apoyo internacional, es que su éxito depende más de los esfuerzos locales, la congruencia y la fortaleza de políticas nacionales relativas al desarrollo, que del componente externo y los tratados, cartas y otras expresiones internacionales de buenas intenciones y de buena voluntad.

Sin embargo, lo fundamental era que se estaba gestando una crisis. En un escrito que publicó muy poco tiempo después del final de la "edad de oro", Díaz-Alejandro subrayó que "la América Latina de 1970 es, por supuesto, distinta a la América Latina de 1940, pero no difiere *tanto*" (Díaz-Alejandro, 1972).

Sin embargo, también pasó a poner de relieve las "consecuencias ocultas" de determinadas políticas nacionales que se iniciaron en los años cuarenta y cincuenta, y señaló la necesidad de "tomar decisiones difíciles en la formulación de las políticas a seguir".

A Enrique Iglesias, entonces recién nombrado secretario ejecutivo de la CEPAL, se le atribuyó haber previsto que los años setenta serían "la década de lo inesperado en América Latina —un posible choque de fuerzas históricas a largo plazo en circunstancias coyunturales especiales". En 1968 se había puesto ya en evidencia el semiestancamiento en que estaba cayendo la economía latinoamericana (véase Maddison, 2003), a tal grado que en el discurso inaugural del presidente de Colombia, Carlos Lleras Restrepo, en la Asamblea de

Gobernadores del BID, en Bogotá, sugirió al banco llevar a cabo un estudio de lo que "realmente ha representado la cooperación financiera internacional para la América Latina, de lo que puede y debe hacerse para corregir las fallas internas y las de cooperación exterior". Esto dio lugar a que Felipe Herrera, fundador y presidente del BID invitara a Prebisch, quien había concluido su mandato como secretario general de la Conferencia de las Naciones Unidas para el Comercio y el Desarrollo (UNCTAD), a hacerse cargo del estudio referido, por cuenta del BID, con la colaboración del Instituto Latinoamericano y del Caribe para la Planificación Económica y Social (ILPES), adscrito a la CEPAL. Este estudio contó con la cooperación estrecha de Enrique Iglesias, entonces funcionario del BID, y de ello salió un informe, firmado por Prebisch y presentado al BID (Prebisch, 1970).

Se estaban gestando problemas difíciles, sin precedente, y si bien ciertas inestabilidades podían preverse, era obvio que no había ninguna fecha límite en particular. No se preveía el alza súbita de los precios internacionales del petróleo crudo de alrededor de dos dólares por barril a 14 dólares, como ocurrió en 1973. El informe de Prebisch cayó por ello muy pronto en el vacío. Los acontecimientos de 1971 y 1973 fueron sorpresivos para todos los países de la región latinoamericana y para la misma CEPAL: la decisión del presidente Nixon de abandonar la conexión del dólar con el oro: el fin del régimen de Bretton Woods y el nacimiento de la era de las monedas "flotantes" El informe sólo retomaba las viejas tesis Prebisch-CEPAL, ligeramente modificadas para subrayar la importancia de la innovación tecnológica, y nada preveía sobre el dólar.

El juego internacional había cambiado. De hecho el periodo 1968-1970 había sido crítico a nivel internacional para la región latinoamericana. Los Estados Unidos temían una sangría de oro y desconfiaba del FMI, al que no se le hacía ningún caso en Europa, por lo que entró en tratos bastante rudos en su política monetaria internacional directamente con Francia, Alemania y Gran Bretaña, y trataba de imponer su propia política monetaria a todos. Su déficit de balanza de pagos comenzó a pagarlo con su propia moneda, de ahí que nacieran los llamados saldos en *eurodólares*. Éstos añadían liquidez internacional y casi se volvieron un patrón paralelo fuera del control del FMI, llegándose a hacer fuertes operaciones de créditos en eurodólares facilitados por los bancos comerciales donde habían quedado depositados (precursores de los *petrodólares* surgidos en 1973). Los países latinoamericanos, como siempre, estaban totalmente impreparados para este nuevo escenario.

El presente capítulo se ocupará de esta serie de temas y de sus efectos finales en la región latinoamericana al concluir los años setenta.

2. Inestabilidad monetaria internacional

Comúnmente se reconoce que el sistema de ordenamiento y estabilidad monetaria internacional de Bretton Woods llegó a su fin en 1971 cuando el gobierno del presidente Nixon abandonó, por decisión unilateral de la Tesorería de los Estados Unidos, la convertibilidad del dólar en oro al precio fijo de una onza de oro por 35 dólares. Esta paridad estadunidense con el oro había sido aceptada desde 1946 (prevista en los acuerdos de Bretton Woods) como el "patrón internacional" con respecto al cual se fijaban todas las "paridades", esto es, los tipos de cambio oficialmente convenidos con el FMI. Las reservas de oro de los bancos centrales se valuaban a 35 dólares la onza y, aunque en varios casos se ajustaron las paridades de conformidad con el FMI, siempre eran referidas al contenido en oro, y por tanto a su equivalente en dólares.[3] También aceptaban los Estados Unidos que los

[3] En 1947 hubo un caso excepcional al permitir el FMI que México, que había declarado una paridad inicial de 4.85 pesos por dólar, mantenida fija desde 1941, o sea desde antes de Bretton Woods, y que se encontraba ya en estado obvio de sobrevaluación, dejara "flotando" su moneda mientras se estabilizaba el mercado de cambios; al fin se acordó en 1948 una nueva paridad de 8.65 pesos por dólar, sin mediar ninguna restricción cambiaria.

países con reservas constituidas por saldos en dólares depositados en los bancos de la Reserva Federal de los Estados Unidos pudieran convertirlas (hasta entonces) libremente en oro, el cual quedaba "etiquetado" *(earmarked)* como propiedad de los bancos centrales interesados, si bien en numerosos casos fue despachado físicamente a las arcas de estos bancos.

Como muchos autores señalaron, a largo plazo el sistema de Bretton Woods solamente podría funcionar, entre otras cosas, siempre y cuando se mantuviese la convertibilidad de las monedas en oro. El sistema monetario internacional del FMI, al que finalmente, hacia finales de los años sesenta, se había adherido la mayor parte de los países —entre ellos Argelia, que no había participado en Bretton Woods—, había sido creado con el objetivo, desde 1946, de mantener y desarrollar la libertad cambiaria, sobre todo entre las principales naciones con operaciones comerciales internacionales. También se propuso apoyar, por medio de financiamientos a corto plazo, a los países que padecieran presiones transitorias de balanza de pagos que pudiesen poner en peligro su estabilidad monetaria o la convertibilidad de su moneda. Si se concluía que el desequilibrio no era susceptible de corregirse por ese medio y se reconocía la existencia de un "desequilibrio fundamental",[4] el FMI podía autorizar una modificación del tipo de cambio oficial de paridad, en su caso una devaluación. Cuando regían disposiciones restrictivas de las operaciones cambiarias (comúnmente llamado control de cambios o de divisas), el FMI podía asimismo autorizar modificaciones en el sistema y aceptar diferentes modalidades de medidas provisionales. La meta, sin embargo, era eliminar las restricciones cambiarias, por lo menos para las transacciones comerciales corrientes, pero permitiendo, en caso de considerarlas necesarias, restricciones para transacciones financieras a corto plazo y para transacciones de capital a mediano y a largo plazos, sobre todo en aquellos países sujetos

[4] Artículo IV, sección 5, incisos *a)* y *f)* del Convenio sobre el FMI. Sin embargo, no se definió qué se entendía por "desequilibrio fundamental" (Urquidi, 1945, p. 600).

a lo que inicialmente se denominó la "escasez de dólares" (a veces por oposición a otras monedas, como la libra esterlina). De esta manera, los países europeos mantuvieron dichas restricciones por muchos años y a numerosos países de América Latina, entre otros, se les permitió mantener en vigor formas bastante complejas de control de cambios e incluso mecanismos de tipos de cambio diferenciales, que se consideraban provisionales y sujetos a revisión frecuente.

Inevitablemente, el FMI, desde un principio, tuvo que ahondar en las causas profundas de los desequilibrios externos, ya fueran internas o internacionales. En el caso de las primeras, como en países de la región latinoamericana, las causas tendieron a ser puestas en evidencia casi siempre, en virtud de que en particular los déficit presupuestarios y los más amplios correspondientes al sector público en su conjunto se convirtieron en un factor constante de amenaza a la estabilidad y la convertibilidad monetarias, sobre todo puesto que contribuían a que las tasas de inflación fueran elevadas o difíciles de manejar.

El FMI estaba mucho menos equipado en aquel tiempo para afrontar los desequilibrios grandes de los países principales en la economía mundial, donde los gobiernos eran menos propensos a aceptar una evaluación crítica por parte del FMI o a seguir sus recomendaciones, como fue el caso de los Estados Unidos. Sin embargo, el FMI (conjuntamente con el Banco Mundial) podía evaluar, en sus reuniones anuales, las condiciones generales del comercio y de las finanzas internacionales y llamar la atención a temas básicos. Uno de los asuntos que los críticos habían advertido era el problema involucrado en la "escasez" global y la distribución desigual de las reservas de oro y las dificultades previsibles en la oferta de oro para cubrir las necesidades del mercado mundial, tanto para requerimientos de orden industrial como de orden monetario, sobre todo al precio constante mundial de 35 dólares la onza (véase, en particular, Triffin, 1945 y Kindleberger, 1986). Los países productores de oro, tales como Sudáfrica, querían naturalmente un precio más alto (la URSS, que no era miembro del FMI, también saldaba muchas de sus transacciones externas en oro). Francia, con considerable previsión y por razones propias, estaba adquiriendo todo el oro que le fuera posible, y sobre todo objetaba que los Estados Unidos —país menos constreñido por el tipo de restricciones monetarias del FMI— pudiera pagar sus saldos deficitarios de balanza de pagos al resto del mundo, en particular a Europa, por medio de inducir a los bancos centrales a mantener tenencias de saldos en dólares corrientes.

La balanza de pagos de los Estados Unidos, a medida que este país surgía de la segunda Guerra Mundial, había guardado una posición bastante fuerte, y los Estados Unidos se hallaban colocados en disposición de convertirse en prestamistas netos para el mundo, esto es, para "reciclar" su superávit en cuenta corriente (el exceso de exportaciones de bienes y servicios sobre el monto de las importaciones). El Departamento de Comercio de los Estados Unidos publicó informes importantes que apuntaban en esta dirección, y sobre las consecuencias del mismo para el crecimiento sano del comercio y la inversión de la economía mundial (U. S. Bureau of the Census, 1946). El Plan Marshall, financiado por asignaciones de fondos del Congreso de los Estados Unidos, constituyó una parte de la transferencia de capitales, junto con los ajustes de pagos de deudas interaliadas, y ello condujo a compras de productos estadunidenses para la reconstrucción europea. En escala mucho más pequeña, los préstamos del Eximbank de los Estados Unidos otorgados a países en desarrollo y las aportaciones de estos mismos al Banco Mundial sirvieron al mismo propósito general.

No obstante, a fines de los años cincuenta, la posición de la balanza de pagos de los Estados Unidos vino a manifestar algunos puntos débiles. Empezó a desarrollarse cierta falta de confianza en el dólar de los Estados Unidos, en parte relacionada con el precio del oro, en parte vinculada con las tendencias subyacentes en las exportaciones e importaciones del vecino país, sus movimientos de capital y, sobre todo, su gasto militar. Sin embargo, en la reunión anual de 1962 del

Banco Mundial con el FMI, el discurso pronunciado por el presidente Kennedy subrayó "... la solidez del dólar..." *(The dollar is sound),* dijo en su inimitable acento bostoniano. Con todo, la guerra de Vietnam también empezó a socavar dicha solidez. Se habían tomado algunas medidas encaminadas a atraer la captación de fondos a corto plazo hacia los Estados Unidos, o por lo menos evitar su emigración. Por otro lado, el país del norte siguió cubriendo sus déficit de balanza de pagos por medio de permitir la acumulación de saldos en dólares en Europa, donde se venía afianzado un sistema financiero cada vez más fuerte. Éste fue el principio del "mercado de eurodólares", de donde se otorgaban créditos a prestatarios en los Estados Unidos y en otros lados, los cuales no eran regulados, ni siquiera vigilados, por los organismos internacionales.

La escalada de costos de la guerra en el sudeste de Asia, sus efectos en el déficit presupuestario de los Estados Unidos y su reflejo en la balanza de pagos empezaron a cobrar importancia crítica. La política del gobierno del presidente Johnson, que consistió fundamentalmente en disponer "tanto de armas como de mantequilla" *(guns and butter,* frase acuñada durante los preparativos económicos en relación con la segunda Guerra Mundial), esto es, emprender una ampliación muy considerable del gasto militar sin incurrir en una reducción o restricción del consumo, ya fuese el consumo en el hogar, el consumo público o el consumo social (en educación, beneficios sociales, etc.), obligó finalmente a los Estados Unidos a enfrentarse a la necesidad de tomar una decisión de formulación de política. De manera comprensible, esto se pospuso considerablemente en vista del desenlace de Vietnam y las elecciones inminentes. Al fin, la administración del presidente Nixon, en agosto de 1971, adoptó medidas radicales en los ámbitos monetario y financiero, a saber: el abandono unilateral de la conexión entre el dólar y el oro y de la convertibilidad de ambos, que se ha mencionado. A partir de entonces empezó el régimen general de "tipos de cambio flotantes". El Congreso de los Estados Unidos promulgó asimismo un incremento de 10% a los derechos de importación, el cual tuvo el efecto de desalentar las importaciones provenientes de la región latinoamericana. El gobierno de los Estados Unidos temía una fuga de oro y además estaban en tensos problemas de política monetaria internacional con Alemania, Francia y Gran Bretaña.

Dichos virajes de política tomaron desprevenidos a los principales países de la región latinoamericana. Los países no contaban con reservas de divisas de mucha significación y más bien eran pocos los que disponían de reservas importantes de oro o que se beneficiaban con más que cantidades mínimas de su producción. De manera repentina, sus reservas en dólares se encontraron sujetas a fluctuaciones en valor y de hecho a cierto margen de devaluación en la medida en que el dólar se debilitó en relación con las monedas europeas. Aunque no pudo haberse previsto el anuncio de la "devaluación" del dólar, al principio no fue un problema grave. Pero al cabo de poco tiempo, se puso de manifiesto que el volumen de eurodólares en realidad era bastante cuantioso, y con este monto considerable de liquidez no regulada, a la luz de las tasas de interés diferenciales y fuera del alcance del FMI, se inició una etapa nueva en los flujos internacionales de dinero, en su mayoría ajenos también al control de las autoridades en cada uno de los países y sujetos a presiones especulativas.

A consecuencia de ello, de pronto muchos países latinoamericanos tuvieron la posibilidad de evitar tener que solicitar los créditos supervisados o controlados de los organismos financieros internacionales, que éstos otorgaban previa una cuidadosa evaluación para destinarlos a proyectos o programas específicos. Para fines de 1973, la deuda externa de América Latina había crecido en 71% sobre el monto total de 1970, a un monto agregado de 27.5 miles de millones de dólares. A muchos gobiernos prestatarios les resultaba más fácil hacer una llamada telefónica a Francfort, Londres, o Bruselas, para obtener un desembolso de un préstamo grande e inmediato, que tener que realizar todas las gestiones requeridas por el Banco Mundial y por el BID para la obtención de créditos cuidadosamente discutidos y evaluados.

La inestabilidad financiera se registró en el volumen de los flujos financieros, en las tasas de interés cambiantes y en la variabilidad de los tipos de cambio "flotantes", así como en las primas por riesgo que acompañaban el nuevo tipo de obtención y otorgamiento de préstamos. Los prestamistas bancarios, en su mayoría situados en los países europeos, Canadá y Japón, con poca experiencia en el crédito a países en vía de desarrollo, tendieron asimismo a acortar los periodos de gracia, si es que los había, y los calendarios de amortización. Muchos países de la región latinoamericana empezaron a incurrir en dificultades crecientes de balanza de pagos, relacionadas con sus planes de desarrollo y sus políticas económicas internas, así como con el precio del petróleo importado, cuando las inesperadas transferencias netas de capital irrumpieron en el mercado. Debe recordarse que los principales países industriales que participaban en el comercio mundial no habían logrado, hacia finales de 1972, ningún acuerdo sobre el manejo de sus monedas nacionales y sobre la conveniencia de mantener un intervalo dentro del cual se pudiera asegurar la estabilidad. La Comunidad Económica Europea (que entonces se componía de seis países), intentaba por su parte, hacer sus propios arreglos de "euromoneda" para afrontar las fluctuaciones en determinadas monedas débiles, como el franco francés y la lira italiana. Gran Bretaña quedó fuera de dichos arreglos.

Asimismo, durante este primer periodo en los años setenta, la economía de los Estados Unidos empezaba a entrar en una etapa de tasa más elevada de inflación y se estaban considerando políticas y medidas para controlar una parte del gasto del gobierno, incluyéndose en ello la asistencia internacional, y para subir las tasas de interés internas. La desaceleración de la economía de los Estados Unidos en 1971 y 1972 surtió efecto negativo en los mercados mundiales para productos básicos, impulsó el espíritu proteccionista en este país del norte y en general tuvo repercusiones desfavorables en economías tales como las de la región latinoamericana.

3. Las conmociones del mercado del petróleo y otros productos

La primera conmoción, 1973

Resulta irónico que a la región latinoamericana le tomara por sorpresa el primer sacudimiento del mercado petrolero en 1973, pues Venezuela había ayudado a crear la OPEP a principios de los años siguientes, y estuvo involucrada en las negociaciones encaminadas a elevar lo que a lo largo de los años sesenta se consideraba un precio real demasiado bajo para el petróleo, no sólo en términos de rentabilidad para los productores (empresas y gobiernos con participación en dichas utilidades), sino también, al menos en Venezuela, en términos de lo que entonces se pensaba que era una actitud irresponsable de los países desarrollados hacia un recurso natural no renovable. El precio internacional de apenas un dólar por barril de petróleo inducía al derroche de recursos; producía asimismo recursos insuficientes por la vía de impuestos para aquellos gobiernos que se habían propuesto impulsar programas desarrollistas, como Venezuela. Este país tenía necesidad también de recursos adicionales para la exploración de yacimientos nuevos destinados a aumentar la extracción futura de petróleo y de gas natural. El creciente nacionalismo de algunos de los países productores de petróleo, así como en los países importadores de él, creó una mayor conciencia en torno a esta fuente energética vital y estratégica. Los países importadores de hidrocarburos, no sólo los industrializados sino también los del Grupo de los 77 y otros afines, se abrieron de manera cada vez más amplia a esta visión de los energéticos. En 1971-1972, Venezuela intervino de modo decisivo, junto con Libia y varias empresas petroleras transnacionales, para hacer subir el precio del crudo básico de menos de un dólar por barril a dos dólares. Al duplicar el precio prevaleciente, la OPEP se convirtió en 1973 en un cártel con capacidad para ejercer algún control sobre la oferta.[5]

Venezuela, como principal productor y exportador de petróleo en la región latinoamericana, había generado ya fuerte interés en el ámbito petrolero mundial. Ello también dotó a este país de influencia "geopolítica" en el Caribe. Además, desde finales de los años cuarenta, Venezuela había emprendido una política de "sembrar el petróleo", lo que significaba la utilización de los excedentes fiscales y de divisas derivados de sus operaciones petroleras para financiar el desarrollo en otros sectores económicos, entre ellos la agricultura, el mejoramiento de las zonas urbanas y, en cierta medida, el sector de manufacturas. La producción de petróleo había ascendido notablemente en los años cuarenta, llegando a 80 millones de toneladas métricas en 1950 y, continuando su crecimiento, a un volumen de 178 millones de toneladas métricas en 1973. Se habían construido oleoductos y refinerías, en tierra venezolana y también en las islas holandesas vecinas (notablemente Aruba). Era una industria bien organizada, con la facilidad de contar con embarcaciones disponibles para la transportación de sus productos a mercados externos. Las exportaciones de petróleo fueron una proporción elevada del volumen total de producción y aportaban al país más de cuatro quintas partes del total de los ingresos de divisas obtenidos por concepto de exportaciones. La abundancia de ingresos de divisas había tendido, desde los años cuarenta, a mantener una sobrevaluación de la moneda venezolana, el bolívar, en parte para utilizar el "tipo de cambio petrolero" más bajo como una forma de aplicar un impuesto virtual a las compañías petroleras y para mantener bajos los precios de las importaciones indispensables. En cambio, en general y para incentivar las exportaciones no petroleras (en aquel tiempo primordialmente productos agrícolas) se utili-

[5] Para una explicación de los acontecimientos conducentes a la Creación de la OPEP, véase Choucri (1982).

zaba un tipo de cambio diferente, cerca de 15% más alto, que también se aplicaba a las importaciones generales. Venezuela era, en América Latina, el país "petrolizado" por excelencia, y casi todos sus problemas de desarrollo y sus inequidades sociales se atribuían a su dependencia excesiva respecto al petróleo. Acaparaba la atención de los partidos políticos, del gobierno, de los sectores empresariales, de las organizaciones sindicales e incluso del consumidor. En la industria petrolera venezolana, el empleo en realidad representaba menos de 3% del total, pero generaba indirectamente una proporción bastante más elevada de empleo e ingresos. Venezuela se había ganado para sí misma la reputación de tener la moneda más "cara" en la región latinoamericana y el más elevado costo de vida y la escala de salarios también más alta (en términos de dólares corrientes), mientras que otros países en la región padecían con frecuencia de monedas débiles, devaluaciones frecuentes y tasas de inflación en ascenso.

"Sembrar" ingresos petroleros no siempre se logró en forma exitosa. Durante un breve periodo de gobierno democrático en los años 1945-1948, fue una pieza central de estrategia política, al menos en la creación de un fondo para el desarrollo para ser utilizado en tiempos difíciles, y en la adopción de políticas fiscales conservadoras a la par de que se reasignaran fondos de capital hacia los sectores no petroleros. Sin embargo, una etapa de dictadura militar de noviembre de 1948 a enero de 1958 condujo a aumentos enormes en el gasto público, con mucho dispendio y corrupción, de suerte que se dejó a un lado la política básica de desarrollo, si bien el ritmo de ejecución de gastos generó bastante prosperidad aparente. La vuelta a la democracia a partir de 1958 no reencauzó al país en la senda de la austeridad, aunque posteriormente se puso en marcha un programa de industrialización rápida (y costosa) basado en la ejecución de proyectos industriales importantes (siderurgia, petroquímica, aluminio), lo cual a su vez también dependió de la construcción, con el apoyo del Banco Mundial, de grandes plantas hidroeléctricas. Se creó una gran zona industrial: Ciudad Guayana.

Ecuador, en escala mucho más modesta, había entrado ya al auge petrolero antes de 1973, en virtud de que se había permitido que empresas extranjeras efectuaran inversiones en nuevos yacimientos petrolíferos y en un oleoducto que habría de construirse hasta el puerto de Esmeralda en el Pacífico. La producción de petróleo había sido insignificante en 1940 e incluso en 1950. En 1960 empezó a crecer y para 1973 era ya bastante cuantiosa, con un volumen de 27.2 millones de toneladas métricas, de modo que su exportación vino a desplazar el banano —un rubro destacado en las exportaciones de Ecuador— y aportó divisas que hacían gran falta. Se suponía que éstas se destinarían en su mayor parte a programas y proyectos de desarrollo, para ayudar a elevar el ingreso *per capita* que se situaba entre los niveles más bajos en América Latina. Ecuador era uno de los países más "atrasados" en aquel entonces, con un PIB por habitante en 1970 de 2793 dólares (cuadro I.1) Su sistema agrario del periodo colonial español no había experimentado ninguna reforma y prevalecía una condición semifeudal que se articulaba en torno a una forma de explotación de la población campesina indígena. Constaba sólo de industrias incipientes, ligeras e ineficientes, situadas en su mayoría en la costa y alguna actividad comercial moderna en Guayaquil. La producción de banano en las tierras bajas, en plantaciones gigantescas, convirtió a Ecuador en un exportador con mayor significación que cualquiera de las repúblicas de Centroamérica. También se desarrolló la exportación de camarones. El petróleo vino a introducir un gran cambio, en el sentido de que ello posibilitó, bajo planes nacionales sucesivos, la inversión de recursos en otros sectores, incluidos el social y el rural. Sin embargo, existía un acuerdo tácito de que alrededor de la mitad de los ingresos provenientes del petróleo habrían de ser transferidos a las fuerzas armadas para que éstas los gastaran en la forma que juzgaren más conveniente. Así, Ecuador adquirió una flota pequeña de submarinos y una fuerza aérea impresionante. La continua inestabilidad política impidió que Ecuador pudiese cambiar su estructura básica, económica y social en el transcurso de los años siguientes. Cuando sobrevino el sacudimiento petrolero internacional en 1973, Ecuador obtuvo ingresos extraordinarios en divisas y con ello fue clasificado en las estadísticas de la CEPAL como uno de los "países exportadores de petróleo".

Trinidad y Tabago, ex colonia británica que había logrado su independencia en 1962, fue también un productor menor de petróleo cuando sobrevino la primera conmoción del mercado petrolero: en 1972. De un modo parecido, esta nación pudo emprender nuevos desarrollos en la industria en general, en la refinación de petróleo venezolano, así como en la agricultura (parte de la cual —los ingenios azucareros— había permanecido en una situación de crisis por muchos años). Muchas de las consecuencias típicas de un auge económico repentino que se manifiesta en la economía de un país pequeño —respecto de las cuales la zona del Caribe había tenido bastante experiencia en el pasado— se hicieron sentir en Trinidad y Tabago. También le procuró a esta isla un lugar estadístico entre los "exportadores de petróleo".

El caso de *México* fue en muchos aspectos distinto. Como ya se mencionó en el capítulo I, desde principios de siglo México había experimentado un auge petrolero que culminó en 1921, localizado en zonas relativamente pequeñas en la costa del Golfo. La prosperidad y la circulación de monedas de oro, incluso durante la Revolución mexicana, contrastaba con las condiciones que imperaban en gran parte del resto del país. Bajo la legislación y los decretos nacionalistas de los años veinte y debido a los descubrimientos enormes de yacimientos en Venezuela, la industria petrolera de México (de empresas norteamericanas y angloholandesas) y las exportaciones de petróleo empezaron a decaer rápidamente, habiendo llegado a su nivel más bajo en 1938, año de recesión internacional y de la nacionalización de la industria petrolera. Con la expropiación petrolera en 1938, México obtuvo virtualmente más autonomía en su política sobre recursos energéticos, si bien ello no trajo consigo los medios para llevarla a cabo, incluso con la amenaza que suponía para los

Estados Unidos y Europa occidental el posible estallido de una segunda Guerra Mundial que ya se avizoraba. Para 1950, habiéndose concertado en 1943 un arreglo final para la compensación de las deudas petroleras sobre activos físicos superficiales, México había al fin logrado configurar una estrategia de desarrollo que incluía la industrialización por la sustitución de importaciones y la modernización de la agricultura. El petróleo y sus derivados habrían de desempeñar un papel muy importante, sobre todo en virtud de que el monopolio petrolero, Pemex, permitió a la industria disponer de combustibles a precios bajos como parte de un conjunto de estímulos al desarrollo. No obstante, no se pudo asignar mucho capital al sector petrolero para fines de exploración y su desarrollo futuro; la producción se concentraba en los campos de explotación petrolera preexistentes. Fueron contadísimas las nuevas perforaciones de pozos y se había logrado algún avance en la construcción de refinerías y oleoductos, y en el almacenaje y la distribución.[6] En gran medida, México vivía de la inversión de capital fijo efectuada en el pasado en los campos de Poza Rica, y ni siquiera estaba destinando suficientes recursos a gastos de mantenimiento. Al mismo tiempo que la economía iba registrando un crecimiento fuerte durante los años sesenta, el volumen físico de la producción de petróleo crudo fue modesto. Se estaba gestando una crisis de energéticos en México de características graves para el futuro.

Durante 1971-1972, como consecuencia de nuevas tecnologías de exploración y la asignación de algunos recursos adicionales para esta industria básica, se ubicaron enormes yacimientos de petróleo en nuevas áreas del sureste del país, cerca de la costa del Golfo, pero a grandes profundidades. Se intensificaron las actividades de perforación y Pemex informó en marzo de 1972 que las reservas probadas de petróleo y gas habían aumentado a más de 6 000 millones de barriles.

[6] Meyer (1988), para una explicación y un análisis de la industria petrolera en el umbral de los años cincuenta, véase Ortiz Mena *et al.* (1953).

En 1973, la primera conmoción petrolera internacional tuvo un fuerte efecto en México, debido a que el consumo interno rebasaba ya la producción y el país llegó a ser importador neto de petróleo crudo por unos 70 000 barriles diarios en promedio, a un costo de 800 millones de dólares en un periodo de 12 meses, equivalente a 23% del total de importaciones, requiriéndose para ello la utilización de 29% del total de los ingresos provenientes de las exportaciones totales. La repercusión inmediata en México fue financiera —en las finanzas inciertas de Pemex, en el presupuesto central y en las reservas de divisas—. El gobierno de esa época había iniciado ya una política de expansión económica, con claras modalidades populistas de efecto inflacionario, y la necesidad de importar petróleo sólo vino a recrudecer los desequilibrios y las tensiones.

Sin embargo, los nuevos programas de perforación empezaron a aportar comprobaciones de la ampliación de los depósitos de petróleo y permitieron un aumento general de la producción. Las pérdidas provisionales debidas a las importaciones de petróleo en 1973 de 800 millones de dólares se convirtieron en ganancias implícitas para la industria petrolera mexicana y una entrada neta para fines de 1974 de ingresos adicionales en divisas de 400 millones de dólares. Para entonces México había empezado a obtener préstamos del mercado de eurodólares para ayudar a desarrollar la industria petrolera, y pronto pudo tener acceso al reciclaje de fondos petroleros, los "petrodólares", que se sumaron al mercado de eurodólares, conforme el precio del petróleo avanzó de 3.29 dólares por barril a alturas sin precedente: 11.58 dólares por barril para diciembre de 1974 (cuadro VII.1 al final de este capítulo). En este año México ya estaba bien en camino a entrar a una nueva fase de "dependencia petrolera", con una elevada proporción de sus exportaciones provenientes de dicho producto.

No está claro si México tuvo el propósito de ser país miembro de la OPEP, pero tendió a comportarse como tal, pese a que su exportación petrolera fue al principio relativamente marginal. En todo caso, un segundo auge petrolero ya se asomaba en el horizonte y, apenas seis años más tarde en 1979, ello hubo de tener consecuencias dramáticas y finalmente contribuyó a la crítica situación que el gobierno de México empezó a afrontar a fines de 1982, propiciada en gran parte por el incremento considerable de la obtención de préstamos otorgados de la comunidad bancaria internacional. A partir de mediados de los años setenta, el ritmo de endeudamiento externo se intensificó y lo fue en forma mucho más acelerada después de 1976. En 1980, la deuda pública externa mexicana registró 6.1 veces la de 1973, con un monto de 33.9 miles de millones de dólares y la deuda externa total llegó a 57.4 miles de millones de dólares.

Colombia, Perú y Bolivia eran productores de petróleo de menor importancia, con excedentes moderados para la exportación. Los dos primeros países basaron el aumento de su producción en obras de perforación realizadas por compañías extranjeras. En el caso de Perú se suscitó una enconada controversia jurídica entre la compañía transnacional y el gobierno de este país sobre los derechos de cada una de las partes a las concesiones y sobre los impuestos, lo cual hubo de tener repercusiones internacionales importantes.

Bolivia había nacionalizado su industria minera (principalmente dedicada a la extracción y fundición de estaño) en 1952 y, a mayor abundamiento, se creó una corporación estatal para ocuparse de sus yacimientos de petróleo y gas natural ubicados en el sur y el sureste del país y, por consiguiente, al alcance de partes interesadas en Brasil y Argentina. Un importante gasoducto había sido construido para suministros a Argentina, y las negociaciones emprendidas con Brasil se acentuaron. Para Bolivia, sin embargo, los ingresos netos en divisas provenientes de sus exportaciones de petróleo y gas fueron modestos. En su carácter de proveedores marginales del mercado, Bolivia, Colombia y Perú se vieron afectados favorablemente por los precios fijados por la OPEP en el periodo de 1973-1974 y en los años subsiguientes. Por otro lado, tuvieron que soportar costos más elevados para el desarrollo futuro de sus recursos petroleros y el de aquellas actividades industriales cuya producción estuviera basada en el abastecimiento de hidrocarburos.

Por lo que respecta al resto de los países de América Latina, éstos fueron clasificados por la CEPAL como "importadores netos de petróleo", de los cuales el principal era *Brasil*. Este país, que para 1970 había sobrepasado a todas las demás economías de América Latina en cuanto a la producción de manufacturas y la ampliación de su gran sector industrial, y que además había empezado a exportar productos manufacturados, no había encontrado suficientes yacimientos nuevos de petróleo para asegurarse a sí mismo una dosis de autosuficiencia. Durante los años sesenta, una parte de las necesidades de Brasil de petróleo crudo y refinado fueron cubiertas por importaciones; Petrobrás, el monopolio estatal, estuvo invirtiendo en la exploración y la operación de pozos nuevos, principalmente en la región de Bahía, en el nordeste, y paulatinamente fue aumentando la producción y su participación en el mercado interno. El consumo de petróleo crudo y del refinado ya venía creciendo. Así que el sacudimiento del mercado petrolero fue muy severo para Brasil durante 1973-1974, en primer lugar en términos de la erogación adicional de divisas. El precio más elevado de la OPEP añadió la captación de millones de dólares a la cuenta consolidada por concepto de importaciones en cada uno de estos años.

En segundo término, tenía que tomarse una decisión trascendental en materia de la política a seguir: la de si absorber el costo más elevado del petróleo en todo el sistema industrial y en el sector transporte y en otros servicios, incluidos los usuales entre los de los consumidores. Puesto que el haber seguido manteniendo precios subsidiados para el petróleo no sólo habría sido costoso para el presupuesto y habría ampliado el déficit central, sino que, asimismo, habría hecho peligrar la rentabilidad de las exploraciones nuevas en busca de petróleo así como la de los aumentos de la producción actual y el crecimiento propiamente dicho de la industria petrolera de refinación en sus varias formas, Brasil no tuvo otra alternativa que "incorporar" los precios de la OPEP, lo mejor que pudo, en su sistema interno de costos-precios en toda su economía.

Así, el sacudimiento petrolero significó un retroceso inmediato y de repercusiones potenciales más amplias en la economía brasileña, en particular para la industrialización, las exportaciones de manufacturas y la mecanización de la agricultura. No se incorporó la totalidad del costo de las importaciones, pero en la medida en que se hizo impuso una desaceleración en la economía brasileña. El PIB, que había registrado una tasa media anual de crecimiento de 18% durante 1971-1973, registró un descenso a 7.9% en 1974 y a 5.2% en 1975 (Maddison, 2001, cuadro C2-b, p. 284). A diferencia de los países altamente industrializados en Europa y en América del Norte, donde hubo más flexibilidad para absorber el alza de precios del petróleo y se tomaron medidas para restringir el consumo de productos petrolíferos, y a la larga para reducir el consumo elevado de petróleo por unidad de producción mediante la aplicación de tecnologías economizadoras de energía, un país como Brasil no se encontraba en una posición sólida para reaccionar de la misma manera. No se podía paralizar el transporte, ni tampoco era posible lograr reducciones, de la noche a la mañana, en el desperdicio interno de energéticos. Sin embargo, Brasil inició en 1975 la utilización de una alternativa a la gasolina, ya probada pero no muy eficaz: el empleo del alcohol (etano) como aditivo a una mezcla que se llamó *gasohol*. Hasta cierto punto, este programa tuvo un éxito inmediato, aunque también tuvo costos a más largo plazo que en su momento no se hicieron patentes (véase Furtado *et al.*, 2002; Maddison, 1992; Cardoso y Helwege, 1993; Fritsch, 1991; y Nitsch, 1975).

La conmoción petrolera significó para Brasil un cambio abrupto en los precios relativos, con consecuencias que se fueron extendiendo por el resto de la economía y que afectaron el costo de la vida, el tipo de cambio, la capacidad de exportación, el volumen de las importaciones no petroleras, los costos de inversión y el panorama económico general. Se acostumbraba considerar a Brasil como un país firmemente asentado en una ruta inquebrantable de crecimiento y desarrollo, y muchos observadores y analistas fueron renuentes a admitir que la crisis petrolera internacional pudiera alterar ese rumbo. Los contactos de Brasil con la economía mundial ciertamente le fueron útiles, y en la medida en que fue evidente que la cuenta de importaciones de petróleo —financiada con endeudamiento externo— sería de un monto considerablemente mayor, Brasil también prestó creciente importancia a tener tratos bilaterales con países proveedores de petróleo en el Medio Oriente, en particular Irak, y en África con Nigeria, Gabón, Angola y otros, con el fin de poder pagar por el petróleo con manufacturas y servicios brasileños, incluyéndose en ello equipo militar, servicios de construcción e ingeniería y una amplia gama de bienes de consumo. Los países petroleros superavitarios se convirtieron en mercados prósperos para el comercio de mercancías brasileñas. Esto fue menos aplicable a los países latinoamericanos exportadores netos de petróleo, particularmente Venezuela y México, aunque este último realizó algunas ventas de manufacturas a diversas naciones. También aumentó el interés de Brasil por obtener suministros futuros de hidrocarburos procedentes de Bolivia, así como su interés por acelerar los planes para el desarrollo multinacional de los recursos hidroeléctricos en Itaipú, en la zona fronteriza contigua con Argentina y Paraguay. Lo anterior y la expansión de la capacidad para generar energía nuclear se hicieron sin mucha atención a los costos. Después de 1974, Brasil recurrió a la obtención en gran escala de préstamos externos disponibles en virtud de los petrodólares que fueron sumados al sistema bancario comercial internacional; con ello pudo en parte pagar el costo de sus importaciones de petróleo y asimismo ampliar y modernizar tecnológicamente su base industrial y energética.

Argentina se encontraba en una situación menos vulnerable, ya que su empresa estatal petrolera, Yacimientos Petrolíferos Fiscales (YPF), había aumentado en forma paulatina la proporción entre la oferta interna y la demanda total

—sustitución de importaciones, en los términos de antes, en lo principal por medio de exploraciones y de producción en la región de Bahía Blanca y en la lejana Patagonia. La política sobre el desarrollo de recursos petroleros había sido un tema explosivo, de considerable controversia, en Argentina, con algunos esfuerzos realizados por uno de los gobiernos electos en los años sesenta (Frondizi, 1963) por atraer contratos extranjeros de perforación reembolsables por medio de pagos parciales en especie. Ésta fue una de las causas que propiciaron el retorno de un gobierno autoritario y la intervención de las fuerzas armadas. Por otra parte, la economía de Argentina había estado sujeta a muchas restricciones las cuales habían determinado un crecimiento más lento en los años sesenta y principios de los setenta, de tal suerte que el sacudimiento petrolero de 1973-1974, aunque elevó el costo de la cuenta de las importaciones, tuvo un impacto mucho menos fuerte en su economía interna que Brasil. En Argentina no se tomaron medidas orientadas a fomentar el uso del gasohol. Los pagos por productos petrolíferos se volvieron relativamente más costosos y, sin duda, ello tuvo efectos negativos; sin embargo, se mantuvo, incluso se incrementó, la producción interna de hidrocarburos y Argentina llegó gradualmente a ser más o menos autosuficiente. No obstante, aumentó también su endeudamiento externo mediante la obtención de préstamos provenientes de los petrodólares europeos, vía el sistema bancario internacional, para financiar nuevos proyectos de desarrollo y para cubrir las necesidades de balanza de pagos, incluidos en ambos casos los proyectos y las exigencias de las fuerzas armadas (Cortés Conde, 1998; Ferrer, 1985). La deuda pública externa de Argentina casi se cuaduplicó entre 1973 y 1980 y se quintuplicó de 1970 a 1980, mientras que la deuda externa total casi se quintuplicó en ese decenio, reforzándose como la tercera más importante de la región (véanse los cuadros VI.2, VI.3 y VI.4 al final del capítulo VI).

El caso de *Chile* fue intermedio, en virtud de que la compañía paraestatal, la Empresa Nacional de Petróleo, llevaba ya numerosos años haciendo exploraciones en busca de nuevos yacimientos de hidrocarburos en el sur del país, con lo cual había logrado aumentar la producción. Las importaciones fueron marginalmente necesarias. Chile llevaba ya también muchos años explotando sus yacimientos de carbón, y con ello abastecía algunas de sus necesidades de energía, como también lo hacía una expansión considerable que se había logrado en el aprovechamiento de energía hidroeléctrica. No obstante, Chile padecía de problemas crónicos de balanza de pagos, relacionados con las fluctuaciones del precio de su principal exportación, el cobre, y existía una situación de tensión entre el gobierno y las empresas transnacionales productoras del cobre chileno. En consecuencia, el sacudimiento petrolero hubo de tener algún impacto en la economía general. El gobierno socialista del presidente Allende, que había asumido el poder en 1970, y la propia economía chilena estaban siendo desestabilizados por intereses tanto internos como externos. La súbita conmoción petrolera ocurrió muy poco tiempo antes del golpe militar de septiembre de 1973, y no pudo ser absorbida en la economía hasta después de 1974 en la medida en que se establecieron nuevas políticas. El consumo de energéticos reportó estancamiento durante la primera parte de los años setenta, situación que perduró varios años, mientras la economía chilena en general también permanecía paralizada.

Por último, los países de *Centroamérica* y del *Caribe* (con excepción de Trinidad y Tabago) se encontraban en una situación totalmente distinta, como países con la necesidad de importar el grueso, si no es que la totalidad, de sus requerimientos de combustibles. En 1970, la producción de petróleo crudo en Centroamérica era de cantidades muy reducidas, principalmente localizada en Guatemala, y la capacidad de refinación era mínima. El consumo de productos petrolíferos había crecido rápidamente durante los años sesenta, impulsado por las necesidades de un ritmo moderado de industrialización y por la modernización de los servicios. La agricultura moderna en algunas áreas, por ejemplo, en las prósperas plantaciones de algodón, también requería de productos del petróleo. Se había logrado cierto desarrollo de energía hidroeléctrica para su aprovechamiento en El Salvador y en Costa Rica, así como en Guatemala; pero lo más común eran plantas térmicas de energía para los usos de la industria y los hogares. En Honduras, el consumo de leña aún se encontraba entre los niveles por habitante más elevados de la región latinoamericana. Se creía que existían mantos de petróleo que podrían explotarse en partes de Nicaragua, Costa Rica y Panamá. Este último país ya había montado instalaciones de refinación, dada su situación estratégica para el comercio y para la navegación. El sacudimiento petrolero hubo de desequilibrar gravemente la posición de pagos externos de los países de Centroamérica, llegando a afectar su estructura de costos y el nivel de precios, sin tenerse a la vista la posibilidad de tomar medidas compensatorias de casi ningún tipo. Los déficit de pagos fueron cubiertos con la obtención de préstamos del exterior. La deuda externa de los países centroamericanos fue casi insignificante todavía en 1973, pero de allí en adelante comenzó a subir en forma acelerada. Costa Rica pasó de 209 millones de dólares a 2.2 miles de millones de dólares en 1980, o sea se elevó 8.9 veces; la de El Salvador subió a 1.2 miles de millones de dólares, o sea 11.6 veces; la de Guatemala, ascendió 9.4 veces a 1.1 miles de millones de dólares; la de Honduras, 10.4 veces a un total de 1.4 miles de millones de dólares; y la de Nicaragua, 5.5 veces a 1.8 miles de millones de dólares, con características de no ser buen sujeto de crédito. Panamá, por su parte, aumentó la suya 4.5 veces, desde un base ligeramente mayor que los de más centroamericanos, a un total de 2.2 miles de millones de dólares. Éstas parecen cifras menores, pero por sus efectos en las balanzas de pagos respectivas eran importantes.

En esta subregión ocurrió un acontecimiento, en gran parte político, interesante: el Acuerdo de San José, firmado en 1980 por los cinco países centroamericanos con Venezuela y México, por el cual estos últimos, por partes iguales, acordaron abastecer el grueso de las necesidades de importación de petróleo de Centroamérica sobre las bases de lo que equivalía a un "préstamo blando". Habría de suministrarse petróleo, del cual una proporción habría de pagarse en efectivo (esto es, en dólares) y la restante se hacía pagadera en seis años a una tasa de interés preferencial, pero podría ser convertida (reciclada) a préstamos blandos, en un calendario de amortización de 20 años a una tasa de interés anual de 2%. No se fijaron condiciones a la asignación de los fondos en forma de préstamos, ni se creó ningún fondo central para administrar estas operaciones y se estableció que Venezuela y México tratarían directamente con los bancos centrales en los cinco países. Este convenio constituyó un intento de dos países exportadores de petróleo "prósperos" encaminado a ayudar a la región de Centroamérica a absorber el costo más elevado de la energía, y tuvo asimismo, obviamente, motivaciones políticas, ya que los principales proveedores anteriores de petróleo para la región habían sido las empresas transnacionales. En los hechos, sobre todo después de la Revolución sandinista en Nicaragua en 1977 y el segundo sacudimiento petrolero de 1979-1980, el esquema resultó tener menos éxito del que se había previsto. En determinado momento, Guatemala, en vista de su propia producción cada vez mayor de petróleo, se retiró del arreglo, y los otros cuatro países se encontraron con crecientes dificultades para pagar siquiera la porción pequeña de pago en efectivo de los tratos, y nunca tomó vuelo la parte de reciclar los pagos en préstamos en moneda local. En la medida en que aumentó la inestabilidad política en Centroamérica y se acrecentó la ruptura entre Nicaragua y los otros cuatro países, ello aunado al surgimiento de la intervención extranjera, la capacidad de México y de Venezuela para mantener el acuerdo en pleno vigor disminuyó rápidamente. Sin embargo, su funcionamiento, extendido a Haití y República Dominicana, continuó hasta avanzados los años noventa y se renovó varias veces.

En el *Caribe,* a raíz del sacudimiento petrolero de 1973-1974, imperaron necesidades de importación similares, con efectos también semejantes. El aumento del precio del petróleo afectó sobre todo a los países con algunas necesidades industriales y con demandas del sector turístico, como Jamaica, Bahamas, Barbados y otros. Trinidad y Tabago pudo abastecer algunas de estas necesidades. Otros factores, entre ellos la inestabilidad política en varios países del Caribe, también afectaron la situación económica; pero el precio del petróleo claramente fue uno de los factores negativos.

En el caso de Cuba, país que no tenía producción petrolera y, por lo demás, fue abastecido desde mediados de los años sesenta por la desaparecida Unión Soviética, hubo en determinado momento un intento de México y Venezuela por favorecer una refinería cubana en el marco de un trato multipaís según el cual la Unión Soviética pagaría por dicho petróleo, pero, a cambio, se ahorraría los costos de transporte. Independientemente de las "dificultades técnicas", se presentaron sin duda otros factores, de índole política, que impidieron que llegara a concretarse dicho arreglo.

La segunda gran conmoción, 1979

La segunda gran conmoción petrolera, en 1979, hubo de tener efectos aún más fuertes y más profundos en la región latinoamericana. En 1979, el cártel de la OPEP retuvo los suministros e impulsó la cotización del petróleo crudo a 30.03 dólares por barril, un aumento de 220% sobre las cotizaciones de diciembre de 1978, y 12 veces el precio básico del petróleo hacia finales de 1972 (véase el cuadro VII.1 y la gráfica VII.1 al final de este capítulo).

Para México, Venezuela y los otros tres exportadores de petróleo crudo de América Latina, el alza tan radical del precio en el mercado internacional significó aumentos imprevistos de reservas en divisas y de ingresos fiscales. *México* sacó además provecho del resultado del crecimiento rápido de su producción, que alcanzó un promedio de 1.5 millones de barriles diarios para mediados de 1979. Sus ingresos provenientes de exportaciones de petróleo crudo ascendieron de 400 millones de dólares en 1974 a 1 800 millones de dólares en 1978, y rápidamente tocaron un punto alto al alcanzar 15 000 millones de dólares en 1981. Mientras tanto, México había obtenido préstamos por un monto de unos 20 mil millones de dólares únicamente para el desarrollo de la industria petrolera, incluidas perforaciones de pozos en plataforma marítima y la extracción del crudo, la construcción de oleoductos, puertos y transportación marítima, e industrias petroquímicas.

Venezuela, con los ingresos imprevistos, pudo negociar cuidadosamente, con considerable éxito, la compra de las empresas transnacionales que habían empezado operaciones en 1917 —y sabiamente mantuvo a cada uno de los grupos como una empresa estatal separada antes que crear un gran monopolio estatal, como se había hecho en México (Betancourt, 1978). Con base en la riqueza petrolera y en desarrollos industriales aparentemente sanos y prósperos, aunque inconclusos, ambos países incurrieron en un ritmo más acelerado de endeudamiento externo. Una parte de los préstamos fue obtenida, y de tal manera justificada, a tasas "negativas" de interés, esto es, a tasas que en los hechos resultaban ser inferiores a las tasas de inflación que prevalecían en los Estados Unidos y en otros países acreedores en un corto periodo de 1980. Ambos países parecían, inconscientemente, estar en camino rumbo a una especie de nirvana económico petrolero, con poca cautela y previsión.

Para *Brasil,* el segundo sacudimiento petrolero fue nuevamente una influencia negativa y fuerte en su equilibrio interno, así como en propiciar una brecha grande en su balanza de pagos. La factura por importaciones de petróleo subió, al mismo tiempo que el endeudamiento externo siguió siendo la forma de cubrir el déficit de la balanza comercial, más los intereses ya cada vez mayores sobre préstamos obtenidos en el pasado. Así, la deuda externa aumentó de 5.7 mil millones de dólares en 1970 a 71.5 mil millones de dólares en 1980. Sin embargo, Brasil había dado fuerte impulso a sus planes de desarrollo, incluido el sector de energéticos. Los proyectos hidroeléctricos de Itaipú se encontraban bastante adelantados y se echó a andar un programa de energía nuclear, con el objetivo final de construir hasta ocho centrales. Brasil concibió el desarrollo de su energía nuclear para incluir partes importantes del ciclo de combustible, lo que condujo a que tuviera roces importantes con los Estados Unidos en torno a los arreglos que había convenido con proveedores de Alemania occidental. En 1988, ni siquiera la primera de las centrales nucleares había entrado en operación. Por otra parte, la economía en el uso interno de energéticos había tenido éxito hasta cierto punto, con la ayuda del gasohol. Se continuó con exploraciones en busca de yacimientos marítimos de petróleo en el Atlántico y se logró aumentar la producción de crudo, con una participación creciente en la demanda total. Así Brasil, al volverse menos dependiente de las importaciones de petróleo y de productos petrolíferos, pudo concentrarse en otros problemas de su economía, principalmente relacionados con los desequilibrios internos y la alta tasa de inflación. Sus exportaciones de manufacturas y de ciertos productos primarios, como frijol soya y mineral de hierro, siguieron creciendo y ayudaron a cubrir los pagos de intereses sobre la deuda. No obstante, el monto de la deuda total no cesó de incrementarse fuertemente y alcanzó el nivel sin precedente de 120 mil millones de dólares hacia 1990, la cifra más elevada registrada por cualquier país en desarrollo en el mundo.

En los países de Centroamérica y el Caribe y en otros importadores de petróleo en la región, la segunda conmoción petrolera provocó una deformación radical de sus economías y fue casi nula su capacidad para absorber este nuevo cambio abrupto en los precios relativos. Aunado a las pérdidas debidas a los descensos en los precios de la mayor parte de los productos básicos, los países más pequeños de América Latina fueron los primeros en llegar a la etapa de estancamiento con deuda externa e inflación que más tarde habría de caracterizar a todos los países en el decenio de los ochenta.

Al considerar el decenio de los setenta en su conjunto,

llama la atención que, pese a todo, la región latinoamericana registró un crecimiento del PIB, a una tasa anual de 5.5% durante 1970-1980. Mas la cifra correspondiente al total de la región es engañosa, como ya se ha explicado. Por un lado, estaba la situación de países con un desarrollo petrolero rápido, como México, y la de aquellos como Venezuela y Brasil que habían emprendido grandes aumentos de inversiones en otros sectores (Venezuela), o bien tanto en energía como en sectores industriales y primarios (Brasil). Mientras que México (7% anual), Brasil (7%) y Venezuela (6%) fueron países de crecimiento rápido, otros experimentaron crecimiento del PIB lento o tuvieron altibajos que dieron una cifra media no muy elevada durante el decenio: por ejemplo, Argentina (2.9% anual) y Chile (2.5% anual), etc. Chile, por otras razones adicionales, derivadas del golpe de estado de 1973 y sus secuelas, prácticamente se mantuvo estancado. Argentina, asimismo acosado por inestabilidad política y por cambios frecuentes en la formulación de políticas, avanzó sólo un poco. En Centroamérica, después de la parálisis del mercado común subregional a finales de los años sesenta, la creciente inestabilidad política, los descensos de los precios de los productos básicos de exportación y los ajustes a las crisis petroleras, los resultados netos fueron muy modestos (tasas de crecimiento estimadas a partir de las cifras de Maddison, 2001, cuadro C2-b y C5-b, pp. 284 y 329).

4. La crisis alimentaria

El fuerte aumento del precio del petróleo a lo largo de los años setenta no fue la única causa de la inestabilidad económica y financiera. Otra causa principal de dicha situación para algunos países fue el alza repentina, a mediados de los años setenta, del precio internacional de los granos alimenticios, en especial el trigo —que dio en llamarse la "crisis del mercado mundial de alimentos"—. A ello contribuyeron las malas cosechas en la Unión Soviética y las cuantiosas compras que este país hizo, principalmente en el mercado de los Estados Unidos que dispararon el precio del trigo.

Argentina pudo beneficiarse de tal situación al vender una parte de sus excedentes normales de trigo a este precio más elevado. Pero muchísimos de los países de la región latinoamericana habían entrado ya en una etapa de déficit alimentario que se había venido previendo e incluso pronosticando por algún tiempo. La falta de atención al desarrollo agrícola, a la que se ha hecho mención (capítulo V), fue una causa primordial, pero igualmente importante fue el efecto de los desplazamientos en la demanda interna, en particular en las zonas urbanas, hacia la ingestión de alimentos de calidad más alta; se pasó de maíz/mandioca/arroz al trigo; de verduras y legumbres y carne de baja calidad al pollo, carne de cerdo, carne de res, pollo industrializado y mariscos, y legumbres procesadas. Las dietas urbanas se diversificaron, más gente pasó a vivir en las ciudades, y las presiones en las tierras de cultivo aumentaron. El consumo de productos lácteos tendió a crecer. No siempre las políticas agrícolas fueron lo suficientemente alentadoras, en particular las políticas de precios de garantía, para incentivar mejoras en la productividad, y ya no resultaba tan fácil lograr ampliaciones de la superficie de cultivo. La producción de alimentos de más alta calidad también se volvió dependiente de insumos importados, desde fertilizantes hasta alimentos forrajeros verdes, granos gruesos, harina de pescado y pasta de semillas oleaginosas. Se importó el maíz que era necesario para el consumo humano directo y para usos industriales y de engorda de animales. Las existencias de ganado a menudo tuvieron que ser complementadas con importaciones. En muchos sentidos, las monedas sobrevaluadas favorecieron dicha secuencia. Ante una demanda ascendente, las fuentes de abasto locales se encontraban en el estado clásico de inelasticidad pronosticado por muchos economistas. Algunos de los países "pequeños" dependieron en forma sumamente elevada de alimentos importados y recibieron aportaciones importantes del Programa Mundial de Alimentos de la FAO.

En la medida en que se incrementaron los déficit alimentarios, también lo hicieron las importaciones, las cuales, a los precios más altos que imperaron después de 1974, absorbieron divisas, que se habrían necesitado para otras cosas. Los países con excedentes de petróleo podían costear sus importaciones de alimentos. Otros no podían en absoluto cargar con importaciones de combustibles y de alimentos básicos al mismo tiempo. El apoyo internacional por medio del Consejo Mundial de Alimentos adscrito a la FAO y de programas bilaterales, principalmente de los Estados Unidos, fue útil para asegurar suministros básicos, además de ser de escaso costo o gratuitos. Sin embargo, independientemente de los principales problemas involucrados en la producción y la organización agrícola en muchos países de América Latina, el costo más elevado que significaba cubrir el déficit alimentario también contribuyó a las inestabilidades internas del decenio. Incluso en países tales como Brasil y Argentina, los dos principales países superavitarios en alimentos (si bien Brasil tuvo que importar trigo y frijol), el costo de producir alimentos subió, ya que los precios más altos de la energía tuvieron que ser absorbidos, la maquinaria agrícola y otro equipo se volvieron más caros, los fertilizantes y los insecticidas encarecieron, etcétera.

Lo que se aprendió de los trastornos en los mercados petroleros y de granos fue, entre otras cosas, que las economías de la región latinoamericana, al tener que hacer frente a cambios rápidos en los precios relativos que tuvieron influencia general en sus economías, estaban destinadas a padecer efectos perturbadores de gran alcance e inestabilidad considerable, antes que experimentar un retorno a la "normalidad" cuando la oferta y la demanda respondieran a los cambios ocurridos. Las conmociones petroleras y alimentarias afectaron fuertemente las balanzas externas. Las brechas de las balanzas de pagos estuvieron siendo cubiertas con la obtención de préstamos "fáciles", en realidad bajo condiciones cada vez menos favorables.

5. Los efectos globales

La perspectiva económica internacional a fines de los años setenta y principios de los ochenta era todo menos tranquilizadora, pues se habían tenido que soportar altos grados de inestabilidad a raíz de las variaciones en los precios del petróleo y de sus perspectivas de suministro, las alzas de los granos básicos y de otros alimentos, el volumen y la incidencia de flujos financieros incontrolados y las fluctuaciones de los tipos de cambio. Las políticas económicas formuladas y sostenidas durante los años cincuenta y sesenta, sin que se pensara mucho en lo que podría sobrevenir, empezaron a ser modificadas. Hubo evidencia, sobre todo después del primer sacudimiento petrolero, de que las tasas de crecimiento de la productividad en los países con industrialización avanzada empezaban a descender. Pese al GATT, el proteccionismo iba en vía de ascenso. Los mismos países industrializados mostraron poseer capacidad inmediata apenas limitada para adaptarse al cambio tecnológico, esto es, hacer a plazo corto un viraje desde tecnologías e industrias obsoletas hacia tecnologías avanzadas y de punta y hacia nuevos productos industriales (Maddison, 2001). En Europa se venía planteando la idea de la "euroesclerosis", en parte relacionada con dichos factores y con el excesivo costo de la seguridad social y de la política de economía del bienestar. Se destinaban proporciones cada vez mayores de los presupuestos a los gastos de defensa, en plena era de misiles nucleares. Se advertía una pérdida concomitante de incentivos para inducir nuevas inversiones productivas y únicas que podían llevar a una recuperación a largo plazo de las economías. La economía de los Estados Unidos venía acusando una desaceleración, bajo los efectos del mayor precio de los insumos energéticos, pero también debido a los gastos en defensa y a presiones inflacionarias.

En el ámbito financiero internacional, la Asistencia Oficial para el Desarrollo (AOD), cuyas cifras compilaba la OCDE, había alcanzado estancamiento en un monto máximo de alrededor de 55 millones de dólares al año y se había desarrollado un fuerte desencanto en los países industrializados en torno a la cooperación financiera bilateral y multilateral con las regiones del mundo en vía de desarrollo. El Banco Mundial y los bancos de desarrollo regionales, si bien ampliaron sus operaciones, no pudieron mantenerse a la par del flujo no regulado de dinero reciclado procedente de los exportadores petroleros canalizado al mundo en desarrollo por los sistemas bancarios comerciales, a tasas de interés más elevadas, con vencimientos a plazos más cortos y otros términos onerosos, sin que mediaran evaluaciones adecuadas. La actividad febril de esas operaciones crediticias fue igualada por la inusitada demanda de préstamos, ejercida incluso por países que se asomaban ya a crisis financieras profundas y aun a la bancarrota, sobre todo en América Latina y en África, y aun por países que habían acumulado enormes excedentes de divisas.

A finales de 1980, la deuda externa de los países de la región latinoamericana, cuyo nivel se ubicaba en 23 mil millones de dólares 10 años antes, había ascendido 10 veces, a 223 mil millones de dólares, con una proporción mucho más elevada de deuda pagadera a los bancos comerciales de Europa occidental, los Estados Unidos, Canadá y Japón. Los pagos de intereses sobre la deuda externa en 1973 habían pasado de representar 14% de las exportaciones de bienes y servicios a 20% en 1980. Sin embargo, prevalecía una situación engañosa, porque las exportaciones totales de bienes de la región latinoamericana, influidas por el auge del petróleo de Venezuela y México, y en menor grado de Trinidad y Tabago y Ecuador, se estaban sosteniendo todavía a un nivel total elevado; y dentro de este total, las manufacturas habían llegado a ser importantes. El monto de éstas en 1970 había ascendido a apenas 1.6 mil millones de dólares, o sea 11% del total de las exportaciones de la región; para 1980 había aumentado a 17.3 mil millones de dólares, o sea, 17% del total. Brasil iba a la cabeza. (Véase el cuadro VI.1 en el capítulo VI, así como Teitel, 1991.)

En circunstancias normales, como en los años cincuenta y sesenta, la brecha entre las necesidades de inversión interna y el ahorro interno, dada una tasa propuesta o planeada de crecimiento del PIB, requeriría un componente de "ahorro externo", como cualquiera que se hubiera puesto a pensar en la simplista ecuación Harrod-Domar podría entender (Todaro, 1977, pp. 88-90). Durante los años sesenta, a raíz de la puesta en marcha de cierta cooperación financiera internacional en América Latina, con un flujo complementario de inversión extranjera directa, la componente de ahorro externo —en otras palabras, aproximadamente la transferencia neta real de recursos a la región, expresada principalmente por su contraparte, el déficit en cuenta corriente— fue moderada y más o menos predecible. No se había pensado en "la carga de la deuda", toda vez que se esperaba que las exportaciones aportaran suficientes divisas para los pagos de intereses al Banco Mundial, al BID y a otros prestamistas, así como sobre créditos otorgados por proveedores. Los déficit de las balanzas de pagos estaban siendo cubiertos por cantidades moderadas obtenidas de nuevas contrataciones de préstamos, en su mayor parte con base en programas o en proyectos concretos. Se habían hecho cálculos para asegurar que los proyectos generaran o ahorraran suficientes divisas. Los analistas del Banco Mundial solían elaborar un cuadro en el cual la última columna, después de dar cuenta de los desembolsos del servicio de amortización e intereses sobre el préstamo, se mostraba bajo el encabezado "Múltiplo devengado" *(times earned),* el múltiplo de los ingresos derivados del proyecto entre el servicio del préstamo. Un coeficiente positivo bastaba para considerar que el préstamo era conveniente y aun "seguro". Otras consideraciones, de índole macroeconómica, se ponderaban posteriormente y por lo regular se pensaba que eran favorables, como de hecho las perspectivas de todo ese periodo, de 1950 a 1970, así lo habían indicado.

Este patrón de obtención de préstamos y de operaciones crediticias internacionales se fundaba implícitamente en la idea de que no se esperaba que acontecieran cambios abruptos, ya sea en las componentes externas o en las internas del equilibrio macroeconómico, y que los rendimientos previstos del proyecto se mantendrían. El desarrollo, por su propia naturaleza y debido a las tasas reducidas de ahorro interno, requería complementos de financiamiento externo; si éste se facilitaba conforme a evaluaciones cuidadosas y en condiciones dadas por los mercados financieros, el servicio de las nuevas deudas estaba protegido y asegurado. Pero dicho patrón empezó a ser alterado en 1971 y en los años inmediatamente subsiguientes, sobre todo a raíz del repentino aumento de las cotizaciones internacionales del petróleo en 1973 y sus repercusiones tanto en los países prestamistas como en los prestatarios, de los vaivenes violentos de los flujos financieros y de la disponibilidad muy voluminosa de recursos líquidos en la mayoría de los países industrializados para hacer con ellos operaciones de préstamo por conducto de los bancos comerciales, sin mayor control ni supervisión.

Si, por un lado, muchas de las naciones de industrialización avanzada no pudieron absorber fácilmente los mayores costos del petróleo, por el otro a las naciones semiindustrializadas les fue tanto menos posible efectuar esa absorción; a otras naciones en vía de desarrollo les fue peor, ya que no podían dejar de seguir importando petróleo crudo y sus derivados. Para los exportadores de petróleo, como algunos de los latinoamericanos, el alza abrupta de los precios significó un auge inesperado y condujo a abrigar expectativas de alto riesgo. En estos últimos, las políticas del pasado de una expansión con crecimiento económico moderado y bien financiado fueron abandonadas. Las presiones concretadas en efectuar gasto público para afrontar necesidades internas no satisfechas, aunadas a las presiones (y la codicia) de los prestamistas, tuvieron como resultado recurrir a la salida fácil, que estaba fuera del alcance de las estructuras financieras ortodoxas: solicitar préstamos copiosamente y sin cautela. Se generó el "desarrollismo financiero" en apoyo del "desarrollismo económico". Ambos dejarían de prevalecer al poco tiempo.

CUADRO VII.1. *Precios del petróleo crudo árabe ligero en el mercado internacional, 1945-1999 (dólares por barril)*

Año	*Dólares nominales*	*índice 1960 = 100*	*Dólares 1999*	*índice 1960 = 100*
1945	1.05	55.3	9.77	91.0
1950	1.71	90.0	11.89	110.7
1960	1.90	100.0	10.74	100.0
1970	1.80	94.7	7.75	72.2
1971	2.24	117.9	9.26	86.2
1972	2.48	130.5	9.92	92.4
1973	3.29	173.2	12.38	115.3
1974	11.58	609.5	39.27	365.7
1975	11.53	606.8	35.83	333.7
1976	12.38	651.6	36.37	338.7
1977	13.30	700.0	36.69	341.7
1978	13.60	715.8	34.85	324.6
1979	30.03	1 580.5	69.15	644.1
1980	35.69	1 878.4	72.40	674.3
1981	32.00	1 684.2	58.80	547.6
1982	34.00	1 789.5	58.83	547.9
1983	34.00	1 789.5	57.01	531.0
1984	29.00	1 526.3	46.57	433.7
1985	29.00	1 526.3	44.99	419.0
1986	28.00	1 473.7	42.55	396.3
1987	16.15	849.9	23.67	220.5
1988	17.52	922.1	24.67	229.8
1989	13.15	692.1	17.67	164.6
1990	18.40	968.4	23.46	218.5
1991	24.00	1 263.2	29.37	273.5
1992	15.90	836.8	18.88	175.9
1993	16.80	884.2	19.37	180.4
1994	12.40	652.6	13.94	129.8
1995	16.63	875.3	18.18	169.3
1996	18.20	957.9	19.34	180.1
1997	22.98	1 209.5	23.86	222.2
1998	15.50	815.8	15.84	147.5
1999	10.03	527.9	10.03	93.4

FUENTES: De 1945 a 1985: BP (British Petroleum), http://www.eia.doe.gov/pub/international/iealf/BPCrudeOilPrices.xls

De 1981 a 1999: Energy Information Administration, International Energy Annual 2002, http://www.eia.doe.gov/pub/international/iealf/table71.xls (actualización: Mayo 24, 2004).

GRÁFICA VII.1. *Índice de precios del petróleo crudo árabe ligero, 1945-1999 (1960 = 100)*

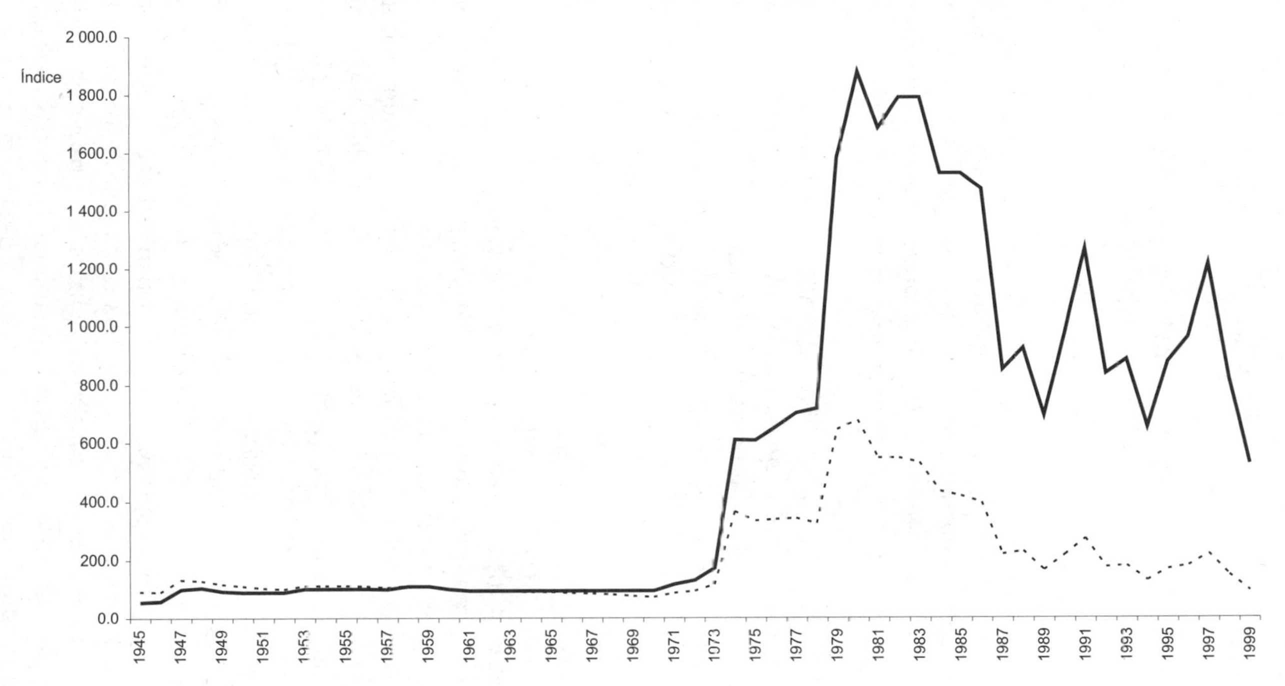

FUENTE: Cuadro VII.1.

VIII. EL SURGIMIENTO DE LA INESTABILIDAD INTERNA, 1970-1980

1. Los desequilibrios presupuestarios y otros del sector público. 2. El uso excesivo del endeudamiento externo para financiar el desarrollo. 3. Conclusión sobre el endeudamiento externo, 1970-1980. 4. Las monedas sobrevaluadas y sus consecuencias. 5. Las políticas económicas inoperantes.

EN EL CAPÍTULO VII SE ANALIZARON los factores externos principales que provocaron inestabilidad en las economías de la región latinoamericana. Corresponde ahora estudiar los factores internos de inestabilidad que operaban al mismo tiempo. Algunos provenían de viejos problemas de carácter estructural, mientras otros derivaban de las políticas monetarias y fiscales que ejercían efectos a corto plazo en el equilibrio ahorro/inversión y en el nivel de precios. El propósito del presente capítulo es centrarse en estos últimos. Hasta cierto punto, los factores externos e internos de la inestabilidad mantenían interacción, reforzándose mutuamente; rara vez se manifestaban en direcciones opuestas o de manera compensatoria. Por ejemplo, habría sido totalmente inusitado que un superávit presupuestario se produjera de forma natural o por decisión política para contrarrestar el efecto de gastos excesivos por parte del sector privado que hubieren resultado de una disminución del ahorro interno o de un menor influjo de fondos de inversión provenientes del exterior y dirigidos a ese sector. Antes bien, los déficit presupuestarios tenían una especie de vida propia; tomaban impulso por su cuenta, obedeciendo a inercias o programas de gasto público nuevos, no siempre previsibles o aprobados por las legislaturas, sobre todo en los regímenes políticos autoritarios y los dictatoriales. Tales déficit daban lugar con frecuencia a que la inversión privada se incrementara, con el resultado de que, sumados los dos renglones de gasto, se creaba mayor demanda de fondos de inversión del exterior.

1. Los desequilibrios presupuestarios y otros del sector público

Hacia 1970, la mayor parte de los gobiernos en la región latinoamericana habían ampliado considerablemente los campos de acción de su sector público, así como el alcance del gasto público; muchas funciones se volvieron más importantes y al mismo tiempo se crearon otras. En varios países, desde los años cuarenta, se ampliaron de manera importante las fuerzas armadas (CIESUL, 1980, y Mehta, 1985, capítulo V). En otros, se establecieron entidades especiales para llevar a cabo obras públicas, programas educativos y de salud, políticas de desarrollo rural y de mejoramiento agrícola y de la pesca; se abrieron administraciones para el transporte terrestre y para la navegación marítima, así como para fomentar el desarrollo urbano. Todo ello respondía a la necesidad de hacer frente a necesidades definidas, pues los incrementos de la población, las migraciones internas y externas, los servicios de apoyo a la industria y al empleo, los servicios de extensión agrícola y otros cambios en la sociedad requerían atención. Eran variables que iban en aumento e intensificación constantes.

A los gobiernos correspondía con toda claridad proveer los servicios que demandaba una población cuyo aumento empezó a ser rápido. Que los gobiernos lo hicieran de manera eficiente, o que simplemente inflaran las nóminas de empleados es otro asunto. Hay quienes, basándose en un criterio simple, calculan el valor de los servicios oficiales por habitante y lo comparan con el PIB *per capita*. Las solas deficiencias de calidad en los datos aconsejan no ir por ese camino. También se han comparado los gastos del gobierno con el PIB, suponiendo que el coeficiente resultante revela algo sobre la intensidad del gasto público. No obstante, como ya se ha explicado, semejante coeficiente constituye un error conceptual al comparar, según se ha insistido, "peras con manzanas", pues los gastos públicos son una cifra bruta, de la cual habría que deducir numerosos insumos para poder compararla con el PIB, que es un cálculo de valor agregado.

Tampoco se puede llegar a una conclusión de cualquier cifra aislada del gasto público. Por ejemplo, ¿cuál es el significado de sumar los montos de gasto público en carreteras, sistemas de regadío, puertos, plantas generadoras de energía, pavimentación de calles, etc.? Estos diferentes objetos de gasto público no pueden todos ser igualmente "productivos", aun cuando sea posible formarse juicios generales acerca de casos negativos, como los frecuentes caminos que no llevan a ninguna parte, represas que jamás hayan captado agua, puertos inconclusos, plantas eléctricas que trabajan a muy baja capacidad, calles que aparecen llenas de baches después de caída la primera tormenta tropical. Se pueden señalar casos concretos en casi cualquier país de la región latinoamericana, en cualquier época.

Por otra parte, el total de las inversiones en obras públicas y toda inversión individual dan lugar a una demanda de cemento, maquinaria, acero, herramientas, sustancias químicas, pintura, y otros materiales que es preciso comprar a proveedores locales o importar del extranjero. Las inversiones suponen una demanda de servicios técnicos y de ingeniería, de obreros calificados y no calificados, que compiten, al menos en teoría, con otros usos que puedan darse a los recursos humanos. En consecuencia, la suma de las demandas involucradas en la inversión pública puede en algún momento ejercer cierta presión sobre disponibilidades de recursos y aun de mano de obra y personal técnico.

El problema de la evaluación se torna más complejo de lo que pudiera pretenderse de un indicador suelto. Surgirían al menos dos preguntas fundamentales: *i)* ¿qué volumen de gasto público podría aguantar la economía nacional en condiciones normales, por ejemplo, podría exceder de 10% del

PIB (aceptando este indicador como útil)? ¿O no debería rebasar 5% (suponiendo que el sector privado llevara a cabo una proporción semejante de la inversión o aun mayor? y *ii)* ¿cómo se podría o debería financiar cualquier monto dado de inversión?

En un terreno aun más fundamental, habría que plantear si el sector público debiera limitarse a llevar a cabo "obras públicas" o asumir la responsabilidad de organizar, poner en marcha y mantener en operación empresas productoras de bienes y servicios. ¿Serían inversiones que el sector privado no podría efectuar en condiciones normales o que no consideraría suficientemente "rentables" como negocio privado? Si así fuere y se justificara que la empresa "paraestatal" produjera, por ejemplo, petróleo, hierro y acero, textiles, abonos químicos o electricidad, ¿con qué criterios debiera hacerse una evaluación o aun formarse un mero juicio general, en cuanto a su eficiencia y rentabilidad? ¿O bien podría admitirse un elemento de subsidio o al menos de incentivo, cuando se tratara de alcanzar algún objetivo distributivo o de integrar la empresa paraestatal en una estrategia de desarrollo que de otra manera no se conseguiría? Y, a final de cuentas, ¿quién o qué órgano de gobierno se haría cargo de una evaluación que satisficiera condiciones de objetividad demandadas por la opinión pública, si tal cosa fuere posible?

Además, en los casos de países donde se mantenía la necesidad de cumplir objetivos de justicia social como parte de las políticas públicas, ¿se aceptaría que el sector público interviniera en el mercado para subsidiar y abaratar los precios de determinados bienes y servicios que consumen sectores de la sociedad con bajos ingresos cuya posibilidad de bienestar se desea complementar por medio de una transferencia de los sectores favorecidos de la sociedad, en términos reales, a los marginados o empobrecidos? Surge de inmediato la necesidad de preguntar hasta dónde debe llegar la transferencia propuesta, con qué eficiencia se va a administrar, y de modo más general, cómo ha de financiarse, es decir, en qué sector de la sociedad habrá de recaer el costo directo.

Pocos gobiernos de la región latinoamericana se plantearon estas consideraciones en diferentes periodos del siglo XX, a pesar de que ellas figuraban, por lo menos hasta hace uno o dos decenios, entre las principales preocupaciones de los economistas dedicados a los temas del desarrollo económico y social, no simplemente el "desarrollismo" como gran impulsor o el crecimiento como tal. Durante el siglo XIX, cuando el "desarrollo" no se consideraba una función pública integral —por más que existiera la noción del "fomento" aplicada a la construcción de ferrocarriles y otras obras—, los gobiernos casi sin excepción operaban con déficit presupuestario. Que los gastos hubieran sido excesivos o dispendiosos, o fueran el resultado de imperativos militares o de defensa implicaba que los ingresos tributarios rara vez bastaban para cubrirlos. Los gobiernos echaban mano de impuestos al comercio interior y exterior, principalmente, y cuando no alcanzaban obtenían aportaciones no voluntarias de los dueños de propiedades rurales o de empresas industriales y comerciales. Se recurría igualmente al tradicional sistema de emitir títulos financieros u otros instrumentos legales que se colocaban, a veces con descuentos importantes, entre los poseedores de alguna forma de liquidez en efectivo, metales preciosos o monedas extranjeras, o se buscaba a inversionistas que compraran papeles representativos de deuda, los tenedores de bonos situados en los países europeos, y más adelante en otros territorios. En Europa las emisiones se hacían por intermedio de conocidas casas bancarias privadas, que se quedaban con fuertes comisiones. Éste fue un recurso habitual no de última instancia sino bastante común. Si este recurso fallaba o no se conseguían fondos suficientes para sufragar los gastos, se hacían emisiones de papel moneda, como en los casos de Argentina y Brasil a fines del siglo XIX y el de México durante el periodo revolucionario entre 1913 y 1919. Como detrás de estas emisiones se erigían decisiones gubernamentales consistentes en efectuar gastos públicos ante necesidades inaplazables, escasez real o artificial, los precios tendían a incrementarse. En ocasiones se presentaban crisis inflacionarias y auges momentáneos, que se convertían en depreciaciones de la moneda nacional ante las extranjeras o respecto al oro, como se ha indicado.

Aun teniendo en cuenta los superávit comerciales surgidos durante la segunda Guerra Mundial, que en varios casos trajeron beneficio excepcional a las finanzas públicas, fueron situaciones en que muchos programas públicos habían tenido que ser suspendidos, limitados o aplazados y en que se habían acumulado necesidades legítimas de gasto. La normalidad en los países latinoamericanos ha estado caracterizada por déficit presupuestarios de cierta magnitud. Surge de ello de nuevo el tema: ¿qué monto de déficit podía tolerarse sin generar un desequilibrio fuerte, tal vez irrecuperable a corto plazo, entre los egresos y los ingresos públicos y entre la inversión y el ahorro interno, que originara escasez de bienes y servicios ante los montos de la demanda agregada?

La escasez podía manifestarse en el área de los alimentos, o en la capacidad industrial, en la congestión portuaria, en los servicios ferroviarios o en la falta de gastos de mantenimiento y conservación. Igualmente podía resultar de las dificultades o de la imposibilidad inmediata de aumentar la oferta agregada mediante importaciones adicionales financiadas con recursos del exterior. Con frecuencia, los equilibrios eran frágiles: un déficit moderado del sector público podía reflejarse en déficit comercial y de servicios que debilitara la cotización internacional de la moneda y la confianza en la estabilidad de ésta. Antes de que existieran estudios econométricos en los países latinoamericanos, la interpretación común, y por lo demás lógica, en los bancos centrales y en otras áreas era en el sentido de que el déficit presupuestario siempre se traducía en mayor monto de importaciones, lo que reducía la capacidad efectiva del banco central para regular el mercado de cambios y, poco tiempo después, el tipo de cambio.

Durante los años de crecimiento rápido de las exportaciones y de industrialización acelerada entre 1950 y 1970, los ingresos fiscales experimentaron en la mayor parte de los países de la región latinoamericana aumentos suficientes, sin mayores reformas tributarias, para permitir que los déficit potenciales de carácter presupuestal fueran moderados y no requirieran medidas extraordinarias para sufragarlos. El faltante de ahorro interno se podía cubrir sin recurrir, en general, a financiamientos inflacionarios y sin ejercer demasiada presión en tal sentido, ni añadir mucho a los efectos de factores estructurales más profundos que estaban en el origen de algunos procesos inflacionarios de carácter histórico. Se habían establecido mecanismos institucionales para estimular el ahorro y su transmisión vía las bolsas de valores o los intermediarios financieros a inversiones productivas en la agricultura, la industria y los servicios. Por otro lado, ingresaban sumas modestas de inversión extranjera directa a la industria y los servicios, a la vez que se obtenían créditos a plazos mediano y largo tanto de los organismos financieros internacionales como de algunas instituciones bancarias externas de carácter oficial, en condiciones bastante favorables, con periodos de gracia para aplazar las primeras amortizaciones.

No habiendo efectos macroeconómicos cuya corrección fuera demasiado difícil, las consideraciones acerca de la eficiencia de las inversiones públicas, los objetivos del gasto público o la elasticidad-ingreso fiscal del sistema tributario tendían a tratarse como asuntos secundarios. Sin embargo, se puso en evidencia que la mayoría de los sistemas tributarios estaba rezagado —algunos eran ya obsoletos— y que se imponía la necesidad de hacer reformas. Se hacía ver la conveniencia de elevar la carga impositiva, que en la mayor parte de los países de la región era muy baja, a la vez que se proveía a la región de mayor volumen de recursos del exterior para fines de desarrollo. En el programa de la Alianza para el Progreso de los años sesenta se concedió bastante importancia a la reforma tributaria, que fue por lo demás un compromiso de los países integrantes de la región.

Desde el punto de vista político, no era probable que las nuevas clases industriales en la región, tan favorecidas por las políticas de sustitución de importaciones y otras medidas de apoyo y fomento, vieran con actitud benévola la noción de la reforma tributaria incluida en la Alianza para el Progreso, y la clase media cautiva de los sistemas tributarios mediante la deducción de los impuestos en la fuente misma del ingreso, la nómina, fue aun menos favorable a la Alianza. En todo caso, aun suponiendo que el objetivo de la reforma fuera principalmente aumentar los ingresos tributarios, dejando a un lado propósitos redistributivos, los resultados no se obtendrían sino transcurrido algún tiempo, desde luego varios años. Quienes formularon los términos de la Alianza para el Progreso, con su componente de transferencia de fondos externos (el ahorro "externo") para acelerar los gastos de inversión para el desarrollo, pensaron que en un plazo de un decenio los países latinoamericanos participantes obtendrían, en su conjunto, los beneficios de ese programa que el presidente Kennedy, de los Estados Unidos, auspició en 1963. Quedaba implícito que al concluir el periodo de 10 años, los financiamientos del exterior se remplazarían con fondos de origen interno resultantes de las reformas tributarias y de los aumentos esperados de la actividad económica con su reflejo en las exportaciones y en las finanzas públicas. No sólo se incrementarían las exportaciones, sino también se esperaban avances regulares en la producción agrícola e industrial y en el PIB en general. Se esperaba, por otra parte, que se ampliaría y mejoraría el funcionamiento de los mercados de capitales en los países latinoamericanos. Sin embargo, habría sido poco realista, más bien ingenuo, que las reformas tributarias dejaran resultados positivos inmediatos. De hecho, al principio sólo absorberían recursos tributarios de las ganancias de las empresas transnacionales —que no podía haber sido un objetivo explícito perseguido por los Estados Unidos—, o de las grandes empresas nacionales de los países latinoamericanos y de los sectores con ingresos personales elevados; no obstante, el problema de la reforma tributaria consistía en ampliar la base tributaria, mejorar la administración fiscal, la legislación y las reglamentaciones, gravar la acumulación de ingresos personales —materia en que la evasión fiscal había sido tradicionalmente muy grande—, hacer del impuesto sobre la renta un sistema equitativo y modernizar otros impuestos al comercio, las transacciones, etcétera.

Otro gran objetivo de la Alianza fue el dar fuerte impulso a los programas de educación, salud, vivienda y bienestar rural en los países latinoamericanos. Algunos de estos programas, sobre todo en los países de la región con menor ingreso por habitante, en ciertas zonas de otros con ingreso medio, se harían acreedores a mayores aportaciones de fondos de cooperación internacional no reembolsables o acordados en condiciones casi gratuitas en cuanto a plazos y tasas de interés, como muchos de los concedidos por la USAID de los Estados Unidos, la Asociación de Desarrollo Internacional (IDA) afiliada al Banco Mundial o de la ventanilla para proyectos sociales del BID. No obstante, si los gobiernos hubieran tenido proyectado en plan enteramente formal alcanzar objetivos sociales, pero a la vez mantenían o aumentaban sus gastos militares y otros egresos públicos, los efectos en las finanzas públicas no serían predecibles.[1]

Con lo anterior no se pretende justificar la evolución ulterior de los déficit presupuestarios, sino explicar la forma en que se desenvolvieron estos factores. Los economistas latinoamericanos que intervinieron en estos asuntos, conocedores de las rigideces de los sistemas tributarios, de las consecuencias de los déficit crónicos, de los grandes renglones del gasto público y de las repercusiones directas e indirectas de los déficit, pudieran haber sido demasiado optimistas acerca de los efectos redistributivos de las reformas tributarias, que parecen haber tenido primacía en los objetivos de la Alianza; en cambio, no vieron con suficiente escepticismo las posibilidades de mejorar y hacer eficientes las administraciones públicas. Como ya se ha apuntado y es reconocido por

[1] En 1985 se hizo una evaluación general (en su XXV aniversario) de la Alianza para el Progreso (Scheman, 1988b), en la que participaron muchas de las personalidades que intervinieron en su lanzamiento en 1961 y en su funcionamiento y evolución.

observadores extranjeros, el sector público no hizo más que seguir creciendo y fortaleciéndose, sin reformas administrativas.

Desde el punto de vista de las inversiones, los gobiernos instauraron políticas y medidas de estímulo y además entraron en grande al campo de la producción industrial, frecuentemente con colaboración financiera y tecnológica del exterior. Los casos más importantes se refirieron a las industrias siderúrgica y química, así como en el campo energético en general: hidrocarburos y electricidad. En la energía eléctrica, así como en el transporte, la facultad de los gobiernos de establecer y modificar por razones políticas y otras las tarifas conforme a sus criterios de orden público, fuera para subsidiar ciertas actividades o para favorecer con subsidios a determinados grupos de consumidores, hizo poco atractiva la inversión privada en esas áreas, ya fuera nacional o extranjera. La propiedad paraestatal de las empresas eléctricas, tanto en la generación como en la distribución, tenía un justificativo adicional: la conveniencia de integrar una red eléctrica nacional basada en una reglamentación común. En el caso de las plantas siderúrgicas, el principal argumento a favor de su desarrollo como paraestatales fue que de otra manera no se habría levantado ninguna planta integrada o si hubieran dejado el capital privado extranjero cuando a éste le llegara a interesar la inversión. Muchas de ellas, por cierto, tenían por finalidad esencial elaborar materiales básicos para la industria de la construcción. Podía sostenerse que estas plantas debieron haberse establecido sin requerir protección arancelaria elevada y barreras no arancelarias, y que debieron haberse proyectado para competir en el mercado a los precios de éste y haberse sujetado a principios competitivos de gestión. Las pocas advertencias, si las hubo, no fueron atendidas. En muchas industrias paraestatales fueron necesarios subsidios para sufragar sus pérdidas virtuales y evitar su cierre. En México, el gas natural se suministró a precios sumamente subsidiados a empresas industriales del sector privado con el argumento de que constituía así un estímulo a la industrialización, como también se subsidiaron los precios de los combustibles derivados del petróleo y se estableció un vasto programa de subsidios y exenciones fiscales a la industria en general. Se hicieron también aportaciones de capital para los mismos fines; algunas condujeron a importantes desarrollos industriales, mientras que otras fracasaron estrepitosamente. Brasil con préstamos del Eximbank, estableció una gran siderúrgica en Volta Redonda.

Para lograr una explicación adecuada, las burocracias infladas de la región latinoamericana requerirían un análisis sociológico y político. En la mayoría de los países sirvieron como instrumento de legitimización del poder y se desarrollaron con escasa supervisión y control por parte de los cuerpos legislativos, sobre todo en los aspectos presupuestarios en los países mayores de la región. En el periodo a que se refiere este capítulo fueron muy pocos los casos, como el de Costa Rica, en que la Asamblea Nacional tenía facultades para limitar la expansión burocrática y el desperdicio de recursos —aunque por otro lado no estaban ausentes los proyectos de interés local o particular—. Costa Rica abolió el ejército formal a fines de los años cuarenta —si bien estableció una guardia nacional, en parte voluntaria—. Uno de los factores que incitó a ampliar las burocracias en varios de los países en la época de la industrialización rápida fue la necesidad de administrar las regulaciones y los controles, sobre todo en materia cambiaria y de permisos de importación. En los años sesenta no se disponía de computadoras sino solamente de calculadoras eléctricas. Para cualquier aspecto complejo de la administración se requerían ejércitos de secretarias, mecanógrafas, contadores y auxiliares, empleados de oficina de bajo nivel, mensajeros y choferes. Los salarios de los burócratas de niveles menores eran muy bajos y no se practicaban pruebas de eficiencia. No existía sino en forma excepcional un servicio civil general, limitado a los altos mandos.

En materia educativa, se amplió en gran medida la matrícula en los sistemas escolares de la región latinoamericana durante el periodo 1950-1970. Los organismos internacionales, en particular la Organización de las Naciones Unidas para la Educación, la Ciencia y la Cultura (UNESCO), y así también la Alianza para el Progreso, instaron a los gobiernos a intensificar sus programas educativos, que en la práctica se referían a los sistemas de educación pública. A su vez, ello requería contar con más maestros y en particular con más escuelas normales. Que los sistemas educativos fueran eficaces sería otro asunto. La eficiencia educativa como objetivo ha estado siempre presente, pero nunca se ha alcanzado. Se necesitaba una enorme ampliación de la planta de maestros, así como de nuevo personal para los programas de salud, vivienda y bienestar rural, asimismo se iba a requerir una proporción mayor de personal técnico de alta capacidad.

Lo sucedido en general en los años setenta fue que, en un entorno de inestabilidades internas originadas en factores externos, los gobiernos se lanzaron a una expansión legítima de sus inversiones, programas y servicios en pos de objetivos de desarrollo, pero que en cierta medida, como bien lo expresó, fueron rebasados por un "populismo desarrollista" que se instaló con bastante firmeza (Cardoso y Faletto, 1969, p. 106). Los sectores públicos se ampliaron con demasiada rapidez y en proporción excesiva, ya fuera directamente o por intermedio de organismos semiautonónomos y empresas paraestatales de insuficiente base económica y, con frecuencia, por añadidura ineficientes, sin ninguna consideración de la situación financiera general del sector público. Por otra parte, al sector privado no se le ofrecieron incentivos suficientes, y en algunos países seguridad jurídica general, para que participara en la tarea de mejorar la situación social; por otro lado, paradójicamente, las exenciones fiscales a la industria eran a veces excesivas. Con frecuencia los factores políticos intervenían para llevar adelante proyectos del sector público. En cambio, la falta de decisión política daba lugar a que se prolongaran innecesariamente subsidios al transporte o a los alimentos cuando, en caso de reducirlos, no habría habido repercusiones de importancia.

El concepto de "economía mixta", vinculado en numerosos países con el de la planificación económica general, dejaba mucho que desear, ya que los objetivos no siempre eran claros. Algunos gobiernos exigían la cooperación del sector privado en actividades agrícolas e industriales, pero al mismo tiempo daban señales de que en ciertos sectores el Estado consideraba invadir los territorios de la empresa privada. Las políticas oficiales con frecuencia cambiaban y se contradecían. Es también verdad, como sostenían, por ejemplo, Prebisch y Bhagwati,[2] que la élite empresarial en los principales países de la región, y vastos sectores del empresariado en los países pequeños, mostraban poca capacidad de iniciativa propia y de autogestión; o, como sostenía también Prebisch (1986b), y por su parte asimismo Kaldor, la elevada propensión al consumo de los sectores empresariales y propietarios en los países latinoamericanos, con su consumo conspicuo, su predilección por bienes urbanos de gran lujo y su propensión a efectuar fuertes gastos en el extranjero, su evasión fiscal y su poca solidaridad con los objetivos nacionales, afectaba negativamente el coeficiente ahorro interno/inversión.

Durante los años setenta se acentuaron las presiones inflacionarias en muchos países de la región. No siempre fueron atribuibles de modo exclusivo a los déficit presupuestarios, ya que había tendencias inflacionarias latentes en la mayoría de los países y surgieron además numerosos factores inflacionarios nuevos que ejercían influencia. Sin embargo, puede afirmarse que los mayores volúmenes de la inversión pública y al mismo tiempo de los gastos de consumo, frente a la disponibilidad de bienes y servicios, o bien una diferenciación marcada de la demanda ejercida por el sector público respecto a la estructura de la oferta, así como el mucho mayor empleo de subsidios que distorsionaron las interrelaciones en el sistema de precios fueron factores inflacionarios de especial significación. El gran aumento de los precios internacionales del petróleo en 1973 y sobre todo en

[2] En el Simposio del XXV Aniversario del Economic Growth Center, ralizado en la Universidad de Yale, sobre el Estado de la Economía del Desarrollo: Progreso y Perspectivas, New Haven, 11-13 de abril de 1986. (Véase Prebisch, 1986a.)

1979, con sus repercusiones directas en algunos casos e indirectas en todo el sistema de precios, fue un acicate a la inflación. Dichos efectos no pudieron ser contrarrestados por medidas que comprimieran la demanda en ciertos sectores o que la hubieran reducido en general. Recibió impulso la espiral precios-salarios-precios y fue necesario absorber a corto plazo mayores costos reales, que resultaron ser factores ocultos de tendenciosidad inflacionaria.

El aumento de las tasas de inflación no se debió exclusivamente a la incidencia de los precios del petróleo y sus productos, ya que el desequilibrio entre ahorro interno e inversión existía desde años atrás, como se ha mencionado; no obstante, les resultó más difícil a las economías, dados los múltiples factores que las afectaban, absorber una plataforma o piso con mayores costos desde el exterior, de influencia muy difundida en todos los sectores, sin que se presentaran consecuencias inflacionarias. En muchos países coincidieron descensos de los precios de sus exportaciones con aumentos del costo de sus manufacturas y combustibles importados. En los casos en que se depreciaron las monedas, los índices de precios de los bienes intermedios y de consumo reflejaron con más intensidad los factores externos. Tratar de evitar las alzas con subsidios no podía tener éxito, ya que a su vez llevaba a mayores déficit presupuestarios.

La segunda conmoción petrolera, en 1979, recrudeció los efectos inflacionarios de la primera, especialmente en los países importadores netos de productos del petróleo, pero también en los que habían emprendido grandes impulsos nuevos de inversión pública y privada con base en crédito externo del sistema bancario mundial.

2. El uso excesivo del endeudamiento externo para financiar el desarrollo

En la mayoría de los países de la región latinoamericana ha tendido a suponerse, entre los funcionarios públicos y los líderes de opinión empresarial, que lo que determina la factibilidad de emprender un nuevo proyecto de desarrollo es la disponibilidad de recursos del exterior, es decir, divisas acumuladas u obtenibles y créditos. Es una actitud que refleja la poca importancia que se ha dado tradicionalmente a la formación del ahorro interno. A partir de 1973 (algunos países antes), al generarse un ritmo de aumento considerable de la inversión y el gasto público corriente, y ampliarse de manera constante el ámbito del sector público, se inclinó la balanza del lado de la componente constituida por los recursos del exterior, pues éstos se volvieron en corto tiempo mucho más accesibles. Ya fuera que la existencia o el anuncio de proyectos de gran envergadura durante los años setenta y ochenta atrajese fondos del exterior en busca de inversión rentable o que la disponibilidad de esos fondos indujese la formulación de proyectos para usarlos, el caso es que los bancos extranjeros competían por colocar sus financiamientos y los prestatarios se movían con agilidad para conseguirlos. Los grandes montos de financiamiento disponible surgieron para importantes proyectos que de otra manera no habrían fructificado con mucha facilidad. No se midieron las consecuencias del reciclaje a los países latinoamericanos de los excedentes de petrodólares en manos de los bancos comerciales de Europa, Japón y Norteamérica. Los organismos monetarios y financieros internacionales no lo advirtieron a tiempo y permanecieron al margen, como espectadores de lujo del nuevo gran espectáculo del flujo internacional incontrolado de fondos líquidos, dispuestos a convertirse en inversiones fijas carentes de rendimientos inmediatos y en apuntalamientos de los déficit presupuestarios. No interesa tanto determinar el porqué de la falta de prudencia de los bancos poseedores de petrodólares, sino más bien analizar los procesos que condujeron a los países de la región a endeudarse en la forma en que lo hicieron, entre ellos los aspectos de las políticas de desarrollo económico en general que favorecieron la obtención de préstamos, en lugar de llevar a soluciones más seguras y firmes ante los desajustes de la época.

A fines de 1970, como ya se ha indicado, la deuda pública externa de los países de la región latinoamericana en su conjunto se cifraba en 15.7 mil millones de dólares, y el servicio de esta deuda ascendía a 2.4 mil millones de dólares, que eran 13.5% de las exportaciones totales de bienes y servicios. Para 1973, la deuda pública externa había aumentado 1.8 veces, o sea a 27.6 mil millones de dólares, y la cuota del servicio de la deuda pública se había casi duplicado a 4.3 mil millones de dólares, que representaron todavía un coeficiente de 14.2% (cuadro VI.2). En 1980, siete años después, y un año posterior al segundo sacudimiento del mercado internacional del petróleo, el endeudamiento público externo ascendió a 130.4 miles de millones de dólares (4.7 veces), y la factura del servicio de la deuda pública subió a 27.1 mil millones de dólares, que reflejaba un coeficiente de 25.8% de las exportaciones. En 1980, la deuda externa total ascendió a 242.7 mil millones de dólares. (Véanse los cuadros VI.2, VI.3 y VI.4.)

Como en el caso de cualquier variable en la economía de la región latinoamericana, los grandes totales ocultan fuertes diferencias por países o grupos de países. Los principales deudores en 1980 fueron Brasil, México, Argentina y Venezuela, que en conjunto representaron 76% de la deuda externa total de la región. Sin embargo, varias naciones pequeñas incrementaron en mucha mayor proporción su deuda pública externa anterior de 1973, por ejemplo: Bolivia (3.4 veces), Costa Rica (2.1 veces), Ecuador (9.8 veces), El Salvador (4.7 veces), Honduras (8.7 veces) (véase el cuadro VI.4). Aunque su deuda pública externa era pequeña en 1973, estos países padecieron las consecuencias de los fuertes incrementos de la deuda en forma acentuada, igual que los países mayores de la región. Con todo, muchos analistas pudieron haber considerado imprudente que estos países se endeudaran al mismo tiempo como lo hicieron, en gran parte obligados por las importaciones de petróleo y derivados. En cambio, Brasil y Argentina se endeudaron para sufragar el costo de sus importaciones de petróleo y, además, sus nuevos proyectos de desarrollo. A continuación se presentan por separado los cuatro casos. México y Venezuela, que recibían crecientes ingresos en divisas por sus exportaciones de petróleo crudo, también aprovecharon el endeudamiento para financiar sus déficit presupuestarios.

México. En el caso de México, la desatención previa a la exploración de hidrocarburos y en el desarrollo de su industria petrolera y petroquímica coincidió en los años setenta con su ambición de consolidar la expansión de su industria siderúrgica y de poner en marcha otros grandes proyectos industriales, y al mismo tiempo ampliar sus programas en educación, salud y mejoramiento rural. Sus yacimientos petroleros —incrementados durante 1972-1973— fueron vistos como garantía de los créditos que se pudieran obtener para todos estos proyectos. Por su parte, los bancos comerciales poseedores de petrodólares, en Europa occidental y en otras partes, dirigieron sus fondos hacia México en gran escala. Los planes de expansión a principios de los años setenta se elaboraron con mayor definición. De 1977 en adelante se anunció un plan nacional de desarrollo que preveía crecimiento medio anual de 8%, al cual se sumó el sector privado con grandes proyectos por su cuenta, también con financiamiento externo. El gobierno mexicano llegó a declarar que se dedicaría a "administrar la abundancia" y que se crearía un gran fondo de desarrollo con los recursos del auge petrolero (la idea del fondo provenía de un viejo proyecto de Venezuela de los años sesenta). Prestigiados economistas proclamaban que "los obstáculos al desarrollo serían eliminados". El optimismo se extendía a todos los sectores, con planes sectoriales supuestamente congruentes con el plan nacional de desarrollo, entre ellos un gran plan industrial bastante carente de realismo.[3] Las posibles dificultades en la expansión del sector eléctrico quedaban resueltas con el descubrimiento de nuevos y mayores yacimientos de petróleo y gas que cuadruplicaron las cifras anteriores. Se hicieron planes

[3] El presente autor se permitió hacer en público un comentario escéptico, incluso crítico.

para construir gigantescos gasoductos y establecer una gran planta industrial destinada a construir tubería para oleoductos y gaseoductos (que nunca llegó a inaugurarse). El gas natural disponible daría lugar a la creación de nuevos grandes complejos de industria petroquímica. Se adquirió una flota de supertanques, se construyó un puerto petrolero para recibir buques-tanque y abastecerlos a 20 y hasta 24 kilómetros mar adentro y se hicieron planes para varios puertos de gran calado para otros fines.

México empezó a exportar petróleo crudo a no menos de 16 países (además de los Estados Unidos, España, Japón e Israel).[4] Se estableció, además, que México no produciría más de 2.7 millones de barriles diarios, con exportación máxima de 1.5 millones (estos límites se modificarían en los años noventa). La capacidad de producción se suponía mayor, pero el gobierno mexicano quiso con esos límites responder a los enemigos de la "petrolización". El petróleo y sus productos se consideraron el motor del desarrollo del país (como en 1938) y fuente fundamental de los energéticos que se necesitarían hasta fin de siglo. En esa época la generación térmica empezaba a convertirse en la principal proveedora de electricidad, dados los límites al desarrollo de fuentes hídricas. Se inició asimismo la construcción de dos unidades de 600 megawatts cada una de energía nuclear. Toda esta expansión energética se hizo con financiamiento externo, vía deuda pública y créditos de proveedores, como lo fueron las nuevas grandes plantas industriales. Los costos se subestimaron en muy gran medida.

Entre 1973 y 1980, el endeudamiento público externo de México aumentó de 5.6 miles de millones de dólares a 33.9 miles de millones de dólares, o sea en 6.1 veces. Los pagos por intereses se elevaron de 346 a 3 880 dólares en el mismo periodo, y en 1980 representaron 18.6% de la exportación

[4] Se estableció la política de no proveer más de 50% de la demanda de petróleo crudo de cada uno de los países compradores, y de no permitir que ningún país adquiriera más de 20% de las disponibilidades de exportación mexicanas. Estas proporciones se modificaron más tarde con los hechos.

de bienes y servicios. Para entonces, la exportación de petróleo crudo significaba la mayor parte de la exportación total. El país se había "petrolizado".

Venezuela. Dependiente de sus exportaciones de petróleo crudo, que en parte se procesaban en refinerías y otras instalaciones en la isla de Aruba, territorio holandés, Venezuela emprendió en los años setenta una expansión similar de varias ramas industriales, la producción de alúmina, la de acero y la de varios productos químicos. Para ello se amplió la capacidad de generación de electricidad a base de instalaciones hidroeléctricas. En la zona oriental del país se levantó una urbe nueva, Ciudad Guayana, donde se pudieran localizar algunas de las industrias y atraer inversiones del exterior.

Desde el inicio de esta política de desarrollo, el costo del equipo importado para estas nuevas industrias estaría subsidiado por la sobrevaluación de la moneda, el bolívar, pero su instalación y operación estaban sujetas a estructuras de costo muy elevadas, lo que las haría poco competitivas internacionalmente. El mercado nacional carecía de suficiente amplitud y las nuevas industrias habrían de tener en cuenta el mercado externo para funcionar a plena capacidad. Parte de la expansión industrial estuvo a cargo del sector empresarial privado, con frecuencia asociado con capitales extranjeros y ligado a tecnologías importadas. Por otro lado, se dio impulso a la producción agropecuaria y se iniciaron grandes proyectos en el área educativa, inclusive la fundación de nuevas universidades. En Caracas se aceleró un proceso de urbanización en gran escala, con vías de alta velocidad y se inició la construcción de un sistema de transporte metropolitano subterráneo. Fue necesario modernizar puertos y aeropuertos y adquirir embarcaciones. A diferencia de México, las fuerzas armadas ejercieron una parte importante del presupuesto, en una escalada de modernización de equipo militar naval, terrestre y aéreo.

Se impuso un plan de desarrollo nacional para el periodo 1977-1981, alimentado por recursos derivados del auge petrolero, siendo Venezuela miembro pleno de la OPEP. Se previó que el Congreso Nacional supervisara la realización del plan, cuya coordinación quedó a cargo de un ministerio especial, como en general todo el gasto público. No obstante, a nivel macroeconómico se abrió una mayor brecha deficitaria en el gasto. Venezuela, el país de lo que se llamó el "facilismo", se lanzó a un ritmo de gasto desenfrenado, en el cual participó también el sector privado. Todo se podía importar. El costo de los proyectos no interesaba. Surgió escasez de mano de obra, que se resolvió en parte por inmigración ilegal colombiana con recursos humanos más baratos. Venezuela continuó además su política de país abierto a la inmigración de personal calificado, sobre todo europeo.

A pesar de la abundancia de recursos en divisas derivados de la industria petrolera, Venezuela se convirtió, como los demás países de la región latinoamericana, en un país endeudado con la banca comercial internacional, que veía en la riqueza petrolera una garantía amplia para sus préstamos. En 1973, la deuda pública externa total era de 1.5 mil millones de dólares. A partir del primer aumento de la cotización del petróleo, que hizo elevarse las reservas monetarias considerablemente, se aceleró también el endeudamiento público externo, que llegó en 1980 a 10.6 mil millones de dólares, o sea siete veces sobre todo bajo el nuevo plan de desarrollo iniciado en 1977, que se caracterizó, como en otros países, por su "populismo desarrollista". En 1979, Venezuela se benefició del segundo aumento del petróleo. En 1980, el pago de intereses de 1.2 mil millones de dólares y el servicio de la deuda de 3.0 mil millones de dólares representaron respectivamente 6.1 y 14.8% de la exportación total de bienes y servicios (cuadros VI.2, VI.3 y VI.4). La expansión industrial a base de grandes proyectos del sector público, como en México, se hizo sin consideración suficiente de su costo real, de su adaptabilidad a los mercados, de la perspectiva de la exportación de sus productos y, al fin, de la perspectiva petrolera, de la que se dependía mucho.

Brasil. El gigante económico, Brasil, se hallaba en una

situación distinta. En primer lugar, tenía una larga experiencia de exportaciones de productos manufacturados, que se había consolidado desde los años sesenta. La economía brasileña, cuya dependencia respecto al café la había hecho muy vulnerable en años anteriores, requería crecientes importaciones de petróleo y sus productos. No contaba, como Venezuela y México, en su corto periodo de auge, con un producto natural de mercado externo seguro y rápidamente alcanzable. Sin embargo, la economía brasileña, una de las dos más adelantadas en materia industrial en la región latinoamericana, tenía por delante grandes posibilidades, todavía no explotadas, en materia hidroeléctrica, en producción de mineral de hierro y carbón, y en diversos productos agropecuarios, incluso destinados a mercados externos. Brasil vivía grandes contrastes: la pobreza y la marginación en la zona del nordeste, la concentración industrial en el eje Belo Horizonte-Rio-Sao Paulo, las grandes praderas de Río Grande do Sul, la apertura de pastizales en la Amazonia y los vastos territorios inexplorados del interior.

Las disparidades, las grandes fuerzas económicas descoordinadas de los sectores empresariales y el poder de los gobernadores de los estados hacían muy difícil elaborar un plan nacional congruente. Eran cinco economías regionales en busca de un hilo conductor. Se impuso la idea de una planeación nacional que no abarcaba todo lo que debía comprender y que no podía instrumentarse de manera equilibrada y equitativa. Además, el sector público heterogéneo, en constante expansión, tenía enfrente a grupos empresariales con iniciativa propia, de alta capacidad de gestión, y a un sector agropecuario de propiedad privada que contaba con organización e influencia. De cualquier manera, la estrategia industrial fue proteccionista, de sustitución de importaciones, con entendimientos entre el sector público, el empresarial y aun con las fuerzas armadas. Este tipo de relación —coincidente en una visión futura de Brasil como nación capaz de incidir en la problemática internacional— se parecía a las construidas en Europa occidental después de la segunda

Guerra Mundial. Aun las actitudes nacionalistas admitían la participación del capital extranjero, que por lo demás aportaba tecnologías nuevas. Los problemas con el capital extranjero se planteaban más en situaciones concretas que de modo generalizado. Las diferencias sobre el desarrollo de la industria electrónica, la energía nuclear o la explotación de los recursos de la Amazonia se trataban como asuntos de política y estrategia económicas, no como grandes cuestiones de estar a favor o en contra del capital extranjero. También, a diferencia de otros países de la región, el movimiento obrero no había alcanzado una base muy amplia ni desplegado gran fuerza social y política, lo cual permitió el crecimiento industrial sin fuertes presiones de reivindicación salarial, a cambio de un aumento rápido del empleo.

De no haber sido por la vulnerabilidad presentada por las importaciones de petróleo y sus derivados, la economía brasileña habría podido resistir mejor el primer impacto del incremento del precio del petróleo en 1973. Las actividades de exploración de la empresa paraestatal, Petrobrás, no fueron suficientes para revertir esta situación. El sacudimiento de los mercados mundiales del petróleo influyó en reducir la tasa de crecimiento del PIB de Brasil, que había estado aumentando a una media anual de 6.75% en el periodo 1950-1973 (y a 4.75% entre 1973 y 1980). En 1974, al revés por ejemplo de lo ocurrido en México, se redujeron la inversión pública y la privada, el déficit presupuestario aumentó, disminuyeron las reservas monetarias y se elevó la tasa de inflación.

Lo extraordinario de la economía de Brasil durante los años setenta es que, no obstante tener que importar petróleo a los precios impuestos por la OPEP, que entre 1973 y 1978 se elevaron 10 veces, el PIB pudo crecer durante ese periodo, aun cuando no sin inestabilidad interna. Las exportaciones de manufacturas se elevaron al mismo tiempo. El impacto inicial del petróleo más caro pudo absorberse en gran parte gracias a la capacidad de los mercados internacionales para adquirir manufacturas brasileñas. Esta posibilidad no pudo ser aprovechada por otros países semiindustrializados e importadores netos de petróleo, incluso Argentina, y mucho menos por los países menores sin industria de exportación. Además, Brasil desarrolló un combustible sustituto, el gasohol.

La segunda conmoción del mercado petrolero, en 1979, planteó a Brasil un problema de mucha mayor magnitud y complejidad. Al acercarse la cotización del petróleo crudo a unos 35 dólares por barril (cinco veces el precio de 1973), ningún ahorro en el consumo de productos del petróleo y de energía en general podía llegar a ser suficiente. Tampoco podía compensarse a corto plazo el incremento de las importaciones energéticas con mayor exportación de manufacturas, parte de las cuales se dirigía a países de África y del Medio Oriente. La única salida fue un aumento del endeudamiento externo para saldar su balanza de pagos en cuenta corriente. Como en México y Venezuela, no cabía suspender grandes obras de infraestructura ni de construcción de proyectos industriales y energéticos. Se había anunciado ya el programa de construir plantas nucleares y se había iniciado el avance económico hacia tierras de la Amazonia, para lo cual se iniciaba la construcción de carreteras con gran extensión. Las fuerzas armadas, además, como en otros países, modernizaban su equipo de tierra, de mar y de aire, en gran parte mediante importaciones aunque se disponía de capacidad de producción propia y aun de exportación. El equipo militar exportado a países productores de petróleo de otros continentes abrió una nueva línea de intercambio internacional. La industria militar brasileña se vinculó con los nuevos avances en el propio Brasil en las industrias aeronáutica y electrónica.

En el trienio 1978-1980, el PIB de Brasil se incrementó. Muchos problemas principales de la economía, sobre todo en el área distributiva y del transporte, tuvieron que dejarse para épocas más favorables. No había tarea inmediata más importante que la de poder pagar la factura del petróleo importado, controlar la inflación, sostener el incremento de las exportaciones de manufacturas con incentivos si fuere necesario y hacer frente a los pagos de intereses, cada vez mayores, sobre la deuda externa.

En 1980, la deuda externa total de Brasil de 71.5 mil millones de dólares, fue la mayor de la región, con 29% del total de la región.

Argentina. La economía argentina, a diferencia de la de muchos otros países, había tenido un desempeño poco exitoso durante la mayor parte del periodo 1950-1960, aun en su sector agropecuario (véase el capítulo V). Durante los años setenta prevaleció la inestabilidad política como factor negativo para la economía, dadas las profundas disparidades de opinión en la sociedad argentina. La deuda externa, que en 1970 había sido de 5.8 mil millones de dólares, se elevó a 27.2 mil millones de dólares en 1980. El pago de intereses subió en el mismo periodo de 0.3 mil millones de dólares a 2.3 mil millones de dólares, representando, para 1980, 20.8% de las exportaciones de bienes y servicios. La perspectiva de las exportaciones no se presentaba favorable. La producción de petróleo crudo, a cargo de la empresa paraestatal Yacimientos Petroleros Fiscales (YPF), había logrado aumentarse; sin embargo, se requerían importaciones para satisfacer el consumo. Al aumentar el precio del petróleo en 1973, la necesidad de importarlo requería que en Argentina se contara con renglones de exportación fuertes y en aumento, que no fue el caso. Por estas y otras razones y para financiar grandes proyectos de desarrollo, se recurrió al endeudamiento externo.

Argentina, en lucha constante contra la inflación y la inestabilidad, siguió endeudándose, en especial a partir de la segunda gran alza del precio del petróleo en 1979. El aumento de la deuda externa ocurría sin ninguna perspectiva clara de que la balanza de pagos mejorara lo suficiente para atender la mayor factura de intereses sobre la deuda. Hacia el final del decenio 1970-1980, en medio de condiciones de estancamiento y de desmoralización de los inversionistas y ante el descontrol del gasto público, sobre todo para satisfacer los pedidos de las fuerzas armadas, quedó en evidencia que Argentina se dirigía hacia una crisis de gran magnitud.

Los acontecimientos posteriores —en particular la guerra de las Malvinas en 1982— permiten deducir que el sector militar estaba empujando al gobierno a endeudarse cada vez más para sufragar la conformación de una mayor capacidad militar y naval. La tasa media anual de incremento del PIB argentino durante el decenio 1970-1980 fue de apenas 2.9% (estimación a partir de los datos de Maddison 2002, cuadro C2-b, p. 282). Aun con crecimiento demográfico lento, la relación entre el PIB por habitante de Argentina y el de otros países de la región se redujo. Se estima que 8% de la población argentina emigró al extranjero —unos dos millones de habitantes—, en gran medida personal calificado y profesional. No debe extrañar que se llegó a decir más tarde que Argentina fue el primer país "desarrollado" que había transitado de vuelta a una etapa de "subdesarrollo".

Otros países de la región. De conformidad con la nueva y creciente diferenciación en la región latinoamericana, ésta se dio en relación con las diversas experiencias de endeudamiento. Seleccionando unas cuantas, se advierte que *Colombia* siguió un derrotero más prudente que las naciones hasta aquí mencionadas. Dotado este país de una fuerte y bien organizada economía cafetalera, un sector agrícola bastante productivo y una capacidad de exportación de productos industriales y otros, Colombia sacó partido de la cooperación económica y financiera externa ofrecida bajo la Alianza para el Progreso y pudo promover programas y proyectos mucho menos imbuidos de "ímpetus desarrollistas" que otros países de la región. Colombia no se encontraba entre las naciones con mayor PIB por habitante, sino que se ubicaba en un tramo mediano, sin extremos de pobreza. Gran parte de su industria se había centrado en Medellín y se extendía gradualmente a otras ciudades, con capacidad de gestión, apoyo de las instituciones educativas y participación del sector empresarial privado. Las exportaciones estaban más diversificadas y no existían sino importaciones marginales de petróleo. Se habían exportado manufacturas textiles y otras.

En 1970, la deuda externa total ascendía a 2.2 mil millones de dólares y los intereses pagados eran apenas 62 millones de dólares (cuadro VI.3). La deuda pública externa sumaba 1.3 mil millones de dólares y sus intereses 14 millones (cuadro VI.2). La primera conmoción petrolera de 1973 no tuvo gran efecto en la economía colombiana; se absorbió sin que disminuyera mucho la tasa de incremento del PIB y sin una tasa de inflación apreciable. La administración presupuestaria se caracterizaba por seguir pautas conservadoras y el funcionamiento del banco central era ejemplar. Las perspectivas generales de desarrollo del país dependían más bien de la situación política que se había deteriorado bastante a lo largo de 20 años. No obstante, se emprendían nuevos proyectos con cierta continuidad. La deuda pública externa ascendía en 1973 a 1.9 miles de millones de dólares, y los intereses sobre ella constituían 4.8% de las exportaciones totales de bienes y servicios (cuadro VI.2). Como país deficitario en alimentos, le afectó el incremento de las cotizaciones de los granos en 1974. Cuando sobrevino en 1979 el segundo incremento de los precios internacionales del petróleo, la ventaja de Colombia era no haberse endeudado tanto, relativamente, como otros países de la región. El café, su principal producto de exportación, mantenía aún un precio firme. En general, Colombia destacaba como país que ejercía políticas económicas más prudentes que las comunes de la región, lo que le llevó a endeudarse en forma apenas moderada. En 1980, su deuda externa total llegó a ser de 6.9 mil millones de dólares (tres veces la registrada en 1970), con factura de intereses por 688 millones de dólares; esta última suma no fue sino 11.6.% de la exportación total de bienes y servicios, lo que dejaba margen para otras cosas. Es de notar la importancia de la Asociación Colombiana de Exportadores de Café como instrumento regulador de las cosechas y de los precios internos del café, así como que se inició mayor producción nacional de petróleo crudo.

Otro caso de moderación fue el de *Chile*. En 1970, su deuda externa total fue de 3.0 mil millones y la deuda pública externa de 2.1 mil millones de dólares. Después del golpe militar de ese año, la economía chilena, ya vulnerada, no pudo recuperarse a corto plazo. En tres años, la deuda pública externa se incrementó 40%. La tradicional experiencia chilena de "vivir con inflación", con hondos antecedentes, había sido sometida durante el régimen del presidente Allende a algo más que el "populismo desarrollista" de otros países: a una transformación rápida vía el presupuesto y con fuertes medidas regulatorias hacia un régimen económico de tipo socialista, con el control de la industria del cobre, principal producto de exportación. El descontrol presupuestario se impuso, a pesar de los ingresos derivados del sector del cobre. El régimen de la dictadura militar se apoyó en consideraciones nuevas de política económica, precursoras de la apertura y la desgravación, en el contexto de fuerzas del mercado, que más tarde habría de llegar a muchos otros países de la región. Chile fue el primer país latinoamericano de cierta dimensión económica en que se abandonó la tendencia intervencionista de años anteriores y se aceptaron criterios ultraliberales y empresariales en todos los terrenos de la economía (excepto que la industria del cobre permaneció nacionalizada, con participación para las fuerzas armadas). Se aligeró la carga fiscal, se dio entrada libre a las inversiones de capital extranjero, se redujeron las tarifas aduaneras y se eliminaron las disposiciones de control de las importaciones y del tipo de cambio, y la determinación salarial se dejó al libre forcejeo del mercado, con todas sus consecuencias. El efecto inmediato fue bastante negativo, ya que el desempleo aumentó violentamente al cerrarse fábricas que no podían hacer frente a las importaciones; la rentabilidad se trasladó de la industria al comercio de importación. Se hizo subir la tasa real de interés al crearse incentivos para el ingreso de capitales líquidos, con garantía de convertibilidad a sus monedas de origen. Aun antes de 1973, Chile había dejado de ser sujeto de crédito externo de los sistemas bancarios privados internacionales. La dictadura militar se inició con un lastre moderado por el lado del endeudamiento externo y se iniciaron negociaciones para poner al corriente el servicio de la deuda vigente, así como para obtener nuevos créditos de los organismos financieros internacionales y de fuentes bancarias. La deuda pública externa creció en 36% de 1970 a 1973. En este último año se cifraba en 2.8 mil millones de dólares y aumentó en 67% en los siguientes siete años, registrándose en 4.7 mil millones de dólares en 1980. De 1970 a 1980, la deuda pública externa se duplicó (creció en 128%). La deuda externa total aumentó a mayor ritmo, cuadruplicándose en la década para llegar a 12.1 mil millones de dólares en 1980, lo cual implica un mayor endeudamiento privado. Se había absorbido la primera conmoción petrolera porque Chile producía petróleo crudo para abastecer una parte de su demanda, la cual se había reducido por la crisis económica, que a su vez repercutió en menos importaciones y en menor nivel de inversión pública y privada.

En los años setenta y ochenta no logró aumentarse gran cosa el PIB, de manera que la segunda alza internacional del precio del petróleo de 1979 fue absorbida sin mayor daño. Tampoco Chile se endeudó demasiado para pagar sus importaciones de petróleo, como lo hicieron otros países. Sin embargo, la industria del cobre padeció los efectos de la baja de la cotización internacional del cobre electrolítico, a causa de la competencia ejercida por nuevos grandes productores, como Zambia en África, y por las incertidumbres creadas en varios de los países industrializados a causa del petróleo. Sin embargo, Chile mantuvo una política coyuntural de gasto público controlado y dejó en libertad el mercado en todo lo demás. El resultado fue que el PIB no logró subir significativamente durante el resto del decenio, lo que produjo más desempleo urbano y originó un descenso del nivel medio de vida. Durante 1970-1980 el PIB acusó un aumento medio anual de 2.5% (creciendo el PIB *per capita* a una tasa anual promedio de 0.8%), entre 1970 y 1973, de 0.5% (declinando el PIB *per capita* a una tasa anual promedio de –1.3%), y entre 1973 y 1980 de 3.4% (creciendo el PIB *per capita* a una tasa anual promedio de 1.7%) (estimaciones realizadas a partir de los datos de Maddison 2002, cuadros C2-b y C2-c).

Chile inició el siguiente decenio en situación en que el endeudamiento externo no constituyó un factor limitativo para el desarrollo, como ocurría en la mayoría de los demás países; asimismo, Chile no ofrecía ya ninguna perspectiva de industrialización fuera de la industria del cobre, lo que trajo consecuencias importantes para los dos decenios subsiguientes.

Otro caso muy interesante es el de *Costa Rica,* país de Centroamérica que tiene un origen histórico distinto del de los demás, lo que, entre otras cosas, condujo al establecimiento de una democracia participativa firme y ejemplar, sólo interrumpida de modo breve a fines de los años cuarenta precisamente para defenderla y restablecerla. La economía costarricense dependió hasta los años sesenta fundamentalmente de la producción de banano, café y cacao, así como del cultivo del algodón y la ganadería lechera y de carne, esta última en la zona fronteriza con Nicaragua. En 1952, un informe de la CEPAL reportó que no existía ninguna fábrica de calzado, sino sólo talleres artesanales y no se reportaba ninguna otra industria de importancia. No había propiamente un sistema moderno de carreteras, pero sí una corta vía férrea entre la capital, San José, y Puerto Limón en el Atlántico. El principal aeropuerto carecía de pista asfaltada y sólo podía recibir aviones pequeños. No había comunicación terrestre con Nicaragua ni con Panamá. Era un pequeño país tropical, aislado pero en proceso gradual de modernización, poseedor de un buen sistema educativo. En los años cincuenta se unió a los demás países de Centroamérica para iniciar a partir de 1958-1960 un proceso de creación de un mercado común, el primero en América Latina, formulado por los cinco gobiernos del istmo centroamericano con el apoyo técnico de la CEPAL.

En los años setenta, Costa Rica había ya pasado por nuevas etapas en su evolución: un gradual proceso de industrialización con manufacturas ligeras y la producción de materiales de construcción y de insumos de uso agropecuario; mejoramiento de la productividad agrícola; creación de una red eléctrica, basada en fuentes hídricas y térmicas; construcción de infraestructura y comunicación vial transístmica, con servicios de transporte público y telecomunicaciones. Sin embargo, las principales exportaciones seguían siendo el café y el banano, este último todavía en manos de una empresa transnacional norteamericana. Por otro lado, el mercado común centroamericano se abrió a algunas manufacturas costarricenses hasta la gran crisis de dicho mercado a fines de los años sesenta. Costa Rica mantuvo desde el principio una política de promoción industrial autónoma, con protección arancelaria, y una política monetaria y financiera de apoyo al desarrollo nacional, con un sistema bancario nacionalizado y un banco central moderno, sin descuidar en ningún momento la productividad de su sector agropecuario. En los años cincuenta se formuló en la Universidad de Costa Rica un plan nacional de desarrollo, con cooperación de la Secretaría de la CEPAL.

No estaban ausentes en Costa Rica muchos de los problemas de inestabilidad de otros países de la región latinoamericana, entre ellos el déficit presupuestario con sus efectos, la tendencia a la inflación y el frecuente debilitamiento de la moneda frente al dólar. Careciendo de fuentes propias de hidrocarburos, no obstante algunos trabajos de exploración, el alza del precio internacional del petróleo en 1973 tuvo un impacto fuerte en la economía general, con pocas posibilidades de absorción. No era factible economizar en el consumo de electricidad —que se generaba en parte con recursos hídricos, pero que era de uso doméstico general aun para la cocina doméstica, además de las fábricas y el alumbrado público—. El consumo de gasolina iba en aumento por ser el autotransporte casi el único medio de comunicación terrestre interna.

El resultado de los dos incrementos del precio del petróleo fue fuertemente negativo para la economía costarricense y para el nivel de vida, y causante de inestabilidad adicional. El PIB dejó de crecer y parte de la absorción del impacto exterior se transfirió a una reducción de las importaciones generales.

El mercado financiero internacional consideró favorablemente a Costa Rica como país de bajo riesgo, lo que le permitió obtener créditos en condiciones menos desfavorables que otros. También tuvo acceso a los organismos financieros internacionales, incluido el BID, y al Banco Centroamericano de Integración Económica, con sede en Honduras. En materia petrolera, Costa Rica se benefició asimismo del Pacto de San José por medio del cual México y Venezuela apoyaron las necesidades petroleras de los países centroamericanos, sin exigir el pago total en moneda convertible y aceptando un régimen de reinversión en proyectos de desarrollo por los dos países acreedores.

Costa Rica no pudo evitar, por lo demás, algunos aspectos del contagioso ambiente de "populismo desarrollista" que prevalecía en gran parte de América Latina. Se procuraba no cumplir los ajustes solicitados en las crisis por los organismos financieros de Washington, y en particular había resistencia a reducir gastos corrientes, sobre todo en educación y mejoramiento social. No se incurría en gastos militares, pero las tensiones con otros países del istmo centroamericano requerían medidas costosas de seguridad interna. En algunos años el precio del café descendió y el banano estuvo amenazado de problemas de mercado.

La deuda externa de Costa Rica fue pequeña en su monto total, pero se elevó a ritmo acelerado. En 1980 alcanzó un total de 2.7 mil millones de dólares, o sea, 9.6 veces el monto de 1970. En estos 10 años, el pago de intereses pasó de representar 6.0% de los ingresos de divisas por exportaciones de bienes y servicios en 1970 a 14.7% en 1980 (véase cuadro VI.3).

Otro país pequeño presentaba fuertes contrastes: *Ecuador,* productor y exportador neto de petróleo crudo durante el periodo de que se trata. En escala reducida, su situación se asemejaba un poco a la de México, aunque fue miembro pleno de la OPEP. Ya antes del primer aumento del precio del petróleo, el inicio de exportaciones petroleras había traído gran aumento, vía impuestos, a las reservas monetarias de

Ecuador, que se compartían entre las fuerzas armadas y el gobierno. Ello dio lugar desde los años sesenta a planes y proyectos de desarrollo y de derroche. Bajo la Alianza para el Progreso, Ecuador se comprometió a efectuar reformas al sistema agrario, que afectaba en lo principal a la zona de la sierra, así como al tributario, con mejoramiento de programas sociales tanto en la zona costera como entre las comunidades indígenas. El complemento de recursos financieros bajo la Alianza fue relativamente modesto, pues Ecuador contaba con importantes fuentes de divisas: el petróleo, el banano y el camarón. En 1973, la escasa deuda externa se había contraído principalmente con los organismos financieros internacionales, incluida una proporción importante de créditos "blandos". No obstante, el desequilibrio fiscal subsistía y el gasto en armamentos consumía parte de los ingresos derivados de la exportación petrolera. Ecuador, como los demás países, recurrió a los bancos extranjeros poseedores de petrodólares e inició un endeudamiento externo poco prudente. Con el segundo aumento del precio del petróleo en 1979, la situación se descontroló, con una fiebre de gasto. De 1970 a 1980 la deuda externa total había aumentado de 364 millones de dólares a 6 mil millones de dólares, que da un factor de incremento de 16.5, el segundo mayor de la región, solamente superado por Venezuela. En 1980, el pago de intereses fue de 473 millones de dólares, equivalentes a 15.9% de la exportación total de bienes y servicios. Llegó así a una perspectiva muy vulnerable que caracterizó los periodos subsiguientes.

Bolivia, dependiente en sumo grado de la exportación de estaño, que estaba en manos de una industria paraestatal, descansaba en realidad en una fuente inestable de recursos, de ya larga historia desde los años treinta. Su economía estuvo siempre amenazada de inestabilidad durante la posguerra de los años cincuenta y sesenta, debido al excedente mundial de estaño en los mercados que el Acuerdo Internacional era incapaz de regular, con consecuencias siempre deprimentes en los precios. Bolivia había sido un país arrinconado, tradicionalmente, en un sentido tanto real como figurativo. Aislada de las grandes corrientes del comercio mundial, la economía boliviana, de base esencialmente mineral pero con recursos agrícolas importantes en las zonas del trópico y recursos petroleros y de gas natural en las áreas estratégicas limítrofes con Brasil, Argentina y Paraguay, arrastraba un pasado ancestral de gran atraso y miseria, caracterizado además por carencias educativas y de salud, marginación social, con estructuras agrarias del siglo XVI. En 1957, la CEPAL, en su estudio sobre el desarrollo de Bolivia, introdujo por vez primera en ese tipo de trabajos un análisis sociológico-antropológico indispensable para comprender la situación y perspectivas del país (CEPAL, 1957).

Bolivia fue también partícipe importante de los programas internacionales y bilaterales para el desarrollo, en especial los de la Alianza para el Progreso. Tenía una escasa infraestructura de transporte automotor, pero vínculos ferroviarios con Perú, Chile y Argentina. Sus carencias financieras impedían emprender programas de alcance nacional, quedando muchas subregiones, tanto en el altiplano como en la selva, completamente fuera de contacto. No era país que pudiera considerarse sujeto de buen crédito, pero a la postre se endeudó como los demás, sobre la base de que contaba con recursos en hidrocarburos. Su deuda pública externa en 1973, entonces en gran medida de créditos "blandos", sumaba alrededor de 636 millones de dólares. El aumento del precio del petróleo y del gas en los años setenta le fue beneficioso a medias y no resolvió el problema de los déficit presupuestarios crónicos, financiados con emisión de billetes por el banco central. El peso boliviano perdió su valor en forma constante. La industria minera y procesadora de estaño tenía que recibir enormes subsidios para pagar la nómina de la plantilla de mineros empleada en la empresa paraestatal. La inestabilidad política hacía casi imposible mantener continuidad en los programas económicos y sociales. Para 1980 la situación comercial comenzó a debilitarse y la crisis argentina repercutía negativamente en la economía boliviana. La deuda externa total en 1980 se cifró, sin embargo, en 2.7 miles de millones de dólares (apenas 4.3 veces el monto de 1970), pero con pagos de intereses de 220 millones de dólares, que representaban 21.1% de las exportaciones totales de bienes y servicios. Los desequilibrios macroeconómicos eran de tal magnitud que no se encontraba manera de restructurar el endeudamiento en forma que tuviera efectos favorables; a la postre, Bolivia sufrió en esta década un proceso de hiperinflación aguda. El índice de precios implícitos del PIB aumentó en 78% de 1970 a 1973 y de 1970 a 1980 casi se sextuplicó (cuadro VI.5).

En el caso de *Jamaica,* economía de la zona antillana en la que estuvieron presentes muchas de las características de otros países de la región latinoamericana, pero en un contexto institucional heredado de la Comunidad Británica de Naciones que siguió en vigor en muchos de sus aspectos después de alcanzada la independencia en 1962, hubo un caso de moderación.

Sin embargo, en los años treinta se había hecho ver el cúmulo de problemas sociales asociados a la estructura económica colonial que prevalecía en esa isla (MacMillan, 1938), sin que, en parte a causa de la segunda Guerra Mundial, el Reino Unido actuara en ninguna forma. En la posguerra, Jamaica empezó a verse como objetivo turístico y a la vez exportador de mano de obra, mas no hubo cambios en el resto de la economía, que dependía en esencia de la producción y exportación de azúcar, banano y un poco de café. Se sabía de la existencia de yacimientos de bauxita, susceptibles de explotarse para producir alúmina, a base de inversiones canadienses (Maddison, 2001; Urquidi y Canovas, 1991). Junto con *Trinidad y Tabago,* Jamaica encabezó la modernización económica y universitaria de varias ex colonias británicas en el Caribe, la mayoría islas con pocos recursos naturales excepto zonas para instalaciones turísticas, como *Bahamas, Barbados, Antigua, Santa Lucía* y otras. Jamaica duplicó su deuda externa total que llegó a cifrarse en 1.4 miles de millones de dólares en 1980 (cuadros VI.2 y

VI.4), pero su deuda pública externa creció de manera notable desde montos modestos. Se incrementó de 160 millones de dólares en 1970 a 349 millones de dólares en 1973 y a 1.4 miles de millones de dólares en 1980, o sea en 1970-1973 se duplicó, pero más aún, en 1973-1980 se cuadruplicó y a lo largo del decenio se multiplicó en casi nueve veces (cuadros VI.3 y VI.4). Trinidad y Tabago se benefició de hallazgos importantes de petróleo y gas e instaló refinerías, tanto que durante el auge de los años setenta pasó a ser un importante participante en la exportación de productos de petróleo de la región latinoamericana. Su deuda pública externa de 151 millones de dólares en 1973 subió a 712 millones de dólares en 1980, en proporción similar a la de Jamaica. En tierra firme, la ex colonia de *Belice (Honduras Británica),* independizada en 1981, había sido objeto de depredación forestal y producía azúcar y cítricos. La Guayana Británica, convertida en *Guyana* como nación independiente en 1966, había mantenido mínimas incursiones en su gran riqueza forestal y sus depósitos de bauxita.

Jamaica se embarcó en los años sesenta en programas populistas y planes de desarrollo que, en parte, con el apoyo de las inversiones en turismo, crearon empleo. La emigración al Reino Unido, Canadá y los Estados Unidos alivió un poco el exceso de mano de obra no calificada. Las exportaciones de alúmina (bauxita) fueron base para que se interesara el Banco Mundial en extender créditos para el desarrollo general. Jamaica pudo igualmente tener acceso a la banca comercial internacional. Pero la total ausencia de recursos energéticos propios, que obligaba a importar productos petroleros, hizo que los dos aumentos del precio internacional del petróleo recayeran con acentuada fuerza en los intentos jamaiquinos de impulsar su desarrollo. Al mismo tiempo, la cotización internacional de la alúmina se redujo sustancialmente. El consiguiente desequilibrio presupuestario colocó a Jamaica en posición similar a la de Costa Rica, con peligro de caer en moratoria de su deuda externa. Jamaica pasó a una etapa de considerables dificultades económicas y financieras, con los consiguientes ajustes requeridos por los organismos internacionales y las autoridades monetarias extranjeras.

3. Conclusión sobre el endeudamiento externo, 1970-1980

La región latinoamericana, entre los países en vía de desarrollo, fue la que más se endeudó —sobre todo Brasil y México— con la banca comercial internacional durante los años setenta y comienzos de los ochenta. Como se ha explicado, desde los años sesenta se venía perfilando una activa política de desarrollo basada en visiones y planes de largo plazo, pero partiendo de bases tradicionales de baja productividad, sistemas educativos rezagados, sectores empresariales poco evolucionados en general y desequilibrios presupuestarios inerciales. Se dio preferencia a la obtención de crédito externo sobre políticas de atracción de la inversión extranjera directa. A falta de suficiente ahorro interno generado por las propias economías y sociedades de la región, se buscó cerrar la brecha ahorro/inversión con lo que en los documentos de la CEPAL llegó a llamarse el "ahorro externo", es decir, el saldo neto de entradas de capital. La ausencia de reformas tributarias capaces de proveer más recursos a los sectores públicos y de estimular la inversión privada contribuyó a que se mantuvieran y aumentaran los déficit presupuestarios, financiados en parte con los créditos del exterior. Mientras las exportaciones aumentaron para pagar las importaciones de bienes de capital y de productos intermedios requeridos por los procesos de expansión económica, podía cerrarse la brecha externa un poco y hacer frente al servicio de la nueva deuda externa. Todo este esquema se desmoronó a partir de 1981 y en forma aguda hacia mediados de 1982.

Los aumentos del endeudamiento externo entre 1973 y 1980, motivados en gran parte para pagar las facturas petroleras, fueron muy rápidos, a veces violentos y en todo caso excesivos, sobre todo cuando al final, en 1981 y 1982, se incurría en ellos simplemente para cubrir amortizaciones y pago de intereses, sin ningún fin productivo a la vista. Las economías basadas en desarrollo industrial eran, en general, a base de sustitución de importaciones, sistemas cerrados de ultraproteccionismo e ineficacia que no respondían a un proceso lógico, competitivo y de resultados sólidos de industrialización y de innovación tecnológica. Mucho menos promovían la exportación de manufacturas para compensar los vaivenes de la exportación de productos básicos, u originaban el surgimiento de mayor diversidad en ex portaciones agropecuarias y mineras. Cuatro países —Brasil (71.5 mil millones de dólares), México (57.4 mil millones de dólares), Venezuela (29.4 mil millones de dólares) y Argentina (27.2 mil millones de dólares)— generaron para fines de 1980 un *total de deuda externa* de 185.5 mil millones de dólares (correspondiendo a los dos primeros casi la mitad de la región latinoamericana), teniendo así a su cargo 76% de la deuda total de la región latinoamericana (cuadro VI.3). La factura de intereses de esos cuatro países representó desde 13.8% de sus exportaciones de bienes y servicios (es el caso de Venezuela) hasta 33.9% (Brasil). Los demás países asumieron una deuda externa de 57 000 millones de dólares, algunos con menor incidencia del pago de intereses, pero en algunos casos con endeudamiento *per capita* más elevado.

El factor crítico para la mayoría de los países, so pena de caer en moratoria y cerrarse así el acceso a nuevos créditos del exterior, fue el tener que destinar tan elevados porcentajes de sus ingresos en divisas a cubrir intereses de la deuda. En la medida en que no se obtuvieran nuevos créditos, había que pagar las amortizaciones, a costa de nuevos proyectos de desarrollo.

Los excesos de gente pública y de endeudamiento externo ocurrieron en corresponsabilidad con la comunidad financiera internacional, por descuido y aun por indiferencia. En el caso de los bancos comerciales que ofrecieron sus petrodólares con mucha facilidad e imprudencia, el objetivo fue el de buscar ganancias rápidas. La crisis de 1982, cuando culminó el proceso de endeudamiento externo, no fue prevista adecuadamente por los países que dominaban las políticas de los organismos financieros internacionales y que pudieron además haber influido en los criterios de los grandes centros bancarios internacionales. Tampoco se actuó con la diligencia necesaria para resolver los grandes problemas financieros internacionales; se impusieron normas de conducta financiera a los países deudores, que en el mejor de los casos sólo se podían cumplir en forma parcial y poco eficiente. Los ingresos extraordinarios que cinco países de la región latinoamericana —Venezuela, México, Colombia, Ecuador y Trinidad— obtuvieron por la exportación de petróleo crudo a precios determinados por la OPEP a partir de 1973 hasta 1981-1982 (y en muchos casos más allá, hasta 1985) no se colocaron en reservas adecuadas para hacer frente a emergencias futuras. En casi todos los casos se mantuvieron además tipos de cambio fijos ante situaciones inflacionarias que terminaban por crear monedas sobrevaluadas, las cuales, ante cualquier incertidumbre, conducían a fugas de capitales precursoras de depreciaciones monetarias incontroladas y causantes de nuevos aumentos inflacionarios.

Fue una etapa de la historia económica que no iba a repetirse, pero que tuvo el efecto de dañar por su base, a largo plazo, las posibilidades de las economías latinoamericanas para hacer frente a las nuevas etapas del desarrollo que vendrían hacia fines de siglo, en nuevos contextos políticos y económicos globales. En suma, la inestabilidad *interna* aguda surgió a su vez de la inestabilidad *externa,* pues ésta se reflejó en situaciones negativas en lo fiscal y presupuestal.

4. Las monedas sobrevaluadas y sus consecuencias

En forma simplificada, se supone que los valores de las monedas nacionales en relación con las demás, en el mercado internacional de divisas, deben reflejar el poder de compra relativo de la moneda nacional expresado en otra moneda o en un talón o patrón internacional comúnmente aceptado.

Así, un peso o un bolívar, un sucre o un escudo "equivalen" en el mercado internacional a tantos centavos de dólar o a tantas pesetas o fracciones de libras esterlinas, francos franceses, marcos alemanes, etc., y viceversa (y ahora se añaden los euros).

Cuando rigió el patrón oro en el siglo XIX, las monedas nacionales se expresaban en función de tantos gramos de oro, lo que permitía, por intermedio del oro (en barras, lingotes o monedas) calcular los valores corrientes externos de las monedas. Se suponía, según los libros de texto, que si la demanda nacional de una moneda extranjera aumentaba por incremento de las importaciones o por emigración de capitales nacionales, el tipo de conversión se aproximaría a un punto en que costeaba más comprar oro y transportarlo a otro país, con las consecuencias que tuviera esa salida de oro en el medio circulante nacional, y en sentido contrario en los medios circulantes de los otros países, hasta que se corrigiera casi automáticamente el saldo comercial o de movimientos de capital por medio de ajustes en los precios o en las tasas de interés.

En el siglo XX empezó a prevalecer el llamado patrón de cambio-oro, que no requería movimientos físicos de oro sino que los saldos se compensarían vía los bancos centrales, en referencia a un precio fijo del oro. En 1934, el precio del oro, teóricamente de 20.67 dólares la onza, llegó a subir a alrededor de 28 dólares, lo que provocó que el gobierno de los Estados Unidos lo fijara en 35.00 dólares la onza, o sea que devaluó el dólar. La Conferencia Mundial de Economía convocada por la Sociedad de Naciones en Londres en 1933 no había tenido éxito, sobre todo para los Estados Unidos, de manera que se tomó una decisión unilateral que convenía al presidente Roosevelt para estimular la economía norteamericana. El precio de 35.00 dólares la onza prevaleció hasta 1971 y fue el patrón de referencia en la Conferencia de Bretton Woods de 1944, en que se fijaron las paridades-oro de las monedas de los países participantes (véanse Condliffe, 1950, p. 722 y Kindleberger, 1986, p. 233).

Después de la primera Guerra Mundial, Gran Bretaña permaneció desligada del patrón oro durante algunos años. La libra esterlina había sido una moneda de referencia y convertibilidad durante el siglo XIX. En la región latinoamericana, Argentina, Uruguay, Brasil, Chile y Perú tuvieron vínculos con la libra esterlina en virtud de sus relaciones comerciales con aquel país. Como resultado de los arreglos y ajustes de la posguerra, y la transición de los Estados Unidos de país deudor a país acreedor, fue necesario que se volvieran a alinear las diferentes monedas del comercio internacional, pero hubo resistencia en muchos países. La inestabilidad monetaria y la inflación en Francia, y la hiperinflación registrada en Alemania en los años veinte no fueron conducentes a la normalización de las relaciones comerciales y financieras. Las nuevas deudas de tiempo de guerra y la controversia sobre las indemnizaciones de guerra exigidas a partir de 1919 a Alemania fueron a su vez factores exógenos en una situación de difícil normalización. En medio de esa incertidumbre, Gran Bretaña resolvió volver al sistema del patrón de cambio-oro en 1925, pero a una paridad que los economistas destacados de la época (por ejemplo, Keynes) juzgaron que constituía una sobrevaluación de la libra, es decir, un tipo de cambio que no reflejaba la relación de paridad del poder de compra al asignar a la libra, en moneda extranjera, un valor superior a su verdadera capacidad de compra, que sólo podría mantenerse a costa de las reservas de oro británicas y mediante una política deflacionista. En ese periodo aumentaba el desempleo y se extendía la problemática social. No se definía aún la economía internacional de la época: se pensaba que el auge de la economía norteamericana en los años veinte podía concluir con una fuerte recesión, como en efecto ocurrió, pero casi nadie lo previó. En el mundo de la teoría monetaria, la explicación de los tipos de cambio en función de las paridades del poder de compra relativo la mantenía sobre todo el economista sueco Cassel; mientras Keynes y otros eran partidarios de un sistema administrado de monedas, es decir, sin reglas de aplicación automática (Kindleberger, 1986 y Keynes, 1919).

Empezaron a aparecer situaciones similares en la región latinoamericana. Varios países se adherían, al menos nominalmente, al régimen de patrón de cambio-oro —Argentina, Brasil, Chile, México y otros—, pero con interrupciones y frecuentes dificultades para mantener la paridad oficial. Varios tenían larga historia de inconvertibilidad, con consiguientes depreciaciones y al fin devaluaciones de la moneda hasta que se determinara una nueva paridad. Durante los años veinte, México (según se explicó en el capítulo II, sección 1) mantenía un régimen jurídico de patrón oro, incluso con circulación de monedas de oro, pero en la práctica prevalecía la depreciación, que se medía por la tasa de descuento de las monedas de plata respecto al oro (no circulaban billetes sino en insignificante proporción). Argentina estaba en un sistema ortodoxo, hasta la depresión de los años treinta, cuando los países latinoamericanos tuvieron que dejar que sus monedas se depreciaran y fluctuaran, en virtud del descenso de sus exportaciones; en muchas ocasiones, se impusieron controles de cambios. En 1944, en la Conferencia Monetaria y Financiera de las Naciones Unidas, efectuada en Bretton Woods, 19 países latinoamericanos aceptaron el nuevo sistema de tipos de cambio administrados —que eran de especial interés para las naciones más importantes: los Estados Unidos, Gran Bretaña, Francia y Canadá. Los gobiernos se adhirieron al FMI declarando tipos de cambio expresados en paridad con el oro, siendo el ancla el dólar ligado al oro a 35 dólares la onza, pero en un nuevo régimen que admitía modificaciones a los tipos de cambio que fueron acordadas con el FMI y créditos a corto plazo de este último organismo. Los países que temían padecer escasez de dólares, sobre todo Gran Bretaña, mantuvieron restricciones cambiarias y dejaron pasar algún tiempo antes de asumir plenamente los compromisos con el FMI, como ya se ha explicado. En América Latina, algunos países como México y los centroamericanos, además de acordar su paridad asumieron el compromiso de no imponer restricciones cambiarias a las transacciones corrientes; otros, en cambio, las mantuvieron.

En los regímenes de control de cambios y de restricciones varias a las importaciones aceptados temporalmente por el FMI, la tentación de establecer tipos de cambio diferenciales para diversos renglones de exportación fue fuerte, por ejemplo: tasas de castigo para el petróleo en Venezuela, el cobre en Chile, el café en Brasil y Colombia, los cereales en Argentina, como medio para captar una parte de las ganancias de esos sectores exportadores. Todos estos sectores recibían precios y pagos en dólares y operaban con costos obreros bajos. En México, si bien el tipo de cambio que se fijaba era único, existía desde 1938 un impuesto a la exportación (llamado el impuesto de aforo) de 15% sobre un valor oficial asignado a cada producto importante, con el cual se captaba parte de la ganancia cambiaria cuando ocurría una devaluación, como fue el caso ese año; así, México de hecho practicó en la posguerra un sistema de tipos de cambio múltiples. Bajo ciertas condiciones respecto a la inelasticidad de la demanda externa, estos sistemas incrementaban el ingreso en divisas y, en el caso de exportaciones de productos básicos estratégicos como el petróleo, el cobre, y los metales no ferrosos, actuaban como un medio para gravar las utilidades de las empresas extranjeras o nacionales exportadoras de aquéllos. Si el mercado internacional amenazaba a la competencia, el impuesto a la exportación, o en su caso el tipo diferencial, podía ajustarse.

En algunos países, se establecieron tipos de cambio diferenciales aplicables asimismo a las importaciones. Los gobiernos, por medio de los bancos centrales, asignaban un tipo de cambio correspondiente a un poder de compra elevado, es decir, abarataban el costo de la moneda extranjera para sus operaciones directas con el exterior, por ejemplo, importaciones de alimentos básicos, insumos indispensables como el petróleo, los abonos químicos, el acero, y para el pago de servicios oficiales y amortización y servicio de la deuda externa. A las importaciones a las que se quería aplicar restricciones por encima de las dispuestas en las tarifas arancelarias, o que se consideraban "no esenciales" o "prescindibles", se les aplicaban tipos de cambio de menor poder de compra con el fin de que actuaran en forma proteccionista. Algunos países establecieron categorías gruesas de productos y tenían facultad para trasladar productos de una categoría a otra según las necesidades. En otros países se exigieron "depósitos previos" para otorgar permisos de importación o permisos de compra de divisas, lo que significaba un costo adicional para el importador al tener inmovilizados sus recursos por semanas o meses. En los años cuarenta se propusieron para Argentina y se aplicaron en Paraguay sistemas de licitación de divisas para diferentes categorías de importaciones, a base de un tipo inicial determinado por las autoridades. Más tarde se aplicarían también en Brasil.

Bajo estos sistemas y como medio para estimular las exportaciones, se podían efectuar exportaciones no básicas o "no tradicionales" por medio del mercado al que se asignaban divisas libres al tipo de cambio resultante de las operaciones, o bien a tipos predeterminados, o a tipos con descuento prefijado sobre el tipo oficial básico de venta de divisas por la autoridad cambiaria.

Como bien puede suponerse, estos sistemas cambiarios, sobre todo los practicados en Argentina, Brasil y Chile, podían volverse extremadamente complejos y estaban sujetos a discrecionalidad por parte de las autoridades. El FMI empleó gran parte de sus primeros años de actividad en colaborar en intentos de simplificar y racionalizar estos sistemas en algunos de los países de América Latina, con vistas a una gradual liberación amplia de los mercados cambiarios conforme a los objetivos básicos de ese organismo. (Argentina, que no participó en la Conferencia de Bretton Woods, no se hizo miembro del FMI sino hasta 1956.)

El caso de Venezuela fue muy ilustrativo de las distorsiones a que podían llevar los tipos de cambio diferenciales. En todo el periodo 1950-1980 (y hasta más recientemente) se mantuvo un tipo sobrevaluado de 3.06 bolívares por dólar para las operaciones de las compañías petroleras extranjeras y para determinadas transacciones financieras, de manera que las empresas del petróleo adquirían bolívares a ese tipo para el pago de las nóminas y sus demás costos locales. Otras exportaciones, por vía de estímulo (por ejemplo, de cacao, café y azúcar), se hacían a un tipo más favorable al exportador. El tipo de cambio general para las importaciones lo fijaba el banco central en 4.15 bolívares por dólar, o sea, un diferencial de 24% en términos de dólar. Que este diferencial fuera un impuesto a las exportaciones o un impuesto general adicional a las importaciones no viene mucho al caso visto a gran distancia, puesto que en Venezuela los salarios tendieron rápidamente a aumentar por encima de los demás niveles salariales latinoamericanos y con ellos los costos (calculados al tipo básico de exportación), lo que dio a Venezuela la reputación de ser un país de "moneda dura", y a la ciudad de Caracas de ser la más cara en América para el turista y el visitante temporal. Lo evidente es que, aparte de cómo se calcularan los costos fuera del sector petrolero, se había adoptado un sistema de moneda sobrevaluada que impedía las exportaciones agrícolas y que no favorecía el establecimiento de nuevas industrias a cambio de inducir toda clase de importaciones de consumo directo, y que introducía múltiples deformaciones en el sistema de precios.[5]

Lo anterior ayuda a comprender que el simple cálculo de paridades de poder de compra para juzgar el efecto de los tipos de cambio y de las políticas cambiarias en la región latinoamericana, aun cuando fuera técnicamente correcto, no podía aplicarse fácilmente. Existen abundantes escritos acerca de los peligros de comparar precios a tipos de cambio nominales y aun a tipos de supuesta paridad de poder de compra, por ejemplo: convertir cifras construidas en soles, pesos, bolívares, sucres, reales, en dólares al tipo del día o del mes, y sacar conclusiones de tales cifras, por ejemplo, de

[5] Al entrar, en 1948, en calidad de economista financiero del Banco Mundial, le correspondió redactar un informe sobre la economía de Venezuela en que se hizo ver esta problemática. Debido al golpe de Estado ocurrido en Venezuela en septiembre del mismo año, dicho informe jamás fue entregado por el Banco Mundial al gobierno de ese país. En consecuencia, tampoco figura en la bibliografía compilada para la historia del Banco Mundial.

cuentas nacionales, crecimiento del PIB, datos de PIB por habitante, costos del trabajo, etc. Las comparaciones internacionales requieren ajustarse mediante "canastas" de precios de los bienes y servicios que tengan en cuenta el poder de compra real entre los países que se comparan, lo que, por ejemplo, permite calcular series con datos en dólares calculados con poder de compra constante, con las ponderaciones necesarias.[6]

De esta manera se deben comparar también los niveles salariales, las tarifas eléctricas, los precios de los combustibles y de los productos agrícolas y cualquier otra variable expresada en monedas nacionales latinoamericanas, por difícil que parezca.[7] Las dificultades metodológicas son numerosas, por ejemplo: la diferente proporción de bienes comerciables, es decir capaces de ser objeto de comercio internacional y no comerciables, como la vivienda y la mayor parte de los servicios directos al consumidor, sean personales o públicos, que no son objeto de comercio internacional y que van incluidos en la canasta.

Por ello, aun los cálculos con la paridad del poder de compra son apenas aproximados. Es también difícil decidir cuál deba ser el año base del tipo "real" de cambio para con el mismo poder de compra estimar los grados de sobrevaluación o subvaluación de una moneda nacional en relación

[6] El trabajo estadístico pionero corresponde en esta materia, en referencia a Europa, a Irving Kravis y asociados, iniciado en la OCDE y después extendido a otros ámbitos. Véase su actualización en Kravis, Heston y Summers (1978 y 1982). El Banco Mundial y las Naciones Unidas corrigen las cifras de las cuentas nacionales con las paridades de poder de compra para hacer comparaciones internacionales. Las cifras de Maddison empleadas en esta obra están en "dólares internacionales", como se ha explicado en la nota 1 del capítulo I.

[7] Durante los años sesenta tuvo vigencia un programa de investigación auspiciado por Naciones Unidas y el BID, designado ECIEL (Programa de Estudios Conjuntos sobre Integración Económica Latinoamericana), ubicado en la Institución Brookings de Washington, Estados Unidos, proyecto a cargo de Joseph Grunwald (después trasladado a Brasil a cargo de Felipe Herrera), por medio del cual se hicieron estudios especiales de ingreso y gasto familiar en varios países de la región latinoamericana, con objeto de calcular las canastas de bienes utilizables para corregir las comparaciones hechas antes que no tenían en cuenta el distinto poder de compra de las monedas.

con las exteriores en un periodo determinado. Cuando la relación económica de un país es con varias naciones del exterior y no se concentra predominantemente en uno solo, surge además la necesidad de comparar la paridad nacional con la de una canasta debidamente ponderada de monedas extranjeras de países con los cuales se comercia. En naciones donde no había plena convertibilidad de la moneda, podía resultar casi imposible establecer la comparación de las paridades de poder de compra. Además, los factores de corrección podían variar a lo largo de los años.

No obstante todo lo anterior, las monedas sobrevaluadas, comoquiera que se calcularan, acabaron por manifestarse generalmente como impedimento a las exportaciones tanto tradicionales como "no tradicionales", incluidas las manufacturas, como ha ocurrido repetidas veces en México, Argentina, Brasil o Chile u otros países de la región. También se manifestó la sobrevaluación al hacer demasiado fáciles las importaciones, es decir, abaratándolas con exceso en perjuicio de sectores productivos internos y de proyectos nuevos de inversión. La obtención de bienes y servicios en el exterior fue más conveniente que adquirirlos en el país. Ello redujo las reservas monetarias y en particular las disponibilidades para pagar importaciones de bienes esenciales, y fomentó influjos de capitales especulativos a corto plazo. La sobrevaluación terminaba, al fin, por bloquear las exportaciones tradicionales de productos básicos en la medida en que los ajustes salariales y de otros costos que acompañaban el proceso inflacionario iban incidiendo en los costos en general. La sobrevaluación reducía los ingresos tributarios y las entradas de divisas.

En la mayor parte de los países de la región latinoamericana de los años cincuenta a los sesenta, la tendencia general fue la de mantener la paridad que se convino inicialmente con el FMI y manipular tipos de cambio diferenciales y otras restricciones al comercio (tanto arancelarias como de otro orden), así como incentivos y subsidios a las exportaciones. A veces, la diferencia o "banda" entre los tipos de cambio básicos y los aplicables a las importaciones fue tan amplia que tuvo al fin, inevitablemente, que ajustarse el tipo básico aplicable a las exportaciones, o sea, establecer una devaluación de facto. Es decir, no podía seguir la sobrevaluación sino que tenía que superarse, casi siempre demasiado tarde, para empezar de nuevo con un supuesto tipo de cambio "de equilibrio", apoyado en un crédito contingente *(standby)* del FMI. Algunos países mantuvieron tipos de cambio sobrevaluados durante periodos bastante largos y llegó a establecerse una relación inversa entre el valor de la moneda nacional en dólares y el grado de protección arancelaria, siendo necesario aumentar ésta en la medida en que la sobrevaluación duraba más tiempo y se intensificaba. México, por ejemplo, empezó a padecer sobrevaluación en los años sesenta, después de un periodo de subvaluación, y en seguida una tasa de inflación moderada se transformó, sobre todo a partir de 1971, en una de inflación acelerada con menor tasa de crecimiento del PIB. Pero no se practicó ningún ajuste oportuno y en 1976, bajo presiones inflacionarias más intensas, incrementos muy fuertes del gasto público corriente y de inversión y, al fin y al cabo, una pérdida de confianza en la moneda, México tuvo que corregir la sobrevaluación con una devaluación, a un gran costo social. De ahí en adelante se abrió un periodo de inestabilidad monetaria. En los años ochenta, México volvió a permitir que se sobrevaluara la moneda, bajo presiones inflacionarias todavía más poderosas, hasta que el colapso de la confianza, en combinación con la crisis de la deuda externa, ocasionó una devaluación radical del peso a principios de 1982 (véase el capítulo IX, sección 1).

En Venezuela se produjo un proceso similar, en la medida en que la inestabilidad de los años setenta, en conjunción con la fuerte ampliación del gasto público y el aumento frenético del privado, ocasionaron casi por primera vez presiones inflacionarias. El valor tradicional del bolívar, sobrevaluado, se mantuvo en su falsa paridad, en gran parte como cuestión de prestigio y también como instrumento en las negociaciones para la nacionalización de las empresas petroleras, y además con objeto de contabilizar las importaciones del sector público a un tipo de cambio más bajo en bolívares (sobrevaluados). Las reservas monetarias venezolanas durante los años setenta fueron las más elevadas de América Latina, tanto en términos absolutos como en relación con la necesidad de pagar importaciones. El problema principal del banco central, aparte de tratar de estabilizar o esterilizar el medio circulante resultante de la entrada extraordinaria de divisas, fue el de cómo invertirlas, a la luz de la inestabilidad de las monedas en los mercados mundiales: si en oro, dólares, marcos u otras monedas. A la postre, Venezuela tuvo que ajustar, primero, su llamado tipo de cambio libre y, por último, su paridad.

En Guatemala y El Salvador, durante los años setenta, se impusieron controles de cambio sobre movimientos de capital y al fin sobre las importaciones, en parte como resultado del efecto del aumento de los precios de los productos petroleros, de los que eran importadores. Se mantuvieron sobrevaluadas sus monedas, que tenían una tasa fija con el dólar desde largos años atrás. Nicaragua y Costa Rica, cuya historia reciente comprendía depreciaciones cambiarias y devaluaciones, las continuaron durante este mismo periodo de inestabilidades. Ecuador, Perú y Bolivia se movieron en la misma dirección. Ecuador, no obstante presiones inflacionarias fuertes, evitó hasta cierto punto la sobrevaluación de su moneda, y Colombia representó una buena administración macroeconómica, con un aumento más prudente de su deuda externa.

Ningún país pudo evitar la sobrevaluación. Chile había tenido la experiencia más larga en el siglo XX de un proceso de inflación-devaluación-inflación,[8] con largos periodos de sobrevaluación. A fines de los años setenta, al aplicarse una política monetaria y financiera radicalmente distinta después del experimento allendista, basado en las "fuerzas libres del mercado", con el resultado de un aumento de las importa-

[8] El periodo hasta 1962 analizado magistralmente por Hirshman (1963) y el de 1962 a 1987 por Sheahan (1990).

ciones así como del influjo de capitales, se logró mantener un tipo de cambio "real", al parecer, durante un corto periodo. Pero no tardó en llegar la sobrevaluación y fue necesario el ajuste. Una reforma monetaria llevada a cabo en 1974 introdujo una nueva unidad de moneda, el escudo, pero con ella no se mantuvo la estabilidad por mucho tiempo.

Por último, Brasil y Argentina, habiendo iniciado durante los años sesenta un amplio espectro de exportaciones no tradicionales, entre ellas importantes renglones de manufacturas (véase Simón Teitel y Thoumi, 1986, pp. 457-490), y habiendo aplicado, sobre todo Brasil, la técnica del tipo de cambio "reptante" o de deslizamiento programado en minidevaluaciones, a fin de no desestimular las exportaciones, entraron al decenio turbulento de los años setenta con fuertes inestabilidades y graves problemas de divisas. Las exportaciones de manufacturas siguieron aumentando y representaron mayor proporción de las exportaciones totales, pero también se acentuaron las tendencias inflacionarias. Ambos países se hallaron en la situación conflictiva de tratar de mantener un tipo de cambio de base, controlado y sobrevaluado, permitiendo a la vez un mercado paralelo o libre. A la postre, al ser necesarios sucesivos ajustes devaluatorios, desaparecía la sobrevaluación. Que al final del decenio, después de las dos conmociones en el precio del petróleo en 1973 y 1979 y sus efectos inesperados, surgiera un tipo de cambio "real" resulta bien dudoso. Por lo menos en Argentina, la liberalización de la política monetaria y financiera intentó, por medio de tasas de interés muy elevadas y de una moneda sobrevaluada, atraer capitales del exterior —esta política, no obstante, no podía durar.

Puede concluirse que la existencia de desequilibrios internos, en esencia la brecha entre ahorro interno e inversión y el déficit presupuestario, requería que en su administración o solución interviniera asimismo la política sobre el tipo de cambio, con la necesidad, no común, de que todos los sectores interesados la entendieran plenamente y la evaluaran de manera continua. La sobrevaluación de la moneda daba lugar con frecuencia a que se intensificaran los desequilibrios, tanto los internos como el externo. En determinadas circunstancias, el corregir radicalmente la sobrevaluación tendría efectos desequilibrantes inmediatos y acentuaría la tendencia inflacionaria, pero al absorberse sentaría las bases para una nueva etapa de incremento de la economía aun cuando fuera en condiciones difíciles. *A posteriori* resulta difícil, casi imposible, afirmar en qué medida y con qué velocidad debió hacerse la corrección por sobrevaluación. La mayor parte de los países se resistía a efectuar una corrección aun moderada y oportuna de su tipo de cambio sobrevaluado, lo que daba lugar a que quedaran sembradas en el sistema económico las semillas de correcciones posteriores abruptas y desestabilizadoras.

5. Las políticas económicas inoperantes

Durante los años ochenta, en los momentos álgidos de los ajustes motivados por el excesivo endeudamiento externo y su elevado costo real, y en los casos verdaderamente graves de estrangulamiento financiero y económico, se debatía mucho sobre por qué se había incurrido en tanta deuda onerosa. Contrariamente a la impresión que pudieran dar los medios y los análisis coyunturales tan comunes que llegaban a la opinión pública, dicho fenómeno, como se ha visto, no es susceptible de explicación sencilla. Puede sostenerse que muchos de los problemas profundos de las economías de la región latinoamericana no eran en modo alguno susceptibles de resolverse por la vía del mercado, es decir, mediante cambios en los precios relativos y las acciones y reacciones de actores económicos privados, en el contexto de la noción de mercado, sin intervención estatal. Este tipo de problema fue quedando aplazado, sin solución. En parte podía ayudar a resolverlos la llegada de ahorros del exterior —un influjo neto moderado de capital desde afuera—, como aconteció en cierta medida durante los años sesenta, con el apoyo de los organismos financieros internacionales, de los programas bilaterales o aun del sistema bancario internacional. Mas también era evidente que el ahorro externo no podía lograr los resultados que una buena canalización del ahorro interno sí hubiera obtenido. Para emplear eficazmente la disponibilidad de ahorro interno se requería una contraparte en el sector de la balanza de pagos, ya fuera un aumento del saldo comercial exterior para acumular reservas de divisas con las que pudieran financiarse las importaciones que fueren necesarias, o una entrada neta de capitales que hiciera las veces de esa acumulación de divisas, o ambas cosas en cierta proporción. En este proceso resultaba de primera importancia el origen del ahorro interno y su asignación o aplicación específica. Si este ahorro tenía su origen en el sector privado —remanentes adicionales en los ingresos de las empresas o mayores excedentes de ingresos sobre gastos en la economía personal o familiar—, ¿cuáles serían los mecanismos concretos mediante los cuales se podría transferir (asignar) el ahorro a las inversiones privadas que el desarrollo podía requerir? Si la inversión privada proyectada iba a ser inferior a la disponibilidad del ahorro privado, ¿podría el "excedente" de éste ser absorbido mediante impuestos, o mediante colocación de títulos de deuda interna, para hacer posible efectuar mayores gastos públicos? Más aún, ¿podría el sector público contribuir al "ahorro nacional", es decir, podría mantenerse el gasto corriente del sector público por debajo de los ingresos corrientes, para que este "excedente" se asignara a financiar la inversión pública? En este caso, el sector de ingresos privados estaría transfiriendo parte de su ahorro virtual o potencial al sector público para el financiamiento de actividades de beneficio común.

Ello planteaba a su vez la necesidad de definir cuál sería el beneficio común: ¿el gasto público podía considerarse eficiente o aun necesario?, ¿no podía el propio sector privado haber sido inducido a llevar a cabo las tareas económicas de las que el sector público tendía a hacerse cargo?

Cuando se trata de montos generales, agregados, por

más que sean útiles para juzgar o precisar los equilibrios macroeconómicos, no es posible evaluar la calidad del gasto en desarrollo, ya sea el del sector público o el del privado. Si no todo el gasto público ha sido conveniente o eficiente, lo mismo puede decirse del gasto privado. ¿Necesita un país edificios de gran lujo para oficinas, o en su lugar edificios para vivienda que solicitan las familias de clase media a precios razonables de compra u alquilables por sumas también moderadas? El gobierno de una ciudad, ¿debería hacer inversiones en centros de disfrute social? El sector privado, ¿debería construir escuelas y universidades? Y así sucesivamente; no existen respuestas nítidas a estos dilemas. Tampoco puede hacerse juicio semejante en la evaluación del sector público: ¿deberían edificarse escuelas de enseñanza primaria o en su lugar institutos de investigación científica?, ¿pequeñas clínicas en lugares apartados u hospitales grandes modernos de alta tecnología médica en las grandes ciudades? Los gobiernos locales ¿deberían instalarse en locales alquilados o debieran construir esperpentos arquitectónicos para asentar en ellos sus crecientes e infladas burocracias?

No puede pensarse en ningún aspecto de un programa de desarrollo que no sea susceptible de examen crítico y enjundioso para poder evaluarlo ya sea desde el punto de vista económico, social o político y ahora también ambiental. A lo largo de los años se iniciaron numerosos programas, se continuaron y se cumplieron con plenitud. Otros fracasaron. A muchos de los programas se asociaron recursos específicos del exterior, y esa cooperación internacional se juzgó buena o mala según el éxito o el resultado concreto que hubiesen alcanzado los proyectos. Con frecuencia, la posibilidad de llevar a cabo un proyecto público o privado dependió de si se obtendría financiamiento del exterior. A veces el respaldo financiero dado por un gobierno o por fuentes privadas tuvo pleno éxito; en otros casos, se llegó a la bancarrota o fue preciso incurrir en fuertes subsidios para que no se clausuraran los proyectos.

Lo anterior puede ocurrir en cualquier sistema económico, y en la región latinoamericana no estuvieron ausentes los dilemas mencionados o las modalidades con que se definían los proyectos, las buenas y las menos buenas y aun las peores. Lo que llama la atención en los países de la región latinoamericana, sin embargo, ha sido la enorme dificultad para mantener congruencia y continuidad en las políticas de desarrollo. Los desequilibrios de origen externo no pudieron casi nunca contrarrestarse, pero dejaron repercusiones y huellas que a su vez reforzaron los desequilibrios internos o los generaron. Por otra parte, los obstáculos que se interpusieron a los proyectos de las buenas políticas fiscales, a una planeación presupuestaria racional o a una armonización y coordinación adecuadas en el sector público, solían vulnerar el equilibrio externo y a su vez generar acontecimientos de carácter desequilibrante. Si ocurrían cambios unilaterales o imprevistos entre los ahorradores y los inversionistas privados, o desplazamientos de la demanda, sus efectos en toda la economía interconectada no siempre se podían prever con precisión. Las estrategias del sector público a largo plazo resultaron con frecuencia puestas en jaque por emergencias o crisis financieras y cambiarias coyunturales, y en estos casos el tratamiento o solución de los problemas inmediatos impedía sostener la atención que se requería prestar a los problemas de plazo mediano y largo.

Cuando prevalecieron condiciones más estables durante los años cincuenta y sesenta, cuando en especial la economía y el comercio mundiales crecían en general a buen paso y en forma estable en una perspectiva de lograr de manera continua, sin sobresaltos financieros ni cambios violentos, resultados favorables, la tarea de establecer estrategias adecuadas de desarrollo en la región latinoamericana fue de por sí un proceso político-económico y social bastante difícil de definir, armar y poner en marcha. Cuando surgió la inestabilidad económica y financiera de los años setenta, acompañada inevitablemente de inestabilidades internas, que se han tratado en el capítulo VII y el actual, esa tarea se volvió mucho más difícil desde cualquier punto de vista. Falló la cooperación internacional, entraron en juego movimientos incontrolados, agresivos, de capital, se perdió la solidaridad entre numerosos grupos de países, aun entre aquellos en vía de desarrollo como resultado de las políticas petroleras y en general las energéticas, y se generaron en los países petroleros o petrolizados expectativas poco realistas, como en México, Venezuela, Ecuador, Colombia y Trinidad y Tabago. Fallaron las políticas económicas tradicionales, incluso las de fomento o promoción y aun más las de mantenimiento de la estabilidad de los precios y los salarios, por falta de concepciones claras de la problemática, de instrumentos para manejarla y, sobre todo, de capacidad para evitar fuertes presiones de los diferentes grupos de intereses privados y públicos, que procuraban salvar su pellejo sin considerar los intereses de la colectividad.

Como ha sido evidente en la historia económica de los países de la región latinoamericana en relación con los metales preciosos, el nitrato, el cobre, el estaño, el henequén, el caucho, el azúcar, el algodón, el café, el banano, el cacao, el trigo, la anchoveta, y otros más, y de modo especial el petróleo, los auges basados en alzas súbitas de sus precios de exportación han contribuido a crear excedentes en los mercados mundiales, y a veces han llevado a un agotamiento peligroso de los recursos naturales, a crisis financieras y a descensos del PIB. Ninguna crisis en el siglo XX fue tan perturbadora como la de los mercados del petróleo crudo entre 1973 y 1986 con sus repercusiones diversas en los países exportadores netos e importadores netos de producto tan necesario.

La lección nunca aprendida, en la región latinoamericana por lo menos, es que la política de desarrollo no podía hacerse por la vía corta y rápida, aun cuando ésta pudiera aparentar existir, ni por la vía exclusiva de la importación de capital del exterior, que en ningún caso es gratuito. Asimismo, resultó evidente que, en cuanto el proceso de gastos de origen y efecto inflacionario se hubiera iniciado y que, una vez rebasado determinado umbral en que la economía no respondía o no podía responder con flexibilidad y el nivel general de precios hubiera aumentado a una tasa anual considerable —que pudiera cifrarse en un umbral de 15%—, se volvió extremadamente difícil, si no imposible, devolver al desarrollo económico sus características anteriores, su ritmo normal, sus expectativas razonables. Las inflaciones de gran magnitud empezaron a crear deformaciones en la estructura de los precios, indujeron expectativas de más inflación, crearon respuestas contraproducentes tanto del sector público como del empresarial privado, incitaron a distintos grupos sociales a protegerse vía aumento de precios y salarios —en este último caso nunca suficientes—, terminaron por acentuar las desigualdades sociales internas y aun contribuyeron al deterioro y en muchos casos al colapso de las balanzas de pagos. Y si se adoptaba, como ocurrió al final del siglo XX, la noción de que la primacía de la política monetaria debiera ser reducir la inflación a cero, se deprimía la demanda interna, se acentuaba la crisis permanente a falta de políticas económicas y financieras más congruentes, más integradoras, y se empeoraba la distribución del ingreso.

En situaciones de inestabilidad en que, de inmediato, las economías "perdedoras" ante el auge de los productos básicos como el petróleo resintieron efectos desfavorables, ocurrieron encarecimientos que de igual modo afectaron el nivel general de los precios y contribuyeron instantáneamente a crear perspectivas inflacionarias que rebasarían la capacidad de las sociedades y de sus gobiernos para contenerlas. Los países de la región latinoamericana que, ante el aumento de los precios internacionales del petróleo, tuvieron que endeudarse en el exterior, en formas inconsultas y a corto plazo que no formaban parte de una estrategia de financiamiento del desarrollo a largo plazo, para hacer frente a sus importaciones energéticas, y que hicieron inversiones, también con financiamientos bancarios a plazos cortos y medianos para llevar adelante sus grandes proyectos y programas de inversión pública, terminaron en la misma situación. En el fondo, lo mismo daba endeudarse en forma imprudente para un objetivo que para el otro, pues el incremento rápido de la demanda agregada no podía absorberse sin inflación.

En el terreno internacional, en una economía mundial crecientemente intervinculada e interdependiente —todavía no se usaba en los años setenta y comienzos de los ochenta el término globalización—, la autonomía para dirigir la política económica, sobre todo en los países en vía de desarrollo, como en la región latinoamericana, se vio considerablemente mermada. La falta de previsión, la incongruencia de las políticas económicas internas de muchos países y la falta de alternativas políticas reales hicieron mella en las perspectivas a largo plazo. La responsabilidad histórica de los desastres financiero-económicos del periodo 1974-1992 en particular habrá de ser, lógicamente, una responsabilidad compartida. Sin embargo, si bien los bancos comerciales de Europa occidental, los Estados Unidos y Japón, con sus arcas llenas de eurodólares y sobre todo petrodólares, no quedaron exentos de ligereza, irresponsabilidad social y codicia, no puede decirse que los países que se endeudaron excesivamente fueron víctimas inocentes de la OPEP, de los países productores de petróleo no miembros de la OPEP, de los bancos acreedores, ni de situaciones no previsibles. Las decisiones de endeudamiento externo fueron tomadas por los gobiernos, los contratos fueron suscritos por las autoridades financieras y monetarias o sus representantes legales, así como por empresas privadas e instituciones bancarias nacionales. Las condiciones y riesgos de estos créditos se conocían, en general de manera pública o se podían inferir o precisar fácilmente (salvo que contuvieran cláusulas secretas). Las comisiones parlamentarias tenían facultades para investigar la contratación de créditos, para evaluar los montos y los destinos, las tasas de interés, los cargos diversos, los calendarios de amortización, etc. Todo pudo haberse hecho en escala más modesta, con mucha mayor prudencia, con mayor transparencia, con intervención y apoyo adecuados de los organismos financieros y monetarios internacionales. Sólo tres países latinoamericanos se distinguieron por haber mantenido políticas de endeudamiento externo más prudentes: Colombia, Chile y Uruguay.

En el fondo, las políticas de desarrollo, de complementación del ahorro interno con ahorro del exterior, y estabilización interna, fracasaron. Se perdieron 10 años, la "década perdida" a que hicieron alusión la CEPAL y el BID. Sin embargo, como se verá en el último capítulo, no es exagerado afirmar que el siglo XX fue para la región latinoamericana, en lo económico, "otro siglo perdido".

IX. EL ENDEUDAMIENTO EXTERNO: LA CRISIS DE 1982 Y SUS CONSECUENCIAS

1. La crisis del endeudamiento en 1982. 2. Reajustes sin crecimiento. 3. La restructuración con factores externos limitantes. 4. La indecisión internacional y la reversión de los flujos de capital. 5. Conclusión: la interacción de factores externos e internos.

DE LO EXPUESTO EN LOS CAPÍTULOS VII Y VIII queda claro que la crisis del endeudamiento externo surgió por la combinación o coincidencia de los desequilibrios externos e internos. Hacia 1985 y aun antes, los montos totales del endeudamiento externo de la región latinoamericana, su servicio de interés y los calendarios de amortización, al relacionarse con indicadores de las economías internas y de las posiciones y perspectivas de las balanzas de pagos, debieron haber constituido una advertencia muy clara a las autoridades económicas nacionales y a los organismos financieros internacionales, así como a los gobiernos y los bancos de los países acreedores, de que se avecinaba un posible desastre. El año de 1981 fue ya presagio de grandes inestabilidades que podían originar movimientos de carácter negativo y podrían acorralar a los países de la región latinoamericana. La crisis que estalló a mediados de 1982 no fue sino el resultado de acontecimientos que desde el año anterior reflejaban un escenario fuertemente cambiante y de alto riesgo.

1. La crisis del endeudamiento en 1982

En 1981, transcurrido el efecto inicial de la segunda gran conmoción del mercado petrolero, cuando el precio del crudo ascendió a un promedio anual de 32 dólares (véase el cuadro VII.1 al final del capítulo VII) durante unos cuantos meses, comenzó a generarse un excedente mundial de petróleo. Los países miembros de la OPEP mantenían un elevado volumen de exportaciones y a la vez surgieron varios proveedores que no pertenecían a la OPEP y que, por su nueva producción, pudieron reducir sus importaciones o aun colocar cantidades de crudo en el mercado internacional, como ocurrió en el caso de Gran Bretaña y de Noruega, o que con su producción estaban aumentando la oferta mundial, bajo el paraguas de la OPEP, como fue el caso de México y Trinidad y Tabago. Por su parte, algunos países importadores netos de crudo habían empezado a economizar petróleo o a remplazar el consumo de éste, en parte, por otras fuentes de energía, como gas, carbón, energía nuclear. Japón y Francia, en especial, aumentaron su oferta interna de energía nuclear. En la región latinoamericana, Brasil y Argentina habían logrado elevar el coeficiente de abastecimiento interno de petróleo crudo, a expensas del importado.

Las cotizaciones internacionales del petróleo crudo se debilitaron en junio de 1981 en una proporción de 10%. Para entonces, por añadidura, algunos de los países industrializados, sobre todo los Estados Unidos, habían decidido modificar sus políticas macroeconómicas a fin de reducir la tasa de inflación que ya sobrepasaba 10% anual. Para ello se recurrió fundamentalmente a la política monetaria, mediante el alza de las tasas de redescuento y con ello la estructura general de tasas de interés que tomaba como piso la tasa básica de los Estados Unidos, que fijaba periódicamente la Junta de la Reserva Federal; en consecuencia, se tomaron otras medidas restrictivas del crédito. En los Estados Unidos se produjo una recesión deliberada que redujo la demanda de importaciones de petróleo crudo. Es importante hacer ver que no todos los países exportadores de crudo prestaron suficiente atención a estos acontecimientos. Por ejemplo, México, cuya reacción inicial consistió en descontar cuatro dólares por barril a las cotizaciones fijadas en sus contratos de exportación, cambió casi instantáneamente de parecer y de nuevo elevó su cotización al considerar, equivocadamente, que los importadores de petróleo llegarían de rodillas a suplicar que se les vendiera el combustible crudo a cualquier precio. La consecuencia fue que Pemex, el monopolio petrolero mexicano, que no operaba en el mercado *spot* de Rotterdam, sufrió la cancelación de casi todos los contratos de exportación de petróleo que había negociado. A la reducción del precio de 10% se sumó a México el descenso de su volumen de exportación; las no obstante exportaciones mensuales de Venezuela, país menos afectado por estar sujeto a los lineamientos de la OPEP en cuanto a volumen, disminuyeron.

Al descender la cotización mundial del petróleo y perfilarse una nueva tendencia, muchos países de la región latinoamericana resultaron beneficiados, entre ellos, por supuesto, Brasil y los demás importadores netos de crudo y productos petrolíferos. Brasil pudo así reducir su factura anual de pagos por importaciones, y con la ayuda de mayor volumen de exportaciones de productos naturales y de manufacturas logró que se contrajera el coeficiente del pago de intereses de la deuda externa respecto a las exportaciones totales de bienes y servicios. A México le ocurrió lo contrario, pues su déficit comercial, que ya venía aumentando, se incrementó aún más porque su moneda estaba ya sobrevaluada; además, México se vio obligado a pedir extensiones de los plazos de sus deudas de vencimiento inmediato y a negociar conversiones en nuevos préstamos, en el mayor grado posible, y a seguirse endeudando en forma masiva a tasas de interés sumamente elevadas. Durante la segunda mitad de 1981, los Estados Unidos hicieron subir aún más la tasa de interés. Las mayores tasas exigidas a los prestatarios, con mayor prima por riesgo, y la comisión básica por renovación del contrato o por apertura de nuevos contratos dieron lugar, según el Banco Mundial, a que a mediados de 1981 se efectuaran operaciones con vencimientos sumamente cortos a tasas hasta de 20 a 22% anual, lo que tenía como resultado endeudarse a una tasa real de interés de 14% anual, es decir, deducida la tasa de inflación (datos del Banco Mundial). Asimismo, subió en general la tasa denominada Libor (tasa interbancaria de oferta de Londres), a la que se añadían puntos, según los países, que se supone se cobraban por riesgo.

El caso de México, por ejemplo, fue totalmente inusitado y además imprevisto. En 1981 se debilitó de tal manera la posición de pagos, que el gobierno se vio precisado a conseguir fondos a corto plazo para hacer frente a compromisos inmediatos; entró así a un círculo vicioso en que pagaba créditos a mediano y largo plazos pidiendo prestado a plazos mínimos, con lo cual se seguía incrementando el riesgo de caer en la iliquidez y de hecho se aumentaba la carga de la deuda externa sobre la balanza de pagos. Durante el primer semestre de 1980, México obtuvo de los bancos comerciales y de los mercados financieros poseedores de petrodólares un total de 9 100 millones de dólares, en gran parte para Pemex, sin importar la tasa Libor más la comisión por riesgo. Se enviaron emisarios a varias partes del mundo, cuyos caminos a veces se cruzaban, a obtener cualquier cantidad que estuviera disponible de inmediato, aun con vencimientos de 24 horas. Los prestatarios mismos carecieron de información coordinada acerca de estas maniobras desesperadas de México.[1] A mediados del año y durante los meses posteriores, hasta entrado el segundo trimestre de 1982, cabe preguntarse qué podía haber motivado a los bancos prestamistas a acceder a estas peticiones y cuánta información circulaba sobre lo que las autoridades mexicanas o de otros países estaban haciendo o sobre la realidad de las situaciones nacionales, incluso de qué información disponían el FMI y la Tesorería de los Estados Unidos.

¿Había entre los prestamistas temor a desencadenar entre ellos una "moratoria de acreedores" que pudiera reducir sus ganancias?, ¿ellos y también el FMI y los gobiernos de los Es-

[1] La revista *Institutional Investor,* alarmada por la sobreoferta ya existente a nivel mundial de petróleo crudo, relató en detalle la obtención de muchos de estos préstamos de gran riesgo (Ashesov, 1981). Véase la entrevista con José Ángel Gurría, entonces funcionario de la Secretaría de Hacienda a cargo de asuntos relativos al endeudamiento externo, en *The Institutional Investor.*

tados Unidos y de la Comunidad Económica Europea no hallaban la manera de frenar el excesivo endeudamiento externo de los países ya destacadamente superdeudores y a la vez grandes exportadores de petróleo crudo, como México, Venezuela, Nigeria, Indonesia y otros?, ¿compartían el optimismo de las autoridades financieras mexicanas respecto a los precios en el mercado internacional del petróleo, que ya habían descendido alrededor de 10%?, ¿influyó el hecho de que el dólar se había convertido en moneda sobrevaluada en relación con las monedas europeas y el yen?, ¿le convenía a alguien este desequilibrio entre las principales monedas? En el caso de los bancos acreedores, ¿se habían creado intereses no muy transparentes?, ¿o simplemente no interpretaban bien sus balances financieros, ni sus riesgos? Los historiadores tendrán algún día la palabra, pues los documentos de los organismos internacionales no indican que se hayan dado señales suficientes de alerta o peligro.[2]

Para México, el resultado de la indiferencia o despreocupación por la situación fue que sólo en 1981 la deuda externa había registrado un crecimiento de gran magnitud, como endeudamiento del sector público (la mitad a corto plazo), incluido el de los bancos oficiales de desarrollo a través de los cuales se efectuaba una parte muy importante de las operaciones de corto plazo. Para diciembre de ese año, el coeficiente entre intereses pagados sobre la deuda externa y el total de exportaciones de bienes y servicios había aumen-

[2] Respecto a México, cuyo problema hizo crisis peligrosa en julio de 1982 al suspenderse o reducirse de manera radical el flujo de nuevos créditos obtenibles de los bancos comerciales poseedores de petrodólares, véase *Institutional Investor,* 1988, y William Morrow and Company, Nueva York, 1988, "The Way it Was —an Oral History of Finance: 1967-1987", entrevistas con Jesús Silva Herzog y José Ángel Gurría, pp. 445-452 y 513-520. Gurría relata cómo obtuvo 19 000 millones de dólares en 1981 y convocó en agosto de 1982 a representantes de 120 bancos, incluso de Europa y Japón, a una reunión en Nueva York con 500 instituciones acreedoras y 1 000 operadores de crédito. En esta reunión gran número de bancos acreedores ofrecieron hacer nuevos préstamos, pues según ellos "les sobraba dinero". Se consiguieron a corto plazo 5 000 millones de dólares, cuyos vencimientos fueron restructurados con posterioridad; ésta era la condición para que el FMI considerara volver a dar apoyo (entrevista, pp. 516-517).

tado en comparación con el de un año antes, ante una perspectiva ya menos favorable en el valor total de las exportaciones petroleras, pues la producción mundial había aumentado en gran número de países miembros y no miembros de la OPEP.

Otros países de América Latina, notablemente Brasil, incurrieron en iguales tendencias de endeudamiento, aunque con propósitos disímbolos. Brasil era todavía importador de petróleo crudo para satisfacer 15% de su demanda interna, de manera que el descenso del mercado le favorecía, pero por otro lado se había embarcado en proyectos energéticos, de la industria minera y otros de enorme magnitud, con apoyo en crédito del exterior, y su déficit fiscal parecía reforzar las tendencias inflacionarias y, en consecuencia, a incrementar el volumen de importaciones de bienes de consumo.

En Argentina, antes de incrementar sus gastos militares previamente a la invasión de las islas Malvinas, la deuda externa se había ampliado. No habiéndose sonado la alarma todavía, muchos otros países incrementaron asimismo su deuda externa, por ejemplo: Venezuela, con incremento de sus importaciones, Costa Rica, importador neto de combustibles y de bienes de consumo, Bolivia, exportador de gas, pero importador de casi todo, y muchos más, conforme a los criterios acostumbrados, altamente endeudados. En cambio, Colombia, Chile y Guatemala aumentaron su endeudamiento de manera moderada y menos riesgosa.

Con todo esto, 1981 resultó desfavorable para la región latinoamericana, casi de estancamiento. El PIB regional, con las limitaciones que corresponden a esta cifra global, se elevó sólo 0.7%, que significó un descenso de 1.6% del PIB por habitante. Sin embargo, las exportaciones crecieron 7.6% expresadas en dólares, si bien en su mayor parte durante el primer semestre. La relación de precios del intercambio descendió 5.6%. La deuda externa del conjunto de los países de la región subió 64 000 millones de dólares, de 223 000 a 287 000, o sea, 28.6%. El pago de intereses se elevó de 21 000 millones de dólares a 31 000 millones, o sea, 48%, y el coeficiente respecto a las exportaciones totales de bienes y servicios se incrementó de 20 a 27%. La inflación promedio en la región fue de 58%.

Como en otros temas referentes a esta coyuntura de inestabilidad y reajuste, los datos por países fueron bastante discrepantes entre sí. Por ejemplo, Argentina, Brasil, Costa Rica y Venezuela registraron tasas negativas en materia de variación del PIB en 1981: de – 6.7%, – 2.0%, – 2.4% y – 1.0%, respectivamente. En casi todos los demás, el crecimiento del PIB, aun siendo positivo, fue apenas moderado. La excepción fue México, que hasta 1981 registró pleno auge petrolero, año en que el PIB aumentó 8.8%,[3] si bien para fines de ese año, como ya se señaló, la economía empezaba a debilitarse. El PIB descendió 0.71% en 1982 y 4.3% en 1983, lo que ponía en duda la capacidad del país para mantener estable su moneda, a lo que se anticipaban las fugas de capital.

La crisis depresiva que empezaba a padecer toda la región latinoamericana empezó a manifestarse más abiertamente a mediados de 1982. No era ya posible seguir adelante con déficit de balanza de pagos en cuenta corriente que no eran financiables, y poco podía esperarse de los mercados de capitales del exterior o de las fuentes crediticias internacionales. Algunos países, mediante medidas tradicionales en materia de crédito interno, de gasto o de restricción a las importaciones, intentaron iniciar ajustes, pero fracasaron. Los bancos acreedores en los Estados Unidos, Canadá, Europa occidental y Japón dejaron de estar dispuestos a renovar los créditos existentes y sobre todo a conceder nuevos, al percatarse con más precisión de que se aproximaba una posible suspensión de pagos por algunos de los principales países deudores. Es importante recordar que en algunos de los países acreedores, en especial en los Estados Unidos, el sistema bancario estaba a su vez sometido a demasiada expansión interna en créditos para proyectos de bienes raíces, inversiones energéticas y financiamientos a la agricultura, así como

[3] Salvo antecedente posdevaluatorio de 10% en 1954 y otro excepcional de 10.9% en 1964.

actividades especulativas, frente a perspectivas de falta de liquidez si los deudores externos a su vez empezaran a encontrarse en dificultades. Al fin se cerraron las llaves y los países latinoamericanos entraron en crisis agudas.

El drama de la crisis de la deuda externa en 1982 lo protagonizó México, al tener que decidir a fines de agosto avisar a la Tesorería de los Estados Unidos, a la Junta de la Reserva Federal y al FMI que no se podrían cubrir las obligaciones por deuda externa a partir de la semana siguiente. Durante las semanas precedentes se habían tomado algunas medidas para evitar la fuga de capitales, entre ellas abrir un mercado paralelo de cambios y limitar los retiros de fondos de las cuentas bancarias denominadas en dólares. Sin embargo, estas medidas resultaron ineficaces y no hicieron sino inducir más salidas de fondos líquidos. La credibilidad interna y externa se había debilitado. Ante la pérdida de reservas monetarias, las autoridades monetarias de los Estados Unidos y el FMI hicieron saber a México su buena disposición a tratar de hallar una solución temporal, pero fue necesario a la vez empezar a preparar el aviso público que tendría que dar México en la Asamblea Anual del FMI y el Banco Mundial que había sido convocada en Toronto a principios de septiembre. Ante el estupor de los medios y de los representantes de los demás países, no enterados de lo que realmente pasaba, México dio a conocer las medidas radicales adoptadas a partir del 1° de septiembre: la nacionalización de la banca, el establecimiento del control de cambios (nunca practicado antes) debido a la imposibilidad de hacer frente a la demanda de dólares por el público en general y al mismo tiempo cumplir los vencimientos próximos y el pago de intereses sobre los numerosos créditos externos ya contratados, incluso los muy recientes de 1981-1982. Se habían efectuado consultas para integrar un "paquete de rescate" financiero, con apoyo adicional que se solicitaría al Banco de Liquidaciones Internacionales de Basilea.[4] El colapso fue casi total y la respuesta financiera

[4] Se ha publicado gran número de versiones y análisis de los acontecimientos relativos a la crisis mexicana de 1982. Merecen citarse especialmente el artículo ex

externa resultó casi nula. México entró en un intenso periodo de descalabro financiero y económico del que el petróleo no podía salvarlo. Para México, 1982 concluyó con decrecimiento del PIB de 0.6%, en términos del dólar, con mercado negro de cambios e imposibilidad de controlar los movimientos de fondos a través de la frontera con los Estados Unidos, con 99% de inflación, con menor volumen de exportaciones de bienes y servicios, con aumento del desempleo y sin acceso alguno al crédito externo. Tomó posesión un nuevo gobierno el 1° de diciembre, que a corto plazo no podía ofrecer sino un ajuste severo, medio improvisado.

No obstante la importancia del caso mexicano, no fueron menos importantes las crisis, cada una con sus características especiales, experimentadas por los demás países de la región. Muchos países venían ya registrando dificultades financieras y algunos, sin llamar demasiado la atención debido a su menor influencia relativa en la situación internacional, se encontraban de hecho en una situación de "moratoria técnica", es decir, no declarada, por ejemplo, Costa Rica y Bolivia. En ambos países, los precios de sus exportaciones y en particular la relación entre los mismos y los precios medios de las importaciones habían venido declinando desde 1980: el banano y el café en Costa Rica, y el estaño en Bolivia. Ello los dejaba en posición de vulnerabilidad aguda ante la suspensión de los créditos externos, ya que ambos estaban excesivamente endeudados a plazo corto. En ambos había prevalecido una tasa elevada de inflación, con monedas a la vez sobrevaluadas. El programa de obligaciones por deuda externa de Costa Rica requirió asignar al solo pago de intereses sobre la misma en 1980 una alta proporción de los ingresos en divisas provenientes de exportaciones de bienes y servicios y se estaban mermando continuamente las reservas monetarias. En 1981 el descenso del PIB había sido de 2% y en 1982 cayó otro 7%. En cuanto a Bolivia, el colapso del

posfacto de Jesús Silva Herzog, en septiembre de aquel año secretario de Hacienda y Crédito Público, en la serie de ensayos de la Universidad Princeton (homenaje a Henry C. Wallich) y el relato de Joseph Kraft.

mercado de sus exportaciones de estaño no tuvo compensación en sus crecientes exportaciones de gas natural a Argentina. Bolivia se halló una vez más en una de sus situaciones históricas de desastre financiero. En 1982 el PIB descendió 3% después de no haber crecido en 1981.

Argentina padeció en 1982 una caída del PIB de 5%, con inflación de 120%. Con motivo de la guerra de las Malvinas, Argentina quedó marginada del mundo financiero exterior y entró de facto en una situación de suspensión de pagos. El conflicto acarreó una situación macroeconómica insostenible de estancamiento que duraría años en resolverse (Cortés Conde, 1998).

Brasil, después del descenso de su PIB de 2% en 1981, entró en una situación de estancamiento, no obstante que sus exportaciones aumentaron. Pero la situación macroeconómica se volvió inestable y el lastre de los pagos de servicio de la deuda fue un factor negativo. Los bancos acreedores veían a Brasil como país de alto riesgo. De hecho esta actitud de los mercados financieros internacionales se extendió a toda la región. Por razones tanto comerciales como financieras, empezó a surgir la noción de que los países latinoamericanos se hallaban en estado de bancarrota. En la economía interior, los bancos podían, al menos en teoría, recuperar activos en pago de hipotecas u otros créditos que se les adeudaban. En materia internacional, la deuda externa se consideraba "deuda soberana", es decir, los bancos acreedores no podían llevar a tribunales a los países deudores ni exigirles reparación legal. Sólo quedaba el camino de la negociación, la búsqueda de soluciones con base en recalendarizaciones de los créditos pendientes de pago, a la vez que se presionaba a los deudores por lo menos a cumplir los pagos de intereses en moneda convertible y a tiempo. Aun así, la suspensión de pagos de las cuotas de amortización podía llevar a una desestabilización de los mercados internacionales de capital e incluso del sistema monetario vigente. En 1982, en la región latinoamericana, los pagos por intereses se estimaban en 39 000 millones de dólares sobre una deuda total de 331 000 millones de dólares, y representaban 38% de las exportaciones totales de bienes y servicios de la región latinoamericana. Otros países en vía de desarrollo, en distintas regiones, se encontraban en situación similar, por ejemplo, Nigeria, que era a la vez importante exportador de petróleo crudo; también Egipto, Filipinas y Bangladesh.[5]

Los organismos financieros internacionales llegaron a la conclusión de que la incertidumbre vigente en los mercados de exportación de los países de la región latinoamericana y la debilidad estructural de sus balanzas de pagos, agudizada por los compromisos de pago de la deuda externa, tendrían que llevar a un proceso de restructuración y de ajuste. El apoyo del FMI y el Banco Mundial, instituciones que habían sido rebasadas y marginadas por el torrente de endeudamientos externos sin ton ni son que se habían generado en el corto espacio de unos cinco años, iba a ser indispensable. Estas instituciones habían perdido influencia financiera y moral y tendrían que ser rehabilitadas para cooperar en la función de dar fluidez a los mercados internacionales de divisas, contribuir a la estabilidad monetaria y asegurar a los países miembros acceso a fondos de capital a plazos razonables para programas y proyectos de desarrollo económico. No iba a ser tarea fácil; es más, iba a llevarse por lo menos cinco años adicionales iniciar la restructuración de las deudas externas más importantes. Ello haría aún más complicado cumplir las recetas y propuestas para lograr la estabilización monetaria interna de los países deudores y reanudar su crecimiento y su desarrollo. Mientras tanto, los años ochenta fueron de continuo estancamiento económico en la región latinoamericana o de avances y retrocesos que a la postre equivalían a retrocesos en los niveles de vida.

[5] Es de interés hacer notar que varios países no clasificados como naciones en vía de desarrollo o países del Tercer Mundo se encontraban asimismo endeudados en circunstancias parecidas y que podían significar quebrantos económicos, por ejemplo, Polonia, Nueva Zelanda y Dinamarca. Ha de suponerse que a estos países se les trataba de distinta manera, no como graves riesgos —con excepción de Polonia—, sino como naciones confiables.

2. Reajustes sin crecimiento

Lo ocurrido entre fines de los años setenta y el periodo 1980-1981 en la región latinoamericana fue una fuerte absorción de recursos reales, en un lapso muy breve, con la ayuda de una transferencia neta de recursos financieros del resto del mundo equivalente a 4% del conjunto de los PIB de la región. La finalidad de los programas de financiamiento externo del desarrollo es poder efectuar inversiones productivas más allá de la capacidad de ahorro de los países donde se van a materializar esas inversiones. Con tales inversiones se crea infraestructura, se erigen nuevas fábricas y se modernizan los procesos tecnológico-industriales, se mecaniza y mejora la agricultura, se depuran los servicios, se hace más eficiente la administración tanto pública como privada, se crean instrumentos financieros nuevos para agilizar la comunicación entre ahorradores e inversores, se amplía la calidad y la cantidad de los servicios educativos y de salud, y de otros en las áreas sociales. Hacer todo esto es construir capital real, físico y humano. A eso se le llama *absorción de recursos reales*. Sin embargo, como el consumo resultante de los mayores ingresos generados no es controlable sino con medios relativamente ineficaces, como los impuestos, y el consumo público —lo que el sector público gasta no en inversión sino en servicios que presta directamente— tiende también a ser ineficiente y aun dispendioso, parte de la "absorción" se desvía a fines no productivos. Además, la inversión y el consumo tienen siempre una componente importada, de manera que, según sea el tipo de cambio, un incremento de la actividad económica generadora de ingresos y empleo puede provocar un aumento de las importaciones y en consecuencia, en ciertas circunstancias, un déficit en la balanza de pagos en cuenta corriente o el aumento del ya existente. En una situación de equilibrio, este déficit representa la transferencia de recursos del resto del mundo al país en cuestión.

Faltando el ingreso neto de recursos del exterior, no

podría continuar la fuerte absorción de recursos reales, es decir, inversión más consumo. Dicho de otra manera, el ajuste para lograr un equilibrio externo sólo podría darse por medio de un aumento de las exportaciones o una disminución de las importaciones, o una combinación de ambos movimientos, suficiente para originar un excedente comercial y de servicios del monto necesario para cubrir el pago de intereses sobre la deuda externa. Para obtener este resultado, las exportaciones tendrían que aumentar en volumen en una proporción superior a la pérdida que se experimentara por empeoramiento de la relación de precios del intercambio (precio promedio de las exportaciones/precio promedio de las importaciones). El ajuste vía importaciones tendría que haber sido por medio de menor volumen y menor valor en moneda extranjera.

Por lo tanto, para poner a disposición del "sector externo" una parte de la producción nacional que no se incorporara directamente a la inversión interna y al consumo vía construcción de vivienda o de escuelas, vía servicios públicos o vía compras de bienes duraderos y otros, inclusive los que satisficieran necesidades prescindibles, la inversión y el consumo tendrían que haberse reducido en términos reales tanto en el sector público como en el privado, y el gasto total en general tendría que haberse reducido en su intensidad y haberse reasignado. En teoría, esto se habría logrado solamente si se produjeran cambios en los precios relativos a fin de obtener, a través del sistema de precios, a corto y mediano plazos, desplazamientos en las variables indicadas en el sentido deseado.

Uno de los precios relativos más importantes sería el tipo de cambio "real", el que reflejara aproximadamente el poder adquisitivo de la moneda nacional en términos de las monedas extranjeras, de manera que, dada la tasa de inflación, se encarecieran las importaciones y se estimularan las exportaciones.

Otro "precio relativo" importante habría sido la reducción del salario real, que se lograría mediante política salarial que sistemáticamente evitara que los ajustes salariales se acomodaran plenamente a la inflación, con el objetivo de reducir los costos de los bienes exportables (en moneda extranjera) y de comprimir la demanda local. Se suponía además que el control de los salarios ayudaría a reducir la tasa de inflación —supuesto dudoso, pero útil políticamente.

Por añadidura, se suponía que al reducir el gasto público en términos reales y al ajustar los precios y tarifas administrados para eliminar en ellos el elemento representado por los subsidios, se contraería el déficit presupuestario, lo que reforzaría las medidas antiinflacionarias y otras destinadas a procurar la estabilización.

En épocas normales, de seguirse este conjunto de ajustes, en los sectores tanto externo como interno, su éxito se habría facilitado, como ocurrió durante los años cincuenta y sesenta. En condiciones de normalidad se hubieran inyectado nuevos recursos del exterior a las economías nacionales, es decir, se hubiera reanudado un modesto influjo de capitales. Sin embargo, dadas las circunstancias del endeudamiento externo durante 1981-1982, este influjo no se podía lograr. Al contrario, por el lado de la deuda externa en lugar de influjo tendría que producirse un eflujo —cuanto más intenso el ajuste necesario, más intenso el eflujo—. El eflujo neto a favor de los acreedores tenía que hacerse sin que existiera ninguna obligación de éstos de regresar recursos en forma de préstamo o inversión.

Tal situación, cualquiera que hubiera sido el origen de la deuda externa, sólo puede compararse con la que sobrevino al final de la primera Guerra Mundial, cuando Keynes demostró hábilmente en 1919 que Alemania, país al que la Paz de Versalles imponía la obligación de pagar una fuerte indemnización a los gobiernos de los países aliados que la vencieron, no iba a poder efectuar la reasignación de recursos reales, aun si redujera mucho su nivel de precios, en la medida necesaria para generar el excedente de exportaciones con qué transferir al exterior los recursos reales representativos de las indemnizaciones de guerra.[6] Por otro lado, Keynes sostuvo que los países que se beneficiarían al recibir estas indemnizaciones no podrían absorber los correspondientes excedentes de importaciones. Al hacer referencia a este caso tan especial, no se quiere insinuar que la región latinoamericana hubiese estado en 1983-1986 en la situación de un país —un subcontinente— derrotado por las armas, obligado a pagar una indemnización a los acreedores victoriosos de la economía mundial, pero puede sostenerse que la región latinoamericana perdió la guerra del desarrollo emprendida con crédito del exterior. No pudo alcanzar su objetivo de vencer al subdesarrollo y a la miseria, y el efecto macroeconómico fue muy semejante.

En la práctica, aun si los mecanismos de ajuste para que funcionaran con eficacia los equilibrios macroeconómicos externos e internos hubieran sido afinados por los gobiernos encargados de implantarlos, con la intervención del FMI o sin ella, o con la cooperación de otros organismos internacionales, no existía seguridad alguna de que pudieran haberse aplicado con buenos resultados.

Para corregir los desequilibrios, los cambios de dirección en las variables pertinentes tendrían que haber sido rigurosos, fuertes y de gran dimensión. Por otro lado, el número de elementos de incertidumbre, tanto externos como internos, nunca fue despreciable. En varios países la inflación, conforme a la nueva terminología, se había tornado "inercial": una situación en que los actores, ya fueran consumidores, productores o intermediarios, habían empezado a "descontar" la inflación futura según sus particulares supuestos y cálculos. Para los gobiernos resultaba difícil eliminar de cuajo los subsidios, sabiendo que al hacerlo subirían los precios y se desatarían demandas de elevación de salario. El deterioro de los saldos comerciales y la debilidad coyuntural de las monedas —ya sea que estuvieran o no vigentes las restricciones cambiarias— hacían esperar nuevas depreciaciones monetarias y

[6] Keynes (1919) y Urquidi (1987). Esta comparación volvió a discutirse en varios de los escritos sobre los ajustes de la deuda externa de los años ochenta.

fomentaban nuevas fugas de capital. Para quien poseyera saldos en dólares en el extranjero, fruto de operaciones ordinarias de comercio o de depósitos hechos con anterioridad, había señales indicadoras abundantes para no traerlos al país, lo cual era equivalente a sacarlos.

Para evitar las salidas de fondos líquidos era necesario elevar las tasas de interés reales lo suficiente para que actuaran como atractivo inmediato para no llevar el dinero afuera. La elevación de la estructura de las tasas de interés tenía efectos negativos sobre la inversión real, sin distinción de si era de calidad productiva o no. A los países de la región latinoamericana con poca experiencia en la exportación de manufacturas —legado de la época de la sustitución de importaciones a ultranza— se les aconsejaba nada menos que incrementaran con prontitud ese tipo de exportaciones, tarea casi imposible en ausencia de negociaciones comerciales y arancelarias oportunas, así como de incentivos. Ello requería un cambio en la actitud y aun en las prácticas de las empresas industriales, que escasamente conocían los mercados externos de manufacturas, los canales de distribución y las muchas condiciones que era preciso cumplir. Sobre todo, el exportador necesitaría haber tenido seguridades de que el tipo de cambio le sería favorable durante un periodo suficientemente largo, es decir, que no se sobrevaluara la moneda. Semejante tipo de exportación requeriría también líneas de crédito especiales, no siempre disponibles de la banca local. Por el lado internacional, deberá recordarse que el crecimiento del PIB en los países industrializados, poseedores de los mayores mercados, en los primeros años del decenio de los ochenta fue apenas moderado, en especial en los Estados Unidos, y que muchos de estos países tenían en promedio tasas de desempleo abierto de 10 a 12%. En sus industrias más afectadas se había revivido la actitud proteccionista siempre latente.

Para la región latinoamericana, la perspectiva al iniciarse 1983 fue una de ajustes necesarios respecto a los fuertes desequilibrios, pero sin esperanza de crecimiento del PIB, y eso suponiendo que los ajustes alcanzaran éxito a plazo corto y que otros factores, tanto internos como externos, actuaran favorablemente o, en el mejor de los casos, no ejercieran efectos negativos. Entre los factores externos, no se contaba con que los bancos comerciales acreedores estuvieran dispuestos a entrar de lleno y de inmediato en recalendarizaciones de las nóminas de amortización de los saldos adeudados. Por otro lado, el papel que en estos procesos pudieran desempeñar el FMI y el Banco Mundial distaba mucho de haberse definido.

Hacia fines de 1988 pudo comprobarse que se había fracasado en todos los ámbitos. Los seis años de intentos de implantar ajustes a partir de 1983 no devolvieron a la región latinoamericana el crecimiento económico, registrado en el PIB, que se había deseado. Por supuesto que la situación fue distinta según los países y que hubo momentos, aun cuando carentes de solidez, de recuperación parcial. Se reportó a principios de 1989 que el PIB de la región se había incrementado ligeramente en el sexenio. En otras palabras, hubo retroceso en términos *per capita*. Ni se lograron plenamente los ajustes, ni se reanudó el crecimiento, menos aún se retomó la vía del desarrollo. Algunos países cayeron en descenso fuerte, otros en descenso menor y otros más quedaron estancados. Apenas unos cuantos lograron ligera recuperación, que en especial venía de situaciones peores todavía anteriores. El resultado general, a pesar de que el tratamiento agregado de la región no por fuerza tiene sentido, como ya se ha expresado, fue negativo. Ni se obtuvieron tasas de crecimiento adecuadas y necesarias, ni se redujeron los niveles de endeudamiento externo —al contrario, volvieron a aumentar. Tampoco se cumplieron plena y puntualmente todos los compromisos.

En esa situación de conjunto poco alentadora, puede destacarse la situación en que quedaron determinados grupos de países de la región, como ya se ha hecho en ocasiones anteriores.

3. La restructuración con factores externos limitantes

Los organismos financieros internacionales y en gran medida la opinión en las esferas financieras mundiales y en la prensa y otros medios de comunicación durante el periodo anteriormente analizado, el de 1983-1988, después de producida la crisis de pagos de 1982, tendieron a tratar el asunto como uno de restablecer o recuperar de manera más o menos mecánica los niveles macroeconómicos previos a la crisis. Se trataría de recuperar las cifras anteriores de incremento del PIB, y si posible de los PIB *per capita,* restablecer los equilibrios macroeconómicos a fin de reducir las tasas de inflación y crear excedentes de exportación con los cuales hacer frente a los servicios de las deudas externas vigentes. Sin embargo, es obligado reconocer que los organismos internacionales consideraban que el conjunto de políticas y medidas aplicables era un marco general para sentar las bases de un patrón de crecimiento económico en la región latinoamericana que prescindiera definitivamente de la política de sustitución de importaciones como se había venido practicando. Ésta no era bien vista en esas esferas internacionales ni en el gobierno de los Estados Unidos, y se le consideraba en gran parte culpable de la crisis. Destacados economistas de los Estados Unidos y Europa abogaban por el abandono de la sustitución de importaciones. La culpa de los excesos de esa sustitución ultraproteccionista, en opinión de muchos, alcanzaba hasta las "doctrinas" adoptadas y recomendadas por la CEPAL, por más que fueran los gobiernos, como ya se ha explicado, los que llevaron esa política a excesos. En los medios financieros prevaleció, doctrinariamente, la vieja aspiración de la apertura comercial y financiera —el libre movimiento de bienes y servicios y el libre traslado de capitales.

La verdad es que, por las muchas razones que se han puesto de manifiesto en capítulos anteriores, las políticas ultraproteccionistas y su inevitable acompañante, la insistencia en mantener monedas sobrevaluadas, se habían ya desacreditado en gran medida, por su costo e ineficacia, y además por lo que se empezó a reconocer como su sesgo antiexportador. Los gobiernos, en su gran mayoría, habían tenido que entrar en procesos de apertura y revisión radical de sus políticas económicas, por la fuerza de las circunstancias y por presiones externas —lo que después se llamó el "Consenso de Washington"—. También el endeudamiento externo sin límites no era ya posible y se reconocía, tardíamente, que no era solución para, en las circunstancias alcanzadas, seguir financiando el desarrollo.

No fue, ni podía ser, un abandono rápido ni general, sino más bien forzado y negociado internamente, país por país, con transición, en muchos casos improvisada, a una nueva política comercial y financiera en la que había poca experiencia. Incluso se sostuvo en algunas partes que la sustitución de importaciones fue inevitable en una primera etapa de industrialización en América Latina, como se explicó en capítulos precedentes, sobre todo a la luz de los acontecimientos externos en los años treinta y cuarenta.[7] Recuérdese que en esos lejanos tiempos no se le llamaba *sustitución de importaciones,* sino un proteccionismo arancelario necesario, con viejos argumentos del siglo XIX. Prebisch mismo, se nos ha dicho después, hubiera preferido hablar de una *industrialización interna acelerada* (Dosman y Pollock, 1993). La industrialización fue producto en muchos casos de la escasez de bienes manufacturados durante la segunda Guerra Mundial. Por añadidura, absorbía mano de obra que emigraba de las zonas rurales y la colocaba en centros urbanos de mayor productividad general; más aún, en algunos casos la mayor producción de manufacturas podía generar nuevas exportaciones para no depender tanto de los pro-

[7] El argumento de que la sustitución de importaciones debía verse como una etapa previa a la exportación de manufacturas se ha usado con base en la experiencia de Corea del Sur. Sin embargo, en Corea el cambio fue distinto y en todo caso más eficaz, pues la transición se basó en un fuerte impulso institucional a la innovación tecnológica, que en la región latinoamericana no existió. Tampoco se presentaba en América Latina el imperativo geopolítico que hacía de Corea del Sur un elemento estratégico en la política de los Estados Unidos y Japón en Asia.

ductos básicos sujetos a mercados fluctuantes, y hasta era precondición para aprender a exportar. De hecho, Argentina y Brasil habían ya iniciado exportaciones de manufacturas industriales en cierta escala en los años sesenta y parte de los setenta. Los acuerdos de integración —el Mercado Común Centroamericano, la ALALC, el Pacto Andino, Carifta— tenían el propósito de incrementar las exportaciones intralatinoamericanas de manufacturas, más que de otros productos.

Sin embargo, estos argumentos fueron desoídos en el Consenso de Washington, el cual pretendía restablecer equilibrios macroeconómicos estabilizadores, sin promover el desarrollo entendido en la forma como se planteó en los países de la región latinoamericana, y sin consideración del efecto negativo en la distribución del ingreso. Además, los acuerdos de integración se vieron como restrictivos del libre comercio mundial, como instrumentos de "desviación" del comercio, no como mecanismos para ampliar las bases industriales de la integración regional y subregional.

La crisis de la deuda externa asestó un golpe casi mortal al comercio intralatinoamericano en manufacturas, ya que éstas fueron las primeras en ser limitadas al darse prioridad al uso de las divisas escasas para cumplir el servicio de la deuda externa. En cambio, los elevados costos, las monedas sobrevaluadas y las inestabilidades internas respecto al crédito bancario no dieron la prioridad necesaria a las exportaciones de manufacturas a los mercados de los países industrializados, o bien fueron objeto sólo de programas especiales de fomento. Y los productos básicos, empezando por el petróleo, se enfrentaron progresivamente, en los años ochenta, a precios más bajos en los mercados mundiales, en parte como resultado de las recesiones inducidas en los Estados Unidos y el menor avance en los PIB de Japón y los países de Europa occidental. Los países latinoamericanos difícilmente iban a poder competir con otros proveedores de cobre, estaño y otros metales no ferrosos, azúcar, algodón, café o granos. En el comercio, las opciones eran aumentar exportaciones de manufacturas y/o reducir importaciones en general. Este objetivo se logró en parte y sólo en ciertos países de la región se alcanzó en proporciones significativas.

No obstante que algunos analistas hubieran considerado esta última opción como el resultado de una política más abierta, la verdad es que los nuevos tipos de cambio "reales", posdevaluatorios, y la fuerte reducción de las inversiones públicas y del consumo fueron los elementos que ayudaron a crear el excedente comercial de la región y de sus principales países. Con crecimiento del PIB negativo o muy limitado, junto con depreciación cambiaria, las importaciones tenían que disminuir. Lejos de ser conveniente, este descenso constituía en muchos casos un impedimento para aumentar las exportaciones de manufacturas, porque se aplicaban a insumos para ellas y en otros apenas permitía hacer frente a ciertas necesidades básicas de consumo. Por tanto, la política de ajuste resultaba contradictoria con el propósito de hacer crecer los PIB para crear empleo e ingresos (Williamson, 1990).[8]

Pasar de la sustitución de importaciones a la promoción de las exportaciones de manufacturas obligaba al cumplimiento de numerosos requisitos. El primero, haber tenido ya una experiencia con dicho tipo de exportaciones. Para Brasil fue más fácil que, por ejemplo, para Perú, Costa Rica o Venezuela. El segundo, que el tipo real de cambio, que representara la relación de los poderes adquisitivos de la moneda nacional frente a la extranjera, se mantuviera durante un plazo suficientemente extendido, para lo cual era preciso se redujera la tasa de inflación y que el mercado de cambios se manejara de manera que infundiera confianza entre las empresas que se aventuraran a exportar sus manufacturas. Se requería además apoyo en reservas monetarias suficientes y acceso al FMI y la obtención de créditos comerciales adecuados.

[8] Esto fue reconocido aun en la etapa inmediatamente previa al Consenso de Washington por uno de los principales funcionarios del Institute for International Economics, de Washington, a quien se atribuye haber acuñado la expresión *Consenso de Washington*.

La política salarial tendría también que adaptarse a fin de dar señales claras de que los costos salariales no llevarían a los productos exportables más allá de los márgenes de competitividad razonables. En la práctica, los salarios reales no sólo se deprimieron notablemente con los grandes ajustes, sino también resultaron bastante competitivos, calculados por ejemplo, en términos del dólar, sobre todo en comparación con los de Corea del Sur y otros países de Asia. Aquí cabe otra contradicción, ya que el salario real bajo favorable a la exportación restringía al mismo tiempo la ampliación del mercado interno en su función de demanda, sin la cual no podía haber recuperación ni avance.

Otras condiciones debían cumplirse asimismo para que se asentara sobre bases sólidas la exportación de manufacturas. Por ejemplo, la organización de programas de promoción de exportaciones que incluyeran no sólo crédito, sino además almacenamiento, transporte, seguros y servicios de información de mercados. En los casos de pequeñas y medianas empresas con poca capacidad de gestión para efectuar exportaciones, se requería haber organizado mecanismos especializados de cooperación y coordinación en las operaciones de exportación. Las regulaciones cambiarias y, en su caso, los instrumentos de control, necesitaban ser adaptados para instaurar incentivos a la exportación al mismo tiempo que se asegurara que los ingresos en divisas que produjera la exportación, o una parte sustancial de ellos, se convirtieran al tipo de cambio prevaleciente para disponibilidad de las autoridades en las importaciones de bienes esenciales y en los pagos de servicio de la deuda externa. En los países importadores de las exportaciones latinoamericanas de manufacturas se requería hacer contactos y arreglos con las cadenas de distribución. El control de calidad, no siempre practicado dentro del país, y la seguridad en fechas de entrega, al principio casi inexistente, debían cumplirse no obstante los obstáculos locales en servicios y suministros.

En último análisis, era indispensable iniciar programas de restructuración industrial para asegurar que, en mercados mundiales competitivos, se pudieran mantener las exportaciones de manera continua y no como negocio de ocasión. Las plantas industriales ineficientes basadas en la sola sustitución de importaciones tendrían que modernizarse y adaptarse para atender pedidos llegados de los mercados externos, aumentando además la productividad, la atención a las características especiales de los empaques y otras condiciones de los mercados, y en general adoptando sistemas de gestión modernos, remplazando equipos obsoletos, estableciendo nuevos diseños de productos y remplazando insumos con materiales de mejor calidad. La exportación no sería una actividad secundaria, sino en muchos casos tan importante o más que la producción para el mercado local interno, y garante de la sobrevivencia de la empresa.

La restructuración de las empresas era necesaria para acudir en forma competitiva a los mercados externos, y era además esencial —esto no siempre se entendió —para ser competitivo en el mercado interno en el nuevo contexto en que las economías tendrían que abrirse a las importaciones. En los casos de Chile y Perú y más adelante México, se decidió la apertura arancelaria como política general, sin previa restructuración de las empresas. Durante los años ochenta, en particular después de 1985, varios países latinoamericanos importaron torrentes de manufacturas no obstante que hasta muy poco antes habían mantenido altísimas barreras arancelarias y no arancelarias (permisos) a las importaciones. Pasaron del ultraproteccionismo directamente a la apertura indiscriminada. Estos nuevos productos llegaban para competir con manufacturas nacionales que con frecuencia eran productos de mala calidad, por lo que se reducían los márgenes de ganancia, tradicionalmente muy elevados, de los mayoristas y de los puntos de distribución al detalle. Las autoridades monetarias de varios de los países de la región estaban convencidas, además, de que estas nuevas importaciones serían un instrumento poderoso para reducir las tasas de inflación. En realidad, esto no siempre ocurría, porque las importaciones eran en general una pequeña fracción de la demanda interna total, caso en el cual las nuevas importaciones, bajo el control de "importadores" que proliferaban, se adaptaban a la estructura del mercado local y a los precios prevalecientes, muchas veces resultantes de la inflación inercial. En los casos en que hubiera exportaciones y en que la amenaza de mayores volúmenes de importaciones pudiera afectar a una rama específica de la industria local o a empresas importantes, el motivo para modernizarse o restructurarse en general era evidentemente más fuerte, pero no por fuerza se cumplía.

La estrategia general de generar exportaciones de manufacturas era comprendida y apoyada por funcionarios y personalidades de los gobiernos de los países latinoamericanos. El problema era que se situara esa estrategia en el contexto real en que podía funcionar y se reconocieran las dificultades prácticas que tendrían que superarse para aplicarla en un tiempo bastante corto, con el fin de que tuviera efectos significativos en el excedente comercial que se necesitaba crear. Además, entre las limitaciones más importantes a que se debía hacer frente estaba la de las recalendarizaciones y renegociaciones de las deudas externas.

En 1982, la reacción de los organismos financieros internacionales y de las autoridades monetarias en los principales países acreedores consistió en hallar medios para cubrir los grandes faltantes de capacidad de pago de los países en relación con las amortizaciones y el servicio de intereses de las deudas vigentes. Durante el último trimestre de 1982, el Banco de Liquidaciones Internacionales (BIS) hizo algunas operaciones de crédito-puente. El FMI ofreció créditos contingentes y apoyos especiales a países que aceptaran sus recomendaciones para el ajuste, que en su tiempo fueron bastante radicales (aun cuando sus resultados pecaban de optimismo). El Banco Mundial y el BID no podían intervenir con préstamos de rescate u otros porque primero tenía que actuar el FMI y porque un ingrediente indispensable de cualquier arreglo tenía que incluir la restructuración del endeudamiento. Además, tanto el Banco Mundial como el FMI se estaban aproximando a una situación en que requerirían aumentos de capital social para poder intervenir con cualquier cantidad significativa, lo cual en ese momento no era probable que se obtuviera en los Estados Unidos y en las demás economías importantes.

No obstante, se iniciaron gestiones en 1983 y 1984 para restructurar algunas de las deudas. Era preciso que los vencimientos más inmediatos se convirtieran a calendarios de pagos menos abultados y que las tasas de interés pactadas se redujeran a medida que se reducía la tasa de redescuento básica de los Estados Unidos, como asimismo la tasa básica libor. Las carteras de los bancos comerciales acreedores eran muy variadas en objetivos y en calidad. Al lado de créditos *jumbo* otorgados por arreglos interbancarios entre centenas de bancos regionales y bancos pequeños y los grandes bancos de los Estados Unidos, existían créditos directos de diverso monto abiertos a agencias financieras de los países deudores, en su mayoría con garantía gubernamental para préstamos a prestatarios específicos con el propósito de financiar inversiones locales. Los bancos comerciales de Europa occidental, Japón y Canadá mantuvieron sus propias políticas en estas operaciones y en las evaluaciones de ellas desde el punto de vista de la confiabilidad y la seguridad de los créditos en los distintos países.

En los medios financieros y en la prensa hubo tendencia a considerar en forma conjunta y revuelta los distintos tipos de endeudamiento, de factores de riesgo y de instituciones acreedoras. El público no estaba bien enterado, por ejemplo, de que 20% de la deuda externa de los países latinoamericanos estaba contratado con organismos internacionales o agencias oficiales bilaterales. Los créditos otorgados por estas instituciones eran para programas definidos y proyectos, formulados en función de su efecto en el desarrollo y con calendarios de amortización e intereses cuidadosamente estudiados, con tasas netas de interés de no más de 8 o 9% anual. Los vencimientos eran a plazos de 12 a 15 años, con periodos de gracia iniciales durante los cuales no se requerían cuotas de amortización.

Una pequeña parte de los créditos del sistema del Banco Mundial fue hecha por la International Development Agency (IDA), con vencimientos a 25 años e interés de 2%. El BID contaba también con un fondo para hacer préstamos "blandos": la ventanilla de desarrollo social para ciertos tipos de proyectos. La cooperación financiera bilateral, proporcionada por las agencias oficiales de los Estados Unidos, Canadá, Japón y varios países de Europa occidental, era en gran medida de tipo "blando". Había asimismo créditos de proveedores. Algunos bancos en los países petroleros del Medio Oriente otorgaron créditos no ortodoxos a países de América Latina.

Sin embargo, es obvio que el problema fundamental, de bulto, era el endeudamiento con los bancos comerciales. A fines de 1982, entre los países acreedores, la mayoría del endeudamiento se fincó con unos cuantos bancos grandes: en los Estados Unidos, Francia, Gran Bretaña, Suiza, España, Canadá y Japón. En Gran Bretaña, intervenía además en los países latinoamericanos un número considerable de "bancos mercantiles" *(merchant bankers)* que experimentaron un auge súbito o bien se crearon desde la nada al originarse a mediados de los años setenta el gran volumen de liquidez internacional originada en los petrodólares. En los Estados Unidos, además de las instituciones gigantes, participaron en algunas operaciones conjuntas de dimensión *jumbo*, arregladas específicamente, hasta 600 o más bancos regionales y locales pequeños.

Lo menos que puede decirse respecto a semejantes aventuras de endeudamiento externo es que las restructuraciones y renegociaciones iban a ser bastante complejas, no sólo para los países deudores de la región latinoamericana que tenían a su cargo alrededor de la mitad de la deuda externa total, sino también para los que representaban la otra mitad en África y Asia, con los que no sería dable establecer condiciones muy distintas. No había "cártel de deudores", pues entre éstos no se ponían de acuerdo ni los principales países latinoamericanos. En cambio, existía un "cártel informal" y medio secreto de las instituciones bancarias acreedoras a fin de conceder lo mínimo posible y no dar lugar a diferenciaciones, casos especiales y arreglos por debajo del agua.

Se iniciaba en 1983 un proceso de negociación de deuda sin precedente histórico. Los bancos acreedores tuvieron que crear su propia estrategia y establecer mecanismos de negociación directa con las autoridades financieras de los países deudores, en primera instancia para recalendarizar los pagos y, en su caso, para renegociarlos en otros términos. Las negociaciones se llevaron caso por caso, no colectivamente, aunque el marco general de la capacidad de pago de los países endeudados requería evaluarse. Entre los primeros países que entraron en esta etapa de negociaciones se contaron México, Brasil y Costa Rica. Parte de su deuda consistía en pagarés u otros compromisos documentados cuyos vencimientos se habían fijado a muy corto plazo, lo cual requería atención inmediata. Además, se habían contratado en gran medida bajo un régimen de tipos de interés flotantes, que en algunos casos habían descendido pero constituían todavía una obligación onerosa.

Lo complejo de los nuevos arreglos puede ilustrarse con los casos de México, en las restructuraciones de 1983 y 1984. En cierta medida, estas recalendarizaciones abrieron la posibilidad de obtener nuevos préstamos que los países necesitaban para llevar a cabo con éxito sus programas de ajustes externos e internos.

Brasil, cuya factura por importaciones de petróleo empezó a descender, que mantenía un sistema de tipos de cambio deslizantes para evitar obstaculizar la exportación de manufacturas y cuyos mercados para exportaciones de minerales y productos agrícolas estaban aumentando, pudo hacer frente con menos dificultad a los ajustes de 1984 y 1985 —pese a su enorme endeudamiento externo—. Las recalendarizaciones le fueron útiles, pudo obtener nuevos créditos del exterior y su política macroeconómica tendió a promover el crecimiento. El aumento de su PIB en 1984 fue de 5.7% y en 1985 alcanzó 8.3%. A cambio de ello, mantuvo déficit presupuestarios de tal magnitud que contribuyeron a que la tasa de inflación fuera de 179% en 1983, de 203% en 1984 y de 229% en 1985. Un plan de estabilización al parecer rigurosamente elaborado, el Plan Cruzado, fue implantado en 1986. Sin embargo, la deuda externa siguió elevándose y surgió una fuerte controversia entre Brasil y los bancos acreedores al crearse la impresión de que Brasil estaba considerando la posibilidad de declarar una moratoria de pagos. La situación política interna, además, daba lugar a nuevas incertidumbres en medio de una situación ya bastante inestable. Entre 1980 y 1990 la deuda externa total brasileña se incrementó 70%, para alcanzar 119 600 millones de dólares.

A este respecto, cabe recordar que el desempeño de Brasil como país exportador había sido notable en los años sesenta y setenta. Esto es, Brasil había comenzado su restructuración mucho más temprano para hacer posible exportaciones nuevas y poder enfrentarse con menos apremios a las políticas posibles de ajuste. El ámbito de sus exportaciones fue muy amplio: por un lado, al mercado de los Estados Unidos, por otro a Europa occidental, y además a un mercado específicamente determinado en los países del Oriente Medio y de la región africana de los que, por contra, compraba petróleo crudo. Las exportaciones de Brasil abarcaron equipo militar, en especial autotransportes y carros blindados, pero incluían en lo principal una gran diversidad de artículos de consumo y bienes de producción, incluidos vehículos para transporte de carga, aviones, acero, ropa hecha y calzado, etc. Brasil, por cierto, no dio apertura a sus fronteras arancelarias sino que mantuvo en vigor su sistema de restricción a las importaciones heredado de una época en que se practicó una sustitución de importaciones más fuerte.

Costa Rica padeció en 1982 una inflación de 82%, una de las más elevadas en la región latinoamericana. Su deuda externa total en 1980 fue de 2 700 millones de dólares en 1980. Los pagos de intereses representaban ya 36% de sus exportaciones de bienes y servicios. Como en otros países de economías bastante abiertas, el descenso de sus exportaciones redujo a su vez en fuerte medida sus importaciones. El desempleo aumentó, el nivel de ingresos se redujo en términos reales y tuvieron que hacerse importantes ajustes. Sin embargo, no se logró controlar suficientemente el amplio déficit presupuestario y la presión sobre el tipo de cambio continuó manifestándose, sobre todo a falta de nuevos ingresos de capital. El pago de intereses constituyó un impedimento importante al crecimiento y el PIB se desplomó 7.2% en 1982. Costa Rica no tenía otro camino disponible que el de iniciar el ajuste doble (interno y externo), pero pudo obtener menos ingresos de capitales. De esta manera se logró recuperar el crecimiento del PIB en 1983, a medida que ingresó más liquidez al país, derivada en parte del conflicto armado que acontecía en la vecina Nicaragua, y se obtuvo nuevo incremento del PIB en 1984. La deuda se estabilizó en 1990 en 3 800 millones de dólares y el coeficiente representado por los intereses respecto a las exportaciones de bienes y servicios se redujo. La inflación anual bajó a menos de 20%. Costa Rica pudo exportar algunas manufacturas, en parte al mercado centroamericano, en el que había ya incursionado antes de 1970. Sin embargo, sus otras exportaciones siguieron siendo las tradicionales: café, cacao, banano, algodón y ganado vacuno. Obtuvo también ingresos por gastos de turistas extranjeros.

México avanzó en dirección hacia el ajuste, pero no con la rapidez que se pensó originalmente que podía establecerse. Después de un descenso de su PIB en 1983, se esperaba lograr una recuperación en 1984. Sin embargo, un elemento fundamental del ajuste consistía en reducir el déficit presupuestario, lo cual no se logró; a fines de 1984 la tasa de inflación en México se agudizó. No obstante, hubo incremento del endeudamiento neto en esos dos años, lo cual hizo pensar que, junto con el mantenimiento del precio del petróleo en los mercados internacionales, se podría contar con una perspectiva económica más favorable. En 1984, el PIB aumentó muy ligeramente, sobre todo en el segundo semestre, pero el tipo de cambio tardó en hallar su valor "real" y se supo que el sector público estaba limitando el gasto menos de lo que se había supuesto. Fue necesario en consecuencia, a mediados de 1985, decidir devaluar formalmente la moneda, en 20% en términos del dólar, y el gobierno anunció además que se tendría que reducir el gasto público real, no sólo el de inversión sino también el gasto corriente, y adelgazar la administración pública. Al mismo tiempo, se tomaron medidas sin precedente para desmantelar el sistema de control de las importaciones que funcionaba con base en permisos previos y se anunció que México solicitaría su ingreso al GATT, lo cual presagiaba un cambio radical en política comercial, con abandono del ultraproteccionismo hasta entonces practicado.

En este momento se inició una restructuración radical de la política macroeconómica, industrial y comercial para dejar rápidamente la política de sustitución de importaciones y la de reservar ciertas áreas económicas exclusivamente al sector público, a fin de poder entrar en un régimen de competitividad internacional. Sin embargo, la consecuencia inicial de esta transformación fue negativa. La producción industrial se desplomó, el desempleo aumentó con el cierre de gran número de empresas y la reducción de la fuerza de trabajo en otras. A fines de 1985, para mayor infortunio, la situación económica empeoró a causa del grave terremoto del mes de septiembre, que entre otras cosas redujo los ingresos por gastos del turismo internacional en México, y porque en octubre el precio medio de la exportación mexicana de petróleo empezó a descender, con efectos desfavorables en los ingresos en divisas y en los ingresos fiscales cuando el petróleo constituía todavía 65% de la exportación total. México había esperado poder equilibrar sus cuentas externas, lograr nuevas recalendarizaciones de las amortizaciones de la deuda externa vigente, con pleno cumplimiento del pago de intereses, y aun obtener un modesto ingreso de nuevos créditos del exterior, pero el programa de ajuste se desarticuló en forma acentuada, lo cual presentó la perspectiva de 1986 en los peores términos posibles. Fue tan rápido este proceso de descomposición que el presupuesto de 1986 se había anunciado en el supuesto, por lo demás poco realista, de que el precio de la "mezcla mexicana" de petróleo en 1986 promediaría 22 dólares el barril. En la realidad, en enero de 1986, ya debilitado gradualmente, el precio del petróleo mexicano se abatió en menos de dos semanas a 15 dólares el barril y aun a 10 dólares y menos, con pérdida de contratos. Llegaron a hacerse ventas de petróleo a cinco dólares por barril. México perdió sus contratos de venta sin haber aprendido a efectuar operaciones *spot* en Rotterdam.

Lo que se ilustra con estos tres casos son las dificultades que entrañaron los ajustes de los desequilibrios cuando desde el punto de vista del comercio y del financiamiento existían severas limitaciones a las que la comunidad internacional no pudo dar solución. Antes bien, la comunidad internacional exigió el pago puntual del servicio de las deudas externas y propuso las condiciones para la renegociación de esas deudas, a las que tendrían que acoplarse los países deudores.

Puede afirmarse que cada caso en la región latinoamericana ostentaba características distintas. Las diferencias se advierten fácilmente en los tres casos citados y pueden observarse asimismo en los intentos de Venezuela, Colombia y Perú, cada uno con diferentes aspectos de éxito o fracaso. Por otra parte, los programas de estabilización de Argentina y Brasil diseñados como "políticas de ingresos" destinadas a proteger y a la vez limitar los niveles de ingreso de los distintos sectores alcanzaron poco resultado, y además duraron poco tiempo.

El Plan Austral de Argentina, que en la práctica se redujo a congelar los salarios y los precios y a adoptar una devaluación instantánea sujeta a microcorrecciones de depreciación posteriores —que también supuso la conversión de cada 1 000 unidades de la moneda argentina, el peso, a la nueva unidad, el austral— no pudo obtener sino éxito efímero porque el déficit presupuestario y en especial el nivel del gasto público no lograron controlarse y porque se careció de suficientes reservas monetarias y de ingresos netos de capital en apoyo y refuerzo del plan. En 1984, la inflación argentina fue de 688% y en 1985 descendió a 385% a la vez que el PIB disminuyó 4.7%. El Plan Austral dio lugar a un aumento del PIB de 6% en 1986, pero con todavía 82% de inflación ese año. Para 1987, el Plan Austral estaba ya moribundo.

En Brasil, la suerte del Plan Cruzado quedó sellada desde su inicio al autorizar el gobierno federal un incremento general de 8% a los salarios inmediatamente antes de la aplicación del plan, sin haberse resuelto antes las deformaciones en la estructura de los precios al consumidor. En consecuencia los gastos de consumo se dispararon súbitamente, se originó escasez de muchos bienes y las importaciones aumentaron violentamente sobre la base de una moneda cuyo valor en dólares se mantuvo estable. Las reservas monetarias se agotaron en poco tiempo y las exportaciones quedaron estancadas. La inflación ya era alta en 1985 y todavía más en 1986 (56%). Para enero de 1987, en cuanto los salarios volvieron a subir, se perdió el control. La nueva moneda, el cruzado, empezó a depreciarse de inmediato y para fines del año la inflación subió a 338%, con aumentos correspondientes en las tasas de interés, los salarios y otros indicadores. El crecimiento del PIB de 1985 y 1986, con promedio anual de 8%, se redujo a 3% en 1987. Brasil había logrado acumular reservas monetarias muy considerables y además entró en atrasos respecto al servicio de la deuda externa que había contraído con los bancos comerciales en el mercado financiero internacional. En este sentido, al gastar sus reservas y no cumplir plenamente el servicio de la deuda externa pudo "alejar" la influencia de la restricción que venía por el lado externo. Sin embargo, con el nuevo colapso, volvió a la situación anterior de carencia de reservas y de insuficientes ingresos netos de capital.

En el caso de México, cuyas autoridades observaron con cuidado las experiencias argentina y brasileña, la situación fue distinta. A mediados de 1985 el gobierno había reducido efectivamente el gasto público, devaluado la moneda y a la vez anunciado la eliminación radical de las barreras a las importaciones. Como ya se indicó, el efecto negativo fue fulminante en la producción industrial. En cambio, las exportaciones de petróleo se mantuvieron casi al nivel precedente, aunque sólo por seis meses, y las exportaciones de manufacturas siguieron incrementándose aunque sin lograr una participación en las exportaciones totales cercana a la de las petroleras. Esto último indicó que los recursos comenzaban a desviarse de la atención al mercado interno y se desplazaban al externo. No obstante, a fines de 1985 empezaron a descender los precios del petróleo, debido a la sobreoferta internacional que ya se manifestaba. Las autoridades financieras y monetarias en México y aun altos cuadros del gobierno vinculados especialmente a la Presidencia no previeron a tiempo semejante situación, no obstante advertencias de los cuadros técnicos.[9] La consecuencia de lo anterior fue que en 1986 México perdió la tercera parte de sus ingresos en divisas derivadas de exportaciones, o sea unos 8 000 millones de dólares, que equivalía a 80% de los pagos de servicios de la deuda externa. Tan sólo una pequeña parte se compensó por alza de precios del café y el ganado bovino, y por exportaciones de manufacturas, así como por mayores ingresos provenientes del turismo y del saldo neto de las operaciones de maquila. El efecto inmediato fue un descenso súbito de las reservas monetarias y una disminución de los ingresos fiscales de 24%.

México no tuvo éxito con su programa de ajuste, y en 1986 la moneda se depreció hasta el punto de una considerable subvaluación. No se había negociado un ingreso inmediato de fondos de inversión extranjeros, de manera que el lastre representado por el servicio de la deuda externa se volvió casi intolerable. La política que había seguido México de "medio arreglárselas" anunciando a la vez que no dejaría

[9] Al reducirse la cotización del barril de petróleo crudo a ocho dólares a principios de 1986, Pemex sólo pudo conservar dos contratos de venta: uno con Repsol en España, empresa de la que era accionista, y otro con Atlantic Richfield, empresa estadunidense que se consideraba "gran amiga de México" porque sus reservas de producción en California estaban disminuyendo y porque su propietario tenía otras inversiones en México.

de cumplir con sus compromisos de deuda externa —que le había permitido desde 1983 continuar recibiendo algunos préstamos con los cuales cubría los pagos de intereses— hizo plena crisis a mediados de 1986 y no podía sino conducir a que se decidiera a solicitar un nuevo paquete de arreglos mediante los cuales recalendarizar partes de la deuda existente y a cambio obtener acceso a nuevos créditos. La alternativa habría sido entrar en atrasos y a la postre suspender los pagos, decisión a la que no se llegó, aunque se estuvo cerca de ella.

Durante el tercer trimestre de 1986, México, conforme al llamado Plan Baker propuesto por los Estados Unidos, pudo empezar a negociar la obtención de algunos créditos nuevos a lo largo de un periodo de 18 meses, la mitad a obtenerse de los bancos acreedores y la otra mitad del Banco Mundial, el BID y el FMI, más algunos fondos de emergencia en caso de que se necesitaran. Fue una larga negociación con un comité formado por bancos de Nueva York en que estuvieron representados Japón y Canadá y algunos países de Europa occidental, y resultó difícil convencer a centenares de pequeños bancos regionales y locales de los Estados Unidos, así como a muchos de los europeos, que no deseaban ya seguir manteniendo carteras con México por medio del sistema "sindicado" pero cuya anuencia era necesaria para poner en vigor el "paquete completo". Se consiguió la aprobación general durante el primer trimestre de 1987; el PIB había caído ya 4% durante 1986 y la inflación había vuelto a acentuarse para llegar a 105%. Hubo apenas una leve recuperación de las exportaciones de petróleo y un aumento de las ventas de manufacturas, el turismo extranjero y el saldo de las operaciones de maquila. México, a base de ofrecer rendimientos elevados, logró atraer sumas considerables de capital a corto plazo a la Bolsa Mexicana de Valores, en especial durante los primeros meses de 1987, si bien, como podía esperarse, resultó ser capital "volátil". Fue paradójico que a medida que las cuentas comerciales en la balanza de pagos mejoraron, la inestabilidad financiera, asociada en parte a acontecimientos en los Estados Unidos y otras regiones, desempeñó un papel negativo.

A finales de 1987, habiendo sido reconstituidas en parte las reservas monetarias a base de nuevos créditos obtenidos, y siendo entonces las reservas brutas las más elevadas en la historia monetaria del país, el gobierno decidió adoptar una programa de estabilización basado en un Pacto de Solidaridad Económica (PSE) acordado entre todas las partes para frenar fuertemente la inercia inflacionaria, que entró en vigor a fines de 1988 (por cierto, con elecciones presidenciales, a la vista en julio). Se congelaron virtualmente los salarios, los precios y el tipo de cambio básico (de compra de divisas) y el gobierno se comprometió a reforzar estas medidas con una nueva reducción, firme y contundente, del gasto de inversión del sector público y del gasto corriente público, ambos en términos reales. Se estableció en las cuentas públicas una distinción entre el presupuesto "primario", consistente en la suma de ingresos fiscales, por un lado, y la de los gastos del gobierno excepto los pagos de intereses por otro concepto presupuestal, que se mantendría en estado de superávit, mientras que en la cuenta "financiera" los pagos de intereses sobre la deuda tanto interna como externa darían por resultado un déficit que se iría reduciendo como proporción del PIB. Ésta fue la base fundamental que había estado ausente en los intentos argentino y brasileño de planes de estabilización. La tasa mensual de inflación en México, que todavía en enero de 1988 fue de 15.5%, o sea una perspectiva de 462% a tasa anual, se redujo con cierta rapidez a una tasa mensual de 1.2% durante el periodo julio-diciembre. El Pacto, el programa de estabilización de México, se produjo cuando México estaba al borde de una hiperinflación que pudiera haber sido catastrófica.[10]

El costo real, sin embargo, fue muy acentuado en casi todas las ramas de la economía. Después de un ascenso de

[10] Aun cuando la inflación en México había obligado a emitir billetes de muy alta denominación, no se cambió el nombre del peso al eliminarse tres ceros en ellos, designándose a los nuevos billetes como *nuevos pesos,* N$.

apenas 1% del PIB en 1987, en 1988 fue de sólo 1.4%. La producción industrial se mantuvo estancada, excepto la automotriz, la de artículos electrónicos y la de productos químicos, destinados todos casi en su integridad al mercado externo. El incremento de la exportación de manufacturas no compensó, no obstante, la pérdida de ingresos por la exportación de petróleo a precio reducido. Aun con el plan de estabilización, México no pudo recibir de sus exportaciones de bienes y servicios suficientes divisas para pagar plenamente los compromisos de pago de intereses sobre la deuda externa. Ésta se había elevado a 107 000 millones de dólares al terminar 1987, siendo los intereses todavía alrededor de 10 000 millones de dólares, o sea, 35% de la exportación total de bienes y servicios.

El caso mexicano demostró que un programa exitoso de ajuste, tal como el que se planteó y aprobó, en condiciones muy rigurosas, no podía llevarse a cabo al abrigo de limitaciones externas severas. Aun cuando éstas pudieron aligerarse un poco, el costo expresado en crecimiento del PIB, después de seis años de ajuste, resultó sumamente oneroso y puso en jaque el crecimiento y el desarrollo futuros del país.

Teniendo en cuenta las diversidades entre los países de la región latinoamericana, en su conjunto el PIB *per capita,* sumados todos los países integrantes, con las reservas estadísticas del caso, *descendió* 13% entre 1983 y 1988. El PIB acusó un crecimiento medio anual de apenas 0.5%.

Las exportaciones totales de la región quedaron estacionarias, mientras varios países del sudeste de Asia exportaban. La relación de precios del intercambio, para el conjunto, se deterioró. La deuda externa total de la región, hechas ya algunas recalendarizaciones y habiéndose logrado algunas amortizaciones, aumentó de 242 600 millones de dólares en 1980 a 444 200 millones de dólares en 1988 o sea en 83% (véase el cuadro VI.3 en el capítulo VI). El pago de intereses se mantuvo en el conjunto en un total de alrededor de 30 000 millones de dólares al año, o sea, 30% de las exportaciones totales de bienes y servicios. Se originó una transferencia negativa de recursos, de los países latinoamericanos a los países acreedores, de 200 000 millones de dólares en los seis años del periodo considerado, compensado por apenas 40 000 millones de dólares de ingreso bruto, o sea, la salida neta de capitales fue de una media anual de 27 000 millones de dólares, o sea, aproximadamente 6% del PIB conjunto.

El contraste con el periodo de los años setenta fue muy marcado. En aquel periodo, no obstante las perturbaciones originadas en el comercio exterior, la región latinoamericana, como se explicó antes, recibió una aportación neta anual de recursos del exterior de 4% del PIB conjunto. El cambio de signo de tal magnitud (de + 4% a – 6%) hacia finales de los años ochenta no podía verse como halagüeño, cualesquiera que fueran los resultados inmediatos de los ajustes de fondo, las restructuraciones industriales y los programas de corto plazo. A diferencia de lo que pasó en los años treinta, cuando la demanda externa se había desplomado, en los años setenta los grandes países industrializados del mundo seguían con tasas de crecimiento nada despreciables, habían surgido nuevos países semiindustrializados en el sudeste de Asia, los mercados mundiales seguían en expansión y el comercio internacional aumentaba a mayor tasa que los PIB. Sólo la región latinoamericana se había quedado rezagada, junto con África.

4. La indecisión internacional y la reversión de los flujos de capital

Desde luego que un factor fundamental en las exportaciones de la región latinoamericana ha sido siempre la situación de demanda e ingreso de la economía de los Estados Unidos, seguida de la de los países de Europa occidental. Después de la recesión de la economía de los Estados Unidos en 1980-1981, cuando se redujo la tasa de inflación a un dígito, permaneciendo sin embargo muy elevado el coeficiente de desempleo, la actividad económica se recuperó, como también en Europa, a ritmo moderado.

El comercio mundial mantuvo su crecimiento entre 1982 y 1985. La región latinoamericana no participó crecientemente en este comercio mundial. Entre los países en vía de desarrollo sólo los del sudeste de Asia mantuvieron tasas de crecimiento del PIB de cierta consideración y aumentaron su participación en las importaciones efectuadas por los países miembros de la OCDE en su conjunto. Si las exportaciones latinoamericanas hubieran seguido aumentando —que no fue el caso— o si la expansión del PIB de Estados Unidos y Europa occidental hubiera sido más rápida y sus importaciones hubieran estado más dirigidas a comprar los productos tradicionales de América Latina, esta región habría sacado más ventaja y habría estado en mejores condiciones para tratar los asuntos de su deuda externa. No viene al caso especular sobre lo que habría acontecido si las políticas industriales y de exportación de los países latinoamericanos hubieran sido en general distintas. Es notable que los países de la región latinoamericana ni siquiera tuvieron éxito exportando bienes de consumo relativamente sencillos; el sesgo antiexportador era muy fuerte, con monedas sobrevaluadas y restricciones a las importaciones de productos intermedios. Por otro lado, la atención de los gobiernos se centró en los efectos inmediatos de los compromisos de pago de las deudas externas. En medio de las crisis financieras, el caos de las inflaciones y los desacuerdos sobre políticas de estabilización, la solución no podría ser que las empresas industriales se lanzaran de la noche a la mañana a las oportunidades brindadas por los mercados externos. Debe advertirse que en algunos casos en que había capacidad instalada disponible para hacerlo, como en el de los productos textiles y el acero, Estados Unidos y los países europeos establecieron nuevas trabas a esas importaciones mediante cuotas y contingentes. Si la política de estos países desarrollados respecto a las importaciones de esas manufacturas hubiera sido más abierta, los países latinoamericanos se habrían beneficiado un poco más una vez efectuados sus ajustes iniciales, en particular el abandono de la sobrevaluación de sus monedas.

Es evidente que la magnitud y las características del problema del endeudamiento externo de los países en vía de desarrollo, y en especial la suspensión abrupta y sin compensación alguna en otro terreno de los flujos de capital de los países acreedores a los deudores, fueron acontecimientos para los cuales el sistema económico internacional no contaba con instrumentos ni con ideas. Como se explicó anteriormente, las advertencias que surgieron en agosto de 1982, a raíz de la crisis mexicana y su examen en la reunión del FMI y el Banco Mundial en Toronto en septiembre de ese año, dieron lugar a algunas medidas de emergencia y sirvieron para informar y alertar a todos los deudores y acreedores sobre la perspectiva, pero nada se hizo de significación a nivel internacional para plantear e iniciar una solución general adecuada. Algunas acciones bilaterales, como las tomadas en relación con México, fueron útiles, aunque no trascendentes. En la siguiente reunión del FMI y del Banco Mundial, en Seúl en 1983, se reaccionó con lentitud. La responsabilidad de esos organismos fue grande y no actuaron o no se les dejó actuar. Los Estados Unidos tomaron en sus manos las supuestas negociaciones. En muchos gobiernos los responsables de la política financiera creyeron que se trataba de problemas transitorios y que los desequilibrios se disiparían sin demasiada intervención; o bien se actuó con poca transparencia. El FMI seguiría actuando con los pocos recursos a su disposición, lo mismo que el Banco Mundial, siempre que se acordaran renegociaciones de las deudas. Sin embargo, los bancos comerciales acreedores, renuentes a seguir prestando dinero, vieron el problema como uno de solvencia y no de iliquidez (con mejor visión que muchos gobiernos) y no querían arriesgarse en un terreno internacional que no dominaban. La insolvencia, en estos casos, no se podía resolver "cobrando las hipotecas" y recibiendo bienes a cambio como en los créditos bancarios ordinarios. El trato era con gobiernos soberanos. Los bancos, cuando percibían un riesgo mayor, cobraban tasas de interés más elevadas; pero habían evaluado insuficiente o deficientemente las perspectivas de los deudores, sobre todo en términos de economía política y no simplemente bancarios.

Es de suponer (pero no hubo seguridad) que los bancos acreedores habían hecho provisión de reservas para los casos de prestatarios que se encontraran sin capacidad de pago. Mas no estaban dispuestos a ceder en nada, ni a entrar en negociaciones directas que los Estados Unidos y el FMI aconsejaban, a menos que el FMI, una vez alcanzados sus acuerdos con los países, vigilara el cumplimiento de éstos. Entre los bancos principales existía un frente bastante sólido de opinión, y los bancos norteamericanos tenían a su vez otros problemas con deudores internos, que los hacía muy renuentes a negociar aunque con ellos sólo se había fincado 35% del endeudamiento total de la banca comercial con países de la región latinoamericana. Los bancos europeos, aun los más prudentes y menos expuestos, o sujetos a distintas reglamentaciones, prefirieron dejar el liderazgo a los norteamericanos.

Mientras tanto, los gobiernos de los países de la región latinoamericana empezaron a llevar a cabo consultas entre ellos, para lo cual se crearon varios foros.

En primer lugar, los ministros de Hacienda y los gobernadores o directores de los bancos centrales se reunían regularmente con motivo de las conferencias anuales (asambleas de gobernadores) del FMI y el Banco Mundial, donde solían constituir un "comité informal latinoamericano" de los representantes (gobernadores) en esos organismos internacionales, que además se reunía privadamente con los respectivos director general y presidente del FMI y el BM. En las asambleas de gobernadores era común que fuera el portavoz un solo miembro del grupo latinoamericano (que incluía por cierto a Filipinas y España por simple recuerdo histórico, no porque hubiera afinidad en las políticas financieras). Las posiciones que se adoptaban eran por lo general objeto de discusiones "técnicas" previas entre representantes de los bancos centrales y los ministerios de Hacienda, que se ajustaban antes de producirse la asamblea plenaria de gobernadores del FMI y el BM. En éstas, la posición latinoamericana se presentaba en términos más convencionales y en general en apoyo de las políticas del fondo y del banco. De los latinoamericanos no se esperaba ninguna llamada de atención.

En segundo lugar, la situación general en América Latina y el Caribe se ventilaba cada dos años en las sesiones de la CEPAL, a las que rara vez asistían los ministros de Hacienda, pero a la que concurrían sobre todo los ministros de Economía o de Planeación, o funcionarios secundarios en las ramas económicas. En estas conferencias, la secretaría de la CEPAL presentaba siempre un informe y se formulaban proyectos de resolución en consulta con la secretaría, que pasaban primero por una reunión "técnica" y después a las comisiones de la conferencia para aprobarse en sesión plenaria. La mayor parte de las resoluciones se refería a los programas de trabajo encargados a la secretaría. Como ya se ha relatado, la CEPAL, siendo un organismo regional de las Naciones Unidas, incluía no sólo a los países de la región sino a varios países desarrollados y a Rusia (antes la URSS). Asistían también representantes de la Comisión Económica de las Naciones Unidas para Europa, y de los organismos especializados y otros del Sistema de las Naciones Unidas. Están representadas además la Unión Europea y la OCDE. Hubiera sido muy difícil que la CEPAL fuera un foro adecuado para tratar asuntos de endeudamiento externo desde el punto de vista de las políticas a seguir entre los acreedores y los deudores. No era la CEPAL el lugar para negociar ni para obtener declaraciones de consenso, a menos que éstas fueran de poca significación. En sus comienzos, a fines de los años cuarenta y en los cincuenta y sesenta, la CEPAL tuvo bastante influencia en materia de políticas de desarrollo y brindó asesoramiento a casi todos los gobiernos de la región en materia de planificación del desarrollo, estudios sectoriales, aspectos sociales del desarrollo, e integración regional y subregional. Más tarde fue rebasada por los acontecimientos internacionales, a los que se añadieron el abandono de la planificación del desarrollo, los fracasos de las integraciones regionales y su falta de jurisdicción en los asuntos financieros y de endeudamiento. Constituyó siempre, sin embargo, un foro para declaraciones, aunque con el tiempo fueron menos atendidas por los gobiernos miembros. Por otro lado, las recopilaciones estadísticas y sus publicaciones periódicas continuaron siendo de gran valor.

En tercer lugar, se había creado en 1974 un mecanismo de consulta latinoamericana que resultó bastante controvertido, el Sistema Económico de América Latina (SELA), con sede en Caracas. Fue una iniciativa de México y Venezuela, a raíz de la Conferencia de las Naciones sobre Comercio y Desarrollo (Unctad) que se había celebrado en Santiago de Chile en 1972, e incluyó desde el principio a Cuba, lo que provocó especial prevención en los Estados Unidos, que por lo demás no fue invitado a participar. El SELA tuvo por objeto tratar asuntos, en un plan propositivo, de interés común para la región. Promovió entre otras cosas una empresa naviera latinoamericana, una compañía productora de abonos químicos y otra explotadora de bauxita. Estableció vínculos con Europa y su secretaría preparó estudios de gran calidad sobre las relaciones económicas con los países europeos, precursores de acciones futuras de cooperación comercial y de inversiones con la Unión Europea. En el fondo, el SELA tuvo como foro un origen más bien político que, a la larga, no tuvo mayor consecuencia, sobre todo después de los años ochenta. No fue un mecanismo de negociación. Sus resoluciones no eran sino recomendaciones, como las de la CEPAL. Los ministros de Hacienda no asistían a sus sesiones ni a sus conferencias.

En cuarto término, la Organización de Estados Americanos, que a partir de 1983-1984 empezó a incorporar a los países del Caribe independizados de Gran Bretaña y Países Bajos (pero que había excluido a Cuba desde 1960), había perdido prestigio y eficacia, salvo su apoyo a los mecanismos de la Alianza para el Progreso mientras estuvieron en vigor más o menos hasta 1985, y programas en materia de ciencia y tecnología y de educación. Su Consejo Interamericano Económico y Social, que, como se ha explicado antes, trataba de rivalizar con la CEPAL, principalmente con el apoyo de los

Estados Unidos, fue decayendo en importancia de los años cincuenta a los setenta. Se le atribuye haber organizado la Conferencia Interamericana de Ministros de Hacienda llevada a cabo en Quitandinha, Brasil, en 1954, que por cierto contó con fuerte cooperación técnica y de documentos de base de la secretaría de la CEPAL. Entre éstos figuró uno presentado por el secretario ejecutivo, Raúl Prebisch, que hizo un análisis, para la época muy asentado, de la realidad de los problemas de la región latinoamericana y que abogó por la creación del Banco Interamericano de Desarrollo, propuesta que fue rechazada por los Estados Unidos y Perú. En materia del endeudamiento externo de los años ochenta y los programas de ajuste, la OEA tuvo muy poco que decir y su secretariado técnico no hizo aportaciones de importancia.

Por último, es obligado citar el Banco Interamericano de Desarrollo (BID), que a iniciativa de Chile fue creado en 1960, teniendo en cuenta antecedentes importantes formulados desde 1939 por México y otros países en el contexto de la Unión Panamericana. La estructura del BID le permitió actuar no sólo como institución financiera sino como instituto de apoyo a la planificación industrial, a proyectos agropecuarios y a actividades de fortalecimiento de la capacidad de los países de la región para ampliar los alcances y la calidad de la investigación económica y social. En forma análoga a las corporaciones de fomento que ya existían en algunos países, el BID se concibió como institución promotora del desarrollo no sólo económico sino social. Más aún, para su primer presidente, Felipe Herrera, era el "Banco de la Integración",[11] como además se demostró después en toda su trayectoria. El BID pudo crear un Fondo de Desarrollo Social, a fin de otorgar créditos blandos, con capital aportado por los Estados

[11] Sobre los orígenes del BID, véase Tomassini (1997) y sobre el propósito de contribuir a la integración económica latinoamericana las pp. 195 y 290. En un discurso pronunciado por Felipe Herrera en 1969, éste, al referirse a dicha frase, hizo la interesante aclaración de que en el Convenio Constitutivo del BID no aparece la palabra *integración* en ninguno de sus artículos. Sin embargo, en un escrito nuevo en 1987, Herrera sostuvo que "... desde el inicio de las actividades del BID fuimos bautizados como el Banco de la Integración" (Urquidi y Vega Cánovas, 1991, p. 164).

Unidos. El BID contó además con aportaciones financieras importantes de Canadá, España, Japón, Alemania y otros países. Tuvo asimismo a partir de 1964 un desempeño destacado en los mecanismos de la Alianza para el Progreso y alcanzó creciente importancia internacional e intralatinoamericana. Sin embargo, en relación con el problema del endeudamiento externo, el BID no alcanzó a tener mucha injerencia en la solución de los problemas que se habían creado con la banca comercial internacional durante 1974-1982, si bien publicó anualmente análisis de gran calidad sobre estos y otros temas especiales.

Por su parte, los ministros de Hacienda de los países latinoamericanos, en conjunción con los de Relaciones Exteriores, en gran medida impulsados por estos últimos como expresión de los aspectos "políticos" que evidentemente rodeaban toda la cuestión del endeudamiento, llevaban a cabo consultas de carácter sigiloso. Se decía también que en 1983, durante las semanas en que se mantenían negociaciones en Washington en el FMI, los negociadores que representaban a Brasil y a México no se enteraban de que cada grupo estaba negociando al mismo tiempo sus programas de recalendarización y de ajuste con el FMI y el Banco Mundial, en distintos pisos de estos organismos, sin ninguna comunicación entre ellos, ni siquiera en los pasillos, los elevadores o el comedor del FMI. Poco tiempo después se iniciaron comunicaciones directas entre los ministros de Hacienda de ambos países.

En Cartagena, Colombia, en 1984 se convocó una importante conferencia latinoamericana de consulta, a la que asistieron los ministros de Hacienda y sus asesores, sobre el nuevo fenómeno de una deuda externa que podía caer en estado de moratoria. Esta conferencia produjo la Declaración de Cartagena, un consenso entre los participantes de gran importancia en esos momentos. No se llegó a plantear una posición rigurosamente común —un verdadero cártel de deudores que se opusiera al cuasicártel organizado en forma privada y oculta por los bancos acreedores—, pero se presentaron argumentos sólidos y bien razonados en pro de definir la posición latinoamericana sobre el endeudamiento externo en función de muchos otros factores asociados al fenómeno, especialmente en relación con las repercusiones en el comercio, en el crecimiento económico, en las políticas de desarrollo, y en las relaciones internacionales de América Latina.

En ninguna ocasión anterior, ni en las conferencias de la CEPAL, la OEA u otras en la región, se había llegado a definiciones tan apegadas a la situación real. En este aspecto, el Consenso de Cartagena fue de gran significación en materia de cooperación intralatinoamericana, pero, igual que los demás documentos, el Consenso no constituía un compromiso jurídico y necesariamente tenía que aceptar diferentes puntos de vista. En efecto, cada país se había embarcado por separado en negociaciones con el FMI, la Tesorería de los Estados Unidos y los comités de coordinación bancaria en Nueva York, a veces con apoyo de intermediarios. Después de la reunión de Cartagena hubo mayor intercambio de información entre los ministerios de Hacienda y entre los bancos centrales de América Latina, sobre todo entre los de los cuatro principales países deudores: Brasil, México, Argentina y Venezuela. No obstante, llegar a posiciones comunes o mancomunadas resultaba en extremo difícil si no imposible. Ningún país latinoamericano podía considerarse de modo alguno "corresponsable" de la forma y las condiciones en que cualquier otro se hubiera endeudado, ni de las políticas que hubieran desembocado en el volumen de endeudamiento del caso, y mucho menos de los propósitos concretos a los que los créditos del exterior se habían aplicado. En la región de América Latina no había existido ningún organismo tipo OCDE en que se examinaran con regularidad las políticas económicas, los programas y las perspectivas a corto plazo. Y en materia financiera no se podían compartir las soberanías. Es más, tal vez ningún gobierno deseaba saber demasiado acerca de los problemas subyacentes y las circunstancias asociadas a las deudas de los demás que se habían contratado, por la obvia razón de que querían que sus propios asuntos, a veces poco confesables, no fueran conocidos por los "países hermanos". Después del Consenso de Cartagena se efectuó en Mar del Plata, Argentina, una conferencia limitada a los ministros de Hacienda en la que México, al menos, echó varios baldes de agua helada sobre la noción de un frente común de negociación colectiva o de la formación de un cártel de deudores, con el resultado de que esta noción desapareció, a partir de entonces, de las discusiones regionales latinoamericanas.[12]

Un intento interesante de buscar soluciones fue la iniciativa asumida por el presidente de Ecuador, Osvaldo Hurtado, de convocar a una reunión "cumbre" latinoamericana para hacer un examen de la problemática general del desarrollo latinoamericano, la integración y el endeudamiento con base en un informe que se había solicitado al secretario ejecutivo de la CEPAL, Enrique Iglesias, y al secretario general del SELA, Carlos Alzamora. A esa cumbre asistieron muy pocos jefes de Estado; los demás jefes de delegación fueron funcionarios de menor jerarquía. Se firmó un Acta de Quito pero este documento tampoco tuvo consecuencia alguna.

En 1985-1986 surgieron propuestas para recomendar que se hicieran los pagos de intereses sobre la deuda en moneda local, con el argumento de que esos intereses pudieran reinvertirse en nuevos créditos en moneda nacional para el desarrollo y en inversiones para el mismo propósito. Con ello se evitaba el tener que pagar los intereses en moneda extranjera y se inducía a los prestamistas a reinteresarse en la expansión de las economías de la región latinoamericana,[13] lo que les permitía a mediano plazo ir recuperando sus

[12] Sólo el gobierno cubano optó por convocar a una gran conferencia internacional de expertos financieros y otros para declarar una moratoria de pagos sobre las deudas externas. No tuvo esta reunión ninguna consecuencia.

[13] Una de las propuestas la hizo el presente autor en agosto de 1985 en un documento para un organismo internacional privado y en una reunión del Club de Roma. Coincidieron casi en la fecha, sin conocimiento del presente autor, propuestas muy parecidas escritas por Saúl Trejo de El Colegio de México y Osvaldo Sunkel (1985, pp. 67-71) en Chile. La idea también fue expuesta por varios autores,

préstamos anteriores. Se tuvo la idea de utilizar los pagos en moneda nacional de los intereses en el uso de los llamados Fondos Contraparte del Plan Marshall así como en los fondos acumulados en moneda nacional de otros países por los Estados Unidos bajo la ley 480 de ayuda alimenticia (Wionczek, 1987, vol. I).

Habían empezado ya a suavizarse algunas de las condiciones impuestas para las renegociaciones y se habían efectuado algunas recalendarizaciones. Los bancos acreedores, por su lado, habían adoptado una actitud más rígida de negarse a otorgar nuevos préstamos para el desarrollo y sobre todo para gastos públicos generales. Su estrategia se redujo a tratar de cobrar los intereses y a asegurar el saldo de la deuda contra cualquier moratoria. El Banco Mundial, el BID y el FMI estaban incapacitados, por falta de liquidez, para proporcionar cantidades adecuadas en relación con los adeudos y tampoco podían remplazar a los bancos comerciales en calidad de grandes prestamistas. El Secretario de la Tesorería de los Estados Unidos, James Baker, tomó la iniciativa para evitar que la situación acusara un deterioro acumulativo general; para ello, en 1983 anunció en la conferencia anual del FMI y el BM en Seúl, Corea del Sur, una serie de propuestas a las que se les designó Plan Baker (Balassa *et al.,* 1986, pp. 174-182).

El llamado Plan Baker consistió, en pocas palabras, en exhortar a los bancos comerciales a preparar nuevos objetivos para una etapa también nueva de crédito por un total aproximado de 29 000 millones de dólares en tres años, destinados a algunos de los países más endeudados, a condición de que éstos asumieran compromisos, que se acordarían con el Banco Mundial y el FMI, para "restructurar" sus economías. Los países seleccionados incluyeron 10 de la región latinoamericana, tres en África, uno en Asia y uno más en el

entre ellos Dragoslav Avramovic, Fred Bergsten, William R. Cline y John Williamson, y posteriormente se divulgó bastante. Al parecer Raúl Prebisch (1985 y 1986c) también mencionó la idea en su testimonio ante la Cámara de Representantes de los Estados Unidos en julio de 1985.

sudeste europeo.[14] La restructuración no consistiría, por supuesto, en las ideas auspiciadas por la CEPAL —ave negra para los Estados Unidos— sino en una "apertura" al libre comercio y a la inversión extranjera directa —las mismas ideas de siempre, expresadas ya en la Conferencia de Chapultepec en 1945 y en la de Bogotá, de la OEA, en 1948—. Además, deberían privatizarse las empresas del sector paraestatal y se procuraría aumentar las exportaciones a fin de crear los excedentes de divisas necesarios para cubrir el servicio de las deudas externas. Del total de los recursos indicados, 20 000 millones de dólares serían "proporcionados" por los bancos comerciales (que ya habían suspendido sus préstamos en 1982) y 9 000 millones de dólares serían aportados por el Banco Mundial y otros organismos internacionales, pero sin compromiso alguno de los Estados Unidos, en su presupuesto, de aumentarles el capital prestable. La sola idea de que los bancos comerciales se harían cargo de 20 000 millones de dólares fue enteramente irreal. El Banco Mundial y el FMI, así como el BID tendrían que operar con base en sus reservas acumuladas y con los fondos que recuperaran de las amortizaciones de sus créditos anteriores. El Plan Baker se basó en la teoría de que, dados ciertos pequeños cambios en la situación macroeconómica, en especial en cuanto a precios relativos, los países endeudados irían saliendo de su endeudamiento mediante el crecimiento económico. No había necesidad de fijar la atención en el problema existente de endeudamiento y en el fuerte lastre de los pagos de intereses, sino solamente sugerir determinadas políticas "adecuadas" de ajuste y restructuración y emplear algunos pocos fondos externos adicionales —que proveerían los mismos prestamistas de siempre— para poner a los países en el sendero del crecimiento. Las mayores exportaciones se dirigirían... ¿a dónde? Esto no se explicó en los planteamientos y aun se

[14] Los países seleccionados de la región latinoamericana fueron: Argentina, Brasil, México, Venezuela, Chile, Colombia, Ecuador, Perú, Bolivia y Uruguay. En África, Marruecos, Costa de Marfil y Nigeria. En Asia, Filipinas, y en Europa sudoriental, Yugoslavia (Balassa *et al.*, pp. 174-175).

contradecía con el nuevo énfasis de los países industrializados en poner barreras a sus importaciones, por ejemplo: en el caso de los Estados Unidos para reducir su creciente déficit comercial.

A medida que prosiguieron las complicadas negociaciones con los bancos acreedores y persistió la situación crítica de los países deudores, en medio de sus dificultades para aplicar sin mayor éxito los programas de ajuste, y en tanto que a la vez los indicadores económicos de casi todos los países latinoamericanos revelaban estancamiento en el mejor de los casos, el gobierno de los Estados Unidos empezó a reaccionar levemente. Los países deudores seguían endeudándose para poder cumplir el pago de los intereses, no obstante que las condiciones más duras se habían aligerado un poco.

Lo más que puede decirse del Plan Baker —bien recibido en la conferencia de Seúl, del FMI y el Banco Mundial es que era una manifestación de buenas intenciones pero que con toda probabilidad no acarrearía ningún resultado práctico de suficiente significación. Fue un alarde político. La suma total propuesta era bastante inferior a las necesidades, pues no tomaba en cuenta la "transferencia negativa", la reversión en el flujo de capitales, que había ocurrido desde 1982. Tampoco podía asegurarse que los bancos comerciales participarían en el plan con entusiasmo alguno. Además, por definición, la mayoría de los países deudores del mundo quedaban excluidos del plan y quedarían librados a otras propuestas aun no definidas o a sus propios medios. Y el plan carecía de apoyo político que pudiera permitir pasar por las horcas caudinas del Congreso de los Estados Unidos o recibir la aprobación de ningún otro gobierno entre los países acreedores.

Las cumbres económicas de los cinco países más desarrollados del mundo, más adelante el Grupo de los Siete (G-7), no se habían ocupado en absoluto del problema del endeudamiento externo. El problema de la deuda se veía como simplemente financiero, un asunto entre acreedores y deudores, y no como uno que tenía que ver con las posibilidades de crecimiento y de desarrollo de los países deudores, con su papel en el conjunto del comercio mundial y con su capacidad para evitar que el ingreso por habitante siguiera descendiendo.

De manera paradójica, el Plan Baker se anunció poco antes del debilitamiento de los precios del petróleo en 1985. Por más que los países industrializados se beneficiaran de los precios más bajos del petróleo, empeoró de manera considerable la situación de los países sumamente endeudados que a su vez descansaban aún, como México, Venezuela y Nigeria, en la exportación de petróleo para hacer frente a los pagos de intereses sobre su deuda. Como se explicó antes, México no había solicitado nuevos préstamos en 1985 ante la expectativa de que se pudieran equilibrar sus cuentas externas gracias a avances en el ajuste macroeconómico, a la adopción de un tipo de cambio real y a varias otras medidas que fortalecerían el sector externo sin necesidad de acudir al Banco Mundial sino para un volumen pequeño de nuevos recursos. En pocas semanas la situación varió radicalmente. Tras alguna vacilación por parte de las autoridades mexicanas, después de haber explorado la opinión de los bancos acreedores y los organismos de Washington —periodo durante el cual se hicieron en México vagas referencias a la posibilidad de entrar en moratoria— México fue aceptado como el primer "paciente" para el tratamiento Baker, en condiciones muy desfavorables.

Brasil había logrado en esas semanas —principios de 1986— tras haber incurrido en atrasos considerables en sus pagos de intereses en 1984 y 1985, implantar el Plan Cruzado de estabilización y en llegar a arreglos con los comités de banqueros de Nueva York. En abril de 1986 se efectuó una conferencia interesante en Atlanta, Georgia, convocada por el ex presidente Jimmy Carter, por intermedio de la Universidad Emory, a la que asistieron varios ministros de Hacienda y altos funcionarios de países latinoamericanos, así como varios ex presidentes, además de ejecutivos de bancos norteamericanos, senadores, congresistas y expertos diversos, para examinar la situación del endeudamiento y su perspectiva. En esa reunión el connotado banquero norteamericano Rhodes declaró que, en su opinión, Brasil ya no afrontaba problema alguno —el país problema era entonces México—.[15] Seis meses después, Brasil volvió a ser problema, mientras que México se sentó a negociar con el propósito de obtener unos préstamos de consideración bajo el Plan Baker. Al mismo tiempo, México había concluido sus negociaciones para ser admitido al GATT y había empezado a desmantelar sus sistemas de control a la importación que se basaban en permisos previos y a reducir sus aranceles a las importaciones, así como a privatizar empresas paraestatales. Las negociaciones respecto a México, que involucraron obtener el asentimiento de centenares de bancos pequeños en los Estados Unidos y en otros países para que prorrogaran y renovaran sus créditos a México consumieron parte del primer semestre de 1987. Pocos otros países pudieron acogerse al Plan Baker.

Como se indicó anteriormente, la transferencia negativa de flujos financieros de América Latina continuó produciéndose durante este periodo. Fue en general un poco menor en 1987, igual a sólo 15% de las exportaciones de bienes y servicios, pero esta cifra resulta esencialmente de los nuevos créditos a México bajo el Plan Baker. La situación de fondo no cambió.

En relación con el problema mundial del endeudamiento, las discusiones a nivel internacional, en las asambleas del FMI y el Banco Mundial de 1986 a 1989, así como en otros foros, por ejemplo, en las reuniones cumbre del G-7, no dejarían entrever ningún otro cambio de actitud o de política financiera por parte de los países acreedores. El caso de los países de la cuenca del Pacífico fue presentado de manera continua como ejemplo del desarrollo a base de crecientes exportaciones para aligerar la carga de la deuda, pero sin un análisis adecuado que explicara por qué y de qué manera

[15] Testimonio personal del autor de esta obra, que estuvo presente.

ese grupo de países manifestaba características distintas de las de los países deudores de la región latinoamericana. Se caía en un error fundamental: exagerar el ejemplo de Corea del Sur,[16] y resultaba aun menos congruente con una serie de sugerencias muy simplificadas sobre la forma en que tendrían que cambiarse las políticas económicas en América Latina. Muchas de las propuestas sobre el endeudamiento externo no pasaron del punto al que habían llegado todas las demás junto con las opiniones generales del público.

Concluido el episodio poco satisfactorio del Plan Baker y la poca capacidad de los países deudores de la región latinoamericana para ofrecer soluciones congruentes y realizables, y teniendo en cuenta la pobreza de ideas emanadas del FMI y el Banco Mundial, surgió una nueva etapa a partir de marzo de 1989, al asumir el cargo de secretario de la Tesorería de los Estados Unidos el hasta entonces subsecretario Nicholas Brady El nuevo plan se designó como "la Iniciativa Brady", y significó un paso adelante de bastante importancia y de acertada aplicabilidad política. Esta iniciativa logró inmediata credibilidad internacional al exigir a la comunidad bancaria internacional una actitud más positiva en el sentido de contribuir a aliviar las cargas que pesaban sobre su propio porvenir a causa de los montos y las características de la deuda externa de los países en vía de desarrollo. La clave fue reducir los saldos adeudados, rebajar las tasas de interés aplicables a las deudas y asegurar la colaboración de las instituciones financieras internacionales. La iniciativa no llegó a proponer que los Estados Unidos u otros gobiernos de países acreedores aportaran fondos de origen fiscal, pero apoyó abiertamente que el Banco Mundial y el FMI aumentaran sus recursos de capital con base en nuevas aportaciones de los gobiernos de los países miembros. Es decir, se internacionalizó la consideración de las soluciones al problema del endeudamiento, en lugar de dejarlo en manos de negociaciones bilaterales entre los países deudores y los bancos acreedores.

[16] Error en que incurrió notablemente un informe del Instituto de Economía Internacional de Washington (Balassa *et al.*, 1986).

Bajo la Iniciativa Brady, algunos países de la región latinoamericana pudieron al fin contar con apoyo del Banco Mundial y el FMI frente a los bancos acreedores. Por ejemplo, en el caso de México, el segundo país más endeudado, se logró reducir 7% el monto de los pagos anuales por amortización, en parte por ajuste de los saldos adeudados a los bancos acreedores y en parte al ofrecer a los bancos que no aceptaran esa medida, la opción de adquirir bonos mexicanos, garantizados por la compra por México de bonos de la Tesorería de los Estados Unidos, a cambio de reducciones de la deuda. Todavía más, a los bancos acreedores que no aceptaran esta opción se les ofreció una adicional: la de aceptar "bonos de salida" *(exit bonds)* equivalentes al monto nominal total de la deuda pero que pagaran una tasa de interés más baja. Se sugirieron otras modalidades, pero lo importante fue que al fin se presentaba una iniciativa sensata en función de los deseos y las posibilidades de renovar el crecimiento y el desarrollo económicos en la región latinoamericana, en lugar de dejar prevalecer el síndrome de estancamiento en que se encontraba la mayoría de las economías de la región, que significaba merma en la capacidad de desarrollo y reducción de los niveles de vida. A los arreglos iniciados con México, de los que no estuvieron ausentes innumerables incidentes y desacuerdos, se añadieron los llevados a cabo con diversos países de la región el mismo año. Estos acuerdos Brady/país deudor tuvieron un efecto benéfico en el ambiente financiero internacional, al despejar parte de la incertidumbre que se había creado desde fines de 1982 al reconocer la inoperancia del Plan Baker y al abrir nuevas posibilidades de financiamientos internacionales para el desarrollo. Sin embargo, los montos de deuda externa y su servicio no se redujeron en su conjunto y durante los años noventa siguieron siendo una carga negativa para las estrategias de desarrollo.

La compleja serie de consideraciones sobre el problema del endeudamiento, las políticas monetarias y fiscales, la apertura comercial, la facilitación de la inversión directa extranjera, la desincorporación de empresas de los sectores públicos para privatizarlas o transformarlas y el manejo de los tipos de cambio llevaron en los años noventa a lo que dio en llamarse el "Consenso de Washington", una serie de principios de política económica y financiera que contaran con apoyo del Grupo de los Siete en términos de lograr estabilidad y mayor equilibrio en las relaciones económicas internacionales, y que a su vez dieran bases de estabilidad a las economías de los países en vía de desarrollo, entre ellas las de la región latinoamericana, para reanudar su crecimiento y recuperarse de lo que en la CEPAL se designó como la "década perdida". Este tema se aborda en los capítulos X y XII.

5. Conclusión: la interacción de factores externos e internos

Dados los años de estancamiento en América Latina originados en la crisis de la deuda en 1982, surge una conclusión obvia: transcurrió demasiado tiempo sin que se prestara atención debida a la problemática fundamental. Cierto fue que los problemas financieros no tenían precedente. Parodiando a Churchill, "nunca endeudaron tan pocos a tantos en tan breve tiempo". No fue cuestión de la deuda como tal, ya que las deudas tienden a erosionarse con el tiempo. Alguna vez se dijo que "un impuesto viejo deja de ser un gravamen", a lo que podría añadirse: "una deuda vieja deja de ser una deuda". Además, la inflación se encarga de borrar una parte de las deudas; pero las deudas incobrables terminan por no constituir activos para el acreedor. La estrategia de los bancos prestamistas fue racional a su modo: su propósito fue mantener la rentabilidad de la operación inicial, expresada en los intereses por obtenerse. Para el deudor, los intereses fueron tradicionalmente el pago por un servicio, a saber, el uso de capital propiedad de otros; siempre fue un pago muy caro, y no siempre se usa bien el crédito.

A fines de los años ochenta, los pagos por intereses sobre deudas de la región latinoamericana promediaban aún 10%

nominal, que fueron una carga desde luego, ya que deducida la tasa de inflación mundial resultaba una tasa real de interés de 5%. Pero en la realidad, la mayor parte de la deuda de los países latinoamericanos y la de otros países en vía de desarrollo se cotizaría en 1989 y en años futuros con descuento en los llamados mercados "secundarios", a veces hasta de 40%. En este caso, 10% sobre una deuda que al prestamista le representa un valor de capital de sólo 60% de su valor nominal (que a su vez vale menos en términos reales que en la fecha de su emisión) significa un interés efectivo de 16.6%.

Haciendo a un lado toda consideración moral así como cuestiones de responsabilidad y ética, podía haberse planteado si un país en vía de desarrollo —aun uno semiindustrializado y en consecuencia con mayor capacidad dentro de la economía mundial, como ha sido el caso de algunas economías de la región latinoamericana— podría seguir restructurándose y ajustándose sin menoscabar su productividad general y sin frenar su capacidad de crecimiento y de impulso al proceso de desarrollo, en todos los aspectos múltiples de carácter social, económico y cultural. Restructurarse es cambiar la composición del gasto y reasignar recursos a la inversión, reorientándola, e incurrir en los costos reales que ello supone.

X. LOS REAJUSTES DE LOS AÑOS NOVENTA

1. Factores de letargo y estancamiento. 2. El "Consenso de Washington". 3. Resultados en los años noventa. 4. La pérdida de autonomía y la globalización creciente. 5. La gran crisis internacional de 1995 a 2000. 6. Los rezagos tecnológicos. 7. El comercio exterior de la región latinoamericana.

1. Factores de letargo y estancamiento

HACIA 1990, LAS ECONOMÍAS DE LA REGIÓN latinoamericana no habían salido de la serie de crisis internas y externas que las aquejaban, caracterizadas por fuertes desequilibrios no fáciles de corregir y para los cuales la receta que venía de los organismos financieros internacionales y de los Estados Unidos era la muy simple (y a la vez compleja) de confiar en los mecanismos del mercado, desechar la intervención del Estado en la economía, adelgazar el sector público, efectuar privatizaciones de empresas paraestatales y ajustarse a la globalización.

Las influencias externas negativas, en particular, eran fuertes:

i) Primero, persistía el problema del endeudamiento, pues apenas se iniciaban los ajustes de la deuda externa de unos pocos países conforme a la nueva iniciativa del secretario de la Tesorería de los Estados Unidos, Nicholas Brady, anunciada en 1989.

ii) La caída del sistema soviético dejaba en primera línea, en calidad de sistema victorioso, al Grupo de los 7 (G-7) encabezado por los Estados Unidos, cuyos intereses y responsabilidades no estaban precisamente en la región latinoamericana sino que se volvían globales, con orientación especial, en apoyo a la Alemania reunificada, hacia las llamadas entonces "economías de transición", el ex bloque soviético, cuyo principal elemento crítico en el proceso de transición era la nueva Rusia y sus relaciones con los demás miembros de la Confederación de Estados Independientes y con Europa occidental.

iii) Alemania, eje de la Comunidad Económica Europea, al absorber la economía de Alemania oriental tuvo que incurrir en costos financieros muy elevados y en ajustes salariales y otros que debilitaron su posición en Europa y frente a la economía mundial.

iv) El poderío y el empuje de las empresas transnacionales, tanto norteamericanas como europeas y japonesas, atizadas por las innovaciones tecnológicas que venían adoptando, entre ellas las electrónicas, las cibernéticas y las informáticas, los avances en las industrias de bienes de capital y químicas, y las aplicaciones prácticas de la biotecnología, en todo lo cual destacaba el rezago latinoamericano.

v) La promoción de la Ronda Uruguay en materia de intercambio de bienes y servicios y la transformación del GATT en OMC (Organización Mundial de Comercio), en la cual los países de la región latinoamericana intervinieron poco.

vi) El debilitamiento del Sistema de las Naciones Unidas, y en conexión con él el de los movimientos e instituciones de apoyo a los países en vías de desarrollo, por ejemplo: la Unctad y las políticas promovidas por este mecanismo.

vii) El empuje de los países exportadores del sudeste de Asia —con algunos signos de crisis, no obstante—, cuyo ejemplo se ponía a la región latinoamericana sin mediar mucha comunicación entre ambas regiones.

viii) El creciente problema del desarrollo de la región africana, tanto económico como social.

Aparte de las dificultades en que los países de la región latinoamericana estaban enfrascados en lo económico y aun en lo político, se empezaba a transitar de lo poco que quedaba de la "Época de Oro" del desarrollo (véase el capítulo IV), cuando había metas de industrialización y planes integrados de desarrollo, hacia una competencia abierta en los mercados globales para la cual los países de la región latinoamericana no se habían preparado. Las inestabilidades iniciadas en los años setenta (véanse los capítulos VII y VIII) y los desajustes con estancamiento económico originados en los excesos del endeudamiento externo (véase el capítulo IX) no propiciaron ni dejaron establecer reformas suficientemente sólidas para los cambios de gran estructura que los organismos financieros internacionales creían posibles. Con toda razón, el BID y la CEPAL hablaban del "decenio perdido", el de los años ochenta, al menos según se expresaba en las cifras macroeconómicas y globales. Para muchos analistas, se trató incluso de retrocesos, sobre todo teniendo en cuenta las parálisis fincadas en los sectores sociales y educativos, siempre los más vulnerables en épocas de ajuste del gasto público. El diagnóstico de la economía de la región y de sus países integrantes pasó a ser uno de severa crítica de todo lo hecho con anterioridad, incluso la lentitud e ineficacia de los ajustes practicados y la falta de capacidad para iniciar transformaciones. Los países industrializados, acreedores, esperaban que éstas fueran rápidas, mediante las señales del mercado, con amplia participación del sector empresarial, lo cual no fue nada realista.

Fue sintomático que la CEPAL lanzara una serie de estudios en que destacaban siempre los vocablos *transformación productiva*, y cuyo contenido, si bien llamaba la atención sobre algunos aspectos menores de nuevas iniciativas de producción y exportación, hiciera sobre todo hincapié en las deficiencias conceptuales, la obsolescencia de las políticas de desarrollo hasta entonces aplicadas, la falta de objetivos, y la falta de solidaridad entre los países de la región (CEPAL, 1992). La CEPAL, sin embargo, tampoco tenía algo concreto que ofrecer en calidad de nueva concepción del desarrollo, y mucho de lo que decía fue una variante respecto a lo que siempre se aconsejaba, por ejemplo, en materia de educación y capacitación, promoción de las exportaciones y moderación de la política de gasto público. Con más razón, el BID publicaba análisis igualmente críticos de la marcha precedente de las economías, puesto que, siendo una de las instituciones acreedoras, tenía aun mayor interés en ver reanudado el crecimiento y la prosperidad en la región latinoamericana. Varios de los países principales de la región —Argentina, Brasil, Colombia, México y Venezuela— pasaron por crisis internas de grandes magnitudes, tanto económicas como financieras. En Chile se pudo emprender, en cambio, un camino más estable y moderadamente dinámico a partir del periodo 1986-1987. En Centroamérica, los conflictos armados tuvieron efectos negativos en las economías durante la mayor parte de los años ochenta y parte de los noventa. En Colombia y Ecuador cundió la desestabilización económica por diversas causas, entre ellas la influencia del narcotráfico. Argentina, Brasil y Perú se acercaron peligrosamente a una situación de hiperinflación. La CEPAL manifestó que: "Al entrar en la segunda mitad de 1989, la mayoría de los países de América Latina y el Caribe se debaten entre el estancamiento y la inflación" (CEPAL, 1989b, p. 5). De hecho lo venía diciendo desde 1987. En 1977, Bolivia había experimentado una inflación de 24 000%, que se conjuró de manera radical en tres semanas, pero la inflación siguió latente. Nicaragua alcanzó en cierto momento una inflación anual de 14 000%.

La idea fundamental del crecimiento con base en inversión real pública y privada, conforme a distintas modalidades de desarrollo económico y social, quedó en suspenso, condicionada en gran parte por la necesidad de cumplir con el servicio de las deudas externas. La inversión real necesaria no era suficiente para retomar el crecimiento ni para tener en cuenta, vía empleo, el efecto del incremento demográfico de los últimos dos decenios. Los daños causados por las hiperinflaciones a la capacidad de ahorro interno no permitían organizar los sistemas de intermediación financiera para asumir nuevas tareas. Después de 1982, las nuevas corrientes de capital del exterior fueron sumamente limitadas en los sectores públicos, y su deficiencia no podía ser compensada por inversiones directas provenientes del capital privado internacional sino en forma muy selectiva y con orientación puramente empresarial.

2. El "Consenso de Washington"

A los ojos del mundo externo y de las instituciones financieras internacionales, la prioridad era que los países latinoamericanos cumplieran con los compromisos financieros y trataran de seguir negociando con los bancos acreedores. Habían transcurrido apenas unos pocos años del fracasado Plan Baker y se esperaba algo más positivo de la Iniciativa Brady, que empezó a concretarse en 1988-1989 (véase el capítulo IX). El resultado inicial de esta iniciativa que se aplicó a México, Brasil, Costa Rica y Ecuador (también a Filipinas) inspiró alguna confianza. En México se continuaron aplicando las medidas iniciadas en 1988 bajo el PSE para controlar la inflación, ancladas en un superávit presupuestal y en la fijeza del tipo de cambio de compra, lo que mereció el respaldo del sector empresarial nacional y el obrero. En Brasil, sin embargo, se desató de nuevo la inflación, con enorme déficit público. En Costa Rica se logró algún control. En los demás países, sin acceso a la Iniciativa Brady, cundió la inestabilidad económica y financiera, junto con la llamada volatilidad de los movimientos de capital, el efecto de tasas de interés muy elevadas, la persistencia de los déficit públicos y, en general, la incertidumbre. La Iniciativa Brady previó que sólo se redujeran las deudas a los bancos comerciales.

El Instituto de Economía Internacional de Washington concibió la idea de convocar una conferencia en esa ciudad los días 6 y 7 de noviembre de 1989 "para reexaminar el curso de los ajustes en América Latina después de los cambios políticos y económicos profundos ocurridos en numerosos países [de la región] a partir de mediados del año 1985" (véase Williamson, 1990, p. xiii).[1] Se invitó a expertos de ocho países y de dos grupos de países menores[2] a "analizar el alcance y los resultados de las recientes reformas en materia de políticas monetarias y financieras, centrando el análisis en tres temas fundamentales: ¿existe acuerdo respecto a las políticas requeridas para restaurar el crecimiento y superar la crisis de la deuda?, ¿habrán los países latinoamericanos empezado a aplicar tales políticas de manera efectiva? y ¿los resultados hasta ahora confirman la conveniencia de semejantes esfuerzos?" (Williamson, 1990, p. xiii). En 1989, como ya se ha mencionado, en realidad no existía más que un caso de ajuste en el sentido de las preguntas formuladas, el de México, iniciado apenas en 1988, y otro de ajuste parcial, con éxito muy relativo, el de Chile. Por lo tanto, aparte de la evaluación que pudiera hacerse y de las críticas resultantes, lo que se planteaba era: ¿cómo se desarrollarán las políticas de ajuste de 1990 en adelante?

En un documento previo, no conocido en la conferencia, el coordinador de ésta y compilador del informe, John Williamson, había procurado definir el concepto de "ajuste" enumerando los varios cambios en las políticas que a su juicio "Washington" recomendaba con insistencia a los países de la región latinoamericana. Por "Washington", entendía el FMI, el Banco Mundial, el gobierno estadounidense, el BID, el Congreso norteamericano, y los *think-tanks* (institutos especializados de investigación) dedicados a las políticas económicas, entre éstos por supuesto el propio Instituto al que Williamson pertenecía. Suponía que entre los organismos y otras entidades en "Washington" había una especie de consenso acerca de lo que los países latinoamericanos debieran

[1] El informe anterior (Balassa *et al.*, 1986) carecía ya de toda pertinencia a las nuevas condiciones.

[2] En realidad, además de los expertos nacionales, representantes de institutos de investigación y otros independientes de la región latinoamericana, participaron 37 representantes del gobierno de los Estados Unidos, de organismos internacionales, de embajadas en Washington y de organismos públicos oficiales de los Estados Unidos.

hacer, que no se había consultado con éstos. De ahí su invención del término "Consenso de Washington", aunque también se le ocurrió "Agenda de Washington" y más tarde "convergencia general". Intuyó además que "consenso" era un término demasiado fuerte que pudiera no contar con apoyo entre los latinoamericanos. Admitió también que el concepto de "ajuste" se modificó radicalmente en 1990 (Williamson, 1990, pp. 1-2).[3]

Una lista de nueve reformas se puso a discusión durante la conferencia: *i)* los déficit fiscales; *ii)* las prioridades en el gasto público; *iii)* la reforma tributaria; *iv)* las tasas de interés; *v)* el tipo de cambio; *vi)* la política comercial; *vii)* la inversión extranjera directa; *viii)* la desregulación; y *ix)* los derechos de propiedad. En las discusiones aparecieron otras. En cambio, se hizo ver que no aparecía la política ambiental, y sobre todo que nada se decía de la deuda externa y sus problemas. Además, por ningún lado aparecieron los problemas del desarrollo. Sólo hubo interés en políticas macroeconómicas "prudentes", con orientación a las exportaciones. El resultado de las discusiones llevó a la conclusión de que en 1989 se reconoció la importancia del déficit fiscal; en cambio se falló en cuanto a la reducción de los subsidios. En materia de reforma tributaria hubo grandes fallas y falta de consenso sobre qué hacer. Sobre la liberalización financiera, no hubo consenso alguno. En cuanto al tipo de cam-

[3] En relación con el Consenso de Washington, un distinguido economista brasileño, Roberto de Oliveira Campos, con amplia experiencia en materia de política económica y financiera, que fue delegado a la Conferencia de Bretton Woods de 1944 y además asistió a la conmemoración que se hizo en 1994 en el mismo lugar de la conferencia, hizo ver que desde mucho antes de los años noventa, precisamente en 1961, él insistió en que podían formularse varias reservas válidas a la política del FMI: *i)* la incongruencia técnica de que el FMI requiriera devaluación de una moneda al mismo tiempo que medidas internas de estabilización; *ii)* la subestimación de la resistencia política que habría a programas de reducción del gasto público; *iii)* la "falacia de la agregación" al requerirse reducciones globales del gasto sin prestar mucha atención a la necesidad de continuar invirtiendo en sectores de escasez, y *iv)* la concentración en la gestión de la demanda, con descuido de las medidas necesarias del lado de la oferta (véase Campos, 1996, p. 102). Propuso también que el Consenso de Washington debiera haberse llamado "una convergencia amigable hacia las fuerzas del mercado".

bio, se reconoció la necesidad de incrementar las exportaciones estorbadas por la sobrevaluación haciendo "competitivo" el tipo de cambio. Quedó implícito el supuesto de que las exportaciones de manufacturas podrían crecer fácilmente. La apertura comercial se había juzgado conveniente, pero a condición de que se efectuara con menor rapidez. Se había registrado una actitud más favorable a la IED en 1989, excepto en Brasil y Perú. Los *swaps* no habían alcanzado consenso. A la desregulación no se le asignó importancia, ni hubo consenso sobre los asuntos de derechos de propiedad. Total, no había condiciones para cumplir con el "Consenso de Washington" (Williamson, 1990, capítulo 9).

Por último, varias de las intervenciones abogaron por que se consideraran los temas del endeudamiento externo y se tuvieran en cuenta las modalidades necesarias del desarrollo económico.[4] Otras hicieron ver los efectos desfavorables de factores externos como la baja del precio del petróleo crudo en 1986 (los representantes del ITAM, México). El empeoramiento de 20% en la relación de precios del intercambio en los años ochenta fue señalado por el presidente del BID y otros. Los años ochenta fueron un periodo en que "Washington" se rezagó mucho en llegar a formular una serie de políticas por parte de los países acreedores que favorecieran el ajuste de los deudores. La baja súbita de los precios del petróleo en 1986 (véanse el cuadro VII.1 y la gráfica 3 en el capítulo VII) interesó a los países consumidores sin tener en cuenta los efectos generales que las economías exportadoras de petróleo tendrían que afrontar. Los grandes países consumidores de café de exportación, como los Estados Unidos, dejaron que fracasara el Acuerdo Internacional sobre Café. Tampoco se crearon incentivos externos para la expor-

[4] En mi carácter de "experto independiente", expuse algunas de las ideas incluidas en este párrafo en un escrito presentado, que concluyó recordando que en 1854, con motivo de la Carga de la Brigada Ligera en la Guerra de Crimea, el mariscal Bosquet, de Francia, al presenciarla exclamó: "Esto es magnífico, pero no es la guerra". Me permití referirme a todo lo que se había discutido en la conferencia diciendo: "Esto es magnífico, pero no es el desarrollo" (Williamson, 1990, pp. 333-337 y comentario adicional en la p. 338).

tación de manufacturas latinoamericanas. Se soslayó la urgencia de apoyar las reformas con nuevas aportaciones de capital. Se presentaron dudas sobre la continuación de la Iniciativa Brady y acerca de que se revirtiera la salida neta de capitales, a pesar de las elevadas tasas de interés.

El resultado general en los años noventa, con todo y el intento de enmarcar las reformas en un "Consenso de Washington", fue muy distinto de lo esperado, ya que la atención de los Estados Unidos y los organismos internacionales y otros se transfirió a los efectos de la caída del régimen soviético y sus consecuencias en Europa, con la reunificación de Alemania, la incorporación de las economías de Europa oriental y la formación de la nueva Federación Rusa.

3. Resultados en los años noventa

Los años noventa en la región latinoamericana, pese a algunas reformas llevadas a cabo con disciplina fiscal, no se caracterizaron sino por estancamiento o crecimiento lentos. Incluso hubo colapsos graves como el de México en diciembre de 1994 y principios de 1995, con recuperación —apoyada por la Tesorería de los Estados Unidos y el FMI— que se logró apenas a partir de mediados de 1996. Además, la deuda externa de casi todos los países se incrementó.

Durante el periodo 1990-2000 se registraron las siguientes tasas medias de incremento del PIB *per capita* en la región latinoamericana, casi todas inferiores a las del periodo 1950-1973, excepto en el caso de Chile. La mayor fue la de Chile, de 4.39%; le siguen las de la República Dominicana, de 4.0%; Trinidad y Tabago, 3.9%; Argentina, 2.87%; Costa Rica, 2.66%; Panamá, 2.59%; El Salvador, 2.51% y Perú, 2.24%. Con tasas entre 1 y 2%, quedaron Uruguay, México, Bolivia, Brasil y Guatemala, en ese orden. Nicaragua, Colombia, Honduras y Venezuela figuraron entre 0.69 y 0.12%, en orden descendente. Haití, Ecuador, Cuba, Paraguay y Jamaica acusaron tasas medias anuales negativas, entre –2.48% y

–0.17%, en el orden indicado (véase el cuadro I.2 en el capítulo I). En general, las tasas positivas no son comparables con las que obtuvieron los países desarrollados, algunos países europeos menores y varios de Asia.

En el año 2000, todos los países de la región latinoamericana tenían PIB *per capita* inferiores en proporciones importantes a los de los Estados Unidos, Japón, Francia y España (véase el cuadro I.1); en ninguno de estos casos llegaron a un coeficiente de 0.50, a diferencia de los países desarrollados, que en particular superaban en PIB *per capita* a España y se igualaban en forma aproximada a Japón y Francia, pero no a los Estados Unidos, con sus 28 120 dólares por habitante. Ninguno llegaba al nivel de Corea del Sur, de 14 343 dólares, ni al de España, Portugal o Grecia.

Las exportaciones de bienes después de 1994 y en particular en el año 2000 tuvieron un incremento considerable por la inclusión del valor bruto de las desproporcionadas exportaciones de maquila de México y otros países (cuyos insumos también, correlativamente, abultan las cifras de importaciones), por lo que no son comparables con las de 10 años antes mientras la CEPAL no haga los ajustes necesarios (véase el cuadro VI.1 en el capítulo VI). De cualquier manera, aumentaron en proporción apreciable las exportaciones de Argentina, Brasil, Colombia, Chile y Venezuela (véase el cuadro VI.1). En los países exportadores de petróleo influyó el alza del precio del crudo en algunos años.

La deuda externa de la región latinoamericana se incrementó en medida extraordinaria durante los años noventa. Ya se había multiplicado en 7.5 veces, cifrándose en un total de 242 700 millones de dólares entre 1970 y 1980 y casi se había vuelto a duplicar a 444 200 millones de dólares entre 1980 y 1990 (véanse el capíulo IX y los cuadros VI.3 y VI.4 en el capítulo VII). Para el año 2000 dio un gran salto a un total de 751 900 millones de dólares (incremento de 70% en 10 años), o sea, a 23.1 veces su monto de 1970 (véanse los cuadros VI.3 y VI.4). El principal componente de estos montos y su ritmo acelerado en la región latinoamericana, especialmente entre los años sesenta y los ochenta, había sido la deuda pública externa, la cual se había multiplicado en 8.3 veces entre 1970 y 1980 y casi se había triplicado entre 1980 y 1990 (véanse el cuadro VI.2 y la gráfica VI.1 en el capítulo VI); es decir, había crecido a mayor ritmo que la deuda externa total en las dos décadas.

El gran incremento registrado en los años setenta fue más pronunciado a partir de 1973. De 1970 a 1973, la deuda pública externa se elevó de manera considerable, a una tasa promedio anual de 20.6%; pero de 1973 a 1980, el crecimiento ocurrió en forma aún más acelerada, a una tasa promedio anual de 24.8%. La deuda pública externa representaba casi tres cuartas partes (73.7%) de la deuda externa total en la región en 1990; sin embargo, dicha deuda redujo notablemente su expansión en los años noventa y se situó en 394 900 millones de dólares en el año 2000 (incremento de 20% en 10 años) y en dicho año representó poco más de la mitad de la deuda externa total (52.5%) (compárense los cuadros VI.2 y VI.3). En el año 2000, la deuda pública externa equivalía a 25.1 veces la de 1970 y a 14.3 veces la de 1973.

Por países destaca Honduras, cuya deuda externa total alcanzó en 2000 a ser nada menos que 50.2 veces la de 1970, a distancia de 30 años. Brasil, el mayor deudor de la región latinoamericana en 2000, vio subir su deuda 41.6 veces desde 1970. Ecuador aumentó su deuda 37.7 veces, Venezuela la incrementó 26.8 veces y Argentina 25.1 veces. México, el segundo deudor de la región, incrementó la suya 21.6 veces. Algunos países menores acusaron de manera poco explicable incrementos de entre 22 y 39 veces (El Salvador, Uruguay, Trinidad y Tabago, Guatemala, Haití, Paraguay, Panamá y Nicaragua). Por otro lado, Guyana, Costa Rica, Colombia, República Dominicana y Chile experimentaron incrementos de entre 20 y 10 veces. Sólo Bolivia, obligadamente, Jamaica y Perú registraron aumentos moderados, (véase el cuadro VI.4 al final del capítulo VI).

En 1960 no se concedía importancia al monto de la deuda externa (principalmente deuda pública en esos años) ni al importe de los intereses que había que cubrir, como ya se expuso en los capítulos I y VI (la deuda pública externa en la región era de 5 900 millones de dólares y el servicio de la misma era de 1 400 millones de dólares al año, con intereses de 282 millones de dólares). También se hizo notar en los capítulos anteriores que a partir de 1970, la deuda pública externa empezó a incrementarse, a más de dos y media veces su monto en 1960, con un total de 15 800 millones de dólares, y a los tres años, en 1973, ascendió a 27 600 millones de dólares, o sea, 1.7 veces la de 1970 (véase el cuadro VI.2).

Los intereses empezaron a aumentar correlativamente, pues en 1973 los países de la región comenzaron a contraer préstamos en petrodólares que poseían los bancos comerciales en Europa, los Estados Unidos, Canadá, Japón y aun en los países integrados a la OPEP, que se otorgaban sin ninguna condición.

Los intereses de la deuda externa mantuvieron una proporción elevada de los ingresos totales de divisas por exportaciones de bienes y servicios a partir de 1973 y sobre todo en 1980. En consecuencia debe considerarse la importancia de su relación con la exportación total de bienes y servicios, es decir, cuánto quedaba disponible de estos ingresos corrientes en dólares después de pagar de manera necesaria y obligada los intereses sobre la deuda externa, habida cuenta de todas las fuentes de los créditos externos. En 1973, en el conjunto de la región, el total de intereses de la deuda pública externa de 1 400 millones de dólares casi duplicaba a los de 1970, pero representaba apenas 4.7% de las exportaciones totales de bienes y servicios (véase el cuadro VI.3). Sólo México, Perú y Nicaragua registraban un coeficiente de 6% o más. Sin embargo, con los aumentos rápidos de la deuda externa (pública y privada) después de 1973 y las alzas de las tasas de interés internacionales, la proporción entre los intereses pagados y las exportaciones totales de bienes y servicios se elevó en forma muy considerable. Por ejemplo, en 1980, el coeficiente de los intereses pagados de la deuda pública externa como porcentaje de las exportaciones totales de bienes y servicios para el conjunto de la región fue de 12.3% (cuadro VI.2) y el de los intereses de la deuda externa total fue de 19.3% (cuadro VI.3). Los países que afrontaron una mayor proporción de intereses de la deuda externa total con respecto a las exportaciones en dicho año fueron: Brasil con 33.9%, México con 24.6%, Bolivia con 21.1%, Argentina con 20.8% y Perú con 19.9%. Diez países más registraron entre 10 y 19% y seis países entre 1.6 y 8%.

La única manera de reducir el coeficiente que absorbía tan elevada proporción de los ingresos corrientes de balanza de pagos era mediante renegociaciones de la deuda, cancelaciones parciales, aumento de las exportaciones de bienes y servicios o descensos de las tasas de interés. Estas condiciones se lograron moderadamente hacia 1990 y con algunas excepciones en el año 2000. En 1990, los coeficientes más elevados correspondieron a Colombia con 17.9%, Uruguay con 17.7%, Chile con 16.7%, Argentina con 16.3%, Honduras con 16.1%, Venezuela 15.1%, Bolivia 14.4%, Ecuador 14.2% y México con 13.4%. Los demás países se significaron por coeficientes menores, de 2.8 a 10.6%.[5] Para el año 2000, se advierte que disminuyó considerablemente el coeficiente en la mayoría de los países, con excepción de Argentina, donde alcanzó 30.3% y Brasil 24.6% (véase el cuadro VI.3). Sin embargo, hay que tener en cuenta que las exportaciones de bienes y servicios contienen, a partir de 1995, una proporción importante de exportaciones de maquila, que se compensan en forma automática por importaciones de insumos, y que en el caso de México es preciso considerar que el valor agregado por la mano de obra en las maquiladoras situadas en las zonas de la frontera con los Estados Unidos no está "disponible" para pagar intereses, ya que se gasta en compras del lado norteamericano.

Las tasas medias de inflación anual (índice de precios implícitos del PIB, calculado por la CEPAL) se mantuvieron ele-

[5] Los datos fueron compilados por el Banco Mundial y la CEPAL, que este último llamó *intereses devengados*. Tuvieron en cuenta que en algunos casos hubo moratoria de intereses, que en algunas partes se llamó *atrasos*.

vadas pese a los ajustes macroeconómicos. Dicha tasa media anual de incremento entre 1990 y 2000 fue de 72.1% en Perú, 42.6% en Ecuador, 41.9% en Uruguay, 40.4% en Venezuela, 30.7% en Nicaragua, 25.4% en Jamaica, 19% en Colombia, 18.1% en México, 17.7 % en Honduras, 17.6% en Haití y 16.1% en Costa Rica. Sólo en Bolivia, Chile, El Salvador, Panamá y Trinidad y Tabago se registraron tasas inferiores a 10%. En el caso de Brasil, la tasa media anual disminuyó 3% durante el decenio, después de haber sido de 89.7% en el decenio de 1980-1990 (véase el cuadro VI.5).

Todos los datos anteriores son síntomas de los desequilibrios tanto internos como externos que prevalecieron durante los años noventa, no obstante que en el caso de la inflación las tasas fueron inferiores, en su mayor parte, a las de los periodos 1973-1980 y 1980-1990. En los 20 años del periodo 1980-2000 destacan Argentina y Chile, con tasas medias anuales de inflación anual entre 1980 y 1990 de 272.1% y de 198.8%, respectivamente. México, Brasil, Bolivia, Uruguay, Nicaragua y Perú no andaban en ese decenio muy lejos de estos niveles.

4. La pérdida de autonomía y la globalización creciente

En los años noventa se produjo en el mundo con mayor acento el proceso de globalización de origen histórico, que además formó parte de los planes para la posguerra de los Estados Unidos y Gran Bretaña aun tres años antes de concluir la segunda Guerra Mundial, como se ha explicado en el capítulo III. Por globalización ha de entenderse la decisión y voluntad políticas de ampliar los márgenes de libre comercio y libre movimiento de capitales, con estabilidad monetaria, lo que favorecería los intereses a largo plazo y la posición estratégica de las sociedades industriales involucradas en el resultado victorioso en ese conflicto, por corresponder esas condiciones, a pesar de ciertos retrocesos como en los años treinta y durante la Guerra Fría, a los valores políticos, sociales y económico-financieros propugnados por ellas por medio de sus estructuras legislativas y sus gobiernos desde mediados del siglo XIX. La caída del Muro de Berlín en 1989, símbolo del fracaso de los sistemas de economía centralmente planificada en cuanto a su capacidad para crear sociedades democráticas, de impulso a la inversión económica y a la organización social de las ciudadanías, con resultados tangibles en el mejoramiento de los niveles y condiciones de vida, dio rienda irrestricta a los procesos de globalización. Las tendencias tecnológicas, en especial en el área de la informática por vía satelital y su empleo en las transacciones económicas y financieras, constituyeron un refuerzo práctico y real a las simples expresiones de conveniencia comercial y de protección de las inversiones internacionales.

A los países industrializados con alta tecnología moderna y nueva capacidad empresarial (el G-7 y algunos otros) les fue relativamente fácil incorporar el nuevo adelanto tecnológico. La instrumentación de su dominio global habría de venir por dos vías institucionales: por una parte, la conversión del GATT en la OMC, como resultado de las varias rondas de negociación comercial iniciadas en Tokio en 1963 que culminaron en la Ronda Uruguay en 1992 y en la firma del convenio de creación de la OMC en Marrakech, Marruecos, en 1994. Este organismo tiene poder y dominio para abrir los cauces del libre comercio de mercancías y de servicios, aun de los derechos de propiedad industrial, incluso combatiendo los obstáculos que se interponen. En materia de inversiones no se ha logrado lo mismo, ciertamente no por medio de instrumentos multilaterales, aun cuando las presiones bilaterales han ido en el mismo sentido: abrir el campo a la inversión extranjera directa sin mayores limitaciones. Por otra parte, en el área monetaria se alcanzó, 56 años después de Bretton Woods, la meta de eliminar virtualmente todas las restricciones al libre movimiento de fondos y de productos y servicios, salvo que no se ha podido regresar al llamado sistema de Bretton Woods (patrón de cambio-oro) que fue abandonado en 1971, por no interesar ello a los propios

Estados Unidos, que prefirió un sistema de monedas flotantes, ya que cualquier sistema automático ligado al oro impone restricciones. Este país no acepta restricciones monetarias y comerciales de ninguna clase, se reserva su propia política y aun cuenta con legislación que le permite violar las disposiciones de la OMC, el TLCAN o cualquier otro convenio. El Congreso norteamericano suele refrendar los desplantes proteccionistas de los Estados Unidos, pues los intereses privados pueden más que las ya vetustas teorías del comercio internacional y los planteamientos de la CEPAL también superados.

En estas circunstancias, es poca la autonomía que les quedó a los países en vía de desarrollo. En Europa, la Unión Europea se encargó de coordinar las políticas de convergencia y moneda única de los 15 países miembros y de apoyo a los miembros con menor PIB *per capita*. Los países de la región latinoamericana no han logrado nunca una integración ni remotamente parecida a la de Europa occidental y ahora la ampliada Unión Europea. En materia monetaria están sujetos a las políticas y normas cambiantes del FMI, que, conforme a su estatuto, permiten cambios en las paridades y, de hecho, monedas flotantes (régimen que iniciaron los Estados Unidos en 1971). Lo paradójico es que las monedas flotantes como varias de la región latinoamericana constituyen un acto de autonomía —a veces acentuada por intervenciones en el mercado de cambios o por decisiones de no mantener tipos de cambio reales, es decir, de incurrir en etapas de sobrevaluación— sujeta a la voluntad de los gobiernos o a su capacidad para contrarrestar fluctuaciones no deseadas. En cambio, la globalización ha reducido la autonomía económica de los países al sujetarlos a los vaivenes del libre comercio y del libre movimiento internacional de los flujos de capital, incluso influyendo en sus tipos de cambio sin que el FMI pudiera interferir ni intervenir salvo en las grandes crisis. Que los movimientos de flujos de capital que han determinado estas situaciones se deban en gran parte a la alta tecnología cibernética es un dato complementario pero no determinante, porque los movimientos se podían producir, como antes, sin intervención de las computadoras, aunque se tornaron más rápidos e incluso instantáneos y quedaron predominantemente fuera de control o regulación. Lo anterior lleva a la conclusión de que, con independencia de otros aspectos, la globalización financiera resta autonomía a los países, y en particular a los que por diversas razones se encuentran en condiciones menos favorables de desarrollo y de capacidad financiera.

La región latinoamericana en los años noventa quedó expuesta como en ocasiones anteriores a fluctuaciones de los precios de sus productos básicos, entre ellos el petróleo, el cobre, el trigo, el azúcar, el café, el algodón y otros, lo que influyó en los procesos de ajuste. El nuevo comercio de exportación de manufacturas, por su parte, tuvo que hacer frente a mayor competencia de algunos países de Asia, entre ellos China. La entrada en vigor de la OMC en 1994 significó también la obligación de cumplimiento de nuevas normas de competitividad, para lo cual no estaban suficientemente preparados los países latinoamericanos, salvo los que tenían ya considerable experiencia en exportaciones de manufacturas, como Brasil. Al firmar y poner en vigor el tratado tripartito de libre comercio con los Estados Unidos y Canadá (TLCAN), México pudo aprovechar una importante oportunidad de incremento de las exportaciones de vehículos automotores y sus partes, como lo habían previsto las empresas del ramo aun antes del TLCAN, así como de productos de la industria textil por haberse derogado, en su caso, la restricción antes impuesta por el acuerdo sobre fibras que aplicaban los Estados Unidos, que era una violación al GATT y a la OMC, y en general de productos electrónicos. El TLCAN redujo impuestos sobre otros productos manufacturados, pero en general las ventajas fueron para los Estados Unidos en materia de productos agropecuarios y en una avalancha de productos de uso doméstico. El TLCAN también propició el contrabando de productos de Asia.

En lo interno, la pequeña y mediana industria mexicana, por falta de apoyo del Estado, se redujo en gran proporción, resultado de la desigualdad de condiciones. Muchos cometen el error de atribuir al TLCAN el auge de la industria maquiladora a partir de 1996; en realidad, sin embargo, fue el resultado del considerable abaratamiento del costo, traducido a dólares corrientes, de la mano de obra, lo cual no tenía nada que ver con el TLCAN, sino en esencia con la crisis financiera de 1994-1995 y la depreciación cambiaria consecuente.

La CEPAL, en su informe anual del año 2000, continuó ofreciendo una visión de poco crecimiento y hasta estancamiento en la mayoría de los países, como a fines de los años ochenta, debida a factores internos, si bien detectó algunos aspectos menos desfavorables en 1999 y el propio 2000, entre éstos menores tasas de inflación —numerosos países la redujeron a un dígito— y cierto control de los déficit fiscales y aumento de algunas exportaciones. En cambio, el desempleo urbano no se redujo, antes bien subió a 20% en Colombia, a 15% en Argentina, a 15.8% en Jamaica y llegó a entre 10 y 15% en varios países más. Los salarios reales casi no subieron (CEPAL, 2000a, pp. 9-11 y cuadros A.5 y A.6).[6] El cociente de los intereses de la deuda externa en relación con la exportación de bienes y servicios bajó de manera leve, pero se mantuvo todavía alto en el promedio de la región (11%) y descendió en casi todos los países. Entre estos países destaca la disminución del cociente registrada en Honduras y Costa Rica (se redujo a su tercera parte), así como en Trinidad y Tabago, Guyana, Venezuela, Jamaica, Chile y México (bajó a la mitad o menos). Pero el cociente aumentó sustancialmente en algunos países: en Brasil (se cuadruplicó en el decenio y llegó a 24.8%), Perú (casi se triplicó para situarse en 14.3%), Nicaragua (casi se triplicó para llegar a 7.5%) y Argentina (casi se duplicó, colocándose en 30.1%), y permaneció elevado en los casos de Uruguay (14.3%), Colombia (12.1%) y Ecuador (11.2%).

[6] Los datos sobre desempleo urbano publicados por CEPAL en esta referencia abarcan a veces varias ciudades, en ocasiones una sola, y en otros casos el total urbano nacional o el de una o varias regiones metropolitanas, o sea, la comparabilidad entre países debe cuestionarse.

La economía internacional, en general, registró tendencias contradictorias en 2000. El petróleo crudo subió 60%, afectando a los importadores netos de la región, que son la mayoría; bajaron los precios de algunos productos agrícolas, sobre todo el café. El panorama financiero se presentó complicado y prevaleció una alta volatilidad, resultante de los altibajos fuertes de las bolsas de los Estados Unidos. Hubo fuertes salidas de capital (Venezuela) y en cambio flujos posi tivos en otros países. Hubo crisis grave en Japón.

5. La gran crisis internacional de 1995 a 2000

Contra muchos de los pronósticos, la segunda mitad del decenio 1990-2000 registró en general condiciones económicas internacionales bastante desfavorables. Los informes anuales de Naciones Unidas acerca de la situación económica y social, que contienen excelentes análisis y datos estadísticos depurados y actualizados en forma constante, no señalaban incrementos apreciables del PIB mundial entre 1991 y 1994, en promedio anual de apenas 1.45%. Sin embargo, las economías principales registraron al menos en 1994 una recuperación bastante apreciable: los Estados Unidos tuvieron un crecimiento de 3.5%, los países de la Unión Europea (los 15 más Noruega) de 2.35%, Canadá 4.7%, Australia y Nueva Zelanda 5.4%, Gran Bretaña 4.3%, más tasas extraordinarias en Corea del Sur de 8.9%, China 12.6%, y otros países de Asia superiores a 8%. Sin embargo, Japón había ya entrado en estancamiento desde 1992 y en 1994 registró una tasa de crecimiento de apenas 0.6% (Naciones Unidas, 1995b, cuadro A.1 del anexo).

Se añadió un 1995 de tasas apenas ligeramente menores en los Estados Unidos, la Unión Europea y Europa centro-oriental, seguido de un 1996 disparejo con tasas de crecimiento bastante menores en Alemania, Gran Bretaña, Italia y Canadá, así como en Europa centro-oriental. Hubo recuperación en Japón y Alemania.

Los problemas graves empezaron en 1997, cuando cundía alguna incertidumbre no obstante algunas perspectivas demasiado optimistas. Se iniciaba la "turbulencia financiera" y se previeron efectos depresivos en algunas regiones, sobre todo en el sector privado de Japón y en la economía tailandesa. Las transferencias de los países de la OCDE a los países en desarrollo venían disminuyendo desde 1995. Las desregulaciones financieras auguraban mayor volatilidad en los movimientos de capital.

En 1998 se comprobó un retroceso general, con crisis financieras y monetarias, sobre todo a partir de abril. El empeoramiento se atribuyó a varias causas, entre ellas los riesgos inherentes a la globalización, la inestabilidad de los movimientos de capital, las dificultades por las que pasaba Brasil, el descenso del precio del petróleo crudo (factor especial en los países exportadores del mismo),[7] el descenso de los precios de varios otros productos básicos y el hecho de que las renegociaciones de la deuda externa no se habían aplicado sino a unos cuantos países.[8] El comercio mundial también descendió, así como las IED, concentradas en pocos países, signo de desconfianza. Se señaló además que las inversiones corporativas, que habían crecido anualmente a más de 10% durante cinco años, sobre todo en las áreas de cómputo, se estaban estancando. Se iniciaban presiones inflacionarias.

No obstante, hubo recuperaciones en 1999 y 2000, aunque incompletas, con descensos nuevamente en la segunda mitad de 2000. La tasa de crecimiento del PIB mundial descendió, con proyección desfavorable a 2001. La de Japón bajó en 1999 en 1.1% y aumentó apenas 0.7% en 2000. El 2001 se veía venir con fuertes elementos negativos, como se comprobó con posterioridad. En 2000, los apoyos de asistencia financiera de los países de la OCDE no aumentaron y representaron apenas 22% del PIB en conjunto de esas nacio-

[7] Los precios reales (es decir, deflactados) del petróleo crudo fueron en 1998-1999 inferiores a los de 1980-1985 y aun a los de 1974-1975 (Naciones Unidas, 2000, p. 47 y gráfica II-4).

[8] Ecuador fue el primer país que no cumplió con el servicio de la deuda externa bajo la Iniciativa Brady (Naciones Unidas, 2001, p. 52).

nes, aunque los coeficientes de los Países Bajos, Dinamarca, Noruega y Suecia se aproximaron a 1% de sus PIB y en un caso los sobrepasaron; las transferencias efectuadas por estos países, fueron sin embargo, bajas, siendo los únicos casos sobresalientes por su importe los de Japón y los Estados Unidos. Las transferencias a la región latinoamericana en 2000 se redujeron a 5 400 millones de dólares. Los préstamos totales vigentes del Banco Mundial y del BID, así como de la IDA, a países de la región declinaron, entre 1998 y 2000, a cantidades modestas (Naciones Unidas, 2002).

Para la región latinoamericana, este conjunto de factores, más los de inestabilidad interna, no podía sino repercutir en forma desfavorable, como ya se ha indicado en páginas anteriores.[9] Seguían pendientes, de hecho, los elementos del llamado Consenso de Washington que no se estaban cumpliendo, ni en Washington ni en la mayoría de los países de la región. En 1999 y 2000, las exportaciones latinoamericanas, si bien aumentaron, no alcanzaron a ser de más de 5.2 y 5.8% de las exportaciones mundiales. Las de manufacturas, incluida la maquila, fueron de 214 800 millones de dólares en 2000, incluidas las de las maquiladoras, o sea 4.5% de las exportaciones mundiales de manufacturas (Naciones Unidas, 2002, cuadro A.15).

El cierre del siglo XX no auguraba prosperidad ni crecimiento mucho menos un desarrollo económico y social integrado, para la mayor parte de los países y las poblaciones de la región latinoamericana, con algunas excepciones parciales. En los que se registró algún crecimiento, faltaron las políticas sociales para reducir significativamente, aun cuando fuera a plazo medio o lejano, las desigualdades y las inequidades. En los que adoptaron políticas macroeconómicas tendientes a la estabilidad, fue a costa del crecimiento, algunos con amenaza de estancamiento. Muy atrás quedaron los decenios del desarrollo acelerado; sobresalieron los decenios perdidos.

[9] Se encontrará un excelente análisis en Corbo (2003).

6. Los rezagos tecnológicos

En una estrategia de desarrollo económico a largo plazo, la experiencia histórica de los países industrializados y, en época reciente, la de otras áreas, como las del sudeste de Asia, mostró la importancia y la necesidad de contar en forma constante con innovación tecnológica y mejoramiento del sistema educativo. Producir más nunca fue el único objetivo, sino también producir mejor, con mayor productividad por obrero y mayor productividad total al tener en cuenta la organización y la gestión empresarial, con objetivos de calidad y de competitividad. No obstante, durante la "Época de Oro" de la industrialización en los países de América Latina (1950-1970) fueron pocas las innovaciones tecnológicas surgidas de la propia experiencia y gestión empresarial de los países, pues las empresas latinoamericanas sólo por excepción hacían IDE en el sentido en que se definiría años más tarde en los estudios de la UNESCO. Tampoco se habían articulado políticas eficientes propias de desarrollo científico y tecnológico. La UNESCO se apoyó en reuniones de expertos que había convocado expresamente para definir la IDE y para medirla. Durante los años sesenta, la OCDE hizo también hincapié en la medición, que se sintetizaba en un coeficiente que representara la relación entre los gastos de un país en ciencia, tecnología y desarrollo experimental y el PIB. (Recuérdese a este respecto el problema ya señalado en varios capítulos de comparar peras con manzanas.) Se subrayaba que mientras los países miembros de la OCDE gastaban en IDE alrededor de 3% del PIB, en los demás países difícilmente se llegaba a 0.5%, y de esta manera simple se calificaba el desempeño en ciencia y tecnología.

En la región latinoamericana, apenas a fines de los años sesenta, en gran parte por influencia de la UNESCO, empezaron a calcularse dichos coeficientes de gasto en ciencia y tecnología, de número de investigadores por 100 000 habitantes, etc. En México se hizo un cálculo para 1966 según el cual el coeficiente de gasto en ciencia y tecnología resultó, conforme a una definición rigurosa (no incluidas las ciencias sociales y humanas, pero sí las agrícolas), apenas de 0.15, o sea casi insignificante (Urquidi y Lajous, 1967). Se aconsejaron, en la OCDE, en la UNESCO y en Naciones Unidas en general y más tarde en la OEA, incrementos del gasto en IDE. Las pocas cifras disponibles de países latinoamericanos indicaban que el escaso esfuerzo en IDE estaba centrado más bien en actividades de investigación científica básica o pura en las universidades. En los institutos de investigación o promoción tecnológica, o en los sectores empresariales en investigación aplicada o tecnológica, las cantidades eran mínimas. Este gasto no era ni remotamente comparable con el que se registraba en los principales países industrializados. Sumados todos los renglones, el resultado fue muy limitado, aunque en ocasiones importante (Sagasti, 1977). El coeficiente calculado por la UNESCO mostraba que en los años ochenta Argentina gastó en IDE 0.77% del PIB, Brasil 0.75%, Chile 0.73%, México 0.5% y los demás menos de 0.5% (BID, 1988, cuadro H-3, p. 631). Entre 1989 y 2000, los coeficientes elevados (más de 1.75%) se mantuvieron como sigue: Suecia 3.76%, Israel 3.69%, Japón 2.8%, Corea del Sur 2.7%, Suiza 2.55%, los Estados Unidos 2.55%, Alemania 2.31%, Francia 2.21%, Dinamarca 1.94%, Egipto 1.93%, Gran Bretaña 1.81%. Para el conjunto de la región latinoamericana, la cifra correspondiente fue de 0.58%, destacando Brasil con 0.77% (Banco Mundial, 2002b, cuadro V.11).

Tampoco había en los países latinoamericanos clara conciencia de la importancia de los gastos en IDE, ni de su necesaria conexión con el sector productivo. En muchos países se decía que era un "lujo" gastar en IDE cuando era evidente la necesidad simultánea de satisfacer con urgencia las carencias en educación primaria, salud básica, vivienda barata, etc. (otra variante de las "peras y las manzanas"). En otros, el gasto en IDE consistía predominantemente en el otorgamiento de becas para estudios de posgrado en el extranjero, en lo cual influyeron programas manejados por diversas instituciones, incluso por los bancos centrales, los bancos de desarrollo y las grandes paraestatales, así como organizaciones extranjeras. En el caso de muchas empresas paraestatales que formaban cuadros técnicos superiores, fue frecuente, por otra parte, que los especialistas formados emigraran al sector privado nacional o internacional.

Hubo casos en que se llegó a tener una concepción temprana del papel que la ciencia y la tecnología nacionales pudieran desempeñar en el desarrollo, sobre todo en Argentina, Brasil, Chile y México, y secundariamente en Venezuela y Colombia, pero también casos de total ausencia de programas de IDE, por ejemplo, en Ecuador y Perú o en Centroamérica. Como excepción notable, en 1954 se creó en Guatemala un Instituto Centroamericano de Tecnología Industrial, el ICAITI, con aportaciones de los cinco gobiernos del istmo centroamericano y el apoyo de las Naciones Unidas y la CEPAL, en el marco del programa de integración centroamericana; no obstante, a fines de los años noventa se clausuró. Por otro lado se ampliaron las actividades de los institutos de investigación agropecuaria, por ejemplo, en Argentina, Brasil, Centroamérica, Colombia y México. Los Estados Unidos, por cierto, estaban dispuestos a cooperar bilateralmente con los países latinoamericanos en el desarrollo de programas específicos de ciencia y tecnología. Hubo asimismo programas importantes de la OEA. Por otro lado, era común en la región latinoamericana la noción de que la vía más rápida para elevar el nivel tecnológico era dejar entrar al capital extranjero en forma de inversión directa extranjera, desde los antiguos programas de sustitución de importaciones, con elevado proteccionismo, ya que las empresas transnacionales introducirían los últimos avances tecnológicos en sus procesos empleando maquinaria nueva, y tenían el monopolio del diseño de nuevos productos electrodomésticos, farmacéuticos y otros. En la era de la globalización creciente, fue más bien el empuje de las empresas trasnacionales el que dio la pauta en el desarrollo tecnológico nacional de los países de la región. Sin embargo, la transferencia de tecnología por las subsidiarias de las empresas extranjeras siempre fue mínima y pocas de ellas llevaban a cabo alguna labor de desarrollo experimental en los países donde se establecían. Eran además los propietarios de los procesos tecnológicos y las patentes, que no se interesaban en compartir.

Voces críticas hacían ver que en esos casos la tecnología podía no ser la de punta y que en todo caso, como lo indicaba una experiencia anterior en Argentina, muchas tecnologías requerían adaptaciones o podían ser mejoradas con innovaciones locales, aun en fábrica y que por ello convenía impulsar la investigación local tanto en institutos públicos de tecnología como en el sector empresarial privado (Katz, 1976, 1987). También se hizo notar que la tecnología introducida por empresas extranjeras —por ejemplo, en aparatos electrodomésticos, equipo de oficina, aparatos de control y regulación de uso industrial, en la industria farmacéutica, en la química básica y aun en la química de aplicaciones varias (pinturas, barnices, impermeabilizantes, etc.)— podía tener un costo incalculable, no evidente en los estudios de balanza de pagos, pues las empresas, mediante las transacciones intraempresa entre matrices y subsidiarias podían asignar en su contabilidad los precios que quisieran a la transferencia de tecnología a la subsidiaria —lo que suponía una exportación ilícita de ganancias disfrazadas de "costo de la tecnología"—. En el caso de licencias de uso a empresas no subsidiarias, podían fijar condiciones onerosas no reguladas por la administración local. Los estudios iniciados en Colombia por Constantino Vaitsos (1973 y 1977) pusieron en evidencia esta característica de lo que él propiamente llamó transferencia de tecnología, que se consideró perjudicial a los intereses latinoamericanos tal como se llevaba a cabo intrafirma y dieron lugar a medidas gubernamentales para el registro de los contratos-licencia de uso de algunas tecnologías y las condiciones-límite autorizables en los contratos, tema que figuró en las políticas del Pacto Andino (véase el capítulo IV) y tuvo repercusiones en México y otros países mediante nueva legislación, después derogada.

Como se había comentado en el capítulo IV, un estudio elaborado primeramente en Colombia puso de manifiesto el problema del sistema de precios de transferencia con que operaban las empresas transnacionales —lo que podía ser prueba de violaciones virtuales de las regulaciones en materia de control cambiario— y de los pagos nominales por concepto de utilización de tecnología y de marcas comerciales registradas, frente a las restricciones involucradas en los acuerdos sobre licenciamiento de tecnologías (estipulaciones mediante las cuales se prohibía exportar a terceros países, o se obstaculizaban las posibilidades de creación de programas de investigación y desarrollo propios, etc.) (Vaitsos, 1973 y 1977).

Estudios paralelos elaborados en otros países latinoamericanos e investigaciones similares realizadas en Canadá y Australia condujeron a la adopción de leyes que establecieron la obligación de registrar los acuerdos sobre licencias y los que regulaban los pagos por tecnología y por insumos similares.[10] Durante los primeros años del Pacto Andino subregional por el que se establecía una asociación de libre comercio, se adoptó la resolución 24 que restringía las operaciones de la IED y que obligaba al registro de licencias sobre la utilización de tecnología. En varios países, se contaba con disposiciones en vigor que establecían la obligación de una participación de 51% de capital nacional en la propiedad de las empresas extranjeras, si bien por lo general no se aplicaban en forma retroactiva o en todos los casos; por otra parte, en determinadas ramas de la industria no se permitía ninguna participación de capital extranjero —por ejemplo, en México, en petróleo, en electricidad, en comunicaciones y otros—. En varios países con tales restricciones, el problema de determinar la propiedad de acciones no era fácil en virtud de que era legal la emisión de acciones al portador.

En 1971, con la cooperación de la UNESCO y otros organismos del sistema, la Secretaría de las Naciones Unidas, por medio del Comité Asesor sobre la Aplicación de la Ciencia y

[10] Como se dijo en el capítulo IV, los estudios pioneros se deben a Cooper (1970) y Vaitsos (1973 y 1977), que posteriormente se reprodujeron en otros países.

la Tecnología al Desarrollo (ACAST), llevó a cabo la elaboración de un Plan de Acción Mundial en la materia en cuyo marco general se propondrían planes regionales de acción. Uno de éstos fue el Plan de Acción Regional para la aplicación de la ciencia y la tecnología al desarrollo de América Latina, en el que se contó con la colaboración de un funcionario de la CEPAL (CEPAL y ACAST, 1973).[11] El ACAST presentó una síntesis del documento en una sesión plenaria de la CEPAL en Santiago de Chile, y tuvo oportunidad de discutir previamente sus principales temas con el director de la División de Desarrollo de la CEPAL, con resultados por desgracia negativos y aun de rechazo, originados tal vez en que hasta ese momento la secretaría de la CEPAL no había abordado en absoluto el tema en sus estudios sobre el desarrollo.[12]

Para su época, fue en verdad un documento extraordinario, que abarcó desde los objetivos de una política integrada de ciencia y tecnología hasta el examen de las posibilidades de su aplicación regional en áreas concretas, desde la educación, los recursos naturales, la agricultura, la alimentación, la industria, el transporte, las comunicaciones, la vivienda, la construcción y la salud, hasta la política de población y de medio ambiente. El Plan Regional estimaba que el gasto en ciencia y tecnología en los años setenta era apenas de 0.2 a 0.25% del PIB en la región latinoamericana. Se habían adelantado argumentos en contra de posibles objeciones al Plan Regional y se subrayó la importancia de que los gobiernos asumieran políticas y programas dirigidos a los objetivos que cada uno estimara necesarios. Por lo visto, el Plan Regional se llevó a una conferencia de la CEPAL en Quito en marzo de 1973, donde se aprobó la resolución 320 (XV).[13] Como tantas otras iniciativas fundamentales, ésta tuvo escasa repercu-

[11] Esta publicación de CEPAL y ACAST incluye un prólogo del entonces secretario ejecutivo, Enrique V. Iglesias. El contenido principal de la misma había sido difundido mediante un documento mimeografiado de Naciones Unidas núm. E/CN.12/966, en mayo de 1973.

[12] El autor de este libro fue testigo presencial de esta infortunada reunión.

[13] CEPAL, "Evaluación de la Estrategia Internacional de Desarrollo", Evaluación de Quito, 29 de marzo de 1973.

sión, como asimismo muchas reuniones sucesivas, en los programas y planes de los gobiernos, como lo demuestra la historia posterior de la ciencia y la tecnología en la región latinoamericana.[14] Ideas y planes no faltaron, pero no fueron asumidos por los gobiernos.

No obstante, años más tarde la situación no había cambiado gran cosa. Algunos programas nacionales contribuyeron al desarrollo y a la innovación tecnológica, por ejemplo: en Chile para la industria del cobre, con el apoyo del Consejo Nacional de Investigación Científica y Tecnológica; en México, en materia petrolera, con intervención del Instituto Mexicano del Petróleo, y en otros temas por medio del Consejo Nacional de Ciencia y Tecnología. Brasil hizo destacar por su propia iniciativa, debido en parte a la injerencia de las fuerzas armadas en determinados sectores productivos, la importancia de los programas de ciencia y tecnología. Pero no se llegó a estructurar un Sistema Innovativo Nacional, como lo denomina Jorge Katz.[15] La tecnología siguió siendo un valor en manos de las empresas transnacionales, y los esfuerzos a este respecto de los consejos nacionales de ciencia y tecnología iniciados en los años setenta fueron débiles. Importa, no obstante, recordar que hubo intentos aislados y que empresas

[14] Cabe mencionar que en 1967, en la Conferencia de Punta del Este de jefes de Estado, también se había recomendado un programa regional de ciencia y tecnología, y que en 1972, bajo los auspicios de la OEA, se llevó a cabo en Brasilia una conferencia en que se recomendó formular un plan integral de ciencia y tecnología. En 1990, el Consejo Consultivo sobre Ciencia y Tecnología de la Presidencia de México, con la colaboración de la UNESCO, organizó una importante conferencia sobre las perspectivas científicas, con la participación de científicos latinoamericanos destacados. Tampoco tuvo seguimiento esta conferencia.

[15] "Reconocer el hecho de que en múltiples casos los esfuerzos tecnológicos del sector público dieron lugar a programas exitosos de desarrollo sectorial no debe impedirnos ver que, desde una perspectiva de conjunto, el Sistema Innovativo Nacional del ámbito público que toma forma durante esos años no alcanza a constituirse en un verdadero 'motor' de crecimiento... [pues] tenía poco que aportar al sector privado y, fuera de alguna escasa participación en campos como metrología [y normas de calidad], nunca llegó realmente a tener presencia significativa en relación [con] el aparato productivo privado... el 'proyecto' científico-tecnológico de la época era diametralmente opuesto al de países como Corea y Japón que tempranamente pusieron en el centro de la estrategia de desarrollo industrial alcanzar independencia respecto al capital extranjero" (Katz, 2000, pp. 18-19).

nacionales latinoamericanas de tamaño mediano, sobre todo de Argentina, y una que otra en México lograron incluso exportar tecnología a otras naciones (Katz, 2000, pp. 21-24).

Las aperturas en los años ochenta como parte de los ajustes por el endeudamiento externo y la necesidad de atraer capital privado externo dieron lugar a la reducción de los grandes programas de ciencia y tecnología y a la falta de relación entre las autoridades tecnológicas y educativas y el sector productivo. Hacia fines de los años noventa, el coeficiente de gasto en IDE en Brasil, el más elevado, era de apenas 0.77% del PIB, y en otros países mucho menor —por ejemplo, en Chile de 0.56%, en Argentina de 0.48%, en Venezuela de 0.34% y en México de apenas 0.36%— en este caso aun con definiciones menos rigurosas de lo que en realidad es la IDE. En general, las escasas capacidades tecnológicas de los países latinoamericanos quedaron avasalladas por el empuje de las nuevas transnacionales y de su transformación basada en procesos tecnológicos de punta y formas novedosas de organización y diseño de las plantas industriales.

En 1981, el código tributario de los Estados Unidos estableció incentivos fiscales a empresas privadas para inducir en ellas un mayor gasto en IDE. Se estimó que un aumento permanente de 5% en el crédito fiscal aumentaría el gasto a largo plazo en IDE entre 5 y 10% en los primeros tres o cuatro años de crédito (Hall, 1993).

En los años noventa, dada la concentración de las políticas económicas en lograr los ajustes derivados del Consenso de Washington, los programas de ciencia y tecnología fueron víctimas del consenso, pues no alcanzaron suficiente prioridad y quedaron más o menos en estado estacionario. No obstante los grandes adelantos en los países industriales y en algunas de las naciones en vía de desarrollo en materia de comunicación satelital, cibernética e internet, la mayoría de los países de la región latinoamericana quedó entregada a buscar acomodos, con frecuencia en condiciones competitivas desventajosas, con empresas extranjeras. En las empresas transnacionales que operan en América Latina y el Caribe existe amplio uso de la informática moderna basada en el *chip,* asimismo en las líneas aéreas, en los servicios bancarios y otros financieros, en las administraciones públicas y en las administraciones de las grandes empresas nacionales y extranjeras. El empleo de computadoras, sin embargo, fue todavía relativamente limitado fuera del sector empresarial, el académico y el educativo, y algunas partes del sector público, aunque en otras aumentaba de prisa. Entre la población educada en general, prevaleció el acceso al cómputo y a la internet más bien como forma de entretenimiento, si bien también se advertía dinamismo en servicios informativos y educativos. Las deficiencias fueron inmensas —o sea, se traducían en una "brecha digital" y en rezagos tecnológicos generales— y se careció de programas adecuados a largo plazo para remediarlas y para formar personal adecuadamente preparado en la educación básica. Las "fronteras tecnológicas" siguieron estando situadas muy lejos de la realidad en la ciencia y tecnología de los países de la región latinoamericana, y quedaron aun más distantes en el caso de las pequeñas y medianas empresas que constituyen la mayoría, así como en los sistemas educativos.

No puede negarse, con todo, que la industrialización, aun con las modalidades tecnológicas que la caracterizaron en el siglo XX, contribuyó al desarrollo tecnológico de los países latinoamericanos en tanto se incrementó, con bastante rezago, el uso de nuevas tecnologías, aun cuando no hubieran resultado de un proceso histórico de innovación nacional sino de importaciones. Aun el campo de los "nuevos materiales" se basa en resultados de investigación de punta en los principales países industrializados.

Asimismo, en la agricultura, algunos de los grandes avances en productividad se debieron a tecnologías agrícolas y pecuarias desarrolladas en otros países, producto de centros de investigación poderosos en recursos y personal capacitado, que establecieron algunas ramas en unos cuantos países latinoamericanos. Sin embargo, en la época de la apertura y la globalización desde 1980, se esfumaron en general, en gran medida, las condiciones que antes contribuían, aun cuando fuera a escala reducida, al avance en las ciencia y tecnología agropecuarias en la región latinoamericana. Hacia finales del siglo siguió siendo "más barato" importar tecnología que tratar de elaborarla internamente, aun copiándola y adaptándola parcialmente, en parte porque las políticas macroeconómicas favorecieron la importación. Comenzaron a aparecer semillas "transgénicas" elaboradas por institutos científicos de los países industrializados, sin suficiente validación nacional. La política tecnológica, como se ha señalado en ocasiones, no sólo es resultado de las concepciones y programas nacionales directamente conectados a la materia, sino asimismo de las políticas económicas y sociales en general, de las medidas administrativas y de la "cultura" científico-tecnológica de un país. Tanto el nivel salarial prevaleciente, cuando la brecha con los países industrializados ha sido grande en el sentido de la relación entre el salario medio industrial nacional y el de aquellos países, como la administración de las leyes laborales influyeron también en las decisiones tecnológicas, como ha sido el caso en la región latinoamericana.

Un sector poco estudiado, en que asimismo se introdujeron adelantos tecnológicos, fue el de los servicios, en una gama amplia aun cuando más que nada en empresas de gran dimensión y empresas de corte moderno, en ramas también de aparición reciente. La adopción de la tecnología digital avanzó a grandes pasos, pero no fue aprovechada suficientemente, sobre todo por las empresas medianas y pequeñas.

La falta de una política de innovación tecnológica se reflejó, pese a excepciones, en los datos acerca de productividad por obrero, y más aún en las estimaciones de productividad total de los factores.

La productividad por obrero, si bien es un indicador incompleto, descendió 0.6% como media anual durante 1950-1989.[16] Las horas trabajadas acusaron una clara tendencia al

[16] La investigación llevada a cabo por André A. Hofman (2000), aunque basada en datos de sólo los seis países principales de la región, proporciona evidencias concretas sobre el fenómeno de la productividad.

descenso, a diferencia de los países de Asia. Como resultado del lento incremento de la educación y de su calidad, y la falta de programas de capacitación, la productividad del trabajo por persona empleada se cifró en 1994 en apenas 8.06 dólares en Argentina y en 7.61 en México, 6.47 en Chile, 6.54 en Venezuela (en descenso), 4.91 en Colombia (en aumento) y 4.71 en Brasil (también en aumento) (Hofman, 2000, pp. 149 y 181, cuadro VI.3).

Estimada la productividad como "productividad total de los factores", que abarca no sólo trabajo y capital sino además factores de incremento de la calidad del trabajo, el efecto del progreso técnico a largo plazo y cambios en las tasas de utilización de la capacidad productiva, efectos residuales del conocimiento y otros intangibles como la organización y la gestión empresarial, se obtienen resultados más completos. Expresadas las estimaciones como porcentajes de aumento del PIB en los periodos 1950-1973, 1973-1980 y 1989-1994, las más elevadas son las de Argentina en el periodo más reciente. Las de México son las más bajas, aunque apenas positivas, mientras que las de Brasil resultan negativas. Con ajustes, se obtiene 68% para Argentina, –162% para Brasil y –15% para México (Hofman, 2000, cuadro VI.13). Con base en participaciones estandarizadas, las tasas medias geométricas de cambio destacan en Argentina en 1989-1994 y un poco en Chile y Colombia, quedando México más abajo y Brasil en negativos. Es decir, la contribución de la productividad total de los factores fue, con excepción de Argentina, escasa, otro síntoma de la falta de innovación tecnológica. En otras regiones, la productividad total de los factores ha sido fuente importante de crecimiento. Los casos de cifras negativas se explican por las crisis de la deuda externa y por la asignación errónea de recursos a niveles macroeconómico y microeconómico (Hofman, 2000, p. 148). Además, la relación capital/producto aumentó, lo que representa un descenso de la productividad del capital. "América Latina está ahora en la encrucijada... y no deberá aplazar el proceso de modernización de su sistema productivo, sus instituciones y sus políticas económicas" (Hofman, 2000, p. 128).

Otra vertiente del problema de la innovación tecnológica es la microeconómica, en que han destacado los estudios de Jorge M. Katz a lo largo de los años, que han mostrado lo poco que se ha hecho en la región latinoamericana pero a la vez el potencial que ha existido en la práctica, poco aprovechado. El tema principal de sus investigaciones ha sido la capacidad de las empresas privadas y las estatales para hacer innovaciones tecnológicas nacidas de la propia experiencia de la empresa y de la ingeniería local. Los principales estudios se consignan en Katz (1981, 1987) y obras posteriores.[17]

En el estudio citado se escogieron seis países: Argentina, Brasil, México, Venezuela, Colombia y Perú, y las siguientes ramas industriales: acero, cemento, metalmecánica, máquinas-herramientas, vehículos automotores y equipo agrícola. Se consideró tanto la incorporación de tecnología extranjera como la generación de tecnología local. Llama la atención el caso de Argentina, que pudo exportar tecnología a otros países basada en gran número de tecnologías menores locales. En general, en los demás países se puso en evidencia que fue preciso tener en cuenta la pequeñez de los mercados internos, que casi no se encontró producción subcontratada, que se carecía de personal calificado, que abundaron los problemas de especificidad, de diseño y de ingeniería, que abundaban las imperfecciones de mercado, y en el fondo que las empresas no llevaban a cabo IDE o carecían de incentivos fiscales y financieros para hacerlo. Se encontraron pocos casos de IDE entre las empresas, en particular las farmacéuticas y las de electrónica.

Sumando la falta de acciones a nivel macroeconómico a favor de la ciencia y la tecnología con la poca experiencia y

[17] Una versión preliminar en español circuló en 1981. Las investigaciones, apoyadas por la CEPAL, el BID, el International Development Research Centre (IDRC) de Canadá y el Programa de las Naciones Unidas para el Desarrollo (PNUD), tuvieron una duración de tres años, en un Seminario sobre Tecnología y Desarrollo coordinado por Katz en Buenos Aires, a partir de 1978. Véase también Katz, Santiago de Chile, CEPAL/Fondo de Cultura Económica, 2000.

acción práctica a nivel microeconómico, la aportación de la IDE al progreso tecnológico nacional ha sido no sólo insuficiente sino mínima. Al renovarse la tecnología en las empresas, salvo las extranjeras, se ha corrido el riesgo de que los ciclos de vida de los equipos instalados se hayan incluso prolongado debido a la baratura de la mano de obra, retardando así aun más la renovación.[18]

Como bien lo ha afirmado Katz, se necesita avanzar hacia el diseño y la ejecución de un nuevo conjunto de políticas de desarrollo tecnológico y fomento productivo (Katz, 2000, p. 188), que incluya la creación o ampliación de mercados cuando éstos no existan o sean sumamente frágiles, como podrían ser los de financiamiento de mediano y largo plazos para la restructuración de plantas fabriles, o los servicios de asesoramiento tecnológico de parte del aparato universitario al sector productivo. Asimismo, resolver fallas de mercado derivadas de rasgos estructurales de inapropiabilidad, externalidades, indivisibilidades, etc. Habría además que crear nuevas instituciones para dar dinamismo al aparato productivo. Todo ello en función específica de los contextos nacionales. La ingeniería institucional tendrá que ser heterodoxa y compleja (Katz, 2000, pp. 188-190). Deberán buscarse nuevas formas de cooperación y coordinación entre el sector público y la comunidad empresarial. Será preciso fortalecer las capacidades estratégicas de las Pymes y ampliar el horizonte de mercado de éstas, haciéndolas participar en los mercados de exportación. La oferta de bienes deberá combinarse con la de servicios.

7. El comercio exterior de la región latinoamericana

La estadística sobre comercio exterior ha sido una de las pocas que han servido a través de los siglos para evaluar el avance o el retroceso de los pueblos. Otros datos han sido

[18] Según Simón Teitel, en Katz (1981, 1987).

fragmentarios —por ejemplo, la producción de acero— o de dudosa exactitud —por ejemplo, los ingresos fiscales y los gastos públicos. La existencia de aduanas permitía, supuestamente, que se conociera el movimiento de productos entre los países, por los tributos que rendía ese intercambio. No se aplicaban grandes refinamientos; no obstante, parte de la historia económica mundial se ha escrito con base en las cifras sobre exportaciones e importaciones.[19] Apenas en los años noventa, recién pasados, surgieron los cálculos de Maddison sobre el PIB *per capita* en dólares internacionales de poder adquisitivo constante que se han empleado con fines de comparación entre países (véase el capítulo I).

El comercio de productos básicos acaparó mucha de la atención, por sus altibajos en el siglo XX, sobre todo durante los años treinta (véase el capítulo II). La región latinoamericana no fue excepción. A fines de los años treinta la Sociedad de Naciones hizo publicaciones de gran utilidad sobre las fluctuaciones del comercio internacional y acerca de las interrelaciones comerciales de las grandes áreas geográficas (véase Sociedad de las Naciones, 1939 y 1942). Los Estados Unidos, por medio de su Departamento de Comercio, dieron fuerte impulso a la elaboración de las estadísticas del comercio exterior e inició las referentes a las cuentas nacionales. Todos estos datos fueron de gran utilidad en la segunda Guerra Mundial y en la posguerra. Posteriormente, Naciones Unidas absorbió la elaboración de las cuentas nacionales, y en sus informes económicos anuales ha manejado y analizado las cifras del comercio mundial y añadido estudios especiales.

En América Latina los antecedentes fueron muy diversos y dispersos, muchos de ellos de mediados del siglo XIX. Sólo después de la segunda Guerra Mundial, al establecerse los servicios estadísticos de las Naciones Unidas y del FMI y más tarde del Banco Mundial, fue posible lograr cierta homologación de cifras del comercio exterior, con metodologías comúnmente aceptadas. El Instituto Interamericano de Estadís-

[19] Respecto al comercio internacional en la segunda parte del siglo XIX, un análisis excelente se debe a Lamartine Yates (1959).

tica, afiliado a la Unión Panamericana (después OEA), contribuyó durante algún tiempo al mejoramiento estadístico en toda la región. Más tarde, al recomendarse al mismo tiempo la elaboración universal de las cuentas nacionales, muchos países latinoamericanos las iniciaron, asimismo sobre una base metodológica aceptada internacionalmente y con la aportación adicional del FMI dirigida a establecer normas para la elaboración de los datos componentes de las balanzas de pagos en forma compatible con las cuentas nacionales. En materia de comercio exterior se llegó a depuraciones importantes para obtener los valores reales de las importaciones y exportaciones con exclusión de los gastos de transporte y los de seguros, que se midieron por separado como servicios. A fines del siglo XX las exportaciones se valuaron no según las manifestaciones de los exportadores en sus facturas sino teniendo en cuenta el valor real del producto de que se tratara en el momento de embarcarse o de pasar una frontera (valor *f.o.b., free on board);* y las importaciones también sobre la misma base pero puestas en los puntos de importación portuaria o fronteriza (valor *f.o.b.* sin incluir seguros ni gastos de transporte). En las estadísticas de balanza de pagos aparecen separadamente los pagos por seguros y por transporte marítimo u otros conectados con los embarques de exportación y con los recibidos con las importaciones. Las cifras obtenidas son a su vez una mezcla de datos originales en una moneda internacional, como el dólar de los Estados Unidos, y de cifras en otras monedas convertidas a dólares. En este caso intervienen los tipos de cambio aplicables para hacer las conversiones, que son objeto a su vez de ciertos convencionalismos. La enorme cantidad de comercio en tránsito a terceros países, en contenedores, dificulta hoy los cálculos. Al desarrollarse en los años noventa las operaciones de subcontratación o maquila en gran escala mundial, la metodología aceptada requiere registrar el valor bruto de las exportaciones, por un lado, y el de las importaciones, por otro, en lugar de las cifras netas como algunos países lo hacían. En consecuencia, en los años noventa se advierte un aumento inusitado en las exportaciones e importaciones de algunos países de la región latinoamericana, que en realidad los vuelve no comparables con los anteriores (véase el cuadro VI.1). La CEPAL publica con regularidad estadísticas sobre comercio exterior y balanza de pagos (que se aconseja ver en detalle, por países, para poder evaluar algunos totales y algunos parciales por grupos de países).

Durante los decenios sucesivos de la segunda mitad del siglo XX el comercio mundial registró en general aumentos nominales en dólares. Se estiman también en dólares constantes, a fin de obtener cifras de crecimiento o disminución real, lo que significa, en forma gruesa, tener en cuenta la pérdida sucesiva, internacional, del valor adquisitivo del dólar. Las cifras reales en dólares son necesarias por sí mismas no sólo para interpretar su evolución, sino para calcular los saldos del comercio y para integrarlas con las cifras de las cuentas nacionales, debiendo recordarse además que estas últimas expresan valores agregados, mientras que las de comercio exterior son cifras brutas que incluyen los insumos contenidos en los productos exportados o importados —de nuevo el problema de comparar peras con manzanas, ya varias veces mencionado en capítulos anteriores—. Para fines de análisis, se cuenta con cifras en dólares corrientes, a falta de otros datos.

Con todas estas salvedades, es de interés examinar las cifras absolutas a precios constantes y las tasas de incremento o decremento por decenios, a nivel mundial.[20]

Puede observarse el gran incremento del comercio mun-

[20] Cabe aprovechar esta oportunidad para hacer ver la falsedad de algunas cifras que se dan en ciertos países para tener una dimensión exagerada del intercambio comercial, como cuando se suman las exportaciones con las importaciones, y todavía se comparan con el PIB. Con esta lógica, el comercio mundial ha sido siempre el doble de lo que revelan las cifras, puesto que a escala mundial las exportaciones de unos países son las importaciones de otros (salvo errores y omisiones, naufragios, incendios en las aduanas, contrabando, etc.). Lo correcto es no sumarlas y, en general, guiarse por las cifras de exportación, que según algunos medios estadísticos son más seguras por la prevalencia del contrabando en algunas áreas geográficas y por los movimientos en las áreas de libre comercio y los mercados comunes.

dial a partir de 1970, sobre todo entre los países industrializados y entre determinadas áreas del mundo en vía de desarrollo. Entre los países industrializados, el crecimiento de las exportaciones de mercancías en el periodo 1973-1998 fue destacado en España, con una tasa anual promedio de 9.0%, seguido por los Estados Unidos con 6.0%, Francia con 4.7% y Alemania y el Reino Unido con 4.4%. Pero el mayor crecimiento se observó en varios países en desarrollo, destacando China con 11.8%, seguido por México con 10.9% y a cierta distancia Brasil con 6.6% en el periodo (Maddison 2001, cuadro F-4, p. 362).

La región latinoamericana no ha sido de las más activas en el comercio mundial. Sus coeficientes de participación y sus tasas de incremento, en los mismos puntos y periodos decenales, lo evidencian. La participación en el comercio mundial descendió de 8.5% en 1950 a 6.9% en 1961 y a 4.9% en 1998,[21] lo que representa un rezago de consideración respecto a otras áreas en desarrollo, en especial las del sudeste de Asia.

En la región latinoamericana se advirtió además que exportaciones de bienes y servicios de la región tendieron a concentrarse más en pocos países. Por ejemplo, sólo cinco países dieron cuenta de 71% de las exportaciones de bienes y servicios de la región en 1960 y 1980, y de 80% en 2000. Los dos principales exportadores, México y Brasil, aportaron 28% en 1960, 39% en 1980 y 60% en 2000 (consúltense las cifras del cuadro VI.1).

Por añadidura, el comercio de exportación intralatinoamericano (es decir, subregional), hasta donde puede darse crédito a las cifras, después de elevarse de 9% de la exportación total de la región en 1960 a 16.8% en 1980, descendió ligeramente a 16.1% en 2000 (datos de los anuarios estadísticos de la CEPAL).

Dentro de las cifras del intercambio intralatinoamericano destacaron las del Mercosur, con 8.9% y las del Mercado

[21] Estimaciones propias con datos de Díaz Alejandro (1988b), cuadro 3.3, p. 25, para el año 1961, y Maddison (2001), cuadro F-3, p. 362, para 1950 y 1998.

Común Centroamericano con 12.7% en el año 2000 (CEPAL, 2004a). La conclusión es que, aun en épocas de impulso al comercio intralatinoamericano, no alcanzó cantidades apreciables. Sus fluctuaciones fueron influidas de los años setenta en adelante por la importancia de las exportación de petróleo crudo, cuyo precio internacional en dólares por barril se multiplicó aun corrigiendo los precios del petróleo por la pérdida de valor adquisitivo del dólar, y por las posiciones cambiantes de los precios y los volúmenes de exportación de otros productos básicos, como el café, el trigo, los productos mineros, el banano, el algodón y otros. Mientras que el comercio mundial en productos básicos se redujo como proporción del total, la proporción representada por las exportaciones de manufacturas se incrementó de manera apreciable de 1960 a 2000.

La aplicación por los Estados Unidos en 1964 de un régimen arancelario especial para importar productos terminados mediante subcontratación de su ensamble o acabado en territorio mexicano con base en piezas y materiales enviados por aquel país bajo custodia fiscal a empresas designadas, determinó que se desarrollara a lo largo de la zona de la frontera norte de México —y más tarde a otras partes del país— una muy considerable industria llamada "maquiladora de exportación", desvinculada del resto del país. La tarifa arancelaria de los Estados Unidos en este régimen se aplicó solamente al valor agregado por operación en México a las partes, elementos y productos intermedios remitidos para su terminación, es decir, a la mano de obra, cuyo costo ha sido siempre de cinco a seis o siete veces inferior al prevaleciente en el territorio de los Estados Unidos en dólares por hora de trabajo. Se obtuvo así un beneficio para el consumidor estadunidense y un incremento muy considerable de empleo para la fuerza de trabajo de México. Cuando las cifras de esta modalidad de comercio se incorporaron plenamente a los totales del comercio exterior de México en 1993, y su monto se elevó acentuadamente a partir de los años ochenta y en especial en los noventa, el resultado fue que la exportación de México a los Estados Unidos se elevó de entre 65 y 70% a más de 85% de su exportación global. Para el año 2000, las exportaciones de la industria maquiladora representaron ya 47.7% de la exportación total de manufacturas (dato del grupo de trabajo de SHCP, Banco de México, Secretaría de Economía e INEGI, 2004, http://www.inegi.gob.mx/est/contenidos/). En este sentido y por el incremento de la inversión directa norteamericana en México, se produjo una creciente integración de la franja norte de la economía mexicana con los Estados Unidos y en bastante menor grado con Canadá. No se ha producido, sin embargo, ninguna integración recíproca de mayor alcance, como la que existe en la Unión Europea; es más, tanto Canadá como los Estados Unidos destinan al resto del mundo la porción principal de sus exportaciones (99 y 86%, respectivamente, según los datos de *Statistics Canada,* 2003, y *U. S. Census Bureau,* 2003) y mantienen su política comercial en general bajo las orientaciones de los organismos multilaterales y de sus propios convenios comerciales bilaterales, y otras disposiciones. La maquila había surgido también en Haití, Colombia, Centroamérica y Brasil (Grunwald y Flamm, 1991) a semejanza de México y de países del sudeste y sur de Asia y algunos países de África.[22]

Aun así, el comercio total de la región latinoamericana sufrió los resultados indicados con anterioridad, es decir, no

[22] Las cifras mexicanas han sufrido una transformación considerable al aplicarse plenamente, a partir de 1993, la metodología internacional a los resultados de las operaciones llamadas de maquila. Antes de esa fecha, México registraba para fines de cifras de balanza de pagos sólo el saldo neto de las mismas, dado que el régimen de maquila suponía la entrada libre de derechos de todos los insumos requeridos por las plantas maquiladoras establecidas en México. Esos insumos representaban 98% del valor bruto de la producción bruta exportada por esas plantas, que entraba a los Estados Unidos con un tratamiento arancelario de este país en que se aplicaban los impuestos a la importación solamente al valor agregado por la mano de obra mexicana. Al conformarse la estadística mexicana a la norma internacional, a partir de 1993 se registraron en las exportaciones totales las exportaciones brutas de las maquiladoras, y en las importaciones totales el valor total de los insumos importados. El resultado inmediato, si no se hicieran los análisis correspondientes, ha sido abultar las cifras mexicanas. El total del comercio de exportación latinoamericano empezó a registrar aumentos considerables, después de un largo periodo de estancamiento, aunque hubo otros elementos no conectados con la maquila.

fue motor esencial del crecimiento del PIB, aunque sus componentes variaron. La región latinoamericana no alcanzó, a fines de siglo, a incorporarse estadísticamente al grupo de los países del sudeste de Asia que sí fueron predominantemente países llevados adelante a los mercados mundiales por sus exportaciones.

XI. POBLACIÓN, FUERZA DE TRABAJO Y SECTORES SOCIALES

1. Orígenes de la desigualdad social. 2. Las variables demográficas.

1. Orígenes de la desigualdad social

La colonización de la región latinoamericana por diversas culturas y poderes europeos a partir de fines del siglo xv y durante el siglo xvi en adelante, encontró civilizaciones territoriales de alcance limitado y de diverso grado de evolución cultural, social y política, así como técnica, incluso numerosos grupos tribales o étnicos no asentados. Los asentamientos europeos, principalmente los de la península ibérica, trajeron consigo las estructuras sociales de los países de origen, sobre todo las de la España de los Reyes Católicos y las influencias que éstas habían recibido. En grado menor, se asentaron las de Portugal, las británicas, francesas y holandesas, y en instancias más recientes, las de la Unión Americana.

Fuera de algunas rebeliones importantes que pudieran haber amenazado las estructuras, sobre todo en Perú y en México, éstas sobrevivieron por lo menos hasta los movimientos de independencia del primer decenio del siglo xix, en algunos países o territorios hasta bien entrados los siglos xix y xx. La influencia de ideas liberales, con raíces en la Revolución francesa y en la primera etapa de la descolonización británica, la de la independencia de las 13 provincias norteamericanas, alimentó la noción de la independencia entre los sectores criollos de los virreinatos españoles, que surgió apoyada por estratos descontentos de la sociedad colonial y algunos levantamientos de la clase campesina. En la etapa postindependentista, no obstante movimientos de reforma a las instituciones, como en México a mediados de siglo, en Argentina durante su expansión a los mercados mundiales, su etapa de inmigraciones europeas y la creación de partidos políticos tendientes a la democracia, no se modificó de manera sustancial la estructura social, en particular la estratificación de la misma, que colocó en los últimos lugares a la población campesina e indígena y, en varios países, a la de origen étnico africano. Brasil se independizó de Portugal en 1822, con un regente portugués a la cabeza, y conservó las estructuras sociales anteriores.

Durante los auges económicos, vía la exportación de productos agrícolas y mineros, hasta entrado el siglo XX, no se registró mayor variación, salvo nuevas migraciones venidas de España, Portugal, y en menor medida de otros países europeos, como Alemania y Holanda en Brasil, India y África en las Antillas inglesas y Panamá. Algunas de estas migraciones ayudaron a construir en gran medida las fuerzas de trabajo modernas y a crear las burguesías comerciales e industriales, y determinados grupos empresariales.

La Revolución mexicana de 1910-1921 fue el primer barrunto de conmoción social que derrumbó algunas instituciones del pasado y levantó esperanzas de nuevos cambios sociales y de organización política. También originó migraciones de trabajadores a los Estados Unidos, en lo principal a los territorios que se perdieron en el *Tratado de Guadalupe* a raíz de la guerra entre ambos países en 1847 —población que regresó en gran medida en los años treinta con motivo de la crisis económica en los Estados Unidos—. En los años treinta y cuarenta, como se ha explicado en los capítulos II y III, se promovió el cambio en muchos países, en algunos la industrialización y el mejoramiento de la agricultura. Empezaron los grandes cambios estructurales en la economía pero no se afectó gran cosa la división entre las élites y los terratenientes, por un lado, y la población campesina, por otro, parte de ella en condiciones de indigencia y perteneciente a etnias indígenas. Los avances sociales requeridos siempre se postergaron. Las excepciones fueron el lanzamiento en México de la política educativa, la legislación del trabajo y la legislación agraria. El mejoramiento de la salud tardó en organizarse. Los programas de vivienda de bajo precio casi no existían. Uruguay, Argentina, Brasil, Chile, Ecuador y Venezuela se distinguieron por haber establecido el seguro contra el desempleo, aunque en forma limitada y sólo para el sector de empleo formal, su legislación social. Chile estableció algunos programas sociales.

En 1953 se produjo una reforma agraria en Bolivia. En 1958 se inició una de carácter parcial en Perú. En 1959, una transformación social total, de tipo socialista, empezó a asentarse en Cuba, junto con la del sistema económico, inspiradas en la Unión Soviética. En 1970-1973 se produjo una conmoción económico-social de tipo revolucionario en Chile, de corta duración, que el golpe militar echó abajo. Algunas reformas sociales y agrarias fueron promovidas en Guatemala, Nicaragua, Guyana, Jamaica, Venezuela, Brasil y Argentina, sin que a la postre hicieran mella en la estructura social fundamental. En México hubo estancamiento en las reformas y en algunas se retrocedió en forma relativa y absoluta.

Entre 1950 y 1980, aun en los años de fuerte crecimiento económico, se empezó a generar una gran desigualdad en los ingresos y en las condiciones sociales, enraizada en la historia y en las tendencias institucionales del siglo. No fue sino hasta los años cincuenta cuando se empezaron a llevar a cabo encuestas estadísticas en varios países sobre el ingreso y el gasto familiar, con diversos grados de precisión o aproximación, sobre las características de la desigualdad. La desigualdad en los patrimonios, por cierto, casi no se abordó pero se calcularon los coeficientes Gini, que reflejan en grandes promedios el grado de desigualdad.[1]

Las estadísticas disponibles aún hoy día, no todas para los mismos periodos, son incompletas, pero permiten afir-

[1] El coeficiente Gini es indicador de la concentración del ingreso. Si es igual a 1 existe plena igualdad; los extremos de 5 y mayores expresan muy elevada desigualdad en un momento dado. Se representan gráficamente, el primero como una línea recta que parte de dos coordenadas, el número de beneficiarios de ingreso y el valor medio de su ingreso; el segundo como una curva por debajo de la línea recta.

mar que entre 1960 y 1970, según cada país, la desigualdad no disminuyó y en el mejor de los casos ha sido constante o creciente. Los coeficientes Gini de los países de la región se ubicaron en un nivel nacional superior a 0.500, con excepción de Argentina, Costa Rica y Uruguay, que registraban un nivel de aproximadamente 0.400. En Brasil en particular, el coeficiente Gini fue bastante elevado, entre 0.577 y 0.584 en 1968, y aun en 0.625 en 1968 (Maddison y asociados, 1992, cuadro VI.1, p. 186). Otra fuente da 0.597 en 1980 y 0.592 en 1985 (Cardoso y Helwege, 1993, p. 251). En Venezuela se llegó a 0.622 en 1970. En los principales países europeos, el coeficiente Gini se aproxima a 0.300.

Los indicadores Gini no variaron gran cosa en los años noventa. Brasil se mantuvo en 0.627 en 1990 y llegó a 0.640 en 1999, Bolivia registró 0.586 y Nicaragua 0.580. En la mayoría de los países de la región prevaleció un coeficiente de 0.500 a 0.560. Sólo Costa Rica, Uruguay y Venezuela se mantuvieron por debajo de 0.500, entre 0.455 y 0.473. Argentina retrocedió a 0.542 (CEPAL, 2004c, cuadro I.7, pp. 76-77).

Estas características de la desigualdad, que son semejantes a las de la mayoría de los países en vía de desarrollo en otras regiones, tienen muchas causas explicativas, entre ellas los factores estructurales históricos y aun actuales ya mencionados, y que hoy se relacionan con la concentración de la propiedad raíz, con las políticas salariales, los periodos de inflación y las políticas económicas implantadas como instrumento de ajuste ante los problemas del endeudamiento externo. No podría aducirse ninguna explicación simple, ni hay solución simple y directa. Las condiciones varían de país a país. En forma gruesa, puede decirse que, ante factores de base de tipo estructural, muchas de las políticas económicas nacionales se han basado en favorecer a los sectores empresariales y en el apoyo a una creciente clase media, a expensas de la capacidad de compra de los asalariados y de los que, no siéndolo, viven en las incertidumbres y desventajas de la economía informal, desprotegidos de las pocas medidas de protección laboral del salario y del bienestar existentes. Como se ha mencionado, sólo seis países de la región han establecido un seguro parcial de desempleo.

Las representaciones estadísticas de la desigualdad son desde luego deficientes y deben complementarse con otro tipo de información, asentado en las políticas educativas, de salud, de vivienda y de mejoramiento rural y urbano. El ingreso real que disfruta una familia o un hogar se compone no sólo de su entrada en dinero sino además de servicios que por lo general provee el Estado en esas materias, por ejemplo, educación pública gratuita, acceso a sistemas de salud gratuitos, vivienda barata o subsidiada pero dotada de servicios de agua potable e higiénicos *in situ,* complementos nutritivos subsidiados, apoyo a la vida material en pequeñas comunidades agrarias y a las condiciones de vida en los grandes centros urbanos, macrourbanos y otros menores, el transporte público subsidiado y otros. En realidad, nada viene a ser totalmente gratuito —por ejemplo, se deben pagar los uniformes escolares y los análisis médicos, pero existe una proporción de gratuidad que en algunos casos es considerable y socialmente significativa—. Por otro lado, estos beneficios no se reciben si el sector de población de referencia no tiene acceso a los servicios del caso o si éstos están muy alejados del hogar. En cambio, si existe el acceso, se presenta la oportunidad, en el caso de la educación, de entrar al mercado de trabajo con mayores opciones y capacidades y de situarse en escalas más elevadas de jornales y salarios. El acceso a la salud evita la morbilidad y eleva la esperanza de vida. Con signos positivos de esta especie, se supone que a mediano plazo la productividad del trabajador o del pequeño empresario aumenta —aunque influyen asimismo factores negativos desde el ángulo de la demanda, del sector público y el empresarial, aun del macroeconómico, que puedan ser o no generadores de empleo.

Aceptando, como ha sido por lo general, que desde el punto de vista de la ética y de la cohesión social —como se ha demostrado en las sociedades de los países desarrollados— no hay centralizaciones estatales en las decisiones de todo tipo, es válido afirmar que es posible reducir las desigualdades y corregirlas o evitar que surjan en extremo. Pero es también evidente que lograrlo en sociedades desarticuladas es más difícil y que en sociedades con mucha fluidez y libertad de movimientos territoriales (migraciones internas) depende de otros factores, tanto políticos como culturales e institucionales que en su mayor parte no se han dado en la región latinoamericana, o que no han logrado expresión y aplicación suficiente. Se vive aún en situaciones en que el sector empresarial resiste las presiones sociales y salariales, en que el Estado actúa débilmente para adoptar políticas que al ser redistributivas sean a la vez compatibles con el estímulo a la inversión productiva, ya sea del Estado o del sector privado. Se deja para más adelante aún lo que puede ser urgente y necesario, como mejorar las condiciones de trabajo de la mujer, evitar el empleo de la niñez, ampliar el acceso a la educación general y a la educación especializada, a la salud y los servicios médicos, asegurar el acceso a las pensiones y respetar los derechos humanos.

Los gobiernos se despreocupan del desempleo, manipulan las cifras y hacen poco esfuerzo por mejorar las condiciones de trabajo y las normas recomendadas por la Organización Internacional del Trabajo (OIT). Muchos gobiernos se escudan en la creación de la economía informal, la economía callejera, que no es empleo sólido sino desempleo abierto sin seguridad, sin prestaciones, sin apoyo para disfrutar de los servicios sociales, de salud y educativos. México, por cierto, excluye al ambulantaje de las cifras oficiales de desempleo abierto.

En la región latinoamericana surgieron en los años cincuenta los primeros estudios sobre la distribución del ingreso, basados en encuestas sobre el ingreso y el gasto familiar, que, si bien con deficiencias, revelaron el grado de desigualdad. Este método consistió en distribuir la población (familias y hogares) por niveles de ingreso obtenidos mediante encuestas de ingreso y gasto, desde 10% de los de mayor ingreso (los ricos) hasta 10% de los de menor ingreso (los pobres).

En la mayoría de los países, las familias clasificadas en el decil superior de ingresos, o sea 10% de las familias, percibía 40% de los ingresos (contabilizados en dinero), mientras que las situadas en el decil inferior, 40% de las familias, percibían 10% de los ingresos. En algunos países, como Costa Rica y Uruguay no se llegaba a estos extremos que denotaban un elevado grado de desigualdad distributiva. No obstante, si se tiene en cuenta la concentración de la posesión de activos productivos, propiedades y bienes raíces urbanos y rurales, ningún país de la región latinoamericana se salvaba de esta característica social que entrañaba una extrema pobreza de casi la mitad de la población (familias u hogares).

Para fines de siglo, la distribución no cambió favorablemente de manera significativa. En 1990, por ejemplo en Bolivia, el 40% más pobre percibía apenas 9.2% del ingreso nacional. La cifra correspondiente en Brasil fue de 9.5%, en Colombia de 10%, en Guatemala de 11.8%, en Honduras de 10%, en Nicaragua de 10.4% y en República Dominicana de 11.4%. A nivel intermedio, el 40% más pobre percibía en Argentina, Chile, Costa Rica, Ecuador, El Salvador, México, Panamá, Paraguay, Perú y Venezuela alrededor de 14% del ingreso. Solamente sobresalió el caso de Uruguay, con 21.6%.

En el otro extremo, el decil mayor, o sea 10% de los hogares, disfrutó de entre 40 y 47% del ingreso nacional (este último, Brasil). La mayoría se situó entre 31 y 39% (este último Guatemala). Sólo destacan con porcentajes más bajos Costa Rica y Uruguay (CEPAL, 2004c, cuadro I.6, pp. 73-74).

Fue en 1979 cuando, como resultado de estudios hechos en la CEPAL, se mostró la pobreza en otra dimensión y definición. "El concepto de la pobreza —escribió Altimir—continúa teniendo... una significación esencialmente descriptiva de una situación social. Como tal, sólo es válido estudiarla dentro del marco de alguna teoría de la distribución del ingreso, y de las desigualdades sociales en general, que se considere aplicable al tipo de sociedad de que se trate" (Altimir, 1979, p. 6).

Y agregó: "La misma falta de precisión teórica del concepto impide considerar a los pobres como un grupo social en sentido estricto, cuyos orígenes, comportamiento y relaciones con el resto de la sociedad sean comunes. La naturaleza descriptiva del concepto sólo permite establecer una categoría social burdamente clasificatoria... Los 'pobres' que quedan comprendidos... no constituyen otra cosa que un agregado estadístico" (Altimir, 1979, pp. 6-7).

Sobre ésas y otras consideraciones y bases, Altimir construyó un cuadro de incidencia de la pobreza alrededor de 1970, que muestra el porcentaje de hogares bajo la línea de la pobreza urbana, rural y nacional en 10 países latinoamericanos y, además, el porcentaje de hogares bajo la línea de la indigencia (que algunos llaman pobreza extrema) rural, urbana y nacional en nueve de los 10 países (Altimir, 1979, p. 63). Por pobreza se entiende contar con ingresos apenas suficientes para los gastos cotidianos. Los resultados principales fueron los siguientes: el país con menos pobreza fue Argentina (8%), aun en el área rural (19%), mientras los caracterizados por mayor pobreza fueron Honduras (65%), Perú (50%), Brasil (49%), Colombia (45%), México (34%), Venezuela (25%), Costa Rica (24%) y Chile (17%), siendo en todos los casos más elevados los indicadores en el área rural que en la urbana. Para Uruguay se obtuvo un solo dato, el de la pobreza urbana, de 10%.

En el caso de la indigencia, definida como la falta de suficientes ingresos aun para lograr una alimentación adecuada, Argentina registró apenas 1%, mientras que Honduras 45%, Brasil 25%, Perú 25%, Colombia 18%, México 12%, Venezuela 10%, Costa Rica 6% y Chile 6%, siendo el indicado también en todos los casos mayor en el área rural, sobre todo en Honduras y Brasil (Altimir, 1979, cuadro 12, p. 63).

Esta estimación se repitió en referencia a los años 1980, 1990 y 2000, para un conjunto de 19 países de la región. Se encontró que entre 1980 y 2000, el porcentaje de personas bajo la línea de pobreza creció de 40.5 a 42.5, correspondiendo a la población urbana un aumento de 29.8 a 35.9% y a la rural un incremento de 59.9 a 62.5%, o sea, un empeoramiento de importancia en ambos casos. En el caso de la indigencia o pobreza extrema, se encontró que bajo este concepto, que está incluido en el anterior, la cifra fue de 18.6% en 1980, con casi igual dato en 2000, o sea 18.1%, siendo el aumento de la indigencia urbana de 10.6 a 11.7%. El indicador fue desde luego más elevado entre la población rural, de 32.7% a 37.8% (CEPAL, 2004c, cuadro I.2, p. 50).

Es de interés que los anteriores porcentajes correspondieron, en millones de personas, a una pobreza de 207.1 en 2000 y una indigencia de 88.4 millones en ese año, que forma parte de la pobreza. El aumento en la pobreza fue de 52% en los 20 años comprendidos, y el de la indigencia fue de 42% (CEPAL, 2004c, cuadro I.3, p. 50). Entre la indigencia, las mujeres en su mayoría eran jefas de hogar. La pobreza en general afecta más a mujeres que a hombres (CEPAL, 2004c, p. 15).

Por países, a fin de siglo, los porcentajes más elevados de pobreza correspondieron a Haití, 81%; Honduras, 74.3%; Nicaragua, 65.1%; Ecuador, 58%; Bolivia, 54,7%; Guatemala, 53.5%; Paraguay, 51.7%, y Colombia, 48.7%, seguidos por Venezuela, El Salvador, Perú y República Dominicana, con más de 40%. Brasil resultó con 29.9% y México con 33%. Los países con menores porcentajes de pobreza fueron Trinidad y Tabago, Panamá, Costa Rica, Jamaica y Chile, entre 15 y 21%. Uruguay registró el menor nivel, de 5.6%. La cifra de Argentina en 1999 fue de 13.1%, pero se duplicó tres años después (CEPAL, 2004c, cuadros I.4 y I.5, pp. 54-55 y 61).

En cuanto a indigencia, los mayores porcentajes los registraron Haití, 66%, y Honduras, 50.6%. Entre 20 y 40% figuraron Bolivia, Colombia, Ecuador, El Salvador, Paraguay, Perú, República Dominicana y Venezuela. Los países con menor porcentaje fueron Chile, Costa Rica, Panamá, Trinidad y Tabago y Uruguay (este último con 0.9%). Brasil registró 9.6% y México 10.7% (CEPAL, 2004c, cuadros I.4 y I.5, pp. 54-55 y 61).

Todas las cifras anteriores señalan aumento de la pobreza y la desigualdad a partir de 1970 hasta el año 2000. Existen otros indicadores de aspectos significativos de la pobreza. Por ejemplo, 40% de los hogares urbanos más pobres en las zonas de Argentina contaba con 17.5% de los ingresos en 1970, 14.8% en 1980 y 13.7% en 1994. En México se observó una tendencia de empobrecimiento similar en los años ochenta e inicio de los noventa: 40% de los hogares urbanos más pobres a nivel nacional tenía 14.3% de los ingresos totales en 1984, bajando a 12.9% en 1989 y hasta 12.7% en 1992 (Thorp, 1998, cuadro 2.5, p. 28).

El tema de la subnutrición en la región latinoamericana está estrechamente ligado al de la pobreza, en especial con la indigencia. En el periodo 1998-2000 se estimó que la subnutrición afectaba a 54 millones de habitantes, incluido el Caribe. Hubo apenas escasos avances durante los años noventa. Las diferencias entre los países son considerables. En Haití, 64% de la población se halla en estado de subnutrición, es decir, no alcanza a comer, como promedio, el número de kilocalorías requerido, según la FAO y la CEPAL. La FAO recomienda un mínimo de 1 810 kilocalorías, mientras la CEPAL, según sus estudios, establece el requerimiento energético medio en 2 100 kilocalorías por persona por día. En el otro extremo está Argentina, que registra 7% de subnutrición, pues tiene zonas de pobreza. Los demás países se pueden clasificar como sigue: entre 40 y 50% de subnutrición Guatemala, Bolivia, Nicaragua y República Dominicana; entre 30 y 40%, El Salvador, Honduras, Panamá, Paraguay y Venezuela; entre 20 y 30%, Brasil, Colombia, Ecuador, Jamaica, Perú y Trinidad y Tabago, y Uruguay en 11%. Ningún país se ha librado (ni Cuba, que registró 30%) (CEPAL, 2004c, recuadro II.1, p. 90).

La subnutrición de los niños menores de cinco años es causa de mayor preocupación. La que se considera crónica, que está arraigada en largos periodos anteriores, se refleja en retardo en el crecimiento del niño, con efectos negativos en gran medida irreversibles y se transmite en línea generacional. Las causas son complejas, pues influyen la falta de acceso al agua potable y al drenaje, y las enfermedades infecciosas;

además, el estado nutricional de la madre es pertinente, así como el número y frecuencia de los hijos que haya tenido y el grado de instrucción escolar que haya alcanzado. La localización geográfica del hogar es importante. Los porcentajes de niños subnutridos durante los años noventa (en los años ochenta fueron mayores) varían desde 50% en Guatemala hasta 2% en Chile. Entre 20 y 30% se contaban: Haití, Honduras, Ecuador, Bolivia, Perú, Nicaragua y El Salvador; entre 10 y 20%: México, Colombia, Venezuela, República Dominicana, Brasil, Panamá, Jamaica y Uruguay. Por debajo de 10%, solamente Costa Rica, Chile y Trinidad y Tabago (CEPAL, 2004c, gráfica II.2, p. 86, con base en datos de Unicef).

Debe concluirse que en la región latinoamericana a fin del siglo XX prevalecía la subnutrición, en algunos países con considerable intensidad es decir, prevalecía el hambre.

Otras características o factores de la pobreza se entrelazan con los anteriores, entre ellos el grado de escolaridad, el estado general de salud y el acceso a los servicios tanto del sistema educativo como del sistema de salud.

Respecto a escolaridad, suelen compilarse cifras de matrícula, asimismo de deserción escolar. La pobreza suele coincidir con la falta de acceso y el abandono de la escuela, tanto de los adultos en el hogar como de los niños, sobre todo en las áreas rurales. La proporción de población femenina adulta rural, de 25 a 59 años de edad, que haya cursado de 10 a 12 años de instrucción en 1999 o 2000 fue inferior a 10% en casi todos los países encuestados, con casos bajos de 6.6% en Brasil, 5.3% en Honduras, 3.1% en El Salvador y 3.9% en México (en 1998). Los mejores porcentajes correspondieron a Panamá, 17.2%, Chile, 16.5% (en 1994), Costa Rica, 12.1% y República Dominicana, 10.9%. En el caso de la población masculina, las proporciones fueron ligeramente mayores pero también inferiores a 10%, con casos de porcentaje bajo de México, 5.4%, Brasil, 5%, Honduras, 4.7%, El Salvador, 4.3% y Nicaragua, 3.4% (en 1998). Los porcentajes más altos fueron: Chile, 16%, Perú, 16%, Panamá, 14.6% y Costa Rica, 2.1% (CEPAL, 2004c, anexo estadístico, cuadro 30.1, pp. 315-318). En todo esto influyen tanto la pobreza como la falta de acceso al sistema escolar o el abandono prematuro. La falta de escolaridad, sin casi ninguna compensación por la vía de la capacitación, ha sido un fuerte factor de influencia en la subnutrición.

El progreso en educación generalmente se mide por medio de los datos sobre matrícula o inscripción en los diferentes niveles. El volumen mayor es, por supuesto, el de la matrícula al primer nivel (primario), seguido de la registrada al segundo nivel (secundario y afín), y en cantidades menores el terciario (universidades e instituciones similares). Muchos datos existen, pero debe advertirse que no son comparables entre los países, por razones de cobertura, definición, oportunidad, etc. Además, de la matrícula oficial no se deducen las cifras de deserción escolar, que en los tres niveles y en varios países son bastante elevadas. De cualquier manera, se pueden derivar algunas orientaciones, sin mayor certeza estadística (CEPAL, 1981, cuadros 358, 360 y 362 y 2003a, y 374 a 376.)

Respecto al primer nivel, llama la atención el incremento general durante el periodo 1980-2000. Entre 1960 y 1970, los indicadores son mínimos, salvo en Argentina, Brasil, Colombia, Chile, México y Perú. Tal parece que poco antes de 1970 hubiera empezado a darse impulso a este nivel de educación, en parte a instancias de la UNESCO, que organizó en Santiago de Chile, en 1962, una conferencia sobre la materia en que varios ministros de Educación se lucieron con sus discursos y algunos con las cifras, que hasta entonces no eran halagüeñas. En esa conferencia se adoptó una meta de 5% del PIB, meta que tiene poco significado real. Ciertamente, Argentina continuó su expansión hasta el año 1997, último consignado, con un aumento de casi dos veces en 17 años. Brasil, que dobló su matrícula entre 1960 y 1970, volvió a duplicarla con creces para el año 2000, con un incremento de 4.2 veces en 40 años. México tuvo un crecimiento similar aunque en los 40 años alcanzó sólo 3.1 veces ya que entre 1980 y 2000 su matrícula aumentó con lentitud. Colombia, Costa Rica y Perú registraron aumentos apreciables: de 2.7, 2.5 y 3.1 veces. Varios países partieron de una base baja, como Venezuela, Bolivia, Ecuador, El Salvador, Haití, Honduras y Guatemala, y alcanzaron en 40 años una expansión de matrícula de unas tres a cuatro veces, pero seguramente sólo en los centros urbanos. Chile creció poco en 37 años, menos de dos veces, pero partía de una base anterior significativa. Los casos de Panamá, Uruguay, Jamaica y Trinidad y Tabago fueron decepcionantes (varios países no rindieron datos más allá de 1990, 1996, 1997 o 1998).

En el segundo nivel, las discrepancias son mayores. Destaca Brasil, con una expansión de 20 veces, y demuestra haber dado extraordinario empuje a la educación secundaria, como México con una de 19 veces, en ambos casos en el periodo 1980-2000. Argentina tuvo un aumento de cuatro veces, sobre todo ente 1980 y 1996. Chile, Colombia, Ecuador, Perú, Costa Rica y otros registraron asimismo incrementos fuertes, a veces desde bases muy reducidas. Parece haber sido una época, la de 1980-2000, de gran expansión de la enseñanza secundaria.

En el tercer nivel la información está más incompleta y concluye en los años 1994, 1996, 1997 y en raros casos en 2000. La matrícula universitaria en Argentina pasó de un millón (1994), en Brasil de 2.4 millones y en México de 2 millones. Varios países con base reducida experimentaron un crecimiento notable de la matrícula universitaria o su equivalente, en particular en Centroamérica. Venezuela y Brasil se distinguieron por un sistema universitario moderno y descentralizado y en cierto modo Argentina. En México se man tuvo en gran medida la concentración en la ciudad de México. Surgieron en algunos países universidades pequeñas, de poca calidad, como negocio comercial. En total aparecen registros de matrícula de unos nueve millones de estudiantes.

Debe insistirse en las limitaciones de las anteriores cifras, en los tres niveles, y reconocerse que la calidad de la educación en la región latinoamericana ha sido muy dispareja, en muchos casos poco aceptable, tanto en el primer nivel como en el segundo. En el tercero, muchas universidades no son en realidad universidades sino instituciones que imparten cursos para otorgar un primer grado, de dudosa calidad, en las cuales no se hace investigación, las bibliotecas no están actualizadas, el acceso a la informática es limitado, el personal docente no es de tiempo completo sino por asignatura y horas de clase, y falta el espíritu universitario y del conocimiento que en otras áreas del mundo es ya común. Los posgrados son a veces meras extensiones del primer grado y los doctorados no reúnen las condiciones que podrían esperarse, salvo excepciones. Es común que los posgrados en ciencias físicas y naturales, y en las ciencias sociales se obtengan en universidades norteamericanas y europeas.

En cuanto a salud, pese a avances a partir de 1980, que se expresan muy en general en las estimaciones de la esperanza de vida, la falta de acceso a los servicios ha sido un factor de influencia en la pobreza y la indigencia. Hacia fines del decenio 1900-2000, la esperanza de vida había aumentado en seis países a indicadores superiores a 72 años (Argentina, Chile, Costa Rica, México, Panamá, Uruguay) y en la mayoría del resto a 61 a 70 años. Haití registró una esperanza de vida de apenas 57.2 años, cifra congruente con los demás indicadores pertinentes a este país (CEPAL, 2004c, cuadro 1.5, p. 70). La mortalidad infantil descendió en todos los países de la región, así como la de niños de uno a cinco años de edad. Sin embargo, ambos indicadores siguieron siendo relativamente elevados, por ejemplo en Bolivia (66.7 por millar de nacidos vivos) y Haití (66.1), la mayoría de los restantes países registrando entre 30 y 45 por millar y sólo Uruguay, Chile y Costa Rica entre 10 y 17 por millar. La de menores de cinco años más elevada fue la de Haití (105 por millar de nacidos vivos), con cifras alarmantemente altas en el caso de los demás países, por ejemplo: México con 38, Honduras y Nicaragua con 50, Perú con 65. En cambio Chile y Costa Rica registraron 15 y Uruguay 20 (CEPAL, 2004c, cuadro I.5, p. 70.)

Las relaciones entre la salud y otros aspectos del desarrollo social no pueden verse en forma aislada, desde luego, sino que deben vincularse no sólo con la pobreza sino también con la educación en general, la alimentación, la vivienda, el acceso a servicios de agua potable y drenaje, y con el desarrollo de la comunidad —en fin, con el desarrollo en general—. Si no hay crecimiento económico, los programas de salud difícilmente pueden prosperar. Los gastos en salud, que no representan en ningún país de la región latinoamericana un importe significativo respecto al PIB, no necesariamente representan una aportación paralela a los avances en la salud en sí. Desde el punto de vista económico, cierto es que ayudan a elevar la productividad mediante la reducción de la morbilidad y la prevención de enfermedades y su control; también cuando van asociados a mayor acceso al agua potable y al drenaje. Si tienen éxito en reducir la morbilidad, a la larga reducen la demanda de medicamentos y servicios hospitalarios y médicos. En casos concretos, por ejemplo las campañas antipalúdicas, crean condiciones para que se reduzca la incidencia de la enfermedad en la sociedad, siempre que se asocien con inversiones y programas coordinados en fuentes de empleo, pero no necesariamente reducen la mortalidad por paludismo (se presentan otras causas generales). Si se distingue entre la morbilidad de adultos y la de niños menores de cinco años, se liberan, en el segundo caso, recursos de salud para otros fines, como contratación de médicos y ampliación de servicios. En el mejor de los casos, el resultado óptimo sería mantener estacionaria la mortalidad de los niños y reducir la de los adultos. Otra vertiente de interés es que si se reduce la mortalidad, es preciso acelerar los proyectos de desarrollo para compensar la mayor tasa de incremento demográfico. Los servicios de salud pueden aumentar en eficiencia: mayor rendimiento por unidad monetaria gastada, mediante rotación más rápida de camas en los hospitales, adelantos técnicos, etcétera.

Hacen falta estudios generales de salud y desarrollo, así como trabajos específicos sobre los efectos de los proyectos de salud, con colaboración entre expertos en salud y en desarrollo económico. En muchos casos se puede generar un proceso de desarrollo por medio de la atención de la salud. El éxito de un programa de salud dependerá, sin embargo, de su integración en los programas de desarrollo (Myrdal, 1971).

El gasto social *per capita* de los países de la región latinoamericana es un indicador de encuadre general de los esfuerzos reales que los distintos países han llevado a cabo entre 1990 y el fin del siglo en la atención a muchos de los temas aquí tratados, con las limitaciones del caso. Los mayores corresponden a Argentina, en dólares de 1997: 1 650 dólares, seguidos por los de Uruguay, 1 494 dólares. Aunque representaron aumentos de 36% en 10 años y 68%, respectivamente, debe reconocerse que su monto no es cuantioso. Dos países, Brasil y Chile, se situaron en 936 dólares, seguidos por Panamá y Costa Rica en niveles algo inferiores. El resto alcanzó cifras mínimas, aunque con cierto incremento desde 1990 (CEPAL, 2004c, cuadro IV.1, p. 175).

Estas cifras reflejan la poca atención que se le ha dado a los temas sociales por parte de los gobiernos latinoamericanos. En el año 2000, la UNRISD (Instituto de las Naciones Unidas para la Investigación del Desarrollo Social) publicó un informe crítico acerca de las políticas sociales en general y su debilitamiento, haciendo hincapié en la necesidad de una mayor conciencia de la dimensión social, en el nuevo contexto de la economía de mercado y la necesidad de aplicar un marco de referencia amplio. El informe hace ver, a propó sito, que los proyectos sociales focalizados, que se pusieron de moda hace algunos años, aunque bien intencionados son ineficaces e inequitativos, ya que ayudan solamente a los pobres más necesitados —"se trata de un enfoque tecnocrático aplicado a un problema social sumamente complejo", que puede tener "un éxito parcial a costa de aislar y estigmatizar a los beneficiarios" haciéndolos dependientes de las instituciones que los ayudan—. Hay el riesgo de que queden ocultos los problemas fundamentales de desigualdad e inequidad social —no se toma en cuenta el problema de cómo crear un entorno propicio a la generación y dotación de recursos nacionales (UNRISD, 2000, pp. 15-16)—. Como todos estos informes, ha tenido poca repercusión.

2. Las variables demográficas

En este amplio tema, cabe referirse primero a su relación con el anterior. Es rarísimo encontrar un escrito en la región latinoamericana en que se haga referencia a la rapidez del incremento demográfico a partir de los años sesenta y su efecto en la pobreza y sus problemas conexos. Sin embargo, es evidente que entre los años sesenta y los ochenta, cuando empezaba a reducirse la natalidad —y en concreto la tasa bruta de fecundidad— de los elevados niveles que se habían alcanzado en la mayor parte de los países de la región, podía preverse la llegada al ingreso a etapas más avanzadas de educación de mayor número de egresados de la educación básica y media, y al mercado de trabajo de volúmenes crecientes de mano de obra impreparada, subeducada, en malas condiciones de salud y pobre (en el sentido que se ha aplicado en este trabajo). Y si bien la fecundidad total —el número promedio de hijos nacidos vivos por mujer al final de su vida fértil— y la más común cifra estadística de la tasa de natalidad —el número de hijos nacidos vivos como porcentaje de la población total promedio— empezaron a declinar hacia 1965-1970, su efecto en el volumen de quienes ingresan a etapas más adelantadas de educación y de mano de obra en busca de empleo tardaría en ser objeto de preocupación. Este volumen habría de intensificar los problemas del empleo, la pobreza y el desempleo después de varios años, creando mientras tanto una burbuja demográfica. Curiosamente, Raúl Prebisch, en agosto de 1970, aludió a estos temas resultantes del crecimiento demográfico rápido, en una alocución durante la Conferencia Regional Latinoamericana de Población llevada a cabo en México, por más que insistió en que no debía hacerse demasiado hincapié en la política de planificación familiar (Prebisch, 1991a). Esta división de opiniones fue muy común en todos los países de la región, designándose a los partidarios de la planificación familiar "neomalthusianos" y a los opositores "marxistas trasnochados".

En Santiago de Chile, la creación del Celade (Centro Latinoamericano de Demografía) en 1957 (mediante un convenio entre las Naciones Unidas y el gobierno de Chile),[2] más tarde integrado a la CEPAL, permitió formar demógrafos e iniciar importantes investigaciones objetivas. Celade tuvo efectos multiplicadores en todos los países de la región. Hoy día se reconoce como la principal fuente de información y de resultados de investigación en demografía, que ha contado y sigue contando con la colaboración de organismos multilaterales y nacionales en la materia.

La población de la región latinoamericana en los 22 países estudiados en este trabajo aumentó de 158 millones de personas en 1950 a 476.4 millones en 1995. En 2000 se calculó en 515.7 millones (Maddison, 2003).[3] El aumento fue de 357.7 millones de personas en 50 años, o sea, una tasa media anual de crecimiento de 2.39%. La tasa de incremento más rápido se produjo entre 1960 y 1965, a razón de 2.85% como media anual. Para 1990-1995 esta tasa se había reducido a 1.79% por año y para 1995-2000 a 1.60% (véase la gráfica IX.1)

Para los fines presentes, se destacará el fenómeno de la transición demográfica, o sea, el periodo en el cual la mortalidad se redujo más que el aumento de la natalidad. La mortalidad empezó a descender en 1930 (en Argentina, Uruguay y Cuba ya se había reducido) y, ante el aumento de la natalidad todavía prevaleciente hasta 1960, el resultado fue un aumento rápido de la población. La mortalidad no se redujo a igual ritmo en todos los países; por ejemplo, su descenso

[2] Véase, por ejemplo, http://www.eclac.cl/cgi-bin/getProd.asp?xml=/celade/

[3] Varios países no han levantado censos o éstos son incompletos o defectuosos. Las estimaciones aquí empleadas provienen de las revisiones de Maddison (2003), cuadro 4a, pp.123-129. Se excluyen Guyana y Surinam, así como varios territorios menores en el Caribe con poblaciones pequeñas, y Puerto Rico, que no forma parte de la región latinoamericana (véase el capítulo I).

GRÁFICA XI.1. *Tasa de crecimiento promedio anual de la población latinoamericana (22 países), en periodos selectos, de 1950 a 2000*

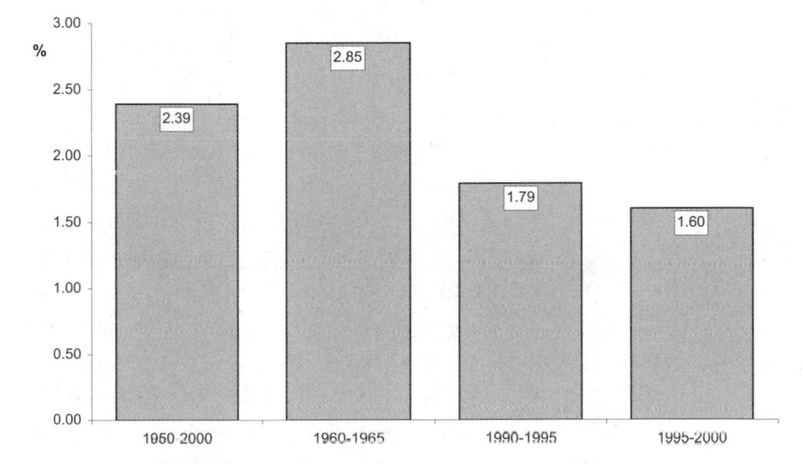

FUENTE: Estimaciones basadas en datos de Maddison (2001).

fue más lento en Guatemala, Honduras, Nicaragua, Perú y República Dominicana, a causa de la menor ampliación de servicios médicos y de agua potable y drenaje en las áreas rurales, la constancia de las enfermedades infecciosas y, más adelante, el surgimiento del Sida. El descenso de la mortalidad fue más rápido, hasta precoz, en Brasil, Colombia, Chile, Costa Rica, México y Panamá. La mortalidad de las mujeres bajó con mayor intensidad que la de los hombres (Cosío-Zavala, 1998, capítulo 2).

Sobre los descensos de la natalidad —aparte de la información estadística dispar y no siempre confiable— el hecho es que también hubo diferencias importantes por países y, además, en relación con la mortalidad. Dejando a un lado a Argentina, Uruguay y Cuba, cuya fecundidad baja venía ya desde antes de 1930, en el resto de los países la alta fecundidad se estabilizó o empezó a descender a partir de 1960. En Costa Rica y Chile empezó a descender con rapidez ente

1960 y 1970; en otros países más lentamente. Esto se atribuye a diversos factores: el nivel educativo de la mujer, las prácticas anticonceptivas, la iniciación de programas de planificación familiar, la esterilización y el aborto (clandestino).

El mejor indicador de la fecundidad es el índice de fecundidad total, ya mencionado, o sea el número promedio de hijos vivos nacidos por mujer en edad fértil.[4] En 1960-1965, este indicador promediaba desde 5.92 en Panamá hasta 7.35 en Honduras y Nicaragua, e incluía además de estos tres países, en orden descendente, a República Dominicana, Ecuador, Costa Rica, El Salvador, Guatemala, Perú, Paraguay, México, Bolivia, Colombia, Venezuela, Brasil y Haití. Con fecundidad más baja destacan solamente Uruguay, Argentina, Chile y Cuba. Para 1995 descensos a 1.50 en Cuba, 2.50 en Brasil, 2.80 en Argentina, Costa Rica y Panamá, y 2.30 en Uruguay; el resto a niveles de 3 a 4 y Bolivia en 4.8, Guatemala en 5.10 y Honduras en 5.10, o sea, un descenso extraordinario, debido en lo principal al uso de anticonceptivos eficaces, sobre todo la esterilización (Cosío-Zavala, 1998, cuadro 6, p. 51; INED, 2003). Para el año 2000 o aproximado, se registraron nuevos descensos en todos los países de la región, excepto en Paraguay y Cuba. La mayor parte registró entre 2.2 y 3.8, con unos cuantos arriba de 4. Brasil y Uruguay, con 2.2, excedieron en un punto decimal el nivel bajo el cual no se remplaza la población; México, según datos del Consejo Nacional de Población, llegó a 2.3. Costa Rica descendió al nivel de remplazo, 2.1. Cuba aumentó ligeramente pero se ubicó abajo del nivel de remplazo, en 1.6. Trinidad y Tabago quedó en 1.6, o sea que su población ya va en descenso (INED, 1995 y 2003).

En términos internacionales, si un país registra fecundidad total de 2.1 o menos, la población no se remplaza por medios naturales, sino sólo mediante inmigración, como ya ocurre en los países de más alto ingreso *per capita* en dóla-

[4] En Francia se supone que el final de la vida fértil de la mujer es a los 50 años, y el índice de fecundidad total se llama *índice coyuntural de la fecundidad* (Cosío-Zavala, 1998, pág. 12), para distinguirlo del índice de fecundidad natural.

res de poder adquisitivo constante, desde Canadá, Europa occidental y América del Norte hasta Oceanía. Los países de la Federación Rusa van hacia el descenso de su población en los próximos 25 años. China se estabilizará en los próximos 30 años. Mientras tanto, India la superará en número de habitantes.

Algunos demógrafos se preocupan ya por "el envejecimiento" de la población latinoamericana, pero debería ser una preocupación menor, pues primero está la burbuja de jóvenes que alimentan y seguirán alimentando tanto el desempleo y el subempleo como el empleo informal, resultantes del desenfreno de la natalidad en los años sesenta.

La migración intralatinoamericana es un fenómeno relativamente nuevo, aunque siempre ha habido movimientos migratorios entre Bolivia y Argentina, Chile y Argentina, Argentina y Brasil, Colombia y Venezuela, y entre los países del istmo centroamericano, notablemente entre México y los Estados Unidos. Las migraciones de México a los Estados Unidos y de Centroamérica y el Caribe ex británico a los Estados Unidos y Canadá han aumentado considerablemente hacia fines del siglo xx. La fuerte disminución de la fecundidad y las migraciones han contribuido a una tasa de crecimiento demográfico más baja que podrá conducir a estabilizaciones en algunos países hacia 2040 y 2050.

En resumen, las variables demográficas en la región latinoamericana han cambiado en importancia y en intensidad en la segunda mitad del siglo xx y han afectado, por un lado, la política demográfica y, por otro, la relación entre la población y otros aspectos de la realidad y de la política social. No obstante, el fuerte incremento de la población a lo largo del siglo xx debe verse como un impedimento a las políticas para reducir los índices de pobreza e indigencia. Prebisch, en la exposición citada páginas atrás en esta sección, dejó bien claro que "hoy vemos que el sistema económico latinoamericano en general, tal como está funcionando ha demostrado su incapacidad para hacer frente a este fenómeno de absorción productiva del incremento extraordinario de la fuerza de trabajo, que ha resultado y viene resultando —y que será cada vez más notorio— del incremento de la población, iniciado quince o veinte años antes" (Prebisch, 1970, p. 84). A esto agregaba que en todo caso su parecer es que el potencial humano estaba siendo mal o deficientemente empleado o empleado en forma que disimulaba su improductividad en los distintos sectores de la economía (Prebisch, 1970, p. 84).

En la región latinoamericana se produjo asimismo en la segunda mitad del siglo XX una tasa de urbanización muy elevada, que trasladó muchos de los problemas demográficos rurales a los pequeños y grandes centros urbanos. Para su análisis se presenta una dificultad: la definición de lo que es rural y lo que es urbano. En algunos países, la línea divisoria es de 1 000, 1 500, 2 000 y 2 500 habitantes, en otros es administrativa y municipal, en otros más se refiere a un área metropolitana y en algunos más se sigue un criterio arbitrario (Cosío-Zavala, 1998, pp. 102-103). De entrada, las cifras de los distintos países de la región no son comparables. Además, algunos conjuntos urbanos se definen como zonas metropolitanas o aglomeraciones urbanas. Lo que sí es un hecho comprobable es que hasta fines de los años sesenta la tasa del crecimiento urbano fue muy elevada, y que de entonces en adelante disminuyó aunque la intensidad urbana no se redujo. La migración se dirigió principalmente a las ciudades de uno a cinco millones, las ciudades intermedias, al mismo tiempo que prevalecieron 14 "aglomeraciones" que en el año 2000 contaban entre tres y 18 millones de habitantes. Las de más de cinco millones fueron México, Sao Paulo, Buenos Aires, Rio de Janeiro (cada una por arriba de 10 millones), Lima/Callao, Bogotá y Santiago de Chile. La menor de las 18, San Salvador, tenía 3.2 millones. Es evidente que las infraestructuras, los centros de vivienda, el transporte urbano y la eficacia de los servicios municipales han diferido bastante de una ciudad a otra, así como la composición social y por edades de las poblaciones. Alguna vez se designó a muchas de estas aglomeraciones como ciudades subdesarrolladas como su característica general, que subsiste aún. Las consecuencias en otras variables de la economía y la sociedad, en los niveles de pobreza y otros rasgos, aun en las tasas de fecundidad, no son las mismas en todos los lugares. Se prevé todavía, en lugar de descentralizaciones, más concentración diversa y agravamiento de los problemas de transporte. Son ciudades alimentadas por las migraciones, a veces selectivas, provenientes de las áreas rurales, con distintas tasas de fecundidad. Hay incluso creciente número de población indígena en las nuevas macrociudades. La región latinoamericana es el continente más urbanizado y comprende dos de las ciudades más grandes del mundo: México y Sao Paulo (Cosío-Zavala, 1998, capítulo 5).

Conclusión: no puede evitarse que los países de la región, muchos de los cuales definieron su política de población desde los años setenta, como México, sigan integrando los temas demográficos con los sociales, los económicos, los educativos y los de salud, a fin de hacerlos más congruentes con el resto de los temas de la sociedad. Sin embargo, a nivel de los gobiernos, en muy pocos casos se logra la coordinación necesaria. Quedan, además, muchos asuntos pendientes, sobre todo en las políticas para reducir los índices de pobreza.[5]

[5] En la Conferencia Mundial sobre Población y Desarrollo de las Naciones Unidas llevada a cabo en Bucarest en 1974, México desempeñó un papel destacado y constructivo; en cambio, Argentina, apoyada por Argelia, se opuso a todo por principio. La siguiente conferencia, en México en 1984, despejó el camino para la planificación familiar, y la de El Cairo, en 1994, dio lugar a que se enriquecieran las políticas demográficas al situarlas en el contexto de la salud reproductiva de la mujer. Se había entrado ya en el proceso de globalización y se acentuaron los aspectos educativos y de bienestar familiar.

XII. EL SIGLO PERDIDO Y LA PERSPECTIVA. EL DESARROLLO SUSTENTABLE Y SUS REQUISITOS

1. Las tendencias dominantes: recapitulación. 2. La crisis de los años noventa. 3. El gran rezago. 4. Requisitos de un nuevo desarrollo bajo criterios de sustentabilidad y equidad. 5. Elementos de una perspectiva futura.

1. LAS TENDENCIAS DOMINANTES: RECAPITULACIÓN

AL FINALIZAR EN 1913 EL GRAN AUGE del comercio internacional de fines del siglo XIX (Lamartine Yates, 1959; Sociedad de Naciones, 1942; Condliffe, 1950), la región latinoamericana, que había participado modestamente en los mercados mundiales de productos alimentarios y materias primas, sobre todo Argentina, Brasil y Chile, sufrió en seguida las consecuencias de una fuerte caída cíclica de la demanda externa de sus productos, con sus consecuencias económicas y financieras. Su participación en la economía mundial era todavía pequeña (7.3%),[1] pero las economías de la región, sin excepción, dependían de manera casi exclusiva de la exportación de unos cuantos productos naturales, con escaso grado de procesamiento: trigo, carne y lana, Argentina; café y cacao, Brasil; café, Colombia; nitratos, Chile; minerales, Perú y México; azúcar, Cuba; petróleo crudo, México; estaño, Bolivia (Bulmer-Thomas 1998; capítulos 3 y 4, y Thorp, 1998, capítulo 3). Después de la primera Guerra Mundial, se reanudaron algunas exportaciones de materias primas, y en los años veinte se desarrollaron nuevas y mayores exportaciones de minerales no ferrosos de México, Perú y Chile. La exportación de petróleo crudo se desplazó de México a Ve-

[1] Estimación con base en datos de Maddison (2001), cuadro F-1, pp. 359-360.

nezuela durante esos años. Ocurrieron algunos cambios en la composición de las exportaciones; por ejemplo, el henequén mexicano empezó a ser desplazado de México a Kenia y a Asia, el caucho de Brasil al sudeste de Asia, el nitrato a fuentes de origen químico en Alemania.

En el área institucional financiera, en los años veinte se crearon en varios países de Sudamérica bancos centrales ortodoxos; en México se estableció el Banco de México como banco de emisión y a la vez banco comercial del Estado, con algunas funciones de banca central, y se fomentó el crédito agrícola. En varios países se amplió y fortaleció el sistema bancario. Varios programas de construcción de infraestructura, entre ellos caminos y zonas de regadío, se promovieron con bastante éxito y se dio impulso a la educación pública.

Por otro lado, en los años veinte el endeudamiento externo, que en gran parte se había producido desde periodos anteriores por medio de emisiones de títulos por conducto de intermediarios privados en el extranjero, llegó a su límite y constituyó una fuerte carga sobre los presupuestos públicos, con plazos difíciles de cubrir y sujetos a negociaciones onerosas. La caída de las bolsas europeas en 1929, y sobre todo en los Estados Unidos, arrastró a las economías de la región latinoamericana, ocasionando graves quebrantos monetarios y en la confianza de los inversionistas. En particular, llegó además a su ocaso el sistema del patrón de cambio oro que suponía estabilidad de los tipos de cambio.

En el capítulo I se destacó el descenso de los precios y de los volúmenes de las exportaciones de los países de la región latinoamericana en los años treinta, que tuvo efectos inmediatos en las economías internas, en su mayoría con bases agropecuaria o minera; la industrialización moderna había llegado solamente a Argentina y Brasil. Los niveles medios de vida alcanzaron cifras mínimas. Algunos países pudieron iniciar modestas recuperaciones a partir de 1932, por ejemplo, Argentina, Brasil y México, por la vía del gasto público, el fomento del gasto privado y la depreciación de la moneda. En 1931, los Estados Unidos aumentaron severamente sus cuotas arancelarias, que en muchos casos perjudicaron a países de la región latinoamericana. Gran Bretaña ya había establecido un sistema preferencial para los países de la Comunidad Británica de Naciones (que llegó a incluir a Argentina). Hacia 1937, la economía de los Estados Unidos había salido un poco de la depresión de los años anteriores y manifestó ligero auge, pero ya en 1938 se presentaron síntomas de recesión y se debilitaron los mercados internacionales de los productos básicos. Alemania había emprendido compras de productos estratégicos como parte de sus programas de rearme, mediante mecanismos de compensación, trueque y pagos diferidos. Gran Bretaña, Francia y los Estados Unidos no se habían preparado en igual forma para la contienda militar que se avecinaba.

El estallido de la segunda Guerra Mundial en septiembre de 1939 tuvo efectos diversos para los países de la región latinoamericana. Escasearon, entre otras causas por los riesgos del transporte marítimo, los insumos intermedios y aun productos de consumo final, así como equipos y maquinaria. Se cerraron muchos mercados y cundió la especulación, con efectos en los precios. En los países que entraron en economía de guerra se impusieron sistemas de control de precios y administración de abastos. Los Estados Unidos iniciaron programas de compras de productos estratégicos, a precios controlados, y estableció fuertes restricciones a sus exportaciones de maquinaria, equipo y refacciones. México, por su proximidad terrestre a los Estados Unidos, tuvo ventaja en asegurar importaciones esenciales y a la vez promovió industrias sustitutivas de las importaciones y exportó productos manufacturados a países del Caribe y de Centroamérica. Se generó, sin embargo, inflación, producto de la escasez y la especulación. Algunos países lograron saldos importantes de exportación, pero explicados en parte por la escasez de productos de importación y por exportaciones industriales de oportunidad. Al finalizar la segunda Guerra Mundial se entró rápidamente en un tren de gastos desenfrenados en productos de importación, sobre todo vehículos y aparatos domésticos. En 1947-1948 sobrevino una primera crisis de balanza de pagos en casi todos los países de la región, cuando apenas se iniciaban las operaciones del FMI y el Banco Mundial. Argentina, por su lado gastó gran parte de sus reservas en libras esterlinas en la compra de los ferrocarriles británicos. Había pocas oportunidades de incrementar las exportaciones hasta que empezó a sentirse en 1949 el efecto del Plan Marshall, a través de compras de productos básicos latinoamericanos *(offshore purchases)*. Ingresaba muy poca inversión extranjera directa, y la disponibilidad de créditos a largo plazo era mínima. El reajuste se hizo a expensas de devaluaciones y de controles de cambio (véase el capítulo III).

En 1948, en la Conferencia de la OEA en Bogotá fue evidente, como se anunciaba ya en la Conferencia de Chapultepec de 1945, que los Estados Unidos se dedicarían a la reconstrucción de las economías europeas y de la japonesa y no a facilitar recursos a los gobiernos de la región latinoamericana ni a un grandioso "Plan Marshall para América Latina". Los países latinoamericanos se encontraban ante un verdadero dilema respecto al futuro de su comercio exterior. La CEPAL intervino con ideas y propuestas para articular un proceso de industrialización y sustitución de importaciones; pero los Estados Unidos, que no sentían ninguna simpatía por la CEPAL ni por los informes de Raúl Prebisch, no respondía en absoluto y, además, insistía en las ideas expuestas por sus delegaciones en Chapultepec y Bogotá y en que prevaleciera el Consejo Interamericano Económico y Social de la OEA, carente de ideas. En 1951, la CEPAL corrió el riesgo de desaparecer, habiendo salvado su existencia principalmente Brasil y Chile, lo que permitió fortalecer y ampliar sus actividades con base en las ideas promovidas por Prebisch y sus colaboradores. Irónicamente, a pesar del "pesimismo respecto a las exportaciones", que en gran parte servía de sostén a los argumentos de la CEPAL, la región latinoamericana se benefició de los efectos del Plan Marshall en Europa, del relativo auge de las economías norteamericana y europeas en cuanto a precios internacionales de los productos básicos, y de que se inició con cierto vigor la sustitución de importaciones en numerosos países de la región.

En esta obra se ha concentrado el análisis en el periodo 1930-2000 por ser el año de 1932, cuando tocó fondo la Gran Depresión, un parteaguas. Además, a partir de los años cuarenta aumentó la disponibilidad de datos de mejor calidad (véase, por ejemplo, Maddison, 1986 y 2001). No obstante, como se indicó en el capítulo II, todavía en 1950 y aun para 1973 los PIB *per capita* eran bajos en relación con los de los países europeos, a pesar de ciertos adelantos en algunos países de la región latinoamericana durante los años cincuenta y sesenta. En los años sesenta se empezó a llevar la sustitución de importaciones a extremos de protección arancelaria y de barreras no arancelarias, con efectos negativos a mediano plazo. Estos extremos, contrariamente a lo que muchos piensan, no fueron validados por la CEPAL ni por diversos investigadores independientes; en cambio, fueron usados por intereses externos para atacar las políticas de desarrollo de los principales países latinoamericanos. A eso se añadió la creciente intervención del Estado no sólo en materia de planeación indicativa del desarrollo sino en la creación de empresas paraestatales al por mayor y en reglamentaciones del comercio exterior, de la inversión y otras que los países industrializados —y algunos intereses internos de los países— veían con mucha desconfianza.[2] Los gobiernos, en la región latinoamericana, improvisaron y experimentaron con poca visión de largo plazo, sin hacer ajustes y reformas necesarias, por ejemplo, de los sistemas tributarios, financieros y agrarios. No se creó suficiente seguridad para el inversionista extranjero, ni para el nacional. Por otro lado, hubo efectos y aun enfrentamientos políticos, a veces con intervención de fuerzas armadas, entre países de Sudamérica y hasta entre países del istmo centroamericano. Los intentos de integra-

[2] Según Thomas (1982, pp. 654-658, 660, 683-687), la intervención estatal en la economía fue producto de la primera Guerra Mundial y, sobre todo, de la segunda; los ejemplos de dirigismo soviético y nazi tuvieron, además, influencia, así como el corporativismo italiano.

ción económica regional o subregional no tuvieron el éxito esperado: el MCCA creado en 1960 dejó de tener vigencia en 1969 y la ALALC, creada en 1960, estaba llegando a su fin en los años setenta cuando fue renegociada para convertirla, en 1980, en la ALADI, que suponía compromisos mucho menos rigurosos y cuyos resultados fueron casi nulos. Los resultados económicos de los años sesenta y aun de los setenta fueron variables y no consistentemente favorables.

La crisis del petróleo en 1973 vino a constituir el nuevo parteaguas al dividir a la región latinoamericana en dos géneros de economías: las caracterizadas por la existencia de petróleo crudo y capacidad para exportarlo (cinco países) y las importadoras de petróleo crudo o aun de derivados (el resto). Las primeras, además, incurrieron en grandes e incontrolados aumentos de su deuda externa mediante la obtención de créditos del mundo financiero de los petrodólares, para financiar la ampliación de su industria petrolera, confiando en que los endeudamientos podrían cubrirse con nuevas exportaciones de petróleo sin límite, y también para proseguir sus planes de industrialización. Y las segundas incurrieron en endeudamientos para poder pagar sus importaciones de petróleo y derivados y proseguir además sus programas de infraestructura e industrialización. En pocos años se multiplicó el endeudamiento externo, con tasas de interés en muchos casos muy elevadas y con plazos apenas cortos y medianos para las amortizaciones. A partir de 1981 y 1982 se desvaneció la ilusión del petróleo, y la carga del endeudamiento externo, si se pagaba, empezó a significar una transferencia de recursos de los países de la región latinoamericana a la banca comercial internacional a costa de las inversiones internas en infraestructura y de los programas nacionales de carácter social.

2. LA CRISIS DE LOS AÑOS NOVENTA

Como se indicó en los capítulos I y X, durante los años noventa, las condiciones generales del comercio no fueron favorables a los países en vía de desarrollo para incrementar las exportaciones de manufacturas específicas; antes bien, los países industriales impidieron, con la aplicación de barreras no arancelarias, la entrada de productos textiles y otros, o mantuvieron diversos artilugios para no dejar ingresar productos que competían con sus propias producciones. Además, la industria en los países de la región no estaba en condiciones de crear capacidad competitiva interna y externa a corto plazo y había desatendido su mejoramiento tecnológico. La agricultura permaneció atada a la tradición, a instituciones disfuncionales, a una carencia general de innovación y capacitación y a otras condiciones desfavorables, como el poco acceso al crédito. En estas circunstancias, el problema del agobiante endeudamiento externo, que resultó excesivo en la región latinoamericana a partir de 1973, no fue uno que pudiera resolverse de manera directa entre deudores y acreedores. La deuda externa de casi todos los países latinoamericanos se incrementó en los noventa.

Pese a algunas reformas llevadas a cabo con disciplina fiscal, el decenio de los noventa se caracterizó en la región latinoamericana por estancamiento o crecimientos lentos. Incluso hubo colapsos graves (como el de México en diciembre de 1994 y principios de 1995). Las tasas medias de inflación anual se mantuvieron elevadas, pese a los ajustes macroeconómicos. Los intentos de ajuste han sido frustrados, no abordados o aplazados.

La globalización, de origen histórico a mediados de siglo (había formado parte de los planes para la posguerra de los Estados Unidos y Gran Bretaña aun tres años antes de concluir la segunda Guerra Mundial), se acentuó en los noventa. La región latinoamericana quedó expuesta —como en ocasiones anteriores— a fluctuaciones mundiales de los precios de sus productos básicos y el nuevo comercio de exportación de manufacturas, por su parte, tuvo que hacer frente a mayor competencia de algunos países de Asia, entre ellos China.

En 2000, el petróleo crudo subió 60%, afectando a la

mayoría de los países de la región, que son importadores netos, y bajaron los precios de algunos productos agrícolas, sobre todo el café. Se expuso en el capítulo X que en general el panorama financiero se presentaba complicado en dicho año y prevalecía una alta volatilidad asociada a los fuertes altibajos de las bolsas de los Estados Unidos. Se registraron grandes salidas de capital en algunos países de la región, como Venezuela, y flujos positivos en otros. La segunda mitad de los noventa transcurrió en condiciones económicas internacionales desfavorables., especialmente a partir de 1997, cuando se iniciaba una "turbulencia financiera" y se previeron efectos depresivos en algunas regiones, sobre todo en Asia y más tarde en algunos países latinoamericanos, como Brasil y Argentina. Como ya se indicó, el cierre del siglo XX no auguraba ni prosperidad ni crecimiento en América Latina, mucho menos un desarrollo económico y social integrado, para la mayor parte de los países y las poblaciones de la región, con algunas excepciones parciales. Algunos países vieron crecer su economía, faltaron las políticas sociales para reducir significativamente las desigualdades y las inequidades. En otros, se adoptaron políticas macroeconómicas tendientes a la estabilidad, pero fue a costa del crecimiento. Quedan muy atrás los años de desarrollo acelerado y sobresalen los decenios perdidos.

3. El gran rezago

Las reflexiones finales a que conduce este estudio son que el rezago de las economías de la región latinoamericana no sólo se inició entre 1950 y 1973, como se analizó en el capítulo I, sino que continuó durante el periodo 1973-1990 y en particular durante el 1990-2000, como se mostrará a continuación con base en las cifras fidedignas calculadas por Maddison (2001 y 2003).

En las economías de la región latinoamericana del grupo mayor, con excepción de Chile y Uruguay, la tasa de incremento del PIB *per capita* entre 1973 y 2000 fue menor a la del intervalo 1950-1973. Los excepcionales casos de Chile y Uruguay fueron los mejores de toda la región latinoamericana: en Chile se pasó de una tasa media de 1.26% en el periodo 1950-1973 a una de 2.47% en 1973-2000, y en Uruguay de una casi mínima de 0.28% a una de 1.71%, o sea una recuperación apreciable. En cambio, entre las economías en descenso *per capita,* sobresalió la de Venezuela, que en 1973 acusó el producto *per capita* más elevado de la región, pero cuya tasa media anual entre ese año y 2000 fue negativa: de –0.86%. De manera similar, Jamaica registró la mayor tasa de crecimiento en la región latinoamericana en 1950-1973, con 5.06% anual, pero cayó después en un estancamiento con una pequeña tasa negativa de –0.56% anual en 1973-2000. En Trinidad y Tabago, que en 1990 y 2000 superó el monto *per capita* de Venezuela y fue el más elevado de la región, se alcanzó un crecimiento medio anual de apenas 1.67% en 1973-2000. En Argentina, tercer país en el orden del PIB *per capita,* la tasa media de incremento se redujo de 2.05 a 0.26% de 1950-1973 a 1973-2000, o sea, esta economía entró en un estancamiento prolongado. En México, sexto país en el PIB *per capita,* se redujo de 3.17 a 1.49% anual, de un periodo a otro. Lo que muestra que este país también se estancó, sobre todo a partir de 1982. En Costa Rica, séptimo país en el PIB *per capita* del grupo, disminuyó de 3.49 a 1.33%, es decir, otro caso de estancamiento (véanse los cuadros I.1 y I.2 en el capítulo I).

En el segundo grupo de países, sólo uno, Paraguay, acusó una tasa media superior en 1973-2000 a la de 1950-1973. Es más, en tres países pasó de ser positiva a ser negativa (Ecuador, Perú y Nicaragua). En Brasil, novena economía en el PIB *per capita*, cayó de 3.73 a 1.34%, y en Colombia, décimo en el PIB *per capita* de 2000, disminuyó de 2.13 a 1.40% como media anual. En Ecuador, la tasa media se redujo de 2.50% a una negativa de –0.22%. En Guatemala el descenso fue de 1.89 a 0.22% (estancamiento), en El Salvador de 1.99 a 0.55% (también estancamiento) y en Bolivia de 0.90% anual a 0.33%, o sea, estancamiento desde 1950. El caso más grave fue el de Nicaragua, cuya tasa *per capita* bajó de 2.61% en el primer periodo a una negativa de –2.30% en el segundo. Perú, cuyo PIB *per capita* había sido el mayor del grupo en 1973, manifestó cifras parecidas, con descenso de 2.45% en el primer periodo a una tasa media negativa de –0.26% en el segundo, es decir, otro caso de caída radical. O sea, en este grupo ninguna economía mejoró y ni siquiera mantuvo su crecimiento *per capita* anterior.

El tercer grupo, de dos países, acusó un estancamiento también. En el caso de Honduras, continuó el cuasiestancamiento, con descenso de 0.98 a 0.65%. En el de Haití hubo empeoramiento al pasar la tasa media *per capita* de una negativa de –0.16% a una más negativa de –0.86%, caso único.

Como se hizo en el capítulo I, es de interés comparar las tasas medias *per capita* con las de economías seleccionadas de tres grupos de países de otras áreas del mundo: Europa occidental, los Estados Unidos y Japón; otros países europeos, y Asia y África. Destacan, con mucho, las economías de Asia, que con excepción de Filipinas, siguieron sacando la delantera. Por ejemplo, en Corea del Sur y China, sobre todo en esta última, la tasa media *per capita* en 1973-2000 fue superior a la de 1950-1973. En Corea del Sur pasó de 5.84% (ya bastante elevada, sólo superada por Grecia y Japón) a 6.18%, la más elevada. En China subió de 2.86 a 5.35%, en Malasia de 2.18 a 4.25%, y en India de 1.4 a 3.03%. En Filipinas ocurrió un descenso similar al de muchas economías de la región latinoamericana, de 2.68 a apenas 0.72% en el periodo 1973-2000, o sea, estancamiento.

Algunos países europeos cuyo crecimiento había sido sobresaliente en 1950-1973, como Grecia y Portugal, acusaron descenso de su tasa media en el siguiente lapso: Grecia de 6.21 a 1.58%, y Portugal de 5.45 a 2.57%. Polonia sufrió un descenso de 3.45% en su media *per capita* en el primer periodo a apenas 1.12% en el segundo, y Hungría uno de 3.6% a un cuasiestancamiento de 0.91%. En Turquía la tasa media *per capita* bajó de 3.37 a 2.40%, todavía de las más elevadas. En Rusia, con datos solamente del periodo 1973-

2000, se registró un descenso de –0.9% en la media anual. El único país cuya tasa media *per capita* aumentó fue Irlanda: de 3.03 a 4.41%.

Entre las economías altamente desarrolladas, de las cuales destacaron en 1950-1973 las de Japón, Alemania y Francia, las tasas medias del PIB *per capita* en el periodo 1973-2000 descendieron en todos los casos, pero superaron en general las de las economías de la región latinoamericana y las de otros países europeos, aun cuando quedaron atrás de las de Asia. Las mayores fueron las de Noruega, Japón, los Estados Unidos y Reino Unido (2.90, 2.2, 1.95 y 1.87% respectivamente), seguidas de Canadá, Francia y Alemania. Suiza acusó un descenso importante de su tasa media en 1973-2000 a 0.71%, cuasiestancamiento.

Por último, en Sudáfrica, la tasa media bajó de 2.19% a una negativa muy baja de –0.03%, y la de Nigeria de 2.68% también a una negativa de –0.66%. Egipto, en cambio, logró aumentar su tasa media del PIB *per capita* de 1.54 a 3.06% (véase el cuadro I.2).

Otra forma de comparar es calcular la relación entre el PIB *per capita* de una economía de la región latinoamericana en 2000 con el correspondiente a 1973, respecto de los Estados Unidos, Francia, España y Japón, como se hizo en el cuadro I. De esta comparación resultan datos preocupantes. Por ejemplo, a excepción de Trinidad y Tabago, no hubo país latinoamericano alguno con un PIB *per capita* en 2000 equivalente al menos a 60% del PIB *per capita* estadunidense registrado 27 años atrás (Trinidad y Tabago resultó con 81%). Similarmente, exceptuando a Trinidad y Tabago, ningún país de la región logró en el año 2000 el nivel de PIB *per capita* que habían registrado Japón y Francia en 1973; ni siquiera 90%. Chile se acercó a 86% del registro de Francia y a 75% del japonés de aquella época, y a cierta distancia le siguen Argentina y Venezuela. Uruguay y México aparecen más rezagados (véase el cuadro I.1).

4. Requisitos de un nuevo desarrollo bajo criterios de sustentabilidad y equidad

Es innegable que quedaron pendientes grandes problemas por abordar, con alguna esperanza de éxito. Pero el saldo del siglo XX no fue positivo al final. En realidad fue "otro siglo perdido", ya que el XIX apenas en los últimos decenios acusó algunos destellos de desarrollo en algunos países de la región latinoamericana.

En forma esquemática, se puede vislumbrar un desarrollo sustentable y equitativo, que sería el paradigma para el siglo XXI.

Ante todo, como requisito necesario, es preciso superar, entre otros, el problema principal consistente en reducir el lastre que significa tener que convertir una proporción importante de la capacidad de ahorro e inversión nacionales en el servicio de una deuda externa que ha acabado por actuar como limitación estructural, casi como soga al cuello. La falta de ahorro e inversión nacionales no se podrá sustituir por continuo acceso a la inversión extranjera directa y mucho menos atrayendo capitales especulativos a las bolsas de valores, que obligan a mantener tasas de rendimiento excesivas y monedas sobrevaluadas. El desarrollo sustentable futuro, para garantizar el mejoramiento permanente en los niveles de vida de los sectores menos favorecidos por el desarrollo insustentable del pasado, tendrá que dar elevada prioridad a la ecoeficiencia y a la equidad social, con apoyo en instituciones democráticas y de participación, con ampliación de la educación y la capacitación, y con la generalización del acceso a los servicios de salud y de protección social

Además, en materia demográfica deberá darse mayor atención a la conveniencia de crear una cultura de la planificación familiar voluntaria destinada a influir en las tasas nacionales y regionales de incremento, con mejores condiciones de salud integral para la mujer. Se ha reducido ya la fecundidad, pero no lo bastante. En general, los temas demográficos no han alcanzado atención suficiente en los planes de desarrollo en los países latinoamericanos, ni siquiera en las ideas sobre las consecuencias del dinamismo demográfico, pese a información y estudios de alta calidad en los organismos internacionales como Celade y la CEPAL y en las instituciones oficiales y académicas de los principales países. Durante los últimos cinco decenios, la tasa media anual de crecimiento de la población en la región latinoamericana se ha reducido (véase el capítulo XI). En 2000 se ha cifrado en un promedio de 1.51 (grupo de 22 países de la región), si bien en los dos países más poblados (Brasil, con 175.6 millones de habitantes y México, con 100.4 millones, en el año referido, de acuerdo con Maddison, 2003) se ha reducido a un margen de 1.6%. Argentina, también de los más poblados, mantuvo durante todo el siglo XX un patrón demográfico de tipo europeo, con una tasa actual de incremento de 1.1%. Chile, de población total intermedia, acusa crecimiento de sólo 1.2% anual. Otros países de población intermedia, como Venezuela, revelan tener una natalidad aún elevada y una tasa de crecimiento de su población de entre 2 y 1.4% en los años 1995-2000. Varios países pequeños, con excepción de Panamá, tienen un dinamismo demográfico más elevado, cercano a 3%. Cuba, por su parte, registró en 2000 un crecimiento poblacional de 0.4%, por la considerable emigración y por la baja natalidad, que se apoyó en medidas radicales de planificación familiar (véase el cuadro XII.1 al final de este capítulo).

No se preveía antes la relación entre la fecundidad elevada y el incremento futuro de población muy joven. Se confiaba en que el crecimiento económico y el de los ingresos absorbería en trabajo productivo los grupos de ambos sexos que alcanzaran la edad de ingresar al mercado de trabajo; y, por otro lado, que el mejoramiento del ingreso familiar y del bienestar induciría a las mujeres en edad fértil de las clases media y alta a practicar intensamente la planificación familiar, limitando el número y aumentando el espaciamiento de sus hijos. Todo esto ha ocurrido, pero a menor ritmo de lo que se suponía en un principio. Han intervenido diversas causas que tienen que ver con el hecho de que el comportamiento demográfico interactúa con numerosas variables sociales, económicas, políticas y culturales cuya acción no es posible predecir en sociedades poco homogéneas, con grandes disparidades de ingreso familiar, de niveles educativos bajos, de analfabetismo, con diferencias regionales y con poco acceso a la información, donde prevalecen ignorancia y prejuicios. En algunos países tiene todavía vigencia la idea de que habiendo territorio muy extenso, el problema demográfico es de otra naturaleza, por ejemplo, la necesidad de ocupar ese territorio, por lo que no es todavía de interés tratar de moderar la natalidad.

En materia ambiental, aspecto no considerado de manera suficiente ni adecuada en los planes de desarrollo, han entrado en juego también elementos nuevos. En los países de la región latinoamericana empezó tarde la concientización colectiva acerca de los problemas ambientales. Antes de 1960 no estaban presentes sino en pequeña medida los factores antropogénicos de deterioro del medio ambiente expresados en crecientes volúmenes de emisiones líquidas, sólidas y gaseosas de la industria, el transporte y otros servicios y aun de la agricultura moderna. El consumo de combustibles de origen fósil, ya fuera para la generación de electricidad de servicio público o de uso privado, o en el transporte público y privado y en diversas actividades industriales y comerciales, no era de magnitud suficiente para evidenciar grandes concentraciones de elementos contaminantes en la atmósfera. El volumen de basura municipal urbana y semiurbana no era tan significativo en cantidad ni en su calidad dañina. No era común que se contaminaran los ríos, los lagos y en general las cuencas hídricas. La deforestación y la degradación y pérdida de suelos ya existían, pero no se reconocían públicamente. Hoy no puede aplazarse ya la atención intensa a estos problemas.

En los últimos cinco decenios, el deterioro ambiental empezó a presentarse como problema social y económico agudo, que afecta la salud humana y pone en riesgo pronunciado la supervivencia de la propia especie humana y de otras especies. Hoy en día existe mayor conciencia acerca de la pérdida de recursos naturales renovables, el rápido agotamiento de recursos no renovables y los desequilibrios ecológicos y sociales derivados de estos problemas, pero ha sido poca la acción positiva, a pesar de las recomendaciones internacionales, entre ellas el llamado que hizo la Cumbre de Rio de 1992 a la adopción como objetivo a futuro de un proceso de desarrollo sustentable y equitativo (y en el año 2002, en la cumbre de Johannesburgo se confirmó ese mismo llamado, agravado por los mayores alcances de la pobreza). La pérdida de suelos se ha extendido con la deforestación en grandes superficies territoriales de la región latinoamericana. La extracción de recursos no renovables, tanto hidrocarburos como minerales, continúa haciéndose mediante prácticas dispendiosas y contaminantes. El crecimiento urbano y la falta de servicios municipales adecuados —recolección, disposición y confinamiento de desechos de toda clase— no sólo afectan la calidad de vida, sino también representan problemas sociales y aun políticos de primera magnitud.

La situación ambiental global ha cambiado radicalmente en los últimos 40 años, con graves y continuos deterioros, como se reconoce en informes del Programa de las Naciones Unidas para el Medio Ambiente (PNUMA) y en múltiples informes de las ONG. En las conferencias internacionales organizadas por las Naciones Unidas se han debatido estos problemas y se han recomendado programas de acción nacionales e internacionales, pero el avance ha sido lento. Resuena todavía el reclamo irresponsable del delegado de Brasil hecho en Estocolmo en 1972 al decir: "Queremos contaminación porque significa industrialización".

A nivel internacional, las actividades emprendidas a partir de 1974 por el PNUMA, de algún beneficio para los países de la región latinoamericana, tuvieron sin embargo poco alcance. La Cumbre de Rio en 1992 atrajo mucha más atención e incluyó el nuevo fenómeno de los problemas ambientales globales. Sin embargo, a la fecha es poco lo que se ha logrado en la región latinoamericana en su conjunto y aun en los seis principales países y no se han adquirido compromisos nacionales, regionales o internacionales de carácter firme y adecuado.

En ningún país del área latinoamericana se ha emprendido una política ambiental integral, no obstante algunos avances en asuntos concretos y algunos adelantos institucionales y en el campo de la legislación (Urquidi, 1992, 2002a). Las ciudades y el campo, los bosques y los ríos, los suelos y las zonas húmedas, la atmósfera urbana, siguen siendo víctimas de volúmenes crecientes de emisiones de sustancias peligrosas, ante la falta de regulación y la indiferencia de las autoridades, los sectores empresariales, los medios de comunicación y la sociedad civil en general. Pueden señalarse notables excepciones, pero el saldo de todas las acciones socioeconómicas en el medio ambiente continúa siendo insuficiente o negativo. Las políticas emprendidas en materia de disposición y tratamiento de desechos, abastecimiento de agua potable, protección de los bosques y los recursos hídricos y limpieza de la atmósfera dejan mucho que desear desde el punto de vista ambiental y de desarrollo sustentable. Las principales ciudades padecen de contaminación atmosférica, originada en su mayor parte por emisiones del parque vehicular y de las fuentes fijas de combustión, añadidas a la generación de partículas suspendidas provenientes de los suelos y de la disposición de residuos a la intemperie, incluso de la defecación humana, con posibles consecuencias graves en la salud de los habitantes. El vehículo automotor como principal medio de transporte humano y de carga, en casi todas las ciudades y entre éstas y el resto de las economías, es ineficaz desde el punto de vista ambiental y contribuye con emisiones que los sumideros —los bosques y los océanos— no absorben a ritmo suficiente. Los países latinoamericanos contribuyen con sus emisiones de carbono y otros gases al "efecto invernadero", problema global ya reconocido desde mucho antes de 1992, y padecen a la vez, en la zona de la Antártida, la pérdida de la capa protectora de ozono. En algunos países, el abastecimiento de agua a mediano plazo y el mantenimiento de su calidad están en grave riesgo de ser insuficientes. Los efectos del cambio climático global han empezado a sentirse.

La problemática ambiental no ha sido suficientemente evaluada ni aceptada, ni se ha creado conciencia de que el desarrollo económico y social no puede seguir siendo "más de lo mismo", sino que deberá obedecer a nuevos análisis y visiones del porvenir. En la mayoría de los casos se plantea con toda claridad un grave conflicto entre los intereses de los sectores empresariales (incluido el paraestatal) y el desiderátum de proteger a ultranza la naturaleza y el hábitat humano (Urquidi, 2002b, 2002c y 2005).

La expansión desmedida del sector público en casi todos los países de la región latinoamericana en el periodo 1950-1980, si bien representó asumir responsabilidad en la solución de algunos grandes problemas colectivos, significó también una invasión masiva de los terrenos propios de la iniciativa privada con resultados frecuentemente negativos. En cambio, la tendencia actual de liberalización al máximo de la actividad económica conforme a las pautas de un mítico mercado que todo lo arregla y que nunca ha existido, recomendada por los propios funcionarios públicos y por determinados organismos internacionales, tampoco puede dar solución a los problemas estructurales reconocidos. Es preciso que los mercados —y no "el mercado" como concepto abstracto— funcionen con eficacia, pero las libres fuerzas del mercado no pueden por sí solas resolver los problemas del desarrollo, en el enjambre de rigideces estructurales en que este proceso se desenvuelve. En consecuencia, corresponderá al Estado en el futuro una función reguladora, correctora de desajustes de alto riesgo social —no necesariamente "intervencionista"— en un marco de congruencia en cuanto a los objetivos del desarrollo sustentable. Este marco no se ha definido todavía en términos realistas y comprensibles para la población en general y, a la vez prácticos, aun en sus modalidades de ética política.

5. Elementos de una perspectiva futura

No obstante las características comunes a muchas de las economías de la región latinoamericana, será cada día más importante individualizarlas; si algún día se logra una integración regional o varias subregionales eficaces, tanto mejor, pero para llegar a ello se deberán resolver problemas hoy no lo bastante estudiados ni visualizados, ya que las desigualdades regionales internas de cada país tampoco han sido objeto de soluciones adecuadas. El análisis tendrá en el futuro que ser mucho más profundo, aun en los confines de un solo territorio nacional. También será preciso evitar quedarse en las dimensiones agregadas —PIB, población total, exportaciones totales, industria manufacturera, agricultura, servicios, etc—. Cada concepto admite tratamiento de sus componentes e ilustraciones de lo que es la realidad que frente a los números totales queda oculta.

Para encuadrar con alguna seguridad el derrotero futuro —no el ideal, el de las ilusiones, sino el que resultaría probable a la luz de la experiencia de 70 años, buena o mala—, debe reconocerse a pesar de todo, con claridad, que en la región latinoamericana se ha registrado efectivamente una transformación de la sociedad durante casi tres generaciones, de los años treinta en adelante, con todo y las desigualdades que han surgido al mismo tiempo. La región latinoamericana actual no es ya la de los años treinta, como tampoco la de la "época de oro" de los años cincuenta y sesenta. La capacidad industrial fundamental se ha acrecentado enormemente y en amplias zonas se practica una actividad agropecuaria enteramente moderna, de alta tecnología. Los servicios modernos absorben una proporción elevada y creciente del empleo en la mayoría de los países. Comoquiera que sea, están a la vista y han contribuido al mejoramiento económico y social los incrementos del kilometraje de carreteras y de servicios de transporte de diversa clase, los nuevos medios de comunicación y aun la rezagada introducción de la internet, los servicios agrícolas y las superficies bajo beneficio de obras de regadío, la mayor cobertura de los servicios modernos de salud, el abastecimiento de agua potable, servicios sanitarios y otros en las localidades urbanas, las mayores redes de interconexión de los servicios de electricidad, y otros adelantos. Teniendo en cuenta estos factores positivos, los países que integran la región latinoamericana están en mucha mejor situación de base y potencial para seguir avanzando, que como estaban en los años treinta o en los cincuenta. Los rezagos requieren, sin embargo, replanteamientos de las estrategias de desarrollo.

Con estos antecedentes que hacen las veces de un diagnóstico muy general, ¿qué puede esperarse?

Si algo puede haberse aprendido sobre todo de la experiencia del periodo 1930-2000 —y de la anterior en lo que sea aplicable— es que el desarrollo entraña cambios de estructura y de entorno general a los que es necesario que las sociedades se adapten, previendo en lo posible sus perfiles principales y fortaleciendo la capacidad de adaptación, cambio y construcción institucional.

El cambio estructural significa muchos procesos simultáneos y por lo menos entraña los que se enumeran a continuación:

i) En economía, el progresar de actividades de baja productividad a otras de mayor productividad, junto con el aumento general de la productividad total de los factores, es decir, no sólo del trabajo sino del capital, incluidos la capacidad empresarial, la eficiencia del Estado, el mejoramiento en la formación de recursos humanos por medio del conocimiento, la comunicación, la educación y la capacitación.

ii) La reducción y aun eliminación de las rigideces surgidas de instituciones creadas para otros tiempos, de sistemas de trabajo obsoletos, de impedimentos legales y de prácticas tradicionales improductivas.

iii) El compromiso de mejorar las niveles educativos y la interrelación entre los diversos niveles y modalidades de la educación, y la asignación de recursos a la investigación científica y tecnológica, junto con el estímulo a la innovación.

iv) La evaluación de los recursos naturales disponibles para mejorar su calidad y asegurar su aportación futura.

v) En lo social, la ampliación y mejoramiento de la oferta de vivienda y de servicios de salud y protección, y otros de carácter colectivo, con acceso generalizado.

vi) El mejoramiento de la productividad de la tierra, de las condiciones de producción agropecuaria y de la organización institucional y jurídica del sector agrario, no sólo para competir en los mercados comerciales internos y externos, sino para elevar el ingreso y la calidad de vida del campesinado y de los agricultores en general.

vii) La creación de condiciones de producción industrial y de servicios basada en ecoeficiencia y competitividad interna y externa, con la expectativa de rendimientos razonables para el empresario y productor, a fin de eliminar el síndrome del pasado en la región latinoamericana que se ha caracterizado por la búsqueda de máximas ganancias a corto plazo basándose en posiciones monopólicas y de control político y privilegio.

viii) La restructuración de los sistemas de intermediación financiera para hacer de las redes bancarias instrumentos de mejoramiento del sector empresarial y de capitalización, con incentivos para el ahorro, y por intermedio de éste, para el fortalecimiento del financiamiento privado y de la capacidad fiscal del Estado.

ix) La búsqueda de estrategias de equilibrio dinámico entre el Estado y el sector empresarial privado.

Cuadro xii.1. *Tasas de crecimiento anual de la población e*

País	*1991*	*1992*	*1993*	*1994*	*199[illegible]*
América Latina[a]	1.85	1.82	1.79	1.76	1.7[illegible]
Argentina	1.42	1.39	1.33	1.31	1.2[illegible]
Bolivia	2.39	2.41	2.35	2.30	2.2[illegible]
Brasil	1.61	1.61	1.60	1.59	1.5[illegible]
Colombia	2.01	2.04	2.03	1.98	1.9[illegible]
Costa Rica	2.44	2.32	2.24	2.19	2.0[illegible]
Cuba	0.93	0.76	0.61	0.53	0.5[illegible]
Chile	1.71	1.65	1.58	1.54	1.4[illegible]
Ecuador	2.41	2.39	2.38	2.35	2.3[illegible]
El Salvador	1.69	1.72	1.80	1.81	1.8[illegible]
Guatemala	2.87	2.87	2.88	2.89	2.8[illegible]
Haití	1.63	1.59	1.85	1.75	1.7[illegible]
Honduras	2.54	2.69	2.78	2.82	2.8[illegible]
Jamaica	0.89	0.80	0.80	0.87	0.8[illegible]
México	1.91	1.87	1.84	1.80	1.7[illegible]
Nicaragua	4.78	3.41	2.74	2.69	2.6[illegible]
Panamá	1.93	1.89	1.77	1.74	1.8[illegible]
Paraguay	2.90	2.87	2.85	2.86	2.8[illegible]
Perú	2.33	2.28	2.24	2.19	2.1[illegible]
República Dominicana	1.94	1.86	1.70	1.65	1.6[illegible]
Trinidad y Tabago	–0.42	–0.75	–0.76	–0.68	–0.6[illegible]
Uruguay	0.71	0.67	0.70	0.69	0.6[illegible]
Venezuela	2.46	2.35	2.16	2.08	1.9[illegible]

[a] Crecimiento del conjunto de los 22 países del cuadro.

Fuente: Estimaciones a partir de los datos de Maddison (2003), cuadro 4a, pp.123-129

os países de la región latinoamericana en 1990-2003 (%)

1996	*1997*	*1998*	*1999*	*2000*	*2001*	*2002*	*2003*
1.70	1.65	1.61	1.56	1.51	1.47	1.43	1.40
1.25	1.26	1.22	1.17	1.14	1.12	1.09	1.07
2.16	2.08	2.03	2.20	1.63	1.80	1.75	1.67
1.55	1.49	1.43	1.37	1.30	1.25	1.22	1.18
1.90	1.86	1.81	1.76	1.72	1.67	1.63	1.59
2.01	1.91	1.85	1.79	1.75	1.67	1.64	1.59
0.48	0.47	0.44	0.43	0.40	0.38	0.36	0.35
1.40	1.35	1.30	1.25	1.20	1.15	1.12	1.07
2.27	2.23	2.19	2.14	2.09	2.04	1.99	1.96
1.90	1.92	1.94	1.92	1.91	1.88	1.86	1.83
2.89	2.90	2.89	2.85	2.83	2.80	2.75	2.71
1.71	1.64	1.68	1.64	1.57	1.55	1.61	1.66
2.77	2.74	2.70	2.41	2.60	2.53	2.45	2.39
0.78	0.73	0.61	0.57	0.53	0.49	0.53	0.60
1.72	1.69	1.65	1.61	1.56	1.52	1.49	1.46
2.57	2.49	2.38	2.30	2.27	2.18	2.16	2.09
1.84	1.58	1.48	1.71	1.58	1.52	1.42	1.40
2.81	2.77	2.76	2.72	2.68	2.65	2.62	2.60
2.04	1.99	1.93	1.87	1.80	1.74	1.70	1.65
1.67	1.63	1.58	1.54	1.51	1.45	1.43	1.40
–0.78	–0.87	–0.44	–0.44	–0.53	–0.62	–0.54	–0.72
0.68	0.71	0.74	0.76	0.76	0.78	0.80	0.77
1.92	1.84	1.78	1.71	1.64	1.59	1.55	1.55

BIBLIOGRAFÍA

Alba, Francisco (1984), *La población de México: evolución y dilemas,* México, El Colegio de México, 3ª edición.

——— y Raúl Benítez Centeno (1999), "Comentarios a la sesión 'Tendencias futuras de la población en América Latina'", en Kenneth Hill, José B. Morelos y Rebeca Wong (coordinadores), *Las consecuencias de las transiciones demográfica y epidemiológica en América Latina,* México, El Colegio de México, Johns Hopkins University (pp. 599-609).

Almeida Garza González, Alejandro (1994), *Determinación del precio internacional del petróleo: opciones para México,* México, Fondo de Cultura Económica.

Almeida, Rómulo (1991), "Reflexión acerca de la integración latinoamericana", en Víctor L. Urquidi y Gustavo Vega Cánovas (compiladores), *Unas y otras integraciones: seminario sobre integraciones regionales y subregionales,* Lecturas, núm. 72, México, Fondo de Cultura Económica/El Colegio de México (capítulo IX, pp.171-191).

Altimir, Óscar (1979), *La dimensión de la pobreza en América Latina,* Cuadernos de la CEPAL, núm. 27, CEPAL/ILPES, Santiago de Chile, Naciones Unidas, Comisión Económica para América Latina y el Caribe.

Asheshov, Nicholas (1981), "The Mexican Petrotrauma", en *Institutional Investor,* Nueva York, vol. 15, núm. 11, noviembre, pp. 289-296.

Balassa, Bela *et al.* (1986), *Hacia una renovación del crecimiento en América Latina,* México, El Colegio de México, Fundaçao Getúlio Vargas, Institute for International Economics (IIE).

Banco de México (1946), *Memoria de la Primera Reunión de Técnicos sobre Problemas de Banca Central del Continente Americano,* México, Banco de México, S. A.

Banco de México (1963), *Informe anual 1963,* México, Banco de México, S. A.

——— (2003), *El sistema financiero y el desarrollo económico de México. Ensayos y testimonios en honor de Ernesto Fernández Hurtado,* México, Banco de México.

Banco Mundial (1974), *World Debt Tables. External Public Debt of LDCS,* EC-167/74, Washington, D. C., International Bank for Reconstruction and Development, The World Bank.

——— (1977), *World Debt Tables. External Public Debt of Developing Contries,* EC-167/77, Washington, D. C., International Bank for Reconstruction and Development, The World Bank.

——— (1979a), *World Debt Tables 1979,* EC-166/79, vol. I, Washington, D. C., International Bank for Reconstruction and Development, The World Bank.

——— (1979b), *World Debt Tables. External Public Debt of LDCS,* EC-167/79, Washington, D. C., International Bank for Reconstruction and Development, The World Bank.

——— (1980a), *Energy in Developing Countries,* Washington, The World Bank, agosto.

——— (1980b), *Globalization, Growth and Poverty: Building an Inclusive World Economy,* Washington, The World Bank.

——— (1984), *World Debt Tables, 1983-1984 Edition,* Washington, International Bank for Reconstruction and Development, The World Bank.

——— (1997), *Global Development Finance 1997,* vol. II, Washington, D. C., The World Bank.

——— (2002a), *Global Development Finance 2002,* vol. II, Washington, D. C., The World Bank.

——— (2002b), *World Development Indicators 2002,* Washington, D. C., The World Bank.

——— (2003), *Global Development Finance 2003,* vol. II, Washington, D. C., World Bank.

——— (2004), *Global Development Finance 2004,* vol. II, Washington, D. C., World Bank.

Bazant, Jan (1981), *Historia de la deuda exterior de México, 1823-1946,* México, El Colegio de México, 2ª ed.

Benham, Frederic (1946), *Curso superior de economía: Versión española de Víctor L. Urquidi,* México, Fondo de Cultura Económica, segunda edición. (Versión original en inglés: *Economics. A General Textbook for Students,* Londres, Sir Isaac Pitman and Sons, Ltd., 1938.)

Betancourt, Rómulo (1979), *El petróleo de Venezuela,* Barcelona, Editorial Seix Barral (también publicado en México, por el Fondo de Cultura Económica, en 1976, 2a. edición).

——— (1969), *Venezuela política y petróleo,* Bogotá, Senderos (3ª ed.).

Beteta, Mario Ramón (1964), *El sistema bancario mexicano y el banco central,* México, Centro de Estudios Monetarios Latinoamericanos. (Previamente publicado en *El Economista Mexicano,* vol. 3, núm. 6, julio de 1963, pp. 17-35.)

BID (1978), *Progreso económico y social en América Latina. Informe 1978,* Washington, D. C., Banco Interamericano de Desarrollo.

——— (1984), *Progreso económico y social en América Latina. Informe 1984,* Washington, D. C., Banco Interamericano de Desarrollo.

——— (1988), *Progreso económico y social en América Latina. Informe 1988. Tema especial: ciencia y tecnología,* Washington, D. C., Banco Interamericano de Desarrollo.

Bifani, Paolo (2002), *La globalización: ¿otra caja de Pandora?,* Granada, España, Editorial Universidad de Granada.

Black, Jan Knippers (1991) (compilador), *Latin America, its Problems and its Promise: A Multidisciplinary Introduction,* Boulder, Colorado, Westview Press.

Boracrès, Paul [Alfonso García Robles] (1939), *Le pétrole mexicain: un bien volé,* París, Les Éditions Internationales.

Bour, Enrique, Daniel Heymann, y Fernando Navajas (2003) (compiladores), *Latin America Crises. Trade and Labour,* International Economic Association series, Nueva York y Hampshire, Reino Unido, Palgrave Macmillan.

BP, *Crude Oil Prices 1861-1999,* British Petroleum (http://

www.eia.doe.gov/pub/international/iealf/BPCrudeOilPrices.xls, 26 de noviembre 2004).

Bradford, Colin I. (1992), *Strategic Options for Latin America in the 1990s,* París, OCDE, Development Centre/Inter-American Development Bank.

Brothers, Dwight S., y Leopoldo Solís (1967), *Evolución financiera de México,* México, Centro de Estudios Monetarios Latinoamericanos.

Buira, Ariel (2003) (editor), *Challenges to the World Bank and IMF. Developing Country Perspectives,* Londres, Anthem Press.

Bulmer-Thomas, Victor (1989), *La economía política de Centroamérica desde 1920,* San José, Costa Rica, Banco Centroamericano de Integración Económica (BCIE).

——— (1994), *The Economic History of Latin America since Independence,* Nueva York, Cambridge University Press.

——— (1998), *La historia económica de América Latina desde la Independencia,* México, Fondo de Cultura Económica, Sección de Obras de Economía Latinoamericana.

Campos, Roberto (1996), "Fifty Years of Bretton Woods", en Orin Kirshner (editor), *The Bretton Woods-GATT System. Retrospect and Prospect after Fifty Years,* Armonk, Nueva York, M. E. Sharpe, pp. 99-105.

Cárdenas, Enrique (1970), *Semblanza marítima del México independiente y revolucionario,* México, Secretaría de Marina.

——— (1987), *La industrialización mexicana durante la Gran Depresión,* México, El Colegio de México (reimpreso en 1995).

——— (1989), *Historia económica de México,* Lecturas, núm. 64, México, Fondo de Cultura Económica.

——— (2003), *Cuando se originó el atraso económico de México: la economía mexicana en el largo siglo XIX, 1780-1920,* Madrid, Editorial Biblioteca Nueva y Fundación José Ortega y Gasset.

———, José Antonio Ocampo, y Rosemary Thorp (1998a), *Industrialization and the State,* Naciones Unidas.

Cárdenas, Enrique, José Antonio Ocampo, y Rosemary Thorp (1998b), *The Export Age: Latin American Economics in the Late Nineteenth and Early Twentieth Centuries,* Nueva York, Naciones Unidas.

Cardoso, Eliana, y Anna Helwege (1993), *La economía latinoamericana: diversidad, tendencias y conflictos,* México, Fondo de Cultura Económica.

Cardoso, Fernando Henrique, y Enzo Faletto (1969), *Dependencia y desarrollo en América Latina: ensayo de interpretación sociológica,* México, Siglo XXI Editores.

Carrera de Velasco, Mercedes (1974), *Los mexicanos que devolvió la crisis, 1929-1932,* México, Secretaría de Relaciones Exteriores, Colección del Archivo Histórico Diplomático Mexicano, Obras monográficas, núm. 2.

CEPAL (1949), *Estudio económico de América Latina, 1948,* Santiago de Chile, Naciones Unidas, Comisión Económica para América Latina.

——— (1951), *Estudio económico de América Latina, 1949,* Nueva York, Naciones Unidas, Comisión Económica para América Latina.

——— (1954), *Estudio económico de América Latina, 1951-1952,* México, Naciones Unidas, Comisión Económica para América Latina.

——— (1957), *Estudio económico de América Latina, 1957,* Nueva York, Naciones Unidas, Comisión Económica para América Latina.

——— (1959), *El mercado común latinoamericano,* Naciones Unidas, México, Naciones Unidas, E/CN.12/531.

——— (1964), *Boletín estadístico de América Latina, 1964,* Nueva York, Naciones Unidas.

——— (1978), CEPAL *Review,* Santiago de Chile, Naciones Unidas, Comisión Económica para América Latina.

——— (1981), *Anuario estadístico de América Latina, 1980,* Santiago de Chile, Naciones Unidas, Comisión Económica para América Latina y el Caribe.

——— (1983), *Anuario estadístico de América Latina, 1981,* Santiago de Chile, Naciones Unidas, Comisión Económica para América Latina y el Caribe.

CEPAL (1984), *Anuario estadístico de América Latina, 1984,* Santiago de Chile, Naciones Unidas, Comisión Económica para América Latina y el Caribe.

——— (1989a), *Balance preliminar de las economías de América Latina y el Caribe, 1989,* Santiago de Chile, Naciones Unidas, Comisión Económica para América Latina y el Caribe.

——— (1989b), *Panorama económico de América Latina y el Caribe, 1989,* Santiago de Chile, Naciones Unidas, Comisión Económica para América Latina y el Caribe.

——— (1992), *Equidad y transformación productiva: un enfoque integrado,* LC/G.1701 (SES.23/3), 6 de febrero, Santiago de Chile, Naciones Unidas, Comisión Económica para América Latina y el Caribe.

——— (1993), *Balance preliminar de las economías de América Latina y el Caribe, 1993,* Santiago de Chile, Naciones Unidas, Comisión Económica para América Latina y el Caribe.

——— (1996a), *América Latina y el Caribe: quince años después, de la década perdida a la transformación económica, 1980-1985,* Santiago de Chile, Fondo de Cultura Económica.

——— (1996b), *Anuario Estadístico de América Latina y el Caribe 1995,* Santiago de Chile, Naciones Unidas, Comisión Económica para América Latina y el Caribe.

——— (1997), *La economía cubana. Reformas estructurales y desempeño en los noventa,* México, Comisión Económica para América Latina y el Caribe/Fondo de Cultura Económica.

——— (1998a), *América Latina y el Caribe: políticas para mejorar la inserción en la economía mundial,* Fondo de Cultura Económica; Santiago de Chile.

——— (1998b), "CEPAL cincuenta años. Reflexiones sobre América Latina y el Caribe". *Revista de la CEPAL,* México, Naciones Unidas, Comisión Económica para América Latina y el Caribe, número extraordinario, octubre.

——— (1999), *Anuario estadístico de América Latina y el Caribe, 1998,* Santiago de Chile, Naciones Unidas, Comisión Económica para América Latina y el Caribe.

CEPAL (2000a), *Balance preliminar de las economías de América Latina y el Caribe, 2000,* Santiago de Chile, Naciones Unidas, Comisión Económica para América Latina y el Caribe.

——— (2000b), *Equidad, desarrollo y ciudadanía,* tomo III, Bogotá, Naciones Unidas, Comisión Económica para América Latina y el Caribe.

——— (2001), *Una década de luces y sombras. América Latina y el Caribe en los años noventa,* Bogotá, Naciones Unidas, Comisión Económica para América Latina y el Caribe.

——— (2003a), *Anuario estadístico de América Latina y el Caribe, 2002,* Santiago de Chile, Naciones Unidas, Comisión Económica para América Latina y el Caribe.

——— (2003b), *Balance preliminar de las economías de América Latina y el Caribe, 2003,* Santiago de Chile, Naciones Unidas, Comisión Económica para América Latina y el Caribe.

——— (2004a), *Anuario estadístico de América Latina y el Caribe, 2003,* Santiago de Chile, Naciones Unidas, Comisión Económica para América Latina y el Caribe.

——— (2004b), *Istmo centroamericano: evolución del sector manufacturero durante 2001 y 2002,* México, Naciones Unidas, Comisión Económica para América Latina y el Caribe.

——— (2004c), *Panorama social de América Latina y el Caribe 2002-2003,* Santiago de Chile, Naciones Unidas, CEPAL.

——— /ACAST (1973), *Plan de acción regional para la aplicación de la ciencia y tecnología al desarrollo de América Latina,* Comisión Económica para América Latina y Comité Asesor de las Naciones Unidas sobre la Aplicación de la Ciencia y Tecnología al Desarrollo, México, Fondo de Cultura Económica.

CEPAL/FAO (1963), *Latin American Timber Trends and Prospects,* Nueva York, Comisión Económica para América Latina y el Caribe y Organización de las Naciones Unidas para la Agricultura y la Alimentación.

CEPAL/FAO (1966), *El uso de fertilizantes en América Latina,* estudio preparado por la División Agrícola Conjunta CEPAL/FAO, con la colaboración del BID, Nueva York, Naciones Unidas.

CIESUL (1980), *Gastos militares y desarrollo en América del Sur,* estudio a cargo de José Antonio Encinas, Centro de Investigaciones Económicas y Sociales de la Universidad de Lima (CIESUL), Lima, Universidad de Lima.

Clark, Colin (1940), *The Conditions of Economic Progress,* Londres, Macmillan. (Reeditado en 1951 y 1957. Publicado en español, *Las condiciones del progreso económico,* con la traducción de Miguel Paredes y José Vergara, Madrid, Alianza Universidad, 2a. edición en 1980.)

Clark, Stephen (1992), "Mexico: Young Man in Hurry", en *Institutional Investor,* Nueva York, vol. 26, núm. 2, febrero, pp. 95-100.

Coatsworth, John, y Alan M. Taylor (1998) (compiladores), *Latin America and the World Economy since 1800,* Cambridge, Mass., Harvard University Press.

Comisec, *Acuerdo Mercosur-Bolivia,* Montevideo, Uruguay, Comisión Sectorial para el Mercado Común (DE, 26 de octubre, 2004: http://www.mercosur-comisec.gub.uy/INDEX-Comisec/Mercosur/Basicos/Acuerdos/Bolivia/Res-Bolivia.htm)

Condliffe, John Bell (1942), *Agenda for a Postwar World,* Nueva York, W. W. Norton. (También publicado en español, *Agenda para la posguerra,* México, Fondo de Cultura Económica, 1944.)

——— (1950), *The Commerce of Nations,* Nueva York, W. W. Norton and Company. (También publicado en 1951, en Londres, por la editorial G. Allen [and] Unwin.)

Cooper, Charles (1970), *Transfer of Technology from Advanced to Developing Countries,* estudio preparado para las secretarías de ACAST y UNCTAD, Nueva York, Naciones Unidas, noviembre.

——— (1973) (editor), *Science, Technology and Development: The Political Economy of Technical Advance in*

Underdeveloped Countries, Londres, Frank Cass. (Publicado previamente en 1972, como número especial del *Journal of Development Studies,* con el título "Science and Technology in Development", vol. 9, núm. 1, Londres, Frank Cass, octubre.)

Corbo, Vittorio (2003), "Latin American and the External Crisis of the Second Half of the 1990s", capítulo 2, en Bour, Heymann, y Navajas (compiladores), *Latin America Crises. Trade and Labour, International Economic Association,* Nueva York y Basingstoke, Reino Unido, Palgrave Macmillan.

Cortés Conde, Roberto (1998), *Progreso y declinación de la economía argentina: un análisis histórico institucional,* Buenos Aires, Fondo de Cultura Económica.

Cosío-Zavala, María Eugenia (1998), *Changements démographiques en Amérique Latine,* París, Éditions ESTEM.

Couffignal, Georges (1997) (coordinador), *Amérique Latine: tournant de siecle,* París, La Découverte, Les Dossiers de 1, État du Monde.

Covián González, Miguel, A. (2000), *La Cumbre del Milenio: ¿Hacia dónde van las Naciones Unidas?,* México, Secretaría de Relaciones Exteriores, Instituto Matías Romero.

Choucri, Nazli (1982), *Energy and Development in Latin America Perspectives for Public Policy,* Lexington, Mass., Lexington Books.

Dasgupta, Partha (1991), "Issues in Contemporary Economics", vol. 3, *Policy and Development,* Londres, Macmillan Academic and Professional LTD en asociación con International Economic Association.

De Ferranti, David *et al.* (2004), *Inequality in Latin America and the Caribbean. Breaking with History?,* Washington, The International Bank for Reconstruction and Development/The World Bank.

De Kock, Michiel Hendrik (1941), *Banca central,* versión española de Eduardo Villaseñor, con un apéndice sobre el Banco de México por Raúl Martínez Ostos y otro apéndice sobre el Banco Central de la República Argentina por Jesús Prados Arrarte, México, Fondo de Cultura Económica.

Demas, William G. (1990), "Towards West Indian Survival", *Occasional Paper,* núm. 1, The West Indian Comission, Barbados, Black Rock, St. James.

Devlin, Robert (1989), *Debt and Crisis in Latin America: The Supply Side of the Story,* Princeton, N. J., Princeton University.

Diamond, Sigmund (1964), *Economic and Political Trends in Latin America: Addresses Given at the Spring Meeting of the Academy of Political Science,* Nueva York, Academy of Political Science, Columbia University.

Díaz Alejandro, Carlos F. (1970), *Ensayos sobre la historia económica argentina,* Buenos Aires, Amorrortu. (En el mismo año se publicó una versión en inglés: *Essays on the Economic History of the Argentine Republic,* New Haven, Yale University Press.)

——— (1972), *Latin America: Toward 2000 A. D.,* Yale University, Economic Growth Center, New Haven, Conn., Center Paper, núm. 180.

——— (1981), *Stories of the 1930s for the 1980s,* New Haven, Economic Growth Center, Yale University.

——— (1988a), "América Latina en los años treinta", en Rosemary Thorp (compiladora), *América Latina en los años treinta: el papel de la periferia en la crisis mundial,* México, Fondo de Cultura Económica, pp. 31-68. (Reproducido en Andrés Velasco (1988) (compilador), *Trade, Development and the World Economy. Selected Essays of Carlos F. Díaz-Alejandro,* capítulo 10, Oxford, Basil Blackwell, pp. 186-211.)

——— (1988b), "On the Import Intensity of Import Substitution", en Andrés Velasco (compilador), *Trade, Development and the World Economy. Selected Essays of Carlos F. Díaz-Alejandro,* capítulo 2, Oxford, Basil Blackwell.

———, Simón, Teitel, y Víctor Tokman (1976) (compiladores), *Política económica en centro y periferia: ensayos en homenaje a Felipe Pazos,* México, Lecturas, núm. 16, Fondo de Cultura Económica.

Domike, A. L., y S. Barraclough (1972), "La estructura agraria en siete países de América Latina", en Edmundo Flores (compilador), *Lecturas de desarrollo agrícola,* México, Fondo de Cultura Económica, El Trimestre Económico. (Hay una segunda edición en 1974.)

Dosman, E. J., y Pollock, David (1993), "Raúl Prebisch, 1901-1971: la búsqueda constante", en Enrique Iglesias (editor), *El legado de Raúl Prebisch,* Washington, D. C., Banco Interamericano de Desarrollo.

Durán, Esperanza (1985) (compiladora), *Latin America and the World Recession,* Royal Institute of International Affairs, Cambridge, Cambridge University Press.

EIA (2004), *International Energy Annual 2002,* Energy Information Administration (http://www.eia.doe.gov/pub/international/iealf/table71.xls), Energy Information Administration, 29 de noviembre.

Ellsworth, P. T. (1945a), "Chile", en Seymour E. Harris (compilador), *Problemas económicos de América Latina,* capítulo XII, México, Fondo de Cultura Económica (pp. 325-342).

——— (1945b), *Chile: An Economy in Transition,* Nueva York, Macmillan.

Emmerij, Louis (1987), *Development Policies and the Crisis of the 1980s,* París, Development Centre, OCDE.

Fajnzylber, Fernando (1980) (compilador), *Industrialización e internacionalización en la América Latina,* Lecturas, núm. 34 (dos volúmenes), México, Fondo de Cultura Económica.

——— (1983), *La industrialización trunca de América Latina,* México, Nueva Imagen.

——— (1989), *Industrialización en América Latina: de la "caja negra" al "casillero vacío": comparación de patrones contemporáneos de industrialización,* Santiago, Chile, Cuadernos de la CEPAL, 60, Comisión Económica para América Latina y el Caribe.

FAO (1966a), *FAO Commodity Review 1966,* Roma, Organización de las Naciones Unidas para la Agricultura y la Alimentación.

——— (1966b), *Productos agrícolas-proyecciones para 1975*

y 1985, vol. I, Roma, Organización de las Naciones Unidas para la Agricultura y la Alimentación, CCP 67/3, octubre.

FAO (1971), FAO *Anuario de producción 1970,* vol. 24, Roma, Organización de las Naciones Unidas para la Agricultura y la Alimentación.

Ferrer, Aldo (1983), *Vivir con lo nuestro,* Buenos Aires, El Cid Editor.

——— (1985), *El país nuestro de cada día: Argentina y el sistema internacional,* Buenos Aires, Hyspamérica.

French-Davis, Ricardo (1981) (compilador), *Intercambio y desarrollo,* Lecturas, núm. 38, México, Fondo de Cultura Económica.

FMI (1960), *International Financial Statistics,* vol. XIII, núm. 4, abril, Washington, D. C., Fondo Monetario Internacional.

——— (2003), *Balance of Payments Statistics Yearbook 2003,* parte 1, Washington. D. C., Fondo Monetario Internacional.

Formiga, Marcos, e Ignacy Sachs (2000) (coordinadores), *Seminario Internacional "Celso Furtado, a Sudene e o Futuro do Nordeste",* Libro comemorativo, Recife, Sudene.

Fritsch, Winston (1991), *Trade Policiy Issues in Brazil in the 1990s,* Rio de Janeiro, Departamento de Economía, Universidad Pontificia Católica de Rio de Janeiro.

Frondizi, Arturo (1963), *Petróleo y nación,* Buenos Aires, Transición.

Furtado, Celso (1961), *Desenvolvimento e subdesenvolvimento,* Rio de Janeiro, Editora Fundo de Cultura.

——— (1962a), *Economía del Brasil,* México, Fondo de Cultura Económica.

——— (1962b), *Formación económica del Brasil,* México, Fondo de Cultura Económica.

——— (1963), *The Economic Growth of Brazil. A Survey from Colonial to Modern Times,* Berkeley, University of California.

——— (1966), *Subdesarrollo y estancamiento en América Latina,* Buenos Aires, Eudeba.

——— (1968a), *Subdesenvolvimento e estagnaçâo na América Latina,* Rio de Janeiro, Civilizaçâo Brasileira.

Furtado, Celso (1968b), *Um projeto para o Brasil,* Rio de Janeiro, Editora Saga.
——— (1969), *La economía latinoamericana desde la conquista ibérica hasta la Revolución cubana,* México, Siglo XXI Editores.
——— (1970), *Economic Development of Latin America. A Survey from Colonial Times to the Cuban Revolution,* Londres, Cambridge University Press. (También publicado en el mismo año en la serie *Cambridge Latin American Studies,* núm. 8, Cambridge.)
——— (1971), *La economía latinoamericana. Formación histórica y problemas contemporáneos,* México, Siglo XXI Editores.
——— (1978), *Creatividad y dependencia,* México, Siglo XXI Editores.
——— (1983), *El Brasil después del "Milagro",* México, Fondo de Cultura Económica.
——— (1985), *A fantasia organizada,* Rio de Janeiro, Editorial Paz e Terra.
——— (1992), *Brasil: la construcción interrumpida,* México, Fondo de Cultura Económica.
——— (1993), *Los vientos del cambio,* México, Fondo de Cultura Económica.
Furtado, Joao, Célio Hiratuka, Renato García, y Rodrigo Sabbatini (2002), "La nueva petroquímica brasileña: límites para la competitividad", en *Comercio Exterior,* vol. 52, núm. 8, México, agosto.
Galbraith, John Kenneth (1961), *The Great Crash, 1929,* Boston, Mass., Houghton Mifflin.
——— (1969), *El crac del 29,* La Habana, Instituto del Libro, Ciencias Sociales.
——— (1994), *A Journey Through Economic Time. A Firsthand View,* Boston y Nueva York, Houghton Mifflin Company.
Garza, Gustavo (1987), "Inicios del proceso de industrialización en la ciudad de México; aparición del ferrocarril y la electricidad", en Gustavo Garza (compilador), *Atlas de la*

ciudad de México, Programa de Intercambio Científico y Capacitación Técnica, México, Departamento del Distrito Federal, El Colegio de México, pp. 88-92.

Garza, Gustavo (2003), *La urbanización en México en el siglo XX,* México, El Colegio de México.

Gerschenkron, Alexander (1962), *Economic Backwardness in Historical Perspective,* Cambridge, Harvard University Press.

Girault, Christian (2004), "Del TLCAN al Área de Libre Comercio de las Américas: perspectivas geopolíticas de la integración", *Foro Internacional,* vol. XLIV, núm. 1, enero-marzo, pp. 103-125, México, El Colegio de México.

Glade, William P. (1969), *The Latin American Economies: A Study of their Institutional Evolution,* Nueva York, American.

González del Solar (1983), *Conversaciones con Raúl Prebisch,* Buenos Aires (edición mimeográfica).

Gordon, Lincoln (1963), "Inter-American Tensions and The Alliance for Progress", en Mildred Adams (editor), *Latin America: Evolution or Explosion?,* Binghamton, Nueva York, Council on World Tensions, Inc., pp. 58-68.

Grow, Michael (1992), *Scholars' Guide to Washington, D. C., for Latin American and Caribbean Studies,* consultores: William P. Glade y Joseph S. Tulchin, Washington, Woodrow Wilson Center.

Grunwald, Joseph W. (1964), *Resource Aspects of Latin-American Economic Development,* New Haven Conn., Yale University, Economic Growth Center.

———, y Kenneth Flamm (1991) (editores), *La fábrica mundial: el ensamble extranjero en el comercio internacional,* México, Fondo de Cultura Económica. (La versión original en inglés fue publicada en 1985: *The Global Factory: Foreign Assembly in International Trade,* Washington, D. C., Brookings Institution.)

Gurrieri, Adolfo (1982), selección de *La obra de Prebisch en la CEPAL,* dos tomos, Lecturas, núm. 46, México, Fondo de Cultura Económica.

Hall, Bronwyn H. (1993), *R and D Tax Policy During the Eighties: Success or Failure?,* Nueva York, National Bureau of Economic Research, documento de trabajo núm. 4240.

Halty-Carrère (1986), *Estrategias de desarrollo tecnológico para países en desarrollo,* México, El Colegio de México.

Hamilton, Alexander (1971), *Report on Manufactures. Communication to the House of Representatives,* diciembre 5, Washington. Reedición en 1913 Senate, 63d Congress 1st. Session, documento núm. 172.

Hamlin, D. L. B. (1960) (editor), *The Latin Americas. 29*th. *Couchiching Conference,* The Canadian Institute on Public Affairs, University of Toronto Press, Toronto.

Harris, Seymour E. (1945a), "Divisas y precios", en Seymour E. Harris (compilador), *Problemas económicos de América Latina,* capítulo VII, México, Fondo de Cultura Económica (pp. 194-210).

——— (1945b) (compilador), *Problemas económicos de América Latina,* México, Fondo de Cultura Económica. (Versión original en inglés [1944], *Economic Problems of Latin America,* Nueva York, Mac Graw-Hill.)

Herrera, Felipe (1963), "Economic Integration and Political Reintegration", en Mildred Adams (editor), *Latin America: Evolution or Explosion?,* Binghamton, Nueva York, Council on World Tensions, Inc., pp. 92-104.

——— (1982), *América Latina: viejas y nuevas fronteras,* Rio de Janeiro, ECIEL, 2ª edición.

Hirschman, Albert O. (1963), *Journeys Toward Progress: Studies of Economic Policy-making in Latin America,* Nueva York, Twentieth Century Fund.

——— (1967), *Development Projects Observed,* Washington, D. C., The Brookings Institution.

——— (1969), *How to Divest in Latin America, and Why,* Essays in International Finance, núm. 76, Nueva Jersey, Princeton University Press.

——— (1970), *Exit, Voice and Loyalty: Responses to Decline in Firms, Organizations and States,* Cambridge, Mass., Harvard University Press.

Hirschman, Albert O. (1971), *A bias for Hope. Essays on Development and Latin America,* New Haven y Londres, Yale University Press. (Publicado en español en 1973: *Desarrollo y América Latina: obstinación por la esperanza,* Lecturas, núm. 5, México, Fondo de Cultura Económica.)

——— (1977), *The Passions and the Interests: Political Arguments for Capitalism before its Triumph,* Princeton, N. J., Princeton University Press. (Publicado en español en 1978: *Las pasiones y los intereses: argumentos políticos a favor del capitalismo antes de su triunfo,* México, Fondo de Cultura Económica.)

——— (1986), *El avance en colectividad: experimentos populares en la América Latina,* México, Fondo de Cultura Económica.

——— (1995), *A Propensity to Self-Subversion,* Cambridge, Mass., Harvard University Press. (Publicado en español en 1996: *Tendencias autosubversivas,* México, Fondo de Cultura Económica.)

Hodara, Joseph (1987), *Prebisch y la CEPAL: sustancia, trayectoria y contexto institucional,* México, El Colegio de México.

Hofman, André A. (2000), *The Economic Development of Latin America in the Twentieth Century,* Cheltenham, Gran Bretaña, Edward Elgar.

Hojman, David E. (1981), "The Andean Pact: Failure of a Model of Economic Integration?", *Journal of Common Market Studies,* vol. xx, núm. 2, diciembre, pp. 139-160.

IDRC (1992), *The Global Cash Crunch: An Examination of Debt and Development,* Ottawa, International Development Research Centre.

Iglesias, Enrique V. (1993a), *América Latina en transición económica y social al siglo XXI,* Washington, Fundación Per Jacobsson.

——— (1993b) (editor), *El legado de Raúl Prebisch,* Washington, Banco Interamericano de Desarrollo. (Publicado en inglés, en 1994: *The Legacy of Raúl Prebisch,* Washington, D. C., lnter-American Development Bank.)

Institutional Investor (1988), *The Way it Was: An Oral His-*

tory of Finance, 1967-1987, Nueva York, William Morrow and Company.

Industry Canada (2004), *Trade Data on Line: Canadian Trade by Industry-NAICS Codes, with data from Statistics Canada* (DE: 27 de noviembre de 2004: http://strategis.ic.gc.ca/sc_mrkti/tdst/engdoc/tr_homep.html).

INED (1995), "Tous les pays du monde", *Population et Sociétés,* Boletín informativo del Instituto Nacional de Estudios Demográficos, París, núm. 304, agosto.

——— (2003), "Tous les pays du monde", *Population et Sociétés,* Boletín informativo del Instituto Nacional de Estudios Demográficos, París, núm. 392, julio-agosto.

Islas, Víctor (1990), *Estructura y desarrollo del sector transporte en México,* México, El Colegio de México.

Katz, Jorge (1976), *Importación de tecnología, aprendizaje e industrialización dependiente,* México, Fondo de Cultura Económica.

——— (1981) (coordinador), *Technology Generation in Latin American Manufacturing Industries: Theory and Case-Studies Concerning its Nature, Magnitude and Consequences,* Buenos Aires, Naciones Unidas, UNDP, ECLA/IDB/-IDRC/UNDP.

——— (1987) (editor), *Technology Generation in Latin America –Manufacturing Industries: Theory and Case Studies Concerning its Nature, Magnitude and Consequences,* Nueva York y Basingstoke, Reino Unido, Macmillan.

——— (2000), *Pasado y presente del comportamiento tecnológico de América Latina,* Serie Desarrollo Productivo, núm. 75, Red de Restructuración y Competitividad, División de Desarrollo Productivo y Empresarial, CEPAL, Santiago de Chile, Naciones Unidas.

Keynes, Maynard John (1919), *The Economic Consequences of the Peace,* Londres, MacMillan and Co., Ltd.

Kindleberger, Charles P. (1986), *The World in Depression, 1929-1939,* Berkeley, California, University of California Press. (Edición corregida y aumentada, 1ª edición, 1973.)

Kraft, Joseph (1984), *The Mexican Rescue,* Nueva York, Group of Thirty.

Kravis, I. B., A. Heston, y R. Summers (1978), "Real Gross Domestic Product *per capita* of More than One Hundred Countries", *Economic Journal,* 88/350, junio, pp. 232-236.

———, A. Heston, y R. Summers (1982), *World Product and Income. International Comparisons of Real Gross Product,* Baltimore, Johns Hopkins.

Krieger Vasena, Adalbert y Javier Pasos (1973), *Latin America. A Broader World Role,* Londres y Nueva Jersey, Ernest Benn Limited y Rowman and Littlefield.

Lamartine Yates, Paul (1959), *Forty Years of Foreign Trade. A Statistical Handbook with Special Reference to Primary Products and Under-Developed Countries,* Londres, G. Allen and Unwin.

Lambert, Denis-Clair (1984), *Amériques Latines: déclins et décollages,* París, Economica.

———, y Jean-Marie Martin (1971), *L 'Amérique Latine: économies et sociétés,* París, Armand Colin.

Lavin, José Domingo (1954), *Inversiones extranjeras: análisis, experiencias y orientaciones para la conducta mexicana,* México, Iberoamericana de Publicaciones.

Lerdan, Enrique (1988), "The Alliance for Progress: The Learning Experience", en Ronald Scheman (editor), *The Alliance for Progress. A Restrospective,* Nueva York, Praeger (capítulo 14).

Lewis, Ben W. y Henry Betscher (1945), "Colombia, con referencia especial al control de precios", en Seymour E. Harris (compilador), *Problemas económicos de América Latina,* capítulo H, México, Fondo de Cultura Económica (pp. 343-359).

Lewis, Arthur W. (1978), *Growth and Fluctuations 1870-1913,* Londres, George Allen and Unwin.

Little, Ian M. D. (1982), *Economic Development: Theory, Policy, and International Relations,* Nueva York, Basic Books.

Lora, Jorge, y Carlos Mallorquín (1999) (compiladores), *Prebisch y Furtado: el estructuralismo latinoamericano,* México, Benemérita Universidad Autónoma de Puebla, Instituto de Ciencias Sociales y Humanidades.

Macario, Santiago (1964), "Proteccionismo e industrialización en América Latina", *Boletín Económico de América Latina,* vol. 9, núm. 1, marzo.

Macario, Carla, Regis Bonelli, Adriaan ten Kate, y Gunnar Niels (2000), *Export Growth in Latin America: Policies and Performance,* Boulder, Colorado, Comisión Económica para América Latina y el Caribe.

MacMillan, William Miller (1938), *Warning from the West Indies: A Track of the Empire,* Harmondsworth, Penguin Books.

Maddison, Angus (1985), *Two Crises: Latin America and Asia 1929-38 and 1973-83,* París, Development Centre Studies, OCDE.

——— (1986), *Las fases del desarrollo capitalista: una historia económica cuantitativa,* México, El Colegio de México, Fondo de Cultura Económica.

——— (1989), *The World Economy in the 20th Century,* París, Development Centre Studies, OCDE.

——— (1991), *Historia del desarrollo capitalista. Sus fuerzas dinámicas: una visión comparada a largo plazo,* Barcelona, Ariel.

——— (1992), *La economía mundial en el siglo XX: rendimiento y política en Asia, América Latina, la URSS y los países de la OCDE,* México, Fondo de Cultura Económica.

——— (1997), *La economía mundial 1820-1992: análisis y estadísticas,* París, Estudios del Centro de Desarrollo, Organización para la Cooperación y el Desarrollo Económicos. (La versión en inglés fue publicada por la misma OCDE en 1995, con el título *Monitoring the World Economy 1820-1992.*)

——— (2001), *The World Economy: A Millennial Perspective,* París, Development Centre Studies, OCDE.

——— (2002), *La economía mundial: una perspectiva milenaria,* Madrid, Ediciones Mundi-Prensa.

——— (2003), *The World Economy: Historical Statistics,* París, Development Centre Studies, OCDE.

Maddison, Angus (1992), *The Political Economy of Poverty, Equity, and Growth. Brazil and Mexico: A World Bank Comparative Study,* Nueva York, Oxford University Press.

Malan, Pedro, y Regis Bonelli (1992), "The Success of Growth Policies in Brazil", en Simón Teitel (1992), *Towards a New Development Strategy for Latin America. Pathways from Hirschman's Thought,* Washington, D. C., Inter-American Development Bank (capítulo 3, pp. 49-101).

Mallorquín, Carlos (1955), "La arbitrariedad del símbolo: el caso de Prebisch y Argentina, 1955-1958", *Revista Paraguaya de Sociología,* año 32, núm. 92, Asunción, enero-abril de 1955.

——— (1993), *La idea del subdesarrollo: el pensamiento de Celso Furtado, el autor,* tesis (doctorado en estudios latinoamericanos), México, Universidad Nacional Autónoma de México.

Marichal, Carlos (1988a), *Historia de la deuda externa de América Latina,* México, Alianza Mexicana.

——— (1988b), "Políticas de desarrollo económico y deuda externa en Argentina, 1868-1880", *Siglo XIX,* revista de historia, México, vol. 3, núm. 5.

——— (1989), *A Century of Debt Crises in Latin America from Independence to the Great Depression,* 1820-1930, Princeton, N. J., Princeton University.

Mayobre, José Antonio (1982), *Obras escogidas,* Caracas, Venezuela, Banco Central de Venezuela.

——— Felipe Herrera, Carlos Sanz de Santamaría, y Raúl Prebisch (1965), *Hacia la integración acelerada de América Latina: proposiciones a los presidentes latinoamericanos presentadas por Mayobre, Herrera, Sanz de Santamaría y Prebisch con un estudio técnico de* CEPAL, México, Fondo de Cultura Económica, sección de Obras de Economía.

Mayorga Quirós, Román (1980), *Centroamérica en los años ochenta,* México, Centro de Estudios Internacionales, El Colegio de México. (También publicado en Sofía Méndez Villarreal [1984] [compiladora], *La crisis internacional y la*

América Latina, México, Lecturas, núm. 55, Fondo de Cultura Económica, pp. 328-345.)

Medina Echavarría, José (1982), *Sociología: teoría y técnica,* México, El Colegio de México, Fondo de Cultura Económica.

Mehta, Jagat S. (1985) (editor), *Third World Militarization: A Challenge to Third World Diplomacy,* Austin, Texas, The Lyndon B. Johnson School of Public Affairs.

Mercado, Alfonso (1999) (compilador), *Instrumentos económicos para un comportamiento empresarial favorable al ambiente en México,* México, El Colegio de México y Fondo de Cultura Económica.

Mercosur (2004a), *Acuerdo de Complementación Económica Mercosur-Bolivia,* ACE 36, Montevideo, Mercado Común del Sur (http://www.mercosur-comisec.gub.uy/INDEX-Comisec/Mercosur/Basicos/Acuerdos/Bolivia/ResBolivia.htm).

——— (2004b), *Acuerdo de Complementación Económica Mercosur-Chile* ACE 35, Mercosur/CMC/DEC.Núm. 3/96, Montevideo, Mercado Común del Sur (http://www.mercosur-comisec.gub.uy/INDEX-Comisec/Mercosur/Basicos/Acuerdos/Chile/ResChile.htm).

——— (2004c), *Protocolo Adicional al Tratado de Asunción sobre la Estructura Institucional del Mercosur. Protocolo de Ouro Preto,* Montevideo, Mercado Común del Sur. (http://www.mercosur.org.uy/espanol/snor/normativa/OUROP941.htm, 26 de octubre).

——— (2004d), *Tratado para la Constitución de un Mercado Común entre la República Argentina, la República Federativa del Brasil, la República del Paraguay y la República Oriental de Uruguay,* Montevideo, Uruguay, Mercado Común del Sur (http://www.mercosur.org.uy/espanol/snor/normativa/asuncion.htm, 26 de octubre).

Mesa-Lago, Carmelo (1981), *The Economy of Socialist Cuba: A Two-Decade Appraisal,* Albuquerque, University of New Mexico Press.

Meyer, Lorenzo F. (1988), *México y Estados Unidos en el conflicto petrolero 1917-1942,* México, Petróleos Mexicanos.

Moreno Brid, Juan Carlos, y Márquez Arias, Rafael (2003), *El crecimiento económico de América Central en los noventa: logros, pendientes y retos,* Documentos de Trabajo en Análisis Económico, vol. 2, núm. 8 (http://eawp.economistascoruna.org/archives/vol2n8/).

Mosk, Sanford A. (1950), *Industrial Revolution in Mexico,* Berkeley y Los Ángeles, California, University of California Press. (Publicado en español [1951], "La Revolución industrial en México", Revista *Problemas Agrícolas e Industriales de México,* México, Talleres Gráficos de la Nación, vol. 3, núm. 2.)

Mulás, Pablo (1995) (coordinador), *Aspectos tecnológicos de la modernización industrial de México,* México, Fondo de Cultura Económica, Academia de Investigación Científica y Academia Nacional de Ingeniería.

Myrdal, Gunnar (1970), *The Challenge of World Poverty: A World Anti-Poverty Program in Outline,* Nueva York, Pantheon Books.

——— (1971), *Asian Drama: An Inquiry into the Poverty of Nations (An Abridgement by Seth* S. *King of the Twentieth Century Fund Study),* Nueva York, Vintage Books.

Naciones Unidas (1964), *The Role of Patents in the Transfer of Technology,* Nueva York.

——— (1977), *Yearbook of National Accounts Statistics,* Nueva York, United Nations Statistical Office.

——— (1992), *World Economic and Social Survey 1992,* Nueva York, Annex.

——— (1993), *Estudio económico mundial: tendencia y políticas actuales en la economía mundial,* Nueva York.

——— (1995a), *Handbook of International Trade and Development Statistics, 1994,* Ginebra, Conferencia de las Naciones Unidas sobre Comercio y Desarrollo (UNCTAD), Naciones Unidas.

——— (1995b), *World Economic and Social Survey 1995,* Nueva York, Naciones Unidas, Departamento de Asuntos Económicos y Sociales Internacionales. (También publicado en español con el título *Estudio económico y social mundial.)*

Naciones Unidas (2000), *World Economic and Social Survey 2000,* Nueva York, Naciones Unidas, Departamento de Asuntos Económicos y Sociales Internacionales. (También publicado en español con el título *Estudio económico y social mundial.)*

——— (2001), *World Economic and Social Survey 2001,* Nueva York, Naciones Unidas, Departamento de Asuntos Económicos y Sociales Internacionales. (También publicado en español con el título *Estudio económico y social mundial.)*

——— (2002), *World Economic and Social Survey 2002,* Nueva York, Naciones Unidas, Departamento de Asuntos Económicos y Sociales Internacionales. (También publicado en español con el título *Estudio económico y social mundial.)*

——— (2003), *World Economic Situation and Prospects 2003,* Nueva York, United Nations Department of Economic and Social Affairs y United Nations Conference on Trade and Development.

——— (varios años), *International Trade Statistics Yearbook,* Nueva York, Organización de las Naciones Unidas.

Ness, Norman T. (1945), "México, con referencia especial a sus relaciones económicas internacionales", en Seymour E. Harris, *Problemas económicos de América Latina,* México, Fondo de Cultura Económica, pp. 398-415.

Nitsch. Manfred (1975), *Brasilien: sozio-ökonomische und innenpolitische aspekte des brasilianischen entwicklungsmodells,* Munich, Stiftung Wissenschaft und Politik, Forschungsinstitut für Internationale.

Ocampo, José Antonio (1988), "La economía colombiana en los años 30", en Rosemary Thorp (compiladora), *América Latina en los años treinta: el papel de la periferia en la crisis mundial,* México, Fondo de Cultura Económica, pp. 139-170. (También publicado en inglés: en Rosemary Thorp, *Latin America in the 1930s: The Role of the Periphery in World Crisis,* Londres y Nueva York, The Macmillan Press y St. Martin's Press, 1984.)

Okita, Saburo (1988), *De aquí para allá: autobiografía,* Buenos Aires, Eudeba.

Ortiz Mena, Antonio (1998), *El desarrollo estabilizador: reflexiones sobre una época,* México, Fondo de Cultura Económica.

Ortiz Mena, Raúl, Víctor L. Urquidi, Albert Waterson, Jonas H. Haralz (1953), *El desarrollo económico de México y su capacidad para absorber capital del exterior,* México, Nacional Financiera, S. A, Informe de la Comisión Mixta del Gobierno de México y del Banco Internacional de Reconstrucción y Fomento.

Oteiza, Enrique (1983) (coordinador), *América Latina, ¿avanzará o retrocederá la pobreza?,* Lecturas, núm. 49, México, Fondo de Cultura Económica.

Oxford Analítica (1991), *Latin America in Perspective,* Boston-Londres, Houghton Mifflin.

Pani, Alberto J. (1941), *Tres monografías,* México, Atlante.

——— (1945), *Apuntes autobiográficos exclusivamente para mis hijos,* México, Stylo.

——— (1955), *El problema supremo de México: ensayo de crítica constructiva de la política financiera,* México, Ed. M. Casas.

——— (1958), *Los orígenes de la política crediticia con la réplica y las contrarréplicas suscitadas,* México, Atlante.

Pazos, Felipe (1991), *Medio siglo de política económica latinoamericana,* dos tomos, Caracas, Academia Nacional de Ciencias Económicas.

Pérez Cubillas, José M., y Felipe Pazos y Roque (1940), *El problema monetario de Cuba,* La Habana, Imprenta Verónica.

Pollock, David, Daniel Kerner y Joseph L. Love (2001), "Entrevista inédita con Prebisch: logros y deficiencias de la CEPAL", en *Revista de la CEPAL,* núm. 75, diciembre, pp. 9-23

Pozas, María de los Ángeles (2002), *Estrategia internacional de la gran empresa mexicana en la década de los noventa,* México, El Colegio de México, Centro de Estudios Sociológicos.

Prebisch, Raúl (1944a), *Conversaciones en el Banco de México sobre el Banco Central de la República Argentina y política monetaria*, México, Banco de México.

Prebisch, Raúl (1944b), *La moneda y los ciclos económicos en la Argentina. Apuntes de clases dictadas en la Facultad de Ciencias Económicas de Buenos Aires,* Buenos Aires.

——— (1944c), *El patrón oro y la vulnerabilidad económica de nuestros países,* Jornadas, núm. 11, México, El Colegio de México, Centro de Estudios Sociales.

——— (1948), *Dictamen acerca de los anteproyectos sobre banco central y bancos de Venezuela* (sin lugar) (mimeo).

——— (1949), *El desarrollo económico de la América Latina y sus principales problemas,* CEPAL, Santiago, E/CN.R/89, 14 de mayo. (Se reprodujo en *El Trimestre Económico,* en la revista dc la CEPAL y en otras publicaciones de la obra del autor.)

——— (1963), *Hacia una dinámica del desarrollo latinoamericano. Con un apéndice sobre el falso dilema entre desarrollo económico y estabilidad monetaria,* México, Fondo de Cultura Económica.

——— (1970), *Transformación y desarrollo, la gran tarea de América Latina*: informe presentado al Banco Interamericano de Desarrollo, México, Fondo de Cultura Económica (Sección de Obras de Economía).

——— (1981), *Capitalismo periférico: crisis y transformación,* México, Fondo de Cultura Económica.

——— (1985), "Deuda externa de los países latinoamericanos", *Revista de la CEPAL,* núm. 27, Santiago de Chile, diciembre, pp. 55-56.

——— (1986a), *Dependence, Development and Interdependence,* Economic Growth Center, New Haven, Yale University.

——— (1986b), *La crisis del desarrollo argentino. De la frustración al crecimiento vigoroso,* Buenos Aires, Librería El Ateneo Editorial.

——— (1986c), "Deuda externa de los países latinoamericanos", *Comercio Exterior,* vol. 36, núm. 5, mayo, p. 382.

——— (1988), *Pensamiento y obra,* Buenos Aires, Fundación Raúl Prebisch/Editorial Tesis.

——— (1991a), número especial dedicado a Raúl Prebisch,

Notas de Población, año XIX, núm. 54, agosto, Santiago de Chile, Centro Latinoamericano de Demografía, Celade.

Prebisch, Raúl (1991b), *Obras, 1919-1948,* Buenos Aires, Fundación Raúl Prebisch.

Rabasa, Emilio O., y Gloria Caballero (1988), *Mexicano: ésta es tu Constitución,* México, Cámara de Diputados del H. Congreso de la Unión, LIII Legislatura.

Reyes Osorio, Sergio, Rodolfo Stavenhagen *et al.* (1974), *Estructura agraria y desarrollo agrícola en México,* México, Centro de Investigaciones Agrarias, Fondo de Cultura Económica.

Reynolds, Clark W. (1973), *La economía mexicana. Su estructura y crecimiento en el siglo XX,* México, Fondo de Cultura Económica.

——— (1991), "A Lost Generation? Why Latin American Development Depends on Growth", en Partha Dasgupta (editor), *Policy and Development,* Issues in Contemporary Economics, Proceedings of the Ninth World Congress of the International Economic Association, Atenas, vol. 3, cap. 11 (pp. 241-265), Londres, Macmillan en asociación con International Economic Association.

Robbins, Lionel Charles (1934), *The Great Depression,* Londres, Macmillan.

Robles, Gonzalo (1982), *Ensayos sobre el desarrollo de México,* México, Banco de México y Fondo de Cultura Económica.

Ros, Jaime (1993) (compilador), *La edad del plomo del desarrollo latinoamericano,* Lecturas, núm. 77, México, Fondo de Cultura Económica e Instituto Latinoamericano de Estudios Transnacionales.

Rosenthal, Gert (1991), "Centroamérica: la crisis política y su efecto en el proceso de integración económica", en Víctor L. Urquidi y Gustavo Vega Cánovas (compiladores), *Unas y otras integraciones: seminario sobre integraciones regionales y subregionales,* capítulo 13, Lecturas, núm. 72, México, Fondo de Cultura Económica-El Colegio de México.

Rostow, W. W. (1980), *The World Economy: History and Prospect,* Austin y Londres, University of Texas Press.

Sagasti, Francisco R. (1977), *Tecnología, planificación y desarrollo autónomo,* Lima, Instituto de Estudios Peruanos.

——— (1983), *La política científica y tecnológica en América Latina: un estudio del enfoque de sistemas,* México, El Colegio de México.

———, y Mauricio Guerrero C. (1974), *El desarrollo científico y tecnológico de América Latina: diagnóstico, bases para la acción y estructuras de cooperación,* Buenos Aires, Instituto para la Integración de América Latina, Banco Interamericano de Desarrollo.

Sánchez, Luis Alberto (1945), *¿Existe América Latina?,* Colección Tierra Firme, 14, México, Fondo de Cultura Económica.

Santa Cruz, Hernán (1984), *El dilema de la comunidad mundial. Cooperar o perecer, 1941-1960. Los años de la creación,* tomo I, Buenos Aires, Grupo Editor Latinoamericano.

Sanz de Santamaría, Carlos (1971), *Revolución silenciosa,* México, Fondo de Cultura Económica.

Scheman, Ronald (1988a), "The Alliance for Progress: Concept and Creativity", en Ronald Scheman (editor), *The Alliance for Progress. A Retrospective,* Nueva York, Praeger (capítulo 1).

——— (1988b) (editor), *The Alliance for Progress. A Restrospective,* Nueva York, Praeger.

Seers, Dudley (1986), *Economía política del nacionalismo,* México, Fondo de Cultura Económica.

Sen, Amartya (1984), *Resources, Values and Development,* Cambridge, Mass., Harvard University Press.

Shafer, Robert Jones (1978), *A History of Latin America,* Lexington, Mass., Heath and Co.

Sheahan, John (1990), *Modelos de desarrollo en América Latina: pobreza, represión y estrategia económica,* México, Alianza Editorial Mexicana y Consejo Nacional para la Cultura y las Artes.

Sherlock, Philip (1966), *West Indies,* Londres, Thames and Hutson (New Nations and Peoples).

Shonfeld, Andrew (1965), *Modern Capitalism. The Changing Balance of Public and Private Power,* Londres, Oxford University Press.

Singer, Hans W. (1950), "U. S. Foreign Investment in Underdeveloped Areas: The Distribution of Gains Between Investing and Borrowing Countries", en *American Economic Review, Papers and Proceedings,* núm. 40, Nashville, Tennessee, American Economic Association.

Sociedad de Naciones (1939), *World Economic Survey. Year, 1938/39,* Ginebra, League of Nations, Economic Intelligence Service.

——— (1942), *The Network of World Trade,* Ginebra, Secretariat, Section and Economic Intelligence Service.

Solana, Fernando (1998) (compilador), *Educación, productividad y empleo,* México, Fondo Mexicano de Intercambio Académico, Universidad Autónoma de Nuevo León-Noriega.

Solís, Leopoldo (1986), *La realidad económica mexicana: retrovisión y perspectivas,* México, Siglo XXI, edición 15.

Statistics Canada (2004) (DE, 26 de noviembre, 2004: http://www.statcan.ca/start.html).

Stein, Abraham (1991), "Síntesis del programa de integración y cooperación económica Argentina-Brasil: un modelo innovador" en Víctor L. Urquidi y Gustavo Vega Cánovas (1991) (compiladores), *Unas y otras integraciones: seminario sobre integraciones regionales y subregionales,* México, Lecturas, núm. 72, Fondo de Cultura Económica-El Colegio de México, pp. 339-342

Street, James H. (1983), "Latin American Science and Technology Policy in the Era of Energy Substitution", Madrid, 7th World Congress of the IEA (mimeo).

Suárez, Eduardo (1946), *Política monetaria,* México, revista de economía.

——— (1977), *Comentarios y recuerdos (1926-1946),* México, Porrúa.

Sunkel, Osvaldo (1967), "El trasfondo estructural de los problemas del desarrollo latinoamericano", *El Trimestre Económico,* núm. 34, enero-marzo, pp. 11-58.

Sunkel, Osvaldo (1985), *América Latina y la crisis económica internacional: ocho tesis y una propuesta,* Buenos Aires, Grupo Editor Latinoamericano.

Tannenbaum, Frank (1974), *The Future of Democracy in Latin America,* Nueva York, Alfred A. Knopf.

Tawney, Richard Henry (1948), *Religion and the Rise of Capitalism: A Historical Study,* Middlesex, Penguin.

Teitel, Simon (1991), "The Determinants of Manufacturing Exports from Latin America", en Partha Dasgupta (editor), *Policy and Development: Issues in Contemporary Economics,* procedimientos del Ninth World Congress of the International Economic Association, Atenas, vol. 3, cap. 12 (pp. 266-290), Londres, Macmillan en asociación con International Economic Association.

——— (1992) (editor), *Towards a New Development Strategy for Latin America. Pathways from Hirschman's Thought,* Washington, D. C., Banco Interamericano de Desarrollo.

———, y Francisco E. Thoumi (1986), "From Import Substitution to Exports: The Manufacturing Export Experience of Argentina and Brazil", Banco Interamericano de Desarrollo, sobretiro de *Economic Development and Cultural Change,* vol. 34, núm. 3, Reprint Series, 162.

Thomas, Hugh (1979), *A History of the World,* Nueva York, Harper and Row. (También publicado en Colophon edition, 1982.)

Thorp, Rosemary (1988) (compiladora), *América Latina en los años treinta: el papel de la periferia en la crisis mundial,* México, Fondo de Cultura Económica. (El original publicado en inglés *Latin America in the 1930s: The Role of the Periphery in World Crisis,* Londres y Nueva York, The Macmillan Press y St. Martin's Press.)

Thorp, Rosemary (1998), *Progreso, pobreza y exclusión: una historia económica de América Latina en el siglo* XX, Washington, D. C., Banco Interamericano de Desarrollo. (Versión en inglés: *Progress, Poverty and Exclusion. An Economic History of Latin America in the 20th century,*

Washington, D. C., BID y The Johns Hopkins University Press, 1998.)

Thorp, Rosemary, y Carlos Londoño (1984), "El efecto de la Gran Depresión de 1929 en las economías de Perú y Colombia", en Rosemary Thorp (compiladora), *América Latina en los años treinta: el papel de la periferia en la crisis mundial*, México, Fondo de Cultura Económica, pp. 103-138.

Todaro, Michael P. (1977), *Economics for a Developing World: An Introduction to Principles, Problems and Policies for Development,* Londres, Longman Publishing.

Tokman, Víctor E. (1987), *El sector informal quince años después,* Santiago de Chile, Oficina Internacional del Trabajo, Programa Regional del Empleo para América Latina y el Caribe.

—— (1995), *El sector informal en América Latina: dos décadas de análisis,* México, Dirección General de Publicaciones, Consejo Nacional para la Cultura y las Artes.

———, y Paulo Renato Souza (1976), *El empleo en América Latina: problemas económicos, sociales y políticos,* México, Siglo XXI.

Tomassini, Luciano (1997), *Felipe Herrera: idealista y realizador,* Banco Interamericano de Desarrollo, Santiago de Chile, Fondo de Cultura Económica (Sección de Obras de Historia).

Triffin, Robert (1945), "La banca central y la regulación monetaria en América Latina", en Seymour E. Harris (compilador), *Problemas económicos de América Latina,* México, Fondo de Cultura Económica, pp. 106-129.

Unión Panamericana (1942), *Memoria de la Conferencia Interamericana sobre Sistemas de Control Económico y Financiero,* Washington, D. C., Unión de Repúblicas Americanas, Serie de Congresos y Conferencias, núm. 41, 30 de junio a 10 de julio.

UNRISD (2000), *La mano visible-asumir la responsabilidad para el desarrollo social,* Ginebra, Instituto de las Naciones Unidas para la Investigación del Desarrollo Social.

Urquidi, Víctor L. (1945), "Elasticidad y rigidez de Bretton

Woods", en *El Trimestre Económico,* vol. XI, núm. 4, enero-marzo, pp. 595-616.

Urquidi, Víctor L. (1946), "Tres lustros de experiencia monetaria en México: algunas enseñanzas", en *Memoria del Segundo Congreso Mexicano de Ciencias Sociales,* vol. II, México, Sociedad Mexicana de Geografía y Estadística, pp. 423-511.

——— (1960), *Trayectoria del mercado común latinoamericano,* México, Centro de Estudios Monetarios Latinoamericanos (CEMLA).

——— (1962), *Viabilidad económica de América Latina,* México, Fondo de Cultura Económica.

——— (1964a), "La política fiscal en el desarrollo económico de América Latina", en OEA/BID/CEPAL, *Reforma tributaria para América Latina II. Problemas de política fiscal,* Washington, D. C., pp. 1-39.

——— (1964b), *The Challenge of Development in Latin America,* Nueva York, Frededick A. Praeger.

——— (1979) (editor), *Science and Technology in Development Planning, Science, Technology and Global Problems,* Oxford y Nueva York, Pergamon Press.

——— (1983a), *Basic Issues in Latin American Development Prospects* (Miami, Fla.): Institute of Interamerican Studies, Graduate School of International Studies, Miami, University of Miami.

——— (1983b), "Cuestiones fundamentales en la perspectiva del desarrollo latinoamericano", *El Trimestre Económico,* vol. L (2), núm. 198, México, Fondo de Cultura Económica, abril-junio.

——— (1987), "Consecuencias a largo plazo del problema mundial del endeudamiento externo", en Miguel S. Wionczek (compilador), *La crisis de la deuda externa en la América Latina,* cap. 1, Lecturas, núm. 59, vol. I, México, Fondo de Cultura Económica.

——— (1992), "El dilema protección ambiental *vs.* desarrollo", en Georgiy Arkadevich Arbatov *et al., La situación mundial y la democracia,* México, Fondo de Cultura Económica (Coloquio de Invierno Los Grandes Cambios de Nuestro Tiempo: La Situación Internacional, América Latina y México, núm. 1), pp. 148-157.

Urquidi, Víctor L. (2002a), *Los desafíos del desarrollo sustentable en la región latinoamericana,* Centro de Estudios Demográficos y de Desarrollo Urbano, serie de cuadernos de trabajo del Programa de Estudios Avanzados en Desarrollo Sustentable y Medio Ambiente (LEAD-México), núm. 5, México, El Colegio de México.

——— (2002b), "Limitantes y progresos en el comportamiento ambiental de las empresas mexicanas", *Comercio Exterior,* México, Banco Nacional de Comercio Exterior, SNC, número especial: "Industria y ambiente (I)", vol. 52, núm. 2, febrero, pp. 106-108.

——— (2002c), "El problema de los desechos industriales en México", *Comercio Exterior,* México, Banco Nacional de Comercio Exterior, SNC, número especial: "Industria y Ambiente (II)", vol. 52, núm. 3, marzo, pp. 216-220.

——— (2005), "El problema de los desechos industriales y el comportamiento ambiental-empresarial en México", en Alfonso Mercado e Ismael Aguilar (2005), *Sustentabilidad ambiental en la industria: conceptos, tendencias internacionales y experiencias mexicanas,* capítulo 6, México, El Colegio de México e Instituto Tecnológico y de Estudios Superiores de Monterrey.

———, y Adrián Lajous (1967), *La educación superior, ciencia y tecnología en el desarrollo económico de México. Un estudio preliminar,* Publicaciones del Centro de Estudios Económicos y Demográficos, núm. 1, México, El Colegio de México.

———, y Gustavo Vega Cánovas (1991) (compiladores), *Unas y otras integraciones: seminario sobre integraciones regionales y subregionales,* Lecturas, núm. 72, México, Fondo de Cultura Económica, El Colegio de México.

U. S. Census Bureau (2003), *Statistical Abstract of the United States 2003,* Washington, D. C., US Census Bureau.

U. S. Bureau of the Census (1946), *Statistical Abstract of the*

United States: The National Data Book, Washington, Department of Commerce.

Vaitsos, Constantino V. (1973), *Comercialización de tecnología en el Pacto Andino,* Instituto de Estudios Peruanos (IEP), Lima. América-Problema 6.

——— (1977), *Distribución del ingreso y empresas transnacionales,* México, Fondo de Cultura Económica, Sección de Obras de Economía.

Velasco, Andrés (1988) (compilador), *Trade, Development and the World Economy. Selected Essays of Carlos Díaz-Alejandro,* Nueva York, Basil Blackwell.

Vernon, Raymond (1973), *Soberanía en peligro: la difusión multinacional de las empresas de Estados Unidos,* México, Fondo de Cultura Económica.

——— (1980), *Tormenta sobre las multinacionales. Las cuestiones esenciales,* México, Fondo de Cultura Económica.

Villaseñor Ángeles, Eduardo (1974), *Memorias: testimonio,* México, Fondo de Cultura Económica, Serie Vida y Pensamiento de México.

Villela, Annibal V., y Wilson Suzigan (2001), *Política do goberno e crescimento da economia brasileira, 1989-1945,* Brasilia, Instituto de Pesquisa Economica Aplicada.

Volcker, Paul A. *et al.* (1987), *International Monetary Cooperation: Essays in Honor of Henry C. Wallich,* Princeton, N. J., International Finance Section, Department of Economics, Princeton University.

Wallich, Henry C. (1945a), "La política fiscal y el presupuesto", en Seymour E. Harris (compilador), *Problemas económicos de América Latina,* cap. V, México, Fondo de Cultura Económica, pp. 130-155.

——— (1945b), "Cuba", en Seymour E. Harris (compilador), *Problemas económicos de América Latina,* cap. XIV, México, Fondo de Cultura Económica, pp. 360-385.

Weber, Marx (2001), *La ética protestante y el espíritu del capitalismo,* México, Fondo de Cultura Económica. (Año original de publicación: 1904.)

Weintraub, Sidney, Glade, William P., y Blair, Calvin P. (1977), *U. S. Economic Relations with Latin America. Prepared Statements for the Subcommittee on Inter-American Economic Relationships of the Joint Economic Committee of the U. S. Congress,* Austin, Texas, Institute of Latin American Studies, University of Texas at Austin.

Williamson, John (1990) (compilador), *Latin American Adjustment. How Much has Happened?,* Washington, Institute for International Economics.

Wionczek, Miguel S. (1975), *Política, tecnología y desarrollo socioeconómico,* México, Secretaría de Relaciones Exteriores.

——— (1987) (compilador), *La crisis de la deuda externa en la América Latina,* Lecturas, núm. 59 (dos volúmenes), México, Fondo de Cultura Económica.

——— Lorenzo F. Meyer *et al.* (1982), *Energía en México: ensayos sobre el pasado y el presente,* Programa de Energéticos, México, El Colegio de México.

——— Enrique de Alba *et al.* (1983), *Problemas del sector energético en México,* Programa de Energéticos, México, El Colegio de México.

Wythe, George (1947), *La industria latinoamericana,* México, Fondo de Cultura Económica. (Versión original en inglés de 1945, *Industry in Latin America,* Nueva York, Columbia University.)

Zea, Leopoldo (1996), *Fin del siglo XX, ¿centuria perdida?,* México, Fondo de Cultura Económica.

SIGLAS Y ABREVIATURAS

ACAST Aplicación de la Ciencia y la Tecnología al Desarrollo
ACI Acuerdos de Complementación Industrial
AID Asociación Internacional de Desarrollo
AIF Asociación Internacional de Fomento
ALADI Asociación Latinomericana de Integración
ALALC Asociación Latinomericana de Libre Comercio
ALCA Asociación de Libre Comercio de las Américas
AOD Asistencia Oficial para el Desarrollo
BCIE Banco Centroamericano de Integración Económica
BID Banco Interamericano de Desarrollo
BIS Banco de Liquidaciones Internacionales
BM Banco Mundial
Caricom Mercado Común del Caribe
Carifta Asociación de Libre Comercio del Caribe
Celade Centro Latinoamericano de Demografía
CEPAL Comisión Económica para América Latina
CEPALC Comisión Económica para América Latina y el Caribe
CFI Corporación Financiera Internacional
CIDA Comité Interamericano sobre el Desarrollo Agrícola
CIES Consejo Interamericano Económico y Social
Corfo Corporación de Fomento de la Producción
ECIEL Programa de Estudios Conjuntos sobre Integración Económica Latinoamericana
FAO Organización de las Naciones Unidas para la Agricultura y la Alimentación
FMI Fondo Monetario Internacional
GATT Acuerdo General sobre Aranceles Aduaneros y Comercio

GERCA Grupo Ejecutivo de Racionalización de la Caficultura
ICAITI Instituto Centroamericano de Tecnología Industrial
IPC Índice de Precios al Consumidor
IDA International Development Association
IDE Investigación y Desarrollo Experimental
IDRC International Development Research Centre
IED Inversión Extranjera Directa
IICA Instituto Interamericano de Ciencias Agrícolas
ILAS Instituto de Estudios Latinoamericanos
ILPES Instituto Latinoamericano y del Caribe para la Planificación Económica y Social
ISI Industrialización por Sustitución de Importaciones
IVA Impuesto al Valor Agregado
LSE Escuela de Economía y Ciencia Política de Londres
MCCA Mercado Común Centroamericano
Mercosur Mercado Común del Sur
MPS Metodología del Producto Material
OCDE Organización para la Cooperación y el Desarrollo Económicos
ODECA Organización de Estados Centroamericanos
OEA Organización de Estados Americanos
OIT Organización Internacional del Trabajo
OMC Organización Mundial de Comercio
OPEP Organización de Países Exportadores de Petróleo
Pemex Petróleos Mexicanos
PIB Producto Interno Bruto
PNB Producto Nacional Bruto
PNUD Programa de las Naciones Unidas para el Desarrollo
PNUMA Programa de las Naciones Unidas para el Medio Ambiente
PSE Pacto de Solidaridad Económica
SELA Sistema Económico de América Latina
SIECA Secretaría de Integración Económica Centroamericana
SNA Sistema de Cuentas Nacionales

TAA Asistencia Técnica de las Naciones Unidas
TLCAN Tratado de Libre Comercio de América del Norte
UNCTAD Conferencia de las Naciones Unidas para el Comercio y el Desarrollo
UNESCO Organización de las Naciones Unidas para la Educación, la Ciencia y la Cultura
UNRISD Instituto de las Naciones Unidas para la Investigación del Desarrollo Social
USAID Agencia de Estados Unidos para el Desarrollo Internacional
YPF Yacimientos Petroleros Fiscales

ÍNDICE DE CUADROS Y GRÁFICAS

Cuadros

GRÁFICAS

Otro siglo perdido se terminó de imprimir en octubre de 2005 en los Talleres de Impresora y Encuadernadora Progreso, S. A. de C. V. (IEPSA), Calz. San Lorenzo, 244; 09830 México, D. F. En su composición, parada en el Departamento de Integración Digital del FCE, se emplearon tipos Garamond de 11:13, 10:13 y 8:10 puntos. La edición consta de 3000 ejemplares.

Tipografía:
Yolanda Morales Galván

Cuidado editorial:
Manlio Fabio Fonseca Sánchez